Glück ist Leid
Spurensuche auf dem Lebensweg von Sofie Benz

Bibliographische Information der Deutschen Bibliothek
Die Deutsche Bibliothek verzeichnet diese Publikation in der Deutschen Nationalbibliographie; detaillierte bibliographische Daten sind im Internet über http://dnb.ddb.de abrufbar.

© Verlag LiteraturWissenschaft.de, Marburg an der Lahn (in der TransMIT GmbH Gießen) 2023

Im Buchhandel erhältlich oder direkt beim Verlag.

Bestelladresse:
TransMIT-Zentrum für Literaturvermittlung in den Medien
Kerkrader Str. 3
D-35394 Gießen
anz@transmit.de
www.literaturwissenschaft.de

Satz und Umschlag: Verlag LiteraturWissenschaft.de
Druck und Bindung: Schaltungsdienst Lange, Berlin

Alle Rechte bei der Autorin und beim Verlag.
Das Werk ist urheberrechtlich geschützt. Sämtliche, auch auszugsweise Verwertungen bleiben vorbehalten.

ISBN 978-3-936134-91-9

Petra Brixel

Glück ist Leid
Spurensuche auf dem Lebensweg von Sofie Benz

Ellwangen – München – Ascona

Verlag LiteraturWissenschaft.de

INHALT

Vorwort   7

Teil I: 1884 – 1902
Kindheit und Jugend in Ellwangen   11

Teil II: 1902 – 1906
Studium der Kunst in München   55

Teil III: 1906 – 1911
Leben mit Leonhard Frank und Otto Gross   175

Anhang
Literaturverzeichnis   510
Nachwort und Dank   526

Vorwort

Am 4. März 1911 erschien in der *Tessiner Zeitung* ein Bericht mit der Überschrift „Mysteriöser Selbstmord":

> In Ascona erkrankte vor zwei Tagen eine deutsche Dame unter den Anzeichen schwerer Coceinvergiftung. In hoffnungslosem Zustande wurde sie ins Spital nach Locarno überführt und starb gestern, Freitag.

Diese „deutsche Dame" war meine Großtante Sofie Benz, geboren 1884 im württembergischen Ellwangen; sie wurde nur 27 Jahre alt. Über ihren „mysteriösen Selbstmord" wurde seitdem in zahlreichen Publikationen geschrieben, während über ihr Leben kaum etwas bekannt war. Doch: „Niemand [...] stirbt so arm, daß er nicht irgend etwas hinterläßt. Gewiß auch an Erinnerungen – nur daß diese nicht immer einen Erben finden." (Walter Benjamin)

Es war mein Anliegen, mit Sofies Biografie das Erbe literarisch anzutreten, zumal mir mit einem Konvolut an Briefen, Dokumenten und Bildern ein weit über das Individuelle hinausgehendes Zeitzeugnis zur Verfügung stand.

Margarete Holland, Sofies Nichte, hatte Ende der 1960er Jahre den „Sofie-Ordner" geerbt und die Aufgabe übernommen, die Briefe zu transkribieren. Sie dachte daran, den Nachlass zu veröffentlichen, erhielt aber vom Rundfunk die Absage, da die Schriftstücke ohne eine Einbettung in das gesellschaftliche Umfeld „zu persönlich" seien. Nach Margaretes Tod dauerte es fast zwanzig Jahre, bis der „Sofie-Ordner" wieder geöffnet wurde; und jetzt war die Zeit reif, Briefen und Dokumenten eine Heimat in Form eines Buches zu geben.

Den entscheidenden Impuls für diese Biografie brachte 2017 ein Anruf des Filmemachers Sönke Held, als er mich bat, für ein Projekt einen kurzen Bericht über Sofies Leben zu schreiben. Meinen Einwand, so viel Material zu besitzen, dass ein Artikel hundert Seiten umfassen könnte, kommentierte er mit: „Dann schreiben Sie doch ein Buch!" Seit diesem Augenblick galt mein Bestreben dem Erforschen von Sofies Lebensweg.

Dass die Biografie über Sofie Benz geschrieben werden konnte, war nicht nur ihrer Korrespondenz mit der älteren Schwester Emilie zu verdanken, sondern auch dem Glücksumstand, dass diese Briefe sowie weitere Dokumente die Zeitläufte von 120 Jahren überdauert hatten. Sie wurden für mich Antrieb bei der Spurensuche in Kirchenbüchern, Archiven, Bibliotheken, Jahrbüchern, Kongressbänden und Sekundärliteratur. Dabei haben Briefe von Otto Gross, Leonhard Frank und Ernst Frick einen besonderen Wert, da sie hier erstmals publiziert werden und für die weitere Forschung einen Beitrag leisten können.

Die junge Kunststudentin wurde 1906 Lebensgefährtin des Malers und späteren Schriftstellers Leonhard Frank, dann die Geliebte des Psychoanalytikers Otto Gross, der die Schwabinger Boheme mit seinen Reformideen beeinflusste. Leonhard Frank erzählt von seiner Beziehung zu Sofie Benz in dem Roman *Links wo das Herz ist*, Franz Jung schreibt in *Sophie. Der Kreuzweg der Demut* über ihre letzten Stunden vor dem Tod. Sofies Entwicklung zeigt, wie sich eine junge Frau von den tradierten Normen befreit und in den Sog der avantgardistischen, rebellischen Gesellschaft gerät, sich dazu bekennt, aber letztlich daran zerbricht.

Sofies Lebensgeschichte begann am Ende des 19. Jahrhunderts, in einer Epoche, die geprägt war von den Auswirkungen der industriellen Revolution und von Reformbewegungen und in der gesellschaftliche Werte in Frage gestellt wurden. Die Tochter gutbürgerlicher Herkunft genoss Erziehung und Schulbildung im Milieu einer schwäbischen Kleinstadt, bevor sie 1902, mit knapp 18 Jahren, als Studentin der Malerei nach München kam.

Im ersten Teil des Buches konnte ich auf die Kindheits- und Jugenderinnerungen ihres Vaters, des Gymnasialprofessors und Kunstmalers August Benz, zurückgreifen. Im zweiten Teil geht es um Sofie als Kunstschülerin in München, eingebettet in ihren Freundeskreis. Der dritte und längste Teil schildert ihre Beziehung zu Leonhard Frank, das Leben mit Otto Gross und den Weg in den Tod.

Ich zeichne das Psychogramm einer jungen Frau, die unauffällig lebte und doch Teil der „Szene" war. Ernst Frick gab 1911 in seiner Kondolenz zu bedenken. „Es wäre darum wichtiger, über ihr Leben zu schreiben, als über ihren Tod." Mit dem vorliegenden Buch wird diese Mahnung verwirklicht.

Ich sah meine Aufgabe als ein „interpretierendes Reflektieren". Nicht alles, was sich den Briefen entnehmen ließ, war für die Nachwelt eindeutig erklärbar. Manches wurde von den Korrespondierenden nur angedeutet oder auch verschwiegen. Das Beurteilen und Bewerten von Informationen sollte mit einer von Empathie geleiteten Distanz vorgenommen werden. Nicht jedes „Warum" fand eine Antwort, Lücken bleiben sichtbar.

„Glück ist Leid", schrieb Sofie 1907. Kein Titel für ihre Biografie erschien mir passender als ihre eigenen Worte. Sie hatte das Glück herausgefordert, war am Leid zerbrochen. Aber sie tröstete – wie für die Nachwelt gedacht – im selben Brief: „… und wenn wir schließlich erliegen, unser Leben war nicht umsonst." Mit diesem Buch soll ihre Hoffnung wahr werden.

Es war mir eine Verpflichtung, das Lebensbild von Sofie Benz mit Respekt und Achtsamkeit zu zeichnen. „So aufgefasst, gehört die Biographie nicht nur zur fesselndsten, sondern auch zur schwierigsten Arbeit, die auf dem Gebiet der Geschichte zu leisten ist." (Jan Romein)

Anmerkungen:

Bei der Transkription der in Kurrentschrift verfassten Briefe habe ich nur geringfügige Änderungen vorgenommen, so z.B. Abkürzungen ausgeschrieben und gelegentlich die Zeichensetzung angepasst. Die Wiedergabe der Briefe folgt in der Rechtschreibung weitgehend dem Original. Auffälligkeiten in einem wörtlichen Zitat sind mit [sic!] gekennzeichnet.
Die Briefe und Dokumente liegen im Privatarchiv Petra Brixel (P.B.) und werden zu einem späteren Zeitpunkt einem öffentlichen Archiv übergeben.

Hinweise zu den Abkürzungen:

Briefe von Sofie Benz an Emilie Benz: SB an EB.

Briefe von Frieda Gross an Else Jaffé: FG an EJ.

Tufts # […]: Die Briefe von Frieda Gross befinden sich in der Else von Richthofen Collection der Tufts University, Medford/Massachusetts. # = Nummer des Briefes.

Otto Gross: OG

Leonhard Frank: LF

Teil I: 1884 – 1902

Kindheit und Jugend in Ellwangen

Sofies Vater August Benz: Kindheit und Jugend in Adolzfurt

Die genealogischen Linien von Sofies Vorfahren können bis in das 16. Jahrhundert zurückverfolgt werden. Die veröffentlichten Kindheitserinnerungen von Sofies Vater August Benz, 1828 geboren, beginnen mit dem Leben seiner Eltern, die im ausgehenden 18. Jahrhundert das Ende des Feudalismus erleben. Zu dieser Zeit verändert sich die auf Lehnsrecht basierende Wirtschafts- und Gesellschaftsform infolge der Französischen Revolution und der beginnenden Industrialisierung.

August Benz` Elternhaus in Adolzfurt links. (von ihm gezeichnet, entnommen den „Jugenderinnerungen" von August Benz)

Während die Vorfahren von Sofies Mutter Emilie Wolff, 1846 geboren, Berufe wie Pfarrer, Stadtschreiber, Oberamtmann, Oberamtsarzt und Apotheker ausüben, kommen die Vorfahren des Vaters aus dem bäuerlich-handwerklichen Bereich: Sie sind Schneider, Bauer, Hofbauer, Weingärtner, Hofpulvermacher und Heiligenpfleger. Sofies Vater verbringt seine Kindheit in dem kleinen Dorf Adolzfurt bei Öhringen im Oberamtsbezirk Franken. Adolzfurt wird von Bauern und Weingärtnern bewohnt, auch August Benz` Vater Johann Tobias geht dieser Tätigkeit nach. August Benz schildert eine von Armut, aber auch väterlicher Zuneigung geprägte Kindheit. Ein gepachteter Acker und ein mit eigenen Händen urbar gemachter Weinberg sorgen für das spärliche Auskommen der Familie mit zwei Kindern. August ist sieben Jahre älter als seine Schwester Johanna.

Der alte Schulmeister, der schon den Vater Johann Tobias unterrichtet hat, bringt den Kindern kaum etwas bei, dann leitet ein junger Lehrer die Schüler an, sich in Hochdeutsch und ganzen Sätzen auszudrücken. Auch August Benz` Vater, der sich liebevoll um seinen Sohn kümmert, fördert dessen Allgemeinbildung. August erinnert sich: „Wollte ein Nachbar eine Bitt- oder Klageschrift haben, so kam er zu meinem Vater. Was wußte und konnte mein Vater nicht!"[1]

Im Haushalt von Augusts Eltern gibt es Bücher, was zur damaligen Zeit im ländlichen Raum nicht selbstverständlich ist. „Auf der Bedachung der Bettlade lagen einige Bücher, darunter eine große, mit verziertem Eisenblech beschlagene und reich mit Holzschnitten ausgestattete uralte Bibel, ein Gebetbuch, ‚Starkenbuch'[…]. Es war das aber nicht ein Büchlein, sondern ein dickes Buch, in welchem man über alles Belehrung finden konnte."[2]

August Benz wird Lehrer

Trotz Augusts geringer Schulbildung schlägt der junge Lehrer dem Vater vor, den Sohn das Lehramt studieren zu lassen, und August besteht die Aufnahmeprüfung für die Schullehrer-Ausbildungsanstalt im fernen Weingarten in Oberschwaben und studiert von 1842 bis 1845 am Lehrerseminar im Kloster Weingarten. Auch im Zeichnen übt er sich. „Wir hatten wöchentlich zwei Zeichenstunden, jedoch ohne Zeichenunterricht. Es war zwar ein Lehrer zugegen, derselbe konnte aber selbst nicht zeichnen. Landschaften, Köpfe, Blumen wurden ohne Plan kopiert und wie!"[3] August Benz findet eine Leidenschaft, die er später an seine Töchter weitergibt.

Nach bestandener Lehrerprüfung wird August Benz 1845 als Lehrgehilfe nach Rechenberg bei Ellwangen berufen. Schule und Dienstwohnungen der Lehrer befinden sich im Schloss Rechenberg, einst Stammsitz eines Rittergeschlechts.

August Benz, 1848. (Foto privat)

Ende 1846 wird August Benz als Lehrer an die Mädchenschule in Ludwigsburg bei Stuttgart versetzt. Dort erwirbt er sich einen so guten Ruf, dass ihm bald auch der Unterricht an der Ludwigsburger Kinderheilanstalt übertragen wird. Dass überraschend 1849 Königin Pauline die Werner'sche Kinderheil-

---

1 August Benz: Jugenderinnerungen. Hg. von Fritz Nestle, Alois Fadini, K. Werner Jauss Fritz, Stuttgart 1976, S. 12.
2 August Benz, 1976, S. 15.
3 August Benz, 1976, S. 51.

anstalt und Benz' Unterricht besucht, ist ein Ereignis, von dem August Benz stolz berichtet: „[…] die Königin wendete das Haupt nach mir und nickte."⁴

Burg Rechenberg mit Schule und Lehrerwohnungen, die erste Dienststelle von August Benz. (Foto privat)

Viel Energie und Hoffnung stecken August Benz und seine Freunde in die Revolution 1848/1849, wo sie Teil der ‚Bürgerwehr' werden. Doch der Aufstand wird niedergeschlagen. „Und die Welt sah bald wieder aus wie vor achtundvierzig. Ich und meine Freunde trauerten, nein, wir waren wütend. […] Hätte das Volk besser gewählt!"⁵

Der Traum vom Künstler

Nach fünf Jahren beendet Benz die Lehrtätigkeit in Ludwigsburg und beginnt ein Studium an der Polytechnischen Schule, dann an der Kunstakademie in Stuttgart. Er bekommt eine Staatsunterstützung für die Studienkosten unter der Maßgabe, später den Beruf eines Zeichenlehrers zu ergreifen. Mit Eifer stürzt er sich in die Studien und hat u.a. bei dem berühmten Maler Gottlob Friedrich Steinkopf Unterricht im Landschaftsmalen. Im Sommer wird der Unterricht im Freien abgehalten. Im Winter übt er sich im Modellieren, perspektivischen Zeichnen, Akt-, Bau- und Ornamentzeichnen und belegt Kurse in Kunstgeschichte, Anatomie und dem Anfertigen von Reliefporträts. Dann wird ihm eröffnet: „Sie müssen nach Ellwangen, Herr Benz, und dort die neugeschaffene Zeichenlehrerstelle übernehmen, und zwar sofort."⁶ Am 23. April

---
4 August Benz, 1976, S. 93.
5 August Benz, 1976, S. 124.
6 August Benz, 1976, S. 149.

1855 trifft August Benz in Ellwangen ein. Damit enden seine schriftlichen Erinnerungen. Tochter Emilie stellt viele Jahre später fest: „Viel lieber wäre mein Vater, der auf der Kunstschule manche Auszeichnung erhalten hatte, Maler geworden. Aber er setzte nun seine ganze Kraft ein, die neue Stelle befriedigend auszufüllen."[7]

Auf nach Ellwangen!

Stiftskirche Ellwangen. (Postkarte o.D.)

In seinen Jugenderinnerungen werden drei Wesenszüge von August Benz deutlich: Gelassenheit, Zielstrebigkeit und Selbstbestimmung. Der junge Lehrer kennt die Kleinstadt Ellwangen aus der Zeit seiner ersten Anstellung im nur wenige Fußstunden entfernten Rechenberg. Er schildert seine Eindrücke bei einer Wanderung von Rechenberg nach Ellwangen: „Ich war stehen geblieben, um den schönen Anblick recht zu genießen. Als ich weiter schritt, kam seitwärts gegen Osten der Schöneberg zum Vorschein und vollendete das reiche Bild. [...] Meine Erwartungen wurden aber übertroffen durch das herrliche Landschaftsbild, welches vor mir ausgebreitet war, nachdem ich den südlichen Rand des Hügels erreicht hatte."[8]

1855 ist Ellwangen ein Verwaltungszentrum. Hier befinden sich der Sitz des Oberamts, das Amtsgericht, das Landgericht, das Kameralamt, das katholische Dekanat, das Forstamt, das Bezirksbauamt und das Straßenbauamt. Die Stadt ist geprägt von Beamten, die zuziehen, aber auch wieder versetzt werden und die eine evangelische Minderheit darstellen. Auch August Benz ist evangelisch. Etwa 20 % der Bevölkerung gehören zu den „Wüstgläubigen"[9],

---
[7] Emilie Benz: August Benz. Mitteilungen über sein Leben und Wirken. In: Ellwanger Jahrbuch 5 (1915/16), S. 86.
[8] August Benz, 1976, S. 70.
[9] „Wuosti" kommt aus dem Althochdeutschen und bedeutet „gottverlassen, öde".

im Gegensatz zu den „Rechtgläubigen", den Katholiken. Ellwangen ist eine katholische Enklave im „wüstgläubigen" Württemberg.

August Benz als Pädagoge: „Es geht auch so."

Für die Ellwanger Schulen ist die Zuweisung des Zeichenlehrers August Benz ein Glücksfall, denn er unterrichtet an der Gewerblichen Fortbildungsschule, an der Volksschule, am Gymnasium, an der Realschule und an der höheren Mädchenschule. Rektor des Gymnasiums ist Andreas Scheiffele, dessen Tochter Auguste später Hermann Wolff heiratet, den Bruder von August Benz' dritter Ehefrau.

Ellwangen: Gymnasium (links), evangelische Kirche (Mitte), katholische Basilika (rechts). (Postkarte o.D.)

Der Zeichensaal der Gewerblichen Fortbildungsschule befindet sich in dem weitläufigen Gebäude des Spitals, wo der junge Lehrer auch wohnt. Tochter Emilie berichtet: „[…] glücklich sei die Schule zu schätzen, bei deren Lehrer solch umfassendes gründliches fachmännisches Können, solch reiches Wissen, solche außerordentliche Arbeitskraft, so viel pädagogische Fähigkeiten, so viel Ernst und Güte zu finden sei wie bei meinem Vater."[10]

August Benz erlangt Anerkennung für seinen Zeichenunterricht; Schülerarbeiten werden zu einer Ausstellung nach Leipzig geschickt. Seine Unterrichtsmethode stellt er 1862 in sieben Heften mit dem Titel *Anleitung zum Erfinden gradliniger Ornamente* dar. Er folgt nicht kritiklos der traditionellen Kunsterziehung. In der Diskussion mit einem Vertreter der Behörde sagt Benz:

---

10 Emilie Benz: August Benz, S. 87.

„Es geht auch so."[11] Das Kopieren von Vorlagen ist die Regel, doch der Lehrer lässt seine Schüler nach der Natur zeichnen und außerdem mit farbigen Stiften. Nach einer Zusatzausbildung wird Benz ab dem Schuljahr 1865 auch Turnlehrer.

Gute Freunde und die erste Ehe

August Benz korrespondiert mit seinen Freunden aus dem Weingartner Lehramtsstudium, und sie besuchen sich gegenseitig. „Ich liebe dich mehr als meinen Bruder"[12], schreibt ihm Ludwig Schöttle im Dezember 1855. Ein anderer Freund deutet 1856 in einem Gedicht an, dass August Benz sich verliebt hat. Eine „Eva" ist es nicht, die August Benz 1857 heiratet, sondern Wilhelmine Auguste Luise Schuler aus Stuttgart, die Tochter eines Küfers. Benz konnte so viel Geld zurücklegen, dass er nicht nur einen eigenen Hausstand gründet, sondern für seine Eltern im gleichen Jahr ein Häuschen in Adolzfurt kauft.

Nachwuchs bekommen August und Luise Benz nicht, dann stirbt Luise 1862 im Alter von 31 Jahren an Hirnhautentzündung. Ein Jahr später stirbt auch Augusts Vater; die Mutter wohnt bis zu ihrem Tod 1871 in Adolzfurt.

Engagement in der Gemeinde

August Benz ist im Ellwanger Vereinsleben gut eingebunden. Er wird Mitglied im Turnverein, Sängerbund, Veteranenverein, Gewerbeverein, in der Schützengilde und im Zeichenlehrer-Verein. 1866 gründet er mit anderen Ellwanger Persönlichkeiten den Verschönerungsverein. Tochter Emilie erinnert sich: „Dies noch darf ich nicht unerwähnt lassen: mit welcher Liebe mein Vater die Anlagen auf dem Kugelberg schuf, – dort sollte man ausruhen auf dem Weg zum Galgenwald oder sollten diejenigen sich ergötzen, die weiter nicht gehen konnten, – wie gern er überhaupt pflanzte und mit welchem Verständnis er es tat, an jeden gegebenen Ort gerade das, was dafür am geeignetsten war, und mit welcher Sorgfalt er das Geschaffene pflegte."[13]

Schlosstor: Von August Benz gefertigte Festscheibe, 1882. (Webseite Schützengilde Ellwangen)

---
11 Fridolin Schneider in: Ellwanger Jahrbuch (1915/16), S. 89.
12 Brief Ludwig Schöttle an August Benz, 02.12.1855. Privatarchiv P.B.
13 Emilie Benz: August Benz, S. 88. Später wird diese Anlage Benzenruhe genannt und ein Gemarkungspunkt. Heute steht dort eine Stele mit Informationen zu August Benz.

Die zweite Ehe 1869 und Annas Geburt

August Benz bleibt nach dem Tod seiner Frau fast sieben Jahre ledig, dann heiratet er im Januar 1869 die 19 Jahre jüngere Anna Amalie Bilfinger aus Welzheim. Ihr Vater ist Apotheker, die Mutter bereits verstorben. Das Glück scheint beiden hold zu sein; Anna Amalie wird bald schwanger, und am 6. November 1869 wird ihnen eine Tochter geboren. Doch wieder schlägt das Schicksal zu, denn Anna Amalie stirbt zwei Wochen nach der Entbindung am Kindbettfieber im Alter von nur 22 Jahren. Wieder ist August Benz allein, nun mit der nach der Mutter benannten Tochter Anna.

Exkurs: Der Deutsch-Französische Krieg 1870/1871

Ein Waffengang, ausgelöst durch den Konflikt zwischen Frankreich und dem Norddeutschen Bund unter der Führung Preußens und den mit ihm verbündeten süddeutschen Staaten Bayern, Württemberg, Baden und Hessen-Darmstadt, ist der Deutsch-Französische Krieg 1870/1871. Ein Ellwanger Bürger erinnert sich: „Mit einer grenzenlosen Begeisterung wurden im Jahre 1870/71 die Siege gefeiert; besonders der Sedanstag, an dem bei einem großen Umzug eine ausgestopfte Karikatur von Napoleon herumgetragen und später verbrannt wurde, haftet noch in meinem Gedächtnis. [...]. Ein ganzes württembergisches Corps mußte im Jahr 1870 den Ellwanger Bahnhof passieren. Das war für groß und klein eine Lust und Freude, wenn die Soldaten bewirtet und bejubelt wurden."[14]

„Gruss aus Ellwangen". (Postkarte o.D.)

---

14 Otto Löwenstein: Ellwanger Kindheitserinnerungen. In: Ellwanger Jahrbuch (1924/25), S. 139.

Um den Frieden im Innern zu sichern, werden liberale und demokratische Bewegungen scharf beobachtet. Sozialismus und Sozialdemokratie sind der Monarchie ein Dorn im Auge, aber die Theorien von Karl Marx und Friedrich Engels, die Opposition gegen den Deutsch-Französischen Krieg und die Ideale der Pariser Kommune 1871 befeuern den Diskurs und ergreifen die Arbeiterschaft, die eine Verbesserung ihrer sozialen Lage fordert. 1878 wird das erste Sozialistengesetz verabschiedet. Das „Gesetz gegen die gemeingefährlichen Bestrebungen der Sozialdemokratie" hat bis 1890 Bestand. Nach dem 1871 gewonnenen Krieg beflügeln Entschädigungszahlungen Frankreichs die deutsche Wirtschaft. Die Hochkonjunktur ist verbunden mit einem materiellen Rausch und Fortschrittsoptimismus.

Doch die Segnungen der modernen Technik, die sich in Erleichterungen des Alltagslebens niederschlagen, verhindern den Blick auf die dunklen Seiten des Fortschritts. In der Phase des plötzlichen wirtschaftlichen Aufschwungs kommt es zu einem Spekulationsrausch, dem Firmen- und Bankenzusammenbrüche, steigende Arbeitslosigkeit und soziale Unzufriedenheit folgen. Damit verbunden sind Kulturpessimismus, die Sorge vor dem Verlust traditioneller Werte, die Angst vor Zerstörung gewachsener Landschaft und städtebaulicher Infrastruktur und die Erkenntnis, dass familiärer und gesellschaftlicher Zusammenhalt bedroht sind.

Diese Entwicklung ist vor allem in den größeren Städten spürbar, tangiert jedoch die Beamtenstadt Ellwangen kaum. Ellwangen bietet weiterhin

Ellwangen – Panorama mit Schloss. (Postkarte 1901, Privatbesitz)

das Bild einer ruhigen Bürgerstadt. „Die Stadt lebte noch im Nachklang der Biedermeierzeit. Altmodische Leute gab's genug. Man ergötzte sich an ihren Eigenheiten und ließ sie gewähren. [...] Die Bürger grüßten sich feierlich mit Gehorsamster Diener, Herr Nachbar. An den Häusern waren noch die Kästen der alten Ölbeleuchtungen sichtbar. [...] Das Pflaster zeigte in der Mitte der Gasse eine Rinne, worin sich der Regen sammelte. Sie nahm aber auch die

Güsse aus den Fenstern auf. [...] Das Roß war wichtig als Verkehrsmittel neben der spärlichen Eisenbahn. [...] An Königs Geburtstag schritten die Beamten in der altwürttembergischen Uniform mit den Schiffhüten in die Kirchen. [...] um 4 Uhr begannen die Holzsäger, um 1 Uhr gar die Wäscherinnen, sonst wurde die Nachtruhe nicht gestört außer vom lieblichen Plätschern der Brunnen. [...] Samstags feierte die Putzwut ihre Orgien. Die Tannenböden mußten gewaschen und Sand darauf gestreut werden. [...] Das Rattern des Webstuhls und der Klingklang der Schmiedhämmer waren uns vertraute Musik."[15]

Die dritte Ehe – endlich eine Familie

Emilie Benz, geb. Wolff, ca. 1871. (Foto privat)

1871 geht August Benz eine dritte Ehe ein. Er heiratet die 25-jährige Emilie, geborene Wolff, und nimmt die eineinhalbjährige Anna zu sich.[16] August Benz' dritte Frau stammt aus einer Apothekerfamilie in Creglingen. Emilie Wolffs Vater, der Apotheker Hermann Wolff (1805–1862) war bereits gestorben. Die Mutter Sophie (1815–1905) hatte die Apotheke in Creglingen verkauft und war mit ihren Kindern Marie, Hermann, Sophie, Ottilie, Emilie und Mathilde nach Ellwangen gezogen.

Marie, die älteste Tochter (1839–1903), heiratet 1867 Pfarrer Christoph Ludwig aus Bönnigheim. Der Sohn Hermann (1841–1909) wird Apotheker in Ellwangen und heiratet Auguste Scheiffele.

Tochter Sophie (1842–1926) heiratet 1866 den Chemiker Julius Härlin, Sohn des Ellwanger Oberjustizprokurators Elias Gottlob Friedrich Härlin. Dieser hatte sich vor der Stadtmauer hinter dem Steinernen Tor ein stattliches Haus gebaut. Elias Härlin und August Benz verstehen sich – obwohl unterschiedlichen

---

15 Adolf Probst: Ellwanger Erinnerungen eines 80jährigen. In: Ellwanger Jahrbuch XIV, (1947–1949), S. 141f.
16 Wo und von wem die kleine Anna nach dem Tod der Mutter betreut wurde, ist unbekannt. In ähnlichen Fällen wurden Säuglinge in der Verwandtschaft aufgezogen, bis sich der Vater wieder verheiratete.

Generationen angehörend – politisch bestens. Elias Härlin führt mit liberaler Weltanschauung ein offenes Haus. Sein Sohn schreibt: „Seine freiheitliche Gesinnung bekundete Härlin bis zu seinem Tode; er war ein warmer Freund der Turnerei und Begründer des Ellwanger Turnvereins."[17]

Von Tochter Ottilie Wolff (1845–?) ist wenig bekannt. Sie verbringt ihr Leben in Ellwangen und bleibt unverheiratet. Der Tochter Emilie (1846–1926), jetzt August Benz' Ehefrau, folgt noch acht Jahre später Tochter Mathilde (1854–1909). Sie heiratet den Ravensburger Rechtsanwalt Eugen Mezler.

Durch seine Ehe mit Emilie Wolff wird August Benz in einen großen Kreis von angeheirateten Verwandten eingebunden. Über seine eigene familiäre Seite ist kaum etwas bekannt, während es mit den Linien Wolff und Härlin regen Austausch gibt; zumal viele Verwandte in Ellwangen wohnen. Vor allem Benz' Töchter haben in ihrem Leben engen Kontakt zu den Härlins.

Nach der Hochzeit bezieht die junge Familie eine Wohnung in der Ellwanger Spitalstraße 4. Hier wachsen die sechs Benz-Kinder auf. Ein Jahr nach der Hochzeit, 1872, wird der Sohn Karl geboren, ein gutes Jahr später die Tochter Emilie.[18] Es folgen 1878 Mathilde, 1882 Johanna und 1884 das „Nesthäkchen" Sofie. Die Geschwister wachsen in Eintracht mit Anna auf, die als außergewöhnlich hübsch geschildert wird.

Karl, Emilie, Anna Benz, ca. 1875. (Foto privat)

August Benz' Hauptwerk *Das gradlinige Ornament*

1871, im Jahr seiner dritten Heirat, gibt August Benz sein Buch *Das gradlinige Ornament* heraus. Im Vorwort schreibt er: „Das Werkchen ist zwar hauptsächlich für den Selbstunterricht bestimmt, allein auch der Zeichenlehrer

---

17 Julius Härlin: [Elias] Gottlob Friedrich Härlin. In: Ellwanger Jahrbuch IV. Ellwangen 1914, S. 76.
18 Um Mutter Emilie und Tochter Emilie im Folgenden zu unterscheiden, wird an einschlägigen Stellen von „Mutter Emilie" oder „Schwester Emilie" gesprochen.

Ein Parquet-Muster. (aus A. Benz: Das gradlinige Ornament, 1871)

wird Gebrauch davon machen können. Es zeige den Schülern die Mittel durch welche sie zu neuen Formverbindungen gelangen können und überlasse die Anwendung und Uebung dem Privatfleisse der Schüler [...]."[19] *Das gradlinige Ornament* wird offiziell als Unterrichtswerk anerkannt. August Benz möchte die Schüler zum selbstständigen Entwickeln von Ornamenten ermutigen. Damit löst er sich vom Kopieren und leitet hinüber zur kreativen Entfaltung des Schülers.

August Benz als Künstler

Um ein guter Maler zu sein, braucht es 4 Dinge. Weiches Herz, feines Auge, leichte Hand & immer frisch gewaschene Pinsel. (Anselm Feuerbach 1876)

Selbstbildnis August Benz, ca. 1890. (Schlossmuseum Ellwangen)

August Benz, der Künstler sein wollte, wird Lehrer – und malt dennoch. Viele Motive sind der Stadt Ellwangen und der Umgebung, aber auch dem Lautertal und der Schwäbischen Alb entnommen. Dazu kommen Porträts. Er malt in Öl, mit Kohle und dem Zeichenstift. Er lithografiert und macht Abgüsse. Tochter Emilie erinnert sich: „[...] manche Ferien mögen zu schönen Wanderungen mit dem Malkasten benützt worden sein [...]. Und von Ellwangen und seiner nächsten Umgebung entstanden Lithographien und viele Kohlezeichnungen."[20]

Das 19. Jahrhundert ist die Epoche der Bildung des Bürgertums. Der gute Geschmack wird zu einer sittlichen Eigenschaft, die es zu schulen gilt. Geschmacksurteile setzen ein Gefühl von Ästhetik voraus. Begonnen im Biedermeier und fortgeführt in der Gründer-

---

19 August Benz: Das gradlinige Ornament. Ellwangen 1871, S. III.
20 Emilie Benz: August Benz, S. 87.

zeit nach 1871, entwickelt sich ein Wohnstil, der das Selbstbewusstsein des Bürgers zeigt. Der gute Kunstgeschmack wird zu einem Merkmal des Bürgertums. Auch August Benz trägt in Ellwangen dazu bei. Im Februar 1875 hält er einen Vortrag über „Einige Geschmacksregeln". Die Jagst-Zeitung schreibt: „Hr. Benz behandelte sein Thema vom künstlerischen Standpunkt und wieß besonders darauf hin, daß auch das Kunstgewerbe allzusehr sich von den widersinnigsten Modeeinfällen, von dem Haschen nach Außergewöhnlichem in`s Schlepptau nehmen lasse und dadurch eine Geschmacklosigkeit gepflegt werde, die dem wirklich Schönen und Praktischen zuwiderlaufe; er führte dafür mehrere eklatante Beispiele an."[21]

1876 und 1889 hält August Benz Vorträge über Wandmalerei, über die dekorative Ausstattung der Wohnung und über Farbe in Wohnräumen. „Neben der populären Vortragsweise des Redners, der mit fachmännischer Leichtigkeit den schwierigen Stoff beherrscht, trugen sehr hübsch ausgeführte Tableaus wesentlich zum vollen Verständnis bei"[22], lobt die Jagst-Zeitung.

Privater Zeichenunterricht und offener Zeichensaal

Ellwangen, eine Kleinstadt mit bürgerlichem Flair, bringt im 19. Jahrhundert erstaunlich viele Maler und Malerinnen hervor. August Benz hat daran Anteil. Mit Privatstunden, als leidenschaftlicher Zeichenlehrer an allen Ellwanger Schulen und im offenen Zeichensaal[23] kann er inspirieren und Talente fördern. Die Landschaftsmalerin Emma Schlette (1847–1912) erhält ihre erste Ausbildung bei August Benz. Eine weitere, später über Ellwangen hinaus bekannte Künstlerin, die bei August Benz Unterricht nimmt, ist Julie Textor (1848–1923), die genauso wie Emma Schlette anschließend Landschaftsmalerei an der Königlichen Kunstschule in Stuttgart studiert. 1886 kommt Sofie Probst (1864–1926) mit ihren Eltern nach Ellwangen. In vierzig Jahren malt Sofie Probst fast 400 Bilder. Der Berühmteste in der Ellwanger Malergilde ist Karl Stirner (1882–1943), auch der „Schwäbische Malerpoet" genannt. Karl Stirner belegt abends Kurse bei August Benz

Hans Retzbach: Heiland. (Friedhof Ellwangen, Foto privat)

---
21 Jagst-Zeitung, Ellwangen, 20.02.1875.
22 Jagst-Zeitung, Ellwangen, 19.03.1889.
23 Der offene Zeichensaal steht allen zur Verfügung, die Kurse belegen wollen, in der Regel abends und am Sonntag.

im offenen Zeichensaal. „Während der Lehrzeit erhielt Karl Stirner seinen ersten Zeichenunterricht. In der Abendschule am Dienstag und Freitag gab es je zwei Stunden Freihandzeichnen bei Professor Benz im ersten Stock des Spitalgebäudes. Professor August Benz, aus Adolzfurt bei Öhringen gebürtig, war ein hervorragender Zeichenlehrer. Sein Können und seine Anregungen gaben damals dem Kunstsinn der einheimischen Bevölkerung viele Impulse."[24]

Der Maler Walter Ast (1884–1976), Sohn eines Landgerichtsdirektors und Neffe von Emma Schlette, hat August Benz als Kunsterzieher am Ellwanger Gymnasium. Ast beginnt ein Jura-Studium in München, wechselt aber zur Kunst, wird Maler und später Kunstpädagoge.

Auch der Maler Heinrich Eberhard erfährt schulischen Zeichenunterricht bei August Benz. Eberhard schreibt: „Die künstlerische Erziehung, die ich genoß, war der Weg des Naturalismus. Die impressionistische Formel, ‚wie Licht und Atmosphäre die farbige Erscheinung bedingt', war damals der Ausgangspunkt des künstlerischen Schaffens."[25]

Die in Ellwangen unvergessenen Retzbach-Geschwister Hans, Josef und Marie gehören zu den berühmten Künstlern der Stadt. Marie Retzbach (1884–1969) wird Malerin, der Bruder Hans (1886–1976) Bildhauer und Lehrbeauftragter an der Kunstakademie Stuttgart. Josef Retzbach (1888–1960) modelliert Figuren, z.B. Krippen für die Ellwanger Basilika.

Besuch der Weltausstellung in Paris 1878

„In die ersten zwanzig Jahre des Ellwanger Aufenthalts [...] fallen Reisen auf Pariser, Londoner, Wiener und Münchener Ausstellungen [...]", – schreibt Tochter Emilie in ihren Erinnerungen. 1862 besucht August Benz die Weltausstellung in London, 1867 ist er in Paris dabei, als die Zeit der Hochindustrialisierung beginnt und das Kunstgewerbe größtes Aufsehen erregt. Die Ausstellung in Paris hat den Anspruch, das „Erste, Umfangreichste, Höchste, Originellste, Faszinierendste, Phantastischste, Aufregendste, Gesehenste und Erlebteste"[26] zu präsentieren. Ein Gemälde erregt besondere Aufmerksamkeit: das 50 m² große Ölbild von Hans Makart „Der Einzug Karls V. in Antwerpen". Der Kunstkritiker Friedrich Pecht schwärmt: „[...] in der That steht kein Werk [...] so ganz exceptionell da, trägt so alle Zeichen des Genie's [...].

---

24 Hermann Hauber: Karl Stirner. Der schwäbische Malerpoet. Ellwangen 1982, S. 17.
25 Schützmann/Steffel: Heinrich Eberhard (1884–1973) – ein vergessener ‚Ellwanger' Maler. In: Ellwanger Jahrbuch (2006/07), S. 88f.
26 Wolfgang Piersig: Ein Exkurs durch die bedeutendsten Weltausstellungen von 1851 bis 2005 für Fachleute, Interessierte und Laien. Annaberg 2004, S. 5.

Das hat nun seinen Grund nur in der malerischen Potenz des Mannes, welche allerdings nach gewissen Seiten hin die aller Mitstrebenden übertrifft."[27]

August Benz hält im März 1879 in Ellwangen einen Vortrag über die Pariser Weltausstellung. Die Jagst-Zeitung schreibt: „Der Vortrag wurde durch mitgebrachte Ansichten, Muster u. dergl. dankenswerth illustrirt. Er behandelte die einzelnen Länder der Reihe nach und ließ es an den historischen Einleitungen nicht fehlen, betonte namentlich auch die kunstgewerbliche Initiative Englands."[28]

Geburt der Tochter Sofie

Das Jahr 1883 endet in Ellwangen mit Konzerten, Glühwein, Punsch, Torten und spanischen Orangen. Die Jagst-Zeitung bejubelt am 5. Januar 1884 die Zeit des Friedens:

> Das Jahr 1883 ist ein Friedensjahr gewesen und so Gott will, wird das gleiche auch mit dem begonnenen Jahre der Fall sein. Die Thatsache einer friedlichen Vergangenheit und die Wahrscheinlichkeit einer friedlichen Zukunft auf dem Gebiete der hohen Politik sind aber in erster Linie das unbestrittene Verdienst Deutschlands [...]. Die politische Bilanz des abgelaufenen Jahres schließt demnach mit einem großen Friedenssaldo ab, das die Welt in erster Linie Deutschland verdankt. Deutschlands gegenwärtige Machtfülle und Machtstellung ist aber undenkbar ohne die fürsorgliche Staatsweisheit der Hohenzollern, ohne die geniale Staatskunst des Fürsten Bismarck und ohne die gewaltige Macht, welche das deutsche Volk in Waffen darstellt. So lange diese Grundpfeiler unserem Vaterlande erhalten bleiben, so lange dürfen wir auch hoffen, daß für die kommenden Jahre unter dem führenden Einfluß Deutschlands der Friede ebenso gesichert bleibe, wie 1883![29]

August Benz wird im Frühjahr 1884 zum Professor ernannt. „Vermöge Höchster Entschließung Seiner Majestät des Königs vom 4. März d. Jhrs. erhielt Zeichenlehrer Benz den Titel und Rang eines Professors auf der 8. Stufe der Rangordnung."[30] Dies ist eine Würdigung seiner bisherigen Leistungen am Ellwanger Gymnasium.[31] Seine Frau Emilie ist von nun an „Frau Professor".

---

27 Friedrich Pecht: Kunst und Kunstindustrie auf der Pariser Weltausstellung 1878. Stuttgart 1878, S. 65.
28 Jagst-Zeitung, Ellwangen, 18.03.1879, S. 1.
29 Jagst-Zeitung, Ellwangen, 05.01.1884, S. 1.
30 Programm des Königlichen Gymnasiums zu Ellwangen. Nachrichten über das Schuljahr 1883/84, S. 3.
31 Im Deutschen Kaiserreich gab es zwischen 1871 und 1918 die „Karriere"-Stufen Gymnasialassistent, Gymnasiallehrer und Gymnasialprofessor.

Am 18. September 1884 wird Sofie Benz geboren. August Benz lässt die Geburt fünf Tage später auf dem Standesamt Ellwangen registrieren, allerdings ohne Angabe eines Namens für sein sechstes Kind. In der Geburtsurkunde ist zu lesen:

> Vor dem unterzeichneten Standesbeamten erschien heute, der Persönlichkeit nach bekannt, Karl Wilhelm August Benz, Profeßor, wohnhaft zu Ellwangen, evangelischer Religion, und zeigte an, daß von der Emilie Benz geborenen Wolff, seiner Ehefrau, evangelischer Religion, wohnhaft bei ihm, zu Ellwangen, am achtzehnten September des Jahres tausend acht hundert achtzig und vier Vormittags um vier ein halb Uhr ein Kind weiblichen Geschlechts geboren worden ist, welches einen Vornamen noch nicht erhalten habe.
>
> Vorgelesen, genehmigt und unterschrieben,
> T. [32] Benz.
> Der Standesbeamte. Mayerhausen.[33]

Geburtsurkunde Sofie Benz, hier: Bekanntgabe des Namens „Sofie". (Familienregister Ellwangen, Bd.1, Archiv Ellwangen)

Neun Monate hätten die werdenden Eltern Zeit gehabt, sich einen Namen zu überlegen, aber erst sechs Wochen nach der Geburt, am 30. Oktober, erscheint August Benz ein zweites Mal im Standesamt, um den Namen zu präsentieren: **Sofie**. Die zweieinhalb Jahre ältere Johanna erinnert sich: „Meine Schwester Sofie. Sie und ich, wir gehörten zusammen wie Blume und Blatt, wie Körper und Geist."[34] Die Familie Benz ist nun auf acht Personen angewachsen, was noch mehr Arbeit für Mutter Emilie bedeutet. Doch da sind die zwei größeren

32 T: für „testis", lat. „Zeuge". Das T ist von einer anderen Hand geschrieben und entspricht dem „x", das gelegentlich auf die Unterschriftenzeile gesetzt wird, um dem Unterzeichner die Stelle zu markieren.
33 Familienbuch der Stadt Ellwangen. Archiv Ellwangen.
34 Tagebuch Johanna Benz. Privatarchiv P.B.

Schwestern, Anna und Emilie, 15 und 11 Jahre alt, die mithelfen. Vermutlich werden der Hausfrau – wie im bürgerlichen Mittelstand üblich – eine Haushaltshilfe und ein Kindermädchen zur Seite stehen.

Sofie – „ein heitres Kind"

Erinnerungen an die Kindheit verblassen im Laufe eines Lebens, dennoch bleiben einschneidende Ereignisse haften, und Vergessenes oder Verdrängtes kann mit Hilfe anderer Menschen an die Oberfläche des Bewusstseins zurückgelangen. So ergeht es Sofie, als sie schon lange aus dem Haus ist und ihre Schwester bittet: „Schreibe mir, wie ich war als Kind."[35] Emilie antwortet: „[…] du müßtest ein heitres Kind gewesen sein mit lebhaftem Empfinden; […] in besonders lebhafter Erinnerung ist mir Dein Hersagen von all den Vers`chen aus dem Flinzer`schen Bilderbuch, wie Du kaum älter als 3 Jahre alt warst, mit Lust und reizendem Eifer – ich erinnere mich noch genau der Betonung."[36] Fedor Flinzer ist Ende des 19. Jahrhunderts einer der einflussreichsten Zeichenpädagogen Deutschlands und wird als Tiermaler und Illustrator geehrt. In Flinzers Kinderbüchern erscheinen Tiere mit menschlichem Verhalten.

Ein besonderes Buch – bis heute von Verwandten der Familie Benz gehütet – ist das Werk *Märchen von Perrault neu erzählt von Moritz Hartmann, illustriert von Gustav Doré*.[37] Als Emilie Benz Jahrzehnte später das Buch an die jüngere Generation weiterreicht, schreibt sie dazu: „Meine Eltern haben zu ihrer Hochzeit 1871 von einem Vetter der Wolff'schen Verwandtschaft mit künstlerischen Neigungen und künstlerischem Verständnis beiliegendes Märchenbuch bekommen, das kein Kinderbuch ist, aber in unserer Familie eine große Rolle gespielt hat, besonders bei uns Kindern. […] Das Buch – nur im Beisein von einem Erwachsenen – ansehen zu dürfen, gehörte zu den Sonntagsfreuden. […] liebliche Gestalten und Gesichter – aber auch schauerliche und wunderschöne Landschaften, dunkle Wälder, phantastische Schlösser!"[38]

Nicht nur das Märchenbuch, auch Sonntagsspaziergänge sind in der Familie Benz Tradition. In Ellwangen ist es der gemeinsame Bummel auf dem Schönen Graben, einem mit Bäumen bestandenen Wall entlang der ehemaligen Löschwasserteiche. Eine Ellwangerin erinnert sich: „Der Schöne Graben – wie soll ich ihn beschreiben? […] Sonntags spielte sich ein Teil des gesellschaftlichen Lebens auf dem Schönen Graben ab; er war der gegebene Ort zum

---

35 Brief SB an EB, o.D. [nachdatiert: 3 Wochen vor Sofies Tod]. Privatarchiv P.B.
36 Brief EB an SB, o.D. [ca. 17.02.1911]. Privatarchiv P.B.
37 Moritz Hartmann (1821–1872): Österr. Journalist, Schriftsteller, Politiker. Paul Gustave Doré (1832–1883): Franz. Maler, Grafiker, Illustrator. Er illustrierte 90 Werke der Weltliteratur.
38 Brief Emilie Benz an Fritz Wolff, 06.12.1958. Privatbesitz.

August Benz: „Parthie am schönen Graben" in Ellwangen. (Lithografie, Württembergische Landesbibliothek, Sig. Schef.fol.1337)

Promenieren. [...] Man sah den anderen Promenierenden entgegen, die gemächlich näherkamen. Man kannte einander; das war damals so in einer kleineren Stadt. Da gingen grüßend die Honoratioren mit ihren Familien vorüber; da kamen die Forstleute in ihrer kleidsamen grünen Tracht und die in Uniform immer etwas steif wirkenden Offiziere. Würdevolle, imposante alte Herrn in Schwarz und langberockte alte Damen [...]."[39]

Sofies Geschwister

Sofie wächst in einer großen Familie auf. Als sie 1884 geboren wird, sind Anna 15, Karl 12, Emilie 11, Mathilde 6 und Johanna 2 ½ Jahre alt. Anna ist bei Sofies Geburt bereits konfirmiert und besucht die höhere Mädchenschule. Als Sofie acht Jahre alt ist, heiratet Anna den sieben Jahre älteren, ebenfalls aus Ellwangen stammenden Zahnarzt Hermann Krauß und zieht mit ihm nach Stuttgart. Krauß hat eine Zahnarztpraxis in der Schloßstraße und wird Hofzahnarzt von König Wilhelm II. von Württemberg. Anna und Hermann Krauß bleiben kinderlos; sie führen ein vielfältiges kulturelles Leben mit Reisen bis Palästina.

Der 1872 geborene Bruder Karl spielt als einziger Junge in der Familie für die Schwestern eine besondere Rolle. „Wir fünf Mädel hatten nur einen Bruder"[40], schreibt Johanna viele Jahre später, und ein Bedauern liegt in ihren Worten. Karl besucht das Gymnasium Ellwangen, macht 1891 das Abitur, absolviert den Einjährigen Freiwilligendienst und studiert ab dem Wintersemester 1892/93 an der Universität Tübingen Jura. Emilie studiert ab dem Wintersemester 1892/93 an der Königlichen Kunstgewerbeschule in München. Ihr

---

39 Carola Gunzert, o.J., S. 105ff.
40 Tagebuch Johanna Benz. Privatarchiv P.B.

Berufsziel ist Zeichenlehrerin.[41] So verlassen Sofies drei älteste Geschwister im selben Jahr das Haus.

Wie ist das Verhältnis der Eltern zum „Nesthäkchen" Sofie? Ist die Erziehung weicher und nachgiebiger? Oder sind die Eltern müde angesichts der wiederkehrenden Fragen, Probleme und finanziellen Anforderungen, die sechs Kinder bereiten? Jedes Kind hat in der Geschwisterreihe eine besondere Rolle, die sich mit jedem neu hinzukommenden Geschwisterchen ändert. Nur das Letzte behält seine Position. „Alle Kinder können entthront werden, aber niemals das Jüngste. […] In gewisser Weise genießt das jüngste Kind Privilegien, die diejenigen des Erstgeborenen und des Einzelkindes sehr ähnlich sind. […] Zudem stellen ‚Nesthäkchen' in der Regel einen Gegenstand für Versuche der älteren Geschwister dar, die Rolle von Mutter und Vater zu spielen […]. So wird das jüngste Kind zumeist ‚von der ganzen Familie verwöhnt'."[42]

Sofies Schwester Anna, ca. 1892. (Foto privat)

Nicht nur die Rolle als jüngstes Kind ist in Betracht zu ziehen, auch der zeitliche Abstand der Kinder zueinander. So bilden die drei ältesten Kinder – Anna (1869), Karl (1872) und Emilie (1873) – eine „Subfamilie", erst fünf Jahre später werden Mathilde (1878), danach Johanna (1882) und Sofie (1884) geboren. Dass sich diese Zweiteilung auch in der Familie Benz bemerkbar macht, ist an dem Foto der „drei Erstgeborenen" (s. S. 21) zu sehen. Es ist kein Foto erhalten, auf dem alle Benz-Kinder gemeinsam zu sehen sind, allerdings auch keines der drei später geborenen Mädchen.

Was die Rolle des Sohnes Karl Benz als einzigem Jungen unter Schwestern angeht, so heißt es, dass diese Kinder „eine schwere Zeit vor sich haben, da ihnen ihre geschlechtliche Andersartigkeit eine Außenseiterrolle nahelegt. In jedem Fall bedeutet eine derartige Position jedoch auch eine Herausforderung."[43] In späteren Jahren, nach dem Tod des Vaters, wird Karl Ratgeber der Mutter sein, auch aufgrund seines Berufes als Rechtsanwalt, der ihm Autorität verleiht.

---

41 Ihre Studienzeit von 1892 bis 1895 ist belegt in: Claudia Schmalhofer: Die Kgl. Kunstgewerbeschule München (1868–1918). München 2005, S. 343.
42 Michael Titze: Lebensziel und Lebensstil. München 1979, S. 128.
43 Michael Titze, S. 130.

Familienleben in Ellwangen

Das Familienleben ist ab der Mitte des 19. Jahrhundert einem starken Wandel unterworfen, abhängig von gesellschaftlichen Veränderungen und der Individualisierung des Einzelnen – gut sichtbar an August Benz, der sich vom Sohn eines Bauern und Weingärtners zum Kunstprofessor und Maler entwickelt und damit aus ärmlichen Verhältnissen in die angesehene Bürgerschicht aufsteigt.

Schon 1869 macht der Philosoph John Stuart Mill zusammen mit seiner Frau in einem Essay auf ein Problem aufmerksam, das zwischen Ehepartnern, aber auch zwischen Eltern und Kindern besteht. Es ist die Hierarchie der Mitglieder, die sich in der Familie als der kleinsten Einheit des sozialen Gefüges zeigt. „Sehr häufig findet zwischen Ehegatten in allen äußern Dingen die vollständigste Einigkeit der Interessen und Gefühle statt, und doch hat der eine so wenig teil am innern Leben des andern, als ob sie nur oberflächliche Bekannte wären. Selbst bei aufrichtiger Liebe verhindert die Autorität von der einen, die Unterordnung von der andern Seite ein vollkommenes Vertrauen; man mag absichtlich gar nichts verbergen wollen, aber es wird vieles nicht gezeigt."[44]

Ellwangen - Blick in die Spitalstraße. 4. Haus rechts: Wohnhaus der Familie Benz. (Postkarte o.D.)

Das Problem von Oberflächlichkeit und Verschweigen, hervorgerufen durch die Ungleichstellung beider Geschlechter und die damit verbundene Verteilung von Macht belastet auch das Verhältnis der Generationen, sichtbar in

---

[44] John Stuart Mill, Harriet Taylor Mill, Helen Taylor: Die Hörigkeit der Frau. 1. Kapitel. www.projekt-gutenberg.org, abgerufen 11.07.2022. (Erstdruck 1869: The Subjection of Women)

der Beziehung vom Jungen zum Vater und vom Mädchen zur Mutter. Es ist – so Mill – der Respekt der Jüngeren vor den Älteren, der wie eine Barriere zwischen ihnen steht. Das verhindert das gegenseitige Kennenlernen der inneren Befindlichkeit, was zu Fremdheit und Konflikten führt.[45] Der Anspruch an Kinder, sich dem Familiengefüge einzupassen, ist groß. „Die vielen Wohlthaten, welche die Eltern den Kindern erweisen, verpflichten diese zu lebenslänglicher Dankbarkeit. [...] die Kinder werden zur Arbeit und zum Dienen erzogen. [...] Zum Dienen gehört auch der Gehorsam des Kindes."[46]

Welch psychischen Zwang es erfordert, für „die Ehre des Hauses" zu leben, berichten Anfang des 20. Jahrhunderts Psychiater und Psychologen; am eindrucksvollsten der Psychoanalytiker Otto Gross, der in der Familie und der in ihr praktizierten Erziehung einen Ort der Unterdrückung von Individualität sieht.

Vater August Benz

Alfred Adler, Begründer der Individualpsychologe, 1870 geboren und somit Zeitgenosse der Benz-Kinder, sieht die ideale Rolle des Vaters so: „Er soll sich seiner Frau, seinen Kindern und der Gesellschaft gegenüber als guter Kamerad erweisen. Er soll die drei großen Lebensaufgaben – Arbeit, Freundschaft und Liebe – auf befriedigende Weise lösen und mit seiner Frau bei gleichen Rechten für das Wohl und den Schutz der Familie sorgen."[47]

Tochter Emilie schildert das Bild ihres Vaters und seine Erziehungsmethoden mit großer Zuneigung.

> Was er als Mensch war, davon wissen wohl am meisten wir Kinder, denen er so außerordentlich viel gegeben hat. Ernst und Schlichtheit, Menschenfreundlichkeit und Liebe zur Natur waren wohl die hervortretendsten Charakterzüge. Was waren das für schöne Spaziergänge, die wir von unserer frühesten Kindheit an mit ihm machen durften. Jeder Mittwoch- und Samstag-, jeder Sonntag-Nachmittag wurde zu gemeinsamen Wanderungen benützt, wenn das Wetter es halbwegs gestatten wollte, und da wußte der Vater alles, was wir fragen wollten, über Tiere und Pflanzen und Steine, über Wolken und Sterne; jeden Baum, jeden Vogel, jede Blume kannte er. Er hörte gern, wenn wir miteinander sangen, und in früheren Jahren sang er zuweilen selber kräftig mit mit seiner schönen Baßstimme. Und wenn er sich daheim mit uns beschäftigte – er wußte jede Arbeit

---

45 Siehe dazu: John Stuart Mill, Harriet Taylor Mill, Helen Taylor, 1. Kapitel.
46 J. H. Müller: Praktische Ethik für Schule und Haus. Berlin 1898, S. 84ff.
47 Alfred Adler: Wozu leben wir? Frankfurt/M. 1990, S. 111f. (Erstdruck 1931)

zum Genuß zu machen, wußte so klar und einfach alles zu erklären; wie gern ließen wir uns von ihm Rechenaufgaben geben; und aus der Geschichte konnte er uns, aus welcher Zeit wir nur eben fragten, alles sagen und erklären und jedes Datum nennen; mit Stolz dachten wir oft, daß unser Vater doch alles, alles wüßte! Und niemals in meinem Leben habe ich ein rasches oberflächliches, unfreundliches Wort von ihm gehört, nur ernste, gütige Reden."[48]

Emilies Schwester Mathilde erinnert sich an die moderne Einstellung ihres Vaters zur Kleidung der Töchter. Sie berichtet, dass August Benz eines Tages die Korsetts seiner Töchter aus dem Fenster geworfen habe. Da die Familie Benz in einer der Hauptstraßen Ellwangens wohnte, sollte das nicht unbeachtet geblieben sein.

August Benz ist bei Sofies Geburt 56 Jahre alt. Er hat ein erfolgreiches, von vielen großartigen Erlebnissen geprägtes Leben hinter sich, wie seine 1887 verfassten Jugenderinnerungen und sein pädagogisches und künstlerisches Wirken in Ellwangen zeigen. Er ist in das gesellschaftliche Leben eingebunden, Mitglied in Vereinen und an vielen Abenden außer Haus, um an Stammtischen, Sitzungen und Proben des Gesangvereins teilzunehmen.

Ellwangen, Spitalstraße 4. Wohnung der Familie Benz. Im Gebäude befanden sich auch Spital und offener Zeichensaal; heute Rathaus. (Foto 2019, privat)

Eine weitere Erinnerung an den Vater – im Zusammenhang mit der Schwester Sofie – gibt es aus Emilies Feder: „Es ist aber gewiß für alle, die Sofie in ihrer Jugend kannten, daß sie ein glückliches, heiteres, gesundes Kind war! Ihr Lachen war köstlich. Unser Vater hatte sich oft an ihrer Frische gefreut. Unser Vater war ein sehr guter Mensch, ein ernster Denker und großer Schweiger."[49] Hier fällt ein Wermutstropfen auf das Vaterbild: der „große Schweiger"! Da Emelie nichts weiter erklärt, lässt sich nicht vorstellen, was dieses Schweigen für die Ehefrau und die Kinder bedeutet.

August Benz ist für seine Kinder künstlerisches Vorbild. Tochter Emilie studiert Kunst und wird Lehrerin, Tochter Mathilde zeichnet und malt und

---

48 Emilie Benz: August Benz, S.87f.
49 Brief EB an Hans Gross, 02.05.1911. Privatarchiv P.B.

beschäftigt sich später mit der neuen Technik der Fotografie, Sofie studiert Kunst. So ist August Benz Inspirator, und wie er seine Schüler, Schülerinnen und Privatstudenten unterrichtet, nimmt er sich auch seiner Töchter an.

Mutter Emilie Benz, geborene Wolff

Die Ehe von August und Emilie Benz entspricht einer gutbürgerlichen Gemeinschaft. August Benz darf zufrieden sein, wie sein Studienfreund Christian Reiniger in Briefen betont. Reiniger besucht August und seine Familie immer wieder in Ellwangen und schreibt: „Du bist ein glücklicher Vater, und ich wünsche von Herzen Deiner jugendlichen Schar fröhliches Gedeihen." (1891) – August möge „Gesundheit und Kraft an der Seite Deiner verehrten Frau im Kreise Eurer lieben Kinder genießen." (1897) – „Wie gönne ich Dir, dem braven Manne einer liebenswürdigen Frau u. dem guten Vater herrlicher Kinder das Glück u. die Freude, als das Familienhaupt auf den um Dich u. Frau Emilie versammelten Kreis reich begabter, wohlgeratener Kinder mit frohem Blicke schauen zu dürfen!" (1898)

August Benz mit den Töchtern Anna (rechts, 20. J.) und Emilie (links, 16 J.), 1889. (Foto privat)

Zur Persönlichkeit von Sofies Mutter ist kaum etwas bekannt. Bei Sofies Geburt ist sie 38 Jahre alt. Später ist Sofies Briefen zu entnehmen, dass ihr Verhältnis zur Mutter mit Beginn der Pubertät angespannter wird. Doch als Kind erfreut sie die Familie mit ihrem frischen, spontanen Wesen, denn Schwester Emilie erinnert sich: „[...] zum Unterschied von uns älteren warst Du lang gerne zärtlich auf Mamas Schoß. [...] Von später als [...] Du vielleicht schon 12 – 14 Jahre, ist mir in lieber warmer Erinnerung ein Augenblick: wir saßen um den Tisch am Abend, Du – mich kußabgeneigt wissend – überfielst mich von hinten mit ein paar kräftigen gesunden Küssen, wie ich sie gar nie geben konnte, und mußtest über meinen Schrecken und Michschütteln so herzlich, tüchtig lachen."[50]

---

50 Brief EB an SB, o.D. [ca. 17.02.1911]. Privatarchiv P.B.

Sofie, die zärtlich auf der Mutter Schoß sitzt, die ihre Schwester mit Küssen überfällt ... sie ist ein Kind, das Wärme sucht und Herzlichkeit gibt. „Die meisten Letztgeborenen sind nämlich nicht nur charmant, gesellig, lieb und unkompliziert, sondern können gleichermaßen rebellisch, kritisch, eigenwillig, ungeduldig und unüberlegt sein."[51] Der Anfang des Satzes mag auf Sofie in ihrer Kindheit zutreffen, der zweite Teil entwickelt sich später und führt zu emotionalen Spannungen. Mit zunehmendem Alter empfindet Sofie ihre Mutter als konservativ. Schwester Emilie erklärt die wachsende Entfremdung zwischen Mutter und Sofie: „Unsere Mutter, die ihr Leben lang in kleinen Städtchen gewohnt hat, ist eine ziemlich kleinliche Frau, voll Güte und Sorglichkeit für die Kinder. [...] Sofies Ideen so fernstehend [...]."[52]

Emilie führt die „Kleinlichkeit" der Mutter auf deren Bodenständigkeit zurück. Dagegen nimmt Vater August Benz die Möglichkeit wahr, sein Weltbild mit Reisen zu Weltausstellungen in Paris, London und Wien und durch die damit verbundenen Anregungen zu erweitern. Dass ihn seine Frau nicht begleitet, kann mit den häuslichen Pflichten und den zu versorgenden Kindern, aber auch den Kosten solcher Reisen begründet werden.

Sofies Mutter Emilie, ca.. 1890. (Foto privat)

So entspricht Mutter Emilie den meisten Menschen dieser Zeit, die in ihrem Leben kaum mehr als 25 km aus ihrem Geburtsumkreis herauskommen. Reisen zur Schwester in Gauting bei München und später zur in Stuttgart verheirateten Tochter Anna werden die weitesten gewesen sein. Dass sie die in Berlin verheiratete Tochter Mathilde besucht, ist nicht überliefert. Emilie ist zufrieden in den tradierten Strukturen, die erst in Frage gestellt werden und auf Widerstand stoßen, als Einflüsse der Neuzeit in ihr Heim dringen.

Zu keiner ihrer Töchter hat die Mutter ein so gespanntes Verhältnis wie zu Sofie, die umso stärker darunter leidet, je älter sie wird. Auch die Tochter Emilie erkennt Konflikte, kann diese allerdings in den Prozess des Erwachsenwerdens einordnen: „Der Conflikte wurden wir uns vielleicht am meisten von 14 – 18 Jahren bewußt, mir ging es so. Und gewiss ist's freilich, daß unser ganzes Leben lang diese Conflikte weiter leben, daß sie sich nie aus unserem Leben schaffen lassen. Alles hat seinen Ursprung in der Kindheit und früher,

---

51 Kevin Leman: Geschwisterkonstellationen. München 1994, S. 88.
52 Brief EB an Hans Gross, 02.05.1911.

[…] drum denk ich, ist kein Mensch ohne Conflikte, auch wer die glücklichste Jugend hatte bei Eltern, die sich liebten und verstanden."⁵³

Sofie wird in einigen Jahren sagen: „Hast Du schon einen glücklichen Menschen gesehen? Warum macht sich jeder sein Leben so unglücklich wie möglich? Die Mütter sollten mehr von den Amphibien an sich haben, die sich nicht mehr um ihre Kinder kümmern und grämen."⁵⁴ Doch das schreibt sie erst in München. Da kann sie mit räumlichem Abstand zu Ellwangen intensiver über ihr Verhältnis zur Mutter und die Zwänge der sittlichen Erziehung nachdenken und ihre Probleme in Worte fassen.

Leben mit Tradition

Sofies Leben als Kind und Jugendliche ist in die Traditionen Ellwangens eingebunden. Ein aufregender Jahresauftakt am ersten Wochenende nach Dreikönig ist der „Kalte Markt"⁵⁵, ein für die Region wichtiger Vieh- und Pferdemarkt. Dann stehen in der Langen Straße⁵⁶ und der Spitalgasse Ochsen und Kühe in Doppelreihen. Neben der geschäftlichen Seite des „Kalten Marktes" bedeutet das fröhliche Drumherum ein Fest für Kinder und Erwachsene. Höhepunkt ist der prächtige Umzug mit den schönsten, prämierten Tieren; dazu lockt der Krämermarkt Hausfrauen auf den Marktplatz vor der Stiftskirche.

Der Rindermarkt in der Spitalgasse, unweit des Hauses Benz. (Foto: pro-Ellwangen e.V.)

Mit dem „Kalten Markt" beginnt das erlebnisreiche Jahr in Ellwangen; weiter geht es mit der Fasnacht. Der 1859 in Ellwangen geborene Otto Löwenstein erinnert sich: „Eine besondere Note brachte die Fastnacht in das Ellwanger

---
53 Brief EB an SB, o.D. [ca. 17.02.1911]. Privatarchiv P.B.
54 Brief SB an EB, o.D. [Frühjahr 1904]. Privatarchiv P.B.
55 Im Jahre 764 hatten die Brüder Hariolf und Erlolf das Kloster Ellwangen gegründet und die Reliquien kappadokischer Pferdezüchter und Heiliger nach Ellwangen gebracht, von der Bevölkerung als Pferdeheilige verehrt. Erstmals wurde der Kalte Markt 1370 abgehalten.
56 Lange Straße: heute Marienstraße.

Leben. Die ernsthaftesten Leute waren wie ausgewechselt, und Bälle und Theatervorstellungen […] lösten einander ab. Zum ‚Päppeles Ball' mit seiner originellen ‚Schnitzelbank' wurden wir Kinder von den Eltern auf ein oder zwei Stunden mitgenommen. Zeitweise fanden auch große Maskenumzüge statt […]. Ueberhaupt, man verstand es in Ellwangen, Feste zu feiern!"⁵⁷

Löwenstein erwähnt „Der Pennäler Schnitzelbank"⁵⁸, die „Schwarze Schar". Dieser Geheimbund Ellwanger Gymnasiasten war 1851

Mitglieder der Schwarzen Schar. (Foto gemeinfrei)

gegründet worden, als Antwort auf die eingeschränkte Meinungsfreiheit um 1848. Die mit schwarzen Umhängen, hohen, schwarzen Hüten und schwarzer Gesichtsmaskierung verkleideten etwa 100 Jugendlichen und ehemaligen Gymnasiasten ziehen mit Fackeln, einem Schellenbaum und trommelnd durch die unbeleuchteten Straßen Ellwangens. In Gastwirtschaften werden in satirischen Versen Schwächen und Vergehen Ellwanger Honoratioren besungen.

Ein weiteres Ereignis, das von Schülern und Lehrern vorbereitet wird, ist die Feier anlässlich des „Geburtsfestes" des jeweiligen Königs und der Königin. Im Rückblick auf das Schuljahr 1886/87 ist in den Schulnachrichten zu lesen: „Am 6. März d.J. wurde das hohe Geburtsfest Seiner Majestät des Königs Karl durch eine Rede des Präzeptors Bucher über ‚die altklassischen Elemente in Molière's Dichtungen' und durch Aufführung musikalischer Chöre in solemner Weise begangen. Am 22. März d.J. feierte die Anstalt das 90. Geburtsfest Seiner Majestät des Deutschen Kaisers mit einer Ansprache des Rektors und Gesängen der Schüler."⁵⁹

Ein Höhepunkt anderer Art ist im Frühsommer das Kinderfest, veranstaltet von der evangelischen Gemeinde Ellwangen. „Für uns Kleine war das ‚Kinderfest' […] der Glanzpunkt im ganzen Jahr, den wir Kinder monatelang herbeisehnten."⁶⁰ Das Fest beginnt mit einem Gottesdient in der Stadtkirche, dann stellen sich die Kinder auf der Straße zum Festzug auf. „Wir Kinder waren eine

---

57 Otto Löwenstein: Ellwanger Kindheitserinnerungen. In: Ellwanger Jahrbuch (1924/1925), S. 139.
58 Als Genitiv verstanden: die Schnitzelbank der Pennäler.
59 Programm des Königlichen Gymnasiums in Ellwangen. Nachrichten vom Schuljahr 1886/87. Ellwangen im Oktober 1887, K. Gymnasiums-Rektorat, S. 38.
60 Otto Löwenstein, S.140.

Freude anzuschauen! Ein Teil der kleinen Mädchen ging unter schön gebundenen Blumenbogen [...]. Alle hatten weiße oder zartfarbene Sommerkleider an, frisch gebügelt und gestärkt, und ein Blumenkränzlein im Haar [...]. Ganz so lieblich wie wir sahen die Buben nicht aus, doch auch sie erschienen im Sonntagsanzug, tadellos gescheitelt und gekämmt. Jeder trug eine Blume im Knopfloch [...]. Unsere Lehrer und ein paar Väter begleiteten uns und führten den Zug an. Vorn an der Spitze schritt aufmunternd eine Blaskapelle."[61] Auf dem Schloss angekommen, wird gegessen, getrunken und gespielt, und die einzelnen Schulklassen führen Theaterstücke auf.

Der Ernst des Lebens

Für die Jugendlichen beginnt nach der Konfirmation bzw. Zweitkommunion ein neuer Lebensabschnitt, der „Ernst des Lebens". Junge Mädchen kommen in den Blick von Heiratskandidaten und zukünftigen Schwiegermüttern. Deshalb gilt es, sich sittsam und unauffällig zu geben, hängt doch der Ruf eines jungen Mädchens – das die „Ehre der Familie" auf seinen Schultern trägt – vom Auftreten in der Öffentlichkeit ab.

In der Zeitung wird für Tanz- und Anstands-Unterrichts geworben. Dass die Jugend im Sommer genug Gelegenheiten zum Tanzen hat, verdeutlichen Anzeigen in der Jagst-Zeitung. In zahlreichen Büchern erhalten junge Damen Anweisungen, wie sie sich zu verhalten haben, wollen sie nicht unangenehm auffallen. Ein nicht geringer Druck lastet auf ihnen. „Bälle gehören zu jenen Vergnügen, die junge Mädchen mit der größten Ungeduld erwarten [...]. Zu diesen kleide dich einfach: ein lichtes Kleid, ein frischer Blumenstrauß genügen, denn der beste Schmuck für ein junges Mädchen bleibt immer die Bescheidenheit."[62]

Der Schriftsteller Stefan Zweig, 1881 geboren, blickt in seinem Werk *Die Welt von Gestern* auf die Jugendzeit zurück: „Aber so wollte die Gesellschaft von damals das junge Mädchen, töricht und unbelehrt, wohlerzogen und ahnungslos, neugierig und schamhaft, unsicher und unpraktisch, und durch diese lebensfremde Erziehung von vornherein bestimmt, in der Ehe dann willenlos vom Manne geformt und geführt zu werden."[63]

Bescheidenheit und Anstand sind die vorherrschenden „Gütezeichen" eines jungen Mädchens bis weit in das 20. Jahrhundert. „Die Jugend bedarf der Erholung, sie soll fröhlich sein; wenn sich die Art des Vergnügens nur mit den

---

61 Carola Gunzert: So war`s bei uns. Ellwangen 1994, S. 96.
62 Marie von Lindeman[n]: Die rathende Freundin. Mitgabe für junge Mädchen beim Eintritt in`s Leben. Köln 1907, S. 121.
63 Stefan Zweig: Die Welt von Gestern. Frankfurt/Main 1981, S. 86ff. (Erstdruck 1944)

Grundsätzen des Anstandes verträgt," ist dem *Taschenbüchlein des guten Tones* 1897 zu entnehmen, und Ratschläge werden durch vielfältige Benimm-Literatur untermauert. „Die ausgelassene Lustigkeit aber fällt bei jungen Mädchen besonders unangenehm an öffentlichen Plätzen und Vergnügungsorten auf. So weit darf die Ungebundenheit der Bewegung im Freien nicht gehen, daß erwachsene Mädchen durch ihr Benehmen Anstoß erregen."[64] Die Autorin Sophie Christ zeichnet 1892 in ihrem Büchlein das Bild einer Jugend, die sich übermäßiger Vergnügungssucht – „ein Hauptübel unserer Zeit" – hingibt, gedankenlos dahinlebt, zerstreuenden Sinnesfreuden huldigt und durch Übersättigung abstumpft. Die Folge seien bleiche Wangen und zerrüttete Nerven, Enttäuschung, Verstimmung und frühzeitige Blasiertheit.

Die Vorstellungen und Erwartungen, wie sich ein junges Mädchen zu verhalten habe, entsprechen dem Frauenbild der bürgerlichen Gesellschaft am Ende des 19. Jahrhunderts: „Ein junges Mädchen muß sich selbst beschränken lernen und den Sinn für das Einfache bewahren. Übertriebene, unvernünftige Wünsche darf es gar nicht aufkommen lassen, um das beste Gut, den inneren Frieden, nicht zu stören."[65]

Das Büchlein enthält Vorschläge für eine sinnvolle Lebensgestaltung. Allerdings führe zu viel und flüchtiges Lesen zu „verschwommener Halbbildung", zu Oberflächlichkeit und trägem Denken, böser Leidenschaft und gefährlichem Gifte.[66] Selbst Mädchen mit guten Begabungen rät Sofie Christ, sich zurückzuhalten. Bei der Wahl der Freundschaften sind „zuvörderst die Eltern zu Rat zu ziehen: ob sie mit der Wahl zufrieden sind."[67] Im letzten Satz ihres Ratgebers wendet sich die Autorin noch einmal eindringlich an die jungen Mädchen deren „wahrer Stolz allein darin bestehen soll, seine Ehre hoch zu halten, alle Fehler abzuschleifen, und der angeborenen Menschenwürde und Reinheit des Charakters nichts zu vergeben."[68]

Ähnliches ist 1907 in *Die rathende Freundin. Mitgabe für junge Mädchen beim Eintritt in`s Leben* zu lesen. „In ein Lustspiel werden die Eltern die Tochter nicht führen, wenn sie es nicht selbst gesehen haben. Die modernen Dramen sind mit großer Vorsicht auszuwählen; die von Hauptmann, Ibsen und Sudermann sollen von einem jungen Mädchen überhaupt nicht besucht werden. Die allermodernste Richtung ist derartig, daß nur ganz reife, in ihren sittlichen Grundsätzen gefestigte Personen ihr, ohne Schaden zu nehmen, näher treten können [...]. Faust und Carmen sind nichts für junge Mädchen.

---

64 Sophie Christ: Taschenbüchlein des guten Tones für die weibliche Jugend. Mainz 1892, S. 185.
65 Sophie Christ, S. 187f.
66 Sophie Christ, S. 189f. Das „gefährliche Gift" wird nicht konkretisiert.
67 Sophie Christ, S. 195.
68 Sophie Christ, S. 196.

[...] Das Großartigste aber, was uns die hohe Tonkunst geben kann, ist die Kirchenmusik."⁶⁹

Sofies Schulbildung und die höhere Mädchenschule in Ellwangen

Gymnasium Ellwangen (bis 1962), zeitweise im Gebäude auch höhere Mädchenschule. (Postkarte 1899)

Ende des 19. Jahrhunderts besteht Schulpflicht bis zum vierzehnten Lebensjahr. Lesen, Schreiben, Rechnen, deutsche Sprache und Singen werden in der Volksschule gelernt. Weiterführende Bildung ihrer Kinder kann sich nicht jede Familie leisten. In Ellwangen, einer Stadt der höheren Verwaltungs- und Gerichtsbeamten, wird ein reges kulturelles Leben gefördert, verbunden mit Ansprüchen an eine höhere schulische Bildung der Söhne und zunehmend auch der Töchter. Der Besuch eines staatlich eingerichteten Gymnasiums ist den Jungen vorbehalten, während die Gründung höherer Mädchenschulen von der Privatinitiative bildungsbeflissener und wohlhabender Eltern abhängt. So hatte sich 1838 die höhere Töchterschule⁷⁰ etabliert, um Mädchen ab dem 12. bzw. 13. Lebensjahr eine Bildung bis zur Mittleren Reife zu ermöglichen.⁷¹ Viele Lehrer unterrichten am Jungengymnasium wie auch an der höheren Mädchenschule, so August Benz, der Turn- und Zeichenunterricht an beiden Instituten erteilt. Der Zugang zum Gymnasium – mit dem Ziel des Abiturs – ist für Mädchen in Ellwangen erst ab 1911 möglich.⁷²

Dennoch gilt höhere Bildung für Mädchen bis in das 20. Jahrhundert als „unweiblich" und „gegen die natürliche Bestimmung der Frauen". Der Philosoph Eduard von Hartmann ist einer der Kritiker, die in der Frau vornehmlich das schwache Wesen sehen. „Die Mehrzahl der Weiber bleibt ihr Leben lang in

---

69 Marie von Lindeman[n], S. 113ff.
70 Höhere Mädchenschule bzw. Höhere Töchterschule werden gleichbedeutend gebraucht. In der Literatur wird kein Unterschied gemacht.
71 Finanziert wurde der Schulbetrieb vom Schulgeld, doch es gab auch Zuschüsse von der Stadt.
72 1893 wird in Karlsruhe das erste deutsche Mädchengymnasium gegründet, das zum Abitur führt.

sittlicher Hinsicht im Stande der Unmündigkeit."[73] Mädchenbildung geißelt Hartmann als für eine gute Ehe schädliche „Halbbildung". Er schlägt vor, die täglichen Schulstunden für Mädchen zu reduzieren.

Auch der Neurologe Paul Möbius sieht in der Schulbildung von Mädchen keinen Wert: „Das Weib ist kärglicher mit geistigen Fähigkeiten versehen als der Mann und büßt sie eher wieder ein. Dieser Zustand ist von vornherein vorhanden und unabänderlich."[74] Möbius sieht als Beweis: „Ein kleiner Kopf umschließt natürlich auch ein kleines Gehirn. [...] Übermäßige Gehirntätigkeit macht das Weib nicht nur verkehrt, sondern auch krank."[75]

„Der natürliche Beruf der Frau", der „Mutterberuf", dient als Argument, Barrieren zu errichten. So ist in von Männern publizierten Schriften zu lesen, dass die Einrichtung höherer Mädchenschulen ein Schaden für die Gesellschaft sei. Möbius` Fazit ist: „Schützt das Weib gegen den Intellektualismus."[76]

Doch es gibt Befürworter von Mädchenbildung. In seinem 1879 erschienenen Buch *Die Frau und der Sozialismus*[77] nimmt sich der Politiker August Bebel der Frauenbildung an. „Wir leben in einer Zeit, in der das Bedürfnis nach Ideenaustausch in allen Kreisen wächst, und da stellt sich die vernachlässigte geistige Ausbildung der Frau als ein großer Fehler heraus, der sich an dem Manne rächt. [...] Die borniere Männerwelt beklagt das häufig, weil sie darunter leidet, aber sie ändert es nicht, weil sie noch selbst in der großen Mehrheit bis über die Ohren in Vorurteilen steckt."[78]

1888 erregt die Frauenrechtlerin Helene Lange mit der *Gelben Broschüre* Aufsehen. Diese Publikation mit dem Titel *Die höhere Mädchenschule und ihre Bestimmung*[79] ist Begleitschrift einer Petition an das Preußische Unterrichtsministerium und Abgeordnetenhaus. Die Schrift erweckt großes öffentliches Interesse und bewirkt eine Diskussion über Mädchen- und Lehrerinnenbildung und den Zugang zur akademischen Ausbildung. Die Frauenrechtlerin Anita Augspurg schreibt: „Die Zeit ist gekommen, wo auch die deutsche Frau

---

73 Eduard von Hartmann: Phänomenologie des sittlichen Bewusstseins. In: Jean-Claude Wolf (Hg.): Göttingen 2009, S. 463. (Erstdruck Berlin 1878)
74 Paul Julius Möbius: Über den physiologischen Schwachsinn des Weibes. München 1977, S. 123. (Erstdruck 1900)
75 Paul Julius Möbius, S. 28 und 41.
76 Paul Julius Möbius, S. 61.
77 In den folgenden 150 Jahren das meistgelesene Werk zu diesem Thema. 1909 erscheint die 50. Auflage.
78 August Bebel: Die Frau und der Sozialismus. Berlin 1977, S. 140ff. August Bebel (1840–1913). Politiker, Publizist, Begründer der dt. Sozialdemokratie.
79 Helene Lange (1848–1930). Politikerin, Pädagogin, Frauenrechtlerin, Publizistin. Die Bezeichnung „Gelbe Broschüre" stammt von der gelben Farbe des Umschlags.

Bericht einer Visitation an der höheren Mädchenschule:
„Die Prüfung gab ein glänzendes Zeugnis von dem Eifer und der Hingabe der Lehrenden wie der Lernenden und den schönen Erfolgen, die in der Ausbildung der Mädchen erzielt wurden. Auch die aufgelegten Zeichnungen verraten viel Fleiß und Geschick in diesem Fache. Sehr ansprechend waren noch die Deklamationen und die in französischer und englischer Sprache gehaltenen freien Vorträge."
(Jagst-Zeitung 29.03.1898)

aus ihrem Dornröschenschlaf aufwacht, wo sie mitbestimmen muß über das, was mit ihr geschieht."[80]

In dieser Zeit der Diskussionen über Frauenbildung wachsen die Töchter von August und Emilie Benz auf und besuchen zwischen 1882 und 1900 die höhere Mädchenschule in Ellwangen. Hier werden die Fächer Religion, Deutsche Literatur und Aufsatz, Sprachlehre, Rechtschreiben, Schönschreiben Französisch, Englisch, Ziffer- und Kopfrechnen, Naturlehre, Naturgeschichte, Erdkunde mit Himmelskunde, Weltgeschichte, Zeichnen, Singen, Chorsingen, Turnen und Handarbeit gelehrt. Die Schule erwirbt sich einen guten Ruf, wird doch neben Französisch als erster Fremdsprache auch Englisch angeboten. Die staatliche Überwachung erfolgt in Form öffentlicher Prüfungen.

Sofie Benz besucht von Ostern 1896 bis Ostern 1900[81] die höhere Mädchenschule. Bei der Einsicht in die Schülerinnenlisten fällt auf, dass sie nicht am Zeichenunterricht teilnimmt. Vielleicht hat der Privatunterricht bei ihrem Vater zur Folge, sie vom schulischen Zeichnen freizustellen.

Sofies Klasse besteht im Schuljahr 1899/1900 aus sieben evangelischen, vier katholischen und zwei jüdischen Mädchen. Die Berufe der Väter werden mit Professor, Oberstleutnant, Landesökonomierat, Handelsmann, Fabrikant, Regierungsrat, Oberamtsrichter, Kaufmann, Oberförster, Gerichtsnotar und Präceptor angegeben. Wie die Pädagogik in der höheren Mädchenschule zu erfolgen hat, wird in den Statuten von 1867 beschrieben: „Die Schulzucht wird im Geiste ernster Liebe gehandhabt und kann sich bis zum Ausschluß steigern. Jede körperliche Züchtigung ist ausgeschlossen."[82]

Wie sehr die Eltern auf einen guten Umgang in der Schule achten, lässt sich an einer Kritik seitens der Väter im Jahr 1908 ablesen, wo es nach einer Sitzung des Schulvorstands im Protokoll heißt: „Hierbei kam zur Sprache, dass […] der Schulvorsteher den Schülerinnen gegenüber wegen geringfügiger Unarten & Fehler schon beschimpfende Ausdrücke gebracht habe, was doch

---
80 Anita Augspurg: Die ethische Seite der Frauenfrage. München und Leipzig 1893, S. 52.
81 Vgl. Schülerinnen-Listen der höheren Mädchenschule Ellwangen. Archiv Ellwangen.
82 Statuten der höheren Töchterschule zu Ellwangen, nach der Reorganisation vom 10. April 1867. Ellwangen 1867, S. 5. Archiv Ellwangen.

im Interesse guter Erziehung und der Erhaltung eines guten Tones unter den Schülerinnen vermieden werden sollte."[83]

Keine Selbstverständlichkeit ist bis Mitte des 19. Jahrhunderts der Turnunterricht für Mädchen; es gibt Warnungen vor dem Verlust der Weiblichkeit. Medizinische, ästhetische und moralische Argumente werden gegen das Turnen angeführt. Doch der Pädagoge Moritz Kloss setzt sich in seinem Buch *Die weibliche Turnkunst* schon 1855 für die Gymnastik[84] der Mädchen ein. Unterstützt wird er von einem Professor der Medizin, der auf die Frage, ob denn „die Frauenzimmer auch turnen sollen," antwortet: „Laßt sie turnen! Turnen macht schön!"[85] Ein Blick in den Bericht des Turnunterrichts im Schuljahr 1887/88 der höheren Mädchenschule Ellwangen zeigt, dass der Unterschied zu den Jungen nicht gravierend ist. Auf dem Programm stehen „Ordnungs-, Frei-, Stab- und Gelenkübungen, Übungen mit dem Arm-Bruststärker, Übungen im Gehen und Laufen, einfachere Übungen am Reck und Barren, Rundlauf."[86]

Ein Brief von Christian Reiniger 1891

Im Dezember 1891 bietet der Brief von August Benz` Freund Christian Reiniger einen Blick von außen auf die Familie Benz.

Mein lieber August!

Herzlichen Dank für Deinen lieben Brief. Du bist ein glücklicher Vater, und ich wünsche von Herzen Deiner jugendlichen Schar fröhliches Gedeihen, Dir und Deiner verehrten Frau Gemahlin Gesundheit und nie schwankenden Lebensmute. Möge es Euch vergönnt sein, bis ins späteste Alter nur Freude und Wonne an der gesund und froh heranblühenden Kinderschar zu erleben. – Es geht rasch, wenn der Anfang mit dem ältesten Kinde gemacht ist, vom Stamm abzuzweigen; und wie erfreulich ist es, wenn der glückliche Vater sehen darf, daß das geistige Erbteil sich in den Kindern fortpflanzt. Daß nur nicht die künstlerisch angelegte Tochter Emilie dem Vater das Herz so beherrsche, daß die Geschwister mit Eifersucht auf sie blicken! […] Dein treuer Freund Christian.[87]

---

83 Protokoll der Sitzung des Schulvorstands der höheren Mädchenschule Ellwangen, 04.05.1908. Archiv Ellwangen.
84 Gymnastik wird zu der Zeit mit Turnen bzw. Sport gleichgesetzt und als Synonym in der Literatur verwendet.
85 Moritz Kloss: Die weibliche Turnkunst. Leipzig 1855. Vorspann.
86 Jahresbericht höhere Mädchenschule Ellwangen, 1887/1888. Archiv Ellwangen.
87 Brief Christian Reiniger an August Benz, Reutlingen, 04.12.1891. Privatarchiv P.B.

Christian Reiniger sieht die vielseitige Begabung seines Freundes an die Kinder vererbt. Kunst ist ständig präsent im Hause Benz, so dass die Anlagen der Kinder gefördert werden. Tochter Emilie beendet die Schule 1888 mit fünfzehn Jahren. Von 1892 bis 1896 ist sie in München zum Studium der Malerei. München als Studienort ist naheliegend, da die Verwandten Tante Sophie und Onkel Julius Härlin in Gauting bei München wohnen. Mit der Cousine Laura geht Emilie oft zum Malen in die freie Natur. So versteht sich August Benz' Stolz auf Emilie. Dass Sofie eifersüchtig auf die elf Jahre ältere Schwester wäre, ist nie zu lesen.

Gauting. Gemalt um 1898 von Emilie Benz. (Privatbesitz)

Verleihung des Friedrichsordens an August Benz

Als Sofie 1896 in die höhere Mädchenschule eintritt, ist ihr Vater in seinem letzten Dienstjahr. August Benz ist 69 Jahre alt und geht im Juni 1897 nach 48 Jahren in den Ruhestand. Zum Ende seiner Berufstätigkeit wird ihm mit der Verleihung des Friedrichs-Ordens eine große Ehre zuteil.[88] Sein Freund Christian Reiniger, der als Rektor inzwischen auch in Pension ist, gratuliert:

> Die besten Glückwünsche sendet seinem lieben Freunde August zur Versetzung in den Ruhestand nach langer verdienstvoller Arbeit und zu der aus diesem Anlass erfolgten allerhöchsten Anerkennung durch Verleihung des Friedrichsordens II. Mögest Du bis ins spätere Alter Deines Ruhestandes in Gesundheit und Kraft an der Seite Deiner verehrten Frau im Kreise Eurer lieben Kinder geniessen und der dankbaren Verehrung Dich freuen, die Dir von allen entgegengebracht wird, die das Glück hatten, Deine Schüler zu sein und Dich kennen zu lernen. [...] Dein Christian.[89]

---

88 Der Friedrichs-Orden wurde am 1. Januar 1830 durch König Wilhelm I. von Württemberg gestiftet und bis zum Ende der Monarchie in Württemberg 1918 verliehen. Der Orden galt als Erinnerung an seinen Vater Friedrich I. und an die Erhebung des Landes zum Königreich im Jahre 1806. Er musste nach dem Tode des Geehrten an die Krone zurückgegeben werden.
89 Brief Christian Reiniger an August Benz, 10.06.1897. Privatarchiv P.B.

„Niemandem zur Last fallen"

Sofie ist knapp 16 Jahre alt, als sie im Sommer 1900 die höhere Mädchenschule Ellwangen verlässt. In den nächsten zwei Jahren muss sie über ihren weiteren Lebensweg entscheiden. „Ich habe mal geschworen, niemand zur Last zu fallen," schreibt sie später in einem Brief. Sie ist nicht die folgsame Tochter, die zu Hause sitzt, ihre Aussteuer näht und bei Tanztees und Bällen auf einen Ehemann wartet. Aus ihren Worten sprechen Trotz sowie Kämpfe, die sie mit den Eltern ausficht. Sie hat ihre eigene Vorstellung von der Zukunft. Vier Jahre nach ihrem Weggang aus Ellwangen wird in einem Brief deutlich, wie stark ihre Konflikte mit der Mutter sind. Sie schreibt 1906 an die Schwester Emilie: „Mama sagte bei so einer Auseinandersetzung, nein, man solle seine Töchter nie hinauslassen […]. Wenn sie wüßte, in welcher Gemütsverfassung ich war, ehe ich nach München kam. Wie ich das Leben verfluchte […]."[90]

Sofie will Malerin werden, die Schwester ist ihr Vorbild. Doch Sofies Studium in München ist nicht im Sinne der Mutter. Das erstaunt umso mehr, als zehn Jahre zuvor die Tochter Emilie in München studiert hatte. Warum diese Meinungsänderung? Zum einen hat Sofie ein anderes Naturell als Emilie, ist in den Augen der Mutter möglicherweise unreifer. Zum andern haben sich gesellschaftliche Bedingungen in den Jahren um die Jahrhundertwende gewandelt. Die Kritik an der „ruhe- und rastlosen Zeit" hat sich verstärkt, die Frauenbewegung hat Auftrieb bekommen. Reformbewegungen haben Möglichkeiten eines liberaleren Lebens aufgezeigt, und die „neue Zeit" hat zu einer Verunsicherung in der Bevölkerung beigetragen. Berichte über Zustände in Schwabing als Ort freizügigen Lebens werden auch Ellwangen erreicht haben. Sofies Mutter kann ihre jüngste Tochter nicht loslassen.

Die Schriftstellerin Franziska zu Reventlow, 1871 geboren, schildert ähnliche Konflikte in ihrer Erziehung. „Ich habe früher meine Mutter leidenschaftlich geliebt, […] aber allmählich hat sich das abgestumpft, und es ist beinahe Krieg zwischen uns."[91] Während junge Mädchen Lichtblicke in ein freieres Leben sehen, ist es für Mütter die Bedrohung ihrer tradierten Lebensweise. Dass die Diskussionen nicht an Ellwangen vorübergehen, zeigt ein Vortrag von Rechtsanwalt Faul im März 1887 über „die kulturgeschichtliche Stellung der Frauen". Die Jagst-Zeitung gibt den Inhalt ausführlich wieder: „Sodann bespricht Redner noch die allgemeinen Eigenschaften, die der Frau im Unterschied zum Manne zukommen […] und kommt schließlich zu dem Resultate, daß im ganzen der Mann der Frau doch überlegen ist. Selbst auf Gebieten, die

---
90 Brief SB an EB, 16.01.1906. Privatarchiv P.B.
91 Franziska Gräfin zu Reventlow: Ellen Olestjerne. Frankfurt/M. 1986, S. 9. (Erstdruck 1903)

den Thätigkeiten der Frauen sehr angemessen sind, wie Musik und Malerei, haben sie es doch noch nicht zu großen Erfolgen gebracht – abgesehen von einzelnen Ausnahmen."[92]

„Die Unrast der Tage"

Sofie wächst in einer Zeit des schnellen technischen Fortschritts auf. Ab den 1880er Jahren bewirken Elektrotechnik, Telegrafie, chemische Industrie und wissenschaftliche Forschung im Verbund mit Bergbau, Stahl- und Rüstungsindustrie einen wirtschaftlichen Aufschwung. Der rasch voranschreitende Eisenbahnbau beschleunigt die Mobilität. Damit einher geht eine allgemeine Sinnkrise. „Es gibt nur einen Wert, den Wert des materiellen Gutes. […] Eine wahre Seelenvergiftung der Massen tritt mit der materialistischen Lebensführung ein […]."[93]

Die „Unrast der Tage" wird beklagt; vor allem Großstadtmenschen fühlen sich überfordert. „Diese Unrast gleicht der Büchse Pandoras, ihr entstammen alle Miseren des modernen Lebens: die Nervosität, die Überreiztheit, die Fried- und Freudlosigkeit, der Pessimismus, der Materialismus, die Gewinnsucht, die Genusssucht, die Blasiertheit."[94] So wird der Mensch um 1900 als Spielball des Kapitalismus beschrieben: „Kein Anhaltepunkt, kein Hafen! Das Schiff unserer Zeit treibt vorläufig noch steuerlos auf den hohen, wilden Wellen des Alllebens [sic!] dahin. Wir suchen nach Ruder und Steuer, um das neue Land, die neue Zeit zu erreichen."[95] Da erscheint wie ein Hoffnungsstrahl im Jahr 1890 das Buch des Kulturkritikers Julius Langbehn: *Rembrandt als Erzieher*.[96] „Alle gebildeten Kreise des Volks wurden wie mit einem Zauberstabe von diesem Buche berührt. Mit einem Schlage ging es von Hand zu Hand, und wie eine längst ersehnte Offenbarung griff es an die Herzen. […] ein ungeheurer Erfolg für ein Buch kulturphilosophischen Charakters."[97]

Langbehn sieht „Rationalität, Wissenschaftlichkeit, Materialismus, Liberalismus, Kosmopolitismus und geistig-kulturellen Uniformismus als Degenerationserscheinungen."[98] Ihm fehlt eine politische Führung, die dem „deutschen

---
92 Jagst-Zeitung, Ellwangen, 10.03.1887.
93 Johannes Richter: Die Entwicklung des kunsterzieherischen Gedankens. Leipzig 1909, S. 28f.
94 Siegmar von Schultze-Galléra: Von der Wiedergeburt deutscher Kunst. Berlin 1898, S. 52.
95 Siegmar von Schultze-Galléra, S. 49ff.
96 Ein Jahr später erscheint das Buch bereits in der 35. Auflage. Julius Langbehn (1851–1907).
97 Johannes Richter, S. 60ff.
98 https://de.wikipedia.org/wiki/Julius_Langbehn. Abgerufen am 24.11.2021.

Volk" den Weg weist. Langbehns Heilmittel sind Monumentalität und Helden als Vorbilder. Er schlägt den Maler Rembrandt als Typus des idealen ‚Niederdeutschen' vor und fordert eine nationale, von der Kunst geleitete Bildung. Als Gegner der Moderne geht Langbehn in die Literatur des 19. Jahrhunderts ein. Er sieht sich als Weltverbesserer, wie viele andere zum Ende des Jahrhunderts.

Lebensreformbewegungen um 1900

Um die Jahrhundertwende entstehen Initiativen, die sich als Antwort auf die Sinnkrise verstehen. Reformbewegungen unterschiedlicher Ausrichtungen ziehen die Menschen an. Schlagworte sind Reformpädagogik, Kleidungsreform, Bodenreform, ökologische Landwirtschaft, Theosophie, Gartenstadt-, Landschafts-, Siedlungs-, Heimat- und Naturschutzbewegung, Freikörperkultur, Naturheilkunde, Antialkohol- und Antinikotinbewegung, Vegetarismus, Vegetabilismus, Sonnenlichtnahrung, Rohkost- und Vollkornernährung, Turn- und Tanzbewegung, Jugend- und Wandervogelbewegung. Neue Möglichkeiten des Zusammenlebens werden abseits der Städte gesucht, „Kolonien" bzw. „Landkommunen" gegründet. Schon 1762 hatte Jean-Jacques Rousseau mit seinem Roman *Emile* eine Rückkehr zu naturgemäßer Lebensweise gefordert. Pfarrer Sebastian Kneipp erlangt mit seiner Wassertherapie Bekanntheit. 1896 wird der *Allgemeine Verein zur Verbesserung der Frauenkleidung* gegründet.

Allen Reformbestrebungen ist gemein, dass sie der „Moderne" skeptisch gegenüberstehen und diese nicht als Fortschritt, sondern als kulturelle Verfallserscheinung und Hemmnis für die Entwicklung des Menschen zu einem besseren Wesen in einer gerechteren Welt sehen. Die Zivilisationskritik begründet sich auf linke – marxistische sowie sozialistische –, aber auch konservative Denkmodelle.

Ein sichtbarer Ausdruck der Kunsterziehungsbewegung ist im September 1901 der Kunsterziehertag in Dresden. Ziel ist die geistige und körperliche Erneuerung der Gesellschaft durch Kunst, Musik, Literatur und Leibeserziehung. Jetzt wird das realisiert, was August Benz dreißig Jahre zuvor zu verwirklichen versuchte, indem er „Farbe und Pinsel und Aquarell" in den Unterricht integrierte. Die neue Kunstpädagogik fordert das freie Zeichnen: nicht das Zeichnen *nach* der Natur, sondern *in* der Natur.

Exkurs: Frauenbewegung und „Schwachsinn des Weibes"

Ende des 19. Jahrhunderts rückt die Stellung der Frau in Politik, Bildung und Gesellschaft in den Fokus. Die Frauenbewegung stößt auf starke Abwehr. Die

Philosophen Ludwig Feuerbach, Arthur Schopenhauer und Friedrich Nietzsche betonen das inferiore Wesen der Frau. Ludwig Feuerbach stellt fest: „Das Wesen des Mannes ist die Männlichkeit, das des Weibes die Weiblichkeit."[99] Arthur Schopenhauer sieht in Frauen lebenslange Kinder: „Schon der Anblick der weiblichen Gestalt lehrt, daß das Weib weder zu großen geistigen, noch körperlichen Arbeiten bestimmt ist. [...] Zu Pflegerinnen und Erzieherinnen unserer ersten Kindheit eignen die Weiber sich gerade dadurch, daß sie selbst kindisch, läppisch und kurzsichtig, mit einem Worte, Zeit Lebens große Kinder sind: eine Art Mittelstufe, zwischen dem Kinde und dem Manne, als welcher der eigentliche Mensch ist. [...] Daher bleiben die Weiber ihr Leben lang Kinder."[100]

Für Friedrich Nietzsche ist die Frau ein Spielzeug des Mannes: „Der Mann ist für das Weib ein Mittel: der Zweck ist immer das Kind. Aber was ist das Weib für den Mann? – Zweierlei will der echte Mann: Gefahr und Spiel. Deshalb will er das Weib, als das gefährlichste Spielzeug. – Der Mann soll zum Kriege erzogen werden, und das Weib zur Erholung des Kriegers: alles andre ist Torheit. [...] Das Glück des Mannes heißt: ich will. Das Glück des Weibes heißt: er will."[101]

Im Jahr 1900 macht Paul Möbius mit dem kontrovers diskutierten Werk *Über den physiologischen Schwachsinn des Weibes* auf sich aufmerksam. Er rückt das weibliche Wesen in die Nähe von Tieren. „Der Instinkt nun macht das Weib tierähnlich, unselbständig, sicher und heiter. [...] Mit dieser Tierähnlichkeit hängen sehr viele weibliche Eigentümlichkeiten zusammen."[102]

Drei Jahre später erscheint das Buch *Geschlecht und Charakter* des Philosophen Otto Weininger. „Das absolute Weib hat kein Ich,"[103] stellt er fest. Sein Buch wird mit 28 Auflagen ein Bestseller.

Zur gleichen Zeit geben John Stuart und Harriet Mill in ihrem 1869 veröffentlichten Buch *Die Hörigkeit der Frau*[104] dem Aufbruch der Frauen einen entscheidenden Anstoß. Die Frauenrechtlerin Lina Morgenstern schreibt: „Stuart Mills grosses, unsterbliches Werk ‚Die Hörigkeit der Frau' wurde der Ausgangspunkt der Frauenbewegung. Langsam und zögernd schickte sich die

---

99 Ludwig Feuerbach: Das Wesen des Christenthums. 10. Kapitel, Leipzig 1841.
100 Arthur Schopenhauer: Parerga und Paralipomena II. Kap. 27. Über die Weiber. §§ 363, 364 und 366. (Erstdruck Berlin 1851)
101 Friedrich Nietzsche: Also sprach Zarathustra. Stuttgart 1958, S. 63ff. (Erstdruck 1885)
102 Paul Möbius, S. 31 und 34.
103 Otto Weininger: Geschlecht und Charakter. Wien 1947, S. 153ff. (Erstdruck Wien/Leipzig 1903)
104 John Stuart Mill (1806–1873). Philosoph, Politiker, Ökonom. Harriet Taylor Mill (1807–1858). Frauenrechtlerin, Autorin. Auch die deutsche Übersetzung erscheint 1869. Titel der Neuausgabe 2012: Die Unterwerfung der Frauen.

Zeit an, ein Jahrhunderte fortgesetztes Unrecht an dem weiblichen Geschlecht gut zu machen [...]."[105]

Mill schreibt: „Sagt man, der Lehrsatz von der Gleichheit der Geschlechter beruhe nur auf Theorie, so gebe ich zu bedenken, daß die Lehre von der Ungleichheit ebenfalls keinen andern Stützpunkt als die Theorie hat."[106] Die 1819 geborene Louise Otto-Peters – sozialkritische Begründerin der bürgerlichen Frauenbewegung – setzt sich für das Recht der Frauen auf Bildung, Erwerbstätigkeit und den Zugang zum Hochschulstudium ein. Sie gründet 1865 den Leipziger Frauenbildungsverein, hält Vorträge und gibt die *Frauen-Zeitung* heraus.

Die Forderung nach sozialer Gleichberechtigung erfasst Frauen der bürgerlichen sowie der arbeitenden Klasse, doch werden Bedürfnisse und Ziele unterschiedlich definiert. Während es der bürgerlichen Klasse um Bildung und Zulassung zum Universitätsstudium geht, stehen bei den Arbeiterinnen Kinderbetreuung, gesündere Arbeitsplätze, Reduzierung der Arbeitszeiten und höhere bzw. gerechtere Löhne im Vordergrund. Die Politikerin Clara Zetkin sieht die Frauenfrage im sozialen Kontext: „Wie der Arbeiter vom Kapitalisten unterjocht wird, so die Frau vom Manne; und sie wird unterjocht bleiben, solange sie nicht wirtschaftlich unabhängig dasteht. [...] Emanzipation der Frau heißt die vollständige Veränderung ihrer sozialen Stellung von Grund aus, eine Revolution ihrer Rolle im Wirtschaftsleben."[107]

„Was wird aus unsern Töchtern?" oder: Das Recht auf Arbeit

1891 fragt die für Gymnasialbildung von Mädchen kämpfende Hedwig Johanna Kettler: „Was wird aus unsern Töchtern?" Ihr ist es zu verdanken, dass 1893 das erste Mädchengymnasium Deutschlands in Karlsruhe eröffnet wird. Kettler fordert Erwerbsmöglichkeiten: „Die Frauenwelt unserer Zeit leidet an einer lebensgefährlichen Krankheit; es nutzt nichts, ihr dieselbe auszureden, es nutzt nur, sie davon zu heilen. Und es gibt nur eine Heilung, nur eine einzige: Das Recht auf Arbeit!"[108] Auch August Bebel nimmt sich den „Naturberuf" der Frau vor, der traditionell als „Mutterberuf" definiert wird. „Die Berufung auf den Naturberuf der Frau [...] ist ebenso sinnreich als die Berufung darauf,

---

105 Lina Morgenstern: Frauenarbeit in Deutschland. 1. Teil. Berlin 1893, S. 7.
106 John Stuart Mill: Die Hörigkeit der Frau. Frankfurt/M. 1991, S. 37.
107 Clara Zetkin: Für die Befreiung der Frau! Rede auf dem Internationalen Arbeiterkongress zu Paris (19. Juli 1889). In: Clara Zetkin: Ausgewählte Reden und Schriften, Bd. I, Berlin 1957, S. 4f.
108 Johanna Kettler: Was wird aus unsern Töchtern? Weimar 1891, S. 12.

daß es ewig Könige geben müsse, weil, solange es eine Geschichte gebe, es irgendwo solche gab."[109]

Im September 1896 findet der erste *Internationale Kongreß für Frauenwerke und Frauenbestrebungen* in Berlin statt. Zugute kommt der Frauenbewegung, dass die wirtschaftliche Entwicklung Ende des 19. Jahrhunderts für die Gesellschaft große Veränderungen mit sich bringt. Es ist nicht mehr selbstverständlich, dass Mädchen heiraten. Eine oder mehrere unverheiratete Töchter „auf der Tasche" zu haben, bedeutet für die Väter eine Last. So wird es notwendig, dass Mädchen nach der Schule eine Ausbildung erhalten. Der Beruf soll ihnen im Falle der Ehelosigkeit Selbstständigkeit geben, aber auch die Möglichkeit, zum Familieneinkommen beizutragen. „Die Frage des selbstständigen Erwerbes für das weibliche Geschlecht erhält von Tag zu Tag mehr praktische Bedeutung, je schwieriger und kostspieliger durch die Gestaltung unsrer socialen Verhältnisse die Begründung eines eigenen häuslichen Herdes wird."[110]

Es kommt zu einer steigenden Nachfrage nach Ausbildungs- und Berufsmöglichkeiten für Frauen. In ihrem *Handbuch für Frauenbewegung* stellen Helene Lange und Gertud Bäumer Erwerbsmöglichkeiten für junge Frauen zusammen. Frauenarbeits- und Zeichenschulen bereiten auf das Examen der Handarbeits- und Zeichenlehrerin vor. Handels- und Gewerbeschulen lehren Stenographie, kaufmännisches Rechnen und Buchhaltung. Frauenarbeitsschulen werden in vielen Gemeinden Württembergs eröffnet, so auch 1889 in Ellwangen. In der *Gartenlaube* erscheint ein Artikel, in dem die von August Benz' Freund Christian Reiniger geleitete Frauenarbeitsschule in Reutlingen als vorbildlich dargestellt wird.

Die Sexualmoral um 1900 und „Lex Heinze"

Reformbewegungen sind ein Ausdruck von Rebellion. Das Bürgertum mit seinen moralischen Werten steht in der Kritik. Neue Rollen von Mann und Frau werden erforscht und in Kunst und Literatur verarbeitet. Eine Reaktion darauf ist im Jahr 1900 die „Lex Heinze", eine Gesetzesinitiative, die sich im Reichsstrafgesetzbuch niederschlägt. Bestraft werden sollen Zuhälterei (Kuppelei) und die Verbreitung unzüchtiger Schriften, Abbildungen und Darstellungen. Die Theater und Kunst betreffenden Paragrafen lösen starken Protest

---

109 August Bebel: Die Frau und der Sozialismus. Hannover 1974, S. 190f. (Erstdruck 1879). Das Buch ist die am meisten verbreitete marxistische Schrift vor dem Ersten Weltkrieg.
110 Caroline S. J. Milde: Der deutschen Jungfrau Wesen und Wirken. Leipzig 1872. In: Günter Häntzschel (Hg.): Bildung und Kultur bürgerlicher Frauen 1850–1918. Tübingen 1986, S. 263f.

aus, denn jetzt können Kunstwerke – beginnend mit der Antike – der Zensur unterworfen werden.

Im März 1900 gründen rund 150 Künstler, Politiker und Gelehrte den Goethebund zur Wahrung der künstlerischen und wissenschaftlichen Freiheit. In einer Kampfschrift – *Das Buch von der Lex Heinze* – erscheinen Stellungnahmen bekannter Persönlichkeiten. Die Proteste führen zu einer Kompromissfassung, doch gehen Zensurbehörden weiterhin gegen missliebige Autoren und kritische Inhalte vor. Betroffen sind Gerhard Hauptmann (*Die Weber*), Arthur Schnitzler (*Der Reigen*) und Frank Wedekind (*Frühlings Erwachen, Die Büchse der Pandora*). Max Slevogts Bild *Danae* wird aus der Jahresausstellung der Münchner Sezession entfernt.

Beim Fasching 1900 zeigen Münchner Künstler ihren Protest und ziehen in Phantasiekostümen, mit Transparenten und Kampfgesängen gegen die *Lex Heinze* durch die Straßen. Ein Jahr später wird das Kabarett *Die Elf Scharfrichter* in München gegründet und im Programm die Doppelmoral der Gesellschaft ins Visier genommen. Was Prüderie in der Kunst bewirkt, schildert der Schriftsteller Otto Julius Bierbaum[111], der 1902 bei einer Reise durch Italien in Florenz Statuen mit schamhaften Verhüllungen vorfindet. „Es ist eine wahre Schande für die Stadt Michelangelos und Donatellos, daß man Kunstwerke reinster und höchster Art, Darstellungen der menschlichen Schönheit, wie sie edler nicht zu denken sind, […] mit Miniaturschürzen aus Blech behängt, die durch den grotesken Kontrast, in dem sie zu dem edlen Material der Bildwerke stehen, den Blick eben auf den Körperteil lenken, den sie ‚verhüllen' wollen."[112]

Der steinige Weg zur Kunst

Sofie ist seit ihrer Geburt von Kunst umgeben, so erscheint es fast selbstverständlich, dass sie Kunst studiert. Sind die Eltern damit von ganzem Herzen einverstanden? Ihre Äußerung im April 1906 – „Ich hab mal gelobt, niemand zur Last zu fallen"[113] – lässt aufhorchen. Sofie will auf eigenen Füßen stehen. Halten die Eltern sie für zu jung, um allein in München zu leben? Oder liegt es am Geld? Das Jurastudium des Bruders hat die Finanzen des Vaters belastet,

---

111 Otto Julius Bierbaum (1865–1910). Schriftsteller, Publizist, Journalist. Zusammen mit seiner Frau unternimmt er 1902 mit einem Cabrio der Adlerwerke von Deutschland eine Reise nach Italien. Sein Buch gilt als erstes Autoreisebuch der deutschen Literatur. Bierbaum überquert als erster Deutscher den Gotthardpass mit einem Automobil.
112 Otto Julius Bierbaum: Eine empfindsame Reise im Automobil. München 1955, S. 83. (Erstdruck 1903)
113 Brief SB an EB, Mai 1906. Privatarchiv P.B.

aber Karl hat sein Studium beendet und ist inzwischen Gerichtsreferendar mit eigenem Einkommen. Die Schwester Anna ist verheiratet, auch Emilie hat seit 1896 ihr eigenes Auskommen als Malerin und Kunsterzieherin. Außer Sofie sind nur noch die Schwestern Mathilde und Johanna zu Hause.

Befürchten die Eltern, Sofie könnte später nicht auf eigenen Beinen stehen? Der Kunstkritiker Servaes schildert die geringen Aussichten von Kunststudentinnen, mit der Malerei den Lebensunterhalt zu bestreiten. „Einige hegen die Hoffnung, Malerinnen zu werden und sich durch ihre gewissermaßen akademische Vorbildung, die auch Landschaftsmalerei, Porträtstudium und Anatomie umfaßt, zu künftigen künstlerischen Ehren würdig vorzubereiten. Diese sind zweifellos die Bedauernswertesten; denn ihrer harrt die Enttäuschung – mit vielleicht ganz verschwindenden Ausnahmen."[114]

Die Malerin Hermione von Preuschen-Telman stellt 1896 fest: „Trotzdem glaube ich an die Berechtigung der Frauenemanzipation – wie ich an die Sonne glaube. Sie liegt in der Luft, sie ist zeitgemäss, unaufhaltsam. [...] Und doch hat die Frau, die sich zur Künstlerin berufen fühlt, mit viel grösseren Schwierigkeiten zu kämpfen, als der Mann."[115]

Häufig wird Frauen die Befähigung zur Kunst abgesprochen. Der Kunstkritiker Karl Scheffler hält das Studium der Malerei für nicht vereinbar mit dem natürlichen Wesen der Frau: „Versucht sie es doch, mit dem Willenstrieb des Mannes in Wettbewerb zu treten, so vergewaltigt sie ihre innere Natur. Zwingt sie sich zur Kunstarbeit, so wird sie gleich männlich."[116] Zudem bezweifelt Scheffler die Begabung der Frau, denn die Kunst sei vom Mann und für den Mann gemacht. „Denn der Frau ist die Kunst nicht notwendig. [...] Die Natur hat ihr, mit dem einseitig gerichteten Willen zugleich die Kraft versagt, die Talent genannt wird. [...] Darum ist nichts dem weiblichen Wesen fremder, als die einseitige Kraft der Begabung."[117]

Um Versöhnung bemüht, gesteht Scheffler der Frau zu, als menschliches Wesen ein „Kunstwerk der Natur" zu sein. „Ist also die Frau nicht imstande, Kunst zu schaffen, [...] so ist ihr Naturell doch mit Kunst verwandt. Sie selbst ist als Seele und Erscheinung ein Kunstwerk der Natur, wie der große männliche Schöpfer ein Kunstwerk der Kultur ist."[118]

Trotz aller Widerstände gibt es Frauen, die im 19. Jahrhundert die darstellende Kunst zu ihrer Profession machen. Angelica Kauffmann, Rosa Bonheur,

---

114 Carola Muysers (Hg.): Die bildende Künstlerin. Wertung und Wandel in deutschen Quellentexten. Dresden 1999, S. 63.
115 Hermione von Preuschen-Telmann: Über das künstlerische Studium der Frau. 1896. In: Carola Muysers (Hg.), S. 73f.
116 Karl Scheffler: Die Frau und die Kunst. Berlin 1908, S. 33ff.
117 Karl Scheffler, S. 29f.
118 Karl Scheffler, S. 32.

Marie Ellenrieder, Marie Bashkirtseff, Marie Cassatt, Maria Slavona, Paula Modersohn-Becker, Gabriele Münter, Käthe Kollwitz, Marianne von Werefkin und Clara Rilke-Westhoff beweisen, dass Frauen als Künstlerinnen und nicht als „Dilettantinnen" ernst genommen werden müssen.

Das Interesse von Frauen am künstlerischen Schaffen wächst, und das angebliche Überangebot wird als Problem hervorgehoben. Der Kunstpublizist Georg Malkowsky erklärt 1895: „Die Thatsache, dass in der Welt heute schon zu viel gemalt wird, lässt sich kaum leugnen. [...] Wir können der Vermehrung der malenden Frauen weder auf wirtschaftlichem, noch auf künstlerischem Niveau ein günstiges Prognostikon stellen."[119] Um dieser „Misere" entgegenzuwirken, müsse Frauen das Kunststudium unattraktiv gemacht werden, schlägt Malkowsky vor. Es seien finanzielle Hürden zu setzen, und auf die Einrichtung von Meisterinnen-Ateliers und die Gewährung von Staatsstipendien sei zu verzichten.[120] Tatsächlich soll es noch 25 Jahre dauern, bis Frauen zu den Akademien zugelassen werden.

Sofies Ziel: Studium der Kunst in München

Sofie, die ein Kunststudium anstrebt, könnte sich der freien Kunst, aber auch dem Kunsthandwerk zuwenden und später als Malerin, Bildhauerin, Kunststickerin, Musterzeichnerin, Photographin, Dekorateurin oder Zeichenlehrerin arbeiten. Den Beruf einer Künstlerin gesteht der Schriftsteller Ernst Guhl nur Frauen zu, die von Haus aus mit Kunst in Berührung kommen. Er beobachtet „die große Anzahl von Künstlerinnen, von denen uns ausdrücklich überliefert wird, daß sie durch Vater, Mutter oder Bruder zur Kunst angeleitet worden sind, oder daß sie, mit andern Worten, den Anlaß zum Künstlerberuf in der Familie gefunden haben."[121]

Unter diesen Voraussetzungen sollte Sofie große Chancen haben, eine erfolgreiche Kunststudentin zu werden. Nicht Zeichenlehrerin, sondern freiberufliche Künstlerin ist ihr Ziel. Sie wählt als Studienort nicht Stuttgart – wo ihr Vater studiert hatte und die Schwester Anna verheiratet ist –, sondern München. Ihre Schwester Emilie hatte dort an der Königlichen Kunstgewerbeschule studiert. Die Anwesenheit von Verwandten im nahen Gauting mögen für Emilie wie auch für Sofie ein zusätzlicher Entscheidungsgrund gewesen sein. München hat als Kunststadt einen hervorragenden Ruf. Die Königlich-Bayerische Kunstakademie steht zwar nur Männern offen (für das Frauenstudium

---

119 Georg Malkowsky: Das moderne Weib. In: Moderne Kunst: Illustrierte Zeitschrift. Band 9, 1895, S. 177.
120 Vgl.: Georg Malkowsky, S. 177.
121 Ernst Guhl: Die Frauen in der Kunstgeschichte. Berlin 1858, S. 8.

an der Akademie gibt es sittliche Vorbehalte – „‚Weil dies der Weiblichkeit ins Gesicht schlüge und doch nur Allotria entständen', sagen die Herren mit dem Zopf."[122] –), aber es gibt zahlreiche private Mal- und Kunstschulen. Die Damen-Akademie des Künstlerinnen-Vereins, die Königliche Kunstgewerbeschule, die Kunstschulen von Wilhelm von Debschitz und Hermann Obrist, Moritz Heymann, Anton Ažbé, Walter Thor, Friedrich Fehr, Lothar von Kunowski, Moritz Weinhold und Ludwig von Herterich sind nur einige Beispiele.

Junge Männer studieren ebenfalls an privaten Kunstschulen, doch entweder zur Vorbereitung für die Aufnahmeprüfung in die Akademie oder als Zusatzqualifikation bei einem renommierten Künstler. Für viele angehende Künstler ist München ein Sprungbrett in Kunst-Metropolen wie Paris und Florenz.

Das Studium an privaten Kunstschulen ist teurer als an der staatlichen Akademie. In den Malschulen muss für jede Leistung separat gezahlt werden: Ateliermiete, Heizung und Modelle. Die Kosten für das Studium bei einer privaten Kunstschule werden fünfmal höher als an der Akademie veranschlagt. So füllen sich die Malschulen mit Schülerinnen, die den Lebensunterhalt der Professoren mitfinanzieren, die in engen Ateliers malen und ohne Aufnahmeprüfung und Portfolio zugelassen werden. Zum guten Ruf der Kunstschulen tragen bekannte Münchner Künstler und Professoren bei, die Lehrgänge im Figuren- und Aktzeichnen, in Maltechniken, Kunstgeschichte, Kompositionslehre, Stillleben-, Landschafts- und Tiermalerei durchführen.

Sofie entscheidet sich für die Anfang 1902 von Wilhelm von Debschitz und Hermann Obrist gegründeten *Lehr- und Versuchsateliers für Angewandte und Freie Kunst*, kurz Debschitz-Schule genannt. Hermann Obrist hatte sein Programm in Kunstzeitschriften inseriert: „Freie individuelle, schöpferische Entwicklung jeglichen Talents unter erfahrener Leitung."[123]

Als Sofie im Herbst 1902 eintritt, gehört sie an der Debschitz-Schule zur ersten Generation von Studentinnen.

---

122 Hermione von Preuschen-Telmann in: Carola Muysers (Hg.), S. 75.
123 Hermann Obrist: Ein glückliches Leben. In: Eva Ahfus, Andreas Strobl: Hermann Obrist. Skulptur, Raum, Abstraktion um 1900. Zürich 2009, S. 28.

Teil II: 1902 – 1906

Studium der Kunst in München

Auf nach München!

Im Herbst 1902 nimmt Sofie Abschied von Ellwangen. Es ist nicht nur ein Sprung aus dem Elternhaus in die Großstadt – es ist eine andere Welt, die sie betritt.

In den 1890er Jahren ist München eine Stadt der Superlative, die Stadt der Stars, die Stadt kometenhafter Karrieren. Berühmte Zeitschriften wie der *Simplicissimus* und die *Jugend* werden hier gegründet, hier wird der deutsche Jugendstil geboren. In keiner anderen Stadt gibt es so viele Skandale wie in München, hier toben die Kämpfe um die Moderne am intensivsten. Gleichsam stellvertretend für Deutschland findet hier die Befreiung von den engen Sitten und Gebräuchen des Wilhelminischen Kaiserreiches statt. Von hier aus wird provoziert, erfolgen die meisten Angriffe. Nicht nur durch literarische, künstlerische und architektonische Werke, sondern auch durch die neuen Lebensentwürfe, die in diesem Jahrzehnt in München gelebt und zur Schau gestellt werden. Völlig neue Rollen als Mann und Frau werden ausgetestet, neue Formen des Zusammenlebens ausprobiert, neue Formen der Sexualität und Erotik gelebt. In diesem Jahrzehnt werden hier in nahezu jeder Hinsicht die Fenster zur Moderne aufgestoßen. Tatsächlich findet in München der Aufbruch zum neuen Menschen statt.[1]

München, am Karlstor um 1900.
(Postkarte, Privatbesitz)

München, das 1902 bereits 500 000 Einwohner hat und nach Berlin und Hamburg die drittgrößte Stadt im Deutschen Reich ist, hat sich zu einem weltweit bedeutenden Kunstzentrum entwickelt. Die Stadt Schwabing war im Jahr 1890 zum südlich gelegenen München eingemeindet worden. Es wird in den nächsten acht Jahren Sofies Lebensmittelpunkt sein: ein

---
1 Ingvild Richardsen: ‚Leidenschaftliche Herzen, feurige Seelen'. Frankfurt/M. 2019, S. 16f.

Schmelztiegel der Künstler und Schriftsteller, der Reformbegeisterten, Sinnsucher und Weltverbesserer, der Anarchisten und Esoteriker, der armen Künstler und des Geld-Adels. Die Maler Friedrich August von Kaulbach, Franz von Lenbach und Franz von Stuck hatten den Ruf als Stadt der Künste begründet. Literatur über Schwabing und die Schlawiner – wie die Münchner das Künstlervolk nannten – gibt es zahlreich; als amüsante oder nachdenkliche Lebenserinnerungen, als Anekdotensammlung, mit einem Augenzwinkern, satirisch, ironisch, verklärt, romantisierend und auch wehmütig.

> Daß ‚Schwabing' in den ersten Jahren dieses ereignisreichen Jahrhunderts keinen geographischen Begriff, sondern einen Gemütszustand bezeichnete, ist männiglich bekannt. Diese nördliche Vorstadt Münchens war der Platz, wo sich die jungen Menschen jener Jahre gährenshalber aufhielten und die Fesseln bürgerlicher Anstandsregeln fröhlich abstreiften. […] Daß auch Große und Berühmte in Schwabing wohnten oder hier aus- und eingingen, war selbstverständlich.²

„Schwabings Stunde aber heißt Illusion", schreibt der Journalist René Prévot, der zur gleichen Zeit wie Sofie zum Studium in München eintrifft. „Dieser Stadtteil hat die Weite, die eines Kontinents. Er ist die ästhetische Experimentierstation der Kulturstadt München. Die wundersame Wahlheimat aller hergereisten Spleene: eine gastliche Freistatt für jegliches Schlawinertum; ein Asyl für alle Outsider der Bürgerlichkeit. Ein Babelturm, der in den Himmel wachsen möchte."³

Die „Legende Schwabing"

René Prévot spricht aber auch von der „Legende Schwabing" und macht damit deutlich, dass dort ganz normale Bürger zu Hause sind.

> Solltet ihr etwa in der eitlen Illusion leben, beim ersten Schritt in die Leopoldstraße ein Heerlager von langhaarigen Dichter- und Maljünglingen und schneckerlgeschmückten, buntfetzig umwickelten Kunstamazonen vorzufinden […], dann erspart euch die Enttäuschung und kehret um. In diesem vielverleumdeten Stadtteil lebt […], umbaut von fürstlichen Palästen und hochherrschaftlichen Mietshäusern, die Creme gutbürgerlicher Geistlichkeit. […] Daneben, Tür an Tür, in den Seitenstraßen, haust das bescheidene Periökenvolk [⁴] der Gastwirte, Kleinkrämer, Handwerker, Buch- und

---
2 Rolf von Hoerschelmann: Leben ohne Alltag. Berlin 1947, S. 121.
3 René Prévot: Du mein Schwabing! München 1921, S. 8f.
4 Periöken: Angehörige antiker griechischer Stadtstaaten.

Papierhändler und seltsamerweise einige noch nicht verhungerte Frisöre.[5]

Franziska zu Reventlow, 1893 zum Kunststudium nach München gekommen, stellt fest: „Schwabing ist kein Ort, sondern ein Zustand". Sie hat Schwabing in ihrem Roman *Herrn Dames Aufzeichnungen oder Begebenheiten aus einem merkwürdigen Stadtteil* mit dem Begriff „Wahnmoching" ein Denkmal gesetzt: „Wahnmoching im bildlichen Sinne ist eine geistige Bewegung, ein Niveau, eine Richtung, ein Protest, ein neuer Kult oder vielmehr der Versuch, aus uralten Kulten wieder neue religiöse Möglichkeiten zu gewinnen."[6]

Erich Mühsam – der sich nach eigenen Angaben erstmals 1905 in München anmeldet – hält Schwabing für einen kulturellen Begriff. Zunächst schreibt er: „Äußerlich ein Münchener Stadtteil wie jeder andere, mit Läden, langen Straßen, hohen Wohnhäusern, einzelnen Villenstraßen [...]. Da gibt es noch, rund um eine alte kleine Kirche herum, schiefgestellte, ländliche Häuschen und mit mächtigen Bäumen bestandene Biergärten vor verhutzelten Gastwirtschaften."[7] Dann lenkt er den Blick auf die Dachfester der Ateliers, die viel Licht hineinlassen und „in denen sich jener besondere Schwabinger Geist zu Werken der bildenden Kunst in Öl oder Gips zu materialisieren befleißigt.[8]" Er nennt die Menschen, die das Bild Schwabings prägen: „Maler, Bildhauer, Dichter, Modelle, Nichtstuer, Philosophen, Religionsstifter, Umstürzler, Erneuerer, Sexualethiker, Psychoanalytiker, Musiker, Architekten, Kunstgewerblerinnen, entlaufene Höhere Töchter, ewige Studenten, Fleißige und Faule, Lebensgierige und Lebensmüde, Wildgelockte und adrett Gescheitelte – [...]."[9]

Die Ansammlung von Sonderlingen hat in Mühsams Augen eine psychologische Wirkung, denn „ganz München gewöhnte sich an das Ungewöhnliche, lernte Toleranz und gönnte der Seltsamkeit ihr Lebensrecht."[10] Im Adressbuch des Jahres 1905 lässt sich die Mischung von Bürgerlichen und Bohémiens darstellen. Ein Beispiel ist die Blütenstraße. In Nr. 2 residiert die ‚Erzbruderschaft zur Ewigen Anbetung des Allerheiligsten Altarsakramentes und zur Unterstützung armer Kirchen' mitsamt einer Fronleichnamskapelle. Im gleichen Haus wohnen die Freiinnen und Ministerialratstöchter Helene und Clementine von Bechtolsheim, außerdem die Theresienordensdame Anna Freiin von Branca und im Gartenhaus Ministrant Dimpfl und der Kaplan der Fronleichnamska-

---
5 René Prévot: Bohème. München 1922, S. 19f.
6 Franziska zu Reventlow: Herrn Dames Aufzeichnungen. München 1978, S. 27f.
7 Erich Mühsam: Namen und Menschen. Unpolitische Erinnerungen. Berlin 1977, S. 109.
8 Erich Mühsam, 1977, S. 110.
9 Erich Mühsam, 1977, S. 110.
10 Erich Mühsam, 1977, S. 112.

pelle. In Nr. 3 wohnen zwei Bildhauer, eine Hilfslehrerin, Kapellmeister Karl Raabe, ein Major a.D., eine Kleidermacherin und ein Privatier, im Ateliersbau ein Bildhauer und Zeichnungslehrer, ein Kunstmaler und zwei Kunstmalerinnen. Dort ist auch die Privat-Zeichenschule von Moritz Heymann. In Nr. 4 befinden sich ein Preußisches Gesandtschafts-Hotel und die Kanzlei der Königlich Preußischen Gesandtschaft. Nr. 6 beherbergt eine Realitätenbesitzersgattin, das Café-Restaurant Mirabell, den Kunstmaler Brumme, Pensionsinhaber Siebe samt der Pension im 1., 3. und 4. Stock. In Nr. 11 wohnen außer dem Hausmeister ein Kutscher, ein Königlicher Hauptmann a.D. und Poststallmeister, der Ritter und Edle von Leveling (Rentier), eine Zugführerswitwe, ein Verlagsbuchhändler, eine Damenschneiderin, ein Oberkellner, ein Oberingenieur, ein Kunstverlagshändler, eine Kaufmannswitwe und im Rückgebäude ein Silberplattierer.[11]

Sofies Traum wird wahr

Während es bislang für junge Mädchen – so auch für Sofie in Ellwangen – darum ging, Zurückhaltung zu zeigen in Kleidung, Gebaren und Stimme und somit eine tadellose Erscheinung abzugeben, wird es jungen Mädchen in Schwabing zugestanden, „anders" zu sein.

Sofie will malen! Die Worte des Ellwanger Malers Karl Stirner begleiten sie: „Man sieht auch, ob du wahr und wahrhaftig einer vollen Hingabe fähig bist, ob du ganz darin aufgehst, ob dabei dein Herzblut tropft, ob es mit hineinfließt, ob du es gerne hingibst. [...] Die Kunst muß die Sprache der Schönheit, der Wahrheit und der Liebe sein! Was soll die Kunst, wenn sie nicht dieser ewig schönen und hohen Harmonie dienen kann!"[12]

Sofie wird in den nächsten Jahren nur noch in den Ferien, an Feiertagen und zu Familienfesten in das Elternhaus zurückkehren. Der Aufbruch nach München bedeutet neue Herausforderungen. Ist sie so begeistert wie Franziska zu Reventlow, die aus Husum nach München kommt und sich der elterlichen Zwänge entledigt? Sie schreibt: „In München. – Ich kann immer noch nicht begreifen, daß es kein Traum ist. Es ist etwas so Neues, allein zu leben und nur mit sich selbst zu reden, und jetzt fühle ich erst, wie mir das not tat. [...] Und das Arbeiten in unserm großen kühlen Atelier, und dann wieder in die Sonne hinaus, den ganzen Tag sein eigner Herr sein, keinen Moment des Tages sich nach anderen richten zu müssen! So habe ich mir`s geträumt, das ist endlich die Luft, in der ich leben kann."[13]

---
11 Vgl. Adressbuch der Stadt München 1905, Stadtarchiv München.
12 Karl Stirner: Das Karl Stirner-Buch. Stuttgart 1935, S. 16.
13 Franziska Gräfin zu Reventlow: Ellen Olestjerne. Frankfurt/M. 1986, S. 148f.

Auch die Künstlerin Käthe Kollwitz geht zum Studium nach München – als 17-Jährige im Jahr 1887. Sie schildert ihre Euphorie: „Das Leben, das mich dort umgab, war anregend und beglückend. […] Der freie Ton der ‚Malweiber' entzückte mich. […] Der Tag war besetzt mit Arbeit, abends genoß man, ging auf Bierkeller, machte Ausflüge in die Umgebung und fühlte sich frei, weil man seinen eigenen Hausschlüssel hatte."¹⁴

In der Pension Mathildenstift

Das ehemalige Pensionat Mathildenstift in der Mathildenstraße, München. (Fotos 2019, privat)

Der eigene Hausschlüssel! Als Studentin der Kunst ist es selbstverständlich, in der Nähe der Kunstschulen zu wohnen, zudem in einem der billigen Ateliers. Pensionen gibt es genug. Die bekannteste Künstlerpension Münchens ist die von Heinrich und Luise Fürmann, 1903 eröffnet. René Prévot schwärmt: „Was hätte mir besser angestanden, als bei Vater Fürmann Pensionsgast zu werden? […] Bei Fürmann gab es nur Individualisten […]. Freilich durfte man kein Eigenbrötler sein, man musste die Neigung in sich haben, Mitmensch zu sein."¹⁵

Als Sofie im Herbst 1902 nach München kommt, meldet sie sich zunächst in der Pension Mathildenstift an, bald darauf nimmt sie ein Zimmer am Pündterplatz, nur wenige Straßen von der Debschitz-Schule entfernt. Trotz mehrerer Umzüge wird sie immer in Schwabing wohnen. Die Geschichte des Mathildenstifts beginnt 1884 als Pensionat für betagte Bürger. Sie kommen in den Genuss einer Neuerung: Die Pensionäre werden nicht mehr in Schlafsälen untergebracht, sondern in 119 Einzelzimmern. Zehn Jahre später erfolgt eine

---
14 Käthe Kollwitz: Die Tagebücher. Hg. v. Jutta Bohnke-Kollwitz. Berlin 1999, S. 737f.
15 René Prévot: Kleiner Schwarm für Schwabylon. München 1954, S. 98.

Erweiterung des Gebäudes mit 100 zusätzlichen Räumen.[16] Anfang des 20. Jahrhunderts werden auch Zimmer an Studentinnen vermietet.

Über dem Haupteingang des Mathildenstifts prangt ein in Stein gemeißelter Spruch, passend zu Sofies Bemerkung in ihrem ersten Brief, dass es hier fromm zugehe.

Mein Wandel soll im Himmel sein.
Obschon ich leb auf Erden.
Ein Pilger bin ich hier allein.
Dort will ich Bürger werden.

Sofies erster Brief im November 1902

Sofie trifft zum Herbstsemester in München ein und beginnt eine Korrespondenz mit der Schwester Emilie in Mainz. Aus dem ersten erhaltenen Brief ist zu erfahren, dass sie Emilie bereits zuvor geschrieben hat.

> Meine liebe Emy[17]!
> Endlich will ich mich nun aufraffen und Dir einen langen Brief schreiben. Weißt, ich hab schon lange gewollt, aber wenn ich dann abends heim kam, war ich zu faul. – Heute hab ich den ganzen Tag einen entsetzlichen Kater gehabt und hab aus diesem Grunde heut Nachmittag geschwänzt und bin mit Hedwig Stark, auch einer Debschitzschülerin, in den Englischen Garten. Zum Abendakt sind wir dann wieder erschienen. Aus demselben Grunde hab ich Frida [[18]] abgeschrieben. Habe allerdings geschrieben, ich hätte Schnupfen u.s.w. Du weißt doch,

Sofies Schwester Emilie wohnt in Mainz am Gartenfeldplatz. (Foto: Stadtarchiv Mainz)

---

16 Siehe Informationsschrift von www.muenchenstift.de, Mathildenstift, Mathildenstr. 3b, 80336 München.
17 Sofie redet ihre Schwester Emilie meistens mit Emy an, zuweilen auch mit Mimy oder Mizel.
18 Frida Schnell, geb. Härlin, ist Sofies Cousine und verheiratet mit Karl (Carl) Schnell.

daß ich alle Montagabend dort zu Nacht esse und den Abend dort bin. Karl Schnell wird ja froh gewesen sein, denn ich bin keine gute Gesellschafterin und bin absolut nicht nach seinem Geschmack. Nach dem Essen geht er meistens in den Kegelklub. –
Sonst geht mir`s gut. Ich habe allerdings sehr oft einen Kater, wenn es in der Schule nicht vorwärts geht. Wenn dann Debschitz einmal sagt: ja, ja, so ist´s recht, oder ‚ich habe nicht geglaubt, daß Sie so begabt sind‘, so bin ich schon überglücklich. –
In meinem letzten Brief hab ich ein bischen zu stark über Debschitz losgezogen. Er ist nämlich ein seelensguter Mann und gibt sein Bestes, daß er nicht sehr geistreich ist, dafür kann er nichts. Seine Frau ist nämlich reizend und trägt Empirekleider. D.h. sie ist nicht hübsch, aber sie hat was Liebs. Die andre, von der ich Dir schrieb, war sie gar nicht.
Sonst kenn ich noch nicht viel von den Schülerinnen und Schülern. Die meisten sind älter als ich und waren schon Zeichenlehrerinnen oder waren schon auf der Kunstgewerbeschule. Ebenso die Herrn. Da haben die meisten die Baugewerbeschule, Polytechnikum oder Kunstgewerbeschule absolviert.
Die Hedwig Stark, mit der ich den gleichen Nachhauseweg hab und mit der ich öfters gehe, fängt auch erst jetzt an und ist schon 20. Dann sind auch noch einige gleichaltrige wie ich da, die auch erst anfangen. Eine davon ist ganz entsetzlich begabt, so daß sie mich immer ganz mutlos macht. – Aktzeichnen ist außer Samstag alle Tage. Ich thu`s riesig gern. – […]
Im Stift gefällt´s mir auch ganz gut. Nur immer möcht ich nicht da bleiben. Es ist nämlich so entsetzlich fromm. Die Mädchen dort sind ganz nett und nicht gerad elegant gekleidet. In der Schule trägt, glaub ich, keine einzige mehr ein Korsett, und man sieht sehr viele Empirekleider, und es sieht reizend aus. Überhaupt ist die Schule riesig gesund, d.h. es sind lauter Menschen drin mit gesundem Menschenverstand. –
Gestern war ich wieder in Gauting [19]. Ich fahre immer Samstagabend hinaus und Montag früh herein. Ich freu mich, bis Laura wieder da ist, dann ist es doch nicht mehr gar so trostlos. Sie ist nämlich in Nürnberg. –
Also, meine Pension kostet 50 Mark und 8 Pfennig für die Kerze. Wenn ich nicht in Gauting sonntags wäre, müsst ich 60 bezahlen

---

19 In Gauting wohnen Tante Sophie (Schwester von Sofies Mutter) und Onkel Julius Härlin.

und noch 1 Mark für Beleuchtung, also 61 Mark. – Bis jetzt hab ich noch nie eingeheizt. Mein Geld würde auch gar nicht langen. Ich hab nämlich für den ganzen Monat nur 3 Mark, und damit muß ich noch 3 mal nach Gauting fahren. –
Letzthin durft ich einmal mit Onkel und Tante ins Gärtnertheater. Fledermaus wurde gegeben. Sonst war ich noch nirgends, obwohl Hedwig Stark mich immer verführen will und sagt, ich müsse wohingehen. Aber dafür halt ich mir mit ihr eine Zeitschrift: Die Kunst. Das kostet für mich im Monat 1 Mark. Ich muß nämlich sowas haben, weil ich gar nichts sehe. –
Wie ich an Weihnachten heimreise ohne Geld, ist mir noch unklar. Im Sommer, da geht`s dann schon besser, da kann man sich besser durchs Leben schlagen. – […] Du, muß ich denn für Onkel und Tante Weihnachtsgeschenke machen? Ich würd`s ja gern thun, aber ich hab kein Geld dazu. – […]
Nun leb wohl. Sei tausendmal gegrüßt von Deiner Sofie.
Über Deine Idee, auch einen Monat ins Atelier zu kommen, bin ich hoch erfreut. Das wird dann fein. Mathilde besucht mich im Frühjahr, und Johanna kommt auch. Es wird in der Schule nämlich auch geschnitzt.[20]

Familiäre Berichte mischen sich mit Informationen aus der Kunstschule: Frida Härlin, Sofies 35-jährige Cousine und älteste Tochter von Sophie und Julius Härlin aus Gauting, wohnt mit ihrem Mann Carl Schnell und den vier Kindern Karl, Otto, Hermann und Hedwig im Alter zwischen zwei und neun Jahren in München. Carl besitzt eine Verlagsanstalt – *Verlag der Jugendblätter* – und eine Buchdruckerei mit Schwerpunkt Jugendliteratur.

Sofie beobachtet und kommentiert die Menschen. Von einigen, die sie in ihren Briefen erwähnt, schreibt sie später nicht mehr, andere spielen weiterhin eine Rolle in ihrem Leben. Debschitz` Frau Wanda[21], die Sofie täglich in der Schule trifft, imponiert ihr.

Die Tagebucheintragungen von Franziska zu Reventlow – zehn Jahre vorher – ähneln den Berichten Sofies. Beiden ist die Beziehung zu den Mitstudentinnen wichtig, beide erzählen von der Arbeit in der Kunstschule: Franziska ist bei Anton Ažbé, Sofie bei Wilhelm von Debschitz. Sofie spricht mit Respekt von den Begabungen und vom Vorwissen ihrer Mitstudentinnen. Sie befreun-

---
20 Brief SB an EB, 10.11.1902. Privatarchiv P.B.
21 Wanda von Debschitz-Kunowski (1870–1935) studiert Malerei in Berlin, kommt 1895 nach München. Arbeitet in der Metallwerkstatt der Debschitz-Schule. 1905 Ausbildung zur Fotografin, dann Eröffnung eines eigenen Ateliers. Heirat 1898 Wilhelm von Debschitz; sie bekommen drei Kinder. Die Ehe wird 1924 geschieden.

det sich mit Hedwig Stark, von der sie noch öfter erzählen wird. Franziska zu Reventlow schildert in ihrem Tagebuch Ähnliches: „Allmählich lerne ich meine Kolleginnen kennen; sie sind im ganzen ziemlich langweilig, nur mit der Dalwendt freunde ich mich immer mehr an. Sie ist aus meiner Heimat [...]. Nach Tisch ließ sie mich ihre Sachen sehen, Federzeichnungen, alle möglichen Kompositionen. Ich bin ganz in mich zusammengesunken. Was hat die für ein Können und ist kaum älter als ich. [...] Unser jetziges Atelier ist ein ‚gemischtes', Maler und Malerinnen zusammen."[22]

Der entsetzliche Kater

Bereits in diesem Brief berichtet Sofie von einem „entsetzlichen Kater" und dass sie überhaupt „sehr oft einen Kater" hat. Sie führt ihre negative Stimmung auf äußere Anlässe zurück, doch das gelingt nicht immer. So schreibt sie in diesen Jahren Sätze wie „mir ist heute recht traurig zu Mute, obwohl ich keinen Grund dazu habe." – „Ich bin gesund, nur kann ich mich über nichts mehr freuen, und in dem Falle ist das Leben sehr traurig." – „Ich bin nun mal ein trauriger Mensch, ewig Zweifel, laß ich gewissermaßen den Sachen den Lauf wie sie sich dann entwickeln, statt selber einen Streich zu machen und zu leiten."

Sofies Melancholie drückt sich in Schlafbedürfnis, Kopfschmerzen, Lustlosigkeit, Unruhe, Entschlusshemmung und Introvertiertheit aus. Bedrückende Erlebnisse kommen in Briefen nicht zur Sprache, so dass unklar bleibt, was die tiefere Ursache des „Katers" ist.

1874 widmet sich der Psychiater und Neurologe Richard Freiherr von Krafft-Ebing (1840–1902) der Melancholie und legt eine klinische Studie vor. Er beginnt mit den Worten: „Die Grunderscheinung im melancholischen Irresein ist die einfache Gemüthsdepression, der psychische Schmerz in seiner elementaren Aeusserung, den wir [...] als eine psychische Neuralgie, als eine Neurose der sensorischen Centren der Corticalis des Grosshirns auffassen können."[23] Krafft-Ebing beschreibt den Zustand des Melancholikers:

> Besonders quälend ist endlich die Wahrnehmung des Kranken, [...] dass er gefühllos, gemüthlos geworden ist, sich über Nichts mehr freuen, aber auch über Nichts mehr betrüben kann. Diese psychische Anästhesie ist eine mächtige Quelle der Verstimmung und kann den psychischen Schmerz bis zum Unerträglichen, bis zur Verzweiflung steigern.[24]

---

22 Franziska Gräfin zu Reventlow, 1986, S. 150ff.
23 Prof. Dr. R. von Krafft-Ebing: Melancholie. Erlangen 1874, S. 1.
24 R. von Krafft-Ebing, S. 5.

Sigmund Freud beschreibt „Trauer und Melancholie" in einem Essay und setzt die Melancholie der Depression gleich. Was er darlegt, sind auch Sofies Symptome: „Die Melancholie ist seelisch ausgezeichnet durch eine tief schmerzliche Verstimmung, eine Aufhebung des Interesses für die Außenwelt, durch den Verlust der Liebesfähigkeit, durch die Hemmung jeder Leistung und die Herabsetzung des Selbstgefühls."[25]

Während die Melancholie ohne einen äußeren Grund erlebt werde, falle bei der Trauer die Störung des Selbstwertgefühls weg. Trauer habe einen Anlass wie den Verlust einer Person oder eines Objekts. „Der Melancholiker zeigt uns noch eines, was bei der Trauer entfällt, eine außerordentliche Herabsetzung seines Ichgefühls, eine großartige Ichverarmung. Bei der Trauer ist die Welt arm und leer geworden, bei der Melancholie ist es das Ich selbst."[26]

Anfang des 20. Jahrhundert erfährt ein Mensch, der „gesund ist, aber sich nicht mehr freuen kann" – wie Sofie es ausdrückt – Therapien ähnlich denen bei Nervosität. Doch Sofie wird mit einer Analyse ihrer Probleme erst in vier Jahren beginnen.

Reformkleider als Zeichen des Fortschritts

Die zu Beginn des 20. Jahrhunderts einsetzende Reformbewegung wird auch im Erscheinungsbild von Frauen sichtbar. Die Bewohnerinnen des von Sofie geschilderten Mathildenstifts sind nicht elegant gekleidet, aber Wanda von Debschitz und Mitstudentinnen kommen in Empirekleidern, bei denen die Taille hochgeschoben ist. Der Empire-Stil mit leichten, luftigen Kleidern ist eine Antwort auf die einengende Mode. Dass keine Studentin ein Korsett trägt, erfreut Sofie.

Das Korsett hat bis in das 20. Jahrhundert hinein alle Modezeiten überdauert. Damenblusen mit engliegenden Ärmeln und Spitzenkragen werden über dem Korsett geschlossen. Handschuhe, ein Hut auf der hochgesteckten Frisur, mit Schleier, Bändern und Federn geschmückt, Fächer und Sonnenschirm gehören zur sonntäglichen Promenade.

> Der perfekte, faltenlose Sitz von Rock und Taille war durch das Korsett möglich. […] Eine sehr schmale Taille und zum Ende des Jahrhunderts auch zunehmend ein nach innen gedrückter Bauch sowie eine stark nach vorne gewölbte Brust bestimmten die modische Figur.[27]

---

[25] Sigmund Freud: Gesammelte Werke. Bd 10. London 1946. Darin: Trauer und Melancholie. S. 429.
[26] Sigmund Freud, 1946, S. 431.
[27] Patricia Ober: Der Frauen neue Kleider. Berlin 2005, S. 125.

Das Korsett passt den Körper dem Kleid an und nicht umgekehrt. Der Kunsttheoretiker Paul Schultze-Naumburg stellt 1900 fest, „dass es kaum eine Frau ohne Deformierung giebt" und „für den, der den menschlichen Körper in seinem Bau, seinen Organen und Funktionen kennt, ist die übliche äussere Erscheinung der Frau nur eine Karrikatur [sic!] der weiblichen Form."[28]

Unter dem Einfluss der Lebensreform-Bewegung beteiligen sich Ärzte, Hygieniker, Naturheilkundler, Feministinnen und Künstlerinnen an der Debatte über Frauenkleidung. Mediziner kritisieren die gesundheitsschädliche Mode. „Tod allem, was Korsett heißt,"[29] schreibt Jeannie Watt 1903 in ihrem Buch *Das Zukunftskleid der Frau*.

Werbung in der Jagst-Zeitung, Mai 1902.

Reformkleidung, mit der sich Frauen ohne Einengung bewegen können. ist jetzt mit der Emanzipation verbunden. In zahlreichen Ausstellungen – 1903 auch in München – wird das Publikum mit körperfreundlicher und kunstgewerblich fantasievoller Kleidung bekannt gemacht. Weich fließende Linien und weite Ärmel sind Merkmale. 1905 eröffnet das Kaufhaus Oberpollinger in München eine Abteilung für Reformkleider.

Zudem werden für Freizeitaktivitäten spezielle Textilien entworfen, so das Reitkostüm, das Fahrradkostüm, Kleidung zum Tennisspielen, Wandern, Bergsteigen, Schwimmen und Reisen. Allem gemein ist die Abschaffung des Korsetts. Die Frau ist nicht mehr Botschafterin einer gesellschaftlichen Klasse, sondern ihrer selbst.

Das soll allerdings nicht zu weit gehen, wie die Vorsitzende des Vereins zur Verbesserung der Frauenkleidung 1907 erklärt: „Das Eigenkleid gehört nicht auf die Straße. Denn jede feinfühlige Frau wird es vermeiden wollen, im Menschengewühl schon von weitem eine Offenbarung ihrer Persönlichkeit zu geben."[30] Als „Reformsack" diffamiert, wird die bequeme Kleidung nur im Haus oder beim gemütlichen Nachmittagstee getragen. Hut, Handschuhe und blickdichte Strümpfe gehören bis zum Ersten Weltkrieg zur Straßenkleidung. Noch gilt die Meinung, wie sie schon der englische Dichter Lord Byron

---

28 Paul Schultze-Naumburg: Häusliche Kunstpflege. Leipzig 1900, S. 129.
29 Jeannie Watt: Das Zukunftskleid der Frau. Leipzig 1903, S. 12.
30 Patricia Ober, S. 148.

einhundert Jahre zuvor schrieb: „Schönheit halb versteckt, ist Schönheit am reizvollsten!"[31]

Die finanzielle Not der Studentin

Sofies finanzielle Situation in München lässt sich ihren Briefen nicht klar entnehmen. Vermutlich bekommt sie einen kleinen, festen Betrag von den Eltern. Die materiellen Einschränkungen tragen oft zu ihrem „Kater" bei. Sie muss mit dem Geld haushalten und sich manches versagen. Es ist kein unbeschwertes Studentenleben.

Sofie zahlt für ihr Zimmer im Mathildenstift mit Verpflegung 50 Mark im Monat, dazu kommen die Kosten für Kerzenbeleuchtung und im Winter für die Heizung. Da sie viele Wochenenden in Gauting verbringt und im Stift nicht an den Mahlzeiten teilnimmt, spart sie 11 Mark.

Die von Debschitz und Obrist geleitete Lehr- und Versuchanstalt ist eine Privatschule ohne staatliche Unterstützung. Wie hoch das Schulgeld in den ersten Jahren ist, lässt sich nicht feststellen, doch bewegt es sich ab 1905 zwischen 27 und 35 Mark im Monat für allgemeine Kurse, und für den Abendakt kommen 8 bis 10 Mark hinzu.[32]

Sofie gehört zu den finanzschwachen Studentinnen in Schwabing und leidet darunter. Für das in der Literatur romantisierte arme Studentenleben ist sie kein Beispiel. Wenn die jungen Leute „nicht von zu Hause aus über ansehnliche Geldmittel verfügten, mußten sie sogar Schwabinger werden; denn nur hier konnte ein begabter Mensch das Unmögliche machen, ‚von nichts zu leben'."[33] Von Romantik ist keine Rede, und dass die Vermieter leichtfertig und altruistisch auf ihre Einkünfte verzichten, ist schwer vorstellbar. „Nie hatte ich Farben. Die Pfennige reichten nicht dazu,"[34] schreibt der Maler Ludwig Meidner, wie Sofie 1884 geboren.

Während von Sofie kaum zu erfahren ist, was sie „ohne Geld" macht, wie sie sich ernährt und Malutensilien beschafft, beschreibt Franziska zu Reventlow ihre gleichermaßen prekäre Situation:

> Schon seit dem Herbst aß sie nur noch ein oder zweimal in der Woche in einer kleinen Garküche zu Mittag, die andern Tage konnte man sich mit einem Stück Brot behelfen. [...] Von Woche zu Woche mußte sie auf neue Ersparnisse ersinnen, nahm sich ein ganz kleines

---
31 Jeannie Watt, S. 13.
32 Vgl. Dagmar Rinker, 1993, S. 45.
33 Georg Fuchs: Sturm und Drang in München um die Jahrhundertwende. München 1936, S. 121.
34 Ludwig Meidner: Im Nacken das Sternenmeer. Nachdruck Nendeln 1973, S. 20. (Erstdruck 1918)

Zimmer, wo kaum das Bett Platz hatte, der kostspielige Morgenkaffee wurde abgeschafft. […] es waren ja manche unter ihren Bekannten, denen es ebenso ging, und keiner klagte darüber […].³⁵

Sofie ist eine von vielen, denen manches versagt ist. Trotz des reichhaltigen Kulturangebots der Kunststadt München kann sie diese Anregungen kaum nutzen. Die Mittel, die sie zur Verfügung hat, braucht sie für Unterkunft, Kleidung und Ernährung; Geld für Bücher, Theater-, Konzert- und Ausstellungsbesuche, zum Ausgehen und für Festlichkeiten, für Aktmodelle und Arbeitsmaterial muss sie sich sorgfältig einteilen. In vielen Briefen bittet sie ihre Schwester um Hilfe. So freut sie sich, von ihren Verwandten ins Theater eingeladen zu werden. Das Gärtnerplatztheater ist eines der führenden Operettenhäuser im deutschsprachigen Raum. Ansonsten erlaubt Sofie sich ein Abonnement für das Volkssymphonieorchester und genießt die Konzerte. Monatlich eine Mark für eine Kunst-Zeitschrift genehmigt sie sich, aber die Fahrt nach Ellwangen zu Weihnachten? Weihnachtsgeschenke für Onkel und Tante? Für alles fehlt Geld.

Rinnsteinkunst und Kunst-Frühling

Warum entscheidet sich Sofie für die *Lehr- und Versuch-Ateliers für angewandte und freie Kunst*? Sie begibt sich nicht in die akademische Welt des Kunststudiums, nicht zur Damenakademie, sondern in ein „anderes Lager", wie es Rolf von Hoerschelmann formuliert. Er schreibt:

> Wenn man sich vorstellt, daß zu Beginn des Jahrhunderts noch Lenbach, Kaulbach und Stuck, Defregger und Grützner in München lebten, mag es erstaunlich erscheinen, daß ein Kunstjünger um die gleiche Zeit keinerlei Beziehungen zu ihnen suchte […]. Es war nicht nur ein anderes Lager, in dem ich lebte, es war eine andere Welt, und die Wege, die man wandelte, kreuzten sich nie und nirgends. […] Da ich in eine dem neuen Kunstgewerbe geweihte Schule, die sogenannte Obrist- und Debschitz-Schule ging, fehlte auch jede Unterweisung auf malerischem Gebiet, und in Schwabing herrschte sowieso mehr Sinn für zeichnende Künste.³⁶

Wie unterschiedlich „die Lager" sind, zeigt sich im Vergleich mit der wilhelminischen Kunst, gesteuert durch das Haus Hohenzollern. Im Dezember 1901 wandte sich Kaiser Wilhelm II. an die Kunst- und Kulturschaffenden: „Wenn nun die Kunst, wie es jetzt viel geschieht, weiter nichts tut als das Elend noch

---

35 Franziska Gräfin zu Reventlow, 1986, S. 171f.
36 Rolf von Hoerschelmann: Leben ohne Alltag. Berlin 1947, S. 142f.

scheußlicher hinzustellen, wie es schon ist, dann versündigt sie sich damit am deutschen Volke. [...] und soll die Kultur ihre Aufgaben voll erfüllen, dann muß sie bis in die untersten Schichten des Volkes hindurchgedrungen sein. Das kann sie nur, wenn die Kunst die Hand dazu bietet, wenn sie erhebt, statt daß sie in den Rinnstein niedersteigt."[37]

„Rinnsteinkunst" wird zu einem Schlagwort. Doch die „Kunst-Revolution" ist nicht aufzuhalten. „Überall ist Frühling, überall ist Leben. Von der jungfräulichen Neublüte der angewandten Kunst bis zu den Farbensymphonien meisterhaftester Kunstschöpfungen. Wir sind nicht mehr Nachahmer, [...] in urgewaltiger, ewig fortzeugender Kraft sehen wir allenthalben Eigenes, Selbstschöpferisches emporblühen,"[38] jubelt *Dresslers Kunstjahrbuch*.

Die Kunstrichtungen entwickeln sich so rasant, dass von einem Stilpluralismus gesprochen wird, der „im Sinne einer Gleichzeitigkeit von verschiedenen künstlerischen Strömungen gekennzeichnet ist, die untereinander um den Anspruch auf ‚Modernität' konkurrieren [...]."[39] Dekadenzkunst, Impressionismus, Symbolismus, Nervenkunst, Neuroromantik und Expressionismus sind Strömungen und Richtungen zum Ende des 19., Anfang des 20. Jahrhunderts.

> Gauguin malt auf Tahiti, Cézanne arbeitet an seinen Hauptwerken, in Norwegen ringt Munch mit seinen Visionen, James Ensor beginnt unter dem Strom der Maskengesichter zu ertrinken, in der Schweiz feilt Hodler an den bizarr ornamentalen Gesten seiner Symbolgestalten, 1903/04 ist mit den frühen Hauptwerken von Picasso, Nolde, Matisse die Moderne in ganzer Breite präsent.[40]

Sie „erschrecken die Spießer und begeistern die Jugend."[41] Nicht mehr die objektive Wirklichkeit, wie sie im 19. Jahrhundert u.a. in der Historienmalerei zu sehen war, sondern der subjektive Eindruck, die „Impression", bricht sich Bahn. Die „dekadente Bewegung" im späten 19. Jahrhundert gibt sich in Kunst und Literatur anti-bürgerlich, anti-moralisch und anti-realistisch. Seit Nietzsches Kritik an der Zeit und am kulturellen Niedergang sucht die Kunst Möglichkeiten, die allgemeine Skepsis und Endzeitstimmung auszudrücken. Auch der Expressionismus wendet sich gegen ein dekadentes, selbstzufriedenes Bürgertum und sieht sich zudem als Antwort auf die Leichtigkeit des Impressionismus und die ästhetische Verspieltheit des Jugendstils.

---

37 Corona Hepp: Avantgarde. München 1987, S. 47.
38 Willy O. Dressler (Hg.): Dresslers Kunstjahrbuch. Bd. 1, 1906, S. III.
39 Klaus Lichtblau: Kulturkrise und Soziologie um die Jahrhundertwende. Frankfurt/M. 1996, S. 180f.
40 Helmut Stelljes (Hg.): Worpsweder Vorträge. Lilienthal 1993, S. 114.
41 Siegfried Wichmann: Hermann Obrist. München 1968. Ausstellungskatalog ohne Seitenzahlen.

Das Beschreiten neuer Wege

Wilhelm von Debschitz und Hermann Obrist gründen 1902 die *Lehr- und Versuch-Ateliers* als Folge der Kunstgewerbereform, deren Anfänge in die Mitte des 19. Jahrhunderts zurückreichen. Die Trennung zwischen freier und angewandter Kunst sollte aufgehoben und durch eine neue Formgebung die Verbindung von Leben und Kunst geschaffen werden. Schon 1868 war die *Königliche Kunstgewerbeschule München* gegründet worden. Während noch an der Kunstakademie der Historismus unangefochten gelehrt wurde, kam es dazu, „daß immer mehr bildende Künstler sich dem Kunstgewerbe verschrieben und sich in ihren Kreisen die Kluft zwischen hoher und angewandter Kunst zunehmend aufhob."[42]

1897, auf der VII. Internationalen Kunstausstellung im Münchner Glaspalast, trat erstmals in Deutschland das moderne Kunstgewerbe ins öffentliche Bewusstsein, wofür – zusammen mit anderen Künstlern – auch Hermann Obrist verantwortlich war. Jetzt, 1902, streben von Debschitz und Obrist mit ihrer Kunstschule eine Synthese von Kunst und Handwerk an. Damit stehen sie nicht im Gegensatz zur Kunstakademie, sondern zwischen der Akademie und einer Ausbildung zum Kunsthandwerker. „W. v. Debschitz geht von der Überzeugung aus, daß jeder Mensch von Kind auf zum Schaffen veranlagt ist, daß in jedem Menschen eine zeugende, schöpferische Kraft liegt [...]. Sein Streben geht dahin, den Schüler in ein persönliches Verhältnis zu den Dingen zu bringen und auf diese Weise Schöpfer, nicht bloße Nachahmer heranzubilden."[43] Hermann Obrist erinnert sich:

Werbung für die Debschitz-Schule im Katalog „Erste Ausstellung der Münchener Vereinigung für angewandte Kunst 1905".

---

42 Dagmar Rinker: Der Münchner Jugendstilkünstler Hermann Obrist (1862–1927). München 2001, S. 8.
43 Wilhelm Michel: Die Münchener Lehr- und Versuchateliers für angewandte und freie Kunst. In: Kunstgewerbeblatt. Leipzig 1907, Heft 6, S. 110.

Es kamen nur Freiwillige. Nur wer von vorne herein unzufrieden war mit einer Schule und den Drang nach etwas Neuem in sich spürte, nur der kam zu uns. Und auch nur, wer Talent und Kraft genug spürte, und kein Unentschlossener war. Daher war in unserer Schule mehr Talent und mehr Wille beisammen als je zuvor in einer Anstalt. Auch hier strömte der Zeitgeist. – Wir fingen mit 3 Schülern in einer Schreinerwerkstatt an und endeten nach zwei Jahren mit einem dreistöckigen Atelierhause und 146 Schülern und einem grossen Verdienste.[44]

In dieser Zeit der Stilvielfalt, wo akkurat gezeichnete Ornamente weiterhin im Lehrplan der Fortbildungsschulen stehen, entwickelt Hermann Obrist – Zeichner, Bildhauer, Entwerfer von Möbeln und Stickereien – den Jugendstil auf Grundlage eben jener Ornamente. Aber er führt sie fort von mechanischen Verzierungen, hin zu freien Schwingungen.

Der neue Weg, den Obrist beschritten hatte, war unabhängig von Stilnachahmungen. […] Die Kunst der Stilwende sollte dagegen dem Gegenstand neue dynamische Kraft geben, die Farbe mußte symbolische Bedeutung erlangen und der Zeitbegriff in unendliche Räume vordringen. Statt ‚rascher Impressionismus' verlangte Obrist ‚vertiefte Expression'. […] In einer Grundform, oder besser in einer Grundbewegung, fand Obrist sein Ziel verwirklicht, es war die Spirale […]. Er schrieb: ‚Alles spiralt, radialt, wirbelt, strahlt aus, dreht sich im Kreise.'[45]

Unterricht bei „Kultfiguren"

Sofie gehört zu den ersten Schülerinnen der am 3. Januar 1902 gegründeten *Lehr- und Versuch-Ateliers für angewandte und freie Kunst*. Die Schule fängt mit drei Studenten an, am Ende des ersten Jahres liegt die Durchgangsziffer bereits bei 67.[46] Warum Sofie nicht in der überlieferten Schülerliste aufgeführt ist, bleibt unklar. Es heißt, die als Kostüm- und Puppenbildnerin bekannt gewordene Lotte Pritzel sei ab 1905 Studentin gewesen; gesichert ist, dass der Maler Ernst Ludwig Kirchner in den Jahren 1903/1904 Schüler war sowie der Illustrator Rolf von Hoerschelmann, der 1903 nach München kam. Auch die Schweizer Malerin und Textilgestalterin Sophie Taeuber-Arp zog es – allerdings erst 1910 – zu Debschitz.

---

44 Hermann Obrist: Ein glückliches Leben. In: Eva Ahfus, Andreas Strobl (Hg.): Hermann Obrist. Skulptur, Raum, Abstraktion um 1900. Zürich 2009, S. 137.
45 Siegfried Wichmann, 1968. Ausstellungskatalog ohne Seitenzahlen.
46 Im Jahr 1907 war die Durchgangsziffer 249. Die Zahl der gleichzeitig vorhandenen Schüler kann mit Zweidrittel der Durchgangsziffer angenommen werden.

Was Sofie in ihrem Brief vom November 1902 als bemerkenswert und fast ehrfürchtig betont – dass viele ihrer Studienkameraden ein Vorwissen und künstlerische Praxis vorweisen –, gehört zum Merkmal der Schule. „Es war für die Anfangsjahre der Schule geradezu charakteristisch, daß die Schüler bereits ein Studium an anderen Institutionen hinter sich gebracht hatten oder parallel zu den ‚Lehr- und Versuch-Ateliers' noch weitere Ausbildungsmöglichkeiten wahrnahmen. [...] Sie alle schrieben sich aus ideellen Gründen bei Obrist, der ja als ‚die' Kultfigur der Reformbewegung galt, ein."[47]

Hans Brandenburg beschreibt die Schule sowie die Persönlichkeiten der beiden Gründer in seinen *Jugenderinnerungen*. Brandenburg hatte sich in die spätere Malerin, Grafikerin und Illustratorin Dora Polster, eine von Sofies Mitstudentinnen, verliebt (1911 heiraten sie). Dora Polster studiert an der Debschitz-Schule von 1902 bis 1907 und ist anschließend in den Bereichen Kunstgewerbe und Innenarchitektur angestellt. Hans Brandenburg beobachtet eine neue Auffassung von Kunst:

> Der Kampf galt einem erstarrten Akademismus und vor allem der verheerenden Erscheinung des Kitsches, die seit den Gründerjahren wie eine Seuche um sich gegriffen hatte. [...] Obrist hätte sich keinen besseren Mitarbeiter seiner Schule wünschen können als den Schlesier Wilhelm von Debschitz [...], eine bewegliche, strahlend-feurige Natur, die ganz im Unterricht aufging, immer angeregt und anregend, immer jung und selbst jungenhaft mit den Jungen, mehr noch ein Temperament als eine Persönlichkeit. Sehr sensibel und beeinflußbar, [...] gerade dies strömend Offene, nie Endgültige und Festgelegte sicherte ihm die völlig unversteifte Lebendigkeit.[48]

Metallwerkstatt Debschitz-Schule um 1903, links hinten: W. v. Debschitz. (Foto R. F. Schmitz, Münchner Stadtmuseum)

---

47 Dagmar Rinker, 1993, S. 34.
48 Hans Brandenburg: München leuchtete. Jugenderinnerungen. München 1953, S. 167ff.

Auch der Zeitzeuge Rolf von Hoerschelmann hebt das „Strahlende" des Lehrers Debschitz hervor: „War Obrist, wenn auch zäh und eigensinnig, in seinem Benehmen voll leiser Distinktion, so fuhrwerkte der lange, blonde W. von Debschitz mit polterndem Getöse durch die Stockwerke seiner Schule. Strahlend, donnernd, predigte er, begleitete mit donnernden Lachsalven seine Erziehungsversuche an den Töchtern der Provinz, wurde viel geliebt und verliebte sich gerne."[49]

Wilhelm von Debschitz, 1871 in Görlitz geboren, hatte Studienreisen nach Italien und Tirol unternommen, aber keine akademische Kunstausbildung. Er organisiert den Aufbau der Ateliers und Werkstätten, koordiniert den Schulbetrieb und macht Aufgabenbesprechungen. Seiner Berufsbezeichnung Kunstmaler gerecht werdend, gibt er Kurse im Elementarunterricht sowie in Malerei. In den Grundkursen orientieren sich die Schüler umfassend, um später entsprechend der eigenen Begabung zu arbeiten.

> Mit dieser Grundlehre wurde wohl zuallererst im zeichnerischen Bereich begonnen. […] Nach der optischen Analyse einer Naturform wurde in der nächsten Lernstufe versucht, die von der Naturform ausgehende Wirkung mit graphischen Mitteln zu steigern. Die aus dem Naturstudium gewonnenen gestalterischen Prinzipien waren daraufhin von dem ursprünglich studierten Objekt abzulösen und in die Praxis umzusetzen.[50]

Der Grundkurs umfasst in den Jahren 1902 und 1903 die Malerei wie z.B. Abendakt, Porträt und Landschaft; weitere Fächer sind Bildhauerei, Textilentwurf, Metallarbeiten, keramischer Flächenschmuck, Lithographie, Holzschnitt, Illustrationstechnik, Graphische Künste, Stuck- und Architekturplastik, Handtapetendruck, Zeichnen und Modellieren für kunstgewerbliche Entwürfe. Dazu werden Vorträge und allgemeine Diskussionsabende angeboten. Eine erste Ausstellung in den eigenen Räumen wird 1903 organisiert. Dass Sofie auch Kurse bei Hermann Obrist belegt, schreibt sie nicht. Außer bei Vorträgen wird sie ihn nicht als Lehrer erlebt haben.

Exkurs: Das Geschäftsmodell der Debschitz-Schule

Neben den schulinternen Werkstätten nutzt Debschitz Vertragswerkstätten, die Aufträge zu serieller Anfertigung von Werkstücken erhalten. Die Betriebe sind verpflichtet, nur für Debschitz zu arbeiten. So ist er als Schulleiter nicht nur Verwalter und Lehrer, sondern auch Geschäftsmann und mit einer Provision an den von Schülern entworfenen Objekten beteiligt. Durch die Erlöse der

---
49 Rolf v. Hoerschelmann, S. 133f.
50 Dagmar Rinker, 1993, S. 37.

Arbeiten seiner Studenten finanziert sich das Institut zu einem guten Teil. Dass dieses Geschäftsmodell Tücken hat und auf Kritik stößt, zeigt sich an einem entrüsteten Kommentar Sofies aus dem Jahr 1907:

> Elvira Nori war neulich bei mir – sie ist so gedrückt und arm und hat keinen Menschen, der sie liebt. Debschitz hat sich sehr häßlich zu ihr benommen. Sie war von Januar bis Juni in der Schule angestellt und sollte dann unterschreiben, daß sie sich 6 Jahre verpflichtet dabei zu bleiben. Privat nicht zu arbeiten oder eben, daß alles, was sie nebenbei arbeitet, durch die Schule geht, damit die Schule ihre Prozente von den Arbeiten bekommt. – Daraufhin ging sie natürlich weg und macht jetzt Probearbeiten, um an die vereinigten Werkstätten zu kommen.[51]

Nachdem Wilhelm von Debschitz 1910 seine Schule kommissarisch an Fritz Schmoll von Eisenwerth übergeben hat, übernimmt er im Sommer 1914 die *Städtische Handwerker- und Kunstgewerbeschule* in Hannover, und die Debschitz-Schule fusioniert mit der Münchner Schule für *Illustration und Buchgewerbe*[52]. In einem Gutachten des Stadtschulrates Kerschensteiner aus dem Jahr 1912 wird zusammengefasst, was die Bedeutung der Debschitz-Schule ausmacht:

> Die Schule des Herrn von Debschitz ist im Laufe der letzten zehn Jahre eine für München nahezu charakteristische Schule geworden. Aus allen Teilen Deutschlands, Österreichs und der Schweiz, ja aus Rußland und Frankreich hat sie Schüler angezogen. Die Leistungen der Schule sind überall bekannt und geschätzt worden. Ihre große Bedeutung liegt darin, daß alle kunstgewerblichen Studien sofort am Material vorgenommen werden und daß jedes nur denkbare Gebiet kunstgewerblicher Betätigung dort seine Pflege findet.[53]

Der Abendakt

Wiederholt berichtet Sofie von Aktstudien, die sie besonders interessieren. Sie geht zum Abendakt, eingerichtet für Studenten und freischaffende Künstler, die tagsüber keine Zeit haben. Was für das Modell ein Zuverdienst ist, bedeutet für Studenten eine finanzielle Mehrbelastung. Franziska zu Reventlow beschreibt ihren Zorn über die Kosten eines Aktmodells.

51 Brief SB an EB, Oktober 1907. Privatarchiv P.B.
52 Zur endgültigen Schließung wegen finanzieller Schwierigkeiten kommt es 1929. Bereits 1914 hatte sich das Konzept so stark gewandelt, dass der Geist der Debschitz-Schule verloren gegangen war.
53 Dagmar Rinker, 1993, S. 80.

> Wir sollten diese Woche Halbaktreliefs in Lebensgröße machen, aber ich habe kein Geld, um Modell zu nehmen. Darüber geriet ich gestern so in Wut, daß ich den Ton herunterriß, die Modellierhölzer in alle Ecken warf und tobend abging. […] So habe ich mich jetzt ganz aufs Zeichnen geworfen. Nachmittags stehe ich der Dalwendt Modell, weil sie auch keins mehr halten kann, und sie muß mir dafür einen Kaffee zahlen.[54]

Das Studium der Anatomie ist Wilhelm von Debschitz ein besonderes Anliegen. Haltungs- und Bewegungsstudien des menschlichen Körpers und das Erfassen von Proportionen gehören zu den Ausbildungszielen der angehenden Künstler. Sofies Kommilitonin Hulda Voigt berichtet in einem Brief: „Abendakt zeichnen wir nur nach bewegtem Modell, z. B. ein Kerl, der […] mit einer Stange auf der Hand balanciert. Man wird flink im Auffassen."[55]

Für Debschitz ist der menschliche Körper zeichnerisch nicht anders zu behandeln als ein Gegenstand. Seine Leidenschaft ist die angewandte Kunst, doch weiß er, dass sich in seinen Kursen auch Schüler mit dem Ziel der freien Malerei einschreiben. Ihnen widmet er sich in einem Aufsatz:

> Der Schüler der sogenannten freien Kunst dagegen ist immer noch verhältnismäßig erstaunt, wenn der Unterricht anders geleitet wird, als man es allgemein gewohnt ist, und wenn seine Ziele noch auf etwas anderes gerichtet sind, als ausschließlich auf Staffeleibilder. […] Gewöhnlich ist der Schüler zuerst im höchsten Grade überrascht, wenn man einen menschlichen Kopf oder eine Figur auch von andern Gesichtspunkten aus behandelt wissen will. […] Erst wenn er den menschlichen Kopf und Körper in solcher Weise kennen gelernt hat, studiert er der Reihe nach alle anderen Probleme, wie Beleuchtung, Farbe, Bewegung, das Charakteristische einer Physiognomie.[56]

Bis Ende des 19. Jahrhunderts war es Frauen zumeist nicht gestattet, ein Aktmodell zu zeichnen. Da diese Zeichen-Disziplin zur Grundlage eines Kunststudiums gehörte, fehlte Frauen folglich die Praxis. Manch eine Künstlerin wählte deshalb ihren eigenen Körper als Modell. So wird zum Beispiel das von Paula Modersohn-Becker im Jahr 1906 gemalte *Selbstbildnis am 6. Hochzeitstag* ein großer Erfolg,

---

54 Franziska Gräfin zu Reventlow, 1986, S. 157.
55 Brief Hulda Voigt an Helene Voigt-Diederichs, [März 1904]. Landesbibliothek Kiel.
56 H. Bruckmann (Hg.): Dekorative Kunst – Illustrierte Zeitschrift für angewandte Kunst. München 1904, S. 225f.

Sofie im Eigenakt

Auch Sofie zeichnet sich als Aktmodell. Das schildert ihr späterer Freund Leonhard Frank in seinem Roman *Links wo das Herz ist*. Als er zum ersten Mal Sofies Atelier betritt, ist er überwältigt von den vielen Aktzeichnungen, die Boden und Wände bedecken.

> An den Wänden hingen, mit Reißnägeln angeheftet, Dutzende Aktstudien, in Tusche, Bleistift, Sepia, Rötel, einige stellenweise leicht aquarelliert, und alle nach demselben schönen Mädchenkörper. Sophie [57] hatte vor dem verstellbaren Spiegel immer wieder das Modell gezeichnet, das nichts kostete – ihren Akt, in allen Größen, mehrmals lebensgroß, in allen erdenklichen Stellungen, kniend, stehend, liegend, und von allen Seiten: eine primitive Madonna mit hochangesetzten kleinen Brüsten und schmalem Becken, das dennoch den weiblichen Schwung hatte und Platz für das Kind. [...] Ihm gegenüber hingen in der Mitte der Wand zwei größere Sophie-Akte dicht nebeneinander, Rückansicht und Vorderansicht, beide stehend, und darunter ein mit Rötel gezeichneter lebensgroßer liegender Akt, in allen Einzelheiten mit Schatten und Kreide-Glanzlichtern plastisch ausgearbeitet. Sophie lag auf dem Rücken, Kopf schulterwärts geneigt, Augen geschlossen und die entspannte Hand am Leib, wie die Venus von Giorgione. [...]
> Schließlich fragte Sophie, in aller Unschuld nichts als Kunststudentin, wie ihm die Aktstudien gefielen. „[...] Es ist noch nichts, ich weiß. Ich sollte noch viel, viel mehr Akt zeichnen, jahrelang, bevor ich einen Pinsel anrühre. [...] Michelangelo hat sicher hunderttausend Akte gezeichnet, bevor er seinen David modellierte und die Sixtinische Kapelle ausmalte. Glauben Sie nicht?"[58]

Akt-Zeichnen gilt als höchste Kunst des Zeichnens. Den menschlichen Körper im Ganzen oder in seinen Teilaspekten darzustellen, ist auch Grundlage der Bildhauerei. Der Künstler Max Klinger sieht im menschlichen Körper den „Kern und Mittelpunkt aller Kunst":

> Alles, was künstlerisch geschaffen wird, in Plastik wie Kunstgewerbe, in Malerei wie Baukunst, hat in jedem Teil engsten Bezug zum menschlichen Körper. [...] Das Studium und die Darstellung des Nackten sind das A und O jeden Stils. [...] Nur am frei gegebenen Körper entwickelt sich ein gesunder Kunstsinn. Wollen wir diesen

---

57 In seinem Roman schreibt er Sofie mit „ph": Sophie.
58 Leonhard Frank: Links wo das Herz ist. Frankfurt/M. 1976, S. 15f.

und einen gesunden Stil, so müssen wir gesunden Sinn genug haben, das Nackte nicht nur zu ertragen, sondern es sehen und schätzen zu lernen.[59]

Wie verträgt sich das Studium am Modell mit der „Lex Heinze", dem Gesetz zur Erhaltung der Sitten und des guten Geschmacks? Der Publizist Leo Berg versucht 1901 eine Antwort:

> Nun ist zunächst freilich der Gedanke an Modelle nichts Unsittliches, denn sein Zweck ist eher das Gegentheil: Studium der Natur. Beinahe kann man sagen, daß sich darauf die ganze moderne Sittlichkeit stützt. […] man gebraucht sie im Dienste der künstlerischen Wahrheit, also doch eigentlich zu einem recht sittlichen Zweck. […] Die bildende Kunst ist fast eine einzige Verherrlichung des menschlichen, speziell des weiblichen Leibes. Die Religion und die Moral haben der Kunst die Aufgabe zugewiesen, das Heilige zu verleiblichen.[60]

Das verliebte Fräulein Stark

Sofie klagt in ihrem Brief Anfang Februar 1903 wieder über ihren „Kater", ohne einen Grund zu nennen. Viel leichter würde es ihr fallen, wenn die Schwester in München wäre und ihr zuhören könnte. Sofie will sich aussprechen, in Emilie hat sie eine wichtige Ratgeberin. Noch versucht sie, eine Fassade der Zufriedenheit aufrechtzuhalten, wenn sie am Wochenende die Verwandten in Gauting besucht. In ihrem Brief geht es um die Schwestern Lydia und Elvira Nori, von denen sie noch öfter berichten wird, und es steht „Fräulein Stark" im Mittelpunkt, in deren Liebesgeschichte Sofie hineingezogen wird.

> Liebe Emy!
> Statt zum Akt zu gehen, sitz ich da und schreib Dir. Es ist vielleicht nicht recht von mir, aber ich kann nicht! Komm doch im Herbst, vor meiner Vakanz hierher, ich möchte da alles mit Dir besprechen. Vorerst läßt sich nichts ändern. Sonntags [in Gauting] muß man eben lügen und sagen, man sei glücklich und zufrieden. Na – es ist dumm von mir, immer davon anzufangen, und andre vollzuschwatzen.
> Jetzt will ich Dir ein bisschen von meinen Mitschülerinnen erzählen. Frl. Noris Schwager in Mainz ist Professor an irgendeinem Museum dort. Frl. Nori ist sehr nett und lieb. Vom 1. Mai ab geht sie

---
59 Max Klinger: Malerei und Zeichnung, Leipzig 1899, S. 52ff.
60 Leo Berg: Gefesselte Kunst. Berlin 1901, S. 97ff.

mit ihrer Schwester an den Ammersee, und ich hab ihr versprochen, sie mal dort zu besuchen. – Dann Frl. Stark, von der könnte man ein ganzes Buch schreiben. Sie ist sehr hübsch und nett, ziemlich groß und ein sehr gescheites Mädchen. Manchmal erinnert sie mich in ihren Ansichten an Johanna. Stark war über Weihnachten mit einer aus ihrer Pension im Gebirge, in Partenkirchen. –
Paß auf, jetzt kommt der reinste Roman! Dort lernte sie einen jungen Mann kennen, Partenkirchner, der in München auf die Akademie geht und riesig talentvoll ist. Mit 17 Jahren sollte er dann auf die Schule und dann Pfarrer werden, aber er heulte und sagte, er wolle Maler werden. Da kam er auf die Kunstgewerbeschule und von da auf die Akademie. Seit seinem 18. Jahre bekommt er keinen Pfennig mehr von zu Hause. Mit 18 ging er nach Italien und bekam nur das Reisegeld mit und schlug sich dann so durch. Dort blieb er 2 Jahre und kehrte dann nach München zurück. Er ist der beste Schüler an der Akademie.
Stark hat mir immer alles erzählt. Ich war lange Zeit die einzige Mitwisserin ihrerseits. Du mußt nämlich wissen, sie haben sich verlobt. […] Außer Gustl Mährlen[61] und mir weiß es kein Mensch, und von ihm weiß es auch nur sein bester Freund. Stark wollte mich schon lange mal mitnehmen zu ihm, aber da war er immer nicht da. Ich war natürlich riesig gespannt, ihn zu sehen. Von seinen Werken hab ich schon manches gesehen. Ich weiß nicht, ob ich Dir mal davon schrieb, von dem „Leopardenfänger". Er arbeitet nämlich hauptsächlich bildhauerisch. Dann hab ich auch verschiedene Radierungen von ihm gesehen, die er Stark gewidmet hat. Ich sag Dir, Figuren hat der Mensch los – einfach famos!
Stark ist 20 und er 22 Jahre alt. Stark wollte deshalb mit mir zusammenziehen, weil sie sich in einer Pension so furchtbar in acht nehmen mußte, um nichts merken zu lassen. Jetzt zieht sie aber am 1. April mit Frl. Dietrich und verschiedenen hinaus aus Schwabing. Da werd ich sie schon vermissen. Heute Mittag saß ich wieder so in der Schule. Sie hat mir gesagt, um ½ 5 ginge sie zu ihm. Und ich hab gefragt, ob ich sie begleiten darf. Er war noch nicht zu Hause, und da sind wir die Leopoldstraße auf- und abgegangen, um ihn abzufassen, wenn er aus der Akademie kommt.
Stark hat ihn mir immer schon ganz genau beschrieben, aber ich hab ihn mir doch anders vorgestellt, und ich war angenehm überrascht, als er dann kam. Er ist noch riesig jung und groß und hat ein rie-

---

61 Auguste (Gustl) Mährlen, Schülerin in der Debschitz-Schule.

sig sympathisches Gesicht. Ich hab ihn nur begrüßt und bin dann gegangen. Und jetzt schreib ich Dir. Aber ich muß schließen, da ich jetzt zu Frida muß. – Leb wohl. In den nächsten Tagen kommt hoffentlich ein Brief von Dir.
>Herzl. Grüße einstweilen von Deiner Sofie.[62]

Letztlich ist es bei der Romanze geblieben, die beiden haben nicht geheiratet.

Zweifel an der Debschitz-Schule

In diesem Brief vom 1. Februar deutet Sofie an, dass sie weder glücklich noch zufrieden ist. Wie sich herausstellt, hadert sie schon nach einem halben Jahr ihres Studiums mit der Kunstschule. Ihre Zweifel drückt sie Anfang März 1903 in einem Brief aus.

> Meine liebe Emy!
> Gelt, lang ist's angestanden, aber weißt, ich kann Dir sagen, ich war so herunten, daß ich absolut nicht schreiben konnte. Und jetzt will ich Dir nur gleich brühwarm erzählen, daß ich im Augenblick überglücklich bin.
> Die letzte Woche war sehr aufregend für mich. Du lachst mich vielleicht aus, aber ich bin in so was eben furchtbar schwerfällig. Ich wollte nämlich kündigen auf 1., um dann in die Heymannschule zu gehen. Fastnachtdienstag war ich noch mit Frl. Nori furchtbar fidel auf der Maximilianstraße. Mittwoch war ich dann mit Stark in Nymphenburg, und wenn wir 2 beisammen sind, so reden wir uns immer so hinein, wie unglücklich wir seien. Stark kommt immer schnell darüber weg, aber ich grüble immer noch zu Hause nach.
> Kurz, ich war also fest entschlossen, die Schule zu verlassen. Ich habe immer gesagt, ich werde nie glücklich sein und zufrieden beim Zeichnen und werde es eben nur thun, um Geld zu verdienen, und so sagst Du ja auch, und da thust Du mir Leid.
> Na, Debschitz war krank, und ich hab das Kündigen von einem Tag zum andern verschoben. Am Samstag war der Letzte, und ich hab mir ein Herz gefaßt. Ich sei blaß gewesen wie ein Leintuch, behauptet Frl. Nori. Kurz, ich bin auf sein Zimmer und habe lang mit ihm gesprochen. Er hat gesagt, es würde ihm Leid thun, ich sei wirklich sehr talentvoll, und er wisse ganz gewiß, daß ich noch [was] leisten könne, und ich könne ja auf nächsten 1. kündigen, um zu sehen, ob

---

62 Brief SB an EB, [01.02.1903, von EB nachdatiert]. Privatarchiv P.B.

es wirklich nicht geht, und er wolle einen ganz neuen Weg jetzt mit mir einschlagen und hat mir eben wieder Mut gemacht.
Montag kam er dann zur Korrektur und hat mir gesagt, was ich machen soll. Nämlich einen Dierlitzenzweig [[63]], den ich von Gauting mitgenommen habe, auf Tonpapier, vergrößert in 4 Farben zu machen. Heut Abend nun im Akt hat er auch noch mit mir gesprochen und gesagt, daß ich ganz gut Akt zeichne, und ich solle den Anatomiekurs mitmachen. Und dann hat er gesagt, ich solle ihm ja alles zeigen, was ich so für mich mache. Und ich solle ihm auch mein kleines Skizzenbuch zeigen, von dem er gehört habe. Weißt, das hat ihm Gustl. M. gesagt.[64]

Hier wird deutlich, worin Sofies Zweifel liegen. „Ich werde nie glücklich sein und zufrieden beim Zeichnen und werde es eben nur thun um Geld zu verdienen […]." Von Emilie, die in Mainz wohnt und arbeitet, ist keine genaue Berufstätigkeit als Künstlerin bekannt. Doch ist der Bemerkung Sofies zu entnehmen, dass die Schwester nicht gern zeichnet. In dieser Hinsicht fühlt sich Sofie von Emilie verstanden.

Aus dem Skizzenbuch von Sofie Benz: Stadttor in Dinkelsbühl. (Privatbesitz)

Sie quält sich mit dem Gedanken, die Kunstschule Debschitz zu verlassen, da sie keine Fortschritte in ihrer künstlerischen Entwicklung sieht. Hat sie sich in der Schule getäuscht? Hat sie die für ihre Ambitionen falsche Schule gewählt? Da Debschitz und Obrist die Lehr- und Versuch-Ateliers erst ein halbes Jahr vor Sofies Eintritt eröffnet hatten, konnte sich das Profil der Schule mit der kunsthandwerklichen Ausrichtung noch nicht festigen. Erst im Laufe der Zeit etablieren sich in den Ateliers die unterschiedlichen Fachklassen.

Hans Brandenburg schreibt über seine Freundin Dora Polster: „Sie ist durch die meisten Fachklassen hindurchgegangen, hat lithographiert und in

---

63 Dierlitze: Kornelkirsche, Gelber Hartriegel.
64 Brief SB an EB, 03.03.1903. Privatarchiv P.B. Anmerkung: Hier bricht der Brief ab, ein weiteres Blatt mit Schlussgrüßen und Unterschrift fehlt.

Holz geschnitten, Gebrauchsgraphik aller Art gezeichnet, Innenarchitektur getrieben, Möbel, Stickereien, Tapeten entworfen [...]."⁶⁵ Allerdings hatte auch Dora Polster sich das ursprünglich anders vorgestellt, denn – wie Sofie – wollte sie sich in München der freien Kunst, vor allem dem Malen widmen. Brandenburg erklärt: „Dabei verlangte es sie eigentlich nur nach der freien Kunst, nach Landschaft und Figur, nach der Malerei, und dafür war hier im einzelnen wenig zu gewinnen, da mußte sie sich alles spät und auf langen und schweren Wegen und Umwegen selbst erringen."⁶⁶

Sofie aber hat nicht die Absicht, den Weg durch die Werkstätten zu nehmen, um dann hinterher – wie Polster – „auf langen und schweren Wegen und Umwegen" doch zur freien Kunst zu gelangen. Sofie fasst sich ein Herz – „blaß wie ein Leintuch" – und spricht mit Debschitz. Sie ist erleichtert, den schwierigen Schritt der Kündigung gewagt zu haben, auch wenn „der Meister" davon nichts wissen will. Für Wilhelm von Debschitz, dessen Schule in diesen Jahren einen ungeheuren Aufschwung nimmt, ist jede Kündigung eine Form von Kritik an seiner Person.

Es könnte gerade dieses „Strahlend-Feurige" sein, das Sofie irritiert und dem sie sich entziehen will. Die „Chemie" zwischen beiden stimmt nicht, was Debschitz in seiner Euphorie für die Sache und im Höhenflug der gesellschaftlichen Anerkennung nicht wahrnimmt.

Exkurs: Wilhelm von Debschitz in den Augen der anderen

Es sind zwei Aspekte, die Sofies Zweifel an der Kunstschule Debschitz nähren: die Frage, ob Zeichnen für sie das Richtige ist, und die Person Wilhelm von Debschitz. Was genau sie abstößt, wird nicht klar, doch unumstritten ist Debschitz nicht. Über Sofies Kommilitonin Dora Polster schreibt Hans Brandenburg: „Sie zitterte nämlich vor jeder seiner Korrekturen, das Herz schlug ihr bis zum Hals hinauf, und bei seinem ersten Wort brach sie in Tränen aus. Das geschah nicht etwa aus Angst vor seinem Tadel oder aus Ehrgeiz, sondern nur aus der erschütternden Ehrfurcht vor dem doch so gar nicht ehrwürdig sich gebärdenden Meister [...]."⁶⁷ Ähnlich respektvoll begegnet eine „unbekannte Debschitzschülerin" dem Leiter der Schule. Sie schildert ihren Antrittsbesuch bei ihm:

> Endlich kam er – ich hatte ihn mir ganz anders vorgestellt. [...] er ist sehr lang und blond und hat eigentlich nichts von einem Münchner. Ich war wahnsinnig verlegen. Ich zeigte ihm zuerst meine Studien,

---
65 Hans Brandenburg, S. 171.
66 Hans Brandenburg, S. 171.
67 Hans Brandenburg, S. 170f.

die er aber sehr schnell ansah. Eine hielt er verkehrt und merkte es gar nicht [...]. Ich hatte mir eigentlich doch gedacht, dass er mehr persönliches Interesse nehmen würde, wie im Prospekt steht. Plötzlich fragte er mich, ob ich kochen könnte – ich war platt und wirklich etwas eingeschnappt. Schließlich kamen wir aber doch in ein sehr interessantes Gespräch über gesteigertes Empfinden, wo wir uns sehr gut verstanden. Er ist himmlisch! Schließlich führte er mich noch durch die ganze Schule. Es ist wahnsinnig interessant, was die Leute alles machen. Die Schülerinnen frisieren sich alle gleich. Es sieht sehr originell aus – ich werde es wohl auch tun.[68]

Nicht nur die Studentin wählt sich die Kunstschule bewusst aus, auch der Leiter überlegt sich, ob die Schülerin in seine Schule passt, ob sie ernsthaft lernen will und nicht nur aus Zeitvertreib – als „Dilettantin" – kommt. In seinem Buch *Bürgerliche Bohème* beschreibt Oscar Adolf Schmitz das Interview des „Meisters" mit einer jungen Frau, die in die Schule eintreten möchte. Der „Meister" (Hans von Luckow im Roman) ist an der äußeren Beschreibung leicht als Wilhelm von Debschitz zu erkennen. Auch wenn das junge Mädchen definitiv nicht Sofie ist, so lässt sich doch Sofie darunter vorstellen. Der Lehrer im Roman fragt die Bewerberin, wie sie auf die Idee gekommen sei, in die Schule einzutreten, ob sie Kunst zum Vergnügen oder zum Geldverdienen treibe und vermutet provokativ: „Also, ich weiß schon, Sie haben sich zu Hause mit Ihrer Familie nicht vertragen, und nun wollen Sie hier Ihr Glück suchen. Sie träumen von Selbständigkeit und Unabhängigkeit Ihrer Familie gegenüber. Wenn Ihnen das aber mißglückt, so können Sie jederzeit nach Hause zurückkehren [...]."[69] Auf die Frage des Mädchens bezüglich seines Talents, antwortet er, dass jedes junge Mädchen irgendein Talent besitze etwas nachzumachen, sei es „Kunst, Krankenpflege, Unterricht oder Kochen." Für ihn sei die Frage nur, „ob Sie Fleiß, Ernst und die Fähigkeit besitzen, sich wirklich zu sammeln und zu vertiefen."

Er gibt der jungen Dame den Ratschlag: „[...] halten Sie sich im Verkehr an die, welche am meisten arbeiten und am wenigsten schwatzen, vergessen Sie Ihre gute Erziehung nicht, bleiben Sie eine junge Dame, machen Sie sich keine Illusionen vom Münchener Künstlerleben und gehen Sie der Bohème aus dem Wege." Der Lehrer als Mensch beeindruckt das Mädchen, und es „konnte sich dem Reiz seines überlegen wohlwollenden Tones, der sich mit seiner jugendlich kavaliermäßigen Art verband, nicht entziehen."

---

68 Ludwig Hollweck (Hg.): Unser München. München 1967. Darin: Aus dem „Tagebuch einer unbekannten Debschitzschülerin", S. 72.
69 Oscar A. Schmitz: Bürgerliche Bohème. München 1925, S. 164. Folgende sieben Zitate auf den Seiten 165–168.

Die junge Dame beginnt in der Zeichenklasse, wo Ornamente nach Blättern und Früchten gezeichnet werden. Sie beobachtet die anderen Schüler und Schülerinnen und bemerkt, dass die Mädchen sich mit den Herren duzen und: „Die meisten trugen fußfreie Reformkleider." Die Herren sind auch äußerlich als Künstler zu erkennen: „Die meisten trugen lange Künstlermähnen, fußfreie Hosen [...]." Oscar A. Schmitz, von dem nicht bekannt ist, ob er Schüler bei Debschitz war, schildert in diesem *Sittenroman aus der Vorkriegszeit* ein Bild der Malschule und des „Meisters", wie es auch Sofie hätte beschreiben können. Das Verhalten der Schülerinnen und die Art des Umgangs des Lehrers mit ihnen ist ein genaues Abbild von Debschitz. Wie das Mädchen in Schmitz' Buch verunsichert ist, so ergeht es auch Sofie. „Ach ja'," sagt die junge Frau im Roman, „,man weiß nur nie, ob er es ernst meint oder Spaß macht'." Diese Irritation der Person Debschitz gegenüber verstärkt sich mit der Zeit in Sofie.

Sieben Jahre, nachdem sich Sofie von der Debschitz-Schule gelöst hatte, wird die Schweizer Künstlerin Sophie Taeuber hier Schülerin. Sie möchte „Ernsthaftes" leisten und schreibt in einem Brief im Oktober 1910 über die Debschitz-Schule: „Meine Klasse gefällt mir bis jetzt nicht gerade. Einige von den Mädchen schwatzen mich immer an und dann sind [da] noch einige alberne Engländer."[70] Sie beklagt sich, dass viele Studenten „gar nicht daran gewöhnt sind, richtig zu arbeiten."[71] Auch Sofie Benz hadert zeitweise mit der Ernsthaftigkeit der Mitstudentinnen, während ihre Freundin Hulda Voigt deren Fleiß lobt.

Hulda Voigt: Aus dem Norden nach München

Zwar erwähnt Sofie die Freundin Hulda Voigt erst im Frühjahr 1904 in einem Brief, doch hatte die Studentin aus Schleswig–Holstein bereits im Frühjahr 1903 in der Debschitz-Schule mit dem Malstudium begonnen. Hulda schreibt am 26. Mai in ihrem ersten Brief aus München: „Heute früh war ich nun bei Debschitz und es hat mir alles sehr gefallen und ich gehe voll guten Muts Donnerstag zum ersten Mal zum Arbeiten dorthin. [...] Viel kann ich noch nicht berichten, nur daß München mir klein u. engstraßig im Vergleich zu Berlin vorkommt."[72]

Hulda berichtet viele Male ausführlich über die Debschitz-Schule, so in ihrem zweiten Brief:

---

70 Medea Hoch u.a. (Hg.): Sophie Taeuber-Arp: Briefe. Wädenswil 2021, S. 86. Brief 03.10.1910.
71 Medea Hoch u.a. (Hg.), S. 95. Brief 23.10.1910.
72 Brief Hulda Voigt an Helene Voigt-Diederichs, 26.05.1903. Landesbibliothek Kiel.

> Ich zeichne nun erstmal Blumen; d.h. Astern und so was. [...] Die Anathomie-Stunde [...] mache ich nicht mit, Hr. v. Debschitz meinte, das hätte nun keinen Zweck, da ich alles andre nicht wüßte – im October fängt es von Frischem an. [...] 2 mal in der Woche ist gewöhnlich Correctur, Hr. v. Deb. ist immer sehr nett gegen Alle und das ist alles möglich, da er doch gewiß viel um die Ohren hat; er hat doch eigentlich die ganze Schule alleine. Obrist ist bis jetzt noch nicht sichtbar gewesen. [...] Die ganze Schule wird zum Herbst ausziehen und das neue Gebäude muß noch umgebaut werden.[73]

Die beiden jungen Frauen freunden sich an, doch erwähnt Hulda Sofie nur ein einziges Mal brieflich. Hulda korrespondiert mit ihrer älteren Schwester Helene Voigt-Diederichs, die in Jena mit dem Verleger Eugen Diederichs verheiratet ist. Hulda schreibt im Frühjahr 1903:

> Es ist fabelhaft, wie Debschitz mit Leib und Seele Lehrer ist und wie er sich und [sic!] jeden Einzelnen besondre Mühe giebt und wie er durch die einfachsten Leitziele einem die Sache klar macht. Hoffentlich hat er sich mit der großen Schülerzahl nicht zuviel eingebrockt, denn er ist körperlich doch nicht der Kräftigste. – Ich finde, es sind besonders viel nette Menschen in der Schule und fast alles welche, die wirklich doll schaffen [...]![74]

In vielen Briefen spricht Hulda mit Bewunderung von ihrem Lehrer:

> Hr. v. Debsch. ist von früh bis spät mitten drin, und man muß sich nur wundern, daß ein Mensch so viel leisten kann. [...] es macht ordentlich stolz, daß man in solche feine Schule geht. Ich seh auch immer mehr ein, wie einzig richtig die Art zu arbeiten, wie sie in dieser Schule gelehrt wird, ist. [...] Hr. v. Debsch. ist wirklich rei-

Hulda Voigt (unten links) während ihrer Studienzeit in München, 1903–1907. (Foto privat)

---
73 Brief Hulda Voigt an Helene Voigt-Diederichs, [Frühjahr 1903]. Landesbibliothek Kiel.
74 Brief Hulda Voigt an Helene Voigt-Diederichs, o.D. [Frühjahr 1904]. Landesbibliothek Kiel.

zend gegen alle; immer spricht er Mut zu und hat Zeit für jeden und nie ist er unwirsch, wenn man mal auch noch so was Schreckliches gemacht hat. Jetzt ist der Anatomie-Kursus angefangen."[75]

Wilhelm von Debschitz' Methode

Doch Sofies Brief vom 3. März 1903 erzeugt den Eindruck, dass Wilhelm von Debschitz sich zuvor nicht persönlich mit ihr beschäftigt hat. Wie kann das sein, wo die Schule den Anspruch hat, auf jeden Schüler individuell einzugehen und es zudem im ersten Jahr noch wenige Schüler gibt?

Es scheint, als würde Wilhelm von Debschitz seine Schülerin Sofie Benz erst jetzt wahrnehmen und sich an seine Absicht erinnern: „Alle Versuche und Skizzen, welche der Schüler während dieses [...] Unterrichts freiwillig hervorbringt, werden und seien es die unscheinbarsten Kritzeleien nicht nur berücksichtigt, sondern vom Lehrer als ein unschätzbares Hilfsmittel betrachtet, die Neigungen und Freuden des Schülers kennen zu lernen und so diejenigen intimen Beziehungen herzustellen, die mir für einen gedeihlichen Kunstunterricht eine conditio sine quo zu sein scheint." [76]

Durch Sofies Gespräch bei Debschitz wird er aufmerksam, und so lässt sich erklären, dass er ihr den Vorschlag macht, den Anatomiekurs zu besuchen, dass er zu ihr in der Korrekturstunde kommt und dass er ihr den Auftrag gibt, einen Zweig zu malen. Das ist der neue Weg, den er mit ihr einschlagen will. Zur gleichen Zeit beschreibt er in einem Aufsatz *Eine Methode des Kunstunterrichts* die Aufgabe eines guten Kunstlehrers: „Die Sehnsucht des Schülers und die Forderungen des Lebens weisen dem Lehrer die Ziele seiner Tätigkeit; die Psyche des Schülers, die Art seines Verstehens und Nichtverstehens weist die Wege, die der Lehrer zu wählen hat, und entwickelt die Lehrmethode."[77]

Sicher ist Sofie überrascht, plötzlich von Debschitz beachtet zu werden und dessen aufmunternde Bemerkungen zu hören. Es ist Debschitz' Credo, das Studium der Natur bis in die kleinste Zelle zu betreiben und das ‚Naturprodukt' zeichnerisch so zu reduzieren, dass aus der abstrahierten Form eine Bewegung entsteht.

Die Aufgabe des Künstlers müsse sein, das Wesentliche eines Naturobjektes so zu vermitteln, dass der Betrachter das Wesen des gemalten Objektes gefühlsmäßig aufnimmt. Ein Apfel ist danach nicht ein grün-roter Körper, sondern

---

75 Brief Hulda Voigt an Helene Voigt-Diederichs, o.D. Sonntag [Oktober 1903]. Landesbibliothek Kiel.
76 Wilhelm v. Debschitz in H. Bruckmann (Hg.): Dekorative Kunst – Illustrierte Zeitschrift für angewandte Kunst. München 1904, S. 222ff.
77 Wilhelm v. Debschitz in H. Bruckmann (Hg.), S. 210.

so zu zeichnen, dass er entweder als erotisches Objekt oder als süße, verlockende Frucht empfunden wird. Debschitz stellt diesen Vorgang mit seinem berühmten „Haferrispenbeispiels" dar. „Schaffe ich nun eine Studie, ein Bild dieser Haferrispe, welche mich – sagen wir – durch ihre zarte Leichtigkeit besonders enthusiasmierte [sic!], so muß ich das so vollbringen, daß der Nichtkünstler [...] nun von meiner Zeichnung diesen Eindruck empfängt, ohne sich vielleicht über dessen Rechenschaft geben zu können."[78]

Eine weitere Bemerkung über eine Debschitz-Schülerin macht Rolf von Hoerschelmann:

> Und sie lernte noch den Dattelzweig und die Haferähre, die Alge und die Kastanienknospen und sie spannte hin und zog, sie ätzte [sic!], druckte und schablonierte, sie drehte und kurbelte von früh bis spät und konnte nicht genug davon bekommen. Jetzt hatte sie Inhalt und Ideale, Stützpunkt und festen Boden unter den Füssen gewonnen und lobte und pries ihren Meister Tag und Nacht.[79]

Nach so viel Lob für Debschitz erscheint Sofies Zweifel unpassend; doch steht sie nicht alleine da. So vergleicht die Schülerin von Wassily Kandinsky, Emmy Dresler, die Malschule Phalanx mit der von Debschitz. Ihre Kritik klingt nicht nach einer Methode, die sich am Schüler orientiert. „Die reinste Kadettenanstalt! Debschitz will alle nach seinem Stiefel zurechtschneiden. Wenn man bei den Korrekturen 50 Arbeiten sieht, weiß man nicht, wer sie gemacht hat. Im Grunde hat sie nur einer gemacht: der Herr Lehrer."[80]

Das ist eine harte Kritik, denn gerade Debschitz bekennt sich zum „nachschaffenden, ebenfalls nicht nachahmenden Kunsthandwerker".[81] Doch auch der Kunstkritiker Fritz von Ostini sieht die Gefahr der Abhängigkeit vom Lehrherrn. „Darin liegt die bittere Tragik [...] des Malweibchens. Es ist nur eine Einheit mit dem Meister zusammen, wird nur in einer sehr winzigen Anzahl von Fällen selbständig ohne ihn. [...] Ist die Zeit des Gängelbandes vorbei, so verschwindet sie von der Bildfläche."[82]

---

78 Wilhelm v. Debschitz in H. Bruckmann (Hg.), S. 212.
79 Im Nachlass von Rolf von Hoerschelmann: Tagebuch einer Debschitz-Schülerin. In: Helmut Bauer, Elisabeth Tworek (Hg.): Schwabing. Kunst und Leben um 1900. München, S. 249f.
80 Gisela Kleine: Gabriele Münter und Wassily Kandinsky. Frankfurt/M. 1994, S. 150.
81 Nach Wilhelm von Debschitz: Lehren und Lernen in der bildenden Kunst. In: Süddeutsche Monatshefte Jg. 4, 1907, S. 270.
82 Fritz von Ostini: Das Münchner Malweibchen. In: Carola Muysers (Hg.): Die bildende Künstlerin. Dresden 1999, S. 130f. (Erstdruck in Velhagen und Klasings Monatsheften 1914)

Exkurs: Die erste Ausstellung

Im Oktober 1903, nach den Sommerferien, ist Hulda Voigt zurück in München. Die Debschitz-Schule ist inzwischen umgezogen, Räumlichkeiten und Schülerzahl haben sich vergrößert. Hulda Voigt schreibt: „Am 1. Oct. fing der regelrechte Unterricht wieder an, und du kannst glauben, die ersten 14 Tage waren bunt. All die neuen Schüler. Dies neue Gebäude selbst – [...]. Es sind wohl 80 Schüler, und alles geht nun seinen geregelten Gang. [...] Alles ist auf's herrlichste eingerichtet – überall helle riesige Säle [...]."[83]

Hulda ist nach wie vor von Debschitz begeistert. Im Dezember berichtet sie: „Immer wieder möchte ich sagen, wie sehr ich mich doch freue, solch guten Lehrer wie Debschitz zu haben und wenn man überhaupt was lernen kann, ist es noch am einzigsten in dieser Schule."[84]

Die Schülerzahl steigt, aber nicht immer zum Vorteil des einzelnen Schülers, wie Hulda bemerkt. Sie bedauert, dass Debschitz sich zu viel um die vergrößerte Schule kümmern muss, denn „das kann unmöglich ein Mensch bewältigen – na, wir haben es ja im Anfang herrlich gehabt, weil er sich so viel um jeden kümmerte, aber die Neuen in diesem Jahr dauern mich oft."[85]

Die Lehr- und Versuch-Ateliers befinden sich seit September 1903 in der Hohenzollernstraße 21–23. Im Dezember präsentiert sich die Schule erstmals mit einer Ausstellung, die in der Öffentlichkeit mit Interesse wahrgenommen wird. In Sofies Briefen ist von einer Ausstellung nichts zu lesen, jedoch bei Hulda Voigt, die von den Vorbereitungen beeindruckt ist.

> Unsre Schulausstellung wird am 15. eröffnet und alles arbeitet noch recht emsig darauf hin. Ich machte als letzte Arbeit eine Waldrebe als einfache Naturstudie [...].[86] – Sonntag wurde unsre Schul-Ausstellung eröffnet, ich glaub es ist nie mehr Liebe und Sorgfalt für eine Ausstellung verwendet worden wie für diese. Debschitz war Tag u. Nacht unermüdlich, es ist aber auch alles so entzückend geworden.[87]

Ein anschauliches, wenn auch kritisches Bild der Ausstellung vermittelt der Kunsthistoriker Franz Dülberg in der Zeitschrift *Kunstchronik* 1903/1904.

---

83 Brief Hulda Voigt an Helene Voigt-Diederichs, [Herbst 1903], Landesbibliothek Kiel.
84 Brief Hulda Voigt an Helene Voigt-Diederichs, [Dezember 1903], Landesbibliothek Kiel.
85 Brief Hulda Voigt an Helene Voigt-Diederichs, [Frühjahr 1904], Landesbibliothek Kiel.
86 Brief Hulda Voigt an Helene Voigt-Diederichs, [November 1903], Landesbibliothek Kiel.
87 Brief Hulda Voigt an Helene Voigt-Diederichs, [Dezember 1903], Landesbibliothek Kiel.

Man tritt in einen ziemlich großen, in Zukunft wohl einem Käseladen dienenden Raum, in dem kalt und gipsig einige Brunnenmodelle und plastische Entwürfe stehen. Dann über eine schreckliche, zu beiden Seiten von feuchter Neubauluft umwehte Holztreppe hinauf. Die frische Weise der Wände wird durch aufgehängte Tannenkränze und dunkel gemusterte Buntpapiere kaum erträglicher. Oben dann in elf nicht sehr großen Zimmern allerhand Aquarelle, Möbel, Wandfriese, Stickereien, Metallarbeiten, Buchschmuckentwürfe: Die vorläufigen Ergebnisse einer seit etwa einunddreiviertel Jahren bestehenden freien Akademie.[88]

Dülberg geht mit einem skeptischen und einem ironischen Auge durch die Präsentation der Jahresergebnisse, wobei er nicht umhinkommt, der Schule Respekt zu zollen: „Mancherlei wird ja jetzt im nebelvergrauten München gezeigt:[…] aber nichts lädt so zum Verweilen wie die bisweilen zu liebendem Mitleid, oft genug aber zu warmer Mitfreude zwingenden, ringenden Versuche, in den engen Zimmern des noch feuchten Schwabinger Neubaues."[89]

Sofies Neubeginn in der Heymannschule

Seit dem letzten Brief ist ein weiteres Jahr vergangen. Was geblieben ist, was sich verändert hat, lässt sich aus Sofies Brief vom Frühjahr 1904 erfahren. Sie hat den Entschluss wahrgemacht und ist von der Debschitz- in die Heymann-Schule übergewechselt.

> Meine liebe Emy,
> Heute Abend will ich endlich mal mit Dir plaudern, in Gedanken hab ich`s zwar schon oft gethan. – Man lebt halt so hin und lebt, so gut es geht. – In der Heymannschule geht`s gut, und [es] wird tüchtig gearbeitet. Von 9 – 12 [Uhr] Kopf und alle Monat 14 Tage Akt, dann von 2 – 4 [Uhr] Kopf und von 5 – 7 [Uhr] Akt. Heymann ist ein sehr guter Lehrer. – Es sind auch nette Mädchen dort. – Freilich bin ich dadurch, daß ich in eine andre Schule geh, sehr allein, da ich Voigt & Hede [Hulda Voigt&Hedwig Stark] und alle wochenlang nicht sehe, weil man sich regelmäßig verpaßt. –
> Voigt ist wieder ganz gesund und hat einen unglaublichen Humor. Überhaupt sind alle, Voigt und Hede, so heiter und lebenslustig,

---

88 Franz Dülberg: Die Ausstellung der Lehr- und Versuchsateliers von Hermann Obrist und Wilhelm von Debschitz. In: Kunstchronik. Wochenschrift für Kunst und Kunstgewerbe. Leipzig 15. Jahrg. 1903/1904, 12.02.1904, S. 242.
89 Franz Dülberg, S. 247.

und ich kann mit ihnen nicht heiter sein; sie sind mir zu lebhaft, und ich muß nur staunen. Mit Nori dagegen, die jetzt wieder da ist, und die so ruhig ist, da bin ich die lebhaftere und kann infolgedessen ausgelassen sein. – Hede ist in ihrem neuen Berufe glücklich. Sie ist bei 2 reizenden Fräulein, die sie auch gern haben und näht tüchtig; die Fräulein waren auch Künstlerinnen, die eine, glaub ich, riesig begabte Bildhauerin, und [sie] heißen Glasenap [90] und Leander. – Denk, fast die ganze Kopfklasse bei Debschitz ging, und was mich so furchtbar ärgert und unangenehm ist, [sie] sollen sämtlich in meine Schule kommen. –
Habe dies Jahr den Bauernball mitgemacht, hat mir aber nicht so besonders gefallen. Und jetzt, morgen, sollte ich auch aufs Botticellifest. Tante sagte, ich solle gehen, sie wolle mir das Kleid kaufen. Ich hatte absolut keine Lust und hatte versäumt, mir die Karte zur rechten Zeit abzuholen und bekam keine mehr. Mir ist`s recht, denn man geht zu so was, um sich zu amüsieren, und ich will das nicht. Jetzt geh ich dafür morgen ins Volkssymphoniekonzert zu 30 Pfennig, das ganz famos ist.
Frida thut mir sehr leid, und ich möchte ihr helfen. Weißt, manchmal hat sie Augenblicke, in denen sie einsieht, [...] wohin sie mit ihrer Kindererziehung kommen, und das ist dann zum Verzweifeln für sie. – Wo verzweifeln die Menschen nicht? Tante in Gauting möchte ich auch helfen.
Hast Du schon einen glücklichen Menschen gesehen? Warum macht sich jeder sein Leben so unglücklich wie möglich? Die Mütter sollten mehr von den Amphibien an sich haben, die sich nicht mehr um ihre Kinder kümmern und grämen. Jeder spielt halt sein Theäterle, so gut er kann, und man ist baff, was da doch jeder für ein Talent aufweisen kann. Wie wär`s, wenn man da ein Sanatorium einrichtete für alle sich unglücklich Fühlenden, das wäre doch noch ein Lebenszweck, den Menschen zu helfen. – [...] Gefühllos, wenn man das werden könnte.

Leb wohl. Gruß und Kuß, Sofie.[91]

Sofie scheint sich in dem geregelten Unterricht wohlzufühlen. Ihr neuer Lehrer, Moritz Heymann, ist 1870 in Breslau geboren. Er studiert an der Akademie

---

90 Gemeint ist Imogen Glasenapp, Mitglied der Damenakademie München von 1898/99–1904/05. Siehe Mitgliederverzeichnis der Damenakademie in: Yvette Deseyve: Der Künstlerinnen-Verein München e.V. und seine Damen-Akademie. München 2005.
91 Brief SB an EB, [o.D., Frühjahr 1904 von EB nachdatiert]. Privatarchiv P.B.

der Künste in Berlin Malerei und Grafik und kommt 1893 nach München, wo er die Akademie der Bildenden Künste besucht. Nach Studienreisen in Italien stellt er ab 1899 seine Werke in München aus, u.a. im Glaspalast. Heymann ist Vertreter des Impressionismus; Schwerpunkte seiner künstlerischen Tätigkeit sind Bleistiftzeichnungen und Lithografien, später auch die Ölmalerei. 1902 lässt er sich in München nieder und wird Leiter der Lithografieklasse des Künstlerinnenvereins. Zudem gibt er Zeichen- und Lithografiekurse an der Privatschule von Heinrich Wolff. In seiner eigenen Malschule, der *Schule für zeichnende Künste und Malerei*, lassen sich angehende Künstler zur Aufnahme in die Akademie vorbereiten. Mehr als 5000 Schüler und Schülerinnen soll Heymann im Laufe der Jahre gehabt haben, bis seine Malschule 1934 – Heymann ist jüdischer Bürger – geschlossen wird. Drei Jahre später sucht er den Freitod.

Warum sich Sofie an der Malschule Heymann anmeldet, wo sie doch Zweifel am Zeichnen hegt, ist nicht klar. Jedenfalls ist sie jetzt wesentlich zufriedener. Ihr Tagespensum ist erstaunlich: Sie hat Kurse vor- und nachmittags, sie konzentriert sich auf Kopf- und Aktzeichnen.

Das Botticelli-Fest

Trotz der positiven Entwicklung bei Heymann verfällt Sofie wieder in melancholische Stimmung und ist im Zusammensein mit anderen gehemmt. Ausgelassen kann sie nicht sein; extrovertierte Menschen schüchtern sie ein, nur in ruhiger, ernster Gesellschaft kommt sie aus sich heraus. Beim Bauernball hat es ihr nicht gefallen. Das ist aus der Sicht einer Kunstschülerin verständlich. Da wäre das Botticellifest eher etwas für sie gewesen. Aber sie geht nicht hin, verpasst absichtlich das Abholen einer Karte. Was hätte sie auf dem Fest erwartet? Die Atmosphäre unter dem Motto des italienischen Renaissance-Malers wäre anders als beim Bauernball gewesen, aber Sofie liebt die belanglose Tändelei nicht.

Die Freundin Hulda Voigt jedoch will sich auf dem Botticellifest vergnügen und berichtet ihrer Schwester: „Ich habe [vor], ein Botticelli-Fest im Künstlerhaus mitzumachen, es soll so reizend werden; wir bekommen Künstlerkarten […]. Da läßt sich ja leicht etwas herstellen, dank meinem angeborenen Nähtalent."[92]

Was Vergnügungen angeht, ist München die falsche Stadt für Sofie; sie findet keine Freude am übermütigen Feiern. Dabei sind Münchner Faschingsfeste legendär. Erich Mühsam schwärmt: „Ich denke an Faschingsnächte von

---

92 Brief Hulda Voigt an Helene Voigt-Diederichs, [Frühjahr 1904], Landesbibliothek Kiel.

maßloser Ausgelassenheit […]."[93] Ein besonders ausgefallenes Kostümfest schildert Franziska zu Reventlow in *Herrn Dames Aufzeichnungen*. Ein Besucher des Münchner Faschings staunt: „Wie sie das aushalten, ist mir ein Rätsel; ich war schon nach zwei Tagen ganz gebrochen […]."[94] Für die großen Feste werden Themen vorgegeben, wie z.B. das Botticellifest.

Auch der Schriftsteller Gottfried Keller erinnert sich des Münchner Faschingsfestes von 1903: „Die Krone des Faschings 1903 bildete ein großes Künstlerfest in den beiden königlichen Theatern […]. Es war ein griechisches Fest. Die Idee stammte von Lenbach, für den […] das von Künstlern geleitete Fest als Maskenzug oder Ball oder als Festzug der größte Genuß des Lebens war. […] Wir entschieden uns nach dem berühmten Bilde einer griechischen Vase des rotfigurigen Stils in Berlin, Orpheus und die Thraker darzustellen."[95]

Die Kunstschulen und die Akademie veranstalten Atelierfeste mit Musik, Tanz und literarischen Beiträgen. Der Schriftsteller Arthur Holitscher berichtet über die Malschüler, dass sie „in römischen Togen ihre Verführungskünste an jenen Bremer und Basler Patriziertöchtern erproben, die schreckhaft und doch abenteuerlüstern, als Nymphen des Waldes und der Quellen verkleidet, Erfahrungen fürs Leben zu sammeln entschlossen sind."[96]

Dass Sofie diese fröhlichen Atelierfeste mitmacht, ist kaum vorstellbar; sie berichtet auch nie davon. Doch ist zu lesen, dass Kostümfeste bei Debschitz stets als gesellschaftliches Ereignis galten.[97]

„Jeder spielt sein Theäterle"

Sofies Brief vom Frühjahr 1904 zeigt den Blick auf ihre Mitmenschen. „Wo verzweifeln die Menschen nicht?", fragt sie. „Hast Du schon einen glücklichen Menschen gesehen?" Ein Sanatorium für Unglückliche möchte sie einrichten; Menschen helfen könnte ein Lebenszweck sein. Hier zeigt sich, was in den nächsten Jahren ein Wesenszug sein wird: Sie wird eine „Kümmerin".

In Anbetracht ihres weiteren Lebenswegs ist Sofies Brief geradezu hellsichtig, werden doch psychosoziale Themen später eine wesentliche Rolle in ihrem Leben spielen.

Und nicht nur das. Mit ihrem Gedanken, die Mütter sollen sich nicht mehr um die Kinder „kümmern und grämen", spricht sie aus, was ihr späterer Partner Otto Gross zu einem seiner Lebensthemen macht: das „Mutterrecht". Auch er will Erziehungsaufgabe und Unterhalt der Mütter auf die Gesellschaft

---
93 Erich Mühsam, 1977, S. 117.
94 Franziska zu Reventlow, 1978, S. 57.
95 Ludwig Hollweck (Hg.): Unser München. München 1967, S. 27.
96 Arthur Holitscher: Lebensgeschichte eines Rebellen. Berlin 1924, S. 198.
97 Vgl. Dagmar Rinker, 1993, S. 61f.

übertragen, damit die Frauen ein ungebundenes, freies, selbstbestimmtes Leben führen können.

Die Freundin Hulda Voigt

Nur kurze Zeit nach Sofies Brief vom Frühjahr 1904 kommt eine Zeit der Euphorie. Hängt es mit der Freundschaft zu Hulda Voigt zusammen? Sie lernen sich in der Debschitz-Schule kennen. Hulda schreibt später in Erinnerung an die Zeit mit Sofie: „Die kleine, liebe Benz, die so gesund und urfrisch und stark war, als ich sie 04 kennen lernte – es war der erste Mensch, an den ich mich in München anschloß, und ich habe viel harmlose Freude damals mit ihr erlebt."[98]

Hulda Voigt, 1879 geboren, wächst auf Gut Marienhoff bei Eckernförde in Schleswig-Holstein[99] auf. Sie ist die Jüngste von neun Geschwistern, Tochter des Gutsbesitzers Theodor Voigt und seiner aus Hamburg stammenden Frau Marie Brinkmann. Huldas Elternhaus wird liebevoll und anschaulich mit vielen Details von ihrer Schwester Helene Voigt-Diederichs in dem Buch *Auf Marienhoff*[100] beschrieben. Helene Voigt-Diederichs ist auf dem Weg, eine bekannte Schriftstellerin zu werden. Hulda schreibt im Herbst 1904: „Von deinem großen Erfolg las ich jüngsthin zufällig in der Zeitung und ich freute mich sehr mit Dir und daß es auch für Dich so überraschend kam! Beides: Geld und Anerkennung ist doch herrlich!"[101] Der Roman *Dreiviertelstund vor Tag* wird 1905 mit dem niedersächsischen Kulturpreis ausgezeichnet.

Was zieht Hulda Voigt aus dem Norden Deutschlands, nahe der Ostsee, nach München zum Kunststudium? Vielleicht ist es der gute Ruf der Debschitz-Schule mit ihrem reformpädagogischen Programm. Aber sie ist nicht die Einzige, die sich auf den weiten Weg macht. So war 1893 Franziska zu Reventlow aus Lübeck nach München gekommen. Hans Brandenburg schreibt:

> Aus aller Herren Ländern strömten Jünglinge und Jungfrauen in die Debschitzschule, nicht zuletzt norddeutsche Mädchen, die nach einem selbständig und selbstherrlich geführten Leben trachteten, die, ohne auf einen, vielleicht gar von den Eltern bestimmten Mann zu warten, der Enge und dem Müßiggang ihres meist wohlhabenden Adels- oder Bürgerhauses entgehen und etwas lernen wollten, allerdings etwas, das schön war und ihnen Freiheit ließ.[102]

---
98 Brief Hulda Voigt an EB, 04.04.1911. Privatarchiv P.B.
99 Seit 1867 sind die Herzogtümer Schleswig und Holstein preußische Provinz.
100 Helene Voigt-Diederichs: Auf Marienhoff. Das Leben einer deutschen Mutter. Jena 1925.
101 Brief Hulda Voigt an Helene Voigt-Diederichs, [1905]. Landesbibliothek Kiel.
102 Hans Brandenburg, S. 169f.

Der Kunstkritiker Fritz von Ostini beschreibt die Kunstschülerinnen aus dem Norden.

> Die Malweibchen sind [...] teils Standvögel, teils Zugvögel. Diese kommen zum guten Teile aus dem deutschen Norden, manchmal auch aus dem slawischen Osten zu uns; sie bauen im nördlichen München, Schwabing genannt, meist recht primitive Nester, hoch oben unterm Dach, mit Nordlicht. Ihr Gefieder ist bald grotesk auffallend, bald von spatzenhafter Schlichtheit. Zopfschnecken über den Ohren und miederlose Hängekleider sind häufige, aber nicht allgemeine Kennzeichen. Sie leben im großen und ganzen gesellig, hin und wieder paarweise – besonders die Spezies *Muliercula bohemica* wird oft mit gleichartigen Männchen in freier Vereinigung zusammennistend getroffen. In bezug auf Nahrung sind sie nicht anspruchsvoll. [...] sehr oft hingegen ziehen sie nach erfolgreicher Mauserung wieder in ihre Heimat zurück. [103]

Hulda Voigt im Jahr 1904. (Foto privat)

„Die Voigt kriegt ein Rad!"

Bemerkenswert ist, dass Hulda in ihren überlieferten Briefen nur einmal Sofie erwähnt, während Sofies Briefe den Eindruck vermitteln, dass sie eng mit Hulda befreundet ist. Hulda wohnt mit ihrer Freundin Lucas zusammen, die ebenso aus dem Norden stammt und bei Debschitz studiert. Hulda schreibt: „Mein Zusammenleben mit Lucas ist fein – man kommt auch so viel mehr in die Arbeit hinein, man berät [sich] gegenseitig und spornt sich auch recht an. Und über alle Hindernisse, die der Tag bringt, hilft man sich gegenseitig ermunternd hinweg."[104]

Hulda und Sofie bekommen im April 1904 ihre ersten Fahrräder – zunächst Hulda, dann Sofie. Sie sind begeistert. Am 1. April schreiben sie eine

---
103 Fritz von Ostini: Das Münchner Malweibchen. In: Carola Muysers (Hg.): Die bildende Künstlerin. Dresden 1999, S. 130f. (Erstdruck in Velhagen und Klasings Monatsheften 1914)
104 Brief Hulda Voigt an Helene Voigt-Diederichs, [1904]. Landesbibliothek Kiel.

gemeinsame Postkarte an Sofies Mutter. Die Karte trägt Huldas Handschrift, nur der zweite Satz ist Sofies Schrift:

> Die Voigt kriegt ein Rad!! Die Benz will ihrs auch. Die Voigt kriegt ihrs schon morgen und Benzling muß seins auch recht bald kriegen.
> 1000 Dank und Gruß.
> Hulda Voigt, Deine alte Sofie.[105]

„Die Benz will ihrs auch!", schreibt Sofie als Aufforderung an die Eltern, und bald wird sie ein eigenes Fahrrad haben. Das Fahrrad ist das erste individuell nutzbare Verkehrsmittel und nach der Jahrhundertwende neben der Nähmaschine erfolgreichster Artikel der industriellen Massenproduktion in Deutschland. Junge Frauen feiern es als Mittel zur Emanzipation. „Neuerdings hat ein starker Emanzipator darin einige Wandlung geschaffen: das Fahrrad, dessen Wirkung zu Gunsten der Selbstbefreiung des weiblichen Geschlechts schon jetzt in der größeren Selbständigkeit und der Vereinfachung der Kleidung der jungen Mädchen deutlich zu Tage tritt [...]."[106]

Die österreichische Frauenrechtlerin Rosa Mayreder behauptet, „daß das Fahrrad mehr zur Emanzipation der Frau beigetragen habe als alle Bestrebungen der Frauenbewegung zusammengenommen."[107] 1901 ist zu lesen:

> Ihm [dem Fahrrad] verdankt unsere Frauenwelt die freiere Stellung, die sie heute in der Öffentlichkeit einnimmt. Das Fahrrad holte die Haustöchter vom Strickstrumpf und hinter dem Kochtopf weg und führte sie mit Bruder und Freund hinaus in die freie Natur, machte unsere Mädels frei von der ständigen Aufsicht der Mütter und Tanten und erzog sie zu selbständigem Handeln. Unsere Frauen sollten daher dem Fahrrad ein Denkmal setzen, denn es hat gerade für sie so viele alte, hemmende und hindernde Vorurteile, so vieles, was sich, Gott weiß aus welchem Grunde, nicht schickte, vom alten wurmstichigen Thron gestoßen, hat unseren jungen Mädchen die Möglichkeit gegeben, sich außerhalb des Hauses frei zu bewegen.[108]

1880 fahren die ersten Hochräder durch München, 1892 die ersten Damenfahrräder. München wird zur Hochburg des Radfahrens. Hier wird die erste

---

105 Karte Hulda Voigt und SB an Frau Prof. Benz, 01.04.1904. Privatarchiv P.B.
106 Lily Braun: Die Frauenfrage. Nachdruck Stuttgart 1979, S. 189. (Erstausgabe 1901)
107 Gudrun Maierhof, Katinka Schröder: Sie radeln wie ein Mann, Madame. Dortmund 1992, S. 7.
108 Georg Herman: Die deutsche Karikatur im 19. Jahrhundert. Leipzig 1901. In: Hans-Erhard Lessing (Hg.): Fahrradkultur 1. Reinbek bei Hamburg 1982, S. 21.

Radrennbahn der Welt gebaut, und die erste Radfahrschule Deutschlands vergibt Zertifikate für verkehrsgerechtes Radfahren. „An radfahrende Damen hatten sich die Münchner in weltstädtischem Gleichmut gewöhnt, seit eine frauenrechtliche Riege an sonnigen Wochenenden mit Knabenfrisuren und weißen Radfahrhosen – einige mit Bowler und Schlips – im Englischen Garten ihre Bahn zog, eine Kavalkade selbstbewußter Frauen, denen es zu verdanken war, daß München an der Spitze der weiblichen Emanzipation stand."[109]

Der Engländer Jerome Jerome beobachtet 1900: „Vor zehn Jahren würde noch kein deutsches Weib, das auf ihren Ruf hielt, und sich einen Gatten erhoffte, es gewagt haben, ein Bicycle zu besteigen: heute surren sie zu Tausenden durch die Lande."[110]

Dennoch sind Frauen auf Rädern ein beliebtes Diskussionsthema. Der Arzt Dr. Dedolph fragt 1896 in seinem Büchlein *Ist Radfahren gesund und auch für Damen passend?* und gibt die Antwort: „Schon vor Jahren habe ich die ausgezeichnetsten Erfolge vom Radfahren gesehen, besonders bei gewissen Stadien der Neurasthenie. [...] Das Radfahren der Damen wird wesentlich die Degeneration des jetzigen weiblichen Geschlechts beseitigen helfen."[111]

Der Anatomieprofessor Paul Schiefferdecker befasst sich im Jahr 1900 in seinem Buch *Das Radfahren und seine Hygiene* mit den Frauen:

> Übrigens wirkt das Radfahren nicht nur auf den Körper direkt günstig ein, sondern auch bestimmte geistige Eigenschaften werden besser entwickelt als sonst. Namentlich gilt das auch für die Frau. [...] Grössere Selbständigkeit in Bewegung und Handeln ist etwas, was unseren deutschen jungen Mädchen sehr not thut. [...] Das ungezwungene Zusammensein von jungen Leuten beiderlei Geschlechts, welches für die gegenseitige Beurteilung so wichtig und wünschenswert ist, und das bisher oft so ganz fehlte, wird beim Radfahren, sei es auf dem Sportplatz, sei es bei gemeinsa-

Postkarte 1909. (Privatbesitz)

---
109 Gisela Kleine, 1994, S. 95.
110 Jerome K. Jerome in: Hans-Erhard Lessing (Hg.): Fahrradkultur 1. Reinbek bei Hamburg 1982, S. 18.
111 Dr. med. Dedolph: Ist Radfahren gesund und auch für Damen passend? Aachen 1896, S. 5ff.

men Partien ins Freie hinaus eine wesentliche Förderung erfahren.[112]
Auch gegen Hysterie soll das Radfahren eine willkommene Therapie sein:

> Vor Allem gestaltet sich das Radfahren als wirksamste Medicin gegen den Dämon unseres Jahrhunderts, gegen die gleich einer Epidemie grassierende Nervosität. [...] Ist eine Dame gar hypochondrisch und übellaunig, dann erweist sich das Radeln als ein Heilmittel [...]. Bald verwandelt sich eine solche von ‚Weltschmerz' gepeinigte Frau in eine heiter gestimmte Radfahrerin, deren vormals melancholische Mienen sich zusehends erhellen.[113]

Der Fahrrad-Philosoph Eduard Bertz untersucht das soziale Umfeld, in dem das Fahrrad seinen Platz erstreitet. So seien jetzt die beliebtesten Geburtstags- und Weihnachtsgeschenke das Zweirad und nicht mehr eine goldene Uhr für den Sohn und ein Klavier für die Tochter. Das veränderte Freizeitverhalten schädige jedoch die Wirtschaft, da jetzt weniger Menschen Bücher, Hüte und Schuhe kauften, rauchten und Alkohol tränken.

Allerdings haben Frauen auch mit Widerstand zu rechnen. Sie werden abfällig kommentiert, beleidigt und beschimpft. Fußknöchel dürfen nicht gezeigt werden, lange, wallende Röcke und davonfliegende Hüte schmälern die Freude. „Fährt eine Frau ohne Handschuhe, um wie sie sagt, die Handhabung des Rades leichter zu bewerkstelligen, so wird [sie] [...] gar bald Anlaß haben, sich über sonnenverbrannte, verunschönte Hände zu ärgern."[114] Minna Abendstern, Präsidentin des *Vereins zur Abschaffung weiblicher Unterdrückung*, denkt an die Folgen für den Mann:

> [...] das Radfahren der Frauen ist ein Schritt weiter zur Befreiung des Weibes von der Tyrannei der Hausfrauenpflichten, ja es wird in seinen Consequenzen den Mann einfach zwingen, einen Theil dieser Pflichten selbst zu übernehmen. Wenn die Frau per Rad über Land ist, wird dem Mann, falls er Hunger hat, nichts übrig bleiben, als selbst zu kochen.[115]

Ostern 1904 – Eine Alpenwanderung

Es ist nicht nur das Radfahren für Frauen, das Ende des 19. Jahrhunderts einen Siegeszug antritt, sondern die allgemeine Hinwendung zum Sport. Die

---

112 Paul Schiefferdecker: Das Radfahren und seine Hygiene. Bonn 1900. In: Hans-Erhard Lessing (Hg.), S. 375f.
113 Vademecum für Radfahrerinnen. Wien 1897. In: Maierhof/Schröder, S. 50f.
114 Vademecum für Radfahrerinnen. Wien 1897. In: Maierhof/Schröder, S. 71f.
115 Minna Abendstern in: Jugend Nr. 50. München 1896, S. 817.

Freundinnen Hulda und Sofie erobern in diesem Frühjahr München und Umgebung mit den Fahrrädern, sie unternehmen auch eine Wanderung in den Alpen. Am Karfreitag, 1. April, treffen sie sich, um gemeinsam mit dem Zug nach Schliersee zu fahren. Später wird Sofie keinen ähnlich begeisterten und ausführlichen Brief schreiben, wie den nach der viertägigen Alpenwanderung. Keine Melancholie, nur reine Lebensfreude strahlt ihr Brief aus.

> Liebe Eltern! Meine Lieben! Waren das herrliche <u>Ostern</u>!
> Und Euch, daß Ihr alle an mich dachtet, herzlichen Dank. – Ich habe Euch in den Tagen alle hergewünscht, daß Ihr all die Herrlichkeit, die ich sehen durfte, mitgenießt. –
> Ich war ja das 1. Mal in den Bergen. Voigt und ich. – Gründonnerstag war ich in Gauting, bei Laura, deren Schwester Hilde über Ostern da war. Und Kharfreitag, mit Lodenkragen, Rucksack und Bergstock ausgerüstet, fuhr ich in die Stadt und holte Voigtchen ab und um 12 Uhr fuhren wir ab nach Schliersee, in den Rucksäcken Ellwanger Brot, Würste und Butter, wollene Strümpfe und einen Spritkocher und gemahlenen Kaffee.
> Um 2 Uhr kamen wir in Schliersee an. – Der See ist ganz klein, und wir waren sehr enttäuscht von ihm und machten uns bald auf die Socken, über die Gindelalpe und nach Tegernsee. Das Wetter ist dort sehr unbeständig, bei Sonnenschein zogen wir fort, und unterwegs schneite und regnete es, daß es nimmer schön war. Dazu lag dort oben noch meterhoch Schnee und man sank bei jedem Schritt bis über die Kniee ein. – Voigtchen verlor den Mut und wollte nicht mehr weiter, doch schließlich kamen wir glücklich in Tegernsee an, wo wir Nachtquartier nahmen. Mutlos krappelten wir in unsre Betten, mit der Gewißheit, am andern Tag wieder bei dem Wetter zurück nach München fahren zu müssen. –
> Es kam besser. – Um 11 Uhr andertags hellte es sich auf und hörte auf zu schneien. – Wir wanderten über Bad Kreuth Glashütte hinein ins Land Tirol, und es wurd immer schöner und schöner! Wir fanden keine Worte, konnten uns nur die Hand drücken. Dick Schnee, und von den Bergen stürzten die Gießbäche zu uns herunter ins Tal. Es ist unbeschreiblich. Und keine Menschenseele weit und breit.
> Ohne Anstand passierten wir das Zollhaus. Wir wurden nur von den Beamten gefragt, ob wir was Verzollbares hätten. – So wanderten wir bis Aachenkirchen (Unterwegs haben wir natürlich Rast gemacht und tüchtig gegessen und Kaffee gekocht). So was Unerfreuliches wie die Wirtsleute in Aachenkirchen ist mir noch nicht vorgekommen.

Daß sie uns nicht hinauswarfen, war ein Wunder – und eine Schweinewirtschaft war dort, dass es einem schlecht wurde und [wir] froh waren, als endlich die Nacht vorbei.
Der kommende Tag, Ostersonntag, war der schönste der ganzen Tour. Von Aachenkirchen und Aachensee und den ganzen See entlang: so was Herrliches wie der Aachensee! Er ist 300 m tief und hat Farben – großartig. Direkt aus dem Wasser steigen die hohen Berge auf – es ist einfach wunderbar. Wenn unsere Zeit nicht so knapp gewesen wäre, hätten wir den Unütz bestiegen. Alle Berge sind dort mit Erika und Alpenrosen, die jedoch noch nicht

Blick über den Schliersee. (Foto 2021, privat)

blühn, übersät. Ringsherum all die Herrlichkeit, kamen wir nach Eben. Von hier hinunter nach Jenbach ins Zillertal führt eine Zahnradbahn, so hoch liegt der See. Von Jenbach durchs Zillertal über Brixlegg, Rattenberg, einem reizenden romantischen Städtchen bei Langkampfen, wo wir bei reizenden Wirtsleuten übernachteten. Montag wollten wir über Kufstein zurück nach Schliersee. Voigtchen jedoch hatte so schlimme Blasen an den Füßen, daß wir uns nur mühsam bis Kufstein schleppten und von da heimfuhren. Es war eine wundervolle Tour, und wir waren riesig glücklich. Unterdessen ist es Donnerstag geworden.
Voigtchen und ich haben angefangen, wieder selbst zu kochen. Bei mir gabs herrliche Grünkernsuppe und Karteiserklöße und bei Voigtchen heute Erbswurstsuppe mit Kohl und Fleisch. Voigt ist wieder ganz frisch, die Tour hat sie vollends ganz gesund gemacht. Wir sind beide, Voigt ganz, ich ein wenig braun geworden. Wir freuen uns, bis wir jetzt dann alle unsre Räder haben. Der Brief muß nun aber endlich fort.
Herzl. Dank und seid alle gegrüßt. Eure Sofie.[116]

---

116 Brief SB an ihre Eltern, 05.04.1904. Privatarchiv P.B.

Erstaunlich ist, dass Sofie und Hulda sich nicht von der frühen Jahreszeit abschrecken lassen; meterhoher Schnee war zu erwarten. Sie sind zum ersten Mal in den Bergen – das ist mutig. Die Tour muss gut geplant worden sein. Im langen Lodenrock, mit Leinenrucksack, Wollhandschuhen und -socken, Nietenstiefeln und versorgt mit Butter, Würsten und Brot, dazu Kaffee und Spirituskocher geht es los. Sofie ist die Kräftigere, für Hulda ist die Bergtour ein Abenteuer, an das sie ihr Leben lang denken wird. Geplant hatten die Freundinnen eine Rückkehr zu Fuß nach Schliersee, doch Hulda ist fußkrank, und so geht es mit dem Zug von Kufstein zurück nach München.

Dass ihnen von dieser Tour auch wegen des grundsätzlichen Vorbehalts gegen zwei junge Frauen im Gebirge abgeraten wird, ist vorstellbar. Zwar gibt es Widerstände gegen eine gleichberechtigte Teilhabe von Frauen am Sport, doch sie lassen sich nicht einschüchtern. 1901 wird die Wandervogelbewegung gegründet mit ihrem Motto „Raus aus der Stadt und in die Natur". Junge Frauen nutzen das Wandern als Zeichen von Unabhängigkeit. Anfang des 20. Jahrhunderts kommt das Wandern in den Alpen in Mode. Therese Girm-Hochberg schildert im April 1905 die Situation in den Bergen: „Wohl nicht ganz mit Unrecht wird in der letzten Zeit von den getreuen Freunden des Wanderns in den Bergen über die Menschenmassen geklagt, die zu Zeiten die bequemer von der Eisenbahn und den großen Touristenstraßen aus zu erreichenden Gegenden überschwemmen."[117]

Die Geschichte der Frau im Alpinismus ist eng verbunden mit der Frauenbewegung des 19. Jahrhunderts. Es gibt viele Vorbehalte: Die bedrohliche Bergwelt, die angebliche Unfähigkeit der Frau zu körperlicher Leistung, die Angst vor „Vermännlichung" durch den Sport … Die Tante der irischen Bergsteigerin Elisabeth Main bittet die Mutter: „Sieh zu, dass sie mit dem Klettern aufhört. Sie erregt Skandal in ganz London und sieht aus wie ein roter Indianer."[118] Sofie und Hulda setzen sich über das Schönheitsideal einer blassen Haut hinweg, und stolz schreibt Sofie: „Wir sind beide, Voigt ganz, ich ein wenig braun geworden."

Gasthof Altwirt in Langkampfen. (Foto 2021, privat)

---

117 Therese Girm-Hochberg: Aus einem stillen Tale. In: Mitteilungen des Deutschen und Österreichischen Alpenvereins, Nr. 7, München-Wien 15.04.1905, S. 77.
118 Ingrid Runggaldier: Frauen im Aufstieg. Bozen 2011, S. 74.

Sofie hat ein Fahrrad!

Zwei Wochen später, am 17. April 1904, hat auch Sofie ein Fahrrad. Begeistert schreibt sie den Eltern:

> Liebe Eltern,
> Rad glücklich angekommen. – Vielen, vielen Dank. Wenn Ihr wüsstet, was für Freude ich daran hab, müßtet Ihr Euch auch freuen. – Ich hab`s allein, ohne daß mich jemand hielt, an 2 Abenden gelernt und kann`s jetzt so, daß ich nur noch abspringe, wenn ein Radler, Hund oder Mensch um den Weg ist, und die andern biegen sich immer vor Lachen, daß ich so bange davor bin. Die andern lernen`s nicht so schnell wie ich. Voigt traut sich überhaupt nicht. – Bald Brief.
> Einstweilen Grüße, Eure dankbare Sofie.[119]

Auch Stolz, dass sie das Radfahren so rasch gelernt hat, spricht aus den Zeilen. Tatsächlich gibt es Fahrrad-Fahrschulen – „Reitschulen" genannt – in Turnhallen oder im Dachgeschoss von Fahrradhandlungen. Ludwig Ganghofer schreibt über seine „Beobachtung, daß gute Turner, und besonders gewandte Reiter und Reiterinnen mit dem Radfahren manchmal ihre liebe lange Not hatten, [...] während junge Damen, welche nie in ihrem Leben eine Turnstunde besucht hatten, in kürzester Zeit ganz überraschende Fortschritte machten."[120]

Problematisch ist das Radfahren in den Städten, wo Fuhrwerke die Radfahrer bedrängen.

> O weh, da kommt uns ein Wagen entgegen. Ein entsetzliches Angstgefühl packt uns, der Schweiß bricht aus, die schlimmste Anfängerkrankheit, das ‚Wagenfieber' ist da. Wehe dem, der jetzt dem Angstgefühl nachgibt und von der Maschine springt. [...] Da hilft alles nichts, mutig drauflos auf das böse Hindernis. [...] Und – da ist der schreckliche Wagen auch schon vorbei.[121]

„Wer nicht wagt, lernt nicht!"

Auch an ihre Schwester Emilie geht ein enthusiastischer Brief, in dem Sofie von ihren Fortschritten beim Radfahren und über die Alpenwanderung be-

---
119 Karte SB an ihre Eltern, 17.04.1904. Privatarchiv P.B.
120 Ludwig Ganghofer in: Hans-Erhard Lessing (Hg.): Fahrradkultur 1. Reinbek bei Hamburg 1982, S. 9.
121 Hans-Erhard Lessing (Hg.), S. 11.

richtet. Die Schilderung der Wanderung ähnelt der an die Eltern, wiederum mit einer begeisterten Beschreibung der Zeit im Gebirge.

> Liebe Emy!
> Nun hab ich das Rad und dir vielen herzlichen Dank. Es ist so doch netter, wenn wir alle [eines] haben. – Ich radle schon flott. Hab`s allein gelernt, am 3. Abend konnt ich`s, und jetzt bin ich schon ganz sicher und fühle mich, wenn ich drauf sitze, so eins mit dem Rad. Es ist auch riesig praktisch für mich, da ich immer zur Schule radle und wenn man in der Stadt etwas zu besorgen hat. –
> Gelt, was wir, Voigt und ich, Ostern für eine schöne Tour gemacht. – Es war ja einfach wunderbar in den Bergen! [...] Wir haben wie die echten Landstreicher gelebt. – Hatten natürlich unser schlechtestes Zeug an. Wir haben sehr billig gelebt, da wir uns unser Essen, das ich noch dazu von zu Hause im Osterpaket bekam, mitnahmen. Und wo wir übernachteten, haben wir in unserm Zimmer gegessen, damit wir unten in der Wirtsstube keinen so großen Hunger mehr haben. Mal haben wir uns auch mitten in den Bergen bei unserer Mittagsrast ein Feuerle gemacht und von Schneewasser Kaffee, den Voigt mitgenommen, gekocht. –
> Alle hatten uns die Tour abgeraten, das sei was für den Sommer, aber ich glaube kaum, daß es im Sommer so schön sein kann. – Man ist stumm dieser gewaltigen Natur gegenüber, könnte höchstens heulen. – Rings Schnee, Schluchten und Berge, von denen wilde Gießbäche herunterstürzen. – Es war herrlich.[122]

In einem zweiten Teil des Briefes schildert Sofie ihr Alltagsleben, die Freude an Musik, am Nähen, am Kochen mit Hulda Voigt, das Treffen mit Freundinnen und ihrer Cousine Laura, die das zweite Kind erwartet.

> [...] Unterdessen war das letzte Volkssymphoniekonzert. Ich glaube, ich habe in keinem den ganzen Winter über gefehlt und vermisse sie sehr. – Auch kochen Voigtchen und ich wieder zusammen. Buchern, ein Schüler aus der Debschitzschule, ein armer Kerl, wollte bei uns essen, weil`s da doch billiger käme, aber wir wollen`s doch nicht, weil man dann so gebunden ist. – [...] Hede [Hedwig Stark] ist glücklich in ihrer Näherei. Ich sehe sie sehr selten, weil wir uns regelmäßig verpassen. [...]
> Wirklich komme ich eigentlich nur mit Voigt und Nori und [deren] Schwester zusammen. Alle Woche bin ich abends mal bei Elvira und

---

122 Brief SB an EB, [o.D., Frühjahr 1904 von EB nachdatiert]. Privatarchiv P.B.

Lydia [¹²³], so heißt Fr. Reinecke. Und da wird es immer spät, oft 1 Uhr. Was Lydia mir alles erzählt hat aus ihrem Leben! Sie ist erst 23 und hat schon [viel] erlebt und durchgemacht. Das sind ganz famose Menschen. Über Ostern war sie bei ihrem Mann in Mainz. – Was soll ich Dir noch alles schreiben? Ich habe mir einen kleinen Küchenleinen für ein Schulkleid gekauft und habe gestern einfach drauflosgeschnitten. Wer nicht wagt, lernt nicht. – Was treibst Du, und was hast Du vor? – In Gauting hab ich erfahren, daß Du eine Ausstellung gehalten. Ist alles gut abgelaufen?
Hoffentlich wird`s bei Laura gut gehen. Ich erwarte alle Tage Nachricht. –

               Doch nun leb wohl, Gruß und Kuß, Sofie.¹²⁴

Zurück in München – Herbst 1904

Sofie ist im Sommer während der Semesterferien in Ellwangen. Am 25. September 1904 trifft sich die Familie Benz zu einem besonderen Ereignis: Sofies fünf Jahre ältere Schwester Mathilde heiratet den aus Schwäbisch Hall stammenden Kaufmann Friedrich Paul Holland. Das Paar hatte sich durch den mit Friedrich befreundeten Bruder Karl Benz kennen gelernt. Wenig später ziehen Mathilde und Friedrich nach Berlin, wo der Ehemann als Prokurist in der Schultheiss-Brauerei arbeitet. Beide bekommen im Laufe ihrer Ehe fünf Kinder, die einzigen Enkel von August und Emilie Benz. Mathilde besucht regelmäßig mit ihren Kindern das Elternhaus in Ellwangen.

Es wird Herbst, bis Sofie den nächsten Brief schreibt. Sie kommt Anfang Oktober nach München zurück und bemüht sich sogleich um ein Zimmer.

Hochzeit Sofies Schwester Mathilde Benz + Friedrich Holland, Ellwanger Kirche 25.9.1904. (Foto privat)

---

123 Lydia Reinecke (verheiratet mit Prähistoriker Paul Reinecke), von 1901 bis 1909 Mitglied der Damenakademie. Ihre Schwester Elvira Nori ist im Schülerinnenverzeichnis der Debschitz-Schule vermerkt.
124 Brief SB an EB, [o.D., Frühjahr 1904 von EB nachdatiert]. Privatarchiv P.B.

Meine liebe Emy!
Denke nicht, daß die alte Schreibfaulheit wieder bei mir einreißt, im Gegenteil, ich habe die besten Vorsätze. –
Wie Du wissen wirst, reiste ich am 5. ab. Ging dann hier angekommen gleich ins Mathildenstift, um für die 1. Nacht was zu haben und dann heraus Pündterplatz 8 I, wo Voigt und Lucas zusammen 2 Zimmer, ein Wohn- und ein gemeinsames Schlafzimmer gemietet hatten. Und mietete mir auch gleich und zwar das gleiche Zimmer, nur 1 Stock tiefer, neben Voigts Zimmer. Andertags zog ich dann gleich ein. – Die Zeit bis zum 15. brachte ich dann 1mal im Glaspalast und Sezession und sonst im Kupferstichkabinett und alte Pinakothek rum. –
Wie vordem koche ich wieder mit Voigtchen zusammen. – In der Schule lebe ich mich wieder so allmählich ein. Es sind viele Neue, hauptsächlich Anfänger da. – Möglicherweise fange ich nächsten Monat Lithografieren an, wenigstens vor- und nachmittags.
Denk Dir, Klein und überhaupt die Stiftsmädchen sind jetzt auch alle ausgezogen und wohnen in der Arcisstraße und gehen alle in [den] Abendakt zu Heymann. – Klein zeichnet tagsüber bei Zank. Letzten Freitag wurde im Akt das Modell krank, und auf allgemeines Bitten setzte ich mich (nicht etwa Akt). – In der Pause überreichte mir ein Herr einen wundervollen Nelkenstrauß zum Dank. – Das ist doch fein, und ich kann Dir gar nicht sagen, wie sehr ich mich über die Blumen freute.
Viel bin ich bei Elvira und Lydia und gehe alle Mittwoch abwechslungsweise mit der einen oder andern ins Volkssymphoniekonzert um 30 Pf. – Mährlen ist jetzt auch wieder von Marienhoff zurück und ist begeistert. – Nächstes Jahr muß ich hinauf kommen, sagt Voigt. – [...]
Die Abende verbring ich mit nähen, zeichnen oder Briefschreiben. – Zu Voigt und Lucas komm ich auch hie und da. – Lucas ist ein selten begabtes Mädchen. Ich habe noch nie so jemand kennen gelernt. Nachdem sie fleißig gearbeitet, kann sie fröhlich sein, von nichts sich anfechten lassen, nur fröhlich sein und genießen. – Solche Menschen kann es bei uns da unten gar nicht geben, wir sind viel zu schwerfällig dazu, und die da oben haben das gewaltige Meer und den freien Blick. – Ich glaube, daß viel daherkommt, obwohl man sagt, daß gerade da oben die Menschen so verschlossen [sind]. – Mein Stauffer-Bern ist ganz famos, man merkt es weniger unterm Lesen als nachher. – Von Mathilde hab ich in den letzten Tagen

einen riesig glücklichen Brief bekommen. Sie ist scheint's ganz und gar befriedigt und glücklich, was mich sehr für sie freut. – Papa geht es scheint's auch immer besser, und ich glaube, daß die Ruhe jetzt zu Hause allen sehr gut thun wird. – Wie geht es Dir, was treibst und denkst [Du]. Teile mir auch ein bißchen davon mit.
Mit innigem Gruß und Kuß, Deine Dich liebende Sofie.

Meine Liebe, da der Brief nun doch mal liegen geblieben, Fortsetzung. – Heute Abend geh ich ins Volkssymphoniekonzert mit Elvira. – Ich bin heute riesig fröhlich. – Heute Morgen gute Korrektur bekommen, das trägt schon riesig dazu bei. Im Nachhauseweg begegnete ich Frln. von Waldeck, die jetzt bei Walter Thor ist. – Ich glaube, ich hab Dir schon von ihr erzählt, ein altes, adliges Fräulein, das in ihrer Jugend ritt und allem Sport huldigte und jetzt, seit sie jahrelang krank war, hier studiert. Sie war immer so nett zu mir und brachte hie und da einen guten Bissen. –
Während beiderseitiger Wiedersehensfreude, wer kommt daher? – Eugen Wolff [125] – den ich längst in Berlin glaubte. Obwohl ich ihn nie recht leiden kann, war die Freude doch groß, und ich sagte sogar, er solle mal zum Thee zu mir kommen. –
Zu Hause erzählte ich das Treffen Voigt, und weil ich so fröhlich war, behauptete sie, ich sei verliebt, nahm meine Nelken, sagte, ich müsse sie pressen und legte sie in meine Bibel. – Dann wusch ich, da das Mädchen es nicht thut, mit einem kleinen Lumpen, da ich keinen großen hatte, mein Zimmer auf und [wir] aßen dann zu Mittag, Häringe [sic!] und Kartoffel. –
Nachmittags wieder Schule, Akt thu ich heut schwänzen, da es so ein schreckliches Modell ist und der Kerl immerfort schläft. – Draußen schreckliches Wetter, Regen. –
Also nochmals addio! Deine Sofie.[126]

Das ist ein richtiger Plauderbrief und dem guten Vorsatz geschuldet, nicht wieder in Schreibfaulheit zu verfallen. Im Sommer hat Auguste Mährlen Hulda Voigt auf Gut Marienhoff besucht, und auch Sofie soll unbedingt dorthin zu Besuch kommen. Es wird nie verwirklicht.
Ihre Lektüre ist ein Buch über den Maler, Radierer und Bildhauer Karl Stauffer-Bern, der als Porträtmaler bekannt ist. Seine Bilder zeigen mit der na-

---

125 Sofies Cousin Eugen Wolff, Sohn von ihrem Onkel Hermann Wolff (Bruder von Sofies Mutter).
126 Brief SB an EB, [o.D., Herbst 1904 von EB nachdatiert]. Privatarchiv P.B.

turgetreuen Wiedergabe des Porträtierten den naturalistischen Realismus. Sie müssen Sofie an die von ihrem Vater geschaffenen Porträts erinnern, die mit der Maltechnik denen von Stauffer-Bern gleichen.

Von einem weiteren Maler schreibt sie in ihrem Brief: Walter Thor, bei dem Hildegard von Waldeck-Arneburg Unterricht nimmt. Das „alte, adlige Fräulein" studiert seit Februar 1904 in der Frauenakademie und ist dort bis zum Semester 1919/1920 gelistet.

Walter Thor war Meisterschüler des Historienmalers Franz von Defregger und gründete seine eigene Mal- und Zeichenschule. Thor und Defregger sind Vertreter der Münchner Schule, die sich durch Genauigkeit bei der Darstellung von Landschaften, Historienbildern und Porträts auszeichnet. Walter Thor überwindet später das streng Naturalistische und zeigt eine Tendenz zum Impressionismus. Andere Künstler, die sich von der Münchner Schule abwenden, gründen die Münchner Secession.

Ein Brief von Hulda Voigt bestätigt, was Sofie an Emilie schreibt: Die Freundinnen wohnen nach den Sommerferien in der gleichen Pension am Pündter Platz 8. Hulda schreibt:

> Ich wohne nun doch mit Lucas zusammen, kein Atelier wie erst geplant war, sondern zwei Zimmer nebeneinander, ganz in der Nähe der Schule u. es geht herrlich, zumal wir uns so gut vertragen. Wir haben kein vis à vis, ein Blick über endlose Wiesen bis an den Horizont, und es ist wohlthuend ruhig bei uns und das ist nach einem angestrengten Ateliertag wahrlich nicht zu verachten! [...] Ich will noch fest brav zeichnen, hoffe aber, daß Debschitz mir nach Weihnachten wenigstens etwas das Malen erlaubt. – Die kleine Benz wohnt auch im selben Haus wie wir, und wir beide kochen wieder zusammen. Nun wenn es zum Winter geht, mag man es lieber wie im Sommer.[127]

„Die kleine Benz!" Auch wenn Hulda weiterhin bei Debschitz und Sofie bei Heymann studiert, so kochen sie doch zusammen, wie sie es nach der Alpenwanderung gemacht haben.

Aus Huldas Brief spricht eine vorsichtige Kritik an ihrem Lehrer Debschitz. Das Malen darf erst begonnen werden, wenn das Zeichnen leicht von der Hand geht. Da ist die Studentin vom „Meister" abhängig; er kann ihr das Malen „erlauben" – oder auch nicht. War das der Grund, weshalb Sofie die Debschitz-Schule verlassen hatte – der langsame Fortgang im Programm?

---

127 Brief Hulda Voigt an Helene Voigt-Diederichs, [Oktober 1904]. Landesbibliothek Kiel.

Der Maler Ernst Kropp

Auch der nächste Brief im November 1904 beweist Sofies Lebensfreude, verbunden mit einem lauten „Hurrah!".

> Meine liebe Emy!
> Für Deinen Brief Dank. – Wollte Dir etwas Geld schicken, da ich übrig habe, hab`s aber dann doch unterlassen. Wenn Du 10 – 15 Mark benützen könntest, könnte ich Dir`s leicht schicken, also schreibe. Du brauchst es nicht rührend zu finden, ich hab`s übrig! – [...] Vorletzten Sonntag war ich nicht in Gauting und nächsten geh ich auch nicht hin. – Ich kann`s nicht verantworten, Sonntag überhaupt nichts zu thun, nicht einmal zu mir selber kommen. – Hurrah, ich lithografiere. Gestern hab ich angefangen. – Ich kann Dir so viel erzählen, nur ist`s ein bissl kalt und hab ich nicht viel Zeit. – Will mir jetzt doch abends einheizen. Ich muss nun ernstlich arbeiten. – Denk nur noch dies Jahr hier zu studieren. Als Rettungsstern schwebt mir immer noch Amerika vor, Voigt geht dann auch mit hinüber. –
> Denk dir, nächstes Jahr siehst Du mich vielleicht auf der Ausstellung. Nämlich ein Maler hat mich gebeten, mich zu porträtieren, weil ich so ein humoristisches, formenreiches Gesicht hätte. Na, ich sagte ja, ich dachte auch dabei zu lernen. War schon 3 mal dort, und es ist auch so. – Daß Du ungefähr weißt, er war mit [?] auf der Akademie, dann in Paris und sonst noch. Er kann schon was Tüchtiges. Eine Unmasse japanischer feiner Holzschnitte hat er in seinem Atelier, und in der Pause zeigt er mir allerhand Sachen, Photografien und Kostüme, die er sich in Paris erstanden hat. Kropp, so heißt der Mensch, hat mir ein paar Bücher geliehen, da muß ich mich nun in der freien Zeit drüber machen und studieren. –
> Hede Stark ist auch wieder hier, hab sie [sic!] vor ein paar Wochen begegnet. – [...] Morgen kommt Lydias Mann auf 1 oder 2 Tage. – Am 15. Dezember reisen sie nach Mainz und wollen Dich dann besuchen. –
> In Gauting geht`s gut. – Die kleine Ria freut mich, daß sie so ihre Tante Ofile [128] mag, obwohl ich ihr keine besondere Liebe bezeuge. –

---

128 Ria (Maria, 1902–1970), Tochter von Sofies Cousin Hermann und Frau Laura. Ofile = Kindersprache für Sofie.

Jetzt aber addio! Ob ich noch an den Schönenberg [¹²⁹] denke! Und wie! – Auf Weihnachten freu ich mich auch, wo wir uns alle wiedersehen! –
     Herzlichen Gruß und Kuß, Deine Sofie.
Schreib doch bitte, ob ich Dir was schicken soll, bitte. Der 1. Schnee, ich weiß nicht, soll ich lachen oder heulen. – Guten Morgen Liebe. – Draußen ist`s fein, die Schneeflocken tanzen so lustig.¹³⁰

Von ihrer Malschule berichtet Sofie vorerst nichts mehr, doch erscheint Amerika „als Rettungsstern" am Horizont. Haben sich die beiden jungen Frauen überlegt, wie sie dort leben und Geld verdienen können? Berichte über Auswanderungen – auch in der Jagst-Zeitung erscheint Werbung von Agenturen – spornen Träume und konkrete Überlegungen an. Jährlich wandern Hunderttausende über Hamburg, Bremerhaven und Rotterdam in die USA aus. Politische und soziale Gründe herrschen vor, wirtschaftliche Not treibt Menschen aus der Heimat fort. Doch gibt es Hürden wie hohe Reisekosten¹³¹ und vorab zu schließende Arbeitsverträge. Beides werden Sofie und Hulda nicht vorweisen können.

Im November 1904 wird Sofie von dem Maler Ernst Kropp porträtiert. Der Sohn eines Bildhauers aus München studiert ab 1899 an der Akademie, geht nach Paris und kehrt nach München zurück. Ab 1907 nimmt er an Ausstellungen der Münchner Sezession teil, wo seine dekorativen Bilder den Einfluss seines Aufenthalts in Frankreich zeigen.¹³² Während den Sitzungen als Modell hat Sofie die Chance, sich mit einem nur wenig älteren, jedoch schon von vielen Einflüssen geprägten Maler auszutauschen.

1926 erscheint das Buch *Wandlung der Form im XX. Jahrhundert. Dem Deutschen Werkbund gewidmet von Ernst Kropp mit 111 Abbildungen*¹³³. Das Vorwort bezieht sich auf die Entwicklung der Kunstgewerbebewegung: „[…] er ist der erste, der in der Technik Gestaltungsmöglichkeiten sieht, die über das rein Zweckmäßige hinausführen; für ihn zuerst ist die bisher erreichte

---

129 Schönenberg, 530 m hoher Berg oberhalb von Ellwangen, mit Wallfahrtskirche Zu Unserer Lieben Frau (1729).
130 Brief SB an EB, Dienstag [22.11.1904 von EB nachdatiert]. Privatarchiv P.B.
131 Im fensterlosen Zwischendeck kostet die Überfahrt 160 Mark, das Jahresgehalt eines Arbeiters.
132 1926 wird Ernst Kropp (1880 geboren) Lehrer an der Kunstgewerbeschule in Dresden, Fachklasse Möbel und Raumkunst.
133 Ernst Kropp: Wandlung der Form im XX. Jahrhundert. Hg. von Walter Riezler. Berlin 1926.

'technische Schönheit' nur eine Vorstufe einer ganz neuen, durchaus belebten Form."[134]

Ernst Kropp entwirft Plakate und Möbel für die Deutschen Werkstätten[135] in Hellerau und München. Damit fühlt er sich an einem Wendepunkt der bildenden Kunst. „Die Kluft zwischen der alten und der neuen Form zu überbrücken und die Gegensätze der beiden Formen erkennen zu lernen, ist eine der wesentlichen Aufgaben dieser Arbeit,"[136] schreibt er.

Sofie wird viele Anregungen von Kropp erhalten, manches davon mit Hulda Voigt besprechen. Kropp will die Technik in ihrer kühlen Schönheit als Maßstab für die Kunst nehmen. Welcher Art die Bücher sind, die Kropp ihr zum Lesen gibt, schreibt Sofie nicht. Die Verbindung zu dem Maler muss über mehrere Jahre bestanden haben, denn nach Sofies Tod benachrichtigt Emilie Benz auch Ernst Kropp, der ihr von seinem Wohnsitz in Paris kondoliert: „Ihre Nachricht hat mich in große Trauer und Mitleid versetzt […]. O! das verfluchte Schwabing und Ascona dazu."[137]

„Hier bleibt man ewig jung"

Emilie Benz feiert am 11. Dezember 1904 ihren 31. Geburtstag. Eine Woche zuvor gratuliert Sofie.

> Meine liebe Emy!
> Einen herzlichen Geburtstagskuß! Ein ganz kleines Briefle in aller Eile, Du mußt schon entschuldigen! – Ich hab in der letzten Zeit so viele nette Menschen kennen gelernt, eine Frl. Haag, sehr tüchtige kleine Malerin, und eine Berlinerin Frl. Winterfeld. – Du, weißt, was ich dachte: Statt an den Bodensee oder auf den Schönenberg zu ziehen, kommst hierher. Dort wird man doch ein bisschen einseitig, und hier bleibt man ewig jung. –
> Dienstag reisen Lydia und Elvira schon nach Mainz und besuchen Dich diesmal sicher. – Traurig, daß Mathilde Weihnachten nicht heimkommt. –
> Kropp liegt an Lungenentzündung im Krankenhaus. – Ab 15. geh ich nimmer in die Schule, sondern seh mir die Tage [das] Kupferstichkabinett usw. an. –

---

134 Ernst Kropp, 1926, S. 6f.
135 Unternehmen für den Innenausbau, in Dresden-Hellerau. Die Firma gehört um 1900, in der Zeit der Reformbewegung des Kunstgewerbes, zu den Herstellern von Möbeln nach Entwürfen bedeutender Künstler.
136 Ernst Kropp, S. 9.
137 Brief Ernst Kropp an EB, 01.09.1911. Privatarchiv P.B.

Wollte morgen zu Kropp, um ihm die Bücher, die er mir geliehen, zu bringen und ihm zu sagen, daß ich ab 15. nachmittags kommen kann. Da bekam ich heute von seinem Bruder die Nachricht, und auf dem Weg zu Frida ging ich geschwind ins Krankenhaus, um nach ihm zu sehen. Er soll sehr krank sein, heute ist der 4. Tag, man kann vorerst noch nichts sagen. – Ich freu mich kolossal auf Weihnachten, Du Dich auch? Leb wohl. – Gruß und Kuß und halt recht viel Glück.

Deine Sofie.[138]

Während Sofie noch knapp zwei Wochen zuvor vom „Auswandern" nach Amerika geschrieben hatte, empfindet sie München nun als „Jungbrunnen". Neue Bekanntschaften haben ihr Auftrieb gegeben. Emilie, die Mainz verlassen will, soll nach München kommen. Zum ersten Mal erwähnt Sofie den Namen „Haag". Auch mit Fräulein Winterfeld pflegt sie freundschaftlichen Verkehr. Aber Emilie kommt nicht nach München. Vielleicht sieht sie keine Arbeitsmöglichkeit, vielleicht ist ihr die Stadt mit den Menschen fremd geworden, obwohl sie zehn Jahren zuvor dort studiert hatte. Erst 1908 wird Emilie sich in München anmelden.

„Angst vor dem Glück"

Drei Monate später – im März 1905 – schreibt Sofie resigniert: „Jetzt bleib ich halt da bis August". Sie hat in einer Sache nachgegeben, die ihr wichtig war. Obwohl sie zuvor noch München als „Jungbrunnen" empfohlen hatte, wollte sie München verlassen, um nach Italien zu gehen. Doch das wurde ihr ausgeredet. Sie möchte alles mit Emilie besprechen; es ist viel, was sie belastet.

> Meine liebe Emy!
> Dein Brief kam leider zu spät. Montagabend, als ich den letzten, festen Entschluß heimschreiben wollte, fand ich zu Hause [einen] Brief von Ellwangen und eine Karte von Stuttgart vor. –
> Ja, wie wir sind, ist [es] schrecklich, ich glaub, wir haben das von Mama. Dienstag hab ich gleich endgültig abgesagt. – Was da an Kraft verloren geht. – Wir haben geradezu Angst vor dem Glück und bilden uns ein, daß es nicht für uns ist. – Jetzt bleib ich halt da bis August, dann muß ich nach Hause. – Kraft zum Arbeiten hab ich gerade keine mehr, ich sollte mal einen Tag hinaus, hab aber niemand Geeignetes, und allein ist [es] zu traurig. – Was ich Ostern

---
138 Brief SB an EB, 09.12.1904. Privatarchiv P.B.

thue, weiß ich noch nicht, vom nach Hause fahren werd ich die paar Tage wenig haben. –
Das weißt Du, daß Voigt wieder 3 Wochen im Krankenhaus lag an Scharlach. Seit 8 Tagen ist sie nun wieder da und bewohnt das Zimmer 2 Stock über mir, so daß wir morgens durchs offene Fenster Bettgespräche halten können. –
Mit Lydia war ich gestern Abend im Konzert. Lydia und Elvira haben jetzt beide Räder, fallen aber vorerst noch vor jedem Fuhrwerk oder Passanten herunter. – [...]

Um 2 Uhr in der Schule hatte ich so wenig Lust, nahm mein Skizzenbuch und fuhr bis vor die Stadt mit der Tram. Ging dann bis Großhessenlohe. – Gewitterschwüler Tag – unten an der Isar war`s herrlich. Ging den gleichen Weg, den Voigt und ich auf einem Morgenspaziergang mal gemacht. – Habe eine Menge Leber- und Märzenblümchen gefunden, die ich Anna und Mathilde, deren Geburtstag ich ganz vergessen, schicken werde. Mußte leider nach dem schönen Spaziergang noch so was Schreckliches mitansehen, wie eine Frau von meiner Tram, ich stand wie gewöhnlich vorne drauf, überfahren wurde. –

Aus dem Skizzenbuch von Sofie Benz: Landschaft. (Privatbesitz)

Zu Hause fand ich einen Brief von Mama vor, in dem sie mir Deinen lieben Brief mitschickt. – Sie meinen, wenn ich absolut wolle, hätten Papa und Mama nichts dagegen. Doch schreibt Mama, halte sie es für vernünftiger, meine Studien in München nicht zu unterbrechen, lieber solle ich Ostern nach Hause kommen, wo es dann recht schön werden solle. – Italien – Schluß. – Was ich betreffs Ostern thue, weiß ich noch nicht. Falls Du heimkommst, komme ich natürlich. Schreib mir das bitte, dann würde es doch noch nett. – Komm bitte. – Mit innigem Gruß und Kuß

Deine Sofie.

In der Schule bleib ich so ziemlich sitzen in der letzten Zeit, es sind so schreckliche Menschen gerade drin, die einen ganz nervös machen, so kokette Affen, und selber will man doch etwas Ernstliches. Werde mal mit Haag sprechen, die in letzter Zeit nicht kam.[139]

---
139 Brief SB an EB, 30.03.1905. Privatarchiv P.B.

Studium der Kunst in München

Ein Aufenthalt in Italien gehört zu vielen Künstler-Biografien. Durch Museen streifen, Inspirationen holen und mit neuen Plänen zurückkommen – davon träumt auch Sofie. Aber da sind die besorgten Eltern in Ellwangen mit wohlmeinenden Ratschlägen, die Sofies Freude bremsen. Es ist ein Ja-Aber, ein „Wir haben nichts dagegen, aber besser wäre es anders," was Sofies Entscheidung beeinflusst. Die Einwände der Eltern, aber auch die Frage nach der finanziellen Unterstützung und schließlich die fehlende innere Kraft, sich gegen „vernünftige" Argumente zu behaupten, werden ihr zum Verhängnis.

Dabei müsste August Benz seine Tochter gut verstehen, denn auch er hatte sich vom Elternhaus gelöst, war seinen künstlerischen Weg gegangen und hatte manche Entscheidung getroffen, die den Eltern nicht genehm war. 1851, als August Benz den Lehrerberuf zugunsten eines Kunststudiums aufgeben wollte, hatten sie gesagt: „Übrigens wollen wir Dich in Deinem Vorhaben nicht irre machen, denn Du mußt es besser wissen als wir [...], ob Dich Dein beabsichtigter Schritt zum gewünschten Ziele führen kann. Wenn Du bei Deinem Entschlusse bleiben solltest, so wünschen wir Dir zur Ausführung desselben Gottes Segen."[140] Im Gegensatz zu Sofie blieb August Benz bei seinem Entschluss: „Der Brief machte mich nicht wankend."

Wut, Zorn und Resignation schwingen mit, wenn Sofie ruft: „Italien – Schluß!" Allerdings wird sie genau ein Jahr später doch in den Süden fahren, nach Ascona im Tessin. Auch dann wird es jemanden geben, der sie vor diesem Schritt warnt – ausgerechnet ihre Schwester Emilie. Aber dann wird sich Sofie durchsetzen und nicht beirren lassen.

Freundinnen und Pläne

Sechs Wochen später, nachdem Sofie Ostern 1905 in Ellwangen verbracht hat, schreibt sie einen zuversichtlicheren Brief. Sie hat sich gefasst und berichtet von Besuchen bei Freundinnen, von Malferien und Fahrradausflügen.

> Liebe gute Mizel,
> [...] Das wäre riesig nett, wenn Albert Ludwig [[141]] mich mal besuchen käme, sag ihm doch, er soll recht bald kommen. [...] Vielleicht kann ich jetzt, wenn Albert dort ist, mal nach Augsburg radeln [70 km], ich wollt`s mir ja bei jeder Vakanzreise ansehen und kam nie dazu. –

---

140 August Benz: Jugenderinnerungen. Stuttgart 1976, S. 129.
141 Albert Ludwig: Sohn von Sofies Tante Marie (Schwester der Mutter) und Pfarrer Christoph Ludwig.

Es ist herrliches Wetter, Kastanien und Flieder blühen. – 3 mal seit ich wieder da, bin ich über Mittag zum Aumeister [142] geradelt, einmal mit Frl. Winterfeld und der kleinen Neisser zusammen. Dann war ich mal mit Lydia und Elvira in Schleißheim [18 km] und mal in Großhessenlohe [16 km], natürlich per Rad. –
Beinah keinen Abend bin ich zu Hause, mal bei Frl. Winterfeld, Nori, Neisser, Haag. Winterfeld ist eigentlich rührend. Auf 15., weil da mein Namenstag ist, hat sie mich eingeladen, da will sie mich ausführen [zu] was sie Lust hat, erst irgendwo soupieren, dann ins Deutsche Theater auf einen noblen Platz und dann in ein Kaffé [sic!]. Das macht mir keine Freude, weil es hinausgeschmissenes Geld ist. Über so unnötig Geld ausgeben kann ich mich rasend ärgern. Wenn sie Kaffé [sic!] bestellt, hat sie plötzlich keine Lust mehr und läßt ihn einfach stehen, und im Konzert und Theater wenn [sie] keinen guten Platz hat, nimmt sie geschwind noch einen um so und so viel, und der andre geht kaputt. Und was die zusammen fressen, ich glaube, da wär ich bald krank. – Zum Mittagessen Menü zu 1 Mark, das ist allerdings oft nicht mehr als 60 Pfennig. Um 4 Uhr Kaffee und furchtbar viel Süßzeug, Torten, daß mir`s, wenn ich mal dort war, ganz schlecht ist. –
Weißt Du, was wir jetzt für Pläne haben. Am 15. Juni weder nach Peissenberg noch an [den] Starnberger See zu gehen, sondern nach Saalfelden, das ist nicht so furchtbar weit von Berchtesgaden, also schon ganz in den Bergen. Ein Maler, ich glaub, ich hab Dir schon von ihm erzählt, Ehrenberger, der befreundet mit Lydia und Elvira ist, hat schon immer gesagt, wir sollen dorthin kommen, wo er ist, und am Freitag, wo er abgereist ist, hat er gesagt „bitt schön, Fräulein Benz, sagen`s halt ja, dann kommen die 2 auch" – und jetzt hat er den beiden geschrieben, und die sind dabei, wenn`s mir auch recht ist. Mir ist`s recht, jedenfalls hab ich Gelegenheit viel zu lernen. –
Denk, neulich bin ich in Schwabing heraußen Prof. Heimer von Ellwangen begegnet. Ich war so überrascht, daß ich stehen blieb und er mich ansprechen mußte.
Ast hat Frl. Berger in der Schule eine Karte geschrieben, er ist in Berlin und muß studieren. – Wenn er ernstlich Künstler werden wollte, könnten ihn seine Eltern doch nicht zwingen zu studieren. Er hat scheint`s nicht genug Initiative. –
Weißt, was ich heut zu Mittag aß? Apfelmus und Schneckennudeln.

---

142 Ausflugslokal im Englischen Garten nördlich von München.

Ich kauf mir 1/5 Dampfäpfel um 10 Pfennig, da kannst Du Dich 2 mal dran satt essen.
Sei herzlich gegrüßt, Deine Sofie.
Albert soll mir schreiben, daß ich gewiß zu Hause bin![143]

Das Radfahren ist für Sofie eine Befreiung von der Stadt. Sie liebt die Natur und will hinaus in die Landschaft. Sie scheut sich nicht, alleine mit dem Fahrrad unterwegs zu sein. Ein Ratgeber aus dem Jahr 1897 ermuntert Frauen, auch „solo" Rad zu fahren. Sie sollten bei einer Reifenpanne einen „fremden Herrn" ansprechen dürfen, wenn es anders nicht möglich ist, denn „Die Nothwendigkeit bricht in diesem Fall die Gesetze der Etiquette [...]."[144]

Schwabing und Bohème werden als Synonyme beschrieben. Doch Sofie und ihre Freundinnen sind keine „Bohemiennes". Sofie stürzt sich nicht ins Nachtleben, das Oberflächliche ist ihr fremd, kein Rausch kann sie reizen, keine vergnügten Tanz- und Faschingsfeste, kein Zusammensitzen in verrauchten Cafés, keine lockeren Beziehungen, keine überbordende Ausgelassenheit. Das Café Stefanie? Noch verkehrt sie dort nicht. Dass sie im Schmelztiegel der Bohème, umgeben von Cafés, Kneipen, Theatern, Kabaretts, Literaturkreisen, Haus an Haus mit gesellschaftlichen Berühmtheiten lebt und diese ihren Weg kreuzen, ist aus ihren Briefen nicht zu erfahren. Sie führt ein zurückgezogenes Leben, auch den bescheidenen finanziellen Möglichkeiten geschuldet.

Sofie hat genaue Vorstellungen von Menschen, denen sie sich öffnen will; sie erkennt Täuschungen, Verstellung und Fassaden im menschlichen Verhalten. Sie will konzentriert studieren und malen. Sie wohnt in Schwabing, weil dort die Zimmer billig sind und die Kunstschulen in der Nähe. Das Einfache ist ihre Welt. In ihrem Brief vom Mai 1905 ist von Menschen zu erfahren, die ihren Lebensweg begleiten. Fräulein Winterfeld gehört dazu, die sich aufgrund der besseren finanziellen Ausstattung ein luxuriöses Leben leistet. Doch Sofie freut sich nicht, eingeladen zu werden, sie ist vom verschwenderischen Lebensstil abgestoßen.

Der erwähnte „Ast" ist ein gleichaltriger Kamerad aus Ellwangen. Walter Ast kommt schon als Kind durch die Malerin Mathilde Frauer, die jüngere Schwester seiner Mutter, mit Kunst in Berührung. Die Familie Ast zieht 1892 von Ravensburg nach Ellwangen, als der Vater Friedrich Ast die Stelle eines Richters am Landgericht antritt. Walter Ast besucht das Ellwanger Gymnasium und nimmt bei der Künstlerin Emma Schlette privaten Malunterricht. Mit dem nur zwei Jahre älteren Maler Karl Stirner zieht es ihn in die freie Natur. Nach dem Abitur 1902 und dem einjährigen Militärdienst in Ulm beginnt

---
143 Brief SB an EB, 11.05.1905. Privatarchiv P.B.
144 Vademecum für Radfahrerinnen. Wien 1897. In: Maierhof/Schröder, S. 97.

er auf Wunsch des Vaters ein Jura-Studium in München, würde aber lieber Kunst studieren. Er vernachlässigt das Jura-Studium, beschäftigt sich mit Malerei und besucht Ausstellungen. 1905 schickt ihn der Vater nach Berlin. Sofie empört sich, dass die Eltern ihn nicht Kunst studieren lassen und erwartet, dass der junge Mann sich durchsetzt.

Freude bereitet Sofie die Einladung des österreichischen Porträtmalers und Illustrators Ludwig Ehrenberger, 1878 in Graz geboren, der in Saalfelden am Steinernen Meer in Österreich wohnt. Ehrenberger macht sich einen Namen als Werbegrafiker und Plakatkünstler; Jugendstil und Art Déco sind seine Stilrichtungen. Sofie hofft, viel von Ehrenberger zu lernen.

„Schenk ihr einen Bleistift"

Am 8. Juni 1905, kommt wieder ein „Plauderbrief". Sofie ist gesprächig, Freud und Leid bestimmen ihren Brief.

> Meine liebe Emy!
> […] [Am] 15. Juni gehen Lydia, Elvira und ich nach Saalfelden und [zu] Maler Ehrenberger. – Gestern Malkasten bei einem Trödler um 2 Mark gekauft und dann mit Lydia Farben und Leinwand. – Ich freue mich sehr. – Das weißt Du auch noch nicht, daß ich vorige Woche mit Lydia 8 Tage im Kaisergebirge war, von ihnen eingeladen. Gelt, das ist fein! – Lydias Mann kommt am 17. von Athen zurück und bleibt dann auch in Saalfelden. –
> Denk, heute hat mich Onkel Hermann [145], der seit 8 Tagen in Gauting ist, besucht. War den Nachmittag mit ihm zusammen und heut Abend bei Schnells. Ein katholischer Pfaffe, sogar Professor, und ein Herr Lang waren dort. Du kannst Dir ja denken, welcher Art Menschen. – […]
> Nun ist wieder eine Spanne Zeit verflossen. – Schon wieder Montag. – Gestern bin ich das letzte Mal nach Gauting geradelt und heute zurück und war dann von 1 Uhr bis 6 im Glaspalast. Du kommst doch auch noch nach München dies Jahr? In der *Scholle* [146] sind feine Sachen von Putz, Trübner, Erler, Püttner, Weise. –
> Also, Donnerstag geht`s ab nach Saalfelden. Wenn man da nur alles andre vergessen könnte, da könnt man jauchzen und mit Lust

---

145 Hermann Wolff (1841–1909), Apotheker, Sofies Onkel, Bruder von Sofies Mutter.
146 Scholle: Münchner Künstlervereinigung von 1899–1911. Sofie bezieht sich auf eine Zeitschrift, die von der Scholle herausgegeben wird.

drauf losarbeiten. – Weißt, in Gauting sagten sie: Sie hofften dann mal etwas von mir zu sehen, mit Dir sei es anders gewesen. – Das bekomme ich ja zwar jedesmal zu hören. – Onkel Hermann, den ich neulich im Kaffé als meinen Gast betrachtet, hat, wie er mir heut erzählt, Onkel Julius gesagt, er möchte mir gerne eine Kleinigkeit geben, was mich wohl freuen würde. Worauf Onkel sagte: Schenk ihr einen Bleistift, damit sie mal was macht, Emilie hat uns immer Karten gezeichnet. Sofie ist, glaub ich, talentlos. – Die 20 Mark [147], die Onkel Julius mir, als ich ging, zum Studium schenkte, hätt ich ihm am liebsten hingeschmissen, nun liegen sie wie ein Scheusal in meinem Portmonnaie. – Es ist ja schnuppe, wenn nur die Menschen hier anders denken.

[Am] 1. August komm ich wieder für 1 oder 2 Tage hierher, um die große kunstgewerbliche Ausstellung zu sehen, die noch nicht eröffnet ist und nochmal den Glaspalast und dann heim. Du kommst doch hoffentlich auch heim. Ich weiß gar nicht, was Du alles im Sinn hast, wann und wie lang und wohin Du reist. – Ja so, meine Adresse muß ich Dir noch schreiben: S. B. (b. Alois Fölzl) Moosham b. Saalfelden (Salzburg).

     Sei herzlich gegrüßt und geküßt von
        Deiner Sofie.[148]

Sofie freut sich auf die Malferien in Saalfelden, doch dass sie zuvor eine Woche mit ihren Freundinnen im Kaisergebirge war, erwähnt sie nur am Rande. Sie besucht regelmäßig am Wochenende die Gautinger Verwandten Onkel Julius und Tante Sophie. Julius Härlin hatte in Gauting eine Hammerschmiede gekauft und 1878 eine Papierfabrik gegründet, zu der später ein Elektrizitätswerk kam.

Schloss Fußberg an der Würm – die einstige Villa der Familie Härlin. (Foto 2021, privat)

---

147 20 Mark im Jahr 1905 entsprachen im Kaufkraftvergleich im Jahr 2020 = 86 Euro. fredriks.de/hvv/kaufkraft_calc.php, abgerufen 06.04.2023.
148 Brief SB an EB, 08.06.1905. Privatarchiv P.B.

Am Flüsschen Würm wurde ein Mühlrad errichtet und 1893 der Betrieb zur Verarbeitung von Holz als Papierrohstoff erweitert. 1901 beschäftigt die Fabrik 82 Arbeiter.[149]

Die Fabrikantenfamilie wohnt im Schloss Fußberg inmitten eines englischen Landschaftsgartens. Hier ist Sofie an den Wochenenden zu Gast. Können sich die Gautinger Verwandten Sofies Situation als Studentin in Schwabing vorstellen? Sofie, die jeglichen Luxus für hinausgeworfenes Geld hält, die sparsam leben muss – und im Gegensatz dazu der wohlhabende Onkel, der sich über seine Nichte mokiert, da sie nicht so hübsche Postkarten zeichnet wie zehn Jahre zuvor Emilie. Warum fährt sie weiterhin am Wochenende nach Gauting? Ist es ihrer Mutter zuliebe oder eine familiäre Verpflichtung oder weil sie dadurch Geld für Miete und Kost spart? Allerdings versteht sie sich gut mit ihrer Cousine Laura.[150]

Die Malweiber von Saalfelden

Malferien in Saalfelden! In ihrem Brief vom 21. Juni 1905 aus Saalfelden zeigt sich Sofie glücklich. Der Kreis um den Maler Ehrenberger und das Zusammensein mit ihren Freundinnen Lydia und Elvira geben ihr Lebensfreude. Die Malutensilien sind angekommen, es kann losgehen.

> Meine liebe Emy!
> [...] Ja, hier ist`s schön! Und genießen will ich. – Wir sind hier im Hause Elvira, Buby [[151]], Lydia mit Mann [...]. Lydias Mann bleibt noch bis 1. Juli. – Jetzt geht das Arbeiten erst los, da erst heute die Kiste mit Mal- und Zeichensachen ankam. Ehrenbergers Atelier ist fein, er hat feine Arbeiten dort, und die Möbel, die er sich alle selbst entworfen, sind auch wunderschön. Er selbst kommt erst morgen von München zurück. Dann geht das Pinseln los – ich freue mich. – Du, ich muß jetzt schließen, wir sind eingeladen von der Haushälterin Ehrenbergers. –
> Mit Deinem Brief heute Morgen kam auch eine Karte von Ast an, die mir nachgeschickt wurde. Von einer Pfingsttour nach Kopenhagen und Rügen. [...] Er studiert ja dieses Semester in Berlin. –
> Meine Adresse ist bis August dieselbe. Schreibt mir doch, auch von der Reise, wie`s in Berlin geht. Überarbeite Dich nicht, es hat keinen

---

149 Nach dem Zweiten Weltkrieg sind es bis zu 154 Mitarbeiter. 1967 wird die Produktion stillgelegt.
150 Laura Härlin, geb. Hoeflich, verh. mit Hermann Härlin, Ingenieur, Papierfabrikant.
151 Buby: Elviras Sohn mit Vornamen Alzhart.

Wert, das mußt Du Dir immer sagen, man verliert höchstens seine Gesundheit. […]
Ich grüße und küsse Dich, Sofie.[152]

Bis August plant sie ihren Aufenthalt im Gebirge; das sind knapp sechs Wochen. Den Brief schließt sie mit guten Ratschlägen an die Schwester.

Sofie ist beeindruckt von Ehrenbergers Atelier, das er 1904 nach eigenen Entwürfen gestaltet hat. Zwei Jahre später wird er sich nahe Saalfelden eine Jugendstilvilla bauen und auf dem Gelände ein Atelierhaus und einen Swimmingpool.

Sofie, Lydia und Elvira sind „Malweiber". Damit werden Anfang 1900 jene Frauen bezeichnet, die mit Staffelei, Palette und Pinsel aufs Land gehen, um in der Natur zu malen: „plein air". Bekannt geworden sind die „Malweiber" von Hiddensee und Ahrenshoop, Worpswede, Dachau, Murnau und Frauenchiemsee, die sich in einem Kreis gleichgesinnter Künstlerinnen zusammengeschlossen haben, um in der Gemeinschaft mit anderen Frauen ihre Leidenschaft und Profession auszuüben. Zwar eilt ihnen der Ruf „dilettierender" Frauen voraus, doch wenn sie in die Öffentlichkeit gehen, können sie ihre Ernsthaftigkeit und Fertigkeiten zeigen.

Im Gegensatz zu Fensterlicht oder künstlicher Beleuchtung in den Ateliers gelangt bei unterschiedlicher Witterung und Tageszeit, bei wechselnden Lichtverhältnissen durch Sonne und Wolken Lebendigkeit in die Bilder. Angefangen hat es im 19. Jahrhundert mit den Impressionisten, die das Licht der freien Natur suchten. Zum natürlichen Licht kommt die lebendige Umwelt, die nicht arrangierte Natur. Es ist nicht mehr die Komposition eines Bildes nach bestimmten Regeln, sondern die Wirklichkeit.

Zeitgleich mit dem Aufkommen des Impressionismus und dem Fokus auf Licht und Landschaft läuft die Entwicklung der Farben in Tuben. Während die Künstler bislang mit Pigmentdöschen hantierten und sich ihre Farben mühsam reiben und mit Ölen und Bindemitteln mischen mussten, entwickelt die chemische Industrie jetzt Ölfarben in verschließbaren Zinntuben, die zudem leicht zu transportieren sind.

Der Künstler mit seiner Staffelei über der Schulter, mit Malkoffer, Hocker und Sonnenschirm in der Hand – so sieht das typische Bild eines Freilichtmalers aus, und das trifft auch auf „Malweiber" zu. In der Realität ist es oftmals eine Kombination aus Freilicht- und Ateliermalerei, denn in der Natur begonnene Bilder werden im Atelier beendet oder aber nach einer Freilicht-Skizze angefertigt.

---

152 Brief SB an EB, 21.06.1905. Privatarchiv P.B.

Hulda und die Lüftlmalerei

Bayern, insbesondere Oberbayern, und die „Lüftlmalerei" gehören zusammen. Vor allem im ländlichen Raum sind farbenfroh gestaltete Hauswände anzutreffen. Motive der Fassadenmalerei werden dem Kreis der Heiligen, der Jagd und Volksreligiosität entnommen; es gibt Spruchbänder und Sonnenuhren. Die Darstellungen werden in Freskotechnik dem frischen Kalkputz aufgetragen, wobei zügig gearbeitet werden muss, da sich die Bilder nicht mehr verändern lassen.

Auch Hulda Voigt, die aus Norddeutschland stammende Freundin Sofies, beteiligt sich an der Lüftlmalerei, als sie Ferien mit der Malklasse von Theodor Hummel im Frühjahr 1907 in St. Georgen bei Diessen am Ammersee verbringt. Sie schreibt: „Jetzt [malen] Lucas und ich mit viel Gaudi über der Haustür den Hl. Florian – unsre Leute baten drum. – Denke dir die langen Mädchen pinselschwingend auf der Leiter. – Da glotzen die Dorfleute."[153]

Hulda Voigt (r.) bei Lüftlmalerei, 1907. (Foto privat)

Glücklich, als könnte es nichts Schlimmes geben

Auch wenn sich die Gruppe um Ehrenberger nicht als „Künstlerkolonie" bezeichnet, so steht doch das Freilichtmalen im Vordergrund und wird Sofie – so hofft sie – einen künstlerischen Schub geben. Ihre Adresse ist Saalfelden im Salzburger Land. Ehrenbergers Atelier befindet sich auf dem Anwesen der Familie Fölzl, Klinglerhof genannt. Vier Einzelhöfe wurden Ende des 18. Jahrhunderts erbaut, sie sind umgeben von ausgedehnten Ländereien. Ehrenberger könnte einen der Höfe gemietet haben, um darin Atelier, Wohnung und Gästeräume einzurichten. Da Sofie von einer „Haushälterin" schreibt, ist anzunehmen, dass Ehrenberger sich dort regelmäßig aufhält.

---

153 Brief Hulda Voigt an Helene Voigt-Diederichs, [Mai 1907], Landesbibliothek Kiel.

"Ja, hier ist`s schön! Und genießen will ich", schreibt Sofie in ihrem ersten Brief aus Saalfelden, doch schon bald ziehen dunkle Wolken auf.

> Meine liebe, liebe Emy!
> Deinen Brief habe ich heute Mittag erhalten. – So stehen die Sachen. – Ist es recht, wenn ich am 18. heimkomme? Du liebe Gute! Mute Dir nicht zu viel zu. – Hoffentlich geht es der lieben Johanna bald besser und sonst alles gut. –
> Wie waren wir gestern noch lustig, als könnt`s überhaupt nichts Schlimmes geben. – [...] Ich bin gesund und munter. – O wie gesund. Die arme liebe Johanna! – Du sollst mir nicht schreiben, nur mal ab und zu eine Karte, daß ich noch Ruhe habe, hier zu bleiben. – Aber das viele Geld muß ich ein wenig ausnutzen. – So schnell kann ich hier nicht abbrechen. Dir zu erzählen, was vor heute war, kann ich jetzt nicht und Du hast auch an so viel andres zu denken. – Hoffentlich können wir in Ellwangen uns fröhlich erzählen. – Bleibe gesund. Ich grüße und küsse Dich innig und danke Dir für alles, was Du gethan. Deine Sofie.[154]

Was war geschehen? Die Schwester Johanna war nach Berlin gefahren, um der hochschwangeren Mathilde vor und nach der Geburt des ersten Kindes zu helfen. Johanna jedoch erleidet einen Schwächeanfall und fährt zurück nach Ellwangen, wo sie gepflegt werden muss. Welch ein Rückschlag für Sofie, die so unbeschwert im Gebirge ist und das Malen inmitten fröhlicher Menschen genießt. Doch sie erkennt Emilies Belastung und will ihre Malferien abbrechen, um der Familie zu helfen.

Malferien in Saalfelden, Sofie Benz (r).
(Foto privat)

Um den 18. Juli herum ist sie wieder in Ellwangen. Bald schreibt sie den Freundinnen nach Saalfelden, und diese antworten ihr am 24. Juli.

> Liebe Benz,
> Verzeihe, wenn wir deinen ersten Gruss aus Ellwangen nicht gleich erwidert haben, aber Du kennst uns ja und weisst, wie schwer wir

---
154 Brief SB an EB, 07.07.[1905].

zum Schreiben kommen. – Wie geht es Dir, was macht Du, wie geht es Deinen Schwestern?
Hier ist alles gesund, aber gefaulenzt wird sehr! – Ein neues Modell bekommen wir erst am 1ten August. – Der Ackener ist hier – da kann Ehrenberger seine Leistungen als Fiaker so recht zeigen, sie sind nach Lofer und nach Hinterthal gefahren. Vom Pfarrer sind auch Grüsse an Dich gesandt worden. – Regen und Gewitter ist jeden Tag im Programm, wir hoffen, dass August besser wird. –
Du, schreib uns mal einen Brief und erzähle, was Du thust, wir denken jeden Tag an Dich!! Du, die Rechnung mit dem Modell macht 24,10 Mark. Aber es hat gar keine Eile, Benz!! – [...] Viele herzliche Grüsse von Deiner Lydia.
Viele Grüsse von Allen, auch von Lutz.[155]

Dass die Kunststudentinnen ein bezahltes Modell brauchen, ist erstaunlich. Gerade in dieser prachtvollen Gebirgslandschaft, wo sie meistens *plein air* malen, sollten sich Modelle erübrigen; auch könnten die Mädchen sich gegenseitig Modell sitzen.

In der Sommervakanz in Ellwangen und wieder in München

Sofie ist nach Abbruch der Malferien in Saalfelden zwei Monate in Ellwangen. Ihre Freundin, die Malerin Anna Haag, von der sie erstmals in einem Brief im Dezember 1904 berichtet hatte, kommt zu Besuch. Auch in Ellwangen wird gemalt; von Anna Haag ist ein signiertes Ölbild erhalten. Das Motiv ist ungewöhnlich. Großen Raum nimmt die skizzenhafte Straße ein, der blühende Kastanienbaum ist nur halb zu sehen und verdeckt die Hälfte des Hauses. Es ist, als habe sich Anna nicht für eines der drei Motive als Hauptmotiv entscheiden können.

Anna Haag stammt aus Wien, wo ihre Eltern leben. Nur wenig ist von ihr bekannt. Da Sofie sie in ihrem Brief be-

Anna Haag: Szene in Ellwangen. Ölbild 1905. (Privatbesitz)

---
155 Brief Lydia und Elvira an SB, 24.07.1905.

reits als „Malerin" vorstellt, muss Haag einige Jahre älter sein und ihr Studium wahrscheinlich nicht in München verbracht haben. Von Zürich wird später die Rede sein, wo sie Freunde hat. Im Mitgliederverzeichnis der Damenakademie ist „Haag, Anna" verzeichnet: Eintritt Juni 1902 und dann von 1902/03 bis 1914 als Mitglied.[156]

Sofie kehrt am 2. Oktober nach München zurück. Sie bezieht ein Zimmer in der Ainmillerstraße 30. „Meine liebe Emy!", schreibt sie, „habe ein reizendes Zimmer. So gemütlich und warm ist`s trotz der Dachwohnung – ich bin ganz glücklich."[157] Die Ainmillerstraße ist eine Straße der Künstler und so faszinierend, dass sie zum Thema einer Monografie[158] wird. „Zieht man die Anzahl der Kunstmaler und Bildhauer in Betracht, die in der Ainmillerstraße gewohnt haben, nicht gezählt die Menge der Studierenden und derer, die sich mit ihrem Künstlerberuf nicht den Lebensunterhalt verdienen konnten, so mag man mit Recht von einer Straße der bildenden Künstler sprechen."[159]

Im Haus Nr. 32 wohnt Thomas Mann von Herbst 1904 bis Anfang 1905. Der königliche Hofglasmaler Seiner Majestät des Deutschen Kaisers und Königs von Preußen, Karl de Bouché, hat seine Werkstatt für Glasmalerei in einem Wohn- und Atelierhaus in der Ainmillerstraße 8. Der Schriftsteller Alexander Freiherr von Bernus wohnt seit 1903 in der Nummer 31, nur ein Haus von Sofie entfernt. Im Jahr 1907 eröffnet er im Gartengebäude der Nummer 32 die Schwabinger Schattenspiele. Sofies Studienkollegin Elvira Nori wohnt in der Ainmillerstraße 43.

Kunstgewerbeausstellung im Neuen Nationalmuseum

Sofie genießt die Wärme in ihrem neuen Zimmer, denn in diesem Jahr beginnt der Oktober ungewöhnlich feucht und kühl. Zwei Tage nach ihrer Rückkehr aus Ellwangen besucht sie mit Anna Haag die erste Kunstgewerbeausstellung im Neuen Nationalmuseum. Sie kommentiert:

> Haag läßt Dich grüßen; ich war gestern Mittag mit ihr in der Kunstgewerbeausstellung. Es sind feine Sachen dort. Zimmer von Pankok und Bruno Paul, die uns sehr gefielen. – Hast Du auch den Hund von Heymann gesehen? Der ist doch scheußlich, und darauf bildet er sich noch was ein. Die Sachen von Neumann gefallen mir da viel besser, sie sind flott und hübsch in der Farbe. Haag ist zwar entsetzt

---

156 Yvette Deseyve: Der Künstlerinnen-Verein München e.V. und seine Damen-Akademie. München 2005, S. 119.
157 Brief SB an EB, 05.10.1905. Privatarchiv P.B.
158 Gerhard J. Bellinger, Brigitte Regler-Bellinger: Schwabings Ainmillerstrasse und ihre bedeutendsten Anwohner. Norderstedt 2012.
159 Gerhard J. Bellinger u.a., S. 53ff.

über Neumann. – Die Guasche [¹⁶⁰] u.s.w. von Münzer, Bruno Paul und von wem noch, sind fein. – Wir haben genau die Techniken angekuckt [sic!], um im Winter auch dergleichen zu probieren. – Der Friedhof wäre auch hübsch, wenn die Grabmäler von Obrist ihn nicht verschandelten.
Zum Schluß konnten wir gar nicht mehr recht genießen, so entsetzlich kalt war's. Ein Zimmer hat uns noch sehr gefallen mit so hellem, ein bisschen rötlichem Holz, die Stühle und Sofa mit so liebem bläulichem Stoff gepolstert. Dann auch ein Schlafzimmer mit weißen Möbeln und grüner Tapete.[161]

Das Anliegen des Ausstellungs-Komitees war es, nicht ein „magazinartiges Aufspeichern", nicht ein „Kasernieren der Kunst" zu zeigen wie üblicherweise in Museen, sondern: „Im Erkennen der Beziehungen zwischen Raumgrösse und Lichtquelle, zwischen Raumgrösse und Wanddurchbrechungen, zwischen Raum und Gegenstand liegt die grosse künstlerische Aufgabe der Zukunft."[162]

Die Kunstgegenstände sollen in ihrer natürlichen Umgebung wirken, d.h. in voll ausgestatteten Räumen wie Küche, Damenzimmer, Bar, Bibliothek, Kinderspielzimmer, Schlafzimmer, Speisezimmer und Musikzimmer, in Friedhof und Garten. „Ein Wohnhaus muß sein wie ein Baum, der organisch von der Wurzel bis zum Gipfel aufstrebt: jedes Möbelstück ist ein lebendiges Glied, dessen Beschaffenheit organisch bestimmt ist. Man kann kein Haus bauen und dann unabhängig davon die Möbel einstellen, sondern beides muß miteinander als ein Ganzes entstehen."[163]

Die Ausstellung soll die mit Geschmack, Geld und den entsprechenden Räumlichkeiten ausgestattete gehobene Gesellschaft ansprechen.

Eines der Mitglieder der Münchener Vereinigung für angewandte Kunst ist Wilhelm von Debschitz, der im Katalog mit einer großen Anzeige für seine Schule wirbt. Der Kunstkritiker Franz Dülberg kommentiert im *Kunstgewerbeblatt*: „[…] wie eine Schar tüchtiger, meist angesehener Künstler den Menschen unserer Tage zurufen: so sollt ihr euch umgeben, so sollt ihr die Linien eurer Gärten ziehen und – da auch ein Scheinfriedhof als Musterbeispiel hingestellt wurde – so sollt ihr euch begraben lassen! Es ist nicht allzuviel, was

---

160 Gemeint ist Gouache, ein wasserlösliches Farbmittel aus grob vermahlenen Pigmenten unter Zusatz von Kreide. Als Bindemittel wird Gummi arabicum verwendet.
161 Brief SB an EB, 05.10.1905. Privatarchiv P.B.
162 Münchener Vereinigung für Angewandte Kunst/Bayerisches Nationalmuseum: Erste Ausstellung der Münchener Vereinigung für angewandte Kunst […] 1905. Katalog, S. 10.
163 Johannes Richter: Die Entwicklung des kunsterzieherischen Gedankens. Leipzig 1909, S. 84.

die Künstler da dem kauffähigen Großbürgertum zumuten. Ich wünschte, die Leute hätten mehr verlangt."[164] Dülberg spricht den Künstlern die Aufgabe zu, das Lebensgefühl der Menschen zu steigern. Er beschreibt das Zimmer von Bernhard Pankok[165], an dem Sofie Gefallen gefunden hat.

> Den kräftigsten, gesättigtesten Ton bringt das Damenzimmer von Pankok, einer leicht orientalisierten etwa venezianischen Gotik angeähnelt. Frisches Rehbraun und Weißgrau herrschen. Die Decke ist in der Art eines Blattgerippes gegliedert. Ein feiner durchbrochener Kronleuchter in Silberfarbe erfreut. Wenig reizvoll ist das Muster der Türen, ausgerundete Quadrate.[166]

Allerdings ist Dülberg von den Ausstellungsstücken Bruno Pauls[167] nicht überzeugt: „Der von Bruno Paul entworfene Ehrenraum mit vielem grauen, weißen und schwarzen Marmor atmet die steifste Langweiligkeit des Empire. Der Fußboden enthält nicht das geringste neue Motiv [...]."[168]

Auch den von Sofie erwähnten Münzer kommentiert Dülberg: „Reichfarbige, in den Linien etwas durcheinander gewirrte Skizzen von Adolf Münzer an den Wänden,"[169] während er den von Sofie gelobten Josef Neumann, einen um die Jahrhundertwende in München erfolgreichen Kupferstecher und Radierer, nicht beschreibt.

Obrists Grabmäler

Sofie missfallen die von Hermann Obrist gestalteten Grabmäler. Sie kennt Obrist von der Debschitz-Schule; allerdings hatte er die Kunstschule bereits 1904 verlassen, um sich verstärkt seiner eigenen Berufung zu widmen. Doch er veranstaltet weiterhin Vortragsabende. Hermann Obrist beschäftigt sich intensiv mit Denkmälern, Brunnen und der Begräbniskultur. Das 1904 für den Schieferbruchbesitzer Karl Oertel im Thüringischen Schmiedebach ausgeführte Grab gilt als Obrists Hauptwerk. Eine riesige gewölbte Schale aus Mu-

---

164 Franz Dülberg: Die Münchener Ausstellung für angewandte Kunst. In: Kunstgewerbeblatt, 17. Jahrg., Heft I, Leipzig 1906, S. 5–13.
165 Bernhard Pankok (1872–1943). Maler, Grafiker, Architekt, Designer. Illustrator in Zeitschriften *Pan* und *Jugend*.
166 Franz Dülberg, 1906, S. 5–13.
167 Bruno Paul (1874–1968). Karikaturist, Architekt, Möbeldesigner, Inneneinrichter. Illustrator in Zeitschriften *Jugend* und *Simplicissimus*. Ab 1907 Lehrer und Direktor der Unterrichtsanstalt des Kunstgewerbemuseums Berlin.
168 Franz Dülberg, 1906, S. 5–13.
169 Franz Dülberg, 1906, S. 5–13.

schelkalk – ähnlich einem Hünengrab – trotzt der Wetterseite, höhlenartige Nischen bieten Schutz und einen Ort für Kontemplation.[170]

Der Kritiker Franz Dülberg formuliert seine Eindrücke: „Ein einzelnes, einsam stehendes Kunstwerk überwog all die kleinen Erregungen dieser schellenlauten Ausstellung, ein Stück, das fast mehr wie ein Naturgebilde aussah denn wie die Leistung eines Menschen […]. Die Inschrift ‚Karl Oertel 1825–1903' hätte ich gerne entweder römisch runder oder noch runenhaft eckiger gewünscht; so unterscheiden sich die Buchstaben nicht gerade wesentlich von denen auf den Schildern von Eisenbahnstationen. Vor allem aber sollte man Jahreszahlen auf Grabinschriften doch immer römisch machen."[171]

Hermann Obrist: Grabdenkmal für Karl Oertel in Schmiedebach/Thür., 1904. (Foto gemeinfrei)

In der Monatszeitschrift *Deutsche Kunst und Dekoration* gibt sich ein anderer Kunstkritiker euphorisch: „Mir scheint in der Tat, als habe man in diesem plastischen Riesenwerke die Krone von Obrists gesamtem Schaffen zu erblicken […]. Das Werk vereinigt plastische und architektonische Schönheit in ganz neuer Weise."[172]

Und Sofie? Sie empfindet Obrists Werke der Grabkultur als Verschandelung des Friedhofs. Auch ein Werk von Moritz Heymann kommentiert sie abfällig. Sie fährt in ihren Brief im Plauderton fort:

> Dann ging ich mit zu Haag, haben [zur] Nacht gegessen und dann vollends die Odyssée, mit der wir in Ellwangen nicht ganz fertig geworden, ausgelesen. – Denk, Haag konnte, seit sie hier ist, 2 Bilder verkaufen und Bestellung für ein Ex Libris hat sie bekommen. Auch ist ihr Zahn haußen und ist sie seither sehr glücklich und gesund. – Nori ist ein ganz herrliches liebes Mädchen, ich hab sie am 1. Tage begegnet [sic!]. Hab dann Lydia und Ehrenberger begrüßt. Elvira war abends zum Abendessen bei mir, da Dr. Reinecke [[173]] hier ist,

---

170 Vgl. Dagmar Rinker, 2001, S. 250.
171 Franz Dülberg: Münchener Brief. In: Kunstchronik. Wochenschrift für Kunst und Kunstgewerbe. Leipzig 1904/1905, Nr.6, 25.11.1905. Spalte 86.
172 Willy Frank: Ein neues Grabmal von Hermann Obrist. In: Deutsche Kunst und Dekoration: Illustr. Monatshefte für moderne Malerei, Plastik, Architektur, Wohnungskunst und künstlerisches Frauen-Arbeiten, Darmstadt 1904/1905, S. 168.
173 Paul Reinecke (1872–1958). Prähistoriker, Landesarchäologe in Bayern. Beteiligt

ich deshalb keine so große Lust hatte dort zu sein, und Elvira und Paul, so heißt er nämlich, sich auch nicht so sehr mögen. – Sie haben jetzt ein wundervolles Atelier. –
Heute Mittag d. h. um 4 war ich bei Voigt zum Mocca und heute Abend zum Essen. – […] Für heute gute Nacht.
Sei gegrüßt und geküßt von Deiner Sofie.[174]

In der Kunstschule Heymann

Sofie besucht seit einem Jahr die Malschule von Moritz Heymann; in ihrem Brief im Oktober 1905 schreibt sie ausführlicher vom Unterricht. Sie erwartet nichts Neues, doch das Programm, das sie zu absolvieren hat, hört sich vielfältiger an als bei Debschitz: Kopfstudien und Kostümzeichnen, Zeichen- und Malunterricht, Abendakt, Kompositionsaufgaben, Entwürfe für Innenräume und Plakate, Bucheinbände und Exlibris. Zudem nimmt sie an einem schulinternen Wettbewerb teil.

Liebe Mimy,
möchte, wenn auch der Brief erst nächste Woche fort soll, ein wenig mit Dir plaudern. – Also, Sonntag fahr ich nach Augsburg. Habe Albert geschrieben, daß ich kommen werde […]. Wie ich wohne, weißt Du. Also ein bissle von der Schule. – Weißt, Heymann ist eitel und hört sich furchtbar gerne reden und kann eigentlich einem nichts Neues sagen, aber ich bin im obern Atelier, d.h. wo die – sozusagen – Meisterschüler sind, da kann ich viel von denen lernen. – Haag selbstredend, dann Niestlé, weiß nicht, ob ich von ihm schon gesprochen – ein riesig talentvoller junger Mann, sein Hauptfach sind Tiere, Vögel, Katzen und dergleichen. – […] Vormittags Kopf, nachmittags Kostüm für ganze Figur. – Vormittags streng zeichnerisch, nachmittags mehr malerisch, abends Akt. Zur Zeit [haben wir als Modell] einen Italiener, so etwas Herrliches wie der, einfach klassisch, so edel und schön. 15 Jahre ist er erst. –
Bis 15. Nov. haben wir Compositionsaufgaben zu machen: Auffassungsskizzen, Entwürfe für Dekorationsgemälde in Theatervorraum und Schule, Entwürfe für verschiedene Plakate, Commersbuchein-

---

sich ab 1903 maßgeblich an der Inventarisierung der urgeschichtlichen Denkmäler des Königreichs Bayern, ab 1908 Konservator und Leiter des Referats für Vorgeschichte in Bayern.
174 Brief SB an EB, 05.10.1905. Privatarchiv P.B.

band [175], Exlibris etc. – Dann Concurrenz für Januar, Kopfstudie. 1. Preis Menzelwerk. – für Februar Kopfstudie. Die Beste wird angekauft für die Schule. – für März Ganzakt, lebensgroß. I. Preis 100 Mark, II. Pr. 50 Mark. – Will sehen, ob das wer bekommt.[176]

Dass die Gestaltung von Exlibris gelehrt wird, ist der Buchkunstbewegung ab 1890 geschuldet, zu der aufwändige Illustrationen und Bucheignerzeichen gehören.

Moritz Heymann zählt mit seinem Institut, der *Schule für zeichnende Künste und Malerei*, zu den führenden privaten Münchner Kunstschulen wie Ažbé und Debschitz-Obrist. Bei Heymann lernen später bekannt gewordene Maler und Malerinnen.[177] Sofies Kamerad Walter Ast belegt ab 1906 Kurse bei Heymann.

Auf der Dult und in Augsburg

Auch Anna Haag ist in der Kunstschule Heymann eingeschrieben. Die Freundinnen verbringen viel Freizeit miteinander.

> Neulich waren Haag und ich verschiedene Male auf der Dult und wollten auch für Dich ein hübsches Sächle kaufen, haben aber nichts gefunden, d.h. Haag hat eins gekauft im Gedanken an Dich mit so einem hübschen Einband. Hat`s aber gelesen, und es sei sehr dumm. – Ich habe den ganzen Lord Byron [178] gefunden, nett alt eingebunden. Kennst Du Sachen von ihm? Erste ist riesig fein.
> Haag war nach dem Akt heute zum Abendessen da, nur bis 9 Uhr. Frl. Winterfeld ist auch wieder da. – Abends bin ich meistens allein zu Hause. Wenn ich nichts zeichne oder zu flicken habe, les ich, Kunstgeschichte oder so was. – Mal waren Elvira und ich bei Ehrenberger zum Abendbrot, dann mal bei Elvira und Ehrenberger mit Buby 2 x bei mir. […] Seit ich hier, war ich erst 1 x draußen [179], ich kann aber mit dem besten Willen nicht öfter, wenn ich meine Zeit für ein Bild ausnützen will. Onkel und Tante können`s und wollen`s nicht verstehen. Jetzt aber unbedingt gute Nacht. S` ist ziemlich spät geworden. – Also.[180]

---

175 Kommersbuch: Liederbuch der Studentenverbindungen mit Liedgut für Kneipen und Feierlichkeiten.
176 Brief SB an EB, 25.10.1905. Privatarchiv P.B.
177 Wikipedia führt 22 Namen von Malern und Malerinnen auf (Landschaftsmaler, Porträtisten, Grafiker, Zeichner).
178 Lord George Gordon Noel Byron (1788–1824). Britischer Dichter, Vertreter der englischen Romantik.
179 In Gauting.
180 Brief SB an EB, 25.10.1905. Privatarchiv P.B.

Im Oktober 1905 vergnügen sich Sofie und Anna auf der Auer Dult[181], einem beliebten Jahrmarkt mit Volksfestcharakter am Rande Münchens. Auch Hulda Voigt schreibt von der „Dult", die sie ein Jahr zuvor im Herbst besucht hat: „Es gab so viel nettes Kram dort, daß man schier kauflustig wurde."[182]

Den Brief vom 25. Oktober 1905 legt Sofie zur Seite, um einige Tage später weiterzuschreiben. Jetzt ist von einem Besuch bei ihrem Cousin Albert Ludwig in Augsburg zu lesen, von dem sie in ihrem Brief am 11. Mai gesprochen hatte. Albert ist eines der fünf Kinder von Tante Marie und Onkel Christoph, der als Pfarrer in Bönnigheim wirkt. Gustav Albert August Ludwig, 1872 geboren, ist Emilie altersmäßig viel näher. Vielleicht ist das der Grund, weshalb er sich nicht intensiv um die wesentlich jüngere Sofie bei ihrem Besuch kümmert.

Dienstag. – Sonntag war ich bei herrlichem Wetter in Augsburg. – Glaube, Du hast Dich zu sehr geängstigt. Albert sah anfangs sehr unglücklich oder besser schmerzerfüllt aus, sagte, daß es ihm jetzt bei gutem Wetter wieder gut ginge, aber bei schlecht Wetter er sich immer krank fühle, der Beruf ihn nicht befriedige etc. Wenn er heute ein bisschen müde aussehe, komme es daher, daß er erst [um] 2 Uhr zu Bett sei, weil eingeladen. – Na, und dann gingen wir zum Essen. Albert hatte sich mit einem Freund verabredet, der dann auch die ganze übrige Zeit dabei war. Hast Du Augsburg schon mal gesehen, es muß fein sein! Nur so einen Gesamteindruck hab ich bekommen, da die beiden nicht viel Interesse hatten und ins Konzert, das in Göggingen [[183]] war, wollten. –

So saßen wir den ganzen Tag beinah im Wirtshaus und ich war eigentlich wenig befriedigt. – Die Beiden haben sich den Tag über alles Mögliche unterhalten, und wenn ich mal angefangen habe, stumm zu bleiben, kann ich mich schwer entschließen, meine Meinung darüber zu sagen. So blieb ich Zuhörerin und bin aber keineswegs einverstanden mit denen. – S` ist ja egal.

Albert hat sich ganz lebhaft unterhalten. Er hat viele oder einige Freunde, mit denen er viel, jedenfalls war es die vergangene Woche der Fall, zusammenkommt. – Sagte, Albert solle mal zu mir kommen, und von einem Ausflug sprach ich, und Albert war sehr dabei.
Gruß und Kuß Sofie.[184]

---

181 Die „Dult" im Münchner Stadtteil Au findet dreimal jährlich auf dem Mariahilfplatz statt und dauert jeweils neun Tage: Maidult, Jakobidult und die Dult am 3. Sonntag im Oktober.
182 Brief Hulda Voigt an Helene Voigt-Diederichs, [Herbst 1904]. Landesbibliothek Kiel.
183 Göggingen: Stadtteil von Augsburg.
184 Brief SB an EB, 25.10.1905. Privatarchiv P.B.

Sofie hatte sich sehr auf das Zusammensein mit Albert Ludwig gefreut, wird aber enttäuscht. Es sollte für sie ein schöner Sonntag in Augsburg werden, an dem sie gern an Alberts Seite die Stadt erkundet hätte. Doch der Cousin hat sich – zu Sofies Irritation – mit einem Freund verabredet, mit dem er zudem abends ein Konzert besucht. Sofie fühlt sich vernachlässigt und überflüssig, verfällt in Schweigen. Mit einem „s'ist ja egal" gibt sie ihrer Resignation Raum und wischt die Unhöflichkeit des Cousins weg. Dennoch bohrt die Enttäuschung in ihr. Die Geringschätzung trägt zu Sofies Melancholie bei. Sie zieht sich zurück.

„Schreiben lässt sich nur vom Alltagsleben"

Viel lieber, als die Feder zur Hand zu nehmen, würde Sofie Emilie persönlich erzählen, was sie bewegt. Das Reden über ihre Sorgen im Brief ist ihr zu umständlich, so bleibt oft nur das Alltägliche. Ende November 1905 setzt sich Sofie wieder zu einem „Plauderbrief" hin.

> Liebste Mimy!
> Vom an Dich Denken hast Du freilich nichts, bloß Dich erinnern möchte ich, daß ich's immer thue und in Gedanken mit Dir plaudere. Die Feder ist ein zu umständliches Ausdrucksmittel für all die Gedanken, die man mitteilen möchte. –
> Heute ein Sonntag, wo man so recht mit sich allein ist. Du kommst doch Weihnachten heim [nach Ellwangen], vielleicht bietet sich da ein Dämmerstündchen, wo sich's so recht miteinander plaudern läßt. Schreiben läßt sich nur vom Alltagsleben, davon will ich Dir gern ein bisschen erzählen. –
> Zwar gibt es wenig Neues. In der Schule haben wir jetzt Ganzakt für 4 Wochen, ich glaube aber nicht, daß ich was Gutes herausbringe, da ich die ungünstigste Ansicht, die mich gar nicht interessiert und dazu noch einen schlechten Platz, von dem aus ich kaum zurücktreten kann, habe. –
> Von 12 – 13 [Uhr] gehen Haag und ich in die Vasensammlung, da den ganzen November das Kupferstichkabinett wegen Bauerei geschlossen ist. Die Vasenmalerei ist wirklich großartig und freut einen doppelt, wenn man die großen Heldengesänge kennt. – Dann essen wir im vegetarischen oder ich zu Hause, da ich nachmittags zu Hause bin und Versuche mache, dann von 5 – 7 [Uhr] Abendakt, wird immer skizziert, und 2 mal die Woche dann noch eine Stunde Anatomie. Doch das weißt Du ja alles.

[…] Montag. – Wollte Dir gestern noch schreiben, daß ich seit meinem Besuch von Albert nichts gehört, doch heute kam ein Briefchen. Er erwarte mich an einem der nächsten Sonntage, um den angebahnten Verkehr nicht wieder einschlafen zu lassen, ich denke aber, daß er doch diesmal zu mir kommen soll. –
Fahre heuer schon [am] 15. nach Hause, um Mama zu helfen, da kann ich in Augsburg ein paar Stunden Halt machen. – Was ich nicht vergessen will: bringe zu Weihnachten Dein Buch von Knut Hamsun mit. Ich muß Dir da gestehen, daß ich mir in Ellwangen ‚Pan‘ kaufte und bereue es nicht. –
Meinen lieben Byron will ich dann auch mitbringen. Mit Haag haben wir die Flegeljahre [185] angefangen, letzten Montag abends; ein Freund von Haag, ein ganz junger Kerl, von dem [Haag] riesig viel hält, hat vorgelesen. –
Das andre alles, was ich mit Dir sprechen möchte, läßt sich vielleicht Weihnachten [sagen]. […] Also leb wohl.
Sei innig gegrüßt von Deiner Sofie.[186]

Sofie hat sich in der Kunstschule Heymann eingelebt, Routine ist eingekehrt. Dass der Besuch bei Albert in Augsburg nicht nach ihren Vorstellungen gelaufen ist, schmerzt sie noch immer. Zwar wünscht sie, dass er diesmal zu ihr nach München kommt, doch sie lenkt ein und beabsichtigt, auf dem Weg nach Ellwangen in Augsburg Station zu machen.

Die Zeitschrift *Pan* erschien zwischen 1895 und 1900 und galt als Vorbote der Moderne, als ein Sprachrohr des Jugendstils. Hier erschienen von Künstlern entworfene Illustrationen, Holzschnitte und Grafiken, es waren Aufsätze über die Entwicklung des Kunstgewerbes, über Inneneinrichtungen, aber auch literarische Texte wie Erzählungen und Gedichte zu lesen. Die Ausgabe des *Pan*, die Sofie Ende 1905 kauft, ist ein mindestens fünf Jahre altes Exemplar. Wie viele junge Leute treffen sich auch Sofie und Anna Haag in einem Lesekreis. Das Werk des Norwegers Knut Hamsun findet begeisterte Aufnahme; die nordische Kultur wird – auch als Folge der Weltausstellungen – hoch geschätzt.

Das Werk *Flegeljahre* von Johann Paul Friedrich Richter – der sich wegen seiner Bewunderung von Jean-Jacques Rousseau „Jean Paul" nennt – ist bereits einhundert Jahre alt, als Sofie und Anna das Buch lesen. „Besonders weibliche Leser schätzten seine Romane. Dies lag vor allem an der Empathie, mit der Jean Paul die Frauenfiguren in seinen Werken gestalten konnte: Nie zuvor wa-

---
185 Jean Paul: Flegeljahre. Romanfragment in vier Büchern, 1804/1805 erschienen
186 Brief SB an EB, [o.D., Ende Nov./Anf. Dez. von EB nachdatiert.]. Privatarchiv P.B.

ren in der deutschen Literatur weibliche Charaktere mit einer solchen psychologischen Tiefe dargestellt worden. Allerdings finden sich auch nirgends sonst derart vergnüglich-misogyne Sticheleien wie bei Jean Paul."[187]

„Einen kräftigen Geburtstagskuß"

Sofies schreibt Anfang Dezember 1905 einen Geburtstagsbrief an Emilie, die am 11. Dezember 32 Jahre alt wird. Sofie wünscht der Schwester, sie möge in ihrem Beruf „glücklich und zufrieden" sein. Emilie ist Zeichenlehrerin in Mainz und zugleich freischaffende Künstlerin. Später wird der König von Württemberg zwei große Bodenvasen von ihr kaufen.

> Liebste Mimy!
> Das, was ich Dir wünsche, ist ja unser aller Wunsch, dann vielleicht noch, daß Du in Deinem Berufe glücklich und zufrieden sein mögest und alles, was Du Dir wünschest. –
> Die Zeit rast, nächsten Freitag reis ich schon heim. Wäre froh, wenn ich bis dahin wüßte, ob ich sicher auf baldigen Verdienst d.h. Aufträge rechnen dürfte, daß wenigstens mal der Anfang gemacht wäre. – War neulich beim Abendessen bei Offners [[188]]. Mize sieht gut aus und scheint auch vergnügt und glücklich zu sein. –
> Eben war Elvira ein Stündchen da. Wir haben Thee und Nußlikör getrunken. Es ist so schön, wenn man Besuch kriegt. Ich bekomm so selten, höchstens die kleine Neisser kommt mal zu mir, ich meine, so ohne verabredet. –
> Gestern Abend war ich bei Lydia. Wenn ich sage Lydia, so ist da Elviras Buby und Ehrenberger mit eingeschlossen. Was die von mir denken, weiß ich nicht. Fast seit ich wieder hier bin, hab ich mich nie an der Unterhaltung beteiligt oder überhaupt gesprochen. Ich habe furchtbar darunter gelitten, und wenn ich mich mal aufraffe, was zu sagen, so kam mir`s so dumm und gemacht vor, was ja auch natürlich ist. Ich hoffe bestimmt, daß es wieder besser wird und daß es nur so ein Übergang ist.
> Draußen gießt`s heute den ganzen Tag. – Lydia und Ehrenberger malen zusammen und sind riesig fleißig. Ich kann Lydia und Elvira nicht genug schätzen, es sind riesig tüchtige Menschen. Alzhart ist auch ein netter Kerl. Vor- und nachmittags ist er im Kindergarten. Ein aufgeweckter selbstständiger Kerl. –

---

187 Aus: https://de.wikipedia.org/wiki/Jean_Paul. Abgerufen 19.10.2021.
188 Freunde der Familie Härlin.

Haag hab ich ein paar Tage schon nicht gesehen. Sie hat [den] Auftrag, 6 Landschaften nach Berlin [zu schicken].
Ich dachte, die ´Sorglosen` von Kirchner seien als Sonderdruck der *Jugend* zu bekommen und wollte sie Dir gerne senden, es ist aber leider nicht der Fall. Auf baldiges Wiedersehen.
                    Einen kräftigen Geburtstagskuß und 1000 Grüße
                                    von Deiner Sofie.[189]

Sofie freut sich auf Weihnachten in Ellwangen, und doch liegt ihr etwas schwer auf der Seele: „Wäre froh, wenn ich bis dahin wüßte, ob ich sicher auf baldigen Verdienst d.h. Aufträge rechnen dürfte […]." Ein Besuch in Ellwangen bedeutet auch, Auskunft über die Zukunft zu geben. Sie befürchtet Fragen, die sie nicht beantworten kann und als Herausforderung, Vorwurf und auch Kritik an ihrer Lebensplanung empfinden muss. Die Familie erwartet, dass Sofie nach drei Studienjahren ihren Lebensunterhalt selbst bestreitet. Sofie hatte sich entschieden, wie ihre Schwester freie Künstlerin zu werden, doch während Emilie als Kunsterzieherin ein geregeltes Einkommen hat, war bei Sofie nie die Rede davon, eine Ausbildung zur Zeichenlehrerin zu machen. Jetzt ist sie 21 Jahre alt, und die Ansprüche der Familie belasten sie.

Eine weitere Sorge treibt Sofie um: ihre innere Unsicherheit. Sie ist in einem Kreis lieber Menschen eingebunden, erlebt sich dennoch als Außenseiterin. In Gesellschaft fühlt sie sich unbedeutend und sprachlos. Die seelische Anspannung ist ihr unerklärlich, aber trübe Gedanken wischt sie weg mit einem „Ich hoffe bestimmt, daß es wieder besser wird und daß es nur so ein Übergang ist." Wenn Sofie Anerkennung ihrer künstlerischen Tätigkeit durch Verkauf ihrer Bilder hätte, wenn sich ihre finanzielle Lage bessern würde, wenn Aussicht auf eine selbstständige Lebensplanung bestünde … vielleicht wäre ihre psychische Situation eine andere. Es fehlt ihr in der Selbstwahrnehmung Anerkennung als Mensch und als Künstlerin.

Anna Haag braucht Hilfe

Die Weihnachtsferien in Ellwangen sind vorüber. Anfang Januar 1906 dominiert in Sofies Brief eine erschütternde Nachricht. Ihre Freundin Anna Haag ist psychisch erkrankt. Dass dieses Ereignis auf Sofies weiteres Leben dramatische Auswirkungen hat, kann erst im Nachhinein erkannt werden. Die Umstände von Anna Haags Einlieferung in die psychiatrische Klinik erschließen sich aus weiteren Briefen. Zunächst ist Sofie schockiert, dass Anna Haag im „Irrenhaus" ist. „Denk, unsre liebe Haag ist ins Irrenhaus in Wien. Sie wird bald sterben – Gehirnkrankheit. Eben kam ich hier an, d.h. vor 2 Stunden und

---
189 Brief SB an EB, 09.12.1905. Privatarchiv P.B.

fand [einen] Brief von Neisser, die mich dringend zu sprechen wünschte und die mir`s mitteilte."[190]

Sofie gilt als engste Freundin von Anna und wird in der Folgezeit in die Betreuung und Organisation von Haags Klinikaufenthalt eingebunden. Es wird etwas von ihr erwartet, das sie mit Bravour meistert, doch seelisch, körperlich, finanziell und im Hinblick auf ihre weiteren Pläne in hohem Maß belastet. Während sie sich vorgenommen hatte, im neuen Jahr ihre Zukunft zu gestalten, kümmert sie sich jetzt um die Freundin.

Es ist tragisch, dass Sofie ein weiteres Mal von ihren eigenen Bedürfnissen abgelenkt wird. Während es im Sommer 1905 die Erkrankung ihrer Schwester Johanna war, aufgrund derer sie die Malferien in den Alpen abgebrochen hatte, ist es nun der Zusammenbruch von Anna Haag, was sie zurückwirft. Für Sofie, die häufig von inneren Konflikten geplagt ist, sind diese Ereignisse psychisch belastend. Doch darüber denkt sie nicht nach. Anna befindet sich in einer Notsituation, und Sofie hilft. Im weiteren Verlauf ihres Briefes berichtet sie von einer Entspannung der Situation, insofern als Anna Haag nicht sofort sterben wird.

> Es ist nun doch nicht so. – Haag ist noch hier, weil noch nicht transportfähig. – Niemand kann einem richtig Auskunft geben. Heymann hat mir heute gesagt, ich möchte mich mit Besser [[191]] in Verbindung setzen wegen dem Nachlass. – Da ich mit die einzig nahe Bekannte bin. Könntest Du mir, wenn es so weit ist, ein bisschen Geld vorstrecken, da ich nicht zu Hause darum bitten mag [...]. – Haag ist der schönste und reinste Mensch, den ich kenne. Ich kann es nicht begreifen – erblich belastet, sagen die Leute. – Ob ich sie wohl noch sehe, und ob sie mich kennt? – Weißt Du, zu Grunde gegangen wäre sie auch, wenn das nicht gekommen wäre, nach dem, was sie mir in dem Brief schrieb. Sie ist eben so ein Kraftmensch, der keine Tändelei kennt und alles aus tiefster Überzeugung thut und da weder Zweifel noch Schranken kennt. Ich hab den Brief nicht gezeigt, weil sie mich darum gebeten. Ob sie meine Antwort darauf noch gekriegt, weiß ich nicht.
> Die Krankheit kam plötzlich am Neujahrsabend oder 1 Tag nachher. Die Krankheit soll nicht schwer [sein], sondern sehr langsam den Tod herbeiführen, ob Gehirnerweichung [[192]], weiß ich nicht. Ich will jetzt zur Besser, weiß jedoch nicht, wo ich sie sicher treffen

---

190 Brief SB an EB, [o.D., Anfang Januar 1906 von EB nachdatiert]. Privatarchiv P.B.
191 Gertrud Besser, Mitglied der Damenakademie München.
192 Ursache für eine Gehirnerweichung (Enzephalomalazie) kann der Verschluss eines Hirngefäßes durch Embolie oder Atherosklerose sein. Neurologische Ausfälle sind abhängig von dem betroffenen Gehirnabschnitt.

kann, um Näheres zu erfahren, wo ich Haag aufsuchen muß, in welchem Krankenhaus.[193]

Da Fräulein Besser aus dem Künstlerinnenverein und Moritz Heymann sie um Hilfe bitten bzw. diese von ihr erwarten, beugt sich Sofie den Anforderungen. Wofür sie Geld braucht, ist nicht klar. Nach der ersten erschreckenden Mitteilung in ihrem Brief – den sie einige Stunden liegenlässt – schreibt sie weiter, dass Anna Haag noch in München weilt. Die Gerüchteküche verbreitet, dass Anna lebensbedrohlich krank ist und nicht überleben wird. Sofie soll sich um Haags „Nachlass" kümmern – welch ein Anspruch. Obwohl niemand so recht weiß, was geschehen ist, wird schon von „Nachlass" gesprochen.

Sofie schließt sich gedanklich den Gerüchten an und verbindet das Ereignis mit einem Brief, den Haag ihr kürzlich geschrieben hatte. Darin ging es um Probleme, aus denen Sofie ableitet, dass Anna sowieso „zu Grunde gegangen wäre" und dass ihr jetzt vieles erspart bleibt. Aus Sofies Brief an Emilie wird deutlich, warum sie Anna Haag so sehr schätzt: Es sind Annas Ernsthaftigkeit, Gradlinigkeit und Unbeirrbarkeit.

Wiederum vergehen einige Tage, dann schreibt Sofie ihren Brief weiter. Erstmals – das einzige Mal in all ihren Briefen – spricht sie von politischen Vorgängen. Es gibt vielleicht Krieg! Ein weiterer bedrohlicher Schatten taucht auf.

> Spricht man in Mainz auch davon, daß es vielleicht Krieg gibt. – Johanna sagt, sie wisse bestimmt, daß es Krieg gebe. Mama hat auch so schreckliche Ahnungen, und ich glaube auch, daß was in der Luft liegt. –
> Mir geht`s gut, erschreck nicht so sehr über den Brief und bleibe gesund. Ich werde Dir bald Näheres mitteilen. Vom irrsinnig werden der Haag schreibe nichts nach Hause.
> Ich grüße Dich herzlich. Deine Sofie.
> Rege Dich nicht zu sehr auf. Es ist Haag vieles vielleicht erspart so.[194]

Die Kriegsgefahr, von der Sofie spricht, bezieht sich auf die Marokko-Krise in den Jahren 1904 bis 1906, die sich Anfang 1906 zuspitzt. Ausgelöst wird sie durch die Rivalität zwischen Frankreich und dem Deutschen Reich um den Einfluss in Marokko. Nationalismus und Imperialismus in den europäischen Staaten führen zu einer permanenten Kriegsgefahr.

Bald steht die Sorge um Anna Haag wieder im Vordergrund. Da gibt es die für Sofie erleichternde Nachricht, dass die Freundin ihr einen „gesunden"

---

193 Brief SB an EB, [o.D., Anfang Januar 1906 von EB nachdatiert]. Privatarchiv P.B.
194 Brief SB an EB, [o.D., Anfang Januar 1906 von EB nachdatiert]. Privatarchiv P.B.

Brief geschrieben hat, dass sie Anna besuchen darf und Aussicht auf Besserung besteht. „Emy hurrah!! Eben kommt ein ganz gesunder Brief von Haag. Ich darf heute Mittag zu ihr. Vielleicht wird noch alles gut!!!."[195]

In der Psychiatrischen Klinik von Professor Kraepelin

Sofie war zunächst der Ansicht gewesen, dass Anna Haag im „Irrenhaus in Wien" ist, doch stellt sich bald heraus, dass sie in die Psychiatrische Klinik München eingeliefert wurde. Diese wird seit 1904 von Professor Emil Kraepelin geleitet. Der 1856 geborene Mediziner war 1903 an die neu erbaute psychiatrische Klinik in München gekommen. Kraepelin schafft die Grundlagen für die Klassifizierung psychischer Störungen. Während diese bislang nach Symptomähnlichkeiten eingeteilt wurden, liegt Kraepelins Augenmerk auf der Entwicklung des Krankheitsbildes, d.h. auf der Veränderung der Symptome im Verlauf der Krankheit. Er prägt den Begriff von Dementia praecox (vorzeitige Demenz) und erweitert ihn um die Krankheiten Hebephrenie und Katatonie, die seiner Ansicht nach zur gleichen Krankheitsgruppe gehören.[196]

In der 5. Auflage seines psychiatrischen Lehrbuches von 1896 hatte Kraepelin sich mit Wahnideen beschäftigt und 1899 die Zweiteilung der Psychosen (Dementia praecox und das manisch-depressive Irresein) beschrieben. Er vertritt die Ansicht, dass sich im Gegensatz zu Dementia praecox die Symptome beim manisch-depressiven Irresein (affektive Störung) wieder zurückbilden können.

Neben der Leidenschaft für Hirnforschung stehen bei Kraepelin auch soziokulturelle Aspekte im Fokus. 1903 unternimmt er mit seinem Bruder eine Reise nach Südostasien, wo er auf Java Studien an der dortigen Bevölkerung durchführt und seitdem als Begründer der vergleichenden und transkulturellen Psychiatrie gilt. Weitere Studienschwerpunkte sind die Psychopathologie und Psychopharmakologie. Opium, Brom und Hyoscin gehören zu seinen Therapien.

Emil Kraepelin ist Psychiater, nicht Psychologe. Er ist weder Schüler noch Unterstützer des Wiener Psychologen Sigmund Freud, dessen Theorien und Analysen zu dieser Zeit heftig umstritten sind. Die Methode der analytischen Traumdeutung Freuds ist vielen Ärzten, Neurologen und Psychologen – so auch Kraepelin – äußerst suspekt.

Der Psychoanalyse steht Kraepelin zunächst abwartend und distanziert, im Verlauf ablehnend gegenüber. Methodische Grundlagen

---

195 Schriftstück SB an EB, [o.D., Anfang Januar 1906]. Privatarchiv P.B.
196 Der Begriff Dementia praecox wird zur gleichen Zeit von dem Züricher Arzt Eugen Bleuler durch den erweiterten Begriff Schizophrenie ersetzt.

der frühen Psychoanalyse, wie freie Assoziation und Traumdeutung, kollidieren deutlich mit seinem Verständnis von Wissenschaft. Mehrfach erwähnt er psychoanalytische Theorien in klinischem Zusammenhang; doch zu einer wesentlichen inhaltlichen Auseinandersetzung kommt es dabei nicht.[197]

Berichtet wird, dass Freud Kraepelin als „einen groben Burschen" bezeichnete und dass Kraepelin seinen Patienten „weder Feingefühl noch warmherziges Verständnis" entgegengebracht habe.[198]

Die „wüste Weibergeschichte"

Es wird Mitte Januar 1906, und Sofie kann noch immer nicht in der Klinik mit Anna persönlich sprechen. Doch sie erfährt von den Ärzten, dass sich „viele Damen" – Kommilitoninnen aus dem Künstlerinnenverein – um Anna kümmern; was den Ärzten zu viel wird. Besonders eine Dame namens „Besser" scheint sich aufdringlich einzumischen.

Sofie erwähnt eine „wüste Weibergeschichte", in die Anna Haag und Besser verwickelt waren und ist erzürnt über Bessers Anmaßung, sich jetzt als Annas Vertraute auszugeben.

> Liebe Emy!
> Eben komme ich von der psychiatrischen Klinik, wo Haag ist. Wurde jedoch nicht zu ihr gelassen. Der Arzt sagte mir, es kämen so viele Damen, die sich als einzig näherstehende ausgeben. Sie sei jetzt ruhiger. – Die Einzige, die bis jetzt bei ihr zugelassen wurde, die Besser, sie sagte, sie könne den Ärzten nähern Aufschluß geben etc. Es ist dies dieselbe, die Haag den Sommer verleumdet [hatte], so dass Haag gezwungen war, zu klagen. Im Oktober sollte es dann zur öffentlichen Gerichtsverhandlung kommen, vor der sie Angst hatte und lieber Haag um Verzeihung bat: sie sei damals krank gewesen und könne jetzt nicht mehr begreifen, wie sie eigentlich dazu kam, alles Mögliche von Haag zu behaupten. Notabene hat sie das nicht gleich gesagt, sondern wollte das Recht auf ihrer Seite behalten. Bis ihr Haag Briefe, die durch Zufall damals in ihre Hände kamen, zeigte und sie so überführt war.
> Haag nannte es mir gegenüber eine wüste Weibergeschichte und daß sie vor Besser keine Achtung mehr haben könne. – Nun erfrecht sich

---

197 Christof Goddemeier: Emil Kraepelin. Natürliche Krankheitseinheiten. In: Deutsches Ärzteblatt, PP, Heft 2, Februar 2006, S. 70.
198 Vgl. Martin Green: Else und Frieda die Richthofen-Schwestern. Kempten 1976, S. 84.

diese Person, Haag zu besuchen und das, was sie aus ihren Fantasien gehört, in der Schule, dem Heymann vor andern zu erzählen. Und weißt Du, was sie den Ärzten über Haag berichtet. Sie sei immer sehr sonderbar gewesen und leicht zum Affekt geneigt. – Ich habe dem Arzt gesagt, daß ich nicht wünsche, daß Besser allein zugelassen werde, da diese außerhalb über die Sache spreche, und er sagte, es werde überhaupt niemand mehr zugelassen, da Haags Zustand ganz verwirrt und es also keinen Sinn hat.

Jetzt muß ich schnell in [den] Abendakt und dann Anatomie. Heute Abend mehr.[199]

Wie soll es mit Anna Haag weitergehen? Noch ist ihr Zustand in der Klinik unklar, aber ihre Kommilitoninnen überlegen bereits, wie sie mit Annas Wohnung verfahren sollen. Sofie schreibt weiter:

Ich finde es schrecklich, daß die Sachen verkauft werden sollen, es sind auch viele dafür, daß die Sachen aufbewahrt werden sollen. Vielleicht muß man es eben doch thun, um Geld zu bekommen. Der Arzt sagte mir, einige Zeit, vielleicht 1 Jahr, könne sie wieder nicht gesund, doch einigermaßen gesund werden. – Das denke ich mir noch das Schrecklichste, und gerade Haag wird es, wenn's ihr mal zum Bewußtsein kommt, doppelt empfinden. Jedenfalls, wenn es so ist, was ich zwar nicht wünschen kann, könnte sie dann doch selbst über ihre Sachen bestimmen. –

Ihr Vater schrieb, die Münchner Bekannten möchten die Sache in die Hand nehmen, da ihm die Mittel fehlen. – […] Ich kann`s immer noch nicht recht glauben.[200]

Für Sofie kommt alles zu schnell. Zuerst der Zusammenbruch der Freundin, dann die Nachricht, dass Anna vielleicht nie mehr gesund wird, und schließlich die Auflösung ihrer Habe, um Rechnungen zu begleichen.

Man sollte die Kinder glücklich machen

Der Brief vom 16. Januar 1906 beschäftigt sich mit Anna Haag und ihrer Krankheit. Er enthält aber auch wichtige Gedanken zum Verständnis von Sofies Verhältnis zu ihrer Mutter. Was die Mutter bei Sofies Umzug nach München befürchtet hatte, nämlich die Entfremdung der Tochter vom Elternhaus und dass man sich nicht mehr versteht, ist ihrer Ansicht nach eingetreten.

---
199 Brief SB an EB, 16.01.1906. Privatarchiv P.B.
200 Brief SB an EB, 16.01.1906. Privatarchiv P.B.

Sofie, die schon in ihrer Jugend in Ellwangen eine eigenwillige Tochter war, findet jetzt in München Gleichgesinnte, und ihre Ansichten werden gefestigt. […] Wenn mal alles so weit ist, weiß ich nicht, was ich thu. Ganz für mich zu leben und mich durchzuschlagen, wäre noch lebenswert, aber bei unsern Verhältnissen zu Hause ist es ausgeschlossen. – […] Mit Mama hatte ich, nachdem Du abgereist, auch verschiedene Auseinandersetzungen. Ich würde auch krank zu Hause, wenn ich in einemfort das Gekeife etc. hören müßte, und wenn man etwas besser zu machen versucht, bekommt man Vorwürfe. – Und doch thut mir Mama leid. Ja, wenn man wenigstens sonst leben könnte, wie man es für recht findet, ich meine im äußern Leben. Mama sagte bei so einer Auseinandersetzung, nein, man solle seine Töchter nie hinauslassen, weil man sich sonst nicht mehr versteht und behauptet, ich käme [zu] dergleichen Ansichten erst durch Bücher und ungesunden Verkehr, da irrt sie sich. Wenn sie wüßte, in welcher Gemütsverfassung ich war, ehe ich nach München kam. Wie ich das Leben verfluchte und daß meine Ansichten sich nicht im wesentlichen geändert [haben], vielleicht nur abgeklärter werden.
Johanna gegenüber hab ich mal allein meine Ansichten über verschiedenes gesagt – und das war, ehe ich überhaupt gelesen oder solche Bekannte hatte –, daß es besser wäre, man würde den Mädchen das Leben ersparen und ich verstehe es nicht, wie die Leute den Mut haben, alle Jahre Kinder in die Welt zu setzen, wenigstens sollten sie sich vorher fragen, ob sie fähig sind, die Kinder glücklich zu machen.[201]

In Sofies Mutter offenbart sich die Tragik vieler Mütter, denen die Emanzipation ihrer Töchter fremd ist. Dazu kommt, dass München einen besonderen Platz in der Frauenbewegung einnimmt. Die Stadt ist bekannt als „das Flaggschiff der modernen Frauenbewegung, als ein Leuchtturm der deutschen Emanzipation, als eine Stadt moderner, emanzipierter Frauen."[202] Auch wenn Sofie nicht in der Frauenbewegung hervortritt, so erhält sie doch eine Vielzahl von Impulsen. „In den 1890er Jahren entwickelt sich hier eine Frauenbewegung, die es im ganzen deutschen Reich sonst nirgendwo gibt […]. In München kommt vor allem die bürgerliche Frauenbewegung zu großer Entfaltung,

---

201 Brief SB an EB, 16.01.1906. Privatarchiv P.B.
202 Ingvild Richardsen: ‚Leidenschaftliche Herzen, feurige Seelen'. Frankfurt/M. 2019, S. 16.

und zwar [...] in enger Verbindung mit der Kunst- und Literaturszene sowie im Verbund mit einigen progressiven Männern."²⁰³

Während Sofies Mutter meint, ihre Tochter sei erst in München „auf falsche Gedanken" gekommen, stellt Sofie in diesem Brief klar, dass sich ihre Ansichten über Leben und Gesellschaft schon in Ellwangen gebildet haben. Sie hadert mit der Rolle von Müttern, die sich ausschließlich um Haushalt und Kinder kümmern. Ihr Unmut betrifft die Situation der Hausfrau, wie sie die Frauenrechtlerin Anita Augspurg 1893 anschaulich darstellt:

> Ich muss gestehen, dass die so genannte gute Hausfrau, die ganz in ihrem Haushalte aufgeht, von früh bis spät putzt, scheuert, wäscht, kocht, backt, näht, flickt und strickt [...] für mich etwas entsetzlich Ungemüthliches hat. Sie verbreitet um sich eine ganze Atmosphäre von Unbehagen, Ruhelosigkeit, Angst etwas zu beschmutzen oder in Unordnung zu bringen.²⁰⁴

Sofie drückt das Gefühl junger Frauen aus, die über ihr eingeschränktes Leben nachdenken, die Konflikte im Elternhaus ausfechten, sich von zu Hause lösen und finanziell auf eigenen Beinen stehen wollen. Die Schriftstellerin Gabriele Reuter bewirkt mit ihrem Roman *Aus guter Familie* 1895 eine Diskussion über die Situation junger Frauen. Zwar hat die Protagonistin im Roman nicht die Kraft, sich vom Elternhaus zu befreien, doch bestätigt das Buch das Freiheitsbedürfnis junger Mädchen. Um die Jahrhundertwende geht es in der Literatur – von Frauen und über Frauen – um den Verzicht auf Familienglück bei Verfolgung eigener Interessen, aber auch um den Verzicht auf eigene Interessen, das Scheitern von Lebensentwürfen und das psychische Zerbrechen daran. Frauen kämpfen mit Widerständen und sind dennoch von mutiger Aufbruchstimmung beseelt.

Sicher nimmt Sofie – zusammen mit Hulda Voigt – an den Vortragsabenden von Hermann Obrist teil, dessen Themen Zeitfragen berühren. Er spricht im Akademischen Verein für Bildende Kunst sowie in verschiedenen Frauenvereinen über „Kulturfragen, biologische und biopsychische Fragen, über Ethik, Religion und Naturphilosophie. Sein Mund lief über, weil sein Herz voll davon war." ²⁰⁵

Hulda schreibt: „Obrist hält Donnerstag immer einen Vortrag und man kann selbst Fragen in den Kasten werfen. [...] die bespricht und erklärt Obrist dann in netter verständlicher Weise. Es ist fabelhaft, wie Obrist aus den

---

203 Ingvild Richardsen, S. 16f.
204 Anita Augspurg: Die ethische Seite der Frauenfrage. Minden/Leipzig 1893, S. 19.
205 Eva Ahfus /Andreas Strobl (Hg.): Hermann Obrist. Skulptur, Raum, Abstraktion um 1900. München 2009, S. 28.

wirklich dümmsten Fragen immer noch was Ordentliches herausquetscht."²⁰⁶ Der Debschitz-Schüler Rolf von Hoerschelmann erinnert sich: „Einmal in der Woche gab es einen Vortragsabend, zu dem ganz Schwabing Zutritt hatte und wo unter Obrists Führung hitzig debattiert wurde. Es kamen durchaus nicht allein Fragen der Kunst aufs Tapet; Lebensführung, Kleiderfragen, Liebe und Ehe wurden besprochen [...]. Redegewaltige Schwabinger aller Kategorien beteiligten sich."²⁰⁷

Im Café Luitpold.
(alte Postkarte o.D., Privatbesitz)

1904 hält Hermann Obrist im Münchner Café Luitpold den Vortrag „Hat die weibliche Jugend Aussicht, in der Kunst Eigenes und Wertvolles zu leisten?"²⁰⁸ und im Februar 1905 einen Vortrag zum Thema „Die Sittlichkeit des Künstlers."²⁰⁹

Der Kamerad Walter Ast in Ellwangen

Am liebsten würde Sofie selbstständig und unabhängig von der Familie leben, sich „durchschlagen", doch lässt ihr die Situation zu Hause keine freie Entscheidung. August Benz, jetzt 77 Jahre alt, ist von leichten Schlaganfällen geschwächt. Auch die kranke Schwester Johanna macht Sorgen. Der Bruder Karl lebt in Heidenheim, Anna in Stuttgart, Emilie in Mainz, Mathilde in Berlin. Die Großmutter Wolff war 90-jährig 1905 gestorben. Sie hatte seit vielen Jahren in Ellwangen gelebt, ob zuletzt bei ihrem Sohn Hermann Wolff und seiner Frau Auguste oder bei August und Emilie Benz, ist nicht bekannt.

Die Auseinandersetzungen im Elternhaus verstärken sich bei Sofies Ellwanger Ferienaufenthalten. Ihr Ärger zeigt sich an einem Beispiel, von dem sie Emilie in ihrem Brief am 16. Januar 1906 berichtet. Sie ist mit Walter Ast, der ein halbes Jahr danach auch in der Kunstschule Heymann mit dem Studium

---

206 Brief Hulda Voigt an Helene Voigt-Diederichs, o.D. Sonntag [Oktober 1903]. Landesbibliothek Kiel.
207 Rolf v. Hoerschelmann, S. 133.
208 Vgl. Dagmar Rinker, 2001, S. 267.
209 Vgl. Dagmar Rinker, 2001, S. 267.

beginnen wird, in Ellwangen spazieren gegangen.

Nur noch etwas will ich Dir erzählen von neulich. [Walter] Ast hat mich gebeten, ihm meine Skizzenbücher zu zeigen, ich sagte ihm, er solle mal kommen, was er mal gegen Abend that. Dann haben wir – und zwar auf meinen Wunsch – einen Rennbummel [210] gemacht. Ich war schon, außer mit Papa, ein paar Tage nicht mehr draußen und wäre den Tag ohne Ast auch nicht dazu gekommen. Natürlich hatte ich vorher gefragt. – Von 5 – ¼ 7 sind wir gegangen. Als ich heimkam, fragte Papa, ob ich solange mit Ast spazieren gegangen sei und das schicke sich nicht. Mama sagte nachher, Papa habe sich darüber aufgehalten, und sie finde es auch nicht schicklich, es sei einmal nicht Sitte. Von einem andern Ellwanger Mädchen wäre es vielleicht auch nicht schicklich gewesen, weil sie ein andres Zusammensein mit dem Manne, als Mann und Weib, nicht kennt. […]

Walter Ast – Selbstporträt 1911, Öl auf Leinwand. (Privatbesitz)

Wenn ich die 1000 Mark hätte, ganz von zu Hause unabhängig leben könnte oder nach Amerika. […] Kommt Zeit, kommt Rat. – Gute Nacht. Denke nicht darüber nach, es wird sich schon finden. Und bleibe gesund. Ich wundere mich, wie herrlich ich, seit ich hier bin, schlafe. Hoffentlich. kannst Du [es] auch.

Addio Carissima. Deine Sofie.

Ich sehe gerade, daß noch eine Seite frei [ist]. Heute Nacht hab ich wieder herrlich geschlafen und kann dann auch morgens zur Zeit aufstehn. – Seit ich hier bin, ist's wunderschön Wetter. Da kann ich mal nach Gauting radeln, um grüß Gott zu sagen. Was schreibt Albert? Heute Abend kommt Voigt zum Abendbrot zu mir. Ich lese also in den ‚Flegeljahren' und kann mich trotz allem darüber freuen und lachen.

Nun aber leb wohl und laß bald mal was von Dir hören.

Deine Sofie. Ainmillerstr. 30 IV.[211]

---

210 Rennbummel: Helmut Hacker berichtet im Ellwanger Jahrbuch: „Es gab in dieser Zeit eine Wandergruppe (von den andern als Rennclub bezeichnet), die schneidig auf den Straßen marschierte". So könnte der Volksmund das stramme Spazierengehen ironisch als „Rennbummel" bezeichnet haben.
211 Brief SB an EB, 16.01.1906. Privatarchiv P.B.

Ihre Eltern erregen sich, denn „es ist nicht Sitte" in Ellwangen, dass ein junger Mann und eine junge Frau – ohne „Mann und Weib", also verheiratet zu sein – zusammen spazieren gehen. Der Schriftsteller Stefan Zweig beschreibt die Situation um 1900:

> Daß etwa ein paar junge Leute gleichen Standes, aber verschiedenen Geschlechts, unbewacht einen Ausflug hätten unternehmen dürfen, war völlig undenkbar – oder vielmehr, der erste Gedanke war, es könnte dabei etwas ‚passieren'. Ein solches Zusammensein wurde höchstens zulässig, wenn irgendwelche Aufsichtspersonen, Mütter oder Gouvernanten, die jungen Leute Schritt für Schritt begleiteten.[212]

Sofie ist von München anderes gewohnt, wo sie mit dem Fahrrad in die Natur und nach Gauting fährt und sich ungezwungen mit ihren Studienkollegen trifft. Finanziell unabhängig zu sein, am liebsten weit weg nach Amerika ... Sofie träumt. Sie schreibt von „1000 Mark". Es ist offensichtlich ihr zustehendes Geld, vielleicht für eine Aussteuer gedacht. Aber sie hat keine freie Verfügung über ihr Konto und wäre vielen Fragen ausgesetzt.

Schon im November 1904 hatte sie davon geträumt, mit Hulda nach Amerika zu gehen. Ein gutes Jahr später ist Amerika immer noch ihr „Rettungsstern".

Sorgen um Anna Haag

In den folgenden Briefen geht es vornehmlich um Anna Haag. Jetzt kann Sofie berichten, wie es zu Annas Zusammenbruch kam.

> Liebe Emy!
> Komme gerade von Haags Mietfrau und heute Mittag geh ich wieder in die Klinik. Was der Künstlerinnenverein ist, das lernt man bei solchen Sachen kennen. Darüber gesprochen und in den Schmutz getreten wird die Sache von den Weibern, aber daß sie einen Schritt thun, dazu haben sie keine Zeit, weil sie so viel mit Künstlerinnenfesten etc. zu thun hätten.
> Die Hummel war auch entsetzt, wie in der Heymannschule darüber gesprochen wird und daß Heymann nicht einschreitet – aber das zeigt so recht seinen Charakter.
> An Silvester war Haag mit der Buchhalterin beisammen, als ihr's plötzlich so komisch wurde, und [sie] bat Frl. Haug möchte den

---

212 Stefan Zweig (1881–1942): Die Welt von gestern. Berlin/Weimar 1990, S. 78f.

Arzt holen. Der gab ihr ein Beruhigungsmittel und sagte, sie solle morgen in die psychiatrische Klinik gehen um sich zu erholen. Frl. Haug kam am andern Tag um sie hinzubegleiten, fand aber verschlossene Thür und Zettel, sie sei schon fort, ins Krankenhaus. Aber dort wußte man nichts von Haag, so wurde sie gesucht und mit dem Sanitär ins Krankenhaus gebracht, da sie scheint's auf der Straße einen Anfall bekommen hat. Im Atelier lag ein Zettel: bitte das Atelier nicht durchsuchen.

Eben komme ich aus dem Vortrag von Dirigent Raabe über Beethoven und seine 9. Symphonie. Er hat sehr schön gesprochen. – Haag werde ich oft, Du ahnst nicht wie oft, vermissen. Wir wären heute sicher noch nicht nach Hause gegangen, wahrscheinlich noch spazieren oder zu Haag.

Der Nachlaß wird noch viel Unannehmlichkeiten machen. […] Sonntag will ich wieder hingehen. Dienstag, Freitag und Sonntag sind Besuchstage von 3 – 4 Uhr.

Ich grüße Dich herzlich. Bleibe gesund. Vielleicht können wir mit Johanna im Sommer irgendwohin aufs Land. Wie es zu Hause gehen soll, ist mir unklar. Laß doch bald mal was von Dir hören.

Deine Sofie.[213]

Sofie erledigt Gänge für die Freundin, kümmert sich um die Haushaltsauflösung und vermisst Anna. Ihr fehlen die Rituale: gemeinsam ins Konzert gehen, anschließend bummeln oder mit jemandem schwätzen. Von anderen Studentinnen erhält sie kaum Hilfe; die Frauen im Künstlerinnenverein ergehen sich in übler Nachrede. Auch die mangelnde Fürsorge Moritz Heymanns – der von der Situation überfordert zu sein scheint – enttäuscht sie.

Deprimierende Nachrichten

Sofie erlebt eine Situation, die sie irritiert. Sie war ausersehen worden, Annas Atelier aufzuräumen und vieles im Namen der Freundin zu regeln, doch wird sie nicht respektiert. Mit den Studentinnen im Künstlerinnenverein kommt sie nicht klar, „Weiberwirtschaft" nennt sie den Verein. Nun ist zu erfahren, dass Annas Vater in Wien eingeschaltet wurde, der sich aus der Ferne um das Organisatorische kümmert.

Liebe Emy!
Entschuldige, wenn ich Dir immer von dem berichte, was mich

---

[213] Brief SB an EB, 18.01.1906. Privatarchiv P.B.

wirklich am meisten beschäftigt. – Die Siebert wollte im Verein mich vorschlagen, daß ich mit Frl. Jarl das Atelier räume, nun nimmt es, d.h. definitiv ist`s ja noch nicht, Witte auf sich, ein unsympathisches Weib. – Und über verschiedene Sachen, wo ich im Willen Haags spreche, das wird einfach nicht beachtet. – Sondern himmelschreiend dawider gehandelt. Der Verein entblödet sich, die Sache als die einer unmündigen dummen Gans hinzustellen und glaubt danach handeln zu müssen. – Der Einzige in der Schule, der an Haag mit Hochachtung denkt, ist wohl Niestlé, die andern alle gehen mir scheu aus dem Wege. Es ist doch etwas Merkwürdiges. Nur die, die Haag nähergestanden, haben Ehrfurcht und Hochachtung vor ihr. – Ich bin jetzt so furchtbar allein. Mit denen vom Künstlerinnenverein komm ich nicht aus, wir verstehen uns nicht und haben total andre Ansichten, wenn das von denen überhaupt Ansichten sind. […] Du siehst, ich kann bei Haags Sache nicht viel machen, der Vater hat das Frl. Jarl geschickt, die mit dem Künstlerinnenverein die Sache ordnet, und es wäre ja alles gut, wenn am Verein nicht diese Weiberwirtschaft wäre. – Waren Lydia und Elvira nimmer bei Dir? Ich werde sie bald hören. Elvira war mal da, aber ich nicht zu Hause. Ich wollte noch nicht hingehen, da sie Haag nicht gekannt und ich nicht erzählen mag. [214]

Im weiteren Teil des Briefes geht es um die Neuigkeit, dass Sofie nicht mehr in der Kunstschule Heymann bleiben will. Moritz Heymann hat sie enttäuscht. Sie hatte sich mehr Anregungen erwartet, als sie von Debschitz zu ihm gewechselt war. Und tatsächlich hatten sich ihre ersten Schilderungen im Brief vom Frühjahr 1904 positiv angehört, war ihr doch das Kursangebot bei Heymann vielfältiger vorgekommen.

Bei Heymann werde ich nicht mehr bleiben, es ist zu umständlich zu schreiben, wie häßlich er sich in Haags Sache gezeigt. Dann lern ich nichts mehr bei ihm, da er mir die Techniken nicht zeigt. – Voigt und Lucas sagen, nachdem sie die Sachen, die ich so für mich gemacht, gesehen, ich solle doch ja zu Schmoll-Eisenwerth, der an der Debschitzschule Fachlehrer ist, ich hätte mit Debschitz gar nichts zu thun. Allein schon das Wort Debschitzschule hält mich ab, wenn auch Schmoll fein ist. […] Also für heute das. –
Deine Sofie. [215]

---
214 Brief SB an EB, 18.01.1906. Privatarchiv P.B.
215 Brief SB an EB, 20.01.1906. Privatarchiv P.B.

Wie stark Sofies Aversion gegen die Debschitz-Schule ist, zeigt sich an ihrer Bemerkung, dass „allein schon das Wort Debschitzschule" ihren Widerstand erregt. Doch gibt es dort einen Lehrer, von dem Sofie viel hält: Karl Schmoll von Eisenwerth, 1879 geboren und seit 1906 als Lehrer für Druckgraphik und Zeichnen an der Debschitz-Schule tätig. Studiert hatte er an der Akademie in München und Verdienste als Maler, Grafiker und Glaskünstler des Jugendstils erworben. 1907 wird Karl Schmoll von Eisenwerth Professor für Ornamenten- und Figurenzeichnen, Aquarellieren und dekoratives Entwerfen an der Technischen Hochschule Stuttgart, die er ab 1929 als Rektor leitet. Was die Techniken angeht, so müsste Sofie in besten Händen sein, denn Schmoll von Eisenwerth bietet das an, was auch Sofies Ziele sind. Ob sie zu ihm wechselt, ist unklar. In einem Brief drei Wochen später berichtet sie vom Aktzeichnen, aber nicht, an welcher Kunstschule.

Zwei Postkarten – Das Leben entspannt sich

Mit zwei Postkarten Ende Januar 1906 zeigt Sofie, dass sich ihre Sorgen lösen. Anna Haag bekommt in der Klinik einen Raum angeboten, den sie als Atelier nutzen kann. Die Ärzte werden ihre künstlerische Tätigkeit als Therapiemöglichkeit erkannt haben.

> Liebe Emy.
> Dank für Deine Karte. – War heute bei Haag. – Es kann gut sein, daß wir [Sofie und Anna] kommen. Sie ist so gern dort. Die Ärzte haben ihr angeboten, ganz oben in der Klinik sei eine Art Atelier, wenn sie gesund sei und es benützen wolle. – Es ist ordentlich wohltuend, eins, das man für verloren geglaubt, so gesund zu finden, [...]. Haag läßt Dich herzlich grüßen. – [...] Ich müßte Dich da haben, um Dir erzählen zu können. Wenn wir nur alle zusammen, Du, Johanna und ich hausen könnten.
>   Ich grüße Dich. Sofie.
> Wenn Du Albert schreibst, grüße von mir.[216]

> Liebe Emy.
> Mir ist, als hätte ich schon ewig nichts mehr von Dir gehört und als hätte ich Dir schon lange nimmer geschrieben, so gewöhnt wird man`s. Heute Papas Geburtstag. – [...] In Gauting war ich noch nicht, habe aber heute Morgen mit Onkel am Telephon gesprochen. Er reist Montag wieder nach Berlin und wird auch Mathilde besu-

---
216 Karte SB an EB, 23.01.1906. Privatarchiv P.B.

chen. – Heute Mittag geh ich wieder zu Haag. – Ich will noch Platz lassen, daß ich Dir berichten kann, wie´s geht. –
[*Später*] Haag geht´s gut, d.h. in den letzten Tagen hatte sie Influenza, im Übrigen geht`s ihr gut. Von der Klinik aus ging ich zu Schnells, da ich auch noch nicht dort war. Tante war mit Ria dort, da der kleinen Hedwig Geburtstag war. Morgen Abend fahr ich vielleicht nach Gauting. – Gestern Abend war ich bei Lydia. Heute kommt oder kam ihr Mann ein paar Tage auf Besuch. Ich grüße Dich herzlich.
                               Deine Sofie. Laß auch von Dir hören.
Montag. Eben kam Karte von Albert, daß er morgen mich besuchen will. Das ist nett von ihm. Draußen ist wieder scheußliches Tauwetter.[217]

Sofie ist weiterhin in die Verwandtschaft eingebunden, trifft sich mit ihrer Cousine, besucht die in München lebenden Frida und Carl Schnell. Doch ist sie dabei zufrieden, oder sieht sie die Besuche als Verpflichtung? Wie denken die Verwandten über sie, interessieren sie sich für sie als Mensch, Künstlerin und Malerin? Sicher wird sie mit der Schwester Emilie verglichen, die einen ebenso engen Kontakt zur Verwandtschaft hat. Am liebsten würde Sofie mit Emilie und Johanna zusammenleben, diesen beiden fühlt sie sich besonders nahe.

Eine Freundin mit Ehrlichkeit und Treue

In den Briefen, die Sofie in den nächsten drei Monaten schreibt, steht Anna Haag zumeist im Mittelpunkt.

> Liebe Emy!
> […] Also, Haag geht´s gut, d.h. einige Wochen wird sie schon noch dort bleiben, bis sie sich ganz erholt hat, und am Sonntag war`s nett mit Albert zusammen – Heute Regenwetter. – Gehe heute wieder zu Haag und denke, daß dann der Atelierschlüssel in meine Hände kommt. Die Hausfrau ist so ein borniertes Weib und hat mir den Schlüssel trotz Haags Wunsch und einem Schreiben des Künstlerinnenvereins nicht gegeben. –
> 10 Uhr. Komme eben aus einem Volkssymphoniekonzert. Beethovenabend. 1. und 2. Symphonie und Violinkonzert mit Orchester. Habe zu Hause Paket von daheim angetroffen – Geburtstagskuchen.[218]

---

217 Karte SB an EB, 27.01.1906. Privatarchiv P.B.
218 Brief SB an EB, 30.01.1906. Privatarchiv P.B.

Kurze Zeit später führt sie den Brief fort. Sie hat den Schlüssel zu Annas Atelier bekommen, das sie für die Freundin renovieren möchte. Wenn Haag aus der Klinik entlassen wird, soll sie es gemütlich haben.

> Endlich hab ich Haags Schlüssel und nun ordentlich was zu thun. – Haag ist auch ein Kosmopolit im Sinne Wielands. Albert hat mir nämlich am Sonntag ein bissle aus Deinen Abderiten vorgelesen. – Haag will mir, wenn sie heraußen ist, alles aus ihrem Leben erzählen. Ich bin so dumm und kann ihr nur durch meine Ehrlichkeit und Treue eine Freundin sein.[219]

Sofie spricht wiederholt von ihrem mangelnden Selbstwertgefühl. Dabei kommt es darauf an, mit wem sie sich vergleicht. Oft sind es extrovertierte Menschen, die durch ihre dominierende Art einschüchternd wirken. Sofie bewundert Anna Haag, doch ist so wenig über sie bekannt, dass sich Sofies Hochachtung nicht an Beispielen nachvollziehen lässt.

Haag ist in Sofies Augen ein „Kosmopolit im Sinne Wielands". Mit seinem Buch *Die Abderiten* legte der zur Aufklärung zählende Dichter Christoph Martin Wieland einen satirischen Roman vor. Der Abderit Demokritus verlässt seine Heimat, um die Welt zu bereisen. Mit großem Wissen kehrt er zurück. In der Person des Demokritus zeigt Wieland Probleme auf, die durch mangelnde Bildung erzeugt werden. Dies entspricht der im 18. Jahrhundert beginnenden Aufklärung. Kosmopoliten betrachten den gesamten Erdkreis als ihre Heimat. In *Das Geheimnis des Kosmopolitenordens* schreibt Wieland:

> Die Kosmopoliten betrachten alle Völker des Erdbodens als ebenso viele Zweige einer einzigen Familie, und das Universum als einen Staat, worin sie mit unzähligen andern vernünftigen Wesen Bürger sind, um unter allgemeinen Naturgesetzen die Vollkommenheit des Ganzen zu befördern, indem jedes nach seiner besondern Art und Weise für seinen eigenen Wohlstand geschäftig ist.[220]

Ein künstlerisches Angebot

Ende Januar 1906, nach mehr als drei Jahren Studium, ergibt sich für Sofie die Möglichkeit eines Auftrags. Alberts Freund Deschler, der in Augsburg eine Schilderfabrik besitzt, möchte sich von Sofie ein Firmenschild gestalten lassen.

> Albert kam Sonntagmorgen. Es war ein herrlicher Tag, und wenn Haag nicht krank wäre, wären wir nicht in der Stadt geblieben. Al-

---
219 Brief SB an EB, 30.01.1906. Privatarchiv P.B.
220 Christoph Martin Wieland: Der teutsche Merkur. Weimar 1788, S. 107.

bert geht's gut, ich denke wenigstens, sonst wär er wohl nicht gekommen. Er brachte verschiedene Schilder mit, um mir die Art und Weise zu zeigen, von seinem Freunde Deschler, der eine Schilderfabrik hat und mit dem ich eventuell in Verbindung treten könnte. Es ist das einmal eine Hoffnung, obwohl ich mir jetzt sage, Elvira Nori könnte so was viel schöner und künstlerischer machen als ich, da es mehr in ihr Fach schlägt, da sie sich mehr mit Schrift und dergleichen beschäftigt.[221]

Die 1858 gegründete Firma Emil Deschler, Spezialist für Metallschilder, war 1906 an seinen Sohn übergegangen. Im 19. Jahrhundert kooperierte Deschler mit einem Atelier in München, wo Frauen die vorgefertigten Metall- oder Eisenschilder bemalten. Seit Anfang des 20. Jahrhunderts wird eine neue Technik angewendet: das Metallprägeverfahren. Messing-, Kupfer- und Eisenbleche werden unter hohem Druck geprägt, mit Farbpigmenten bemalt und gebrannt, so dass eine Emaillierung entsteht.

Ergreift Sofie jetzt freudig die Gelegenheit, sich ins Gespräch zu bringen? Sie zögert, es kommen ihr Zweifel, sie vergleicht sich mit Elvira. Wenige Tage später ist der Kontakt zur Schilderfabrik Deschler hergestellt mit einem konkreten Angebot.

Und heute Abend bekam ich von Alberts Freund, Schilderfabrik Deschler, ein Schreiben, ob ich eine Probearbeit liefern wolle, um etwa mit dem Geschäft in Verbindung zu treten. Und ich hab mich darüber geärgert. Es ist so dumm und wenig künstlerisch, daß ich nicht weiß, was damit anfangen. Die Schrift ist nämlich schon gegeben, und zu machen ist nur das Geschäftshaus mit dem umgebenden Stadtteil in möglichst farbenfreudiger Darstellung. Ich denke, es muß doch da alles zusammenpassen und kann nicht jede beliebige Schrift genommen werden, wenn es besser aussehen soll und einheitlich. – Übrigens, grad les ich noch mal, die Schrift ist doch nicht gerade so zu geben, wie auf dem Musterblatt.[222]

Sofie fertigt einen Entwurf an, der offensichtlich nicht angenommen wird, denn schon am 8. Februar schreibt sie an Emilie, dass Albert sie auf eine Absage vorbereitet hat. Ist Sofie erleichtert, oder ärgert sie sich? „Albert hat mir die Tage geschrieben von wegen dem Auftrag. Er will mich vorbereiten, falls

---

221 Brief SB an EB, 30.01.1906. Privatarchiv P.B.
222 Brief SB an EB, 03.02.1906. Privatarchiv P.B.

der Entwurf zurückgeschickt werden sollte, daß ich nicht traurig bin, es könne einer trotzdem ein tüchtiger Künstler sein."²²³

„Haag geht es gut" – trotz Nervenerregung

Sofie beschäftigt sich intensiv mit Anna Haag. Nach den anfänglichen Schwierigkeiten kann sie jetzt die Freundin jeden Tag besuchen und wird von den Ärzten wie eine Angehörige respektiert. Sie spricht mit den Medizinern, hört Diagnosen und Erfolgsaussichten. Erstaunlich ist, dass die Ärzte schon nach kurzer Zeit zu der Ansicht gelangen, dass Anna Haag nie wieder völlig gesund werde.

> Liebe Emy!
> Schon heute Mittag wollte ich Dir schreiben – nun ist inzwischen die ganze schöne Stimmung flöten gegangen. – Haag geht`s gut, und es ist gut, daß ich Dir nicht von dem, was mir im Künstlerinnenverein gesagt wurde, geschrieben. Nämlich, der Arzt habe neuerdings gesagt, daß eine derartige Nervenerregung stets etwas zurücklasse und vollständige Besserung ausgeschlossen sei.²²⁴

Die Diagnose der Ärzte lautet „Nervenerregung". Diese unspezifische Form der Nervosität, Neurasthenie genannt, löst Ende des 19. Jahrhundert den Begriff Hysterie ab, der sich vor allem auf nervlich erregte Frauen bezogen hatte. Männer werden nicht als hysterisch bezeichnet, doch Nervosität belastet auch sie, so dass Neurasthenie bis zum Ersten Weltkrieg ein verbreitetes Krankheitsbild ist. Viele Menschen fühlen sich durch die Auswirkungen der Industrialisierung, Urbanisierung und Technisierung überfordert und reagieren mit nervlicher Erschöpfung.

Der Kulturhistoriker Wilhelm Riehl stellt Mitte des 19. Jahrhunderts eine Verbindung zwischen den Herausforderungen der Zeit und den aufstrebenden Künstlerinnen her: „Ich sage nicht, daß eine Frau überhaupt alle künstlerische und literarische Produktivität versagen sollte. Aber das massenhafte Aufsteigen weiblicher Berühmtheiten und ihr Hervordrängen in die Oeffentlichkeit ist allemal das Wahrzeichen einer krankhaften Nervenstimmung des Zeitalters."²²⁵

Für Riehl ist die Emanzipation eine krankhafte Zeiterscheinung und gibt damit eine weit verbreitete Meinung wieder. Psychotherapeut Sigmund Freud

---

223 Brief SB an EB, 08.02.1906. Privatarchiv P.B.
224 Brief SB an EB, 03.02.1906. Privatarchiv P.B.
225 Wilhelm Heinrich Riehl in: Carola Muysers (Hg.): Die bildende Künstlerin: Wertung und Wandel in deutschen Quellentexten 1855–1945. Amsterdam 1999, S. 38.

diagnostiziert die nervliche Erregung von Frauen aus einem anderen Blickwinkel: Er verknüpft gesellschaftliche Auffälligkeiten mit Sexualität und beschreibt in seinem Aufsatz *Die ‚kulturelle' Sexualmoral und die moderne Nervosität* zwei Gruppen von nervösen Krankheitszuständen: Neurosen und Psychoneurosen. „Bei den ersteren scheinen die Störungen (Symptome), mögen sie sich in den körperlichen oder in den seelischen Leistungen äußern, toxischer Natur zu sein; [...]. Diese Neurosen – meist als Neurasthenie zusammengefaßt – können nun [...] durch gewisse schädliche Einflüsse des Sexuallebens erzeugt werden. [...] Man darf also den sexuellen Faktor für den wesentlichen in der Verursachung der eigentlichen Neurosen erklären."[226]

In den psychiatrischen Kliniken empfehlen Ärzte gegen Nervenerregung Bäder und Abreibungen mit kaltem und warmem Wasser, Diät, Bewegung an der frischen Luft, Massagen und Ruhe. Auch in Emil Kraepelins Klinik gehören warme Bäder zur Therapie. Die Ärzte Alfred Busch und Felix Plaut führen dazu im Jahr 1905 Untersuchungen durch. Fachbesucher kommen von nah und fern, um sich die technischen Neuerungen anzusehen. 1910 werden die Ergebnisse publiziert.

> Die beruhigende Wirkung warmer Dauerbäder auf mannigfache Erregungszustände ist zurzeit so allgemein anerkannt und so oft in der Literatur bestätigt, daß es sich wohl erübrigt, hier näher darauf einzugehen. Nur in geringem Umfang dagegen ist bisher untersucht worden, aus welchen Komponenten die Wirkung der Dauerbäder sich zusammensetzt, welche psychische Vorgänge insbesondere durch sie beeinflußt werden.[227]

In einer Zusammenfassung schildern Busch und Plaut das Ergebnis ihrer Versuche, wobei sie warme Bäder einer medikamentösen Behandlung bevorzugen: „Das Bad ruft anscheinend Müdigkeit, nicht Ermüdung hervor, [...]. Wir haben daher, wenn unsere Ergebnisse sich als richtig erweisen, im Bad ein Mittel, unsere Kranken zu beruhigen, ohne sie irgendwie zu schädigen."[228]

„Die Ärzte sind sehr nett und riesig besorgt"

Ob Anna Haag eine Bäder-Therapie mitmacht, ist nicht bekannt, doch kümmern sich die Ärzte liebevoll um sie, wie Sofie schildert:

---

[226] Sigmund Freud: Drei Abhandlungen zur Sexualtheorie. Frankfurt/M. 1970, S. 124f und 138.
[227] Siehe: Alfred Busch, Felix Plaut: Über die Einwirkung verlängerter warmer Bäder auf einige körperliche und geistige Funktionen. München 1910, S. 505.
[228] Alfred Busch, Felix Plaut, S. 526.

> Haag hat es wirklich herrlich in der Klinik. Die Ärzte, die natürlich ihre ganze Lage kennen, thun alles, es ihr schön zu machen. Gestern hat uns Dr. Plaut herumgeführt und verschiedene Zimmer gezeigt, falls Haag lieber ein anderes hätte. Sogar ein Wohnzimmer hätte sie zur Verfügung, aber es gefällt ihr in ihrem alten Zimmer besser.[229] – Ganze Berge Bücher hat Haag, die ihr die Ärzte bringen. Während ich dort war, kam Dr. Crusius und brachte ihr ‚David Copperfield'.[230]

In der Klinik von Emil Kraepelin erhält Anna Haag zudem die Empfehlung, sich in südlicher Sonne zu erholen, und Sofie fährt fort:

> Gestern habe ich Dr. Plaut gesprochen. 6 Wochen hat Haag freie Verpflegung dort von der Krankenkasse aus, und in 10 Tagen ist also die Zeit um. Die Ärzte sind sehr nett und riesig besorgt um Haag und wollen nicht, daß sie, obwohl gesund, gleich wieder anfangen muß zu schaffen und sorgen.
> Dr. Plaut ist sehr naiv, er meinte, ich solle doch sehen, ob sich nicht jemand fände, der das Geld hergäbe, damit wir zusammen ein paar Wochen in den Süden nach Meran oder so wohin könnten. – Ich bin fast vor Freude gehopst in der Hoffnung. Als ich Haag dann die Unterredung mitteilte, meinte sie aber, das wolle sie nicht, sie könne schon wieder arbeiten.[231]

Sofie bezeichnet die Empfehlung des Arztes als „naiv" angesichts Haags und ihrer finanziellen Situation, doch mag es Dr. Plaut schwerfallen, sich in die prekäre Lage von Künstlerinnen hineinzuversetzen. Vom familiären Hintergrund Anna Haags ist wenig bekannt. Das Bemühen des Vaters um Auflösung von Annas Besitz deutet die Schwierigkeit an, Geldmittel für ihre Versorgung aufzubringen. Die Krankenkasse zahlt sechs Wochen freien Aufenthalt in der Klinik, als Mitglied im Künstlerinnenverein profitiert sie von dieser sozialen Absicherung.[232]

Der Psychiater Felix Plaut ist seit 1904 in der Klinik Kraepelin in verschiedenen Abteilungen als wissenschaftlicher Assistent tätig und ab 1907 Direktor der Abteilung für Serologie der Deutschen Forschungsanstalt für Psychiatrie

---

229 Brief SB an EB, 08.02.1906. Privatarchiv P.B.
230 Brief SB an EB, 03.02.1906. Privatarchiv P.B.
231 Brief SB an EB, 03.02.1906. Privatarchiv P.B.
232 1892 schuf der Münchener Künstlerinnen-Verein zur sozialen Absicherung seiner Mitglieder die Vorschusskasse. Durch einen Kontrakt mit dem Magistrat konnte der Verein bei Bedarf seinen Mitgliedern einen bis zu sechswöchigen Krankenhausaufenthalt und Behandlungskosten finanzieren.

in München[233]. Zwar weist Anna Haag Dr. Plauts Vorschlag zurück und will wieder arbeiten, doch wird sie zwei Monate später tatsächlich im Süden sein.

Alle kümmern sich um Anna

In diesen Wochen bewegt sich Sofies und Annas Leben zwischen Lachen und Weinen, Freude und Sorgen. Anna kann sich glücklich schätzen, in Sofie eine Mittlerin zwischen der Klinik und dem Leben draußen zu haben und dass die Freundin die Freizeit mit ihr verbringt.

> Ich hab jetzt die Erlaubnis und darf alle Tag zu Haag. Gestern war Haag so frisch und wohl. Als ich fortging, schon in der Dämmerung, ging sie noch zum 1. Mal in den Garten und begegnete dort einer Schwester, die sie, während sie noch ganz krank war, mal gesehen und die so sehr schön ist. – Heute war sie, als ich kam, ziemlich niedergeschlagen, da ein Künstlerrausch wie die Begegnung mit der schönen Schwester sie noch so aufregt, daß sie eine schlimme Nacht hatte und sehr schwere Träume. – Nein Du, das liest sich schlimmer, als es ist – wir haben sogar recht herzlich gelacht heute; ich habe nämlich ein paar von Lausbubengeschichten von Thoma vorgelesen, und die sind wirklich großartig.[234]

Ein Künstlerrausch erfasst Anna Haag! Ist es ähnlich der Leidenschaft, die der Maler Ludwig Meidner beschreibt? „Der echte Zeichner liebt die menschliche Gestalt. Er hat ein heißes Verlangen, das Gebäude des Leibes hinzustellen. Er fühlt die Nacktheit durch und durch. Am liebsten würde er immer das Knochengebein mit hineintun, Verwesung mitzeichnen. […] Zeichnen macht gesund, heiter und gottgläubig."[235] Empfindet Anna Haag Euphorie angesichts der schönen Schwester und will sogleich malen?

Anna Haag muss eine bemerkenswerte Person sein, wenn die Ärzte sie als Gesprächspartnerin anerkennen. Gesellschaftliche Diskrepanz, Geschlechterunterschied und das Abhängigkeitsverhältnis von Arzt und Patientin erlauben keine intellektuelle Annäherung. Doch Anna Haag gelingt es, sich „ungeniert" zu unterhalten und die Distanz zu überbrücken.

> Die Ärzte haben Haag furchtbar gern und führen die größten philosophischen Gespräche mit ihr. – Haag ist ganz glücklich, daß sie sich so ungeniert mit den zum Teil gescheidten Männern unterhalten

---
233 Heute Max-Planck-Institut für Psychiatrie.
234 Brief SB an EB, 03.02.1906. Privatarchiv P.B.
235 Ludwig Meidner: Im Nacken das Sternenmeer. Nachdruck Nendeln 1973, S. 34. (Erstdruck 1918)

darf, was man sonst im Leben nicht darf. Sie hat ihnen alles aus ihrem Leben erzählt.²³⁶

Jean-Bloé Niestlé – ein armer Künstler

Sofie kommt in diesen Wochen kaum zu sich selbst. Am Freitag, 2. Februar 1906, besucht sie Anna Haag in der Klinik, anschließend fährt sie zu den Verwandten nach Gauting. Schon am nächsten Tag geht es zurück nach München. Aus mehreren Briefen wird deutlich, dass sie darunter leidet, nicht genug Zeit für sich zu haben. Sie sollte sich Gedanken über ihre Zukunft machen, doch es gibt andere Verantwortungen.

Anfang Februar erzählt sie von einem Künstler, der so ganz anders lebt als sie, der einsam, aber dennoch zufrieden und voller Schaffenskraft ist. In ihren Worten schwingt neben der Hochachtung eine Spur von Neid mit. Der gleichaltrige Jean-Bloé Niestlé – ein Kommilitone aus der Debschitz-Schule, von dem sie in einem Brief im Oktober 1905 erstmals berichtet – beeindruckt sie durch sein selbstbestimmtes Leben inmitten eines kleinen Zoos. Er ist in ihren Augen „ein echter Künstler": arm, aber unabhängig. Niestlé ist schon so bekannt, dass er an der Frühjahrssecession teilnimmt.

Jean-Bloé Niestlé, ca. 1906. (Foto privat)

> Gestern vom Krankenhaus aus ging ich zur Bahn um endlich mal nach Gauting zu fahren. Ich traf Niestlé, der in Planegg wohnt. Ein schöner, ernster Mensch. Er freute sich sehr, daß es Haag gut geht, erzählte mir, daß er ein großes Bild angefangen habe für die Frühjahrssezession und daß wir mal kommen müssen und von seinen Tieren, die er sehr liebt und eine ganze Menagerie hat. Schlangen, Fische, Mäuse, Uhu und Falken selbst gefangen. Er ist sehr arm und lebt so still ohne viel Lärm zu schlagen, obwohl er ein echter Künstler ist, aber das ist`s ja. Er erzählte, daß er gerne nach Schweden wolle, da er`s liebe und zwar zu Fuß. Er ging auch schon mal zu Fuß nach Hause in der französischen Schweiz.²³⁷

---

236 Karte SB an EB, o.D. [Februar 1906], Privatarchiv P.B.
237 Brief SB an EB, 03.02.1906. Privatarchiv P.B.

Jean-Bloé Niestlé, wie Sofie 1884 geboren, stammt aus Neuchâtel in der Schweiz. Er studiert ab 1904 in München bei Debschitz und an der Kunstakademie. Wenig später lernt er den Maler Franz Marc kennen, mit dem ihn bald eine enge Freundschaft verbindet. Auch August Macke, Wassily Kandinsky und Heinrich Campendonk gehören zu seinem Freundeskreis. Als Tierliebhaber und begeisterter Tiermaler beeinflusst er Franz Marc. Niestlé versteht es, sich in das Wesen des Tieres hineinzuversetzen und drückt dies in seinen Bildern aus. 1906 stellt er in der Münchner Secession aus, 1911 nimmt er an der ersten Ausstellung der Künstlergemeinschaft des Blauen Reiters in München teil, obwohl er den progressiven Tendenzen dieser Zeit nicht folgt. Seine Naturbilder zeigen Realismus und Feinteiligkeit, erst 1916 nähert er sich dem expressionistischen Stil[238].

Sofie kehrt heiter gestimmt in ihre Schwabinger Dachwohnung zurück. Das Ende ihres Briefes klingt harmonisch:

> In Gauting geht`s gut. Ich fuhr heute Morgen wieder herein. Herrliche Winterlandschaft. – […] Heute ist Samstagabend. Es ist so nett in meinem Zimmer und gemütlich, ich wollte, Du könntest hereinsehen. – Ein Sonntagsstrauß steht schon auf dem Tisch, Goldlack. – Ich esse wirklich fast immer zu Hause, da kann ich mir eine Sonntagsfreude leisten. Gelt, wie luxuriös.
>
> Nun leb wohl. Schreib bald! Deine Sofie.[239]

Sofie bewundert das einfache Leben Niestlés, doch auch sie lebt sparsam. Ein Blumenstrauß am Sonntag ist Luxus. Das Geld dafür spart sie sich durch das Kochen zu Hause. Wenige Tage zuvor hatte sie noch von der Möglichkeit berichtet, ihr Skizzenbuch zu verkaufen: „Frl. Winterfeld quält mich und quält mich schon voriges Jahr, ich solle ihr ein kleines Skizzenbuch verkaufen [für] 15 oder 20 Mark."[240] Ob der Verkauf zustande kommt, ist nicht bekannt.

Zwei Karten im Februar 1906

Anfang Februar 1906 ist Sofie schreibfreudig. In kurzen Abständen treffen zwei Postkarten bei Emilie ein. Zumeist geht es um Anna Haag, mit der Sofie jetzt in München spazieren geht und durch den Englischen Garten fahren möchte.

---

238 Jean-Bloé (Alfred) Niestlé (1884–1942) lebt in Gauting, dann in Planegg, ab 1910 in Sindelsdorf (wo auch Franz Marc wohnt), ab 1914 in Seeshaupt.
239 Brief SB an EB, 03.02.1906. Privatarchiv P.B.
240 Brief SB an EB, 30.01.1906. Privatarchiv P.B.

Liebe Emy.
Komme eben von Haag. Wir hatten die Erlaubnis bekommen, in der Stadt spazieren zu gehen. Wir gingen über Karlsplatz zum Bahnhof, wo wir Plakate ansahen und landeten dann in einer Conditorei und aßen Kuchen. – Es ist heute draußen wunderschön, dick Schnee. – Was hast Du heute getrieben? Und was treibst Du überhaupt. – Ich schreibe immer von mir. Also laß bald was von Dir hören.
Sei herzlich gegrüßt von Deiner Sofie.[241]

Ausflugslokal Aumeister im Englischen Garten, ehem. Königliches Jagdhaus. (Postkarte o.D., Privatbesitz)

Liebe Emy. Dank für Deinen heute Morgen erhaltenen Brief. Das darfst Du aber nicht, so lange nicht spazieren gehen. Da sind Haag und ich anders. Haag hat so Sehnsucht in den englischen Garten bis zum Aumeister, und so werden wir morgen wahrscheinlich mit dem Fiaker hinausfahren – was sagst Du dazu. Ich glaube, Mama fände es höchst überflüssig. –
Kannst Du mir sagen, wie und womit man Boden anstreicht? Haag sagte mir, wie sie ihr Atelier gern möchte, frisch gestrichen, und ich möchte es gern ein bisschen nett herrichten, bis sie herauskommt. Heute hat mir Haag ein bisschen von ihrer Züricher Zeit erzählt. – Was soll ich denn auf Tantes Geburtstag thun? Daß sie es draußen gar nicht begreifen können, daß ich nicht so oft hinauskommen kann. – Frl. von Waldeck war heute zum Abendbrot bei mir. Sie war ganz entzückt von meiner Bude, sie ist auch wirklich nett. –
[…]. Deine Sofie.[242]

Plakate ansehen ist für Künstler ein kostenloser Ausstellungsbesuch. Ende des 19. Jahrhunderts wird durch die „Plakatbewegung" Kunst (Komposition

---

241 Karte SB an EB, 04.02.1906. Privatarchiv P.B.
242 Karte SB an EB, 05.02.1906. Privatarchiv P.B.

und Farbe) mit Werbepsychologie und Kommerz verbunden, begünstigt von neuen Drucktechniken wie die Lithografie. Litfasssäulen und Plakatwände präsentieren Kunst im öffentlichen Raum und sprechen Konsumenten wie Kunstkenner an. Plakate werden als Kunstobjekte gesammelt und in Museen gezeigt. So ist es verständlich, dass sich Sofie und Anna auf den Weg machen, Plakate unter dem Aspekt „angewandte Kunst" anzusehen.

Was Sofie von Annas „Züricher Zeit" erfährt, bleibt ungeklärt, doch wird sich Annas Verbindung zu Zürich in drei Monaten als eine Brücke erweisen.

Die Sache mit Raabe

Anfang Februar versetzt eine Nachricht Sofie in Freudentaumel: Die Ärzte erklären Haag für gesund, und ihr Klinikaufenthalt geht zu Ende. Jetzt gilt es, sich auf die Zeit danach vorzubereiten. Und da ist noch die Sache mit Raabe, von der Sofie ihrer Schwester bislang nicht berichtet hat.

> Liebste Emy !
> Hurrah !!! Die Ärzte haben sich wieder mal geirrt! Haag darf ich bald abholen. Sie ist seit ein paar Tagen wieder gesund. Wir kommen nun vielleicht doch nach Mainz. – Hurrah !! Ich glaube, die Leute auf der Straße hielten mich für verrückt. Ist das nicht herrlich!!
> Haag ist so herrlich, man merkt ihr nicht eine Spur an, was sie durchgemacht. Sie sagte, sie möchte die Tage im Krankenhaus nicht missen, so schön und dann interessant sei`s gewesen.
> Das, was sie darußen aufgeregt, ist etwas, worüber ich dir nie erzählt. Ich will Dir`s sagen – nämlich Musikdiregent [sic!] Raabe, den sie liebt und er sie. – Weißt, bei Haag darf man so was nicht als so eine Liebelei eines Mädchens ansehen. – Haag ist trotz allem ein furchtbar reifer glücklicher Mensch, weil sie so gescheidt ist und nie eine Öde und Leere in sich finden wird. –
> Ich grüße Dich herzlich, Deine Sofie.[243]

Jetzt hat Sofie das Geheimnis gelüftet: Die Liebe Anna Haags zu Dirigent Peter Raabe, der jedoch verheiratet ist. Das ist die Ursache für Annas Zusammenbruch. Peter Raabe, Musikwissenschaftler und bekannt für seine Forschung zu Franz Liszt, ist 34 Jahre alt. Als Sohn eines Kunstmalers und einer Klavierlehrerin hatte er in Berlin Musik studiert und war als Kapellmeister nach München gekommen, wo er von 1903 bis 1906 die Volkssymphonie-

---

243 Karte SB an EB, Sonntagabend 5 Uhr, o.D. [07.02.1906]. Privatarchiv P.B.

konzerte des Kaimorchesters[244] dirigiert. Am 21. März 1906, kurz nach Annas Entlassung aus der Klinik, ist der Vertrag Raabes beendet, und er geht nach Weimar. So werden Sofie und Anna ihn nicht mehr dirigieren sehen. Aber noch ist es nicht soweit, noch ist Raabe in München, und Sofie berichtet ihrer Schwester Genaueres.

> Liebe Emy!
> Ich muß zwar notwendig heute noch arbeiten, aber ich muß erst dazu in Stimmung kommen. – [...] Nun will ich Dir aber erst das mit Raabe erzählen. Er ist nämlich verheiratet. Dir alles erzählen, kann ich nicht schriftlich, nur so viel, daß sich Haag mit Händen und Füßen gesträubt, in [sic!] persönlich kennen zu lernen, weil sie ja vorher wußte, daß es ein schlimmes Ende nehmen würde. Es sind sehr liebe Freundinnen, die ihn trotz Haags Bitte zu ihr schickten. – [...] Es ist wirklich recht weiblich, dieselben Menschen, die es also angezettelt haben, als es dann wurde, wie es kommen mußte, haben sie dann die Sache wieder [schlecht] machen wollen und zwar indem sie ihm Mißtrauen gegen Haag einflößten. – Das war zwischen Weihnachten und Neujahr und Haag auch pekuniär in der verzweifeldsten [sic!] Lage. Das sind so die groben Umrisse. – [...] Das, was Haag am meisten beunruhigt, ist, daß sie, seit sie krank, nichts von Raabe weiß und nicht weiß, wie es dann ist, wenn sie herauskommt.[245]

Was sich konkret zugetragen hat, lässt sich nicht nachvollziehen. Doch es gibt eine zweite Version zur Einlieferung Anna Haags in die Klinik. Viele Jahre später erinnert sich der Schriftsteller Leonhard Frank an diesen Vorfall und erzählt davon in *Links wo das Herz ist*. Frank studiert zu der Zeit Malerei an der Kunstschule Ažbé. In seinem Bericht – in dem er sich Michael nennt – lernt er Sofie und Anna Haag im Café Stefanie kennen und besucht mit ihnen ein Konzert von Peter Raabe. Er beschreibt Annas Verliebtheit in den Dirigenten und das tragische Ende.

> Eine Bekannte von Sophie, die Malerin Anna Haag, kam an den Tisch, in der Hand zwei Billetts, und fragte, ob Sophie und Michael ins Tonhallenkonzert gehen wollten. R... dirigiere. Sie war seit langem hoffnungslos in den Dirigenten verliebt, hatte ihm immer wie-

---

244 Kaimorchester: Die Münchner Philharmoniker wurden 1893 auf Initiative von Franz Kaim gegründet. In den Anfangsjahren Kaim-Orchester genannt, später in Münchner Philharmoniker umbenannt.
245 Brief SB an EB, 08.02.1906. Privatarchiv P.B.

> der Blumen geschickt, viele Briefe geschrieben und nie eine Antwort bekommen. [...] Sie gingen. R ... war ein berühmter Dirigent. [...] Anna Haag zeichnete den Dirigenten in ihr Skizzenbuch, fiebrig auf immer neuen Blättern jede Dirigierbewegung der jünglinghaft schlanken Gestalt im Frack. [...] (Eine Woche später schoß sie sich eine Kugel in die Brust. Er hatte wieder nicht geantwortet. Sie lag zwei Monate im Spital und war nach der Entlassung wie vorher in ihre Liebe verloren. Der Dirigent mit dem eleganten Rücken hatte es ihr angetan.)[246]

Sowohl Sofie als auch Leonhard Frank schildern eine emotionale Verbindung zwischen Anna Haag und Dirigent Raabe, wobei die Interpretation dieser Beziehung unterschiedlich ausfällt. Es darf angenommen werden, dass Sofies Bericht authentischer ist, vor allem, da eine „Schussverletzung" weder psychiatrisch behandelt wird noch eine Lappalie ist, wie es laut Franks Erzählung erscheint. Bemerkenswert ist an beiden Darstellungen die hohe Bedeutung des Ereignisses, wenngleich dieses in einer Biografie von Peter Raabe[247] nicht erwähnt wird.

Einen Monat später, kurz bevor Anna Haag die Klinik verlässt, geht es noch einmal um Peter Raabe. Sofie berichtet vom Klatsch der Studentinnen im Künstlerinnenverein:

> Also Haag geht`s gut, aber eine freudige Hoffnung ist`s nicht für sie, bald aus dem Irrenhaus zu kommen, da sie keine Silbe, seit sie krank, von Raabe gehört hat und von den Menschen gerichtet ist. Ich weiß nicht, ob ich Dir geschrieben, daß Raabe verheiratet ist. Frl. von Waldeck, die mir immer Grüße an Haag aufträgt, sagte mir heut Abend im Conzert, im Künstlerinnenverein sei ihr heute gesagt worden, eine Malerin sei in Raabe verliebt, der doch eine Frau und 2 Kinder habe, ob ich so etwas schon hätte, und das sei doch zu arg etc.; es sei ihr gesagt worden, sie würde diejenige kennen, ob ich nicht wüßte. Morgen will ich hingehen und ihr Aufklärung geben.[248]

Winterfreuden und Wintersorgen

In ihrem Brief vom 8. Februar berichtet Sofie von Ausflügen, damit sich Anna Haag wieder an das Leben außerhalb der Klinik gewöhnt. Der gemeinsame

---

246 Leonhard Frank: Links wo das Herz ist. Frankfurt/M. 1976, S. 24f.
247 Nina Okrassa: Peter Raabe. Köln 2004. Ein von Frank geschilderter Selbstmordversuch müsste im Polizeiarchiv München dokumentiert sein. Recherchen an der Psychiatrie München und im Polizeiarchiv waren erfolglos. Unterlagen im Archiv der Klinik sind nicht zugänglich.
248 Brief SB an EB, 07.03.1906. Privatarchiv P.B.

Kleidungskauf zeigt, wie bescheiden Anna lebt. Sogar Sofie verfügt über mehr Kleidungsstücke.

Es ist Winter, und so sehr Sofie den Schnee bei strahlender Sonne genießt, so sehr leidet sie unter der Kälte im Atelier und in ihrer Wohnung. Sie erwähnt Winterbeulen[249] und dass sie weiterhin zum Aktzeichnen geht; ob in der Kunstschule Heymann oder wieder bei Debschitz – vielleicht jetzt bei Schmoll von Eisenwerth –, bleibt unklar.

> Seit Sonntag dürfen wir also alle Tage für 2 Stunden in die Stadt, und Dienstag fuhren wir also zum Aumeister. Es ist wie ein Märchen, diese Fahrt, wie wir so durch die herrliche Winterlandschaft fuhren. […]
> Haag besitzt 1 Rock und 2 Blusen, da haben wir gestern eine Bluse gekauft und heute einen schönen Rock und ich denselben zur Erinnerung, obwohl ich genug Kleider habe. – Meine Tage vergehen meistens wirklich in Herumlaufen. Morgens in Haags Atelier, wo ich jetzt mal gründlich anfangen muß, und nachmittags um ½ 3 zu Haag. Dann vielleicht noch 1 Stunde Akt, wo ich aber wirklich kaum zeichnen kann vor Winterbeulen. – Ich kann kaum mehr in die Stiefel und bin froh, wenn`s Abend ist. […] Ich hoffe, Albert soll bald wieder kommen – ich kann jetzt doch nicht so leicht fort. Und ich kann dann nur mit Albert wünschen, Du mögest auch dabei sein!
> Wäre das nicht herrlich, wenn Du mit hier sein könntest? Es ist wirklich nur eine Angst von Dir, daß Du Dich nicht mehr in die jungen Künstler finden könntest. – Du bist wahrhaftig mehr Künstler als ich und [es ist eine] Sünde, daß Du es nicht so gut gehabt hast wie ich – ich glaube, da wär was Bessers herausgekommen. Ich könnte mich damit zufrieden geben, daß die Leute sagen „riesig talentiert", wenn ich jetzt nicht dächte, daß man in ein paar Jahren fragt, was hat sie geschafft. Ich glaube, Haag würde nicht mehr mit mir verkehren, wenn ich ihr das sagen würde. Jetzt aber leb wohl.
> Sei herzlich gegrüßt und geküßt von Deiner Sofie.[250]

Sofie ist unzufrieden mit ihrer Leistung, hält ihre Schwester für talentierter und „mehr Künstler". Da kaum etwas bekannt ist über Emilies Kunststudium

---

249 Winterbeulen = Frostbeulen, blasenartige Schwellungen der Haut (juckend, schmerzend), verbunden mit niedrigem Blutdruck und schlechter Durchblutung von exponierten Körperteilen. Heilen von allein ab. Hilfreich: Salbe, Sud aus Zinnkraut, Eichenrinde, Zwiebeln. Kartoffelscheiben, Heilerde.
250 Brief SB an EB, 08.02.1906. Privatarchiv P.B.

und nichts über ihre Tätigkeit als Künstlerin in Mainz, lässt sich nicht beurteilen, wie Sofie zu der Aussage kommt, Emilie habe es nicht so gut gehabt wie sie. Sofie ist bescheiden: Ein Lob über ihre Begabung würde reichen, doch weiß sie auch, dass die Familie Arbeiten von ihr erwartet. Unvergessen ist noch die Bemerkung des Onkels, der sie für „talentlos" hält.

Sofie würde Emilie zu gern bei sich in München haben. In ihr sieht sie einen Menschen, dem sie Zweifel, Sorgen und auch Freuden mitteilen kann. Emilie ist die „Mutter", die sie gern gehabt hätte. Offensichtlich hat sie mit der Schwester über einen Umzug nach München gesprochen, doch Emilie fühlt sich – obwohl erst Anfang dreißig – zu alt, vielleicht auch zu „reif", um Gefallen an der jungen Kunstszene zu finden. Während Emilie mit der Malerei des Impressionismus verbunden war, gilt es nun, sich mit Symbolismus, Jugendstil und Expressionismus auseinanderzusetzen. Sie äußert Angst vor den „jungen Künstlern", doch hätte sie in München eine Chance zur Auseinandersetzung mit neuen Ideen und persönlichen Weiterentwicklung.

Tatsächlich meldet sich Emilie zwei Jahre später für ein halbes Jahr in München an, mit der Überlegung, Sofies Lebensweg beobachten, begleiten und beeinflussen zu können. Sie muss dann feststellen, dass es zu spät ist, denn Sofie ist ihr bereits entglitten. Doch so weit ist es jetzt, im Frühjahr 1906, noch nicht.

> Liebe Emy.
> [...] Haag wird wohl in 8 Tagen schon herauskommen, obwohl sie noch bange davor ist. Jedenfalls werden wir die 1. Zeit ganz zusammen sein, auch schlafen. – Anregung habe ich durch diese Zeit auf Jahre hinaus, mein ich. –
> Ich will dir nächstens ein Preisausschreiben schicken, [in] der *Woche* – bei dem Du Dich auch beteiligen mußt. Schreib mir doch recht ausführlich, damit wir immer in enger Fühlung bleiben. – Zeichnung von Papa hätt ich Dir gerne geschickt, wenn ich sie nicht alle so schlecht fände. – Für Sonntagabende hätt ich gerne jemand, der mir vorliest – gelt wie anspruchsvoll man wird, ich glaube, das wäre zu schön für uns, Benz. –
> Heute Morgen Volkssymphonie-Conzert. Aber Sehnsucht hab ich mal ordentlich in der Natur zu wandern. Dazu kam ich lange nicht. Du freilich noch weniger. – Heut hatt ich schon mein neues Manchesterröckchen [251] an und meinen blauen Kittel [252], sieht fein aus. –
> Morgen um 9 geh ich ins Kupferstichkabinett und sehe mir ver-

---

251 Manchesterröckchen: Rock aus Cordstoff, damals ‚Manchester' genannt. Nach der Stadt Manchester, in der im 19. Jahrh. dieser Stoff hauptsächlich produziert wurde.
252 Kittel: Längeres Kleidungsstück, hemdartige Bluse bzw. Jacke.

schiedene Sachen, die mir Haag aufgeschrieben, an. – Essen thu ich meistens zu Hause [...]. –
Gute Nacht für heute. Schreib bald. Deine Sofie.[253]

Keine Zeit für Hulda Voigt

Sofie ist jetzt mit Anna Haag beschäftigt, die Freundin Hulda Voigt hat sie aus den Augen verloren. Später schreibt Hulda: „Es fing damit an, daß sie [Sofie] die Debschitz-Schule verließ, und dann verlor ich sie auch."[254]

Die Malschule zu wechseln, ist in München weder ungewöhnlich noch schwer. Es gibt viele private Kunstschulen, geleitet von mehr oder weniger bekannten Künstlern, von Lehrern oder Professoren der Akademie. Auch Hulda verlässt die Debschitz-Schule, doch erst im Herbst 1906. Nach den Sommerferien schreibt sie ihrer Schwester Helene Voigt-Diederichs:

> Ich bin aber nicht wieder zu Debschitz gegangen, sondern zu Theod. Hummel, der seit October hier eine Malschule hat, und ich erhoffe viel von seinen Korrekturen. Je mehr ich Abstand von Debschitz gewann, desto mehr war mir klar, wie notwendig es für mich war, mal einen andern Lehrer zu haben. [...] Immer mehr scheint es mir ein großen Mangel, daß Debschitz nicht selbst ausübend ist. Ich bin sehr gern bei Hummel u. er ist mir sympathisch. Ich gehe mit viel Vertrauen zu ihm! [...] Morgens steht Modell u. nachmittags stellt er jetzt hübsche Stilleben zusammen. Er ist ganz einfach u. ruhig in seinen Korrekturen u. absolut sicher in dem, was er sagt. Wir sind ziemlich viele im Atelier, gar keine Anfänger. Die meisten haben schon Aufträge od. ausgestellt. – Man kann auch lernen von den andern. [...] Ich vergesse schon nicht, was Debschitz uns gegeben hat, nur zum direkten Weiterkommen taugt er nicht mehr für mich. Ich habe ihn aufgesucht und mit ihm gesprochen – mich bedankt. [...] Hummel stellt keinen Abendakt, und ich bin recht froh, mal abends frei zu haben. [...] Wir hören nette Vorträge im Polytechnikum über Maltechnik, und dann treib ich mit Lucas Kunstgeschichte.[255]

Hulda Voigt, die fast fünf Jahre in München studiert, geht nach der Eröffnung von Hummels Malschule[256] zu ihm und nimmt im Mai und Juni 1907, in ih-

---
253 Karte SB an EB, 11.02.1906. Privatarchiv P.B.
254 Brief Hulda Voigt an EB, 04.04.1911. Privatarchiv P.B.
255 Brief Hulda Voigt an Helene Voigt-Diederichs, 14.02.1907. Landesbibliothek Kiel.
256 Theodor Hummel (1864–1939), geb. in Schliersee, Studium an der Münchner Akademie, Mitglied der Münchner Secession, Malschule in Berlin, ab 1906 Malschule in München, 1909 Professor der Akademie, 1925 Ehrenmitglied.

rem letzten Jahr in München, an einem Kurs in Freilichtmalerei teil. Kritisch beurteilt sie Hummels Methode und schreibt im Mai 1907 aus Diessen am Ammersee: „Beim Landschaften sucht er die Motive aus und mag nicht, wenn man was andres malt. Das finde ich fast etwas komisch, denn jeder sucht und liebt doch etwas andres in der Landschaft."[257]

Ende 1907 kehrt Hulda in den Norden auf das Familiengut Marienhoff zurück, das sie zusammen mit ihrem Bruder Christian bis zu dessen Tod im Jahr 1923 bewirtschaftet. Hulda heiratet 1925 den sechzehn Jahre jüngeren Maler Willi Langbein[258]; beide leben bis zu Huldas Tod im Jahr 1954 in Elmschenhagen bei Kiel.

Kein Grund zur Traurigkeit, viel Arbeit und wenig Geld

Innerhalb von zehn Tagen bekommt Emilie zwei Karten und einen Brief von Sofie. Anna Haag soll durch Spaziergänge und Ausstellungsbesuche für das Leben außerhalb der Klinik gestärkt werden, außerdem renoviert Sofie Annas Atelier.

> Liebe Mimy,
> mir ist heute recht traurig zu Mute, obwohl ich keinen Grund dazu habe und so zu gar nichts fähig. – Eben habe ich für Tantes Geburtstag ´ne Karte geschrieben. –
> Morgen geh ich schon morgens zu Haag, vielmehr treffen wir uns unterwegs, damit sie sich wieder ans Außenleben gewöhnt. Heute Morgen Kupferstichkabinett zu Zeichnungen Botticellis zu Dantes Göttlicher Komödie. –
> Haags Boden will ich diese Tage streichen. Sie hat, eh sie krank wurde, einige herrliche große Arbeiten angefangen. –
> Schreibe doch bald und sei nicht so fleißig. […] – Jetzt aber Gute Nacht.
> Sei herzlich gegrüßt von Deiner Sofie.[259]

Annas Aufenthalt in der Klinik belastet die Geldbeutel der Freundinnen. Ausflüge und Kleidungskäufe sowie das Renovieren von Haags Zimmer sind Sonderausgaben, die ihre Finanzen strapazieren. Von ihren Eltern kann Sofie kein

---

257 Brief Hulda Voigt an Helene Voigt-Diederichs, [o.D., Mai 1907], Landesbibliothek Kiel.
258 Willi Langbein (1895–1967). Maler von Landschaften, Stillleben, Blumen, Porträts, Restaurator.
259 Brief SB an EB, 12.02.1906. Privatarchiv P.B.

Geld erwarten, ihnen hat sie nichts von Haags Krankheit erzählt. So wendet sich Sofie an Emilie mit der Bitte um Unterstützung:

> Liebe Emy,
> Dank für Karte – [...] Haag war heute außer sich, weil wir kein Geld haben, weigert sich aber, von Bekannten eines anzunehmen. – Du schreibst von 50 Mark, die Du entbehren könntest. Ich weiß nicht, was dazu sagen. Haag dürfte es nicht wissen. Ihre Hausfrau glaubt nämlich immer noch nicht, daß Haag gesund und ist bange um ihren Zins und rennt zu den Doktors, die aber nichts mit ihr zu thun haben wollen. Die könnte mit den 50 Mark zur Ruhe gebracht werden. Das überlasse ich jetzt Dir, wenn Du es wirklich kannst und thun wolltest. – Hoffentlich wird`s eine schöne Tur [Tour] morgen auf den Feldberg. Von zu Hause weißt nichts Neues? – Sonntagmorgen – Einen sehr lieben Brief von Haags Vater bekommen. Er hat scheint`s im Sinn, im Frühjahr hierher zu kommen. – Diese Woche, haben wir ausgemacht, kommt Haag mal zum Thee zu mir. Das Winterbeulenmittel wirkt großartig, soweit sich bis jetzt sagen läßt.
> Sehr herzlich, Deine Sofie.[260]

In vielen Briefen und Karten bittet Sofie um Geld, und nie weigert sich Emilie oder macht ihrer Schwester Vorhaltungen. Sie weiß, dass Sofie sparsam und es ihr peinlich ist, um Zuwendungen bitten zu müssen.

> Liebe, das ging aber fix. Ich dank Dir.
> War heute nicht bei Haag, da sie für heute eingeladen war. Heute Morgen Kupferstichkabinett und nachmittags in Haags Atelier ein bisschen vorgeschafft. Morgen gehen wir wieder heimlich in Konzertprobe. – Gestern Laura getroffen. –
> Mittwochabend. – [...] Haag bekam Conzert nicht gut, d.h. heute Nachmittag war`s wieder ganz gut.
> Gute Nacht. Deine Sofie.[261]

Die Freundinnen sind heimlich in eine Konzertprobe gegangen, sicher zu Peter Raabe, von dem Anna Haag Abstand nehmen sollte. Anschließend geht es ihr nicht gut, was zu erwarten war.

Was Sofie noch nicht weiß: Das Geldproblem wird sich bald lösen, denn in wenigen Wochen wird sie erfahren, dass liebe Menschen für Haag gespendet

---

260 Karte EB an EB, 18.02.1906. Privatarchiv P.B.
261 Karte SB an EB, 22.02.1906. Privatarchiv P.B.

haben, so dass in der Klinik keine Schulden zurückbleiben. Im Gegenteil, Sofie bekommt einen Rest des Spendengeldes ausbezahlt.

„Das Stück dauert zu lange"

Am 22. Februar hatte Sofie ihre letzte Karte geschrieben, gut zwei Wochen später trifft ein Brief von ihr ein. Die Ereignisse der letzten Wochen haben Sofie erschöpft. Anna Haag ist immer noch in der Klinik. Sofie geht morgens in der Kunstschule, am Nachmittag zu Haag. Sie ist deprimiert, erwartet aber, dass sich ihr Befinden ändern wird.

> Liebste Emy,
> Die lange Zeit, seit ich Dir nicht mehr geschrieben, hat sich gar nichts verändert und ist alles noch beim Alten. Das Stück dauert zu lange und ermüdet. Es ist thatsächlich so. – Haag ist noch in der Klinik, es geht ihr aber gut. –
> Ich möchte Dir gerne einen fröhlichen Brief schreiben, aber ich glaube, ich bin nicht imstande. Ich bin gesund, nur kann ich mich über nichts mehr freuen, und in dem Falle ist das Leben sehr traurig. Gelt, wie dumm, daß ich Dir das schreibe. Schreib mir nicht, ich solle mich zusammennehmen, es käme schon wieder besser, eher daß Du auch so bist. Denn wenn es besser kommt, kommt's von alleine. Also, mach Dir keine Sorge darüber. Gelt, Dir schreibt man alles, und Du bist zu edel, um zu sagen, wie`s in Dir aussieht. –
> […] Morgens bin ich in der Schule, zeichne Ganzakt, und den Nachmittag bin ich bei Haag bis abends. – […] Wenn Du im Herbst nicht das Geld von der Sparkasse geholt hättest, würde ich Dich bitten, 100 M zu schicken, weil ich ja von meinem nichts ohne die Eltern haben kann und die nichts wissen und nichts wissen sollen. Doch so weiß ich auch, daß Du nicht kannst. –
> Jetzt aber Schluß. Verzeih, daß ich Dir nichts Schönres zu schreiben weiß. Draußen ist Sommerwetter. […] Albert ist mir scheint`s böse. Montag die Gautinger gesehen.
> Deine Sofie.[262]

Drei Tage später kommt eine kurze Karte:

> Liebe,
> schreib mir bald. Gestern Morgen war Haag bei mir. Heute Abend

---

262 Brief SB an EB, 07.03.1906. Privatarchiv P.B.

> Ast begegnet, ich hoffte, ihn schon lange zu sehen, weil er in Ellwangen sagte, daß er mal komme.
> Morgen Abend gehen wir in Conzert. Sonntag seh ich Albert, der nach Gauting fährt.
> Sah heute ein Mädchen, Bewegungen beinahe und alles ganz Johanna, wollte sie schon umarmen, da war sie`s natürlich nicht. Gehst Du Ostern heim? Wenn ich ginge, würd ich blos Johannas wegen thun. Schreib bald.
> Gute Nacht. Deine Sofie.[263]

Wo sie Walter Ast getroffen hat, schreibt sie nicht; der junge Mann ist seit Kurzem in München und beginnt ein Kunststudium. Offensichtlich haben sich seine Tante Mathilde Frauer und Emma Schlette – bei der er als Jugendlicher Malunterricht genommen hatte – für ihn eingesetzt, denn ab dem Wintersemester 1906 ist er in der Kunstschule von Moritz Heymann eingeschrieben, um sich auf die Akademie vorzubereiten. 1910 wechselt er an die Kunstakademie und beteiligt sich bald darauf an Ausstellungen der Münchener Secession. Er hat nebenbei privaten Unterricht beim Landschaftsmaler Theodor Her und an der Gröberschule[264].

Auch auf der nächsten Karte, drei Tage später, gibt es nichts Neues zu berichten. Es geht wieder um Anna Haag, die bald die Klinik verlassen wird.

> Liebe,
> hab Dank. – Am Samstag aus dem Concert wurde nix, und Albert, der gestern kommen wollte, ist wiederum krank. Gehst Du Ostern nach Hause? Dann hätte ich große Lust auch ein paar Tage zu kommen. Haag wird nun nächste Woche endgültig herauskommen. Heute Laura gesehen. – War heute Abend bei einer Collegin und habe bis jetzt dann an einem Ateliervorhang genäht. Wenn Haag herauskommt, haben wir ein paar Hundemodelle zur Verfügung. Ich grüße dich herzlich. Für Deinen Brief viel 1000 Dank.
> Deine Sofie.[265]

---

263 Karte SB an EB, 10.03.1906. Privatarchiv P.B.
264 Zeichenschule des Malers Hermann Groeber (1865–1935). Nach dem 1. Weltkrieg arbeitet Walter Ast als freischaffender Porträtist und Landschaftsmaler in Ellwangen. Verheiratet ist er mit der Zeichenlehrerin Hanna Fesca. Anfang der 1920er Jahre macht er eine Ausbildung zum Kunsterzieher und arbeitet als Gymnasiallehrer in Reutlingen, wo er als Oberstudienrat 1949 in Pension geht. Walter Ast stirbt 1976.
265 Karte SB an EB, 13.03.1906. Privatarchiv P.B.

Sofie und Anna wollen wieder zeichnen, doch statt der Aktmodelle werden es Hundemodelle sein. Vielleicht hat sich Sofie vom Maler Niestlé inspirieren lassen und will sich im Tierzeichnen üben, vielleicht sind den Freundinnen aber auch Aktmodelle zu teuer. Da wären sie nicht die Einzigen. Seit dem Aufkommen der Fotografie in den 1880er Jahren gibt es Kataloge mit Aktmodellen als Vorlage. So sparen sich die Studenten Kosten für lebende Modelle und machen ihre Übungen daheim.

Sofie ist stumpf vom Warten

Anna Haags Entlassung aus der Klinik steht bevor, und es werden Pläne geschmiedet. Anna möchte in München an der Damenakademie weiterstudieren. Die Freundinnen haben vor, Ostern in Ellwangen zu verbringen und dort zusammen zu malen und zeichnen. Zunächst findet Sofie diese Idee wunderbar, doch nach reiflicher Überlegung erkennt sie, dass sie und Anna nicht nach Ellwangen passen. Anna Haag ist eine selbstbewusste junge Frau, die sich nicht so leicht dem Kleinstadtleben fügt. Von Annas Krankheit hatte Sofie nichts nach Ellwangen geschrieben. Auch von ihrer zeitweiligen Schwermut erfahren die Eltern nichts.

> Liebe Emy,
> verzeih, wenn ich mit Blei schreibe, s` ist ein einfacher Apparat. Haag wird in den nächsten Tagen herauskommen. Es hat so lange gedauert, daß man stumpf ist, das will ich Dir nicht erzählen. Und dann all das mit dem Künstlerinnenverein, dann das Geschwätz der Leute. – Das schikanöse Betragen des Vereins hat es so weit gebracht, daß Haag keine Unterstützung annehmen will. Er [Dr. Plaut] wollte Haag in den Süden schicken. Haag sagte, daß ihr weit mehr gedient sei, wenn der Kunstverein übernehme, ihre Rechnungen zu bezahlen. Das war vor 3 oder 4 Wochen. Samstag war ich bei einer der Vorsitzenden, um zu hören. Die sagte unter anderm dummes Zeug, der Künstlerinnenverein sei nicht verpflichtet, Haags Gläubiger zu befriedigen […].
> Und mir erschien in der letzten Zeit Ellwangen auch wie eine Zuflucht, obwohl jetzt, wo ich die Sache ernstlich ins Auge fasse, es mir doch bedenklicher vorkommt. Der Kreis, der jetzt zu Hause ist, würde sicher gestört. Haag will mit Modell arbeiten und ich selbstverständlich, also wäre ich für zu Hause nicht zu haben. 4 Wochen kämen vorläufig in Betracht. Und Freude brächte ich auch nicht ins Haus. Na, schlafen wir mal drüber. – Ich wünsch mir immer, die

Nacht dauerte ewig oder der Schlaf, leider kommt doch immer ein Morgen.
[*Nach einigen Tagen*] Liebe Emy, nach ein paar verzweifelten Tagen heute Galgenhumor. – Ich habe gebetet, daß das Schicksal einen Ausweg schickt, aber es kam nichts. Samstag, wenn nichts mehr dazwischen kommt, reisen wir nach Ellwangen. Also, zu Hause wissen sie nicht, was Haags Krankheit war, und sollen es auch nicht erfahren. Ich kann noch lachen, wenn ich an die paar hochtrabenden Briefe denke, die ich nach Hause schrieb, aber warum sollen sie sich grämen. Wir wollen tüchtig arbeiten in Ellwangen, 3 – 4 Wochen. – Aber daß ich nachher mit Haag zusammen weiterlebe, ist ausgeschlossen, da ging ich drauf. – Haag freut sich riesig, daß Du Ostern heimkommst. [...] Gute Nacht und wenn Du Zeit hast, komm recht bald nach Hause.
     Gruß und Kuß, Deine Sofie.
Daß Haag nicht ganz recht gemacht mit dem Verein, seh ich jetzt auch ein, denn in solchen Fällen darf man doch eigentlich nicht stolz sein und darf nicht verlangen, [...] und sollte auch bedenken, da sie noch einen Menschen mitreißt. Es ist gut, daß ich im Herbst die 1000 Mark nicht gekriegt, denn davon wäre möglicherweise nichts mehr da.[266]

Sofies Brief besteht aus zwei Teilen, die sie im Abstand von zwei Tagen schreibt. Während der erste Teil deprimiert endet, beginnt der zweite Teil zuversichtlich und mit der Information, dass sie und Haag doch nach Ellwangen kommen. Noch eine weitere Entscheidung hat sie getroffen: Sie hat erkannt, dass das enge Zusammensein mit Anna Haag ihr zukünftig nicht guttun wird und sie Distanz schaffen muss. In den vergangenen Monaten hat Sofie sich für die Freundin aufgerieben, hat Zeit, Geld und seelische Kraft verschenkt, was sie psychisch überforderte. Vielleicht haben sie auch Gespräche mit Emilie und deren Briefe nachdenklich gemacht.

Noch einen weiteren Sinneswandel macht Sofie durch: Sie merkt, dass Anna zwar das Geld des Künstlerinnenvereins abgelehnt hat – „Das schikanöse Betragen des Vereins hat es so weit gebracht, daß Haag keine Unterstützung annehmen will" –, aber von Sofie Finanzmittel genommen hätte. Wenn Sofie auf die 1000 Mark, die offensichtlich auf ihrem Sparbuch in Ellwangen liegen, Zugriff gehabt und Anna zur Verfügung gestellt hätte, wäre diese Summe jetzt ausgegeben. Sofie fühlt sich ausgenutzt, sogar hintergangen, wenn sie schreibt, dass „sie [Haag] noch einen Menschen mitreißt".

---

266 Brief SB an EB, o.D. [März 1906]. Privatarchiv P.B.

Anna folgt dem Ruf nach Ascona

Wenige Tage später kommt eine Nachricht, die alle Planungen über den Haufen wirft. Anna Haag wird nicht nach Ellwangen fahren, da ein Freund aus Zürich 100 Franken geschickt hat mit der Einladung an den Lago Maggiore. Somit ist Sofie der Sorge entledigt, den Eltern von Haags Krankheit erzählen oder etwas vortäuschen zu müssen. Sie empfindet die schicksalhafte Wendung als Erlösung. Dass damit auch ihr eigenes Schicksal verbunden ist, wird erst in einigen Wochen deutlich.

> Hurrah !!! Es giebt noch Götter – Wir fahren nicht. –
> Die ganze Sache ist jetzt in schönster Weise gelöst. Mit gedrückten Herzen gingen wir heute wieder ins Atelier. Da lag ein Brief von einem Freund aus Zürich, der morgen 100 Franken schickt, Haag soll sofort kommen und über Zürich mit ihm und noch einigen an den Lago Maggiore. Bald mehr. Ostern also!!!
> 1000 Grüße, Deine Sofie.[267]

Es ist kurz vor Ostern, und Sofie berichtet euphorisch von Haags Einladung in den Süden. Das klingt nach einem unbeschwerten Urlaub und Zusammensein mit fröhlichen Menschen. Jetzt ist Sofie die Sorge los, ob sie und Anna sich dem Leben in Ellwangen werden anpassen können.

Wer dieser Freund und „noch einige" sind, bleibt im Dunkeln. Anna Haag hatte zuvor in Zürich gelebt, aber was sie dort gemacht hat und in welchem Milieu, ist nicht bekannt. Jetzt folgt sie dem Ruf des Freundes an den Lago Maggiore. Zürich ist zu der Zeit ein bekannter Treffpunkt für Künstler, Bohémiens und Anarchisten. Zu nennen ist Erich Mühsam, der auch Anfang Mai 1906 mit seinem Freund Johannes Nohl über Zürich nach Ascona an den Lago Maggiore reist. Der Züricher Arzt Fritz Brupbacher[268] ist für Kommunisten, Sozialisten und Anarchisten eine beliebte Anlaufstation. Auch der Arzt und Psychiater Otto Gross, den Sofie bald kennen lernt, ist im April 1906 in Zürich. Trifft er Anna Haag dort, bevor sie nach Ascona weiterfährt? Diese Frage ist insofern von Bedeutung, als Jahre später Emilie vermutet, dass Anna Haag „die Brücke" zwischen Sofie und Otto Gross war.[269]

Während Anna sich auf die Reise in den Süden vorbereitet, ist Sofie mit dem Verschicken eines Bildes beschäftigt und besucht ihre Verwandten in Gauting. Eine Karte mit knappen Nachrichten geht nach Mainz.

---
267 Karte SB an EB, 25.03.1906. Privatarchiv P.B.
268 Karl Lang: Kritiker, Ketzer, Kämpfer – Das Leben des Arbeiterarztes Fritz Brupbacher. Zürich 1983.
269 Siehe Konzept EB, [o.D., März 1911]. Privatarchiv P.B.

Liebe, Brief und Geld erhalten – Verzeih, daß das Bild noch nicht fort. Es wird nicht angenommen ohne genaue Adresse, Straße oder Titel, und ich muß warten, bis Du mir`s schreibst. – Fuhr gestern nach Gauting und heute zurück und habe deshalb erst jetzt das Geld in Empfang genommen. – Onkel und Tante reisen nächste Woche nach Corsika. – Mize geht`s gut. Nachher will ich Dir [einen] Brief schreiben.

Herzlichen Gruß. Deine Sofie.[270]

„Heute morgen ist Haag abgereist"

Anfang April 1906 reist Anna Haag nach Zürich, und Sofie ist erleichtert. Die seelische Last der letzten Monate fällt von ihr ab, sie kann sich um ihr eigenes Leben kümmern. Emilie erhält einen inhaltsreichen Brief. Alles sprudelt aus Sofie hinaus. Sie ist befreit und so enthusiastisch, dass sie wieder Verwandtenbesuche macht. Alles läuft positiv, und sie, der das „Messer an der Kehle sitzt" und im Moment keine Verdienstmöglichkeit sieht, nimmt sich einen Aufschub. Noch ist die Entscheidung nicht getroffen, ob sie Anna folgt, aber schon die Aussicht auf diese Möglichkeit beflügelt ihre Fantasie. Sie macht Pläne: Ascona und im Sommer zurück, dann wird man weitersehen.

> Liebe Emy,
> heute Morgen 7:40 ist Haag abgereist, und eben kam der Postbote mit 200 Mark, die er wieder mitnahm. – Von Haag noch 1000 Grüße; daß Du geschrieben, hat sie sehr gefreut. […] Für die Reise hat Haag genug Geld. Als ich Montag die Klinik bezahlen wollte, etwa 30 – 40 Mark, haben wir stattdessen 80 Mark bekommen. Ich hab`s zwar gewußt. Dr. Reiß hat mir neulich [ein] Couvert gegeben, ich möcht`s auf die Verwaltung bringen, eine Dame, die nicht genannt sein wolle, hab`s ihm gegeben und 20 Mark hat mir die Winterfeld gegeben, damit ich`s auf die Verwaltung bringe. Und wenn es Haag nicht so gut gewesen wäre heute, hätte ich sie möglicherweise begleitet, wenn sie hätte umsteigen müssen. Doch ist der Zug direkt bis Zürich ohne umsteigen. Das haben wir erst auf der Bahn erfahren, und wir haben uns gewundert, wie billig, nur 15 Mark Schnellzug. […] – Haag bleibt ein paar Tage in Zürich und fährt dann also an den Lago Maggiore, schreibt mir von da aus über die Verhältnisse, und ich fahre möglicherweise nach.
> Wenn so viel Malerin in mir steckt, muß ich`s thun, ohne Skrupel zu kriegen. Ich muß jetzt Sachen machen zum Verkauf, und wie [soll

---
[270] Karte SB an EB, 31.03.1906. Privatarchiv P.B.

ich] das in München. – Italien hätt ich freilich gern unter andern Umständen gesehen, und es wäre wahrscheinlich ewig ein Traum geblieben. Das Messer sitzt mir an der Kehle, ich muß jetzt anfangen verdienen. Im Sommer kämen wir dann zurück. – Also im Sommer, auf Wiedersehen! Wenn ich gehe, ist`s jedenfalls vor Ostern. Um 11 h. geh ich zu Mize, heut Mittag zu Schnells und morgen nach Gauting, ich war bis jetzt zu unfähig, Besuche zu machen.
 Also, schreibe bald bitte. Addio, liebe Emy, Deine Sofie.[271]

Wie dieser „Abschiedsbrief" auf Emilie wirkt, erschließt sich aus Sofies Reaktion im folgenden Brief. Emilie ist nicht einverstanden mit Sofies Reiseplänen, und ihre Einwände machen Sofie nachdenklich. Der Traum von entspannten Tagen am See ist dahin. Hat Sofie gemerkt, dass die Reise keine Lösung ihrer Probleme bedeuten würde? Wird ihr klar, dass sie auch in Italien Geld benötigt, vielleicht mehr als in München?

Doch jetzt überschlagen sich die Entscheidungszwänge. Anna Haag bittet Sofie, nach Ascona zu kommen. Die Begründung ist egoistisch: Sie, Anna, könne dann besser arbeiten. Sofie erkennt allerdings, dass die Freundin mit ihren Problemen und Anforderungen eine Belastung und keine Befreiung für sie wäre. Nur „gesunde Menschen" können ihr Kraft geben, Anna gehört nicht dazu. So entscheidet sich Sofie, Ostern nach Ellwangen zu fahren.

Absage an Anna Haag

Schon einen Tag später tut Sofie die Entscheidung kund, Anna nicht nachzureisen. Mit festen Worten übermittelt sie der Freundin ihre Absage[272], wenn auch mit Bauchschmerzen. Sie meint, sich bei Anna Haag entschuldigen zu müssen. Es ist eine deutliche Entscheidung, die sie mit dem Bericht verbindet, dass sie Annas Sachen nachschickt und andere Angelegenheiten regelt. Sie erwähnt Pläne, mit Emilie und Johanna zur Erholung in die Schweiz zu fahren.

> Liebe Haag,
> verzeihen Sie, daß ich Sie so lange ohne Antwort lasse und seien Sie nicht zu traurig, wenn ich Sie enttäusche, nämlich nicht komme. Emy schreibt dringend, ich soll es nicht thun, da es der lieben Johanna wieder besser geht und Emy hofft, daß wir bald zusammen an einen schönen ruhigen Ort mit ihr gehen können. Liebe Haag, seien Sie nicht zu traurig darüber, bitte. – Emy denkt an die Schweiz, das wäre ja dann immerhin in Ihrer Nähe. – [...] Zunächst fahre ich Ostern nach Hause und treffe dort Emy. [...]

271 Brief SB an EB, 9 Uhr, o.D. [Anfang April 1906]. Privatarchiv P.B.
272 Anna Haag hat diesen Brief nach Sofies Tod an Emilie Benz übergeben.

> Bluse und Mantel schicke ich als Postpacket [sic!] nächste Woche. – Die Bilder von Greulich hab ich abgeholt, eins hat durch die Verpackung ein bisschen gelitten. – Die Pakete werden Sie erhalten haben. Heute hab ich ein Frachtstück holen lassen und morgen noch das andre. Hoffentlich müssen Sie nicht viel Zoll bezahlen. 1 Stunde nachdem Sie abgereist waren, kam von Ihms, daß ich das Bild schicken soll. Frau Göschel ist also bezahlt. Sie läßt Sie herzlich grüßen, ebenso Frau Niedermeier. Von Ihrem Vater kamen 15 Mark. Neisser hab ich das Gepumpte zurückgegeben. Ich bete, daß Sie einen netten Menschen finden und nicht allein dasitzen, wo Sie eigentlich fest auf mich gerechnet – und schreiben Sie mir bald.
> Ich bin nun mal ein trauriger Mensch, ewig Zweifel, laß ich gewissermaßen den Sachen den Lauf wie sie sich dann entwickeln, statt selber einen Streich zu machen und zu leiten. Ich glaube, ich hab das von meiner Mutter, obwohl, glaub ich, Schopenhauer sagt, daß Derartiges vom Vater vererbt ist.[273]

Der Brief besteht aus Entschuldigung, Erklärung und Tröstung in der Annahme, dass Anna Haag unter der Absage leidet. Es scheint Anna mit ihrer bestimmenden Art gelungen zu sein, die Freundin so sehr an sich zu binden, dass die sich schlecht fühlt. Sofie, die „Ehrliche und Treue", erklärt ihr Verhalten mit dem sie belastenden unentschlossenen Wesen. Ihre Probleme seien der „angeborene" Zweifel und die traurige Grundstimmung. All das ist Sofie bewusst, und doch gelingt es ihr nicht, diese „in die Wiege gelegten" Anlagen aufzubrechen und dagegen anzugehen. Sie bezieht sich auf Arthur Schopenhauers Philosophie der Vererbung der Gene durch Vater und Mutter, wo es heißt: „Schwieriger aber ist das Problem, ob sich hiebei sondern lasse, was dem Vater und was der Mutter angehört, welches also das geistige Erbtheil sei, das wir von jedem der Eltern überkommen. [...] daß also der Mensch sein Moralisches, seinen Charakter, seine Neigungen, sein Herz, vom Vater erbe, hingegen den Grad, die Beschaffenheit und Richtung seiner Intelligenz von der Mutter."[274]

Sofie sucht tröstende Worte in ihrem Brief mit der Absage an Anna Haag:

> Es ist schon Mitternacht, aber keine Sterne, nur der Mond sieht durch die Wolken. Könnten Sie nur recht genießen, recht gesund und wieder fröhlich werden! Gute Nacht Haag und nicht traurig sein.
>
> Mit herzlichem Gruß und allen guten Wünschen. Ihre Sofie Benz.[275]

---

273 Brief SB an Anna Haag, 06.04.1906. Privatarchiv P.B.
274 Arthur Schopenhauer: Die Welt als Wille und Vorstellung. Band 2, Kap. 43: Erblichkeit der Eigenschaften.
275 Brief SB an Anna Haag, 06.04.1906. Privatarchiv P.B.

Sofie siezt ihre Freundin, was erstaunt, denn es wäre zu erwarten, dass im unkonventionellen Schwabing unter Künstlern und zudem unter Freundinnen ein entspannter Ton herrscht. Doch der distanzierte Umgang miteinander ist nicht ungewöhnlich. Als Beispiel sei Fritz Brupbacher angeführt, der zur gleichen Zeit über seinen engen Freund Max Tobler schreibt: „Wir besprachen immer ganz offen, ohne Hintergedanken, alles miteinander, Politik, Kunst, Literatur, Philosophie. […] Daß Max und ich uns nie duzten, trotz beständigem Zusammenleben, war ein Symbol für den Respekt, den wir voreinander hatten, ein Symbol für die Freiheit, die wir einander ließen."[276]

„Wenn Sie mich nötig haben, komme ich"

Ostern rückt näher; vier Tage vorher macht Sofie auf einer Postkarte an Emilie ihren Heimatbesuch von der Anwesenheit der Schwester Mathilde abhängig.

> Liebe Emy.
> Bleibt Mathilde bis Ende April in Ellwangen, werde ich Ostern nicht heimfahren, erst später, um dann von dort aus zu Dir zu kommen, wenn aber bälder, so sehen wir uns wenigstens Ostern, das wäre schön! – Ich meine, wenn ich nach Mainz könnte. […] Also, ich will jetzt von zu Hause hören, wie lange Mathilde bleibt.
> Sei indessen viel tausendmal gegrüßt
> von Deiner Sofie.
> Vorgestern von Albert Karte: Wenn ich Lust hätte mit hustendem Vetter Spaziergang zu machen, würde ihn freuen, wenn ich Sonntag käme. Leider konnte ich nicht.[277]

Mathilde ist in Berlin verheiratet und hat eine einjährige Tochter. Sie ist mit dem zweiten Kind im 7. Monat schwanger. So zögert Sofie zunächst: Das Elternhaus in Ellwangen mit dem kranken Vater, der schwangeren Schwester und dem Baby, vielleicht auch deren Ehemann, dazu weitere Verwandte … es ist ihr zu viel. Sie hatte sich vorgenommen zu malen, was unter diesen Umständen kaum möglich wäre.

Dennoch fährt sie über Ostern nach Ellwangen. Sie kann ihre Probleme mit Emilie besprechen. Die lebenserfahrenere Schwester geht Probleme pragmatisch und mit einer „Lebensphilosophie der Vernunft" an. Sie hält Sofie alle Vor- und Nachteile einer Fahrt an den Lago Maggiore vor Augen, mit eindringlichen Worten teilt sie Sofie Sorgen und Vorbehalte mit. „Emy ist sehr

---
276 Karl Lang, S.138.
277 Karte SB an EB, 10.04.1906. Privatarchiv P.B.

dagegen," erfährt Anna. Aber vielleicht hat Emilie letztlich doch gesagt: Entscheide selbst. Wieder zurück in München, schreibt Sofie einen langen Brief an Anna Haag.

> Liebe Haag,
> Gestern Abend bin ich von Ellwangen zurückgekehrt. – Von allen soll ich Sie herzlich grüßen. Wie geht es Ihnen? Fühlen Sie sich jetzt wohl in Ihrer Umgebung, oder haben Sie noch stark den Wunsch: ich möchte kommen? Wenn Sie noch glauben, mich unbedingt nötig zu haben, um richtig arbeiten zu können, werde ich kommen – nur müßte dann einiges erst besprochen werden.
> Wie viel glauben Sie, daß ich für den dortigen Aufenthalt Geld nötig haben werde? Wo Geld herbekommen, weiß ich allerdings nicht, denn von zu Hause kann ich nichts hoffen, und Emy ist sehr dagegen, sie meint, Sie und ich werden fester allein und wünschte sehr, ich solle zu ihr nach Mainz kommen, wo ich ungestört für mich arbeiten könnte. [...]
> Dann erinnern Sie sich auch, wie stumpfsinnig ich sein kann, ob die dortige Gegend im Stande ist den Alp von mir zu nehmen, weiß ich nicht. –
> Für den Aufenthalt käme also Mai bis vielleicht anfangs Juni in Betracht, dann müßte ich frei sein, und ob Sie mich dann nicht doch, gelt, vermissen werden (s`ist zwar ein bisschen eingebildet von mir). –
> Die Bilder, die zurückkamen: Die Kastanien, das Waldbild, ich glaube, von silbernem Rahmen (etwas beschädigt) und das kleine feine Waldbild, das Sie mal dran dachten zu lithographieren und was Sie auch thun müssen.
> Ich lege dann Emy`s Brief bei, um nicht wiederholen zu müssen. [...]
> Schreiben Sie mir bald. Mit herzlichem Gruß. Ihre Sofie Benz.[278]

Sofies Schwester Mathilde mit ihrem ersten Kind Margarete, geb. 1905.
(Foto privat)

---

278 Brief SB an Anna Haag, Dienstag, o.D. [ca. 17./18.04.1906]. Privatarchiv P.B.

Nach der konkreten Absage an Anna Anfang April, nicht nach Ascona zu kommen, zieht Sofie inzwischen doch einen Besuch der Freundin in Erwägung. Es ist ein Entschluss, der wiederum mit Zweifeln verbunden sind. „Wollen Sie, dass ich unbedingt komme, haben Sie mich dringend nötig?" Sie möchte eigentlich nicht kommen – aber wenn Anna es will, kommt sie doch. Sie hat kein Geld – fragt aber, wie viel sie brauchen würde. Sie schreibt, dass Emilie gegen die Reise nach Ascona ist, dass der Zeitrahmen begrenzt ist und ihr vielleicht die Landschaft nicht guttut. Sofie legt die Entscheidung über ihr Kommen in Annas Hände.

Emilie weiß, dass Sofie seelisch reifer und widerstandsfähiger wird, wenn sie sich nicht an Anna Haag bindet. Aber durchsetzen kann sich Emilie nicht. Sofie will ihren eigenen Weg gehen, was sie schon zwei Wochen nach Ostern auf einer Karte sehr bestimmt ausdrückt.

> Liebe Emy,
> Du sollst Dich nicht sorgen, bitte thu`s nicht. Ich hab mal gelobt, niemand zur Last zu fallen, und nun mach ich doch allen Sorge. – Albert kommt, ich hab`s nicht mehr geglaubt, da`s schon Mittag. Gestern mit Laura. – [...] Also thu`s nicht.
> Herzlichen Kuß und Gruß, Sofie.[279]

Auf nach Ascona!

Nur einen Tag später, am 1. Mai 1906, schreibt Sofie eine Karte aus Zürich! Sie ist also unterwegs und hat sich sogar offiziell aus München abgemeldet: „3.V.06 nach Ascona"[280], steht auf dem Meldezettel. Sie hat sich für die Reise in den Süden und zu Anna Haag entschieden und damit – in dieser Situation – ihr Schicksal in die Hand genommen. Das ist nicht immer so, sie kennt ihre Schwäche und weiß, sie lässt „gewissermaßen den Sachen den Lauf wie sie sich dann entwickeln." Die Frage nach dem freien Willen wird in einigen Jahren noch einmal gestellt.

Schon während der Fahrt nach Ascona, bei ihrem Zwischenaufenthalt in Zürich, schreibt Sofie eine Karte an Emilie:

> Liebe Emy.
> Tausend Grüße von hier. Haags Freund war an der Bahn und hat mich in [einen] Gasthof gebracht. – Hoffentlich bist du jetzt beruhigt. – Es war doch nett, daß du Albert geschickt, sonst wär er nicht gekommen. Morgen 9 Uhr fahr ich weiter über Gotthard und bin

---
279 Karte SB an EB, 30.04.1906. Privatarchiv P.B.
280 Siehe Meldebogen der Stadt München. Stadtarchiv München.

um 3 h in Locarno. – Ich fahr nur, die Reise bis hier, auch schon [ein] großartiges Gedicht, s' war allerdings Regen. Nonnenhorn sah ich liegen, […]. Schreib recht bald. Zürich ist nett, wenigstens die Altstadt, ich ging schon bissl spazieren.

Deine Sofie. [281]

Bereits auf dieser Karte notiert Sofie ihre Adresse: „Ascona b. Locarno, Trattoria delle Isole." Die Entscheidung für Ascona ist der Wendepunkt in Sofies Leben.

Weiß Sofie, was sie erwartet? Ascona ist Anfang des 20. Jahrhunderts Lebenselixier für Literaten, Maler, Lebensreformer, Suchende, Weltverbesserer und Lebenskünstler – ein „Schwabing von Schwabing". Und für viele ein Schicksalsort. Manche scheitern, andere holen sich Inspiration für das ganze Leben. Sie alle sind vom Zeitgeist des Aufbruchs Getriebene.

Ascona wird Sofies Schicksalsort. Sie nimmt mit der Entscheidung, Anna zu folgen und sich gegen den Rat der Schwester zu wenden, ihr Leben in die eigene Hand. Oder ist es Annas Hand? Ist das Schicksal der Entscheidungsfreiheit des Menschen entzogen?

Was ist für Sofie das auslösende Moment für den Aufbruch nach Ascona? Ist der Sprung in das Neue von Freude begleitet oder ein Akt der Verzweiflung nach einer Zeit der Sorgen? Geht sie – altruistisch – Anna zuliebe? Ist es die Ungewissheit, ob sie eine „richtige" Malerin wird? Viele Fragen. Auf jeden Fall ist es der Versuch, Klärung ihrer Lebensumstände zu bekommen. Im Sommer will sie zurück in München sein.

---

281 Karte SB aus Zürich an EB, 01.05.1906. Privatarchiv P.B.

Teil III: 1906 – 1911

Leben mit Leonhard Frank und Otto Gross

Ascona – Sehnsuchtsort und alternatives Leben

Hat Sofie eine Vorstellung von Ascona? Vielleicht hat Anna Haag ihr davon erzählt. Wäre Sofie eine eifrige Besucherin Schwabinger Cafés, so hätte sie von

An der Piazza von Ascona zu Beginn des 20. Jahrhunderts.
(Karte mit Stempel 1908: Carl-Künzli-Tobler, Zürich)

Ascona und dem nahe gelegenen Monte Verità gehört. Immer wieder macht sich jemand auf den Weg nach Ascona oder kommt von dort zurück.

Einer der Berichterstatter ist Gusto Gräser, Naturmensch, Dichter und Philosoph, der mit seinem Bruder Karl und dessen Frau Jenny in einer Kommune auf dem Monte Verità lebt.

1904 erscheint eine der ersten Veröffentlichungen über Ascona und den Monte Verità – *Die Vegetarier-Ansiedlung in Ascona und die sogenannten Naturmenschen im Tessin* –, verfasst von Adolf Arthur Grohmann aus Zürich. 1902/1903 lebt Grohmann in Ascona und beobachtet mit Humor und Wohlwollen das Wirken der Kommune.

Die Siedlungsgenossenschaft der sogenannten „Naturmenschen" war im Oktober 1900 von Ida Hofmann, Henri Oedenkoven, Karl und Gusto Gräser und Lotte Hattemer gegründet worden. Ida Hofmann aus dem sächsischen Freiberg hatte Verwandte in München, wo die erste Zusammenkunft der Gründer der Reformsiedlung stattfand. „Vielleicht waren die meisten von ihnen im Grunde weniger freiheitshungrig als gesellschaftsmüde."[1]

Sechs Jahre später zieht Ida Hofmann in ihrem Büchlein *Monte Verità. Wahrheit ohne Dichtung* eine Bilanz, in der sie von den Schwierigkeiten und Erfolgen beim Aufbau der Kolonie berichtet.

---
1 Robert Landmann: Ascona. Monte Verità. Frankfurt/M. 1979, S. 19.

So engagiert die Bewohner des Monte Verità ihr neues Leben angehen, so skeptisch werden sie von der Asconeser Bevölkerung und den Behörden beäugt. Der Schriftsteller Emil Szittya erinnert sich: „Der Gründer, ein holländischer Millionär Oedenkoven, wollte dort ein Heim für absonderliche Menschen schaffen und sammelte um sich Anarchisten, Speritisten [sic!], Theosophen und Vegetarier. Eine seltsame Gesellschaft fand sich ein."[2]

Franchino Rusca und die Kolonie

Der Regierungskommissar des Distrikts Locarno, Franchino Rusca, befasst sich schon bald nach der Besiedlung des Monte Verità mit den neuen Bewohnern und nimmt sie persönlich in Augenschein. Er betrachtet die Ankömmlinge mit Wohlwollen, denn Ida Hofmann – die in „freier Ehe" mit Henri Oedenkoven „verheiratet" ist und sich Hofmann-Oedenkoven nennt – schreibt: „Der Polizeikommissär Rusca aus Locarno besucht uns mit zwei Mitgliedern seiner Familie; sein Ersuchen um gemässigtes Auftreten, besonders in der Kleidung, ist mit Kundgebungen der Sympathie für unsere Bestrebungen gepaart."[3]

Im September 1902 berichtet Rusca an die Zentraldirektion der Polizei in Bellinzona, dass er nach einem Besuch der Kolonie keinen Anlass zu einem Skandal sieht. Er beschreibt ausführlich die zwar ungewöhnliche Kleidung der Vegetarier, doch: „Mit ihrem Privatleben haben wir uns nicht zu beschäftigen, und ich sehe kein Motiv, das die Behörden zum Eingreifen veranlassen könnte."[4]

Auch im Juli 1905 schreibt Franchino Rusca verständnisvoll: „Es sind Originale mit einer überdurchschnittlichen Kultur, welche müde und gelangweilt von einem Leben voller Unterhaltungen und Regellosigkeit zu einem übertrieben einfachen Leben zurückkehren."[5]

Zeitungen berichten über den Wahrheitsberg

Nicht nur Rückkehrer erzählen von Ascona, auch Zeitungen bringen Nachrichten vom Berg hinter dem St. Gotthard. Hier, wie in allen Berichten über

---

2 Emil Szittya: Die Vergangenheit des Prinzenhotels Monte Verità. In: Alpenzeitung Meran, 09.01.1927. Webseite https://monteverita.net. Emil Szittya (1886–1964). Schriftsteller, Journalist, Maler, Kunstkritiker, Vagabund.
3 Ida Hofmann-Oedenkoven: Monte Verità. Wahrheit ohne Dichtung. Lorch 1906, S. 44.
4 Harald Szeemann (Hg.): Monte Verità – Berg der Wahrheit. Ausstellungskatalog. München 1980, S. 69.
5 Harald Szeemann (Hg.), S. 69.

den Monte Verità, bewegen sich die Schilderungen von Idealisierung, Bewunderung, Hochachtung und Respekt bis zu Spott und Zynismus.

Am 20. August 1903 erscheint in San Francisco in der *La Protesta Umana* ein Artikel in italienischer Sprache mit der (übersetzten) Überschrift *Die Naturmenschen*. Carlo Arnaldi beschreibt seinen Besuch auf dem Monte Verità.

Ich fuhr über den Lago Maggiore und bestieg den Heiligen Berg der Göttin Natur, den seine seltsamen Bewohner Monte della Verita – Berg der Wahrheit nennen. [...] Weiter oben trafen wir den ersten Naturmenschen. Er war gerade beim Bau eines kleinen Steinhauses. [...] Noch nie habe ich einen schöneren Mann gesehen, nicht nur im ästhetischen Sinn, sondern auch nach den charakteristischen Zeichen wahrer Gesundheit.[6]

Eingang zur Kolonie Sanatorium Monte Verità.
(Foto: Fondazione Monte Verità)

Henri Oedenkoven, Chef des Sanatoriums, erläutert Arnaldi seine Philosophie: „Wer immer die Irrtümer und Konventionen eurer Gesellschaft satt hat, in der alles künstlich und nichts echt ist, und in vollkommener Freiheit viele Jahre in völliger Gesundheit leben will, baut sich eine Hütte auf dem Berg, und ein Weniges reicht ihm zum Leben."[7]

Arnaldi, zurück in Ascona, fühlt sich dort abgestoßen: „Im Albergo Laffranchi, wo ich übernachtete, schrien Männer, halb betrunken vom Wein und von Tabak, durcheinander und stritten, ohne sich zu verstehen. [...]

Monte Verità mit Häusern der Kolonie und des Sanatoriums.
(Foto: Fondazione Monte Verità)

---

6 La Protesta Umana. Gli uomini della natura. San Francisco, 20.08.1903.
7 La Protesta Umana.

Auch diese Menschen lachten über die Naturmenschen. Doch in meiner Vorstellung repräsentierten sie in diesem Augenblick die alte sterbende Gesellschaft, während ich in den seltsamen Menschen auf dem Hügel […] nun etwas erblickte von dem, was kommen muß."[8]

Nicht alles, was geschrieben wird, erfreut die Bewohner des Wahrheitsberges. So verwahrt sich Ida Hofmann im *Berliner Tageblatt* vehement gegen „eine stellenweise sehr irrtümliche Auffassung der Ziele dieses mit dem Namen ‚Kulturkloster' bezeichneten Unternehmens."[9] Ida Hofmann wehrt sich gegen übertriebene Behauptungen und sagt zum Vorwurf der „Entbehrungen aller Art": „[…] doch sind wir überzeugt, daß die Mehrzahl unserer Mitmenschen es nicht als Entbehrung empfinden werden, wenn sie sich ihrer Stehkragen, Mieder, Hüte, Handschuhe oder sonstiger Modefesseln entledigen und ihren Körper den rettenden Einflüssen der Luft und der Sonne zuführen oder in kleidsame Gewänder hüllen können."[10]

Erich Mühsams *Ascona*

Der Schriftsteller Erich Mühsam und sein Freund Johannes Nohl halten sich im Juli und August 1904 in Ascona auf. Mühsam beobachtet mit einem spöttischen Auge die Kommune und veröffentlicht 1905 eine „Broschüre" mit dem Titel *Ascona*. Im selben Jahr lässt er sich in München nieder, wo das Café Stefanie sein Stammlokal wird. Er ist beeindruckt von Ascona, sieht jedoch – in Vorahnung –, dass es ein Touristenziel werden könnte.

> Ascona hat etwa 1000 Einwohner; dazu kommen 50–100 Deutsche, die ich hier einmal zusammenfassen will […]. Ascona liegt im Winkel einer flachen, von keinem Hügel gewellten Halbinsel, die sich von Locarno aus fast quadratisch in den See hinausreckt […]. An der Querseite stehen alte echt italienische Häuser mit geräumigen Arkaden unter dem ersten Stockwerk, und davor der Raum bis zum Wasser ist breit genug, um mehrere Reihen Bäume, eine bequeme Fahrstrasse und weiten Spielraum für die lebhaften und schönen Kinder zu lassen […]. Noch ist es schön und still hier. Noch genügen den wenigen, die statt auf den Monte Verità in Kur zu gehen, lieber im Ort selbst wohnen, die eingesessenen, alten Wirtschaften, an denen natürlich bei dem trinkfesten Tessinervolk kein Mangel herrscht. Male ich mir aber aus, hier könnten Hotels und Kurhäuser

---
8 La Protesta Umana.
9 Berliner Tageblatt, 34. Jg., 16.05.1905, Nr. 247, S. 9. Online: Monteverita.net. Dokumente 1905. Abgerufen 20.11.2022.
10 Online: Monteverita.net. Dokumente 1905. Abgerufen 10.11.2022.

entstehen, aus Ascona könnte eine Sommerfrische werden [...] dann wollte ich lieber, einer der umliegenden Berge enthüllte einen ungeahnten mildtätigen Krater, der noch vorher alle Lieblichkeit dieses Ortes in Lava und Asche ersäufte.[11]

Im Jahr 1904 zieht die Schauspielerin und spätere Frau des Bildhauers Max Kruse, Katharina Simon, von Berlin mit zwei Kindern nach Ascona. Kruse hatte den Monte Verità besucht und zurück in Berlin berichtet: „Weißt du, es ist schon fabelhaft, wie die Leute da leben. Bürgerliche Ehepaare gibt`s da überhaupt nicht – [...]. Wer der Großstadt den Rücken kehren will, der kauft sich dort ein Stück Land zu einem Spottpreis. [...] – keine Katze kümmert sich da um einen, es ist nicht zu fassen'."[12]

Ascona mit Piazza. (Postkarte o.D., Privatbesitz)

Zunächst lebt Käthe in der Freiluftsiedlung auf dem Monte Verità, erkennt aber mit Beginn des Winters, dass sie mit den Kindern nicht in der unbeheizten, kalten und zugigen Lufthütte wohnen kann. Sie findet eine Unterkunft an der Piazza von Ascona, ehe sie in den Roccolo zieht, jener Turm, der später auch Franziska zu Reventlow zur Wohnstätte wird. In Kruses Buch *Das große Puppenspiel – Mein Leben* berichtet sie von den fünf Jahren, in denen sie auch mit der Herstellung von Puppen beginnt. Käthe Kruse versucht in ihrem Buch, das Image vom Monte Verità zurechtzurücken: „Wieviel Falsches und Lächerliches ist doch über Ascona und den Monte Verità geschrieben worden. [...] Als wären das da drin sehr seltsame Tiere mit sehr seltsamen und ganz fremden Ideen und Lebensweisen [...]."[13]

---

11 Erich Mühsam: Ascona. Eine Broschüre. Berlin 1982, S. 18f. (Erstdruck 1905)
12 Käthe Kruse: Ich und meine Puppen. Freiburg 1982, S. 83.
13 Käthe Kruse, 1982, S. 84f.

Auf dem Weg nach Ascona

Mit welchen Hoffnungen begibt Sofie sich am 1. Mai 1906 auf den Weg nach Ascona? Sie macht in Zürich Station, fährt am nächsten Tag weiter Richtung Süden und durch den 15 Kilometer langen Gotthard-Eisenbahntunnel. Leonhard Frank, den Sofie wenig später kennen lernt, beschreibt das Ereignis einer solchen Fahrt in seinem Buch *Die Räuberbande*:

> Die Berge rückten allmählich näher, die Täler wurden enger. Dicht vor dem Fenster des Abteils stieg die nasse Felswand senkrecht empor. Der Zug fuhr vom Schneetal ins Dunkel, hinein in die Nacht. Die Luft im Tunnel war muffig vom alten Rauch. [...] Da wurde es heller und hell, und der Zug sauste mitten in den Frühling hinein. Kein Schnee mehr, Blumen standen im Gleisgraben, und an den dunkelfelsigen Abhängen blühten die Pfirsichbäumchen rosa. Hinten stieg das weiße Gebirgsmassiv in die Höhe und verschwand im weißen Himmel.[14]

Dann geht es nach Bellinzona und mit der Lokalbahn bis Locarno. Der Schriftsteller Emil Szittya fährt im selben Jahr wie Sofie von Zürich nach Ascona und schildert seine Eindrücke:

> Ich selbst hielt es zuerst für eine nette Phantasie, was man mir über Askona erzählte [...]. Meine Bahn führte mich nur bis Bellinzona, von da ab muß man mit einer Lokalbahn bis Solduno fahren. Von Solduno fährt einem [sic!] der Postwagen (also sehr romantisch) weiter nach Askona. Ich entschied mich [...] für das Walzen. Schon unterwegs hörte ich die Bauern kichernd sagen: ‚Schon wieder ein Verrückter'. Das freute mich, weil ich dadurch bestätigt fand, daß mein Bekannter mich nicht belogen hatte. Im Gegenteil, seine Erzählung war viel zu grau für das, was ich in Askona sah und erlebte.[15]

Zu den Verkehrsmitteln Asconas hat Erich Mühsam eine präzise Beschreibung hinterlassen: „[...] viermal täglich im Sommer legt an Asconas Gestade ein schweizerisch-italienischer Dampfer ab, [...] zweimal täglich klingelt die Post Locarno – Brissago [...] mit Briefen, Paketen, Zeitungen und Passagieren durch den Ort; und je viermal täglich hält hier ein Automobil–Omnibus Locarno–Pallanza–Gravellona, der auf der Hin- und Rücktour für einige Minuten die schöne Gegend mit Lärm und Gestank versieht."[16]

---

14 Leonhard Frank: Die Räuberbande. München 1975, S. 199. (Erstdruck 1914)
15 Emil Szittya: Das Kuriositäten-Kabinett. Nachdruck Mendeln 1973, S. 92f. (Erstdruck Konstanz 1923)
16 Erich Mühsam, 1982, S. 26f.

Sofie Benz und Erich Mühsam sind – unabhängig voneinander – Anfang Mai 1906 auf dem Weg nach Ascona. Mühsam fährt am 2. Mai von Wien nach Innsbruck und am 3. Mai nach Zürich. Er schreibt seinem Freund, dem Züricher Arzt Fritz Brupbacher: „Lieber Herr Doktor, auf der Reise nach Ascona werde ich morgen (Donnerstag) abend in Zürich eintreffen, um übermorgen früh weiterzufahren. [...] Herzliche Grüße, Ihr Erich Mühsam."[17]

Am Bahnhof in Locarno nimmt Sofie die Kleinbahn nach Solduno, dann den Bus nach Ascona. Als sie die Brücke des wilden Maggia-Flusses am Eingang des Maggia-Tales überquert, tut sie einen Blick nach Norden in Richtung der schroffen Berge, aus denen sich der Fluss windet, und nach Süden, wo er in den Lago Maggiore mündet. Die Ufer des Maggia-Flusses sind bewaldet, die Berge im Hintergrund zeigen noch schneebedeckte Spitzen und Flanken, die Wiesen leuchten in Farben, die ihr Künstlerherz jubeln lassen. In diesem Moment fühlt sie sich bestätigt, dass sie die richtige Entscheidung getroffen hat.

Ankunft am Lago Maggiore

Sobald der Bus die Brücke des Maggia-Flusses überquert hat, erhebt sich rechterhand der Berg – es ist eher ein Hügel – Monte Verità. Sofie nimmt ein paar versteckt liegende Häuschen auf der dicht bewachsenen Anhöhe wahr, vielleicht auch den Weg, der sich vom Friedhof am Eingang des Ortes hoch zum Monte Verità windet.

Der Bus hält auf dem Platz vor der Kirche Santa Maria della Misericordia, wo Sofie von Anna Haag erwartet wird. Sie durchqueren die Via Borgo, die enge Hauptstraße in Asconas Altstadt, die sich zum See hinunterschlängelt; vorbei am Café Verbano, dem Treffpunkt der Künstler, Literaten und Weltverbesserer. Die sitzen und diskutieren bei Mocca und Wein vor dem Café an Tischchen, fernab vom wilhelminischen Deutschland und unter dem Eindruck der russischen Revolution. „Ascona ist das Schwabing von Schwabing, wo

Ascona: Hauptstraße in der Altstadt. (Postkarte Ed. Guggenheim)

---

17 Gerd W. Jungblut (Hg.): Erich Mühsam. In meiner Posaune muß ein Sandkorn sein, Briefe 1900–1934. Bd. 1, Vaduz 1984, S. 60.

man in einem Rahmen, der von großstädtischen Einflüssen kaum berührt war, auf noch radikalere Persönlichkeiten, noch radikaleres Verhalten und noch radikalere Ideen stieß."[18]

Spürt Sofie im Vorübergehen, dass sie nicht in der Fremde ist, sondern dass hier der Geist Schwabings weht? Es ist diese Hauptstraße Asconas, die zehn Jahre später zwei Literaten begeistert: Yvan und Claire Goll.

> Ascona am Lago Maggiore erschien uns wirklich wie ein Ort auf einem anderen Stern. Die Hauptstraße, die mitten durchs Dorf führte, war von Weinlaub überspannt, von denen man die Muskatellertrauben nur noch abpflücken musste. Überall wuchsen Edelkastanien, Mais und Tomaten. Man konnte von den Früchten des Landes leben. Das Geld schien hier ein überflüssiger Begriff. Wir waren im Paradies, ohne es zu wissen.[19]

Die Via Borgo mündet am Hafen auf die Promenade am See, die Piazza. In der Trattoria delle Isole[20] von Pietro Poncini, wo Anna Haag ein Zimmer hat, steigt auch Sofie ab. Sie teilt sich zunächst die Unterkunft mit Anna, sucht aber bald eine andere Bleibe. Die Trattoria gefällt ihr nicht, wie sie in ihrem ersten Brief an die Schwester schreibt:

> Wir wohnen in der Trattoria, und man ist dadurch gezwungen immer dort zu essen, was sehr teuer ist, und ich will wenigstens mein möglichstes thun um herauszukommen. Und dann möchte ich auch ein Zimmer allein, denn es ist mir was Arges, bei geschlossenen Fenstern zu schlafen. Ich kann dann ja immer bei Haag schlafen, wenn ihr bange ist.[21]

Die Trattoria delle Isole ist ein beliebter Treffpunkt in Ascona, wie einem Brief Sofies an die Schwester zu entnehmen ist: „Lass bald von dir hören. Es ist gleich, wohin du adressierst, der Briefträger trägt doch alles in die Trattoria, da er zu faul ist."[22]

Sofie und Anna fühlen sich gezwungen, in der Trattoria zu essen, weil sie dort wohnen und in ihrem Zimmer keine Kochgelegenheit haben. Drei Mahlzeiten am Tag zehren ihre spärlichen Finanzen schnell auf. So bemüht sich Sofie schon am zweiten Tag in Ascona um eine andere Unterkunft – obwohl Anna Haag immer noch Panikanfälle hat.

---

18 Martin Green: Else und Frieda die Richthofen-Schwestern. Kempten 1976, S. 120.
19 Claire Goll: Ich verzeihe keinem. München 1976, S. 65.
20 Im Jahr 2023 das Hotel Tamaro.
21 Brief SB an EB. Ascona Mai 1906. Privatarchiv P.B.
22 Brief SB an EB, o.D. [1906]. Privatarchiv P.B.

„Er ist ein netter Mensch"

Bald nach ihrer Ankunft in Ascona setzt Sofie den Briefwechsel mit ihrer Schwester fort. Zwar weiß sie, dass Emilie gegen die Reise nach Ascona war, doch es ist ihr ein Bedürfnis, der Schwester Empfindungen und Eindrücke mitzuteilen.

> Liebe Emy!
> Herzliche Grüße von hier. Du solltest mit da sein, um es recht genießen zu können. S` ist schön hier, aber wie gesagt, man müßte jemand von seinen Leuten haben. Übrigens ist ja heute erst der 2. Tag und überall muß man sich einleben. S` ist schön hier, wunderschön, beschreiben kann man`s nicht.
> Haag sieht gut aus, sie läßt dich herzlich grüßen. Frank, der junge Maler, der abgereist war, ist wieder da. Er ist ein netter Mensch, denn die andern sind alle ekelhaft. Es reizt fast zum Lachen, die Typen zu sehen, die abends an der Tafelrunde [23] sitzen. 2 Dichterlinge, eingebildete Affen, 3 Vegetarier mit langen Haaren und härenem [24] Gewand (wohnen in Höhlen), ein verkommenes Genie, der reinste Verbrechertypus und ein Anarchist, der auch so derartig aussieht. [...]
> Laß recht bald von dir hören und sei herzlich gegrüßt von
> Deiner Sofie.
> Am Felsen blühen Günsterbüsche, Feuerlilien, blaue Iris; Agaven, Ölbäume und Feigenbäume; überall Rebengänge. Abends ist alles, See, Berge, Strand, Himmel ein blaues Märchen.[25]

Welch ein informativer, positiv gestimmter und gleichzeitig erstaunlicher Brief! Sofie möchte Emilie an ihrer Seite haben. Ein bisschen Heimweh schwingt mit. Im Kontrast zu der Begeisterung über die Natur steht ihre Darstellung der Menschen, die abends in der Wirtsstube zusammensitzen. Sie sind ihr fremd; nur Leonhard Frank ist ihr sympathisch. Sofie Benz will in Ascona weder zur Revolution beitragen noch steht sie dem Anarchismus nahe. „Ekelhaft" sind ihr die „Typen", und tatsächlich entsprechen die Besucher nicht dem bürgerlichen Milieu Ellwangens, Gautings und nicht einmal Münchens – außer Schwabing.

---

23 Tafelrunde: Hier benutzt Sofie einen Begriff aus der König Artus-Sage, den der Dichter Wace um 1150 eingeführt hat. Artus soll den „runden Tisch" erfunden haben, um Streitigkeiten zu vermeiden.
24 Hären: aus Tierhaaren/Wolle bestehend, alter Begriff für „Filz".
25 Brief SB an EB o.D. [04.05.1906]. Privatarchiv P.B.

Die „Tafelrunde"

Von den Behörden wird die „Tafelrunde" kritisch beobachtet. Während Kommissar Franchino Rusca den Menschen auf dem Monte Verità wohlgesonnen ist, schreibt er am 18. Juni 1906 in einem Bericht an die Polizeidirektion:

> [...] fühle ich mich doch verpflichtet, Ihnen Kenntnis zu geben von dem seit wenigen Monaten erfolgten Auftauchen gewisser Elemente in Ascona und über deren Treiben. Was sie bis jetzt in Ascona getan und was sie überhaupt machen, weiß man nicht; nur eines ist gewiß, daß sie sich bei verschiedenen Familien einlogiert haben und sich täglich bald da bald dort vereinigen und anarchistische Reden führen. [...] so kann doch aus dieser Mitteilung und an den Beobachtungen geschlossen werden, daß wir es da mit Fanatikern zu tun haben.[26]

Fünf Tage später ist in einem weiteren Bericht Ruscas nachzulesen, um welche Personen es sich bei den abendlichen Zusammenkünften handelt.

> Mit Wachtmeister Noseda habe ich mich nach Ascona begeben, um die Privathäuser zu besuchen, in welchen, wie ich wusste, diese Fremdlinge verkehrt hatten, und habe ich dabei konstatiert, dass eine grosse Zahl der Letzten offenbar aus Misstrauen wegen dem an sie gestellten Begehren innert 10 Tagen regelrechte Pässe vorzulegen, in andere Gegenden verzogen sind. Ferner habe ich festgestellt, dass diese Herren am 4. März dorthin kamen, bis 3. Mai dort blieben und dass nur wenige noch gestern daselbst waren. Mitte Mai betrug die Zahl dieser ungewöhnlichen Be-

Ristorante delle Isole von E. Poncini in Ascona.
(Postkarte o.D., Privatbesitz)

---

26 Locarno, 18.06.1906, nach der Übersetzung im Bundesarchiv Bern. In: Harald Szeemann (Hg.), S. 28.

sucher Ascona`s etwa fünfzig. Was der Grund zu diesem unerwarteten Besuch war, ist schwer zu sagen [...]. Immerhin berechtigt das Verhalten der von mir signalisierten Gruppe einiges Misstrauen. Nach dem, was mir diese Herren gesagt haben, waren ihre Beziehungen zu intim, dass man es lediglich als Freundschaft hätte auffassen können. Zu den schon genannten Personen [27] sind noch folgende zu nennen:
Otto Dreidner, Student in München, Erik Muhsam, Berlin, Frank Leonhard, München, Jeanne Hammer, Malerin von Metz, Felwangen[28] August, ohne Angabe der Herkunft, Dr. Gross von Graz.[29] Dieser Letztere war der wohlhabendste, und verliess Ascona als einer der ersten, aus dem Ausland sandte er Geld der bereits genannten Haag. Kaum war er fort, schrieb er von Mailand aus seinem Logisgeber in Ascona, er habe ein Päckchen in seinem Zimmer vergessen, man solle es sofort vernichten und zwar mit möglichster Vorsicht, weil es Gift enthalte. Da dieser Umstand einige Wichtigkeit haben könnte, teile ich dies auch mit.
Ich bedaure, über diese Personen nicht nähere Angaben machen zu können, da sie nicht mehr hier weilen und keine anderen Spuren hinterlassen haben, als die bei ihren Gastgebern nicht ganz regulierten Rechnungen.
Ich bemerke noch, dass ich ein Verzeichnis von allen diesen sogenannten Studenten und Künstlern, welche im Mai in Ascona weilten, angelegt habe und dass ich es auf Verlangen vorlegen könnte. Kommissär: sig. Rusca.
Frick befindet sich in Ascona/Haus Bacchi/ während Robert Scheidegger unbekannt ist.[30]

---

27 Die Personen sind A.W. de Beauclair, Dr. Otto Bück, Friedrich Wilhelm Robert Klein, Johannes Nohl, Anna Haag, Sofie Benz. Ich zitiere den Originaltext der Akte, in der die Namen nicht stehen. Bei Szeemann (Hg.) sind diese Namen in Klammern eingefügt. Das entspricht nicht dem Original. Wo Rusca die Namen „schon genannt" hat, konnte nicht festgestellt werden.
28 Dieser Name wurde in der einschlägigen Literatur bislang unkorrekt als „Schwangen" transkribiert.
29 Die Unterstreichungen der Namen in diesem Abschnitt wurden aus dem Original übernommen.
30 Das Original des handschriftlichen Briefes befindet sich im Bundesarchiv Bern, 21/8710. Eine Kopie liegt im Museum Casa Anatta in der Fondazione Monte Verità, Ascona. Die Abschrift wurde von dieser Kopie vorgenommen.

Als Sofie Benz in Ascona eintrifft, ist Leonhard Frank bereits dort. Seiner Biografie[31] lassen sich keine Angaben und Gründe für den Aufenthalt 1906 in Ascona entnehmen. Mit ihm und Anna zählt Sofie zur Gruppe der von Rusca so bezeichneten Anarchisten, die allabendlich in der Trattoria diskutieren. Zu Sofies Kreis in München gehörten keine Anarchisten, doch wird sie jetzt den Diskussionen mit Interesse zuhören. Rusca berichtet:

> Vor noch nicht ganz zwei Wochen versammelten sie sich eines Abends in der Wirtschaft des Pietro Poncini in einem separaten Zimmer, wo das Nachtessen vorbereitet war. Es waren da wohl mehr als ein Dutzend Teilnehmer, und man bemerkte darunter Leute, die

Piazza von Ascona Anfang 1900. Letztes Haus der Reihe: Das Castello. (Postkarte o.D., Privatbesitz)

> man sonst nie gesehen hat. Reden wurden nicht gehalten, dagegen eifrig Diskussion gepflogen. Natürlich in deutscher Sprache, so daß der Wirt, der diese Sprache nicht versteht, nicht sagen konnte, über was für ein Thema gesprochen worden ist. Wenn man den Aussagen eines jungen Kellners, der sie bedient hat und behauptet, etwas von der deutschen Sprache zu verstehen, Glauben schenken kann, so handelt es sich um die Gründung einer Gesellschaft, die das fremde anarchistische Element im Bezirk Locarno zusammenfassen sollte. Es sei dafür und dagegen geredet worden, und die Versammlung habe sich aufgelöst, ohne zu einem Resultat gekommen zu sein.[32]

Die Aussagen des kaum Deutsch verstehenden Kellners müssen nicht ganz der Wahrheit entsprochen haben, doch nahe daran gewesen sein. Sofie ist dabei,

---
31 Katharina Rudolph: Rebell im Maßanzug. Leonhard Frank. Berlin 2020.
32 Harald Szeemann (Hg.), S. 28.

denn in Ruscas Bericht werden unter den Mitgliedern der Diskussionsrunde auch „zwei deutsche Studentinnen Anna Haag und Sophie Benz"[33] aufgeführt. Anschließend schreibt Rusca: „Die beiden Frauenzimmer, die ich in meinem Schreiben vom 18. dies[34] erwähnte, wiesen keine Ausweisschriften vor. Ich werde mich nach Ascona begeben, um an Ort und Stelle Nachforschungen anzustellen, auch bezüglich weiterer noch nicht erwähnter Personen."[35]

Sofie und Anna haben keine gültigen Papiere, d.h. eine offizielle Anmeldung vorgelegt.[36] Anzumerken ist, dass zur gleichen Zeit, wo die Nachforschungen im Gange sind, Anna Haag, Sofie Benz und Leonhard Frank bereits an ihre Abreise denken. Am 23. Juni 1906 wird Sofie eine Karte aus dem Spessart schreiben. Aber noch ist es nicht soweit.

Der anarchistische Kreis in der Trattoria

Wer sind die in Sofies Brief geschilderten Männer in Bezug auf Kommissar Ruscas Bericht? Ist der von ihr erwähnte „Anarchist" der Schriftsteller Erich Mühsam? Ist das „verkommene Genie" der Psychoanalytiker Otto Gross? Und sind die „Dichterlinge" der Schriftsteller und Übersetzer Otto Buek und der Schriftsteller und Maler Friedrich Robert Klein? Mit langen Haaren und rauem Umhang und in einer Höhle wohnend könnte der Künstler Gusto Gräser gemeint sein, obwohl dieser nicht von Rusca genannt wird, genauso wenig wie Gräsers Freund, der Schriftsteller und Übersetzer Bruno Goetz, der sich auch in Ascona aufhält. Und wie ist es mit Gräsers Brüdern Karl und Ernst?

Käthe Kruse, die seit zwei Jahren am Monte Verità lebt, lernt die Gräsers bei einem Vortragsabend von Ida Hofmann – Thema *Seelenleben und Seelenleiden* – kennen. Sie beschreibt Karl Gräser und seine Frau: „Der Mann ein Waldtier – die Stirn verschwand unter der mächtigen schwarzen Mähne – nur die knallroten Backen stachen aus dem breiten Bart hervor [...]. Daneben saß die Frau, Idas Schwester. Sie trug ein olivgrünes altes Kleid mit Stricken über Brust und Schulter gebunden."[37]

Einer der Vegetarier mag Alexander Wilhelm de Beauclair sein, der als Maler nach Ascona kommt und im August 1906 Sekretär von Henri Oedenkoven im Sanatorium wird. Otto Dreidner, der Student aus München und August

---

33 Bundesarchiv Bern, Archivsignatur: Bestands-Nr. 21, Archiv-Nr. 8710. Titel: Ascona, Anarchisten-Kolonie.
34 Dieses Monats.
35 Bundesarchiv Bern, Archivsignatur: Bestands-Nr. 21, Archiv-Nr. 8710. Titel: Ascona, Anarchisten-Kolonie.
36 Als Sofie sich fünf Jahre später in Ascona aufhält, meldet sie sich offiziell an.
37 Käthe Kruse, 1982, S. 87f.

Felwangen (Schwangen) können Sofies Beschreibungen nicht zugeordnet werden, auch die Malerin Jeanne Hammer erwähnt sie nicht.

Der Schriftsteller Johannes Nohl wird von Mühsam in dem Büchlein *Ascona* beschrieben: „Nohl ist noch nicht 23 Jahre alt. Er entstammt einer Berliner-Professorenfamilie. Trotzdem ist er schon jetzt der befreiteste Mensch, der mir über den Weg gelaufen ist. [...] Es ist ein famoser Anblick, wenn er mit dem jugendlichen Künstlerkopf – ‚il poeta bello' sagen die Leute hier von ihm –, mit den langen dunklen Locken und dem weissen Leinenanzug, inmitten der schwielhändigen, russgeschwärzten Fabrikarbeiter beim Weinglase sitzt."[38]

Von Fritz Klein – der später in Sofies Leben eine Rolle spielen wird – berichtet der Schriftsteller Franz Jung: „Da war vor allem Fritz Klein, der wandernde Scholar, aus dem Jahrhundert der Romantik überkommen, der zu Fuß Griechenland, Italien und Frankreich durchwandert hatte; ein Genie in der Beschaffung von Existenzmitteln."[39]

„Frick befindet sich in Ascona/Haus Bacchi," schreibt Kommissar Rusca in einem Nachsatz. Gemeint ist der Schweizer Ernst Frick, der 1906 wegen eines Lungenleidens nach Ascona zur Kur kommt. Er gesellt sich zu den Künstlern, unterstützt das anarchistische Gedankengut und lebt ab 1907 in München. Auch Sofies Lebensweg wird er Jahre später mitbestimmen. Hier in Ascona – in der Trattoria – sehen sie sich zum ersten Mal. Gäbe es nicht den Bericht von Kommissar Rusca, wäre das alles unbekannt.

Die Kur des Dr. Otto Gross

Über „Dr. Gross von Graz" informiert Rusca ausführlicher. Sofies Schicksalsweg, der mit Otto Gross eng verbunden sein wird, beginnt in der Tafelrunde in der Trattoria delle Isole in Ascona. Hier lernen Sofie Benz und Leonhard Frank den Psychiater kennen. Noch ist die Bekanntschaft oberflächlich, aber sie geht doch so weit, dass Otto Gross – lt. Bericht von Rusca – nach seiner Abreise aus Ascona Anna Haag Geld schickt. Warum gerade Haag? Es ist anzunehmen, dass die drei Künstler ihm in der Trattoria von ihren Geldsorgen und ganz sicher auch von München erzählen. Im Gespräch stellt sich heraus, dass Anna Haag vor Kurzem in der Klinik von Kraepelin behandelt wurde, in der Otto Gross im September 1906 als Assistenzarzt seine Arbeit aufnehmen wird. Welch ein Zufall! Da gibt es eine Menge über die psychiatrische Abteilung, über den Chefarzt Professor Kraepelin und zukünftige Kollegen auszutauschen. Es werden Gemeinsamkeiten festgestellt, was Otto Gross veranlasst haben könnte, Anna Haag und ihre Freunde finanziell zu unterstützen.

---

38 Erich Mühsam, 1905, S. 71.
39 Franz Jung: Der Weg nach unten. Hamburg 2000, S. 69f.

Geldgeschenke sind für den Psychiater nicht ungewöhnlich, denn er hat einen finanziell großzügigen Vater und zeigt sich auch in anderen Situationen spendabel[40].

Eine weitere Freundschaft hatte – bereits 1905 – in Ascona ihren Anfang genommen: zwischen Erich Mühsam und Otto Gross. Sie treffen sich jetzt im Mai 1906 ein weiteres Mal. Mühsam kommt zwei Tage nach Sofie, am 4. Mai, am Lago Maggiore an. In einem Brief vom folgenden Tag an den österreichischen Schriftsteller Karl Kraus schwärmt er: „Hier ist's herrlich. Am Tage wundervollste Sonnenglut – noch ohne drückende Schwüle, aber doch so, daß ich jetzt gleich im See baden werde, nachts kühle, klare, durchsichtige Luft."[41] Mühsam berichtet seinen Eltern am 13. Juni auch von dem Privatdozenten Otto Gross und dass er ihn in Graz besuchen werde.

Otto Gross, 1877 in Graz als Sohn des Strafrechtsgelehrten Hans Gross geboren, studiert Psychologie, Psychiatrie und Medizin, promoviert 1899 und arbeitet als Schiffsarzt in Südamerika, wo sein Drogenkonsum beginnt. 1902 wird er wegen Drogenabhängigkeit in der Psychiatrischen Klinik Burghölzli in Zürich behandelt. 1905 und 1906 hält er sich jeweils kurzzeitig in Ascona auf, 1906 zu einem erneuten Drogenentzug. Bei dieser Gelegenheit nimmt er an der Tafelrunde teil und wird von Kommissar Rusca in einem Bericht erwähnt. Seine Frau Frieda, die er 1903 geheiratet hatte, ist nicht dabei. Das Zusammensein mit Künstlern und Menschen, mit denen er angeregt diskutieren kann, belebt Otto Gross. Erst im Februar 1906 hatte Frieda in einem Brief geschrieben: „Otto ist zunehmend unglücklicher über den Aufenthalt in Graz, über die allgemeine Öde und den absoluten Mangel an ihm congenialen Verkehr. Er ist ein Mensch, der lebt von Anregung. […] Bei uns ist kein Tag ohne wissenschaftliche Gespräche. […] Doch weiss ich, dass uns Menschen fehlen, Menschen, die uns geben. Otto glaubt, es müssen am liebsten Künstler sein."[42]

Die Künstler findet er in der Tafelrunde von Ascona. Einige wird er in den nächsten Monaten in München wiedertreffen, im Café Stefanie in Schwabing.

---

40 Siehe Emanuel Hurwitz: Otto Gross – Paradies-Sucher zwischen Jung und Freud. Zürich 1979, S. 141f.
41 Gerd W. Jungblut (Hg.): Bd. 1, 1984. S. 60/61.
42 Das Buch von Esther Bertschinger-Joos *Frieda Gross und ihre Briefe an Else Jaffé* mit dem Untertitel *Ein bewegtes Leben im Umfeld von Anarchismus, Psychoanalyse und Bohème* dokumentiert mit zahlreichen Briefen und Texten das Leben von Frieda, dem auch für kurze Zeit Sofie angehört. Bertschinger-Joos hat Friedas Briefe transkribiert und dem Tufts Archiv (Tufts University Massachusetts/USA) übergeben. Die Briefe sind online abrufbar. Hier: Brief Frieda Gross an Else Jaffé, 20.02.1906, Tufts #35 und in: Esther Bertschinger-Joos: Frieda Gross und ihre Briefe an Else Jaffé. Marburg 2014, S. 59f. Im Folgenden Abkürzungen: Frieda Gross (FG), Else Jaffé (EJ).

Otto Gross und das vergessene Päckchen

Kommissar Rusca schreibt in seinem Bericht, dass Otto Gross bei der Abreise aus Ascona in seiner Unterkunft ein Päckchen mit „Gift" vergessen hat und seinen Vermieter bittet, dies vorsichtig zu entsorgen. Um welche Art von „Gift" handelt es sich? Otto Gross macht keinen Hehl daraus, dass er Drogen konsumiert. Er benutzt Kokain und Morphium, um Depressionen zu bekämpfen, aber auch zum produktiven Arbeiten. Als Arzt kann er sich die Drogen in Apotheken besorgen. Die Kur im Jahr 1906 – ob er im Sanatorium auf dem Monte Verità oder unten in Ascona wohnt, ist unklar – macht er vor allem seiner Frau zuliebe, die sich einen von Drogen unabhängigen Vater für ihr erwartetes Kind wünscht.

Bei dem Wort „Gift" müsste Kommissar Rusca aufhorchen, denn nur zwei Monate zuvor, am 21. April, war die Bewohnerin des Monte Verità Lotte Hattemer an einer Überdosis „Gift" gestorben; an einer Mischung aus Kokain und Morphium. Kurz vor Hattemers Tod hatte Otto Gross Ascona verlassen, weilt aber im Mai wieder in der Tafelrunde. Dann reist er vor den anderen Teilnehmern endgültig ab. Freimütig schreibt er vom „Gift", dabei müsste er befürchten, wegen Hattemers Tod in den Verdacht einer Beteiligung zu geraten. Erst 1909 werden Erkundigungen eingeholt, doch lässt sich nichts gegen Otto Gross beweisen. Auch 1911, nach Sofies Tod, verlaufen Anfragen zu Lotte Hattemer im Sande.

Lotte Hattemer – die Originellste

Der Selbstmord einer Siedlerin auf dem Monte Verità ist ein dramatischer Vorfall. Die aus Berlin stammende Lotte Hattemer, Mitbegründerin der Kolonie, lebte seit 1900 unter einfachsten Bedingungen auf dem Berg. „Santa Lotte", wie sie aufgrund ihrer geheimnisumwitterten Erscheinung auch genannt wurde, fehlt in keinem Buch über den Monte Verità. In den vielfältigen Publikationen über den Monte Verità wird sie mit ihrem Habitus eindrucksvoll dargestellt. Niemand nahm hinter ihrer Schrulligkeit die psychische Not wahr. Aber stach sie überhaupt aus der Gruppe der gesellschaftskritischen Menschen hervor, die sich auf dem Monte Verità und unten in Ascona aufhielten?

Erich Mühsam widmet Lotte Hattemer in seiner Schrift *Ascona* ein Kapitel: „[...] so hat Lotte unbedingt Anspruch darauf, als originellstes Wesen der ganzen Gegend angesprochen zu werden. [...] Ihre Originalität hat einen starken Einschlag ins Groteske, Abenteuerliche, Absurde. [...] Irgendwo im Freien verstreut, liegt eine Decke und ein Reisigbündel. Das ist Lottens Nachtlager. [...] In dieser Umgebung haust die Lotte nun seit Jahren mutterseelenallein. Ob sie sich dabei glücklich fühlt? Sie tut so."[43]

Im März 1905 besucht der Naturforscher Eberhard Dennert den Monte Verità. Obwohl er Lotte Hattemer nicht zu Gesicht bekommt, schildert er in seinem Bericht *Die Anachoreten von Askona*[44] die Situation auf dem Hügel. „Wir fuhren weiter, um ‚Lotte', das größte Original zu besuchen, das der Berg von Askona aufweist [...]. Wir stiegen zwischen Weinbergen den Hügel hinauf. Herr N. N. ging und rief von weitem ‚Lotte, Lotte!' um sie zu veranlassen sich etwas zu bekleiden [...]. ‚Lotte' gehört offenbar zu den Bedürfnislosesten dieser Einsiedler; denn menschlich kann ich es so recht nicht nennen, wie sie lebt."[45]

Die Schriftstellerin Gabriele Reuter, die Anfang des 20. Jahrhunderts große Erfolge mit Gesellschaftsromanen feiert, bewegt sich zeitweise in der Münchener Bohème und lebt 1905 als Geliebte des anarchistischen Arztes Dr. Raphael Friedeberg auf dem Monte Verità. Sie lernt Lotte Hattemer kennen und schildert ihr exzentrisches Wesen in dem Roman *Benedikta*. „Sie trug das lange, schwarze Haar im Nacken zusammengebunden, frei herabwallend, ein dünnes, grünes Gewand hüllte ihre Glieder ein, Arme und Füße waren nackt. [...] Sie öffnete mit ihren jähen Bewegungen ihr Gewand, schlug sich auf die bloße Brust und rief: „Wie Sie mich hier sehen – in mir ist alles Revolution!"[46]

Auch Käthe Kruse erinnert sich an Lotte Hattemer: „Sie war Lehrerin gewesen. Eine hochgebildete, tief leidenschaftliche Frau. Jetzt mit sich und der Welt zerfallen, gänzlich verkommen. [...] Mit Schrecken sah ich, daß ihr Weg zum sicheren Hungertode führen mußte. [...] In der letzten Nacht nahm Lotte Gift und erwachte nicht mehr."[47]

Der Schriftsteller Emil Ludwig, der im Februar 1906 zusammen mit seiner späteren Frau eine Steinhütte im Wald oberhalb von Ascona bezieht – aber weder zur Kommune auf dem Monte Verità noch zu dem Kreis der „Anarchisten" in Ascona gehört –, nimmt Lotte Hattemer kurzzeitig unter seinem Dach auf und berichtet in seinen Lebenserinnerungen von ihrem Tod:

> Am entscheidenden Tag ihres Lebens lernten wir sie kennen. Verfroren, in Hemd und Rock, mit Augen wie ein flüchtendes Reh, saß sie eines Morgens im strömenden Regen auf unserer Steintreppe und bat, beinahe wortlos, um Schutz. [...] Als es dämmerte, der Regen

---

43 Erich Mühsam, 1982, S. 50ff.
44 Anachoret: Altgriechisch, ein Mensch (frühchristlicher Mönch, Eremit, Säulenheiliger, Dendrit), der sich aus der Gemeinschaft zurückzieht und asketisch lebt.
45 Adolf Bartels, V.H. Frommel (Hg.): Neue Christoterpe. Ein Jahrbuch, 30. Jg., Halle a.S. 1909, S. 109–139.
46 Gabriele Reuter: Benedikta. Wien 1922, S. 96.
47 Käthe Kruse, 1992, S. 76.

hatte aufgehört, erschien ein schöner junger Mensch mit schmelzender Stimme und verlangte sie zu sehen; er war es, vor dem sie, nach ein paar Andeutungen, sich fürchtete. Wir hielten`s für eine Liebesgeschichte, machten Ausflüchte, bis er sich unter das Fenster stellt und melodisch Lotte rief. Sogleich erschien sie, und sie blieben auf der Treppe sitzen, indem wir uns zurückzogen. [...] Er ging, kehrte sich um, als er den Felsenweg über der Schlucht erreicht hatte, und rief mit seiner schmelzenden Stimme wiederum ihren Namen. Kein Halten, sie folgte ihm. – Am andern Morgen wurde sie in einem Haus im Dorfe, dort, wo der junge Mann wohnte, tot aufgefunden.[48]

Der junge Mann mit der „schmelzenden Stimme" soll Johannes Nohl gewesen sein. Auch in dem Roman von Bruno Goetz *Das göttliche Gesicht* wird Nohl als Liebhaber Lottes geschildert.

Die Diagnose lautet Selbstmord

Dreieinhalb Jahre nach Lottes Tod interessiert sich die Justiz für den Fall.

Im Jahre 1909 erkundigte sich die ‚K. Polizeidirektion München' bei der Direktion Justiz und Polizei in Zürich nach einem gewissen Dr. Otto Gross, der zusammen mit andern Anarchisten möglicherweise an einem Giftmord beteiligt gewesen sei. Ein Gefangener habe nämlich in München zu Protokoll gegeben, es sei in Ascona eine Anarchistin namens ‚Lotte' mit Gift getötet worden, weil sie Mitwisserin eines anarchistischen Unternehmens war und dieses habe verraten wollen. Man habe beschlossen, diese Lotte aus dem Weg zu räumen, und ihr deshalb Gift gegeben. An dem Mord sei ein gewisser Artur Weiler beteiligt gewesen, der, von Ascona kommend, sich mit Johannes Nohl traf und mit diesem und Otto Gross das Verbrechen ausführte.[49]

Der Arzt Dr. Marco Tognola, der Lotte Hattemer nach Einnahme des Gifts in ihren letzten Stunden betreut hatte, schreibt daraufhin an Regierungsstatthalter Battista Rusca in Locarno:

Die Patientin wies Symptome einer Morphiumvergiftung auf. Ich habe eine gastrische Waschung vorgenommen, die Patientin starb aber trotzdem nach einigen Stunden. Die dem Magen entnommenen Flüssigkeiten wurden nicht untersucht. [...] Die Diagnose, daß es sich um Selbstmord handelte, leitete ich aus den Reden der ver-

---

48 Emil Ludwig: Geschenke des Lebens. Ein Rückblick. Berlin 1931, S. 270f.
49 Harald Szeemann (Hg.), S. 107.

schiedenen bei diesem tragischen Anlasse herbeigekommenen Personen ab. sig. Dr. Marco Tognola.[50]

Lotte Hattemer wird nur dreißig Jahre alt. Der Psychiater Otto Gross kommt – wie Johannes Nohl – in Verdacht, der jedoch in dem Schreiben des Regierungsstatthalteramts entkräftet wird:

> Die allgemeine Stimmung war die, daß sie sich freiwillig vergiftet hatte. Sie galt als eine ziemlich exzentrische Person und es scheint, daß sie schon bei anderen Gelegenheiten Hand an ihr Leben legte. […] Nohl Johannes ist schon seit 1 Jahr von Ascona fort. Dr. Otto Groß aus Graz war im April 1906 während 12 – 20 Tagen in Ascona und verreiste gerade am Tage vor der Vergiftung und dem Tode der Charlotte Hattemer.[51]

Otto Gross und Lottes „Gift"

1913 gibt Otto Gross Auskunft über seinen Anteil am Suizid Lotte Hattemers:

> Ich lernte die Dame Lotte Kattemer [sic!] in Ascona kennen […]. Wie ich sie damals sah, erkannte ich, dass sie schwer unter einem Komplexe leide. […] Ich erklärte ihr – um ihr Vertrauen zu gewinnen – meine Liebe, händigte ihr meine Schachteln mit Gift (5 g Kokain und 10 g Morphium) ein, sagte ihr, dass ich nach Graz abreise, sie möge mir dahin nachkommen oder das Gift nehmen; doch dürfe sie dies erst nehmen, wenn ich abgereist sei. – Bei der Kattemer [sic!] hatte ich keine besonderen Vorsichtsmaßregeln ergriffen, ich wusste, dass sie sich umbringen will, und ich dachte, wenn sie das tun will, so soll sie es tun, es ist mir lieber, sie vergiftet sich, als dass sie sich von einer Klippe herunterstürze. Ich habe absichtlich nicht aufgepasst. Ich bekenne mich zur Euthanasie, ein schöner Tod ist besser als ein geringer Wahrscheinlichkeitsgrad der Heilung.[52]

Das Eingeständnis, Lotte Hattemer assistiert und ihren Tod befördert zu haben, hat 1913 keine Folgen, der Fall ist verjährt. Auch 1906 bleibt die Nachricht vom „Gift" ohne Konsequenzen. Zwar merkt Rusca an, dass dieser Umstand eine Bedeutung haben könnte, aber es folgt nichts.

Otto Gross, der nach eigenen Aussagen das Leben eines psychisch kranken Menschen in die Hand nimmt und „Erlösung" bringt, verlässt Ascona kurz vor Lotte Hattemers Suizid. Unten im Schankraum der Trattoria diskutieren die

---

50 Schreiben von Dr. Marco Tagnola an Regierungsstatthalter Rusca, Ascona 28.12.1909. Erhalten über E-Mail von Hermann Müller am 17.03.2020.
51 Archiv Schweiz. Bundesanwaltschaft, Bern.
52 Josef Berze, Dominik Klemens Stelzer: Befund und Gutachten. In: Gegner. Monatsschrift Heft 3. Febr. 2000, S. 30/31 und 25.

Anarchisten über Gott und die Welt, über Revolte und Revolution, und im Obergeschoss setzt Lotte ihrem Leben ein Ende.

Anna Haag ist zu dieser Zeit bereits in Ascona, und als Sofie dort eintrifft, knapp zwei Wochen nach dem Suizid einer ortsbekannten Deutschen, müsste das in der Trattoria noch Gesprächsthema sein. Doch in keiner Publikation ist etwas über die Reaktion der Asconeser und ihrer Gäste zu erfahren. Wird der Suizid verschwiegen? Fühlen einstige Wegbegleiter, dass sie ihrer Verantwortung Lotte gegenüber nicht gerecht geworden sind? Das Leben geht weiter, Lotte Hattemer lebt in Romanen fort.

„Die Hauptsache ist, dass man genug Lebenslust hat"

In Sofies Briefen aus Ascona ist nach ihrem ersten Kommentar von der „Tafelrunde" nie mehr die Rede. Auch Otto Gross erwähnt sie nicht; er spielt in ihrer Biografie noch keine Rolle. Dennoch wird in der „Tafelrunde" der Keim zu einem neuen Bewusstsein gelegt, und sie spürt, dass sie auf Fragen, die sie im Innersten bewegen, Antworten finden könnte.

Da ist Erich Mühsam, der sich mit dem Anarchismus auseinandersetzt und als dessen Vertreter par excellence gilt. Seine Botschaft lautet: „Anarchie ist Freiheit von Zwang, Gewalt, Knechtung, Gesetz, Zentralisation, Staat. Die anarchische Gesellschaft setzt an deren Stelle: Freiwilligkeit, Verständigung, Vertrag, Konvention, Bündnis, Volk. Aber die Menschen verlangen nach Herrschaft, weil sie in sich selbst keine Beherrschtheit haben. [...] Nur darin unterscheidet sich der arbeitende Mensch vom arbeitenden Pferd, daß er selbst hilft, verbesserte Systeme seiner Fesselung zu erfinden und sich anzulegen."[53]

Für Sofie öffnet sich in Ascona das Fenster zu einer anderen Welt. Ihre nächste Nachricht kommt am 11. Mai 1906 mit einer Postkarte, auf der sie von ihrem Umzug in eine neue Unterkunft berichtet.

> Liebe Emy.
> Sende dir viele herzliche Grüße. Ich bin vorhin herübergezogen ins Castello und freue mich, jetzt ein Zimmer für mich zu haben. Gethan hab ich bis jetzt noch gar nichts, alle 3, zum mindesten Frank und ich haben [einen] großen Kater. Dank dir für [deinen] Brief. Mein Zimmer geht direkt auf'n See. [...] Gute Nacht. Schreib bald wieder, Emy.
> 1000 Grüße von deiner Sofie.[54]

---

53 Erich Mühsam: Anarchie. In: Fidus (Hg.): Erich Mühsam: Scheinwerfer. Berlin 1978, S. 53.
54 Karte SB an EB, 11.05.1906. Privatarchiv P.B.

Albergo Castello. (Foto 2019, privat)

Nachdem Sofie in ihrem ersten Brief aus Ascona namentlich von „Frank" gesprochen hatte, kommt nun eine zweite Bemerkung, und diese klingt vertraulich: „Frank und ich". Haben sie einen „Kater", weil die erste Euphorie verflogen ist, weil sich Schaffensunlust eingestellt hat? Haben sie zu viel des Weines genossen? Sicher werden sie – so unterschiedlich ihre Herkunft auch ist – Gemeinsamkeiten im Leiden an Familie, Erziehung und Gesellschaft festgestellt haben.

Zwar wohnt Sofie nun im Castello – 500 Meter von der Trattoria delle Isole entfernt an der Piazza –, doch ist sie täglich mit Anna Haag und Leonhard Frank zusammen. Abends sitzen sie in der Trattoria beim Wein und inmitten angeregter Diskussionen. In einem Brief an Emilie drückt sie Lebenslust aus. Sofie möchte ihre Schwester – die Seelenverwandte – an der Seite haben.

> Liebe Emy.
> Habe ich dir eigentlich erst eine Karte von hier geschickt? Ich weiß es wirklich nicht, jedenfalls schreib ich dir in Gedanken täglich. – Du darfst jetzt also ganz beruhigt sein, Liebe, es ist hier ja so ganz anders als in München, ich meine mit Haag. Und ich glaub, für mich ist es sehr gut hier, denn wohin ich auch gegangen wäre (freilich, ich glaube, bei dir wäre ich auch wieder froh geworden), man hat sich so sehr in manches verbohrt, daß man nicht davon losgekommen wäre, und nach Mainz zu kommen, wäre ja fast ausgeschlossen gewesen, ich wäre eben heim, da es Mama gewünscht. – Es ist schön hier und ich wollte, ich könnte jetzt dich und noch so ein paar liebe Menschen hier haben. – Ich sitze in meinem Schloßzimmer am Fenster, obwohl Sterne am Himmel, ist`s eine schwarze Nacht; vor mir steht ein Strauß blaue Schwertlilien und Lorbeer, was ich mir heute am Berge geholt. –
> Gearbeitet hab ich bis jetzt noch gar nichts, da meine Sachen noch nicht da sind und weil ich wieder mal einen Mordskater hatte, wenn

es ein Kater ist. – Haag geht es sehr wohl, sie hat feine Sachen gemacht, bis jetzt zwar nur Bleistiftskizzen, aber zickfein! Und Frank ist ein lieber Mensch, ich hat ihn mir viel reifer gedacht, er ist noch sehr jung und noch nicht lange Künstler. Er war schon alles mögliche, Schlosser etc. Und ist nun endlich das, was er immer gewünscht. Er ist auch sehr arm. – Er ist jetzt gerade sehr deprimiert, weil Haag so viel kann und ich auch ziemlich gut zeichne, aber das bleibt keinem erspart. Die Hauptsache ist, daß man genug Lebenslust hat. – Wirklich thu ich Frank helfen Farben reiben, und dann sind hoffentlich meine Sachen da. – Heute Mittag ist mir Haag Modell gesessen auf der Düne im Nachthemdchen. Man ist nämlich sehr ungeniert hier, und dann haben wir im Sande gelegen. – [...] Morgen früh muss ich bald aufstehen und muss an Neisser schreiben, daß sie Farben schickt, der Frank hat niemand, der es ihm besorgt, und dann hab ich versprochen, nach Locarno zu gehen und einzukaufen. Gute Nacht, liebe Emy.
  Herzlichen Gruß und Kuß, deine Sofie. Schreib bald.⁵⁵

Leonhard Frank 1902. (Foto: DLA Marbach)
„Michael hatte dunkelblondes Haar und über den Brauen stark vortretende modellierte Energiehöcker. Das größte in dem zu schmalen Gesicht waren von Kindheit an die Augen gewesen. Obwohl er kräftig war und breite Schultern hatte, hielt er sich schlecht, wie einer, der über etwas nachdenkt." (Leonhard Frank: Deutsche Novelle. München 1954, S. 80.)

„Obwohl Sterne am Himmel, ist`s eine schwarze Nacht". Diese Bemerkung Sofies ist nicht nur der Leitgedanke dieses Briefes, sondern ihres Lebens. Sie erzählt von den „Sternen", den schönen Momenten in Ascona, aber auch von der „schwarzen Nacht", ihrer wiederkehrenden Melancholie. Sofie weiß, dass sie weder in München noch in Ellwangen innere Harmonie gefunden hätte. Nach Mainz hat sie nicht kommen können, da ihre Mutter sie zur Unterstützung bei der Pflege des Vaters beansprucht hätte. Hier in Ascona hebt sich Sofies Stimmung, und sie versucht, die trüben Gedanken wegzuschieben. Hat sie in Leonhard Frank einen Menschen gefunden, der – wie sie – hadert und den sie in ihrer neuen „Lebenslust" mitreißen möchte? Dennoch hat sie einen

---
55 Brief SB an EB, o.D. [Mai 1906]. Privatarchiv P.B.

„Mordskater", der mehr sein könnte als Unzufriedenheit. Sie ahnt, dass ihre Probleme tiefer liegen.

Noch sind Sofies Malsachen wie Farben und Palette nicht angekommen, aber der Bleistift ist immer dabei. Haag sitzt ihr Modell; im „dünnen Nachthemdchen" am Strand. In Ascona, im „Schwabing von Schwabing", geht es noch ungenierter zu als daheim.

Auch Ida Hofmann schildert 1906 in ihrem Büchlein Konventionen, denen sie sich verweigert. Sie berichtet von einer Reise in das italienische Genua, wo sie die Mutter ihres Lebenspartners Oedenkoven trifft. Die will mit Ida nicht ausgehen, weil sich die junge Frau weigert, Handschuhe anzuziehen. Ida kommentiert: „Die Frau soll nach Ansprüchen der Gesellschaft als Lockspeise, als Schaustück für die Gelüste der Männer betrachtet, nicht nur stets auf die gefälligste Ausschmückung ihrer Person bedacht sein – sie muss auch alle Plage des von der Mode über sie verhängten Zierrates tragen."[56]

Eine „primitive Madonna"

Sofie bittet ihre Freundin in München um Farben – nicht für sich, sondern für Leonhard Frank. Nun erwähnt sie ihn wieder. Der schüchterne junge Mann, der seit 1904 in der Münchner Kunstschule Ažbe studiert, ist ungeduldig und frustriert angesichts des Könnens der beiden jungen Damen. In seinem Buch *Links wo das Herz ist* wird er später schreiben: „Sophie war die bevorzugte Schülerin des Professors Nämlich gewesen, der viel verlangt und selten jemand gelobt hatte. Michael hatte sich von Beginn an eingestanden, daß sie unvergleichlich begabter war als er."[57]

Weder von seinem Aufenthalt noch von dem Kennenlernen Sofies in Ascona schreibt Frank. In seinem Roman führt er Sofie (Sophie) als Mitglied des Kreises um Otto Gross ein. „Fritz, ein verbummelter Student" und „ein junger Schweizer Anarchist" werden da in einem Absatz zusammen mit Sophie genannt. Das sind die beiden Männer, die hier in Ascona mit in der „Tafelrunde" sitzen, die auch eines Tages in Sofies Leben eine Rolle spielen sollen. Wie erlebt Frank Sofie in dieser gemeinsamen Zeit?

> [...] die Malerin Sophie Benz, eine zwanzigjährige primitive Madonna aus dem dreizehnten Jahrhundert, mit Stupsnase und einfach geschnittenen Augen im milden Jungfrauengesicht. [...] Sophie hatte einen kleinen Kopf, so rund wie ein Mädchenkopf sein kann. Das Gesicht – einfach gezeichnete Lippen, etwas zu starke Backenknochen und runde Stirn – war beständig von innen belebt. [...]

---

56 Ida Hofmann-Oedenkoven, 2018, S. 24.
57 Leonhard Frank: Links wo das Herz ist. Frankfurt/M. 1976, S. 41f.

Sophie, die Tochter eines Gymnasialprofessors, war aus Ellwangen und sprach den schwäbischen Dialekt.[58]
Die unberührte Madonna! Leonhard Frank verehrt sie, und so sehr er später durch Sofies Abkehr von ihm leiden muss – sie bleibt seine „Madonna"; nie findet er ein schlechtes Wort über sie. Im religiösen Kontext wird die Madonna mit bestimmten Eigenschaften verbunden: Reinheit, Unberührtheit, Keuschheit, liebende Mutter, die Wegweisende und Siegbringende, die Erbarmerin und Seelenretterin, die Tröstende und Segnende, zu der aufgeschaut wird. Auch der Schriftsteller Franz Jung wird Sofie so in seinem Roman darstellen: Die Mutter eines Stammes, zu der die Männer aufschauen. Da ist sie dann wieder, die Madonna.

In Ascona im Mai 1906 kümmert sich Sofie um Leonhard Franks Wohlergehen. Die Freundschaft wächst. Während sie auf ihre Malutensilien wartet, hilft Sofie ihm bei der Herstellung von Farben, was zu den mühsamen Aufgaben eines Künstlers gehört. Es geht um das Anrühren und Eindicken von chemischen Substanzen und das Reiben von Naturmaterialien. Eine Beschreibung aus dem Jahr 1894 betont, wie aufwändig diese Tätigkeit ist:

> Zum Reiben der Farben gebrauchen Sie eine reine, mattgeschliffene Glasplatte […] und den Glasläufer oder Reiber. Die Farben in Pulverform […] geben Sie in beliebige Menge auf dieselbe. […] Sie gießen nun destilliertes Wasser darauf und reiben die breiartige Farbenmasse. […] Ist die Farbe fein, so wird sie an der Sonne […] getrocknet […] und als trocknes Farbenpulver wieder in ein Glasfläschchen gethan.[59]

Schleunigst Geld schicken!

Warum hat Sofie keine Malsachen mitgenommen? Hat sie nicht beabsichtigt zu malen? Nun wartet sie auf die Utensilien. Den drei Kunststudenten aus München wird das Geld knapp. Miete für das Zimmer im *Castello*, Ernährung und Zeichenmaterial – mehr braucht Sofie nicht, aber auch das muss bezahlt werden. So schickt sie zwei Wochen nach ihrer Ankunft eine Karte mit einem Hilferuf an die Schwester:

> Liebe Emy.
> Deinen lieben Brief heute erhalten. Kannst du mir schleunigst ein bisschen Geld schicken. Wir grüssen dich herzlich. Schick`s in die Trattoria, weil ich dort am ehesten zu treffen bin. Schleunigst eben,

---
58 Leonhard Frank, 1976, S. 15ff.
59 Robert Ulke: Katechismus der Porzellan- und Glasmalerei. Leipzig 1894, S. 24ff.

wenn du welches gerade hast. Wenn`s nur 10 Franken sind.
1000 Grüsse, deine Sofie.
Absender: S. Benz, Ascona b. Locarno, Trattoria delle Isole.⁶⁰

Schon drei Tage später kommt Sofies Dankeskarte:

Liebe Emy.
Vielen Dank. Hast du mir eigentlich die 20 Franken auf meine Karte hin geschickt? Ich kann`s kaum glauben, da es so fix ging.
Sei herzlich gegrüßt von deiner Sofie. Bald mehr. Schreib bald wieder.⁶¹

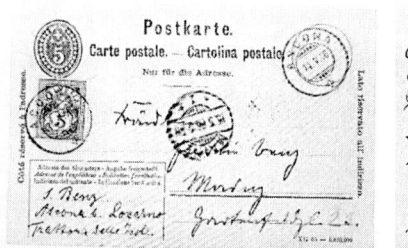

Karten von Sofie Benz aus Ascona. (Privatbesitz)

Aber nicht nur Sofie hat in diesen Tagen Geldmangel; der zur gleichen Zeit in Ascona weilende Erich Mühsam schreibt in seiner finanziellen Not am 13. Mai einen Brief an den Publizisten Karl Kraus:

Lieber Kr. […] Mir geht`s dreckig. Wir stecken bis zum Halse in Schulden, und die Leute werden schon ungeduldig. Ich weiß nicht was werden soll. Morgen oder übermorgen schicke ich Ihnen einen Artikel. Sollten Sie ihn nehmen, bitte ich Sie, mir das Honorar möglichst telegraphisch zu senden und mir diesmal den erhaltenen Vorschuß womöglich noch nicht zu verrechnen. […] Es wäre alles so gut und schön, wenn nicht die elenden Finanzen alle Freude zerstörten. […] Erich Mühsam.⁶²

Erich Mühsam, Leonhard Frank, Sofie Benz … und Kommissar Rusca stellt fest, dass Anna Haag von Otto Gross Geld bekommt. Das Bild von den „armen Künstlern" wird hier anschaulich bestätigt.

---

60 Brief SB an EB. 14.05.1906. Privatarchiv P.B.
61 Karte SB an EB. 17.05.1906. Privatarchiv P.B.
62 Brief Erich Mühsam an Karl Kraus, Ascona 13/V. [19]06. In: Gerd Jungblut (Hg.): Bd. 1, S. 62f, Brief Nr. 63.

Gemeinsame Kasse und kein Geld!

Der nächste Brief Sofies ist in seinem Umfang und Inhalt beachtlich. Es deutet alles darauf hin, dass sich zwischen Sofie Benz und Leonhard Frank mehr als eine freundschaftliche Beziehung entwickelt hat. Die Gespräche der „Tafelrunde" geben den drei Künstlern reichlich Denkanstöße.

Sofie berichtet Emilie von Leonhards Sorgen sowie von fröhlichen Begebenheiten. Der Abschied von Ascona wird vorbereitet; das Zusammensein mit Anna Haag ist weiterhin nicht spannungsfrei.

> Meine liebe Emy,
> gelt, wie schreibfaul, denk aber nicht, daß man seine Lieben hier vergißt, im Gegenteil. – Es ist sehr viel indessen gewesen. Obwohl ich noch nichts gemacht habe, sitz ich wieder da im Grünen statt zu zeichnen. Ascona, weißt, es ist nicht italienisch und nicht deutsch, und alle 3 haben wir Sehnsucht nach Deutschland. Gestern wurde besprochen, ohne Resultat, ob es nicht besser wäre, gleich kurzerhand aufzubrechen und in den Spessart zu fahren, oder der andre Vorschlag war nach Florenz, und ich habe dafür gestimmt. Haag und Frank können leicht thun, was sie wollen, aber bei mir liegen doch die Verhältnisse ein bißchen anders. –
> Ich muss dir alles ganz flüchtig ein bissl erzählen, es wird schwer sein, sich kurz zu fassen. Frank ist furchtbar erregt und nervenüberreizt, das heißt, jetzt geht`s gut. Seine besten Freunde in München haben ihm ähnlich gemacht wie voriges Jahr die Besser mit Haag und haben [ihn] verklagt wegen einer Sache, die in unsern Augen sich mit unserm moralischen Empfinden verträgt. Frank kann jeden Tag verhaftet werden und nach München müssen. Es liest sich jedenfalls viel schlimmer, als die Sache momentan ist. Ich glaube nicht, daß es so weit kommt. Frank war anfangs furchtbar, auch körperlich krank. Und wenn er nach München überführt worden wäre, so wär`s ins Irrenhaus gewesen, jetzt geht`s ihm aber wieder gut, und es macht ihm auch nichts mehr, eingesperrt zu werden. Verzeih, daß ich dir das alles schreibe, wo es doch jedenfalls gar nicht so weit kommt. Vorige Woche, als ein Brief seiner Mutter kam, an der er sehr hängt, war er wieder so, er glaubte, wahnsinnig zu werden, und wir haben alle 3 in Haags Zimmer geschlafen. –
> Haag geht`s gut, nur läßt sie sich und damit auch den andern die Laune verderben, und ich meinte, das sollte ein kultivierter Mensch nicht thun – es ist alle Tage. – Gestern haben wir eine schöne, ausgelassene Tour gemacht. Wir haben gemeinsame Kasse und kein Geld.

Gestern hat Frank von einem Freunde 35 Franken bekommen, da sind wir nachmittags mit dem Schiff nach Cannobio und von da in eine herrliche Felsschlucht, in die man mit dem Kahn hineinfährt. Frank kann furchtbar ausgelassen sein.
Cannobio ist ein nettes italienisches Städtchen, aber die Bevölkerung schon frech italienisch. Wenn [ich] dran denke, muß ich lachen, was Frank alles gemacht und gesagt hat. Wir haben uns nichts abgehen lassen, das thun wir überhaupt nie. Frank hat zum Überfluss aus Übermut Haags Hut den Felsen hintergeschmissen und mit einem Glas gespielt, bis es kaputt war. Gesungen, Witze und Grimassen geschnitten. Er will, ich soll im Winter mit ihm nach Paris. –
Neulich bin ich mal Sonntag um 5 auf die Berge und habe Enzianen gepflückt, das ist herrlich, mal herauszukommen, aber, ich muss dann schon allein gehen; wenn Frank mitginge, wäre Haag beleidigt, und mit Haag, die hat entweder bald Hunger oder Durst.

Gelt, ich habe dir wenig Schönes erzählt. Laß bald von dir hören. Es ist eins, wohin du adressierst, der Briefträger trägt doch alles in die Trattoria, da er zu faul ist.

Viele, viele Grüße von deiner Sofie.[63]

Geldzuwendungen kommen nicht nur von Otto Gross an Anna Haag und von Emilie an Sofie, sondern auch von einem Freund Leonhard Franks. Die 35 Franken werden sogleich in einen unbeschwerten Ausflug nach Cannobio investiert. Das italienische Cannobio, am westlichen Ufer des Lago Maggiore gelegen und 16 km südwestlich von Ascona entfernt, ist die erste größere Ortschaft nach der italienisch-schweizer Grenze. Südländisch muten der historische Ortskern, die engen Gässchen mit Treppen und Bogengängen, das gotische Rathaus und die Patrizierhäuser aus dem 16. und 17. Jahrhundert an.

Die Schlucht von Cannobio, Kirche St. Anna. (Postkarte Famagalli)

---

63 Brief SB an EB, o.D. [Mitte bis Ende Mai 1906]. Privatarchiv P.B.

Eine Stunde geht es vom Zentrum zu Fuß flussaufwärts bis zum Kirchlein St. Anna mit der engen Schlucht, die mit einem Boot befahrbar ist.

Leonhard Frank in seelischer Notlage

Welchen Hintergrund hat die von Sofie in ihrem Brief geschilderte seelische Notlage Leonhard Franks? Drei Quellen können hinzugezogen werden: Sofies Vergleich mit den Problemen Anna Haags Anfang 1906, ein Bericht im Buch der Mutter Leonhard Franks und Leonhard Franks Schilderungen in seinem späteren Buch *Die Räuberbande*.

Anna Haag hatte Sofie von der verleumderischen Freundin Besser berichtet. Auch Leonhard Franks Mutter Marie schreibt in ihrem Buch *Der Lebensroman einer Arbeiterfrau* von untreuen, hinterhältigen Freunden ihres Sohnes. „Oftmals aber stand es auch nicht in ihrer [Mutter] Macht ihn zu schützen, wenn er von Freunden, die er für seine treuesten hielt, verraten und betrogen wurde und fast den Glauben an die Menschen zu verlieren schien und von einer tiefen Melancholie ergriffen wurde."[64]

In Leonhard Franks Erstlingsroman *Die Räuberbande* (erschienen acht Jahre nach dem Aufenthalt in Ascona) spielt dieser Vorfall mit den Freunden im Leben der Romanfigur Michael Vierkant (Franks Alter Ego) eine entscheidende Rolle und treibt ihn in den Suizid.[65]

Erstaunlich ist, wie dicht der Schriftsteller Frank an der Wirklichkeit bleibt, denn als sein Protagonist Michael von Freunden hintergangen und verraten wird, befindet er sich gerade im Süden, in Genua, wohnt in einem Schloss und will sich zum Maler ausbilden lassen. Nachdem er von den treulosen Freunden nach Würzburg zurückgerufen wird und davon ausgehen muss, dass wegen deren üblen Machenschaften ein Prozess auf ihn wartet, erschießt er sich. Soweit der Roman.

Die drohende Verhaftung in Verbindung mit dem Verrat löst bei Leonhard Frank in Ascona im Mai 1906 Angst aus, die seine Nerven bis zum „Irresein" belasten. Es muss ein traumatisches Erlebnis gewesen sein, wenn der Schriftsteller Frank das Ereignis acht Jahre später in seinem Buch verarbeitet und den Betrogenen und Verzweifelten durch Suizid enden lässt.

Letztlich geschieht aber weder in Ascona noch später in München etwas Dramatisches.

---

64 Marie Wegrainer: Der Lebensroman einer Arbeiterfrau. Frankfurt/M. 1979, S. 183. (Erstdruck 1914)
65 Leonhard Frank, 1975, 9. und vorletztes Kapitel.

Paris, Spessart oder Florenz?

Im letzten Teil ihres Briefes schildert Sofie wieder einen lustigen, lebensfrohen, ja, übermütigen Leonhard Frank. Sofies ausführliche Erzählung lässt spüren, dass der Funke zwischen beiden übergesprungen ist. Sie erlebt ihn als Mensch, sie beobachtet ihn, er beeindruckt sie. „Er will, ich soll im Winter mit ihm nach Paris." Dies kann er ihr nur vorschlagen, nachdem er sie genauer kennen gelernt hat. Er fühlt, dass sie zusammenpassen; sie machen Pläne.

Unruhe bemächtigt sich der drei Freunde, sie streben fort von Ascona. Vier Wochen nach der Ankunft wird der Abschied besprochen. Ist es Langeweile, Geldmangel oder enttäuschte Erwartung an einen künstlerischen Schub? Oder merken sie, dass sie polizeilich beobachtet werden? Es soll in den Spessart oder nach Florenz gehen. Welch geografischer Unterschied! Der Spessart ist Leonhard Franks vertraute Heimat, er liebt die Wälder. Er ist in Würzburg aufgewachsen, seine Eltern leben dort. Frank und Haag haben keine familiären Verpflichtungen, doch für Sofie bestünde die Verpflichtung, dass sie nach Ellwangen fahren müsste, um zu Hause zu helfen. Deshalb würde sie lieber die Chance wahrnehmen – wenn sie nun schon im Süden ist –, nach Florenz zu reisen. Sie ahnt, dass in Deutschland ihre Freiheit wieder beschnitten wird.

Gern würde Sofie zusammen mit Leonhard Frank in die Asconeser Berge gehen, aber da ist Anna Haag mit ihrer einengenden Eifersucht. Von den anderen Teilnehmern der „Tafelrunde" ist keine Rede mehr.

„Du wirst staunen, was jetzt kommt"

Der nächste Brief, geschrieben am Pfingstsonntag, 3. Juni 1906, zeigt die sich entwickelnde Beziehung von Sofie und Leonhard.

> Liebe Emy!
> Dank für deinen lieben Brief. – Du darfst ganz ruhig sein. – S`ist heut ein öder Sonntag, Pfingstsonntag. – Vielleicht kommen wir bald nach Deutschland. Ich für meinen Teil möchte`s gerne zu Fuß machen, aber ohne Haag, weil ich nur bei so Touren ganz genießen kann, wenn ich auf niemand Rücksicht nehmen muß.
> Sonntag Abend. – Haag und Frank haben mich heut Nachmittag abgeholt und [es] wurde dann besprochen – daß es also wenig Sinn hat, noch länger hier zu bleiben. Nun höre – vom Spessart war ja schon immer die Rede. Du wirst staunen, was jetzt kommt. Frank und ich fahren voraus über Basel [nach] Mainz, wo wir dich begrü-

ßen dürfen und wollen im Spessart [ein] billiges Zimmer suchen. Für Haag eins ohne Schwaben. – Wenn du noch nicht fort kannst, so ist`s in ein paar Wochen, das wäre doch schön. – Mit Frank hab ich heute hälingen Muskateller getrunken, und wir haben [es] weiter ausgemalt. [...] Was die zu Hause dazu sagen – na, und nach Gauting hab ich auch noch nicht geschrieben, aber was sollte ich denn schreiben, Du weißt ja, wie unser Leben hier ist.
[...] Also, auf alle Fälle doch schreib eine Karte und ob wir eventuell kommen dürfen. Heim trau ich mir`s kaum zu schreiben.
Wir grüßen dich alle herzlich, Deine Sofie.[66]

‚Hälingen Muskateller' haben sie getrunken. ‚Hälingen' bedeutet in Sofies schwäbischer Heimat, etwas heimlich machen. Dass Sofie „stark den schwäbischen Akzent" spricht, schreibt Frank später in seinem Buch. Beide stammen aus Süddeutschland, haben sie sofort festgestellt. Heimlich, ohne Anna sitzen sie in einem Weinlokal und schmieden Pläne. „Du wirst staunen, was jetzt kommt," schreibt Sofie geheimnisvoll, und indem sie „Frank und ich fahren voraus über Basel" ankündigt, stellt sie klar, dass Frank und sie ein Paar sind.

Für die Familie in Ellwangen ist eine freie Liebe inakzeptabel. „Heim trau ich mir`s kaum zu schreiben" und „Was die zu Hause dazu sagen" – Sofie kann es sich denken! Auch die Verwandten in Gauting wären mit Sofies Lebensweise nicht einverstanden. Doch sie hat sich für Leonhard Frank entschieden und ihrem Leben eine neue Richtung gegeben.

Sofie und Leonhard in *Links wo das Herz ist*

Durch Sofies Briefe und auch in der Biografie von Leonhard Frank, *Rebell im Maßanzug*, ist erwiesen – im Gegensatz zu dem, was Frank in seinem Buch *Links wo das Herz ist* schreibt –, dass Sofie und Leonhard sich in Ascona kennen lernen und dass hier die Liebesgeschichte beginnt. „Sofie Benz und Frank wurden auf dem Monte Verità ein Paar. Das geht aus einem Gespräch mit Binswanger[67] hervor, der notierte, Frank habe Sofie ebenso wie Gross bei seinem Aufenthalt in Ascona kennengelernt."[68]

Obwohl er in dem Bericht des Regierungskommissar Franchino Rusca vom 23. Mai 1906 namentlich erwähnt wird, lässt Frank in seiner fiktiven Autobiografie die Liebesgeschichte nicht im Tessin beginnen, sondern in der Malschu-

---
66 Brief SB an EB. [Pfingstsonntag, 03.06.1906]. Privatarchiv P.B.
67 Ludwig Binswanger (1881–1966). Psychiater, Psychoanalytiker, Leiter des Sanatoriums Bellevue, Kreuzlingen, wo Leonhard Frank zur Behandlung war. Die Krankenakte liegt im Universitätsarchiv Tübingen.
68 Katharina Rudolph, S. 65f.

le von Anton Ažbé in München, wo er und Sofie sich unter der Aufsicht von Otto Gross (alias Doktor Kreuz) näherkommen. Da lernt er den Arzt erstmals im Café Stefanie kennen, wohin ihn seine Kommilitonin Sophie mitgenommen hat: „Diesen Abend saß auch Michael [Leonhard] am Tisch. Er hatte Sophie in der Malschule kennengelernt und sie ins Café begleitet, in dem er vorher nie gewesen war."[69]

Die Wirklichkeit in Ascona ist romantisch und selbstbestimmt; sie zeigt – wie Sofies Briefen zu entnehmen ist – zwei Menschen, die sich aus freien Stücken erwählen und für die Ascona das erste Liebesnest ist. Hat der Schriftsteller Leonhard Frank den Aufenthalt in Ascona bewusst nicht erwähnt, um seinen Kontakt mit den „Weltverbesserern" literarisch wirksamer in das Münchner Café Stefanie zu verlegen?

Angesichts der sehr überzeugend aufgebauten, literarisch elegant geschilderten Vorgänge in Leonhard Franks Werken hegte die Literaturwissenschaft kaum Zweifel an der Übereinstimmung von Schilderung und Wirklichkeit. Franks Narrative von Menschen und Situationen klangen so authentisch, dass leicht übersehen wurde, dass das Buch ein Roman und keine Autobiografie ist. Der Leonhard Frank-Forscher Hans Steidle stellt in seinem Buch *Leonhard Frank und Würzburg – der Dichter und seine Vaterstadt* fest: „Der Schriftsteller legte nicht Wert darauf, die Fakten seines Lebens präzise zusammenzustellen, sondern die Essenz seiner jeweiligen Lebensphasen herauszustellen."[70] Und: „Ich spreche […] dem Buch […] den Charakter eines Entwicklungsromans mit autobiographischer Basis zu."[71]

Auch der Frank-Forscher Peter Cersowsky schreibt: „An hieb- und stichfestem Material über Leonhard Franks Vita mangelt es. Er war ein einsilbiger Mensch, gerade wenn es um ihn selbst ging. Was Wunder, daß da seine Autobiographie *Links wo das Herz ist* immer wieder unbesehen als Steinbruch für Informationen über dieses Schriftstellerleben herhalten mußte."[72] Cersowsky setzt sich mit Begebenheiten in Franks Buch auseinander und kommt zu dem Ergebnis, dass es eine Melange aus Dichtung und Wahrheit ist.

Dreißig Jahre nach dem Aufenthalt in Ascona wird Leonhard Frank von seiner Vergangenheit eingeholt. Als er 1936 im Exil in der Schweiz lebt, wird Regierungskommissar Franchino Ruscas Akte hervorgeholt. Frank hatte – zusammen mit seiner damaligen Frau Elena – bei der Tessiner Fremdenpolizei in Ascona einen Antrag auf Aufenthaltsbewilligung gestellt. Nun heißt es, „Frank sei der Behörde ‚seit dem Juni 1906 […] sehr wohl bekannt […], als Anar-

69 Leonhard Frank, 1976, S. 12.
70 Hans Steidle: Der Dichter und seine Vaterstadt. Würzburg 2007, S. 10.
71 Hans Steidle: Von ganzem Herzen links. Würzburg 2005, S. 10.
72 Peter Cersowsky u.a. (Hg.): Neue Beiträge zu Leonhard Frank. Würzburg 2003, S. 9.

chist, Revolutionär, Extremist usw., der wegen Erpressung, Hochverrat u.a. verfolgt worden ist'."[73]

Wie die Begriffe „Revolutionär", „Anarchist" und „Extremist" sich einordnen lassen, ist vorstellbar, worauf sich „Erpressung" und „Hochverrat" im Zusammenhang mit dem Aufenthalt im Juni 1906 beziehen, bleibt unklar.

Post aus Stadtprozelten im Spessart

Zwei in der Literatur vertretene Narrative zu Sofie und Leonhard müssen an dieser Stelle korrigiert werden. Da heißt es: „Sofie Benz und Frank wurden auf dem Monte Verità ein Paar"[74] und „Dass Gross als Kuppler fungierte – nur eben in Ascona und nicht in München –, kann zwar nicht explizit belegt werden, ist jedoch sehr wahrscheinlich […]."[75] In vielen Publikationen wird zwischen Ascona (unten am See) und Monte Verità (oben) kein Unterschied gemacht. Sofie und Leonhard gehörten nicht zu der Kommune auf dem Monte Verità, haben weder in einer Lufthütte noch im Sanatorium gewohnt; sie hätten dafür auch kein Geld gehabt. Dass Otto Gross in Ascona als „Kuppler" auftritt, gehört zu seiner Charakterisierung als „ewiger Kuppler". In Ascona 1906 hat der Psychiater seine Hände nicht im Spiel, da entwickelt sich die Zuneigung von Sofie Benz und Leonhard Frank ohne sein Zutun.

Als Sofie, Leonhard und Anna Mitte Juni 1906 den Tessin verlassen, verpassen sie einen prominenten Schriftsteller, der im Juni am Lago Maggiore eintrifft und im Sanatorium von Henri Oedenkoven Quartier nimmt, um sich von seiner Alkoholsucht zu befreien: Hermann Hesse. Gusto Gräser holt ihn in seine Höhle nahe Arcegno und weiht ihn in die Naturphilosophie ein. Ein zweites Mal kommt Hesse im Jahr 1907 auf den Monte Verità. Aus den Erfahrungen mit den Naturmenschen und der Auseinandersetzung mit alternativen Lebensformen entstehen Hesses Erzählungen *In den Felsen* mit dem Untertitel *Notizen eines Naturmenschen* (1908 in der Zeitschrift *März* publiziert), *Doktor Knölges Ende* (1906) und *Der Weltverbesserer* (1910).

Am 23. Juni 1906 schreibt Sofie eine Karte aus Stadtprozelten bei Miltenberg im Spessart.

> Liebe Emy, verzeih, wir wollten dir nicht eher schreiben, eh wir [die] genaue Adresse wissen. Im Übrigen geht es uns gut, wenigstens jetzt wieder, ich war ein paar Tage krank. Unsre neue Adresse ist [[76]] Stadtprozelten. Brief folgt.
> Herzliche Grüße, Deine Sofie."[77]

---
73 Katharina Rudolph, S. 262.
74 Katharina Rudolph, S. 65.
75 Katharina Rudolph, S. 66.
76 Adresse unleserlich hinzugeschrieben, nicht von Sofies Handschrift.
77 Karte SB an EB. 23.06.1906. Privatarchiv P.B.

Was sie in den kleinen unterfränkischen Ort Stadtprozelten geführt hat, berichtet Sofie nicht. Spazieren gehen am Main und in den Wäldern des Spessarts? Die Zweisamkeit genießen und Pläne schmieden? Hier beginnt Leonhard Frank wieder mit dem Malen, wie im September einem Brief Sofies zu entnehmen ist: „Hardl hat in Stadtprozelten eine Composition angefangen. Erst klein und hat von Morgens bis Abends gearbeitet. Hat dabei immer noch probiert und dann, als es fertig [war] und er es zu wachsen versuchte, ist`s ihm verbrannt."[78]

Hardl ist der Name für Leonhard, den Sofie ebenso benutzt wie dessen Familie und seine Freunde. Auch auf der nächsten Karte, abgestempelt in Stadtprozelten, gibt es nur knappe Informationen:

> Liebe E. und A.[[79]]. Sende Euch herzliche Grüße. Dank für Karte. – Es geht mir alle Tage besser. Haag wird der Umstände halber nicht über Mainz fahren, sondern direkt hierher, sie wollte schon gestern hier sein, kam aber nicht.
> Vergnügtes Beisammensein! Eure Sofie.[80]

Sofie und Leonhard Frank sind im Spessart, den der junge Mann liebt. In seinem Buch *Die Räuberbande* schildert er sensibel die Atmosphäre der Landschaft.

> Wenn man von Aschaffenburg […] den Main aufwärts wandert, zweigt die Straße scharf vom Fluss ab und führt in den dunklen Spessart hinein. Stundenlang wandert man durch den Eichenwald, hat auf einer Höhe das unabsehbare gewellte Waldmeer vor sich liegen, sieht stille Waldtäler, von Forellenbächen durchzogen, und es begegnet einem stundenlang kein Mensch.[81]

Leonhard und Sofie suchen die Einsamkeit. Sie kehren aus Ascona nicht sofort in das geschäftige München zurück, sondern in die Ruhe des Spessarts.

Gemeinsames Leben in München

Im Herbst 1906 sind Sofie Benz und Leonhard Frank damit beschäftigt, sich wieder in München einzurichten, begleitet von Besuchen in Würzburg und Ellwangen. Nach der Abmeldung Sofies Anfang Mai („*3.V.06 nach Ascona*")

---

78 Brief SB an EB, o.D. [vor dem 18.09.1906]. Privatarchiv P.B.
79 E. (Emy) und A. (Anna). Anna Krauß, Sofies Halbschwester, in Stuttgart verheiratet.
80 Karte SB an EB. 01.07.1906. Privatarchiv P.B.
81 Leonhard Frank, 1975, S. 159 ff.

folgt die Eintragung „*Clemensstr. 4/4, 22.10.06 Bärndl*"[82], doch zweieinhalb Monate später wird klar, dass sie sich vor allem in Franks Wohnung in der Feilitzschstraße aufhält. Auch das ist dem Meldezettel zu entnehmen.

Sofie registriert sich beim Finanzamt als freie Künstlerin, Leonhard Frank nimmt seine Studien an der Kunstakademie auf.

Ist das Zusammenleben für Sofie und Leonhard eine Selbstverständlichkeit oder von Zweifeln begleitet? An Leonhard Frank – als Mann – werden nicht die gleichen strengen moralischen Maßstäbe gelegt, wie an Sofie. Wenn Schwabing als Ort liberaler gesellschaftlicher Moral und ein Hort für freie Be-

Leonhard Frank und Sofie Benz. (Foto o.D., Privatbesitz)

ziehungen der Geschlechter geschildert wird, so gilt das nur hier. Sobald Sofie nach Ellwangen kommt, ist sie den Sitten des kleinstädtischen Bürgertums unterworfen. Ihre Eltern und Geschwister können Sofies Lebensweise und eine freie Beziehung zu ihrem Freund nicht gutheißen. Leonhard Frank schreibt einige Jahre später an Sofies Mutter: „Sie waren, ich weiß es wohl, nicht einverstanden mit den Beziehungen zwischen Sofie und mir."[83]

Die Schwester Emilie lernt Leonhard Frank bei ihren Besuchen in München kennen. Ob Sofie ihren Freund in Ellwangen der Familie vorstellt, ist

---
82 Meldebogen Sofie Benz der Stadt München. Stadtarchiv München.
83 Brief Leonhard Frank an Sofies Mutter, 04.10.1911. Privatarchiv P.B.

nicht bekannt. Frank wird als Mann geschildert, der stets großen Wert auf sein Äußeres legte; der Titel seiner Biografie *Rebell im Maßanzug* unterstreicht das. Er macht eine gute Figur und hätte in Ellwangen der Familie keine Schande bereitet. Doch dort geht es nicht um die gepflegte Erscheinung, sondern um die Tatsache, dass Sofie mit dem jungen Mann unverheiratet zusammenlebt.

Sofie und Leonhard lernen sich in einer Zeit kennen, wo die bürgerlich-moralischen Maßstäbe in Verbindung mit den Begriffen freie Liebe, Sexualität, Erotik, Ehe und allgemeine Reform der Sexualmoral heftig diskutiert werden. Nicht wenige Autoren beschäftigen sich mit dem Thema „Liebe". Das Buch des Briten Edward Carpenter – *Wenn die Menschen reif zur Liebe werden*, 1901 erschienen – zeigt im Inhaltsverzeichnis, worüber um die Jahrhundertwende diskutiert wird: „Der Mann – das unreife Geschlecht", „Das Weib – das leibeigene Geschlecht", „Die Freiheit des Weibes", „Die Ehe – ein Blick in die Zukunft" und „Die freie Gesellschaft"[84] sind einige Kapitel. Carpenters Buch beginnt mit anklagenden Sätzen:

> ‚Von den zwei Problemen, aus welchen die sociale Frage sich wesentlich zusammensetzt, ist das eine, das ökonomische Problem […]. Das andere, das Problem der Liebe, ist im allgemeinen entweder gänzlich vernachlässigt oder höchst unvollkommen behandelt worden; […] es scheint überhaupt unseren Zeitgenossen schwer zu fallen, ohne Schüchternheit zugleich und ohne Brutalität darüber zu sprechen.' […] Ein solches Netz von Verlogenheit, eine solche Furcht vor der Wahrheit, und solch eine Ehrfurcht vor dem Schein wie auf diesem Gebiete des Lebens, herrscht auf keinem andern. Und ganz besonders in den ‚gebildeten' Klassen, zu denen darüber am schwersten zu sprechen ist.[85]

Das 1904 publizierte Buch *Über Liebe und Ehe* der schwedischen Reformpädagogin Ellen Key berührt ähnliche Themen: „Die Evolution der Liebe", „Die Freiheit der Liebe", „Die Auswahl der Liebe", „Die Befreiung von der Mutterschaft", „Freie Scheidung" und „Ein neues Ehegesetz"[86]. Es geht nicht darum, *wie* über die Themen debattiert wird, sondern *dass* die geschlechtsrelevanten Fragen in der Luft liegen: „Das wichtigste Thema der Gegenwart ‚Neue Frauen – Neue Männer' […]."[87] Ellen Key schreibt 1900 in ihrem Buch *Das Jahrhundert des Kindes*: „Die Gesellschaft wird einmal die Gestaltung der erotischen Verhältnisse als die Privatsache der mündigen Individuen ansehen. Die Lie-

---

84 Edward Carpenter: Wenn die Menschen reif zur Liebe werden. Leipzig 1903, S. 322. (Erstdruck 1901)
85 Edward Carpenter, S. 7f.
86 Ellen Key: Über Liebe und Ehe. Berlin 1921, S. 9. (Erstdruck 1904)
87 Edward Carpenter, S. 323.

benden, die Verheirateten werden sich als vollkommen frei betrachten und auch so betrachtet werden […]."[88]

Auch wenn die „freie Liebe" attraktiv erscheint und eine Reform der Sexualmoral allmählich einsetzt – unterstützt durch die junge Wissenschaft der Psychologie und die Lehren Sigmund Freuds –, so sind es doch zunächst Künstler, Literaten, Theater- und Musikschaffende, die sich die Freiheit herausnehmen, ihr Beziehungsleben nach eigenen Vorstellungen zu gestalten. Die Mehrheit der bürgerlichen Gesellschaft bleibt konservativ.

Sofie und Leonhard trauen sich, den Weg der Selbstbestimmung zu gehen. Während das bei einem Mann wenig Aufmerksamkeit erregt, ist es für Sofie ein Schritt, der wohl überlegt werden muss, da es um Begriffe wie Ehre, Unschuld, Jungfräulichkeit, Reinheit, Sittsamkeit und Würde geht. Das *Taschenbüchlein des guten Tones* (1892) beginnt mit den Worten:

> Der Wert und die Würde des Menschen liegt in der wahren inneren Herzensbildung. […] Gilt dies allen, welchen Geschlechtes, Alters und Standes sie sein mögen, so gilt es doch ganz vorzüglich dem weiblichen Geschlechte. Ihm ist die Beobachtung der äußeren Anstandsformen gleichsam die Mauer zum Schutze des eigenen Innern und ein vorzügliches Mittel, sich die Hochachtung in der menschlichen Gesellschaft zu verdienen und zu erhalten […].[89]

Dem jungen Mädchen gebührt nicht die Hochachtung a priori, sondern es muss sich den Respekt „verdienen". Doch Sofie steht zu Leonhard; in ihren Briefen schreibt sie mit großer Selbstverständlichkeit von ihm und ihrem Zusammensein.

Zurück in München: Der erste Brief

Aus Sofies nächstem Brief – ein Tag vor der Abreise von München nach Würzburg geschrieben – wird deutlich, dass die drei Künstler Benz, Frank und Haag schon bald nach ihrer Rückkehr aus Ascona zum Hause Gross in München Kontakt haben. Sofie schreibt Mitte September an ihre Schwester:

> Liebe Emy,
> herzlichen Dank für [deinen] Brief. – Muß dir nun die ganze Bildgeschichte erzählen. Haag war schon abgereist zu Frau Dr. Groß, die sie eingeladen, als Frl. Ihms Absage kam. Das Bild ist sehr fein, aber s` ist doch ein Unterschied, ob Ihms oder du das Bild nehmen. Haag wollte nicht mehr als 150 Mark. Frank und ich aber sagten,

---
88 Ellen Key: Das Jahrhundert des Kindes. Berlin 1905, S. 32ff.
89 Sophie Christ: Taschenbüchlein des guten Tones. Mainz 1892, S. IIIf.

daß es zu wenig sei. Dir sind 300 Mark mehr als Ihms, und ob das Bild dann für dich den Wert hat, weiß ich nicht. Haag würde es dir jedenfalls um keinen Preis für 300 geben, höchstens 150 Mark. Also schreib noch mal, wie du denkst und zwar nach Würzburg, wo das Bild ist; Frank, Frankfurterstr. 18 III. – Morgen, Mittwoch geh ich erst nach Würzburg. Kannst du nicht noch bis Montag bleiben. Frank sagt, ich müsse unbedingt über den Sonntag bleiben, da seine Angehörigen nur sonntags fortkönnen. – [...] Daß Ihr mir einen Mantel gekauft, ohne daß ich dabei war! Übrigens herzlichen Dank. Also auf baldiges Wiedersehen. Euch allen herzliche Grüße.
Eure Sofie.
Briefpapier wünsch ich mir auch noch zum Geburtstag."[90]
Als Zusatz mit großer Handschrift von Leonhard Frank ist zu lesen: „Ich bedanke mich herzlich für meinen Kragen[91] u. grüße Sie, L. Frank." (Bei „herzlich" wurde „herz" durch ein Herz-Symbol ersetzt.)

Brief mit Gruß von Leonhard Frank. (Privatbesitz)

Emilie kennt Leonhard Frank bereits – so ist seinem Gruß zu entnehmen. Vielleicht haben Sofie und Leonhard sie in Mainz besucht. Es geht in diesem Brief um ein Gemälde von Anna Haag, das entweder an Frau Ihms[92] oder an

---

90 Brief SB an EB, o.D. [vor dem 18.09.1906; Sofie hat am 18.09. Geburtstag.]
91 Wort in der Transkription nicht eindeutig zu erschließen, wahrscheinlich „Kragen" als Einsatz für ein Hemd. Manschette und Kragen wurden separat getragen.
92 Wer Frau Ihms war, ließ sich nicht ermitteln.

Emilie verkauft werden soll. Das Bild befindet sich im Hause der Eltern von Leonhard Frank in Würzburg.

Anna Haag ist inzwischen mit Frieda Gross befreundet und besucht sie in Österreich. Frieda ist schwanger und hält sich Anfang September zur Erholung in der Umgebung von Salzburg auf.[93] Eines Tages wird Emilie Benz sagen: „Ich glaube, Haag war die Brücke, – ohne Haag hätte Sofie niemals Groß näher treten können."[94]

Für Sofie spielen in dieser Zeit weder Frieda noch Otto Gross eine Rolle. Sie ist mit Leonhard Frank zusammen. Am Schluss des Briefes entsteht der Eindruck, dass sich das Verhältnis zum Elternhaus entspannt hat, denn die Angehörigen haben Sofie – vielleicht als Geburtstagsgeschenk – sehr zu ihrem Erstaunen in ihrer Abwesenheit einen Mantel gekauft. Zwar hatte sie kein Mitspracherecht, was Passform, Stil und Farbe angeht, aber sie bedankt sich doch.

Besuch in Würzburg

Sofie und Leonhard sind inzwischen so eng befreundet, dass sie seine Familie in Würzburg besuchen. Anschließend schreibt Sofie aus Ellwangen[95]:

Liebe Emy,
entschuldige, daß ich jetzt erst Deinen Brief beantworte. – Das Bild wirst Du ja bereits erhalten haben. Haag wäre allerdings froh, wenn Du ihr bald 150 Mark schicktest, übrigens, falls Du gerade nicht soviel hast, ist`s ihr vielleicht sogar lieber, jetzt nur 100 oder 60 Mark. – Hoffentlich ist`s unversehrt angekommen, denn nur unter Glas und Rahmen darf man`s sehen. – Schade, daß wir uns nimmer gesehen. –
In Würzburg war`s sehr schön. Frank`s sind liebe, feine Leute, eben die Mutter und Elise, Hardl`s Schwester. Würzburg ist eine ganz famose Stadt. 8 Tage war ich dort und habe noch nicht alles gesehen. Ich habe auch Hardl`s frühere Arbeiten gesehen von der Zeit, da er noch nicht Maler war. Feine, liebe Sachen, und dann Arbeiten vom Sommer vorigen Jahrs, ganz famose. Die Bilder hat seine Schwester Marie in ihrem Zimmer hängen, die ist verheiratet und nicht nett. Hat einen reichen Mann, der Kellner war und geht furchtbar aufgedonnert. Für die Bilder sollte sie ihm, so lange er in München war,

---

93 Siehe Esther Bertschinger-Joos, S. 63.
94 Notiz von Emilie Benz, o.D. [nach 1911] Privatarchiv P.B.
95 „Ellwangen" erschlossen aus dem Nachsatz „Grüße von den Eltern".

alle Woch 5 M schicken. Hat`s aber nicht gethan. – Hardl hat in Stadtprozelten eine Composition[96] angefangen. Erst klein und hat von Morgens bis Abends gearbeitet. Hat dabei immer noch probiert und dann, als es fertig [war] und er es zu wachsen versuchte, ist`s ihm verbrannt, dann hat er`s jetzt groß angefangen, die Farben sind sehr gut. Hoffentlich kann er jetzt mal ruhig arbeiten. […]
                    Ich grüße Dich herzlich, Deine Sofie.
Lieben Dank für das feine Schächtele. Haags Adresse ist: Schöngeising bei Bruck.
Du fragst, wo das Bild am besten hinge. Ich glaub, noch besser hing`s im Schlafzimmer, im Hellen darf`s nicht hängen. Doch das wirst Du jetzt am besten sehen.
                    Grüße von den Eltern.[97]

War in Sofies Brief Mitte September der Verkauf von Anna Haags Bild ein Thema gewesen, so ist nun klar, dass Emilie es für 150 Mark gekauft hat. Emilie hat nicht Geld im Überfluss, deshalb das Angebot einer Ratenzahlung.

Die Familie Frank

Der Leonhard Frank-Forscher Hans Steidle beschreibt in dem Buch *Der Dichter und seine Vaterstadt* ausführlich das Leben im Elternhaus Frank und Leonhards Jugendzeit bis zum Beginn des Kunststudiums in München.

Leonhard Frank – geboren am 4. September 1882 in Würzburg – ist das vierte Kind von Johann und Marie Frank[98]. Beide stammen aus mittelfränkischem, ländlichem Milieu und sind protestantisch. Ein Zeitzeuge, der Leonhard Franks Eltern kannte, berichtet:

Temperamentvoller und erzählfreudiger war Frau Frank. Da sie evangelisch war, hatte sie sich an meine Mutter angeschlossen. Sie lasen auch Romane zusammen, was Herr Frank nicht so gern sah. […] Herr Frank war ein zurückhaltender Mann, der alle Hausbewohner grüßte, aber nur wenig mit ihnen sprach. Er kam immer pünktlich um 12 Uhr zum Essen von seiner kleinen Schreinerei.[99]

Leonhard Frank schildert in *Links wo das Herz ist* seine Mutter als zupackende, einfallsreiche und arbeitsame Frau, die es versteht, die finanziell am Existenz-

---

96 Komposition: Bildgestaltung; künstlerische Anordnung von Elementen wie Farbe, Form, Größe …, um eine bestimmte Wirkung beim Betrachter zu erzielen.
97 Brief SB an EB, o. D. [September 1906]. Privatarchiv P.B.
98 Johann Frank (1850–1931), Marie Frank (1852–1924).
99 Hans Steidle, 2007, S. 34 und S. 37.

minimum lebende Familie über die Runden zu bringen. Er benötigt einen einzigen langen Satz, um die Qualitäten seiner Mutter darzustellen:
> Daß die Mutter es vollbrachte, Geld für Holz und Kohlen abzuzwacken, dem schwer arbeitenden Vater jeden Morgen Vespergeld mitzugeben, Schuhe und Winterkleider für zwei Erwachsene und vier Kinder beizuschaffen und dennoch die Miete zu bezahlen und täglich zweimal Essen für sechs auf den Tisch zu stellen, alles von achtzehn Mark in der Woche, war ein Wunder, vergleichbar mit dem des Wundertäters Jesus, der mit fünf Broten und zwei Fischen fünftausend Hungrige speiste.[100]

In allen Publikationen werden die ärmlichen Verhältnisse hervorgehoben, unter denen Leonhard aufwächst. Er beginnt *Links wo das Herz ist* mit den Worten:
> Michael war das Sorgen vermehrende unerwünschte vierte Kind gewesen. Sein Vater, ein Schreinergeselle, der Parkettböden legte und glatthobelte – zehn Stunden im Tag auf den Knien, die Stirn nahe am Boden, den er hobelte, hartes Buchenholz –, verdiente achtzehn Mark in der Woche. Am Eßtisch gab es große Augen und kleine Bissen.[101]

Dass der Entschluss Leonhard Franks, als mittelloser Kunststudent nach München zu gehen, in der Familie Frank nicht mit Freude aufgenommen wird, ist verständlich. Frank beantragt im Mai 1905 ein Stipendium und muss einen Bescheid über die Einkommensverhältnisse seiner Familie vorlegen.

Leonhard Frank hat drei ältere Geschwister: Hans, geboren 1872, Marie, geboren 1877 und Elisabeth (Elise), geboren 1880. Hans Frank löst sich früh vom Elternhaus und siedelt in Dresden, wo er eine Familie gründet. Leonhard hält immer Kontakt zu ihm. Marie heiratet 1899 den Kellner Valentin Übel und lebt mit ihm in Würzburg. Die Ehe bleibt kinderlos. Elisabeth heiratet 1907 den in Kassel geborenen Mechaniker Karl Ellersiek, mit dem sie zwei Kinder hat.

Leonhards Mutter schreibt 1914 den *Lebensroman einer Arbeiterfrau*, eine Roman-Biografie, in der sie unter dem Pseudonym Marie Wegrainer ihr Leben und das ihrer Familie anschaulich schildert.

„Würzburg ist eine ganz famose Stadt"

Als Leonhard Frank und Sofie Benz im September 1906 Leonhards Eltern in Würzburg besuchen, trifft Sofie nicht mehr auf die oben geschilderte Ar-

---
100 Leonhard Frank, 1976, S. 5.
101 Leonhard Frank, 1976, S. 5.

mut, denn der Vater hat inzwischen eine feste Anstellung mit einem geregelten Einkommen. Ende 1896 hatte die Familie eine Wohnung im Haus Frankfurterstraße 18 bezogen, wo Leonhard Frank bis zu seiner Übersiedlung nach München wohnt und wo Sofie nun die Eltern kennen lernt. Im Erdgeschoss befindet sich die Gaststätte Vogelsburg, darüber sind drei Geschosse mit je zwei Wohnungen. Die Franks wohnen – lt. Adresse in Sofies Brief – in der 3. Etage.

Die Familien Benz und Frank gehören in Ellwangen wie in Würzburg der evangelischen Minderheit an. Leonhard Frank schildert wiederholt die konservative Atmosphäre seiner Vaterstadt. So war für Sofie wie für Leonhard der Umzug nach Schwabing eine Befreiung aus gesellschaftlicher und familiärer Enge, auch wenn sie zu bestimmten Anlässen in ihre Elternhäuser zurückkehren. Während es für Sofie schwierig ist, Leonhard den Eltern in Ellwangen vorzustellen, scheint das umgekehrt im Hause Frank kein Problem mit Sofie zu sein. Marie Frank nimmt Leonhards Freundin herzlich auf.

Leonhard zeigt Sofie die Schönheiten seiner Heimatstadt. Er kennt sich aus, denn als Jugendlicher hat er zusammen mit seinen Freunden jeden Winkel der Stadt erforscht. So wie er acht Jahre später in seinem Erfolgsroman *Die Räuberbande* mit liebevoller Intensität die Atmosphäre der fränkischen Stadt schildert, wird er auch Sofie Würzburg nahegebracht haben:

Haus (links) der Familie Frank in Würzburg, Frankfurterstr. 18. (Foto 2019, privat)

[…] die dreißig Kirchturmglocken von Würzburg läuteten dröhnend zusammen zum Samstagabendgottesdienst. Und aus allen heraus tönte gewaltig und weittragend die große Glocke des Domes, behauptete sich bis zuletzt und verklang. – […] Über der Stadt lag Abendsonnenschein. – Ein roter Wolkenballon hing über der grauen Festung auf dem Gipfel, und im steil abfallenden Königlichen Weinberg blitzten die weißen Kopftücher der Winzerinnen – die Weinernte hatte begonnen. – Es roch nach Wasser, Teer und Weihrauch.[102]

---

102 Leonhard Frank, 1975, S. 9.

Der Leser soll die Stadt Würzburg mit allen Sinnen erfassen. Das ist, was Leonhards Kindheit und Jugend bestimmt hat. Er liebt seine Stadt, wenn auch distanziert, denn gleichzeitig lastet Bedrückendes auf seiner Seele, was er später mit den ihm eigenen expressionistischen Stilmitteln ausdrückt. In der Erzählung *Gotik* – die er fast zeitgleich mit seinem Buch *Die Räuberbande* veröffentlicht – schildert er „die Stadt" in ihrer Schwermut und Freudlosigkeit.

>Die Stadt war katholisch. Von jenem schweren Katholizismus, der die Menschen durchdringt, dumpf und unentrinnbar fesselt, der durch die schwere, düstere Frühgotik gefestigt, gestützt ist, bis in Jahrtausende. Jene Gotik kleiner deutscher Städte, die einen eisernen Reif um das Hirn der Menschen legt, die dem Menschen das dumpfe Chaos ins Hirn flößt, aus dem ihn die Angsträume mit schrecklichen Blitzen wachsen. – [...] Und die Menschen liebten die Sonne nicht. Sie gingen zusammengeduckt, mit immer halb geschlossenen Augen. Ihre Hände waren dick und weißlich, und die Gesichter fett und von einer bösen Lüsternheit.[103]

Eine Woche verbringt Sofie in Würzburg. Ihr Urteil: „Würzburg ist eine ganz famose Stadt. 8 Tage war ich dort und habe noch nicht alles gesehen."[104] Obwohl Sofie in keinem weiteren Brief von Besuchen bei der Familie Frank berichtet, ist doch anzunehmen, dass sie mehrmals in Würzburg ist und sich ein gutes Verhältnis – vor allem zu Mutter Marie – entwickelt. Mehr als ein Jahr später schreibt sie, dass sie Leonhards Schwester Elise nach der Geburt des ersten Kindes helfen will. Das kann sie nur bei einem guten Kontakt zur Familie anbieten.

Leonhard Franks Weg zum Künstler

>Ich hab´ auch Franks frühere Arbeiten gesehen aus der Zeit, da er noch nicht Maler war. Feine, liebe Sachen, und dann Arbeiten vom Sommer vorigen Jahrs, ganz famose.[105]

So schreibt Sofie, die aus einem Künstlerhaus kommt. Ihr Blick ist geschult, sie hat mehr als drei Jahre Kunststudium hinter sich.

Vor seinem Studium in München hatte Frank Kurse am Polytechnischen Zentralverein in Würzburg belegt. Die Möglichkeit eines Kunststudiums war in Frank bei einem Aufenthalt in München im Winter 1903 geweckt worden. Er war nach München gekommen, um seinen Militärdienst anzutreten, wur-

---

103 Leonhard Frank: Fremde Mädchen. Geschichten der Leidenschaft. Hg. von Dieter Sudhoff. Berlin 2007, S. 29f. *Gotik* wurde erstmals veröffentlicht in *Die Neue Kunst 1913/1914*.
104 Brief SB an EB, o. D. [September 1906]. Privatarchiv P.B.
105 Brief SB an EB, o. D. [September 1906]. Privatarchiv P.B.

de aber zurückgestellt. In München „kam er zum ersten Mal mit bildenden Künstlern zusammen, besuchte Museen und Galerien, nahm sogar an einem Aktabend der Kunstakademie teil und wurde von einem Maler wegen seines Strichs gelobt. Es waren entscheidende Augenblicke, in denen ihn die Sehnsucht ergriff, Maler zu werden."[106] In seinem Roman *Die Räuberbande* erzählt Leonhard Frank, wie ihn in einem Museum die Faszination von Gemälden ergreift und Galeriebesuche in Dresden zum Malen anregen.

Leonhard Frank ist zunächst als Monteur und Dekorationsmaler tätig, verdient Geld für das beabsichtigte Studium, übt sich im Aquarellmalen und lernt bei einem befreundeten Kunstmaler die Grundtechniken. Im Sommer und Herbst 1904 arbeitet er als Anstreicher in Rothenburg ob der Tauber, ab dem Wintersemester 1904 belegt er Kurse an der privaten Kunstschule von Anton Ažbé in München. Er bereitet sich auf die Aufnahmeprüfung für das Sommersemester 1905 an der Kunstakademie in München vor. Als er im Mai 1905 ein Stipendium beantragt, sind seine Studienfächer Graphik, Lithographie, Radierung, Kopf- und Aktzeichnen.

Begegnung mit Schicksalsmenschen

Für Sofie gibt es zwei Menschen, die ihr Schicksal in den kommenden Jahren bestimmen: Leonhard Frank und Otto Gross.

Leonhard Frank nimmt im Herbst 1906 sein Studium an der Münchner Kunstakademie wieder auf, Sofie arbeitet als freie Künstlerin. Auch das Ehepaar Frieda und Otto Gross richtet sich in der bayerischen Hauptstadt ein. Der Psychiater ist dem jungen Paar aus Ascona bekannt, seine Frau Frieda haben sie inzwischen kennen gelernt. Ab dem 10. Oktober ist das Ehepaar Gross in der Zieblandstraße 12, 3. Stock, gemeldet.[107] Friedas Biografin schreibt:

> Vielleicht aber hat er [Otto Gross] auch schon ‚die Künstler' im Visier [...]. Vielleicht hat er in Ascona die freiere Luft geschnuppert, die Fäden geknüpft zur Münchener Bohème. Was er denkt, was er formuliert, will er jetzt auch ins praktische Leben bringen. Dafür braucht er Menschen: Gegenüber, die ihm zuhören, die er von ihren Leiden, ihren Ängsten, ihren Abhängigkeiten befreien will. Menschen, die an ihn glauben, sich ihm ausliefern, bereit sind, ihrem Leben einen neuen, anderen Sinn zu geben. Frieda hofft mit ihm auf eine bessere Zukunft. [...] Auf jeden Fall hat sie jetzt ein neues Ziel: ihr Kind. Damit wird sie beschäftigt sein.[108]

---

106 Katharina Rudolph, S. 45.
107 Meldebogen der Stadt München: Otto Gross. Der Meldebogen wurde am 27.04.1897 angelegt, als Zweck des Aufenthalts ist „Studium" eingetragen.
108 Esther Bertschinger-Joos, S. 63.

Für Otto Gross ist das Jahr 1906 bislang abwechslungsreich verlaufen. Als ärztlicher Assistent hat er bei Professor Gabriel Anton in Graz gearbeitet und im März die Privatdozentur an der Universität Graz für das Fach Psychopathologie erhalten. Zwischen den Vorlesungen macht er in Ascona eine Drogenentzugstherapie. Nach einem Semester Vorlesung unternimmt er eine Reise auf dem Balkan: „Ich ging zuerst nach Uesküb. – Von Uesküb bin ich über Saloniki, Kreta und Volona nach Triest zurückgekehrt und dann nach München gegangen."[109] Im Oktober beginnt er die Tätigkeit als Assistenzarzt in der psychiatrischen Klinik von Emil Kraepelin.

Schon jetzt wird deutlich, dass für Frieda und Otto Gross die Ehe eine Herausforderung ist. In den nächsten Jahren entfremden sie sich immer mehr. Friedas Schwangerschaft – sie ist im 5. Monat – betrachtet Otto als eine Angelegenheit, die ihn nichts angeht. Jahre später äußert er sich einem Freund gegenüber: „Frieda wollte ich auch damals nur ersäufen, weil sie ein Kind von mir trug. [...] Ich war überzeugt, daß dieses Kind das Ende unserer ganzen Hoffnungen gewesen wäre. Die Frau war damals nicht reif genug für das Kind. [...] Ich hab` mich nie darum gekümmert. Mir war es schrecklich."[110]

Frieda ist dreißig Jahre alt und nach Ansicht ihres Mannes nicht reif für ein Kind. Ehrlich stellt Gross fest, dass er sich für sein Kind nicht interessiert.

Frieda kennt München von Besuchen im Jahr 1901. Für Otto Gross ist der Umzug nach München ein „Déjà-vu". 1897 und 1898 hatte er an der Ludwig-Maximilians-Universität Medizin studiert[111], Vorlesungen und Kurse in Fachkliniken besucht und in den Bereichen Innere Medizin und Kinderheilkunde volontiert. Auch nach Erlangen seines Doktorats und 1901 – im Anschluss an eine Fahrt als Schiffsarzt nach Südamerika – arbeitete er zeitweise als Volontär bzw. Assistenzarzt in München. So ist sein Umzug in die bayerische Hauptstadt 1906 die Rückkehr in eine vertraute Umgebung, wo er soziale Kontakte wiederaufnehmen kann. Mit seiner Art auf Menschen zuzugehen, schart er rasch einen Kreis von Gleichgesinnten um sich.

Durch ihren Aufenthalt in Ascona ergeben sich für Sofie und Leonhard neue Kontakte. Sofie hat sich an die „Typen" – die sie in Ascona noch als „ekelhaft" bezeichnete – gewöhnt. Die Themen und Diskussionen der „Tafelrunde" werden in den Kaffeehäusern in Schwabing fortgeführt. Leonhard Frank sind politische und sozialkritische Gespräche nicht ungewohnt, hat er doch schon

---

109 Josef Berze, Dominik Stelze, S. 26. Uesküb = Skopje, Hauptstadt Nordmazedoniens. Saloniki = Thessaloniki. Volona = wahrscheinlich Vlora, Küstenstadt an der Adria, im heutigen Albanien.
110 Franz Jung: Sophie. Der Kreuzweg der Demut. Nachdruck Nendeln 1973, S. 64. (Erstdruck Berlin 1915)
111 Der polizeiliche Meldebogen in München beginnt mit dem 27.04.1897.

von seinem zehn Jahre älteren Bruder Hans Ähnliches gehört. Hans Frank bezeichnet sich in seinen Lebenserinnerungen als „Roter".

Sofie lebt in den folgenden Jahren mit Menschen, die zur „Bohème" zählen. Kann sie deshalb als „Bohemienne" bezeichnet werden? Mitte des 19. Jahrhunderts beschrieb der Franzose Henri Murger in seinem Buch die Bohème als „Ausdruck für eine besondere Beschaffenheit der Seele"[112]. Das Buch *Bohème* des Literaturwissenschaftlers Helmut Kreuzer gilt als Standardwerk. Er stellt fest:

> Der Weg in die Boheme wird von den Bohemiens als ‚Ausbruch' aus der Gesellschaft, als bewußte Abkehr vom Milieu der ‚autoritären' Schule, der elterlichen Familie, des bürgerlichen Berufs oder der Akademie erlebt [...]. Nicht die Armut ist entscheidend für die Definition des Bohemiens, sondern ein bestimmter, intentionell unbürgerlicher Stil seines Lebens [...].[113]

Erich Mühsam schreibt: „Weder Armut noch Unstetigkeit ist entscheidendes Kriterium für die Boheme, sondern Freiheitsdrang, der den Mut findet, gesellschaftliche Bindungen zu durchbrechen und sich die Lebensformen zu schaffen, die der eigenen inneren Entwicklung die geringsten Widerstände entgegensetzen."[114]

Bohemiens, als „bunte Vögel" beschrieben, die gegen gesellschaftliche Regeln verstoßen und dabei ein glückliches Leben als „Lebenskünstler" führen, verschleiern jedoch den Blick für die unscheinbaren, vergessenen Bohemiens. Der Schriftsteller Franz Jung erinnert sich ihrer: „Das eigentlich Charakteristische der Schwabinger Boheme waren ja nicht die Simplizissimus Leute in der Torgelstube [sic!] oder die Gäste von Katy Kobus, sondern Leute, die eigentlich als Künstler kaum bekannt genug geworden sind. Die meisten haben überhaupt nichts dergleichen getan."[115]

Sofie ist im Sinne Franz Jungs eine Unscheinbare. Sie bewegt sich jetzt zwar im Kreis von Bohemiens, doch steht sie nach wie vor mit einem Bein in der bürgerlichen Gesellschaft, hält Kontakt zum Elternhaus und zu den Verwandten in Gauting – und wird das bis zu ihrem Tod tun, mit Entfremdung zwar, aber immer die Hand ausgestreckt.

---

112 Henri Murger: Aus dem Leben der Bohème. Berlin 1908, Vorwort S. 5. („Scènes de la vie de bohème", verfasst 1847/1849)
113 Helmut Kreuzer: Die Boheme. Stuttgart 1968, S. 48f und S. 43.
114 Erich Mühsam: Namen und Menschen. Unpolitische Erinnerungen. Berlin 1977, S. 24.
115 Brief von Franz Jung an Oda Schaefer 1957 in: Helmut Bauer, Elisabeth Tworek (Hg.): Schwabing. Kunst und Leben. München 1998, S. 202.

Gäste im Café Stefanie

Die Schwabinger Geselligkeit spielt sich in Kaffeehäusern sowie in literarischen, künstlerischen und politisch-philosophischen Salons ab. Im München um 1900 werden mehr als fünfzig Salons gezählt. „Neben bürgerlichen Ehepaarsalons und Männersalons […] entstanden auch Salons im Umfeld der bürgerlichen Frauenbewegung."[116]

In Schwabing ist das Café Stefanie einer der Mittelpunkte der kulturellen Szene, von Emil Szittya kommentiert: „Na, wenn`s dös Café Stephanie net g`sehn hoabn, de hoabns no nie a wirkliches Coafé g`sehn."[117] Es gibt weitere beliebte Cafés. Erich Mühsam schildert in seinen Tagebüchern, wie er täglich von einem Café zum anderen wechselt, Gleichgesinnte, Freunde und Freundinnen sucht, mit ihnen in die nächste Weinstube zieht, bis tief in die Nacht diskutierend. Das „Stefanie" hat bis 3 Uhr morgens geöffnet.

Das Bedürfnis, sich in Cafés zu treffen, entspringt den beengten Wohnverhältnissen in Schwabing. So leben Studenten und Künstler, Literaten und angehende Schriftsteller in kleinen Zimmern, oft zur Untermiete. Das Atelier ist gleichzeitig Schlafraum mit Kochstelle und Waschschüssel. Für Heizung und Beleuchtung (Kerze) muss separat gezahlt werden. Um in Kontakt mit Gleichgesinnten zu kommen, werden Gaststätten und Cafés als „Wohnzimmer" genutzt.

Das Wein- und Café-Restaurant *Simplicissimus* war 1903 gegründet worden; zu den Stammgästen zählen Literaten und Zeichner wie die Schriftsteller Ludwig Thoma, Olaf Gulbransson, Max Halbe, Roda Roda und Franziska zu Reventlow. Auf der kleinen Bühne treten Erich Mühsam, Karl Valentin und Joachim Ringelnatz mit ihren Werken auf. Ein weiterer Künstlertreff ist das Café *Altschwabing* mit seinen prächtigen Säulen, hohen Stuckdecken und Kristallüstern. Paul Klee, Franz Marc, Wassily Kandinsky, Thomas Mann, Stefan George und Franz Wedekind verkehren hier. Daneben befindet sich das Gartenlokal *Schelling-Salon*, nur wenige Häuser von Sofies Wohnung des Jahres 1908 entfernt. Kandinsky, Ibsen, Marc, Ringelnatz, Rilke und Ödön von Horvath sind dort zu Gast. „Neben den Bohemiens saßen Handwerker, Büroangestellte, Schieber, Geschäftsleute und Politiker an den Tischen."[118]

Erich Mühsam bewegt sich zwischen den Kreisen, sieht aber auch Probleme intellektueller Art. So vermerkt er in seinem Tagebuch:

---

116 Umfassend und mit vielen Bildern berichtet das Buch Waldemar Fromm (Hg.): Münchner Salons. Literarische Geselligkeit im 19. und frühen 20. Jahrhundert. Regensburg 2021.
117 Emil Szittya, 1973, S. 257. Der 1886 in Budapest geborene Szittya versucht sich hier am bayrischen Dialekt.
118 Christine Riedl-Valder: Caféhäuser in München. Regensburg 2018, S. 115.

Man muß doch wissen, welche Leute zusammengehören und welche nicht. Ich hüte mich vor philiströser Versumpfung, indem ich mit möglichst vielen verschiednen Kreisen umgehe und indem ich diese Kreise scharf von einander getrennt halte. Da habe ich die Anarchisten, da das Café Stefanie, da die Torggelstube und da den Lotte-Uli-Kreis, lauter ganz verschieden interessierte Menschen, die garnichts miteinander zu schaffen haben."[119]

Café Stefanie in Schwabing 1905. (Foto gemeinfrei)

Otto Gross, der im Oktober 1906 in München eintrifft, zählt zum intellektuellen Kreis. Erich Mühsam erinnert sich: „Schwabing! Ich denke [...] an den Psychiater Dr. Otto Groß, den bedeutendsten Schüler Sigmund Freuds, dem es wohl zu danken ist, daß die Psychoanalyse aus der einstigen Betrachtung des Lebens von der sexuellen Seite herausfand zur Erkenntnis der sozialen Bedingtheit des seelischen Erlebens."[120]

Franz Jung schreibt: „Außerdem darf Otto Gross, Schüler von Freud nicht vergessen werden, der erste von den Psychoanalytikern, der die Freud Lehre in die Praxis umzusetzen versuchte. Überhaupt ist die typische Schwabing Boheme eine Begleiterscheinung der ersten Psychoanalytiker Welle. Karl Otten gehört dazu, der später Joseph Roth analysiert und beeinflußt hat, Arnold Zweig, der von Gross analysiert worden ist, Leonhard Frank, ebenfalls ein Produkt von Gross."[121]

Sofie und Leonhard Frank, die hier – nach der „Tafelrunde" in Ascona – zur „Tafelrunde" des Otto Gross gehören, erleben die Münchner Bohème pulsierend und aufregend, wie es Frank in seinem Roman schildert.

---
119 Tagebucheintragung Erich Mühsam am 01.06.1912. www.muehsam-tagebuch. de. Abgerufen zuletzt 05.01.2023.
120 Erich Mühsam, 1977, S. 117.
121 In: Helmut Bauer, Elisabeth Tworek (Hg.), 1998, S. 202.

Das Boheme-Café Stefanie bestand aus einem Nebenraum, an dessen Fensternischen Münchener Berühmtheiten jeden Nachmittag Schach spielten [...], und dem größeren Hauptraum mit einem glühenden Kohlenofen [...]. Wer hier eintrat, war daheim. Irgendwo im Haus oder im Himmel mußte ein Elektrizitätswerk sein. Die Gäste, angeschlossen an den Starkstrom, zuckten unter elektrischen Schlägen gestikulierend nach links und nach rechts und vor und von den Polsterbänken hoch, fielen ermattet zurück und schnellten mitten im Satz wieder hoch, die Augen aufgerissen im Kampf der Meinungen über Kunst.[122]

Am Rande des Rubikon

Sofie ist in einer festen und zufriedenen Beziehung mit Leonhard Frank, beide sind Teil des Kreises um Otto Gross. Das soziale Umfeld wandelt sich, und damit verbunden sind neue Denkeinflüsse. Sofie erhofft sich Antworten auf drängende Fragen.

Vielleicht ist es wie bei Richard Seewald, für den der Besuch einer Künstlerkneipe die Öffnung einer neuen Welt bedeutete. Er schildert das Café Stefanie als mystischen Ort. „Mein Eintritt in die Bohème vollzog sich, als ich den dicken Friesvorhang hinter der Glastür des Café Stephanie beiseite geschoben, mich an einen der kleinen Marmortische gesetzt und einen Absinth bestellt hatte. [...] Wer hier eintrat, um hier Stammgast zu werden, hatte den Rubikon seines Lebens überschritten. Hier konnte er den Grund zu seinem späteren Ruhme legen oder zugrunde gehen."[123]

Der Schriftsteller Oskar Maria Graf erinnert sich: „Gegen Abend zogen wir dann ins Künstler-Café Stephanie [...]. So lernte ich allerhand Literaten, Maler und sonstiges Kaffeehausvolk kennen. Ich saß dumm zwischen ihnen und versuchte ein möglichst bedeutendes Gesicht zu machen. Es wurde philosophiert, gestritten und psychoanalysiert. Mit aller Anstrengung hörte ich oft hin, verstand aber nicht das mindeste."[124]

Leonhard Frank nennt das Café Stefanie seine persönliche „Universität", Sofie wird es ähnlich ergangen sein. „Er [Frank] hatte zuerst gelernt, mitzudenken, wenn die anderen diskutierten, und [...] unter anderem auch gelernt, die Dinge des Lebens neu und von sich aus zu sehen."[125]

Johannes Robert Becher beschreibt, wie er sich voller Scheu erstmals dem Café Stefanie nähert und seine Kleidung auf der Toilette wechselt:

---
122 Leonhard Frank, 1976, S. 10ff.
123 Richard Seewald: Die Zeit befiehlt`s, wir sind ihr untertan. Freiburg 1977, S. 69f.
124 Oskar Maria Graf: Wir sind Gefangene. München 1994, S. 87.
125 Leonhard Frank, 1976, S. 34.

Die spießige Weste hatte ich ausgezogen [...]. Die Krawatte wurde vorne ins Hemd gesteckt, das ich gleich darauf altmodisch fand, als ich an einem der Kaffeehausgäste einen roten Sweater entdeckte. Den Mantelkragen schlug ich hoch, schob den Hut seitlich zurück [...]. Wenn ich den Rockaufschlag Doktor Hochs [Gross'] betrachtete, mit seinen zahllosen Flecken, und des Anarchisten dunkelgrünes Hemd, daran sämtliche Knöpfe fehlten, so war es eine Schande, wie bürgerlich anständig ich gekleidet war.[126]

Diese Bemerkung erinnert an einen späteren Brief Sofies, wo sie schreibt: „Den bunten Stoff mag ich nimmer, er ist mir zu wenig elegant, und ich kann jetzt keine solche Sachen mehr tragen."[127] Das ist im Jahr 1908, als sie zwei Jahre lang die Luft der Bohème geatmet und den „Rubikon" bereits überschritten hat. Das Zeichen einer neuen „Kaste" drückt sich im Wechsel der Kleidung aus.

Erste Bedenken der Schwester

Von den Ferien in Ascona hatte sich Sofie einen künstlerischen Schub erhofft, doch sie tut sich jetzt schwer mit kreativer Arbeit. Zwar malt und zeichnet sie, belegt aber keine weiteren Kurse an der Kunstschule. Emilie, die in Mainz wohnt, Sofie gelegentlich in Ellwangen trifft und sie auch in München besucht, stellt mit Unruhe fest, dass Sofie sich nach ihrem Ascona-Aufenthalt verändert. Irritiert bittet Emilie die Freundin Elvira Nori um Auskunft. Mit Elvira hatte Sofie im Sommer 1905 die Malferien in Saalfelden verlebt, sie besucht Sofie jeden Mittwoch.

Offensichtlich hat Emilie an Elvira Anfang November eine Karte geschrieben mit der Bitte, ihr über Sofies Situation Auskunft zu geben. Da Emilie Elviras Adresse nicht bekannt ist, gelangt die Karte zunächst an Paul Reinecke, Elviras Schwager, der als Archäologe Assistent am Römisch-Germanischen Zentralmuseum in Mainz ist. Auch Emilie wohnt in Mainz und ist mit Reinecke bekannt. Elvira antwortet am 13. November:

Sehr geehrtes Fräulein Benz.
Mein Schwager übermittelte mir Ihre Karte. Aus dem Schreiben entnehme ich, das [sic!] Sie von mir nähere Auskünfte über Ihr Fräulein Schwester erwarten. Nachdem Ihre Schwester seit diesem Frühjahr abwesend war und ich Sie [sic!] nach Ihrer [sic!] Rückkehr nur flüchtig gesehen habe, könnte ich Ihnen keinerlei Auskunft erteilen.
Hochachtungsvoll, Elvira Nori.
Ainmillerstr. 43 IV.[128]

---

126 Johannes R. Becher: Abschied. Leipzig 1979, S. 303f. (Erstdruck 1940)
127 Brief SB an EB [April 1908]. Privatarchiv P.B.
128 Brief Elvira Nori an EB, 13.11.1906. Privatarchiv P.B.

Nach dieser zunächst deutlichen Absage – der Loyalität zu Sofie geschuldet – scheint Emilies Anliegen Elvira doch beschäftigt zu haben, so dass sie sich zu einem inhaltsreichen Brief entschließt. Vier Tage später, am 17. November, schreibt Elvira Nori an Emilie:

Sehr geehrtes Fräulein Benz!
Im Besitze Ihres geschätzten Schreibens teile ich Ihnen mit, dass Sie gänzlich ausser Sorge sein dürfen, betreffs Ihres Fräulein Schwester. Soviel ich aus ihren Reden und Benehmen entnehmen konnte, ist sie ernstlich bestrebt nach Kräften zu arbeiten, um zu verdienen. – So leid es mir auch tut, kann ich Ihnen dennoch nicht versprechen, Sophie von ihrem freundschaftlichen Verkehr, den sie mit Fräulein Haag und Herrn Frank pflegt, irgendwie abzulenken. Zwar weiss ich nicht, inwiefern ihr dieser Verkehr schaden könnte, oder auf sie aufregend wirken sollte. – Ich kenne ihre Freunde durchaus nicht. Es wäre vergebene Mühe, es auch nur zu versuchen, Ihre zu schätzende Bitte zu erfüllen.
Ich habe nämlich schon lange aufgegeben in Sophie zu dringen, sie vertraulicher für uns zu gewinnen; nicht aus Neugierde, sondern aus reinem Mitgefühl, denn nur so, auf diesem Wege hätte ich ihr hin und wieder raten können; leider beharrte sie auf ihre Verschwiegenheit. – Ich bin weit entfernt, von Sophie Böses zu denken oder zu reden, nur möchte ich Ihnen zeigen, dass ich im Verein mit meiner Schwester uns sehr um sie gemüht haben, bis wir dachten, wir fallen ihr am Schluss lästig. –
Zu sehen, dass Frl. Haag und andere ihrer Freunde stets grössere Macht über sie besessen haben und Sophie sich höchstwahrscheinlich in solcher Gesellschaft entschieden wohler gefühlt haben muss und zu Mitteilsamkeit nicht gezwungen sein braucht, hat uns gänzlich mutlos gemacht. – Es ist wohl selbstverständlich, dass ich es bitter empfunden habe, umsomehr sie so ein liebes Geschöpf ist, und wir ihr stets vollkommenes Zutrauen entgegengebracht haben. –
Sie brauchen aber dennoch gänzlich unbesorgt zu sein. Ich glaube sicher, dass Sophie sich nicht zu leicht irre machen lässt und sie jetzt ihren Weg ruhig und zielbewusst verfolgt. – Ich ehre das Vertrauen, das Sie mir geschenkt haben, sehr, seien Sie unbesorgt, wenn Sophie meiner bedürfen müsste, werde ich ihr stets geneigt [sein] zu helfen.
Hochachtungsvoll. Elvira Nori.[129]

---

[129] Brief Elvira Nori an EB, 17.11.1906. Privatarchiv P.B. Anm.: Zeichensetzung und Klein/Großschreibung wurden leicht angepasst.

Wie sehr muss Sofie „vom Weg abgekommen" sein, dass Emilie hinter ihrem Rücken eine Freundin um Auskunft bittet. Eine geringere Schreiblust Sofies oder auch Gerüchte, die bis nach Mainz gedrungen sind, könnten den Ausschlag gegeben haben. Emilie hatte Elvira zudem angeregt, Sofie von ihrem „freundschaftlichen Verkehr" mit Haag und Frank abzulenken, d.h. sich einzumischen. Aber Elvira will und kann nicht in Sofie drängen, denn „Es wäre vergebene Mühe, es auch nur zu versuchen". Soll dieser Brief Emilie beruhigen, wo er doch die Mittteilung enthält, dass Sofies Freunde größere Macht über sie besitzen und dass sich Sofie offensichtlich in „solcher Gesellschaft entschieden wohler gefühlt haben muss"?

Wie aus Sofies bisherigen Briefen hervorging, besteht ein Vertrauensverhältnis zu ihrer älteren Schwester, das diese nun hintergeht – auch wenn ihr eine ehrliche Sorge um Sofie zugestanden werden kann. Noch vermittelt Elvira Nori Zuversicht, dass sich Sofie „nicht zu leicht irre machen lässt".

„Die Großens waren gestern da"

Erst im Dezember 1906 gibt es wieder einen Brief von Sofie an Emilie. Darin spricht sie über ihre Arbeiten, aber auch von Geldsorgen, da sie kaum etwas verkauft. Jetzt beginnen Otto und Frieda Gross in den Fokus zu rücken. Möglich ist, dass Emilie durch Elvira Noris Antwort nicht beruhigt wurde und sie ihre Bedenken Sofie mitgeteilt hat.

> Liebe Emy,
> Dank für Brief. Das, was Du von Herrn Krauß nicht glauben willst, ist Thatsache – ich weiß es bestimmt und Du mußt es mir glauben, es ist notwendig!!! – Gestern hab ich um 20 Mark was verkauft, eine Leiste [130] von dem Stadtprozelner Häusle vom drübern Ufer aus gesehen, und habe in Folge dessen wieder etwas Lust zum Arbeiten. Muß aber erst heut Abend noch den Druck für Schnell machen, wenn`s überhaupt noch nicht zu spät ist. –
> Dr. Großens waren nämlich gestern da mit einer Freundin von ihr aus Heidelberg. Der hat`s so gut gefallen, und sie ließ mich durch Frau Frieda fragen, ob ich`s hergeben wolle. Sie will ihrem Mann ein Weihnachtsgeschenk damit machen, da kann ich schon zufrieden sein. S´geht halt tropfenweise.
> Heut Abend war Nori wieder da, sie kommt alle Mittwoch zu mir. Frank läßt Dich herzlich grüßen. Er malt Frau Frieda und hat eine

---

130 Was eine „Leiste" in diesem Zusammenhang ist, bleibt unklar. In der Buchkunst ist eine „Leiste" die Umrahmung eines Textes, Dekoration.

Menge Compositionen fertig im Kopf. Er hat schon oft gesagt, er möchte Weihnachten so gern bei uns sein, statt allein hier in München. Dumm, daß bei uns zu Hause so was ausgeschlossen ist.
An einem Fuß hab ich wieder Winterbeulen und ich habe den Namen der 2 Sachen, die du mir voriges Jahr gesagt, vergessen. Kannst mir`s vielleicht auf einer Karte mitteilen.
      Ich grüße dich herzlich, Deine Sofie.
Mit deinem Plan bezüglich Johanna bin ich <u>sehr</u> einverstanden. Vielleicht kann Johanna doch vorher noch einige Wochen zu mir kommen. Ich habe liebe Freunde, die Johanna lieben werden. Dr. Groß soll als Psychiater großartig sein, er hat schon Verschiedenes geschrieben, das thut ja nichts zur Sache, aber er behandelt die Kranken ganz anders als andre Ärzte. 1. ist er ganz furchtbar gut, dann geht er auf die Kranken ganz genau ein, bis er dessen Geschichte ganz genau kennt und richtet sich danach, wie er den Menschen zu behandeln hat.
Leb wohl und schreib bald. Neulich hörte ich Dehmel seine Gedichte vortragen.
Eben kam Brief von Albert, er fahre Sonntag nach Gauting, ob wir uns treffen wollen. [...] Karl hat sich scheint`s, weil ich ihm auf seinen Brief demgemäß geantwortet, an Mama gewandt und zwar ganz gemein. – Ich erhielt heute von Mama [einen] Brief, woraus ich es erschließe.[131]

„Ich habe liebe Freunde" ... wie anders hört sich das an im Vergleich zu der Zeit vor Ascona, wo Sofie unter Einsamkeit litt. Aus der Bekanntschaft mit Otto Gross hat sich zudem eine Freundschaft mit Frieda Gross entwickelt. Später wird Sofie in Franz Jungs Buch *Sophie. Der Kreuzweg der Demut* sagen: „Von dem ersten Tag an, da ich zu euch kommen durfte, habe ich mich so unendlich wohl gefühlt. [...] Nun ja, du und Frieda und die anderen alle wart immer so gut zu mir [...]."[132] Von Gross` Art mit Kranken umzugehen, ist sie beeindruckt. Johanna, die seelisch instabil ist, würde sie gerne in die Hände von Gross geben, um sie ganzheitlich begutachten zu lassen.
Frieda Gross` engste Vertraute, Else Jaffé aus Heidelberg, hat bei ihrem Besuch in München eine „Leiste" von Sofie gekauft, die Sofie ein halbes Jahr zuvor in Stadtprozelten gemalt hatte. Elses Mann Edgar Jaffé[133] ist Nationalökonom und Leiter der Redaktion des *Archivs für Sozialwissenschaft und Sozial-*

---
131 Brief SB an EB [Dezember 1906]. Privatarchiv P.B.
132 Franz Jung, 1973, S. 48.
133 Edgar Jaffé (1866–1921). Nationalökonom, bayerischer Finanzminister 1918/19.

politik in Heidelberg. „Sein Vermögen erlaubt es ihm, eine Sammlung moderner Bilder anzulegen, er hat eine offene Hand für notleidende Künstler und gefällt sich in der Rolle des Mäzens."[134] Sofie lernt ihn später im Café Stefanie kennen.

Auch Leonhard Frank ist in das Haus Gross eingebunden; er malt Frieda Gross. In seinem Buch beschreibt er Frieda: „Frau Doktor Kreuz erschien von Zeit zu Zeit im ‚Stefanie' und in den benachbarten Tabakläden und bezahlte die Schulden ihres Mannes. [...] Seine Frau, maisblond wie er, mit schweren Beinen und einer etwas zu starken Nase [...] – eine üppige Nofretete, die schön aussah, soft beim Lächeln die großen, ebenmäßigen Zahnbögen sichtbar wurden [...]."[135]

Dass Frank mit „den Großens" privat verkehrt, erwähnt er in seiner Roman-Biografie nicht, doch gehört auch er zur „Gross-Familie", was aus einem Brief von Frieda an Else am 17. April 1907 hervorgeht, wo Frieda schreibt: „Die 20 Mark für April hat er [Frank] von mir erhalten."[136] Leonhard Frank wird von Else Jaffé unterstützt.

Was Sofie bewegt

Es ist Dezember 1906 und kalt. Im Winter ist die Miete wegen des Heizgeldes höher, oder es müsste Brennmaterial für den kleinen Ofen gekauft werden. Sofie hat kaum Geld, ihr Zimmer ist kalt, wieder plagen sie Winterbeulen.

In den Jahren zuvor hatte sie regelmäßig Symphoniekonzerte besucht, jetzt berichtet sie von einer Lesung des Schriftstellers Richard Dehmel, der als einer der bedeutendsten deutschsprachigen Lyriker vor dem Ersten Weltkrieg gilt.

Nach Sofies Rückkehr aus Ascona nimmt sie wieder Kontakt zu ihrem Cousin Albert Ludwig auf. Sie lebt mit dem Spagat, ihr eigenes – freies – Leben zu gestalten und dem Anspruch an gute verwandtschaftliche Beziehungen. Noch hofft sie, dass Familie und Verwandte Toleranz gegenüber ihrem Leben in Schwabing aufbringen. Sie versucht, sich ihrem Bruder Karl zu erklären. Der hat Fragen nach ihrem „neuen" Leben gestellt, und sie hat „ihm auf seinen Brief demgemäß geantwortet". Karl arbeitet als Rechtsanwalt und Notar in Heidenheim und beobachtet seine Schwester mit kritischen Augen. Als Jurist, dessen Studentenzeit vom Verbindungsleben geprägt war, ist es sein Beruf, im Sinne von Gesetzen zu denken. Sofie hat Karl einen – aus ihrer Sicht – ehrlichen Brief geschrieben. Bittet sie ihn, ihr Leben zu respektieren? Karl hat die Mutter mit einbezogen, „und zwar ganz gemein". Später wird Emilie sagen,

---
134 Robert Lucas: Frieda von Richthofen. München 1972, S. 52f.
135 Leonhard Frank, 1976, S. 13f.
136 Brief FG an EJ, 17.4.(1907), Tufts #36.

dass sich die Entfremdung zwischen Mutter und Tochter in diesen Jahren verstärkte.

Der Riss innerhalb der Familie vergrößert sich. Da ist die Schwester Emilie, die trotz aller Verbundenheit hinter Sofies Rücken Nachforschungen anstellt; da ist der zwölf Jahre ältere Bruder, der als einziger Sohn der Mutter zur Seite steht. Die Schwester Anna lebt mit dem Hofzahnarzt Krauß in Stuttgart, Mathilde ist in Berlin verheiratet und hat im Juni das zweite Kind bekommen, Johanna ist zu Hause in Ellwangen, doch mit psychischen Problemen.

Sofie hat es in dieser Zeit nicht leicht. Sie leidet unter Kälte und Geldmangel. Die Freude, eine „Leiste" verkauft zu haben, kann ihre Sorgen nicht glätten.

Weihnachten 1906

Leonhard Frank weiß, dass das Leben, das er mit Sofie in Schwabing führt, weit entfernt ist vom kleinstädtischen Leben Ellwangens und der darin verankerten Moral. Sofie wird ihm von dem Spaziergang mit Walter Ast erzählt haben, der mit Ermahnungen und Vorwürfen endete. Ihr Vater August Benz – seit einiger Zeit unter leichten Schlaganfällen leidend – ist ein angesehenes Mitglied der Ellwanger Gesellschaft und hat schweren Herzens vom Leben seiner jüngsten Tochter gehört. Dennoch – Leonhard Frank würde gern mit Sofie zusammen über Weihnachten bei ihrer Familie sein. Er sucht bei Sofie Wärme und familiären Anschluss. Verkennt er die Situation? Sofie hält es für ausgeschlossen, ihren Freund mit nach Hause zu nehmen.

Warum will Leonhard Frank Weihnachten nicht bei seinen Eltern in Würzburg sein? Mutter Marie schildert in ihrem Buch *Der Lebensroman einer Arbeiterfrau* das gestörte Verhältnis Leonhards zu seinem Vater. Dieser ist nicht einverstanden mit dem Weg seines Sohnes als Künstler und achtet streng darauf, dass Leonhard kein Geld aus dem Elternhaus für sein Münchner Kunststudium bekommt. Der Vater hätte seinen jüngsten Sohn lieber als Handwerker gesehen. So kann Leonhard sich nicht vorstellen, Weihnachten im Elternhaus zu verbringen.

Sofie ist in diesem Jahr Leonhards Halt, was er in seinem Roman *Die Räuberbande* mit ihrer Namengebung ausdrückt. Er erzählt von dem Besuch seiner Würzburger Freunde – die sogenannten Räuber – in München. Das muss im Jahr 1906 gewesen sein, wo die Romanfiguren Sofie und Oldshatterhand (alias Leonhard) ein Paar sind und er den „Räubern" stolz die Stadt München und seine Freundin vorstellt. „Die Freundin Oldshatterhands, in einem unter der

Brust gefaßten weißen Pikeekleid, lachte […]. Sie hatte japanische Augen, einen kopfgroßen Rosenstrauß vor der Brust und hieß Sofie Meinhalt."[137]

Sofie Meinhalt! Für die Bedeutung des Namens „Meinhalt" gibt es zwei Deutungen. Die erste besagt, in Sofie habe Frank Halt gefunden, sie sei für ihn „mein Halt". Oder aber, sie habe im Café Stefanie in den Diskussionen oftmals in ihrem schwäbischen Dialekt eingeworfen: „I mein halt!"[138]

Exkurs: Psychiatrische Klinik Professor Kraepelin

Anfang Oktober 1906 nimmt Otto Gross seine Tätigkeit als Assistenzarzt in der Klinik Kraepelin in München auf, angeblich auf Empfehlung Sigmund Freuds[139]. Wahrscheinlicher ist, dass sich Otto Gross, der im Jahr 1901 eine Volontärstelle an der psychiatrischen Klinik von Hans von Gudden hatte, auf dessen Anraten bei Kraepelin bewarb. Von Gudden war 1904 an die neu eröffnete Klinik von Kraepelin gewechselt.

Es gibt nur einen Beleg für Gross` Tätigkeit als Psychiater in der Klinik Kraepelin: Das Archiv der Psychiatrischen Klinik der Universität München enthält eine Schlussbetrachtung von Otto Gross zu der Krankheit einer 24-jährigen Patientin, die an „manisch-depressivem Irresein" litt. Gross erkennt die Komplexität psychischer Krankheiten, doch weichen seine Vorstellungen gelungener Therapien stark von den gängigen Methoden ab. Emil Kraepelin, von 1903 bis 1922 Direktor der Klinik, beschäftigt sich schon früh in seiner Laufbahn mit einer Systematisierung psychischer Erkrankungen. Dabei unterscheidet er innerhalb des Sammelbegriffs „Dementia praecox" das „manisch depressive Irresein". Sein in Zürich an der Klinik Burghölzli arbeitender Kollege Eugen Bleuler, der zu den gleichen Symptomen forscht, prägt 1908 den Begriff „Schizophrenie". Der Psychiater Kraepelin und der Psychoanalytiker Gross stoßen bald aneinander.

> Kraepelins strenge Moral und seine Abneigung gegenüber der Psychoanalyse vertragen sich schlecht mit Ottos Vorstellungen von Ursache und Heilung psychischer Störungen. Die klinische Psychiatrie interessiert Otto kaum mehr, zu sehr hat er sich schon auf die Freud`sche Lehre eingelassen und sie durch eigene Theorien ergänzt. […] Die Folgen sind Auseinandersetzungen mit seinem Vorgesetz-

---

137 Leonhard Frank, 1975, S. 189. Hier schreibt Frank Sofie mit „f" im Gegensatz zu *Links wo das Herz ist*, wo er Sophie mit „ph" schreibt.
138 „Ich meine eben!"
139 Siehe Gabriele Neundörfer: Otto Gross und die Königlich Psychiatrische Klinik in München. In: Raimund Dehmlow, Gottfried Heuer (Hg.): Bohème, Psychoanalyse & Revolution. Marburg 2003, S. 48.

ten, die schon nach wenigen Monaten zu Otto Gross' unrühmlichem Abschied von der Klinik führen.[140]
Während Kraepelin den Patienten wieder in die Gesellschaft eingliedern will, ist Gross' Ansatz, den Menschen zunächst zu verstehen und ihn von gesellschaftlichen und anerzogenen Zwängen zu befreien, um damit die gesamte Gesellschaft zu verändern.

Emil Kraepelin war damals der führende Psychiater in der ganzen Welt [...]. Doch so aufgeschlossen Kraepelin auch sein mochte, es gab doch eine Entwicklung, mit der er *nicht* sympathisierte. Das war die Psychoanalyse, der er ‚mit Energie und Sarkasmus' den Zutritt in die Klinik verwehrte. So war nicht einmal dafür gesorgt, daß Ärzte mit ihren Patienten vertrauliche Gespräche führen konnten.[141]

Der Schriftsteller Ernst Toller schildert in seinem Buch *Eine Jugend in Deutschland*, wie er im Ersten Weltkrieg als vermeintlich Irrer, da Kriegsdienstverweigerer, in die Klinik Kraepelin kommt. Seine Beschreibung verdeutlicht, wie weit Otto Gross und Emil Kraepelin in der Behandlung psychisch Kranker auseinanderliegen. „Wir sprechen zwei Sprachen, Herr Professor, [...] ich verstehe vielleicht Ihre Sprache, aber meine Worte sind Ihnen fremder denn chinesisch'"[142], sagt Toller zu dem Psychiater.

Auch Otto Gross fühlt, er spreche mit Kraepelin chinesisch. Psychoanalyse ist Komplexanalyse und Komplexdeutung, Erforschung von seelischem Widerstand, von Verdrängung und Unbewusstem. „Die Sexualität ist das universelle Motiv für eine Unendlichkeit an inneren Konflikten",[143] schreibt Gross. Für ihn steht der innere Konflikt des Menschen im Mittelpunkt der Psychoanalyse. Drei Jahre später wird er schreiben: „Der naturnotwendige Konflikt zwischen dem Individuum und der Allgemeinheit verwandelt sich unter dem Druck des sozialen Zusammenlebens naturnotwendig in einen Konflikt im Individuum selbst, weil sich das Individuum sich selbst gegenüber als den Vertreter der Allgemeinheit zu fühlen beginnt. Erst dieser innere Konflikt ist es, der eigentlich pathogen zu wirken vermag."[144]

Da die Sexualität mit anderen Bedürfnissen und Trieben des Menschen im Missklang stehe, komme es zu Konflikten, die mit der Analyse aufgedeckt werden. Freie Assoziation, Suggestion und Deutungskunst gehören zu den Methoden des Analytikers.

---

140 Esther Bertschinger-Joos, S. 69.
141 Martin Green, 1976, S. 84.
142 Ernst Toller: Eine Jugend in Deutschland. Reinbek bei Hamburg 1988, S. 77f.
143 Otto Gross: Zur Überwindung der kulturellen Krise. In: Kurt Kreiler (Hg.): Otto Gross. Von geschlechtlicher Not zur sozialen Katastrophe. Frankfurt/M. 1980, S. 14.
144 Otto Gross: Über psychopathische Minderwertigkeiten. In: Lois Madison (Hg.): Otto Gross: Werke. Die Grazer Jahre. Hamilton/USA 2000, S. 196.

Exkurs: Unüberbrückbare Differenzen

Die Psychoanalyse ist neu; sie wird lächerlich gemacht, kritisiert und diffamiert. Der italienische Psychoanalytiker Aldo Carotenuto schreibt über Sigmund Freud und C.G. Jung, dass sie „ihre Hände in das glühende Magma des Unbewußten tauchten, das zu ihrer Zeit noch teilweise unerforscht und daher voller Gefahren war."[145] Sigmund Freuds Tochter, die Psychoanalytikerin Anna Freud, erinnert sich: „Mißachtung von seiten der Öffentlichkeit, Mißtrauen und Verleumdung von seiten der Kollegen waren damals an der Tagesordnung. Als Vertreter einer noch unerprobten und revolutionären Wissenschaft war diese Generation von Pionieren gleichzeitig anstößig im sozialen Sinn […]."[146]

Was um 1900 in Experimenten erforscht wird, kann später als gesicherte Methode bei der Heilung von psychisch Kranken eingesetzt werden. Die „Pioniere" hatten sich auf den Weg gemacht, sie suchten nach geeigneten Methoden, gingen manche Irrwege, aber mit dem Ziel, den Menschen zu helfen. Der ungarische Neurologe und Psychoanalytiker Sandor Ferenczi stellt fest: „Es blieb der Psychoanalyse vorbehalten, die Probleme der Sexualität aus dem Giftschrank der Wissenschaft, in dem sie seit Jahrhunderten staubbedeckt verschlossen waren, hervorzuholen."[147]

Die Psychoanalyse ist ein verlockendes Instrument, ein aufregender Zugang zum Unbewussten des Menschen. Der Analytiker Johannes Nohl, mit dem Sofie 1906 in der „Tafelrunde" zusammensaß, beschreibt seine Erfahrung als sakralen Akt: „Von dem überwältigenden Erlebnis, das eine erste richtig geführte Analyse bedeutet, kann sich niemand eine Vorstellung machen, der es nicht selber erlebt oder mitangesehen hat. Völlig unfaßbar ist es zunächst dem Patienten, daß ihm bei all den unheimlichen und wirren Einfällen seines Unbewußten immer heimlicher wird, […] und es ist, als ob der göttliche Ruf ertönte: Ziehe deine Schuhe aus, denn hier ist heiliges Land."[148]

Otto Gross, leidenschaftlicher Analytiker, deutet jegliche Kritik als Angriff auf seine Person. „Daß die Kollegen seine Ansichten nicht teilen wollten, hielt er für Gemeinheit, und glaubte, man lege ihm absichtlich Schwierigkeiten in den Weg. Er ging schließlich absichtlich nicht mehr in die Klinik, nachdem er

---

145 Aldo Carotenuto (Hg.): Tagebuch einer heimlichen Symmetrie. Freiburg 1986, S. 259.
146 Anna Freud: Schwierigkeiten der Psychoanalyse in Vergangenheit und Gegenwart. Frankfurt/M. 1972, S. 11f.
147 Sandor Ferenczi: Schriften zur Psychoanalyse. Bd. II. Hg. von Michael Balint. Gießen 2004, S. 321.
148 Gottfried Heuer: Die spirituelle Revolution: Psychoanalyse und sakrale Politik – Otto Gross, Johannes Nohl und Erich Mühsam. In: Utopie & Eros: Der Traum von der Moderne. Marburg 2006, S. 130f.

öfters dadurch Anstoß erregt hatte, daß er zu den unmöglichsten Zeiten seine Patienten untersuchen wollte, meist nachts. Endlich wurden ihm die Schlüssel abgefordert, und er wurde optima forma[149] entlassen.[150]

Gross wird seine Entlassung als innere Befreiung empfinden. Er verfasst eine 60-seitige Schrift mit dem Titel *Das Freud'sche Ideogenitätsmoment und seine Bedeutung im manisch-depressiven Irresein Kraepelins*, die 1907 erscheint. Diese Arbeit erwähnt Carl Gustav Jung, Psychiater an der Züricher Klinik Burghölzli, am 28. Juni 1907 in einem Brief an seinen Wiener Kollegen Sigmund Freud: „Auch sonst enthält des Groß Arbeit allerhand Sonderbares, obschon er im Grunde genommen ein ausgezeichnetes Verständnis hat. Ich bin gespannt zu hören, was Sie dazu sagen."[151] Sigmund Freud antwortet drei Tage später:

> Groß ist ein hochintelligenter Mensch; für meinen Geschmack ist in der Schrift viel zu viel Theorie für die magere Beobachtung. Die Analyse ist arg unvollständig. […] Haben Sie bemerkt, daß er mit den Superlativen nur so uraßt[152]? Der einzige, der nicht als ‚bahnbrechend', ‚umwälzend' usw. charakterisiert wird, bin gerade ich, was ein Vorzug ist. Darin zeigt sich wohl das abnorme Gefühlsleben Groß' […].[153]

Das „abnorme Gefühlsleben" Otto Gross' belastet seine Mitmenschen. Mit missionarischem Eifer und hohem intellektuellen Anspruch will er die Gesellschaft aufrütteln und verändern, auf dass sie nach seinem Denkmuster und Wertesystem glücklich wird. Dafür nimmt er in Kauf, ein Außenseiter zu werden.

Das neue Jahr – Januar 1907

Wo Sofie Benz und Leonhard Frank Weihnachten 1906 verbringen, steht in keinem Brief. Zum Jahreswechsel gibt es einen Wohnungswechsel in die Feilitzschstraße. Auf Sofies Meldebogen steht die Bemerkung „wohnt unangezeigt Feilitzschstr. 3/4 bei Leonhard Frank seit 7.1.07." Die nächsten drei Zeilen tragen die Informationen „Feilitzschstr. 3/4, 7.1.07 Frank" und „25.1.07 Frank."[154] Das lässt sich so interpretieren, dass Sofie und Leonhard Anfang

---

149 optima forma: vorzüglich, mustergültig, vorbildlich.
150 Emanuel Hurwitz, S. 142.
151 William McGuire, W. Sauerländer (Hg.): Sigmund Freud, C.G. Jung, Briefwechsel. Frankfurt/M. 1974, S. 73f.
152 Verschwenderischer Umgang mit etwas.
153 William McGuire, Wolfgang Sauerländer (Hg.), S. 76.
154 Alle genannten Eintragungen auf dem Meldebogen der Stadt München. Stadtarchiv München.

Januar 1907 in die Feilitzschstraße umziehen, wo sich Sofie zunächst nicht anmeldet, das aber am 25. Januar nachholt.[155]

Dass die beiden Künstler zusammenwohnen, stört offensichtlich in Schwabing nicht, wohl aber, dass Sofie sich nicht angemeldet hat. Nur in wenigen Städten wird eine solche Situation toleriert – das Münchner Schwabing gehört dazu.

Vermutlich ist das Logis eine sogenannte „Atelierwohnung", denn knapp zwei Jahre später zieht in diese Wohnung der Maler Paul Klee ein und hat ab Dezember 1908 hier sein Atelier.

In dem Buch *Wer wohnte wo in Schwabing?* sind drei Hausnummern in der Feilitzschstraße als nennenswert verzeichnet: In Nummer 3 hatte im 4. Stock Paul Klee ab 8.12.1908 sein Atelier, in Nummer 15 war die Buchhandlung Lehmkuhl, in Nummer 32 befand sich von 1899 bis ca. 1901 im 3. Stock die Wohnung von Thomas Mann, und im Parterre war das Gasthaus zur Seerose.[156] Ob dies das „sommerliche Gartenlokal" ist, das „an warmen Abenden bezaubernden Aufenthalt bot", nämlich „die alte Bergwirtschaft an der Feilitzschstraße", die Rolf von Hoerschelmann beschreibt?[157]

München, Feilitzschstraße 3 – Hier wohnten Sofie Benz und Leonhard Frank Anfang 1907. (Foto 2019, privat)

Was sich ab November 1906 angedeutet hat, wird jetzt konkreter. Die nächsten drei Briefe Sofies zeigen, dass sich Otto Gross' Einfluss auf sie verstärkt. Sie steht zudem Frieda Gross so nahe, dass sie in jedem Brief von der Geburt des ersten Kindes berichtet, das am 31. Januar 1907 zur Welt kommt.

---

155 Wie sich das mit dem „Kuppelparagraph" verträgt, ist in Schwabing zu der Zeit ein untergeordnetes Thema. Siehe *Strafgesetzbuch für das Deutsche Reich vom 15. Mai 1871*. 13. Abschnitt: Verbrechen und Vergehen wider die Sittlichkeit, §§ 180 und 181. Bis 1970 (1973) § 180 StGB: (1) „Wer gewohnheitsmäßig oder aus Eigennutz durch seine Vermittlung oder durch Gewährung oder Verschaffung von Gelegenheit der Unzucht Vorschub leistet [...]."
156 Vgl. Kristian Bäthe: Wer wohnte wo in Schwabing? München 1965, S. 238.
157 Vgl. Rolf von Hoerschelmann: Leben ohne Alltag. Berlin 1947, S. 131.

Liebe Emy!
Falls Du gerade Geldflut haben solltest, bitte ich Dich, mir ein wenig zu schicken. – Ich bin sehr nervös und weiß nicht, wie es besser werden soll. Dr. Groß hat sich mir schon vor Wochen angeboten und mich gebeten, ich möchte mit ihm als Freund und Arzt sprechen, es sei unbedingt nötig für mich. – Ich war damals sehr barsch, sagte ihm, ich brauche ihn nicht und bin ihm ausgewichen. Jetzt ist er selbst durch Frieda sehr aufgeregt und nicht zu sprechen. Du brauchst übrigens keine Sorge haben um mich, es ist nur so freudlos, in die Zukunft zu blicken, die so ganz ohne Lichtpunkt ist. – Frida [sic!] ist seit 8 Tagen im Sanatorium. Heute Morgen hat aber erst die Geburt angefangen. Soll aber sehr schmerzhaft sein und sehr lange dauern.
Wohin ich gehen möchte, hab ich keine Ahnung. Vielleicht hier bleiben und ein bisschen [ins] Theater gehen und dergleichen, nur langt dazu das Geld, das ich habe, nicht. Wenn Du mir etwas Lebenswertes sagen kannst, bin ich Dir dankbar.
    Ich grüße Dich herzlich. Deine Sofie.[158]

Dieser Brief klingt so ganz anders als noch vor einem halben Jahr, in dem sie schrieb: „Hauptsache ist, dass man genug Lebenslust hat". Die Lebenslust fehlt ihr jetzt. Nervös und freudlos, keine Aussicht auf Besserung und eine Zukunft ohne Lichtpunkte … Sie ahnt, dass sie eine Ortsveränderung vornehmen sollte, doch wohin? Später wird Hulda Voigt, mit der sie in den Alpen gewandert war und gemeinsam gekocht hatte, sagen, dass sie Sofie in den Norden nach Schleswig-Holstein eingeladen hatte, doch Sofie nicht reagierte.

Sofie befindet sich wiederholt in schwieriger finanzieller Lage; das Geld reicht nicht einmal für einen Theaterbesuch. Es ist zu vermuten, dass sie monatlich eine feste Summe von zu Hause bekommt, wenn auch nicht viel. Emilie unterstützt sie unregelmäßig. Sofie kann ihre Kunst nicht ausstellen und verkauft nur selten ein Bild. Natürlich fällt Otto Gross als ausgebildetem Psychiater Sofies innere Unruhe auf, aber noch lehnt sie ein psychologisches Gespräch ab. Ahnt und befürchtet sie, dass sie in dem Moment, wo sie sich ihren Problemen stellt, eine „Büchse der Pandora" öffnet und in eine Situation mit ungewissem Ausgang geraten könnte? Noch beruhigt sie ihre Schwester – „Du brauchst übrigens keine Sorge haben um mich" –, doch ist das eher eine Beruhigung ihrer selbst.

---

158 Brief SB an EB, o.D. [30. oder 31.01.1907]. Privatarchiv P.B.

„Ich bin sehr nervös"

Nervosität und Hysterie werden Anfang des 20. Jahrhunderts von vielen Wissenschaftlern in den Fokus genommen. 1907 publiziert der Wiener Psychoanalytiker Wilhelm Stekel eine Abhandlung über *Die Ursachen der Nervosität*. Im Vorwort stellt er fest, „daß die Menschen auch eine Seele haben und daß Seelenkrankheiten auch seelische Ursachen haben müssen. [...] Ich habe hier dargestellt, wie ich sie sehe, die sonderbare Welt der Seelenkranken."[159] Stekel führt mit seiner Schrift in die „sonderbare Welt der Seelenkranken" ein. Er stellt Verdrängung als Auslöser von Nervosität fest. Damit liegt er auf der Linie Otto Gross'. „Der psychische Konflikt ist die alleinige Ursache der Nervosität. [...] Nur wenn in unserem Innern zwei Strömungen um die Herrschaft ringen, nur wenn bewußtes und unbewußtes Fühlen einander befehden, nur wenn ein großer Teil unserer Energien zur Unterdrückung und Hemmung seelischer Konflikte verschwendet werden muß, kann sich eine Neurose entwickeln."[160]

Freud, Gross, Stekel und weitere Psychologen führen das psychische Leid der Menschen auf ein gestörtes Sexualleben zurück, wobei jeder eine andere Therapie empfiehlt. Stekel schlägt die Umwertung der Energien im Seelenleben vor. So können durch Sport negative Triebe in positive Energien transformiert werden. „Der Sport macht nicht nur unseren Körper gesünder, er reinigt auch unsere Seele von den moralischen Schlacken."[161] Stekel will dem Kranken zu einem „normalen" Leben verhelfen, indem er seine Triebe sublimiert und in „richtige" Bahnen lenkt.

Ein Jahr später nimmt sich Sigmund Freud des Themas in seiner Schrift *Die ‚kulturelle' Sexualmoral und die moderne Nervosität* an. Flucht in die Neurose sei ein Symptom der Zeit. „Wer in die Bedingtheit nervöser Erkrankung einzudringen versteht, verschafft sich bald die Überzeugung, daß die Zunahme der nervösen Erkrankungen in unserer Gesellschaft von der Steigerung der sexuellen Einschränkung herrührt."[162]

Doch obwohl Freud die Auswirkungen einer restriktiven gesellschaftlichen Moral benennt, weicht er vor den Konsequenzen seiner Erkenntnisse zurück: „Es ist gewiß nicht Sache des Arztes, selbst mit Reformvorschlägen hervorzutreten; ich meinte aber, ich könnte die Dringlichkeit solcher unterstützen."[163]

---

159 Wilhelm Stekel: Die Ursachen der Nervosität. Wien 1907, S. 3.
160 Wilhelm Stekel, 1907, S. 21.
161 Wilhelm Stekel, 1907, S. 45.
162 Sigmund Freud: Gesammelte Werke. 7. Band, Werke aus den Jahren 1906–1909. London 1955, S. 157.
163 Sigmund Freud: Die ‚kulturelle' Sexualmoral und die moderne Nervosität. In: Drei Abhandlungen zur Sexualtheorie. Frankfurt 1970, S. 139.

Im selben Jahr hält er beim Kongress in Salzburg Otto Gross entgegen: „Wir sind Ärzte und wollen Ärzte bleiben".[164]

Zwar erkennen Stekel und Freud, dass religiöse und gesellschaftliche Moralvorstellungen den Mensch in innere Konflikte bringen, doch wollen sie *ihn* und nicht – wie Otto Gross – das Gesellschaftssystem kurieren. Gross stellt die Frage nach den Hauptursachen für innere Konflikte und macht die Sexualität verantwortlich. Die Frau habe mehr als der Mann unter den einschränkenden sexuellen Normen zu leiden. Die Hysterie sei nicht im Wesen der Frau angelegt, sondern eine Folge des sexualmoralischen Ideenguts.

Nervosität und Hysterie sind gesellschaftliche Phänomene am Beginn des 20. Jahrhunderts. Der Literaturmarkt bietet verständliche Werke zu Krankheit und Gesunderhaltung. Eines ist Hermann Alois Mayers *Hygiene und Kräuterheilkunde*. Sein Ratschlag lautet: „Bei nervösen Leiden und Gemütskrankheit ist Zerstreuung, Beschäftigung (Spiele, Gartenarbeit, Sport, Reisen), heitere Gesellschaft, anregende, zum Lachen anreizende Lektüre, sowie Aufenthalt in der freien Gottesnatur am Platze."[165]

Frau Winterfeld macht sich Sorgen

Im Herbst 1906 war Emilie aufgefallen, dass Sofie sich verändert. Emilies Korrespondenz mit Elvira Nori zeigte, dass ihre Verunsicherung begründet war. Auch Else Winterfeld, eine Münchner Bekannte der Familie Benz, die Sofie in ihren ersten Studienjahren ab und zu besucht hatte, ist über Sofies Lebenswandel im Bilde. Mitte Januar 1907 schreibt sie an Sofie:

> Liebes Fräulein Benz,
> selbstverständlich habe ich Sie gestern nicht gesehen, Sie Kind. Ob Sie fleißig oder nicht fleißig sind, geht mich nichts an. Ich finde, jeder weiß selbst am besten, wie er sich sein Leben einzurichten hat, ebensowenig geht es mich etwas an, was über Sie „geredet" wird. So, und nun lassen Sie sich einmal bei mir sehen, wenn Sie Lust haben und seien Sie inzwischen herzlichst gegrüßt
> von Ihrer Else Winterfeld.
> Meine Schwester grüßt Sie auch herzlich.[166]

---

164 Webseite: https//ottogross.org/deutsch/Gesamtwerk/Gesamtwerk.html. Darin 22. Ludwig Rubiners ‚Psychoanalyse', erschienen in Die Aktion, 3. Jg., Nr. 20, Berlin 14.05.1913, Spalte 506–507. Zuletzt abgerufen 25.06.2023.
165 Hermann Alois Mayer: Hygiene und Kräuterheilkunde. Altona 1910, S. 231.
166 Brief Else Winterfeld an SB, 14.01.1907. Privatarchiv P.B.

Wenn es einen Beleg zu Sofies Situation gibt, dann in diesem Brief. Es wird über Sofie „geredet", und das im toleranten Schwabing! Else Winterfeld stört sich nicht daran, dass Sofie offensichtlich nicht künstlerisch arbeitet; sie hat mütterliche Gefühle und streckt die Hand aus. Ob der Kontakt erhalten bleibt, auch wenn Sofie die Kritik an ihrer Lebensführung erkennt? Sofie berichtet nie mehr von Else Winterfeld.

Emilie, die Sofies neuen Freundeskreis beobachtet, kann sich noch kein genaues Bild machen, erst Jahre später schreibt sie in einer Notiz, was ihr nach und nach klar wird:

> Im Verkehr mit Groß fand sie etwas Befreiendes – und als sie endlich einmal fest saß – kam die gewaltige Macht seiner Suggestion immer mehr zur Geltung. Wär noch in den ersten Jahren irgendeine bedeutende Persönlichkeit ihr nähergetreten mit großem ideellem Wollen, – wäre Lektüre ihr in die Hände gefallen, welche Vernunft hätte, Groß ihr in anderem Lichte zu zeigen – aber sie war von 1906 an ausschließlich mit ihm und seinesgleichen zusammen, und hätte sie einsam fern von Groß aus diesem Milieu zum Überlegen kommen können? [...] Ich glaube, Haag war die Brücke, – ohne Haag hätte Sofie niemals Groß näher treten können.[167]

Der Bub ist da!

Ende Januar soll das Kind kommen, das der Grund für Otto Gross' Drogenentzugskur in Ascona gewesen war. Frieda Gross' Biografin Bertschinger-Joos schreibt: „Am 29. Januar 1907 begibt sich Frieda ins Frauenheim in der Prinzregentenstraße 14, wo am 31. Januar Wolfgang Peter zur Welt kommt [...]. Das Peterle ist zweifelsohne ein Wunschkind, und die Freude über die Geburt dieses Kindes wird groß sein – doch das Leben mit Otto erweist sich als schwieriger denn je."[168]

Peter Gross wird von seinem Vater kaum beachtet, doch Frieda ist ihm eine gute Mutter. Marianne Weber schreibt: „[...] sie ist zweifellos mit einer starken, erzieherischen Begabung ausgestattet, die sie befähigt, das lebensvolle, selbstständige und nicht ganz leicht zu behandelnde Kind mit sicherer Hand zu leiten."[169] Dass Peter Gross später studiert und Arzt wird, erlebt sein Vater nicht mehr. Als Otto Gross 1920 stirbt, ist Peter erst 13 Jahre alt. Jetzt, Anfang

---

167 Notiz von EB, o.D. [nach 1911]. Privatarchiv P.B.
168 Esther Bertschinger-Joos, S. 70.
169 Marianne Weber in: Gerhard Dienes, A. Götz von Olenhusen u.a. (Hg.): Gross gegen Gross. Marburg 2005, S. 160.

1907, hält Otto Gross – trotz der Geburt seines Sohnes – nichts zu Hause. Das Morphium hat ihn bald wieder im Griff.

Sofie freut sich über Wolfpeters Geburt. Anfang Februar schreibt sie: „Das Kind ist da, ein Bub, und ′s geht alles gut."[170] Dazu in einem weiteren Brief: „Frieda geht`s sehr gut, ich war vor einigen Tagen dort, und der kleine Wolfpeter sieht gar nicht wie ein Neugeborenes aus, ist groß und wie mindestens 1 Monat alt."[171] Dass sie Emilie über die Geburt ausführlich informiert, zeigt, dass diese über Sofies Beziehung zur Familie Gross gut unterrichtet ist und wahrscheinlich bei Besuchen in München auch Frieda und Otto Gross kennen gelernt hat.

Enge Freundschaft geschlossen

Der Einfluss von Otto Gross auf Sofie nimmt zu. In zwei Briefen Anfang Februar 1907 beschreibt Sofie die sich entwickelnde Freundschaft. Sie fühlt in ihm einen Seelenverwandten. Während sie noch am 31. Januar von ihrer barschen Zurückweisung des Otto Gross berichtet, hat sich ihre Haltung wenige Tage später gewandelt. „Liebe Emy! Herzlichen Dank für alles. – War heute den ganzen Nachmittag mit Dr. Groß zusammen, und wir werden`s öfter so machen."[172]

Emilie erinnert sich später an die Anfänge der Analyse: „Sofie war besonders tief erschüttert durch persönliche Erlebnisse. Als sie im Jahr 1906 Dr. Groß kennen lernte; sie hoffte auf Fragen, die sie zur Zeit am Allerlebhaftesten beschäftigten, von ihm Aufklärung zu erhalten, ihn als tüchtigen Psychiater zu erkennen meinend. Das war`s, was sie anfänglich so sehr anzog."[173]

Um welche persönlichen Erlebnisse es sich handelt, wird aus Sofies Briefen nicht ersichtlich. Im Moment ist Sofie glücklich. Sie erlebt, dass sich ein Mensch mit ihr beschäftigt, wie es zuvor noch niemand in dieser Intensität getan hat. Nach der ersten Sitzung mit Otto Gross, mit dem sie „enge Freundschaft" schließt, beginnt eine Zeit der Analysen, in die auch Leonhard Frank eingebunden wird. Anfang 1907 schreibt sie:

> Liebe Emy!
> Hoffentlich bist Du nicht besorgt um mich, es geht mir nämlich furchtbar gut. – Ich habe mit Dr. Groß enge Freundschaft geschlossen – und er ist so ein wundervoller Mensch – es ist, wie wenn wir

---
170 Karte SB an EB, [Anfang Februar 1907]. Privatarchiv P.B.
171 Brief SB an EB. [Februar 1907]. Privatarchiv P.B.
172 Karte SB an EB. [Anfang Februar 1907]. Privatarchiv P.B.
173 Brief (Konzept) EB an Hans Gross, 02.05.1911.

uns schon lange von früher her kennten. – [...] Ich durfte in den letzten Tagen viele schöne Stunden erleben.
Ich grüße und küsse Dich. Herzlich. Deine Sofie.[174]

Auch Frieda Gross hatte in einem der ersten Briefe, in denen sie Else Jaffé von Otto Gross berichtet, geschrieben: „Es war eine schöne Liebesgeschichte in Briefen, eine unglaublich schöne, dieses magische Verstehen von dem ich noch nie etwas gewusst habe."[175] Von Otto Gross geht eine Suggestion aus, die Sofie das Gefühl gibt, als Individuum geachtet zu werden. Gross' einfühlsames Wesen, sein Leiden als Kind, die konfliktgeladene Abhängigkeit von der Gesellschaft – all das macht ihn zu einem Menschen, der andere empathisch verstehen kann, so dass sie sich zu ihm hingezogen fühlen. Otto Gross ist sich dieser suggestiven Macht bewusst. In einem Brief an Else Jaffé schreibt er:

Ich weiß, was mich an Menschen bindet, das ist gerade ihr Persönlichstes – das ist das Eigenste und Tiefste und unverlierbar Individuelle, das sich mit Worten niemals nennen läßt, das niemand in Begriffen ordnen kann – der Rhythmus, der in einem Menschenleben, in allen spielenden Bewegungen des Körpers und allen ungewollten Äußerungen verfließender Gefühle schwingt, das unvergänglich Eigenste, das sich nicht ändern kann.[176]

Otto Gross gehört zu den einflussreichen Protagonisten in Schwabinger Kreisen, dessen Rolle Erich Mühsam als feinsinniger Beobachter kommentiert.

Um das Jahr 1907 drangen in die Münchener Intellektuellenzirkel die ersten Kenntnisse der neuen Lehre des Professors Freud und fingen an, das ganze geistige Leben Schwabings zu beherrschen. Ihr begeisterter Apostel war der noch jugendliche Grazer Psychiater Dr. Otto Groß, der mit dem Eifer des Fanatikers das ganze Café Stefanie analysierte, beziehungsweise das Analysieren lehrte. Es schwirrte an den Tischen nur so herum von ‚Komplexen', ‚Sperrungen' und ‚Verdrängungen', man war ‚konstelliert', ‚okkupiert' und hatte für jede Art Umnebelung oder Verstimmung einen schönen wissenschaftlichen Ausdruck.[177]

Emilie erinnert sich viele Jahre später an Sofies Freundschaft mit Otto Gross.

Dann kam auch die Schätzung als Mensch dazu, und in ihrem [Sofies] jugendlichen Eifer konnte sie nicht klar unterscheiden, was gut und was gefährlich war.

---

174 Brief SB an EB. [Februar/März 1907]. Privatarchiv P.B.
175 Brief FG an EJ, 13.06.1902, Tufts #26.
176 Martin Green, 1976, S. 77.
177 Erich-Mühsam-Gesellschaft e.V. (Hg.): Anarchismus und Psychoanalyse zu Beginn des 20. Jahrhunderts. Lübeck 2000, S. 36.

Was andrerseits Dr. Groß zu Sofie zog, das war ihre Reinheit und ihre Gesundheit. Wie er aber alle Menschen mehr oder weniger krank fand, so mußte er auch bald in Sofie starke Krankheitskeime entdecken. Ihre Schweigsamkeit (unser Vater war ebenfalls sehr schweigsam) war ihm Krankheits-Symptom.[178]

Ohne Frage würde Otto Gross ihr das bestätigen, mit der Überzeugung eines Mannes, der ein leuchtendes Ziel hat: „Ich habe es zu meiner Lebensarbeit gemacht zu zeigen, daß unmittelbar als Folge der bestehenden autoritativen Institutionen derzeit jeder Mensch krank sein muß, und zwar besonders tief der wertvolle Mensch in Folge und im Maße seiner Werte."[179]

Es scheint, dass Sofie zunächst noch mit Emilie über die Analysen gesprochen hat. Aber – und das sieht Emilie als Gefahr – es sind nicht nur Sofies drängende Fragen, die Otto Gross zu lösen beabsichtigt. Es sind vor allem sein völlig andersgeartetes Menschen- und Familienbild, seine Sicht auf die sexuelle Befreiung der Frauen und der entspannte Umgang mit gesellschaftlichen Normen, was Emilie kritisch betrachtet. „Denn ‚Sittenverfall' ist Notwendigkeit einer neuen Norm an Stelle der alten,"[180] ist Gross` Credo.

Exkurs: Otto Groß in den Augen seiner Zeitgenossen

Mit Otto Gross tritt ein Mann in Sofies Leben, der sie bis an ihr Lebensende begleitet. Um ihre Beziehung und – wie Frieda später sagt – das „Verwachsensein" zu verstehen, ist es nötig, Otto Gross als Mensch, als Analytiker und als Wissenschaftler näherzukommen.

Martin Green, Verfasser einer Biografie über Otto Gross, sieht das Sowohl-als-auch in der Person des Psychiaters: „Otto Gross verkörperte Hoffnung, Optimismus, Aufgeschlossenheit, Sanftmut, Großzügigkeit, […] aber er war auch drogenabhängig, unverantwortlich, despotisch, ein Herrscher über das Leben anderer Menschen."[181]

Otto Gross hat – wie kaum ein anderer in seiner Zeit – in einem begrenzten Zirkel die Gemüter erhitzt. Seine äußere Erscheinung, der schwebende Gang, seine den Menschen Zugewandtheit und das drängende Bedürfnis zu analysieren, dazu seine Drogensucht, vieles wiederholt sich in den Charakterisierungen. Da geht es von der einfachen Beschreibung des Äußeren wie „Dr. Otto Groß, 41 Jahre alt, übermittelgroß, schlank, sehr vorgebeugte Körperhaltung, schwebenden, schiebenden Gang, starren Blick, glatt rasiert, bleich,

---

178 Brief EB an Hans Gross, 02.05.1911. Privatarchiv P.B.
179 Otto Gross: Die Psychoanalyse oder wir Kliniker. In: Die Aktion 3. Jg., Heft 26, 25.06.1913, Spalte 632–634.
180 Otto Gross: Protest und Moral im Unbewußten. In: Kurt Kreiler (Hg.), S. 59.
181 Martin Green: Otto Gross. New York 1999, S. 7. Aus dem Englischen übersetzt.

eingefallen, durchfurchtes, sommersprossiges Gesicht, gebogene, gekrümmte Nase, ziemlich lange, gekrauste, blonde, melierte Haare, grau-schwarzen Anzug und grauen Hut"[182] über „Der Philister, der sich hinter dem Edelanarchisten verbarg,"[183] bis hin zu Aussagen wie „Einer der schlimmsten Freudianer, ein Nervenarzt [...]. Es ist nicht zu entscheiden, ob er aus Wahnsinn zur Psychoanalyse oder aus Psychoanalyse zum Wahnsinn kam,[184] und „Sein Leben besteht aus Skandalen, ist ein Skandal. Die Anarcho-Szene seiner Zeit ist seine Zeit."[185]

Der Literat Anton Kuh lernt Otto Gross in Wien kennen. In seiner Studie kommt der charismatische Gross ans Licht: „Und werdet nicht erkennen, daß dieser hohlgebrannte Anarchist ein störrischer, sonnenlungernder, das Gras mit einem Blumenstengel peitschender Knabe ist [...]."[186]

Der österreichische Tiefenpsychologe Josef Dvorak fasst in einem Essay die Marker zusammen, mit denen Otto Gross beschrieben wird: Befreiung der Sexualität, Drogensucht sowie die Suizide von Lotte Hattemer und Sofie Benz.

Otto Gross. (Foto gemeinfrei)

Exzessive Triebenthemmung, Orgiastik, Zerstörung von Sitte und Moral, Vernichtung der Familie, Absacken ins Kriminelle, Bolschewistische, in die Anarchie. Dazu kam Groß' Drogenmißbrauch mit Morphium, Opium, Kokain [...]; die Therapiefälle, die mit Selbstmord endeten – wobei Groß seine Hand im Spiel hatte. – Groß war der erste Antipsychiater, er erfand das Schlagwort von der ‚sexuellen Revolution'. Sein Einfluß auf die Kulturwelt seiner Zeit war enorm: Er animierte die Bohème- und Intellektuellenkreise [...], inspirierte Expressionismus und Dadaismus.[187]

---

182 Vernehmung Hermann Zafita, Stadtrat Graz, als Sicherheitsbehörde am 19.06.1918, StLA: BG Graz I, P-IX-20/1914, Bl. 493r. Und: www.dehmlow.de. Abgerufen am 29.08.2022.
183 Wilhelm Stekel: Sadismus und Masochismus. Berlin 1925, S. 510.
184 Gustav Landauer. In: Der Sozialist. Jg. 3, Nr.13.
185 Bernd Nitzschke: Der Einzige und sein Eigentum – der Körper des Anderen. In: www.werkblatt.at/nitzschke/text/stirner.htm. Abgerufen 18.09.2022.
186 Anton Kuh: Die Lehre des Otto Groß. In: Neues Wiener Journal, 11.01.1921, S. 5. In: www.dehmlow.de. Abgerufen am 15.06.2022.
187 Josef Dvorak: Kokain und Mutterrecht. In: Jörg Schröder (Hg.): Mammut. März Texte 1&2, 1969–1984, S. 1062ff.

Erst am Ende von Otto Gross' Leben lernt Cläre Jung den Analytiker kennen und erinnert sich: „Aber es war sehr schwer, mit Groß überhaupt zusammen zu sein, weil er immer im Rausch war, und er sprach nächtelang einfach hintereinander [...]. Na ja, Otto Groß war doch durch sein Kokain und sein Morphium vollkommen kaputt."[188]

So wird Otto Gross als Ausnahmeerscheinung geschildert, als Genie mit Visionen und ... als gescheiterter Mensch.

Otto Gross – Kindheit und Jugend eines „Genies"

Otto Gross, am 17. März 1877 in Gniebing in der Steiermark geboren, wächst in Graz auf. Sein Vater Hans ist Strafrechtler, Hochschullehrer, Begründer der modernen Kriminalistik und Herausgeber des Archivs für Kriminalanthropologie.

Von der Mutter Adele ist wenig bekannt, sie steht im Hintergrund, nicht untypisch für Frauen Ende des 19. Jahrhunderts. Der Schweizer Psychiater Emanuel Hurwitz[189] formuliert die Omnipräsenz des Vaters: „Hans Gross war nicht nur berühmt, er war eine außerordentlich starke Persönlichkeit, ein Mann von ungeheurem Willen, eiserner Durchsetzungskraft und unumstößlichen Ansichten."[190]

Dass das Vater–Sohn-Verhältnis schon in Ottos Kindheit schwierig ist, liegt an der ungünstigen Konstellation beider Charaktere in Kombination mit den häuslichen Umständen im gehobenen Bürgertum. So wächst Otto Gross mal als gegängeltes, mal verzogenes Einzelkind mit Privatlehrern auf, als „Genie" mit Einsernoten. Später versucht er, die Not seiner Kindheit in ein System zu fassen. Ihm wird bewusst, dass er ein „besonderer" Mensch ist und psychische Eigenarten entwickelt hat, die ihn von anderen Menschen unterscheiden.

Seine Überlegungen zum Typus des „Genie" legt er 1909 in der Schrift *Psychopathische Minderwertigkeiten* nieder. Darin erkennt er das Genie als „ein erster Schritt und Anfang zur Bildung einer neuen Variation" und fragt, „ob ein Zusammenhang zwischen psychopathischer und genialer Veranlagung besteht, ja ob das Genie an sich ein psychopathischer Zustand sei." Seine Antwort: Ja.

> [...] es muss demnach auch die Regel sein, dass sich das geniale Individuum nicht nur durch seine genialen Fähigkeiten vom Durchschnittstypus unterscheidet, sondern dazu noch durch eine Reihe anderer, zum Teil sehr unzweckmässiger und oft direkt pathologi-

---

188 Cläre M. Jung: Berlin mit Kokain. In: Neues Forum. Juli/August 1978, S. 65.
189 Emanuel Hurwitz (1935–2022). Schweizer Psychiater, Psychotherapeut, Publizist, Politiker.
190 Emanuel Hurwitz, S. 35.

scher Mechanismen. Dies dürfte wohl die hauptsächlichste Ursache sein für den unverkennbaren Zusammenhang von Genie und psychopathischer Minderwertigkeit.[191]

Ein weiteres Leiden in seiner Jugend ist die Einsamkeit. Dazu entwickelt er die Theorie von den zwei Trieben: dem Beziehungstrieb (der das Bedürfnis zu Kontakt und Gemeinschaft sowie den Sexualtrieb beinhaltet) und dem Lebenserhaltungstrieb (der die Bewahrung der eigenen Individualität bedeutet). 1914 erklärt er im *Zentralblatt für Psychoanalyse und Psychotherapie* die Problematik des Widerstreits dieser beiden Triebe und worin das Leiden seiner Kindheit begründet war: „Die Angst der Einsamkeit, der Trieb zum Anschluss zwingt das Kind, sich anzupassen: die Suggestion von fremdem Willen, welche man Erziehung nennt, wird in das eigene Wollen aufgenommen. Und so bestehen die Meisten geradezu allein aus fremdem Willen […]."[192]

Die persönliche Auseinandersetzung mit dem dominanten Vater findet sich in dem Kampf gegen die vaterrechtliche Gesellschaft wieder. Mit jedem Wort schreibt der Sohn gegen das Vater-System an. Es ist ein Machtkampf, intensiv von Seiten des Vaters geführt, der überwacht und kontrolliert. Otto Gross zieht daraus Vorteile. Diese sind finanzieller Natur, denn der Vater bestreitet Ottos Unterhalt, und in Zeiten der Bedrohung sorgt er für Schutz. Es kommt nie zu einem Abbruch der Beziehung. Das „Schlachtfeld" ist öffentlich, die Fehde endet 1915 mit dem Tod des Vaters.

Die Rebellion von Söhnen dieser Generation gegen ihre Väter ist Anfang des 20. Jahrhunderts ein Phänomen, das anhand vieler prominenter Beispiele literarisch verarbeitet wird. Es ist der Kampf gegen Autorität, Obrigkeit und Staat. Franz Kafkas *Brief an den Vater* ist ein viel zitiertes Zeugnis, auch das Buch *Abschied* von Johannes R. Becher belegt den Widerstand gegen das väterlich-autoritäre System.

Otto hat kaum Kontakt zu Gleichaltrigen und kann sich im sozialen Umfeld nicht kind- bzw. altersgemäß verhalten. Freundschaften mit anderen Jugendlichen fallen ihm schwer, und da er wegen seiner Besonderheiten ausgelacht wird, versucht er diese zu kompensieren. Jede Freundschaft ist mit Spannungen und oftmals Abbruch der Beziehung verbunden. „Gross besaß eine außergewöhnliche Anziehungskraft auf Menschen, aber die Freunde, die er gewann, wandten sich in der Regel wieder von ihm ab – der Umgang mit ihm war anstrengend."[193]

---

191 Otto Gross: Über psychopathische Minderwertigkeiten. Wien 1909. In: Lois Madison (Hg.): Otto Gross: Werke. Hamilton/USA 2000, S. 241f.
192 Otto Gross: Über Destruktionssymbolik. Zentralblatt für Psychoanalyse und Psychotherapie, Wien 1914, S. 530.
193 Kurt Kreiler: Zum Fall Otto Gross. In Kreiler (Hg.), 1980, S. 156f.

Franz Jung schreibt in seinem Essay *Einiges über meine Stellung zu Gross*: „Ich verdanke Gross sehr viel. […] Menschlich zueinander […] blieb unsere Beziehung doch kühl, um nicht zu sagen eisig."[194] In seiner Biografie erinnert sich Jung: „Für mich bedeutete Otto Groß das Erlebnis einer ersten und tiefen, großen Freundschaft, ich hätte mich ohne zu zögern für ihn aufgeopfert. […] Es war eine Mischung von Respekt und Glaube, das Bedürfnis zu glauben und zu verehren […]. Für Groß selbst war ich vielleicht nicht viel mehr als eine Figur auf dem Schachbrett seiner Gedankenkombinationen […]."[195]

Otto Gross sind die Leiden der Kindheit eine unerschöpfliche Quelle für seine Studien und Publikationen, für sein Handeln und Zusammenleben mit anderen Menschen. Seine Schriften bedeuten Trauma-Bewältigung mit gesellschaftspolitisch-missionarischen Strukturen. Er verlangt die „totale Befreiung der werdenden Generation aus der Gewalt der bürgerlichen Familie – und auch die vaterrechtliche Familie des Proletariats ist bürgerlich!"[196]

Adele und der Mutterkonflikt

Zu Otto Gross` Mutter Adele, die als unscheinbar und dem Vater untergeordnet, doch als von ihrem Sohn geliebt geschildert wird, erklärt der Ehemann Hans Gross: „Er [Otto] war nie in Händen von Dienstboten, sondern stets in denen seiner Mutter, einer ungewöhnlich intelligenten und hochgebildeten und klugen Frau."[197] Das entspricht einer Forderung der Frauenrechtlerin Marianne Weber, die 1907 in einem Vortrag ausführt, dass gebildete Mütter ihren Söhnen „geistige Kameradinnen" sein sollen. Adele Gross verkörpert dieses moderne Bildungsprinzip. „Wir wollen ihnen [den Müttern] endlich die Bildung und geistige Selbständigkeit mitgeben, die sie befähigt, später auch ihren Söhnen nicht nur Pflegerinnen, sondern geistige Kameradinnen zu sein […]."[198]

In wissenschaftlichen Publikationen wird ein Bild Adele Gross` als „farblose" Hausfrau geschildert, als „unscheinbare" Mutter: „Aber diese Mutter war eine merkwürdig farblose, unscheinbare, unprofilierte Frau, fast keine Person,

---

[194] Franz Jung: Einiges über meine Stellung zu Gross. In Kreiler (Hg.), 1980, S. 130.
[195] Franz Jung, 2000, S. 85.
[196] Otto Gross: Zur funktionellen Geistesbildung des Revolutionärs. In: Neues Forum, Heft 303/304, März/April 1979, S. 67. (Erstdruck als Beilage in ‚Räte-Zeitung' Berlin 1919)
[197] Emanuel Hurwitz, S. 50. Viele weitere Beispiele über Otto Gross` Verhalten als Kind, über seine Erziehung, seine Eigentümlichkeiten und die nicht-kindgemäße Entwicklung ist dem Buch von Hurwitz zu entnehmen.
[198] Marianne Weber: Die Verhandlungen des 18. Evangelisch-Sozialen Kongresses. Göttingen 1907, S. 124.

ein bedeutungsloses Nichts. Eine Frau, die sich völlig ihrem Mann unterordnete, die eigene Meinungen und eine eigene Persönlichkeit gar nicht beanspruchte [...]."[199]

Adele Gross, das „bedeutungslose Nichts", ist Ehefrau und Mutter wie Hunderttausende europäischer Frauen des gehobenen Mittelstandes zum Ende des 19. Jahrhunderts. Passivität als Schwäche und Nachteil auszulegen, kann nur als Erklärungsversuch gesehen werden, warum Otto Gross einen problematischen Weg eingeschlagen hat. Diese – nach Aussage ihres Mannes – „ungewöhnlich intelligente, hochgebildete und kluge" Mutter wird jedoch einen nicht zu unterschätzenden Einfluss auf ihren Sohn gehabt haben, denn Otto Gross wird ungewöhnliche Beredtheit, hervorragendes logisches Denken, umfassendes historisches Wissen und ein seiner Umwelt zugeneigtes Wesen bescheinigt. Da er „nie in Händen von Dienstboten" war, muss seine Mutter einen positiven Einfluss auf ihn gehabt haben.

Frieda Gross schildert ihre Schwiegermutter Adele als liebe, herzliche Frau, an der ihr Sohn hängt. Friedas Briefe an Else Jaffé in den Jahren 1902 und 1903 beinhalten nichts Negatives über die Schwiegermutter. „Dann waren wir noch einige Tage in München zusammen, dort war auch seine Mama, die mich mit unvergleichlicher Freude und Liebe an ihr Herz nimmt."[200] Danach schwärmt sie von Adele: „Ich werde nur froh sein, seine Mama dann bei ihm zu wissen, die er nach mir am meisten liebt und die immer sein bester Freund gewesen ist."[201]

Dennoch gilt die „schwache" Mutter als Begründung für den lebenslangen Kampf Ottos gegen den Vater. „So hat sich Otto Gross am Vaterproblem festgebissen, weil damit die dahinterliegende ungleich schwierigere Mutterproblematik verdeckt und verdrängt werden konnte."[202] Was aber ist die „Mutterproblematik", was wäre Adele konkret vorzuwerfen?

Von der Mutter als Typus kann sich Otto Gross in den Beziehungen zu Frauen nicht lösen. Stets ist die gleiche Struktur erkennbar: Er überhöht die Frauen, erklärt sie zu Königinnen, zu Vorbildern bzw. Anführerinnen einer neuen Generation. So wie er seine eigene Mutter überschwänglich verehrt, überhöht er seine Frau Frieda, Else Jaffé, Frieda Weekley und zuletzt Sofie. Er sucht bei ihnen Wärme und Geborgenheit in Form von Erotik und Sexualität. Zwar fühlen die Frauen sich geehrt, doch werden sie in eine Rolle gedrängt, die sie überfordert.

---

199 Emanuel Hurwitz, S. 283.
200 Brief FG an EJ, 01.10.1902, Tufts # 28.
201 Brief FG an EJ, 05.10.1902. Tufts # 29.
202 Emanuel Hurwitz, S. 295f.

Otto Gross erlebt sich als Mensch mit großartigen Anlagen und starkem eigenen Willen, dem Verhaltensweisen und Normen oktroyiert wurden, die nicht seiner Individualität entsprachen. So wurde er zum unglücklichen, depressiven Rebell. Erst als Erwachsener wird ihm der Hintergrund des eigenen „Andersseins" klar. Aber da ist es zu spät, seinem Kindheitstrauma zu entkommen, das er nun mit Sexualität und Drogen unterdrückt.

Studium, Drogen, Publikationen und Heirat

Otto Gross studiert Medizin in München, Straßburg und Graz und promoviert 1899 zum Doktor der Heilkunde. In seiner Dissertation *Compendium der Pharmako-Therapie für Polikliniker und junge Ärzte* befasst er sich mit der Wirkung von Drogen. Bereits im ersten Kapitel *Sedativa* beschreibt er Anwendungsgebiete und Wirkung von Drogen wie Opium, Morphium, Codein, Dionin, Heroinum, Atropin, Hyoscinum, Colchicin und Chloralhydrat.

Von 1897 bis 1900 arbeitet Gross als Volontär bzw. Assistenzarzt in Graz, München, Frankfurt/Main, Czernowitz und Kiel, bevor er als Schiffsarzt nach Südamerika fährt. Er berichtet: „Als ich zurückkam, war ich entschlossen, mich der Psychiatrie zu widmen – den Anlass gab mir die Lectüre Karl Wernicke ‚Grundriss der Psychiatrie', die mir in unseren wochenlangen Überfahrten Beschäftigung gewesen."[203]

In Südamerika beginnt sein Drogenkonsum; er erklärt die Abhängigkeit mit dem positiven Effekt auf seine geistige Tätigkeit. Zurück in Europa beschäftigt er sich intensiv mit den neuen Erkenntnissen der Psychoanalyse und bekleidet 1901 eine Volontärarztstelle bei Hans von Gudden in München. Im selben Jahr veröffentlicht er zwei Arbeiten: *Zu den cardiorenalen Theorien* und *Zur Frage der socialen Hemmungsvorstellungen*.

1902 lernt er Frieda Schloffer aus Graz kennen, die an ihre Freundin Else von Richthofen schreibt: „[…] wir haben uns gleich Mann und Frau genannt. […] Psychiater, heisst Otto Gross, 10 Monate jünger als ich – nichts zu ändern. Mein armer Papa wird leiden – die Grazer mögen ihn nicht. Zum Teil ist es die Abneigung der Philister gegen das Geniale. […] Vielleicht etwas zu sehr ‚anders' als die andern, zu unpractisch, abgewandt von der Wirklichkeit. […] Die ‚Leute' halten ihn für verrückt – und werden mich für wahnsinnig halten."[204]

1902 publiziert Otto Gross die Schriften *Über Vorstellungszerfall, Die Affektlage der Ablehnung* und *Zur Phyllogenese der Ethik*. Er beendet seine Assi-

---
203 Josef Berze/Dominik Stelzer, S. 25.
204 Brief Frieda Schloffer an Else v. Richthofen, 13.06.1902, in: Bertschinger-Joos, S. 40 f.

stententätigkeit in München, wird klinischer Assistent an der Psychiatrisch-Neurologischen Klinik von Professor Anton in Graz und ist somit wieder bei seiner Verlobten. Frieda beschreibt das „Mütterliche", das Otto in ihr sucht. „Gott, es ist auch so viel Mütterliches in meiner Liebe für diesen Otto. Und das hat er so lieb und braucht er so. Wir haben so unsere verschiedenen Tage und Stunden: ‚Heut bist Du die Mama', ‚heut bist du die Königin' [...]. Du, ich muss dir erklären, warum ich so viel Gutes über meinen Otto sage – weil die meisten Leute ihn nicht verstehen und schätzen [...]."[205]

1903 heiraten Frieda und Otto kirchlich. Sie sehen diesen Akt als „Opfer an die staatliche Ordnung"[206]. Bald wird Gross nicht nur die Ehe abschaffen wollen, sondern auch die (Vaterrechts-)Familie mit ihren – in seinen Augen – unterdrückenden, vergewaltigenden Strukturen. Im selben Jahr veröffentlicht er einen *Beitrag zur Pathologie des Negativismus* und *Über die Pathogenese des spezifischen Wahns bei Paralytikern*. In dieser Zeit verstärkt sich sein Interesse für die Erkenntnisse des in Wien wirkenden Psychologen Sigmund Freud. Leidenschaftlich begrüßt er dessen Forschungen zur Tiefenpsychologie. 1904 publiziert Otto Gross Arbeiten in verschiedenen Zeitschriften, um seine Habilitation voranzutreiben. 1905 weilt er erstmals in Ascona, vermutlich zu einer Entwöhnungskur; 1906 ein weiteres Mal.

Exkurs: Im Konflikt mit gesellschaftlichen Normen

Mit seiner Gesellschaftstheorie und dem Postulat der „freien Liebe" steht Otto Gross im Widerspruch zu den Sitten der Zeit. Sich auf Otto Gross einzulassen, bedeutet, die Grenzen der gesellschaftlichen Normen zu überschreiten, was gesellschaftliche Ächtung bedeuten kann.

Wilhelm Stekel scheibt 1922: „Freilich, wir leiden alle unter der Verdrängung. Wir leiden alle unter der falschen Moralheuchelei. [...] Leider ist in unserer Zeit die Sexualität mit dem Sündenbegriff so innig verknüpft worden [...]. Damit soll nicht gesagt sein, daß einem schrankenlosen sexuellen Ausleben das Wort gesprochen wird. Das Wichtigste jedoch wäre eine Revision unserer Moral. Eine gesündere Moral würde eine gesündere Weltanschauung zur Folge haben."[207] Hat Stekel, als er dies schreibt, Otto Gross vor Augen?

Die Gesellschaft – im Sinne von Otto Gross – gesund zu machen, würde Revolution bedeuten. „Revolution ist Kampf um Macht für eine Idee,"[208]

---
205 Brief Frieda Schloffer an Else v. Richthofen, 05.10.1902, in: Bertschinger-Joos, S. 51.
206 Vgl. Brief von Frieda Gross an Else Jaffé, 1903, in Bertschinger-Joos, S. 52.
207 Wilhelm Stekel: Nervöse Angstzustände und ihre Behandlung. Berlin 1923, S. 665ff.
208 Otto Gross: Zum Problem: Parlamentarismus. In: Kurt Kreiler (Hg.), S. 62.

schreibt Gross später. Er hat „Sehnsucht nach einem Paradies der Konfliktfreiheit in den menschlichen Beziehungen"[209] und ist der Überzeugung, dass „die Natur des Menschen, so wie sie angelegt und jedem angeboren ist, nach den zwei großen Werten Freiheit und Beziehung strebt."[210]

Da Gross den Staat als gesetzgebendes und ordnendes Organ abgelehnt, entwirft er einen anderen Weg zum angestrebten Paradies. Seine Vorstellung von einer gerechten Gesellschaftsordnung hat als Basis die materielle Fürsorge der Frau zur Ermöglichung ihrer Mutterschaft. Er sieht, dass in der derzeitigen Gesellschaftsordnung die einzelne Frau von einem einzelnen Mann abhängig ist, der für ihre Versorgung und die der Kinder zuständig ist. Diese Abhängigkeit – um der materiellen und rechtlichen Sicherheit willen – bindet die Frau („bis der Tod euch scheidet") in der Ehe an einen einzelnen Mann, und sie unterwirft sich ihm, einer Vergewaltigung gleich. Die meisten Frauen – so Gross – beugen sich dem, ohne seelisch krank zu werden, sie verdrängen ihre Wünsche und sexuellen Bedürfnisse. Krank werden diejenigen, bei denen Erziehung und gesellschaftliche Normen in Konflikt mit dem angeborenen Wesen geraten, das v.a. nach freier Sexualität strebt.

Aus dieser Einsicht kommt für Otto Gross der Befreiung der Sexualität eine Schlüsselrolle zu. Es sind nicht die Ziele der Frauenbewegung, was ihn umtreibt, sondern es ist der gesellschaftliche Veränderungsprozess, der mit der Sexualität beginnt.

Das Aufdecken der Konflikte

Otto Gross findet mit sicherem Instinkt Menschen, die ihn brauchen. Es ist ein aus tiefstem Inneren kommendes Bedürfnis, seine Mitmenschen zu analysieren und ihnen zur seelischen Gesundung zu verhelfen. In Sofies Brief vom Januar 1907 steht ein Satz, den viele Gäste des Café Stefanie gehört haben: Otto Gross bittet sie, mit ihm als „Freund und Arzt" zu sprechen. Er kennt sich nicht nur in den Krankheitsbildern seiner Mitmenschen aus, die – seiner Meinung nach – ein Abbild des „ganzen Leidens der Menschheit"[211] sind. Die in seinem Wesen begründete Menschenfreundlichkeit in Verbindung mit der rhetorischen Kunst bewirkt, dass sich Männer und Frauen ihm öffnen. Wenn Sofie schreibt „und er ist so ein wundervoller Mensch – es ist, wie wenn wir uns schon lange von früher her kennten,[212]" dann entspricht das dem, was

---
209 Emanuel Hurwitz, S. 276.
210 Otto Gross: Zur funktionellen Geistesbildung des Revolutionärs. In: Kurt Kreiler (Hg.), S. 68.
211 Otto Gross: Die Psychoanalyse oder wir Kliniker. In: Die Aktion 3. Jg., Heft 26, 25.06.1913, Sp. 631.
212 Brief SB an EB. [Anfang 1907]. Privatarchiv P.B.

Franz Werfel den Protagonisten Ferdinand in seinem Roman *Barbara oder die Frömmigkeit* sagen lässt: „Mit Gebhart [Gross] aber verband ihn etwas, das nicht nur der Sympathie oder Bewunderung entsprang. Man kann es Verwandtschaft nennen, Verwandtschaft nicht in einem persönlichen, sondern in einem sozialen Sinn, der, ohne daß beide davon wußten, im Blute lag."[213]

Als Anhänger Sigmund Freuds ist Otto Gross von dessen Technik der Analyse elektrisiert:

> Freuds Verfahren bewirkt die Lösung von ganz bestimmten Sperrungen der Assoziationen, die sich auf affektive Erlebnisse, besonders in der Kindheit, zurückführen lassen [...]. Die aus dem Bewußtseinszusammenhang verdrängten und darum störenden Konfliktsmomente verlieren ihre Krankheit erregende Wirkung, sobald sie dem Bewußtsein des Patienten erschlossen worden sind.[214]

Gross erkennt Konflikte als in die Verdrängung geschobene Triebe, Sehnsüchte und Wünsche. In der Therapie sollen sperrende Kräfte durch den Assoziationsweg beseitigt werden. In dem Artikel *Zur neuerlichen Vorarbeit: vom Unterricht* definiert Gross das Ziel seiner psychoanalytischen Arbeit: „Das vollendet gedachte Resultat der psychoanalytisch zu vermittelnden Selbsterkenntnis ist also die Instandsetzung des Individuums selbst zur Übernahme der bewußten eigenen Kontrolle [...]."[215] Das Resultat der Analyse soll die Selbstermächtigung sein. Franz Jung, der bei Otto Gross eine erfolgreiche Analyse gemacht hat, ist ihm dankbar: „Mein Ziel war, jene Denktechnik aus einem therapeutischen Mittel umzubiegen zu einer Angriffswaffe, [...] um zu zerstören – und zwar die Widerstände, die dem Glück der Menschen im Wege waren. [...] Was Gross mir gab, war die Einsicht der Freilegung der Quellen meiner Zielgebung."[216]

Frank Jung ist auf der Suche nach der Überwindung der Widerstände auf dem Weg zum Glück: „Der Mensch schreit, weil er einzeln ist, und weil er als Einzelner friert."[217] In seinem theoretischen Hauptwerk will Jung der Vereinsamung des Menschen etwas entgegensetzen, mit dem Anspruch, „den Hass aus der Welt zu schaffen."[218] In *Die Technik des Glücks. Psychologische Anleitungen*

---

213 Franz Werfel: Barbara oder die Frömmigkeit. Berlin 1929, S. 457.
214 Otto Gross: Elterngewalt. In: Maximilian Harden (Hg.): Die Zukunft. Berlin, 10.10.1908, Jg. 17, S. 78.
215 Otto Gross: Zur neuerlichen Vorarbeit: vom Unterricht. In: Kurt Kreiler (Hg.), S. 39f.
216 Franz Jung: Einiges über meine Stellung zu Gross. In: Kurt Kreiler (Hg.), S. 130f.
217 Franz Jung: Die Technik des Glücks. Ditzingen 2021, S. 9.
218 Franz Jung, 2021, S. 8.

in vier Übungsfolgen[219] ist aus jeder Zeile Otto Gross zu hören. Revolutionsziel ist: das Glück.

Die Arbeit des Therapeuten

Otto Gross' Analysesitzungen finden bevorzugt in öffentlichen Cafés statt. Anton Kuh erinnert sich: „Der geniale Otto Gross, Champion der literarischen Bestohlenheit, Psychoanalytiker auf Barrikadenhöhe […] sprang alle zwei Minuten auf und nahm irgendeine Frau oder einen Mann auf seine peripathetischen[220] Hüpfgänge durchs Lokal mit – er konnte nicht anders die letzte Konsequenz eines Gedankens entwickeln."[221]

Franz Werfel beschreibt, wie der Psychoanalytiker zwischen sich streitenden Frauen vermittelt – wenn auch der Blick ins Innere der Analyse verschlossen bleibt. „Der graublonde Kopf eines fremdartigen Raubvogels wiegte sich, dicht über die Marmorplatte gebeugt, zärtlich zwischen den streitenden Mänaden. Wenn die Federn der Hühner flogen, schien er sich besonders wohl zu fühlen."[222]

Der Schriftsteller Karl Otten, 1910 zum Studium nach München gekommen, schildert in seinem autobiografischen Roman *Wurzeln* die Sitzungen mit Otto Gross. In dem Kapitel *Permanente Analyse als Weg zur Freiheit* legt Otten Gross' Methode offen: „[…] und was an Traum und Versprechen ihm [Otten] entfuhr, wurde aufgespießt, seziert, in Serum verwandelt und ihm wieder injiziert. […] Dem Arzt machte er [Otten] Geständnisse, die diesen überwältigten, da sie, von äußerster Einfachheit und größter Klugheit zugleich, in sein politisches System paßten."[223] Der letzte Satz in Ottens Buch kann als Proklamation Otto Gross' gelesen werden: „Ja, es handelt sich um die Gründung eines neuen Paradieses."[224]

Zu Beginn des 20. Jahrhunderts befindet sich die Psychoanalyse noch im Stadium des Experiments. Wilhelm Stekel beschreibt die Technik der Psychotherapie in *Nervöse Angstzustände und ihre Behandlung* und beginnt mit der Schilderung von Freuds Methode: „Er läßt seine Kranken während ihrer Sprechstunde liegen und sitzt hinter ihnen, so daß er von ihnen nicht gesehen wird. […] Manche Frauen scheuen sich, sexuelle Angelegenheit zu erzählen

---

219 Franz Jung, 2021. (Erstausgabe 1921)
220 peripathetisch: auf der Lehre des Aristoteles beruhend, aristotelisch.
221 Anton Kuh: Der unsterbliche Österreicher. München 1931, S. 22.
222 Franz Werfel, 1929, S. 435f.
223 Karl Otten: Wurzeln. Berlin o.J., S. 31ff.
224 Karl Otten, S. 279.

und dabei dem Arzte ins Gesicht zu sehen. Man überwindet auf diese Weise die Widerstände des Kranken viel leichter."[225]

Wilhelm Stekel selbst ermuntert die Patienten, alles auszusprechen, was ihnen einfällt, ohne innere Zensur. Die Bewertung mögen sie dem Therapeuten überlassen. Gerade das, worauf die Patienten keinen Wert legen, sei für Stekel von größter Bedeutung. Stekel lässt den Patienten seine Lebensgeschichte erzählen, und zwar „in epischer Breite [...]. Auf diese Aufforderung hin pflegen die Kranken die Lebensgeschichte mitzuteilen, allerdings in vollkommen entstellter und verlogener Weise. Die wenigsten Kranken bestreben sich, gleich in den ersten Stunden aufrichtig zu sein."[226] Stekel gibt zu bedenken: „Es heilt nicht die Methode, es heilt der Arzt. Es gibt keine analytischen Rezepte, es gibt kein Schema, das man für alle Fälle anwenden kann. Wie keine andere Wissenschaft erfordert die Analyse Individualisierung und Einfühlung."[227]

Psychoanalyse – eine gefährliche Methode?

Otto Gross verbindet die Analysen zudem mit einer sexuellen Verhaltensänderung. Er bestärkt seine Patienten, sexuelle Hemmungen fallen zu lassen und Beziehungen neu zu denken. Dass die Analysanden dabei in größte innere und äußere Not geraten, ist unausbleiblich. Die Gefahr einer psychischen Überforderung des Patienten – wie auch des Psychoanalytikers – ist nicht ausgeschlossen. „Die unbarmherzige Dynamik der Gross'schen Analysen, und jedes Gespräch mit Gross scheint Analyse gewesen zu sein, erschöpfte die, die ihm nahestanden."[228]

Das hat Sofies Schwester Emilie erkannt, wenn sie 1911 in einem Brief schreibt:

> Solche Untersuchungen waren furchtbar aufreibend (ich weiß von einer Bekannten, die solche von einem Freudanhänger – auf Freuds grobsinnlichem Standpunkt stehend – über sich ergehn lassen mußte und die zu Grunde gegangen wäre, wenn sie sich nicht mit Energie losgerissen hätte).[229]

Auch Otto Gross erkennt die Problematik, wenn er Menschen, die in einer Komplexbeziehung leben, miteinander konfrontiert und berichtet von einer Mutter, die „in ganz besonderer Art daran gelitten".[230] Die österreichische

---

225 Wilhelm Stekel, 1923, S. 636.
226 Wilhelm Stekel, 1923, S. 637f.
227 Wilhelm Stekel: Die seelischen Kinderkrankheiten der Erwachsenen. Berlin 1922, S. 602ff.
228 Kurt Kreiler: Zum Fall Otto Gross. In: Kurt Kreiler (Hg.), S. 156.
229 Brief von Emilie Benz an Prof. Hans Gross, 02.05.1911. Privatarchiv P.B.
230 Brief Otto Gross an SB, o.D. [Anfang 1910]. Privatarchiv P.B.

Schriftstellerin Gina Kaus schreibt von den Gefahren durch Otto Gross' Analysen: „Ein paar Jahre später traf ich zwei seiner Jüngerinnen in Berlin; sie waren wie erlöst, weil das Genie, das sie in Bann gehalten hatte, nicht mehr existierte."[231]

Erich Mühsam versucht im Juli 1909, Gustav Landauer Gross' Theorie zu verdeutlichen, spart aber nicht mit Kritik:

> Das Freiwerden des Sexus von in langen Jahren aufgeschichteten Erziehungs- und Gewohnheitskomplexen befreit den ganzen Menschen von seinen Nervositäten, seinen moralischen und gedanklichen Voreingenommenheiten u.s.w. Über diesen Betrachtungen […] verliert sich bei den ‚Grossisten' allmählich jedes soziale Gefühl, jedes Gefühl für Kunst, Menschentum u.s.w. und es entwickelt sich ein höchst unsympathischer Individualismus, ein gewissenloser Egozentralismus, ein Größenwahn, der in jedem besseren Gefühl ‚Komplexe' wittert.[232]

Mühsam spricht auch die Gefahr an, die Analyse mit Therapie gleichzusetzen und bereits von der Analyse Heilung zu erwarten. Landauer erwidert: „Natürlich ist es heller Wahnsinn, alles schnell deuten zu wollen. […] Wer alles über einen Kamm schert, und gar noch über einen solchen Kamm, ist ein verrückter Verbrecher."[233] Landauer befehdet nicht nur die Person Otto Gross, sondern die leichtsinnige und dilettantische Anwendung dieser Methode durch Nicht-Mediziner. Die unter dem Begriff „Laienanalyse" bekannte Tätigkeit verbreitet sich Anfang des 20. Jahrhunderts. Johannes Nohl – der bei Otto Gross eine Analyse gemacht hatte – ging als einer der bekanntesten „Laien-Analytiker" in die Geschichte ein, da er Hermann Hesse analysierte.

Es gehört zum Wesen eines Menschen, der seine von innerster Überzeugung geleiteten Ideen verwirklichen will, dass der Blick für die Zumutbarkeit verloren geht. So wie später Frieda Weekley davon spricht, dass Gross in ihr einen „Typus" sieht, so nimmt er seine Mitmenschen als Versuchspersonen wahr, an denen er die Theorie der freien Liebe praktiziert. „[…] und Gross spielte leichtsinnig mit dem Feuer, indem er seine Mitmenschen, […] für seine Befreiungsversuche instrumentalisierte."[234]

---
231 Gina Kaus: Und was für ein Leben … Hamburg 1979, S. 49f und S. 86.
232 Christoph Knüppel (Hg.): ‚Sei tapfer und wachse dich aus'. Gustav Landauer im Dialog mit Erich Mühsam. Lübeck 2004, S. 102f. Brief Erich Mühsam an Gustav Landauer, 06.07.[19]09.
233 Christoph Knüppel (Hg.), S. 106. Brief Gustav Landauer an Erich Mühsam, 12.07.[19]09.
234 Chris Hirte: Erich Mühsam und Otto Gross: Rekonstruktion einer Begegnung. In: Raimund Dehmlow, Gottfried Heuer (Hg.): 1. Internationaler Otto Gross Kongress. Marburg 2000, S. 25.

In Franz Jungs Buch *Sophie. Der Kreuzweg der Demut* sagt Sophie (Sofie) zu Gross: „Du willst immer den Leuten helfen. Sie hassen dich. Du stichst in die Wunde. Du willst immer gleich alles ausreißen. Das tut doch weh. Du reißt die Menschen in Stücke. Das Kranke ist auch ein Stück vom Leben!"[235]

„Unheil" habe Otto Gross angerichtet, behauptet Emil Szittya, ein Beobachter der Szene: „[...] er entfesselte Eigenschaften, die sehr viel Unheil anrichteten, wenn sie auch anarchistisch anmuteten."[236]

Analyse mit Regina Ullmann und eine Erzählung

Otto Gross benutzt die Psychoanalyse, um Patienten von Zwängen zu befreien. In der Literatur werden seine im öffentlichen Raum stattfindenden Sitzungen hervorgehoben, doch Gross analysiert auch in seiner Wohnung oder im Haus der Analysanden. So ist von Elisabeth Lang und Regina Ullmann bekannt, dass sie in Einzeltherapie bei Otto Gross waren.

Die Schriftstellerin Regina Ullmann, wie Sofie 1884 geboren, die 1908 eine Analyse bei Otto Gross in München macht, hat in einer fiktiven Erzählung den Ablauf einer Sitzung überliefert. Ihr ist es zu verdanken, Otto Gross bei einer Analyse in seiner Praxis näherzukommen.

In der Erzählung *Konsultation*[237] schildert Ullmann eine junge Frau in der Praxis eines Therapeuten, die ihre Widerstände, Schmerzen sowie Schwermut verliert und verarbeitet dabei eigene Erfahrungen mit Otto Gross. Die Arztpraxis irritiert sie angesichts der darin herrschenden Verwahrlosung. „Man konnte dies auch einen Saal nennen, einen Raum, der sich wie ein hoffnungsloser Mensch bereits aufgegeben hatte."[238]

Ullmann gewährt einen Blick auf Otto Gross als Analytiker, dessen Methode anders ist als die von Sigmund Freud und C. G. Jung. Es gibt weder eine Couch noch Assoziationen noch Traumdeutungen. Alles, was der Therapeut ihr vermittelt, ist ein „Lassen Sie es."[239] Die junge Frau erhält die Diagnose: „Die Krankheit, die Sie haben, ist sehr schwer zu behandeln. Je mehr man ihr beikommen will, desto tiefer zieht sie sich zurück. [...] Es fehlt Ihnen nichts."[240] Dies entspricht Otto Gross` Feststellung in seiner Publikation *Elterngewalt*: „Die Konsolidierung der individuellen Werte bedeutet die Genesung. Ich füge hinzu, daß mir das eigentliche Kriterium der ‚Gesundheit' als etwas Relatives gilt, das sich allein für jedes einzelne Individuum nach seiner

---

235 Franz Jung, 1973, S. 31.
236 Emil Szittya, 1973, S. 150.
237 Regina Ullmann: Gesammelte Werke. 2. Bd. Einsiedeln 1960, S. 171–177.
238 Regina Ullmann, 1960, S. 173.
239 Regina Ullmann, 1960, S. 175.
240 Regina Ullmann, 1960, S. 174.

individuellen präformatierten Zweckmäßigkeit bestimmen läßt."[241] Am Ende der Konsultation ist die Patientin erleichtert, denn: „Er hat mir die Zergliederung von Leib und Seele erspart und mich mir wieder zurückgegeben. Das ist viel, noch dazu, wo er bereits mit sich selber zerfallen ist und ein ‚Zuspät' sich zurufen muß. Das ist viel, wenn einer rettet, wo er selber sich für verloren gibt."[242]

Mit seinem „Lassen Sie es" hat ihr der Therapeut einen Weg gezeigt, sich von seelischem Ballast zu befreien. Die Patientin in Ullmanns Erzählung tritt befreit den Heimweg an. Gross' Anspruch ist die individuelle Heilung. Doch der Seelenretter kann sich selbst nicht retten! In diesem letzten Satz ihrer Erzählung schildert Ullmann auf tragische Weise den Menschen Otto Gross.

Otto Gross nimmt auf eine große Zahl zeitgenössischer Schriftsteller Einfluss. Franz Kafka gehört dazu; er und Otto Gross kennen sich von einer nächtlichen Bahnfahrt nach Prag und tiefen Gesprächen, mit der Absicht eines gemeinsamen Zeitschriftenprojekts (das nicht verwirklicht wird). Eine sehr kurze Geschichte Kafkas heißt *Gibs auf!*, die ähnlich der von Regina Ullmann die Botschaft hat, nicht weiter nach Sinn, Lösung und einem richtigen Weg zu suchen, sondern „es – das Problem – zu lassen" bzw. „aufzugeben". In beiden Geschichten ist es ein „Meister", der dies sagt und dabei lächelt. Bei Ullmann: „Von der Seite sah ihr ein Fremder zu. [...] Freute sich sogar darüber, daß sie sich's schmecken ließ, oder belustigte es ihn gar?"[243] Bei Kafka ist zu lesen: „‚Gibs auf, gibs auf', sagte er und wandte sich mit einem großen Schwunge ab, so wie Leute, die mit ihrem Lachen allein sein wollen."[244]

Exkurs: Manche brauchen die Analyse nicht

Nicht jeder nimmt Gross' Gesprächsangebot an, andere lassen sich auf eine Analyse ein, sind aber in der Lage, eine rote Linie zu ziehen, wenn Gross ihnen zu nahekommt. Wie der Schriftsteller Erich Mühsam: „Ich gehörte zu den wenigen, die der Psychoanalyse einigermaßen skeptisch gegenüberstanden, obwohl ich mit Otto Groß persönlich befreundet war und mich auch eine Zeitlang von ihm in seine Ausfragebehandlung nehmen ließ. Es lag mir daran, zu beobachten, ob durch das Ueberklarwerden von halb oder ganz versunkenen Erinnerungen die dichterische Schaffenskraft beeinflußt werde [...]."[245]

---

241 Otto Gross: Elterngewalt. In: Kurt Kreiler (Hg.), S. 10.
242 Regina Ullmann, 1960, S. 177.
243 Regina Ullmann: Konsultation. In: Gesammelte Werke 2. Band, Einsiedeln 1960, S. 176.
244 Franz Kafka: Gibs auf! In: Das Werk. Frankfurt/M. 2010, S. 905.
245 Schriften der Erich-Mühsam-Gesellschaft, 2000, S. 36.

Nach erfolgter Analyse schreibt Mühsam im Mai 1907 an Sigmund Freud: „Ich litt an schweren pathologischen Erscheinungen: starker Reizbarkeit, die zu Wutausbrüchen führte und ihren Abschluß meist in Dämmerzuständen fand [...]. Herr Doktor Gross, mit dem ich freundschaftlich verkehre, erzählte mir viel von der kathartischen Methode und nahm mich auf meine Bitte hin in Behandlung."[246]

Allerdings bricht Mühsam die Behandlung ab, „[...] als der Arzt Fragen stellte, die sich auf allerverschwiegenste Dinge des erotischen Lebens bezogen, und die ich ihm mit der kurzen Erklärung beantwortete: ‚Das geht dich einen Dreck an!'"[247]

Sich loszureißen gelingt nur denen, die unterscheiden können zwischen dem, was zu ihrer Entwicklung beiträgt und dem, was sie seelisch zerstört. „Aber ich bin selbst im Dreck nicht gerne Material für Experimente,"[248] wehrt sich Altmann (alias Franz Jung) in Ottens Buch *Wurzeln*.

Über die Schriftstellerin Franziska zu Reventlow, die sich einer Therapie durch Otto Gross entzieht, schreibt Mühsam: „Die Gräfin war durch mich mit Groß bekanntgeworden, und eines Tages erzählte sie mir, worüber alles sie Auskunft hätte geben sollen. Sie hatte den Doktor ausgelacht und ihn gefragt, ob er denn wirklich meine, von sehr vielen seiner Patienten die Wahrheit zu hören, worauf er antwortete, das sei gar nicht nötig, niemand lüge außerhalb seines Charakters, und gerade, wie jemand lüge, zeige wie er assoziiere."[249]

Regina Ullmanns Mutter schreibt in einem Brief 1908: „Die Sensburg seh ich alle Tage im Schwabingerbräu. Die war doch gescheit, dass sie dem Gross aus dem Wege gegangen."[250]

Der Maler Richard Seewald berichtet in seinen Lebenserinnerungen vom Zusammentreffen mit Otto Gross: „[...] er trat eines Tages in mein Atelier, um, wie er sagte, meine Bekanntschaft zu machen. Aber ich entließ ihn gleich wieder daraus, ihm erklärend, daß ich nichts mit ihm zu tun haben wolle [...]. Seine – überlegene – Antwort: ich täte recht daran, da ich ihn augenscheinlich nicht brauchte, setze ich auch hierher, weil sie genau den Tenor der ‚Beziehungen' (ein Terminus technicus) angibt, der damals in den Kreisen der die Psychoanalyse praktizierenden Männer und Frauen üblich war in ihren Freundschafts- und Liebesbeziehungen, nämlich den eines rein sachlichen, also geradezu unmenschlichen Experiments."[251]

---

246 Gerd W. Jungblut (Hg.): Bd.2, 1984, S. 98f.
247 Erich-Mühsam-Gesellschaft e.V. (Hg.), 2000, S. 36.
248 Karl Otten, o.J., S. 47.
249 Erich-Mühsam-Gesellschaft e.V. (Hg.), 2000, S. 36.
250 Brief in: Christine Kanz (Hg.): Psychoanalyse in der literarischen Moderne. Eine Dokumentation. Bd. III, Marburg 2011, S. 107.
251 Richard Seewald, 1963, S. 170.

Genauso ablehnend verhält sich Emmy Hennings alias Magda in Johannes R. Bechers Roman *Abschied,* indem sie sagt: „Doktor Hoch [Gross] hat mich zum Tode verurteilt, wegen unauflösbarer Komplexe … Das könnte dem so passen! Nein, ich laß mich von dem noch lange nicht auf den Strich schicken … Ihr Seelendeuter, ihr Menschenöffner, ihr. Das hält ja auf die Dauer kein Mensch aus!"[252]

Sofies Leiden – Sofies Fragen

Auch Sofie nimmt zunächst das Gesprächsangebot von Otto Gross nicht an. Sie geht ihm aus dem Weg. Nach dem ersten kurzen Kennenlernen in Ascona haben sie und Leonhard Frank im Herbst 1906 in München mehr Gelegenheiten, Otto Gross kennen zu lernen. Leonhard Frank beschreibt den Analytiker in seinem Roman *Links wo das Herz ist*:

> Die Oberpartie seines Gesichtes – blaue, kindlich unschuldig blickende Augen, Hakennase und volle Lippen, die immer ein wenig offen standen, als trüge er, lautlos keuchend, alles Leid der Welt – stimmte nicht überein mit der schwächlichen Unterpartie, dem Kinn, das nur angedeutet war und sich nach hinten ganz verlor. Wer das fanatische Vogelgesicht, das aus leicht getöntem Porzellan zu sein schien, einmal gesehen hatte, vergaß es nie.[253]

Damit legt Frank bereits die Spur zu der „Unwiderstehlichkeit" des Psychiaters. „Ein großer Kreis von Künstlern und sonstwie kulturell interessierten Personen, insbesondere alles, was nach neuer Ethik suchte, mochte es politisch oder sektierermäßig oder selbst spiritistisch orientiert sein, lebte von der Diskussion über Gross. In und noch besser vor diesem Kreis spielte sich das Leben von Gross ab und zwar im buchstäblichen Sinne."[254]

Auch wenn Sofie zunächst nur beobachtet, abgestoßen und wieder angezogen ist, so fasst sie doch eines Tages Vertrauen und lässt sich auf Gespräche mit Gross ein. Ihr Leidensdruck ist groß, und gewiss ist sie von dem tiefen Bedürfnis Otto Gross' überzeugt, Menschen helfen zu wollen. „Er liebt die Menschen", lässt Emilie später in ihrem Theaterstück Leonhard Frank sagen.

Vertrauensvoll ergreift Sofie die von Gross ausgestreckte Hand. „Sofie war besonders tief erschüttert durch persönliche Erlebnisse. Als sie im Jahr 1906 Dr. Groß kennen lernte; sie hoffte auf Fragen, die sie zur Zeit am Allerlebhaftesten beschäftigten, von ihm Aufklärung zu erhalten,"[255] berichtet Emilie Jahre später.

---
252 Johannes R. Becher, S. 318.
253 Leonhard Frank, 1976, S. 10ff.
254 Franz Jung: Einiges über meine Stellung zu Gross. In Kurt Kreiler (Hg.), S. 129.
255 Brief EB an Hans Gross, 02.05.1911. Privatarchiv P.B.

Sofies Studienbeginn und Umzug nach München im Herbst 1902 hätte eine Befreiung von häuslichen Zwängen sein können, denn sie schreibt im Januar 1906: „Wenn sie [Sofies Mutter] wüßte, in welcher Gemütsverfassung ich war, ehe ich nach München kam. Wie ich das Leben verfluchte."

Dass ihre seelische Verfassung dennoch labil bleibt, ist aus Sofies Briefen zu lesen. Wenn sie nun Hilfe findet, kann das zunächst auch Emilies Zustimmung gefunden haben. Emilie fasst Sofies Probleme in wenigen Worten zusammen: erschütternde, persönliche Erlebnisse, die Schweigsamkeit des Vaters, die sich auf die Tochter übertragen hat, die gütige, aber kleinliche Mutter. Was sie zu erwähnen vergisst: Sofies Melancholie und depressive Verstimmungen.

Die „persönlichen Erlebnisse", weswegen sich Sofie Otto Gross öffnet, sind im Einzelnen nicht bekannt. Ihre Schweigsamkeit, die sich in Hemmungen äußert, empfindet sie schmerzlich. Dazu kommen aber auch fehlende Aufträge als Künstlerin und die finanzielle Notlage. Wenn Sofie einen Brief im Dezember 1906 mit dem langen Satz beginnt „Das, was Du von Herrn Krauß nicht glauben willst, ist Thatsache – ich weiß es bestimmt und Du mußt es mir glauben, es ist notwendig!!!" und mit drei Ausrufezeichen abschließt, so verbirgt sich auch dahinter ein Geheimnis, das nie geklärt wird.

Die Mutterproblematik als Ausdruck eines Konflikts

Es ist viel, was Otto Gross als Psychiater und Psychoanalytiker „ausgraben" müsste. Kann er zum Kern von Sofies Problemen gelangen? Sofies Konflikt mit ihrer Mutter ist gravierend. Doch es ist erstaunlich, dass Gross gerade dieses Problem in den Jahren, wo er mit Sofie zusammen ist, nicht bearbeitet. Noch im Februar 1911 bittet Sofie ihre Schwester: „Schreibe mir, wie ich war als Kind, was ihr da wißt von mir."[256] Sollte sich der Theoretiker Gross in der Praxis als hilflos erweisen, einen Blick in Sofies Kindheit zu tun? Der Schriftsteller Kurt Kreiler, der sich u.a. mit Sofies Problematik auseinandergesetzt hat, vermutet:

> Der Ursprung von ‚Sophies' Neurose mag Otto Gross selbst unheimlich gewesen sein. Auszuschließen ist, daß er die Rolle eines autoritär-omnipotenten Vaters im Leben der Tochter nicht genauestens hätte analysieren können – darum darf vermutet werden, daß seine Patientin Sophie Benz wohl weniger durch ihren Vater als durch ihre Mutter belastet war. Doch hat er sich nie zur Mutterproblematik konkret geäußert, wohl weil sein unbewältigtes Verhältnis zur eigenen Mutter […] ihm im Wege stand.[257]

---

256 Brief SB an EB, [ca. 12.02.1911]. Privatarchiv P.B.
257 Kurt Kreiler: Zum Fall Otto Gross. In: Kurt Kreiler (Hg.), S. 163.

Das „unbewältigte Verhältnis zur eigenen Mutter" sei der Grund – so erklärt auch Emanuel Hurwitz –, warum bei Otto Gross das Vaterproblem dominiert.
Solange Otto mit dem Vater zu streiten hatte, war die Gefahr gebannt, einer übermächtigen und undifferenzierten, verführerischen und archaisch-verschlingenden Mutter zu verfallen. Die Mutterwelt sehnte er herbei, solange er sie als paradiesisch erleben konnte.[258]

Sofies Konflikte mit der Mutter sind beispielhaft für die Emanzipation einer ganzen Generation junger Frauen in einer sich rapide verändernden Zeit. Wie Emilie andeutet, ist die Mutter fürsorglich und will nichts anderes, als dass ihre Kinder zufrieden sind und sich in die Gesellschaft integrieren. Die meisten Mütter sind so. Sie tradieren das Wertesystem, in dem sie aufgewachsen sind und in dem sie leben. Wie nicht jeder Sohn dieser Generation ein Problem mit dem Vater hat, passt sich auch die Mehrzahl der jungen Mädchen den Bedingungen um 1900 an. Es ist eine Minderheit, deren Konflikte manifest werden und sich in Depressionen, Neurosen und Psychosen auswirken.

Otto Gross erklärt Konflikte – und ihre Lösung – durch die Theorie vom Eigenen (Angeborenen) und Fremden (durch die Umwelt auferlegte Normen). Er beschreibt das ausführlich in seinen Aufsätzen *Elterngewalt* (1908) und *Vom Konflikt des Eigenen und Fremden* (1914). Die den Menschen innerlich zerreißende Situation ist der Kampf des angeborenen Wesens mit den Einflüssen und Zwängen von außen. „Das Kind in der bestehenden Familie erlebt zugleich mit dem Beginnen des Erlebenkönnens, daß seine angeborene Wesensart [...] nicht verstanden und von niemanden gewollt wird."[259]

Sobald sich das Kind nicht nach den Regeln der Gesellschaft entwickelt, erlebe es Unterdrückung und Verschmähung. Einsamkeit sei die Folge. „Und auf die grenzenlose Angst des Kindes in der Einsamkeit hat die Familie, wie sie jetzt besteht, die eine Antwort: Sei einsam oder werde, wie wir sind."[260] Otto Gross geht davon aus, dass der Mensch ein Grundbedürfnis nach Liebe und Zuneigung sowie nach Teilnahme in der Gemeinschaft resp. der Familie hat. Dies sei aber nur durch Anpassung an gesellschaftliche Normen zu befriedigen.

„Die Angst der Einsamkeit, der Trieb zu Anschluß zwingt das Kind, sich anzupassen: die Suggestion von fremdem Willen, welche man Erziehung nennt, wird in das eigene Wollen aufgenommen,"[261] erkennt Gross und stellt fest, dass die meisten Menschen ohne einen seelischen Schaden aus diesem Konflikt hervorgehen, d.h. den fremden Willen als „eigenes Wollen" so integrieren, dass sie nicht merken, dass sie „fremdgesteuert" sind. Gross sieht in

---

258 Vgl. Michael Raub: Opposition und Anpassung. Frankfurt/M. 1994, S. 37f.
259 Otto Gross: Vom Konflikt des Eigenen und Fremden. In: Kurt Kreiler (Hg.), S. 27.
260 Otto Gross in: Kurt Kreiler (Hg.), S. 27.
261 Otto Gross in: Kurt Kreiler (Hg.), S. 27.

der Herrschaft des „Fremden" über die Individualität des Menschen eine Form von Vergewaltigung.

Da der Mutter in der Familie die Hauptaufgabe der Erziehung zukommt, vor allem der Mädchen, sind diese vom Einfluss der Mutter abhängig. Die Mutter tradiert gesellschaftliche Werte, und so ist es nur verständlich, dass sich Probleme, die sich aus der Erziehung ergeben, in einem Konflikt mit der Mutter zeigen müssen.

Otto Gross erkennt, dass Mädchen weitaus mehr Einschränkungen und Regeln unterworfen sind als Jungen. Die Frau habe im Bestreben, ihr inneres Wesen zu behalten, einen viel größeren Widerstand zu überwinden als der Mann, dem mehr Möglichkeiten gegeben sind, sich das „Eigene" zu bewahren und sich Anforderungen der Familie und der Gesellschaft zu entziehen.

Die Amphibie als ideale Mutter

Ein Brief an Sofie Anfang 1910 zeigt jedoch, dass Otto Gross zumindest bemüht ist, sich mit Sofies Mutterproblematik zu befassen. Allerdings bewegen sich seine Überlegungen auf einer abstrahierenden Ebene. Er beginnt mit der Loslösung vom „unterdrückenden" Elternhaus als Symbol für die Befreiung von staatlichen Regeln und gesellschaftlichen Normen und die Solidarität mit allen Unterdrückten, sei es Mensch oder Tier.

> Das erst erwachende Gefühl der Revolte gegen die Elternfamilie ist ein Gefühl des absoluten Zusammengehörens mit allen Unterdrückten, mit allen Wesen und allen Qualitäten, die man als irgendwie zurückgesetzt, als vom Princip der Autorität in irgend einer Form bekämpft erkennt: Die Thiere, die Dienstleute, die expansiven Kräfte in sich selbst und ebenso die Hässlichkeiten [...].[262]

Warum revoltiert Sofie nicht gegen ihren Vater? In Kenntnis der Charaktere von Vater und Mutter Benz kann die Antwort sein: Weil es keinen Grund gibt, sich gegen den Vater aufzulehnen bzw. weil der Konflikt mit der Mutter so groß ist, dass Probleme mit dem Vater marginalisiert werden. In dem Brief an Sofie stellt sich Otto Gross in analytischer Weise der Thematik der Mutter. Seine Begründung für die „Feindschaft zur Mutter" ist die „Contrasterotik".

> Die revolutionären Mutterkomplexe sind so verborgen, weil sie sich in einer ganz eigenartigen Form entwickeln; im Gegensatz zur Erotik mit der Mutter wird eine Erotik der ‚Expansivität nach unten' gebildet: eine Erotik des Contrastes, dem Alles das zum Inhalt wird, was Gegenstand der ersten infantilen Revolutionstendenzen war

---

[262] Brief OG an SB, o.D. [Anfang 1910]. Unterstreichungen wurden weggelassen. Privatarchiv P.B.

[…]. Als Ausdruck der Contrasterotik gegen die Mutter wird darum das inferiore Weib zum Gegenstand der Erotik und wird mit – verborgener! – Feindschaft der Mutter entgegengestellt.[263]

Kommt er damit Sofies Problemen mit der Mutter näher? Sie hatte im Frühjahr 1904 geschrieben: „Die Mütter sollten mehr von den Amphibien an sich haben, die sich nicht mehr um ihre Kinder kümmern und grämen. […] Wie wär`s, wenn man da ein Sanatorium einrichtete für alle sich unglücklich Fühlenden […]."[264]

Die meisten Amphibien kümmern sich nach der Eiablage nicht um die Pflege ihrer Nachkommen. Oft legt das Weibchen die Eier an einem Ort ab, wo es genug Nahrung gibt. So sollten auch menschliche Mütter ihre Kinder loslassen, wünscht sich Sofie. In der von Otto Gross entwickelten Theorie zur Mutterrechtsgesellschaft findet sich genau diese Lösung: Die Gesellschaft übernimmt den Unterhalt der Kinder – und zudem den der Mütter.

Gross erkennt, dass Sofie bereits auf dem Weg in eine andere Gesellschaftsordnung ist, dass sie seine Gedanken unterstützt. Doch während er Sofies akute – individuelle – Probleme auf die höhere Ebene des gesellschaftlichen Systemwechsels umgelenkt, muss er sich nicht um ihre konkreten Mutterprobleme kümmern. Das wäre allerdings seine Aufgabe gewesen: eine harmonische Beziehung zwischen Sofie und ihrer Mutter wiederherzustellen. Stattdessen – so erinnert sich Emilie – kommt es zu einer konträren Entwicklung: „Der Zwiespalt, den Sofie empfand zwischen sich und ihren Angehörigen, wurde erweitert."[265]

Dienen und Demut

Otto Gross findet in Sofie noch einen weiteren „Krankheitskeim": das Dienen, was zum Masochismus führe. Franz Jung, dem Otto Gross im Jahr 1914 Sofies Geschichte erzählt, verarbeitet diese in seinem Buch *Sophie. Der Kreuzweg der Demut* und lässt Sofie sagen: „Allen Leuten hab` ich dienen müssen."[266]

Aber kann es nicht auch anders gesehen werden? In seinem Buch *Links wo das Herz ist* führt Leonhard Frank Sofie mit liebevollen Worten ein und rühmt „den Ausdruck lebensmutiger Bereitschaft, die der Grundzug ihres Wesens war."[267] Muss eine „lebensmutige Bereitschaft" zu Masochismus führen? Otto Grtoss wird es so sehen, und tatsächlich ist in Sofies Briefen zu lesen, dass sie immer wieder unter Zurückstellung ihrer persönlichen Belange für andere

263 Brief OG an SB, o.D., Privatarchiv P.B.
264 Brief SB an EB, o.D. [Frühjahr 1904]. Privatarchiv P.B.
265 Brief EB an Hans Gross, 02.05.1911, Privatarchiv P.B.
266 Franz Jung, 1973, S. 60.
267 Leonhard Frank, 1976, S. 15ff.

Menschen da ist. Es gibt die Wünsche der Verwandten, Sofie möge sie regelmäßig am Wochenende besuchen. Auch den Kontakt mit ihrem Cousin in Augsburg hält sie aufrecht, obwohl Albert sie kaum beachtet. Als die Schwester Johanna krank wird, bricht Sofie selbstverständlich ihre Malferien in Saalfelden ab, um in Ellwangen zu helfen. In Ascona sorgt sie dafür, dass Leonhard Frank Farben bekommt. Das eklatanteste Beispiel ist der hohe Zeitaufwand bei der Sorge um Anna Haag. Sofie streicht Annas Atelier und näht Vorhänge, und als Anna ruft, folgt Sofie ihr gegen den Willen Emilies nach Ascona. Auch in Ascona hält Anna Sofie in Atem mit dem Anspruch, dabei zu sein, wohin Sofie auch geht. Doch als Sofie Leonhard Frank kennen lernt, befreit sie sich von Anna Haag, die nur noch wenige Male in Briefen erwähnt wird.

Da Gross sich unterwerfende und somit schwache Frauen nicht akzeptieren kann (seine eigene Frau Frieda verachtet er dafür, dass sie ihm ihre Liebe gesteht), sieht er die Unterwerfung Sofies als schädliches – masochistisches – Verhalten.

„Verehrend küsst Ihre Hand"

Als Sofie und Leonhard schließlich eine Analyse bei Otto Gross beginnen, fühlt sich Sofie wohl in Gross` Nähe. In Schwabing sitzen beide am Tisch von Otto Gross, der über das eigene Ich und die fremde Suggestion, zu sexueller Selbstbestimmung und Freiheit doziert und zu Diskussionen herausfordert. Das Lebensziel ist Glück. Alles scheint lösbar durch Otto Gross` Botschaft der Befreiung innerer Blockaden. Das gibt Sofie Lebensmut.

Da Leonhard Frank und Sofie dem Analytiker Gross und seiner Lehre vertrauen, lassen sie sich auf persönliche Veränderungen ein. Zunächst sind es die Wohnbedingungen. Sofie und Leonhard sind seit einem dreiviertel Jahr ein Paar und wohnen ein halbes Jahr zusammen; da stellen sich Anpassungsschwierigkeiten ein. Diese sollen durch räumliche Trennung behoben werden.

Anfang Februar muss Emilie ihre Sorgen um Sofie in einem Schreiben an Otto Gross zum Ausdruck gebracht haben. Emilie bezeugt ihm Respekt und zeigt, dass sie ein wachsames Auge auf Sofie, Gross und seine Methode hat. So wie sie zuvor Elvira Nori um Informationen gebeten hat, hakt sie nun bei Otto Gross nach. Auch Emilie wird nicht einverstanden sein mit dem Zusammenleben des Liebespaares aufgrund gesellschaftlicher Normen und zudem, weil sie Frank nicht als passenden Partner für Sofie hält. Dass die beiden sich trennen sollen, um „Freiheit" zu erlangen, wird sie zunächst erfreuen, dann irritieren. Der Antwort des Psychoanalytikers kann sie entnehmen, wie weit sein Einfluss auf Sofie und Leonhard gewachsen ist.

Verehrtes Fräulein!
Vor allem nehmen Sie meinen ergebensten Dank für Ihre gütige Theilnahme an mir und meinem Leben, vor Allem aber für Ihr Vertrauen zu mir. […] Das Verhältnis Sophie´s mit F. [Frank] hat sich nun glücklicherweise so gestaltet, dass die beiden den gemeinsamen Hausstand aufgegeben haben. Ich bin für Beide sehr froh darüber – ich habe seit Monaten meinen ganzen Einfluss in diesem Sinne aufgeboten. Die Liebe und Freundschaft zwischen Beiden kann nur gewinnen, seit die unzähligen kleinlichen Schwierigkeiten und Reibereien glücklich vermieden werden. Es ist auch notwendig, dass sich in Beiden das überzeugte Bewusstsein der Freiheit entwickelt – das Bewusstsein, einander gegenseitig keinerlei Beschränkung und Verpflichtung schuldig zu sein. – Sophie´s Charakter ist auf absolute Selbstständigkeit gebaut – sie ist jetzt in der Lage, dementsprechend zu leben. […] Mein Wunsch geht nunmehr nur noch darauf, dass Sophie als Künstlerin wieder zur vollen Schaffensfreude gelangen möge. Davon hängt für die weitere Zukunft Alles ab. […] sie ist in ihrem Inneren so durchaus Künstlerin, dass sie die Freude am Schaffen ganz unausbleiblich finden oder später zurückfinden muss.
Verehrend küsst Ihre Hand, Dr. Otto Gross.[268]

Wie sehr muss dieser Brief Emilie schockieren! Sie liest, dass Otto Gross „seit Monaten" daran arbeitet, mit seinem ganzen „Einfluss", die beiden räumlich zu trennen. Emilie weiß, dass mit „Einfluss" die bewusste Suggestion verbunden ist. Statt dass Otto Gross – der in freier Liebe nichts Verwerfliches sieht – sie dabei unterstützt, einen Weg zu harmonischem Zusammenleben zu finden, geht er den radikalen Weg der Trennung. „Um der Freiheit willen" heißt: Um „das Eigene" zu retten, müssen Liebe, Freundschaft, Vertrautheit und Zusammenleben des Liebespaares zerstört werden.

Nun sind sich die beiden jungen Menschen „keinerlei Beschränkung und Verpflichtung schuldig". Dies entspricht dem Lebenscredo von Otto Gross, das er selbst praktiziert. Voraussetzung für eine neue Gesellschaft ist „die Notwendigkeit der völligen Befreiung der Frau aus ihrer privaten Hörigkeit, der Abhängigkeit vom Mann als absolute Grundbedingung jeglicher Befreiung überhaupt."[269]

---

268 Brief Otto Gross an EB, Februar 1907 [Poststempel 13.02.1907]. Absender auf dem Umschlag: Docent D. Otto Gross, München, Zieblands. 12/III. Unterstreichungen im Original. Privatarchiv P.B.
269 Otto Gross: Zur funktionellen Geistesbildung des Revolutionärs. In: Kurt Kreiler (Hg.), S. 69.

Mehr als zehn Jahre später stellt Otto Gross sein Modell vor. Es zeigt sich, auf welchem gesellschaftspolitischen Hintergrund er Sofies und Leonhards Zusammenleben trennt.

Das Ziel wird die Befreiung der Liebe von der Sabotage durch die latenten Autoritätsmotive sein, [...] die Unterwerfungsbereitschaft wie den Willen zur Macht. Und damit wird ein Geschlecht erzogen werden, das, innerlich frei vom latenten unwiderstehlichen Hang zur Autorität, die autoritätslose Menschlichkeit der Zukunft der Realisierung nähern wird.[270]

Abgesehen davon, dass Otto Gross` Brief bestätigt, dass Sofie Benz und Leonhard Frank einen gemeinsamen Hausstand haben, wird nun klar, dass Gross seit Anfang 1907 mit ihnen analytische Gespräche führt. Zunächst ist es nur die räumliche Trennung, doch könnten dahinter bereits andere Motive stehen.

Keine Verteidigung der Liebe?

Warum unterwerfen sich Sofie und Leonhard dem „Diktat" von Otto Gross, warum kämpft Leonhard Frank nicht um seine Freundin, warum lassen sie es zu, dass Doktor Gross in ihr Leben eingreift? Eine starke Liebe sollte den Anfeindungen von außen Widerstand bieten und Einmischung abwehren können. Werden die Schilderungen Franks in seinem Buch *Links wo das Herz ist* und die Worte in seinem Kondolenzbrief nach Sofies Tod ernst genommen, so muss er Sofie innig geliebt haben. Dass beiden Zweifel kommen und sich das Liebespaar letztendlich trennt, kann nur Otto Gross` ungewöhnlicher Suggestionskraft geschuldet sein.

Die Schriftstellerin Gina Kaus fragt in ihren Lebenserinnerungen, wie es sein konnte, dass Otto Gross solch einen ungeheuren Einfluss auf Menschen gewann: „Werfel verehrte Otto Gross und sprach oft mit Begeisterung von ihm [...]. Ich lernte Otto Gross kennen [...] und so unglaublich das erscheint, er war wirklich ein außerordentlicher Mensch, und seine Lebensgrundsätze klangen keineswegs irrsinnig, wenn er sie auseinandersetzte."[271]

Gross behauptet, primär das Beste für Sofie zu wollen: Widerstandsfähigkeit, Selbstständigkeit, Freiheit, Schaffenskraft. Sie soll ihr künstlerisches Talent ausschöpfen; Voraussetzung ist dabei die Bewusstseinserweiterung. Dazu gehören sexuelle Freizügigkeit, Grenzen sprengen, gesellschaftliche Konventionen in Frage stellen. Fremd dürften Sofie diese Postulate nicht sein, äußert sie doch auch seit einigen Jahren Kritik an der Gesellschaft und schreibt in einem Brief im Frühjahr 1904: „Wo verzweifeln die Menschen nicht? [...] Hast Du

---

270 Otto Gross in Kurt Kreiler (Hg.), S. 70.
271 Gina Kaus: Von Wien nach Hollywood. Berlin 1990, S. 43f.

schon einen glücklichen Menschen gesehen? Warum macht sich jeder sein Leben so unglücklich wie möglich? […] Jeder spielt halt sein Theäterle, so gut er kann, und man ist baff, was da doch jeder für ein Talent aufweisen kann."[272]

Wie intensiv und wie lange Leonhard Frank an den Analysen teilnimmt, ist nicht bekannt. Weder in seinem autobiografischen Roman noch in seiner Biografie gibt es Hinweise auf eine Analyse mit Sofie bei Gross. Wie verläuft *sein* Entscheidungsprozess der zunächst räumlichen und letztlich inneren Trennung? Geht es auch um *seine* Bewusstseinserweiterung, um *sein* künstlerisches Talent? Er hat davon profitiert, wie sein späteres literarisches Werk zeigt – doch um den Preis, Sofie verloren zu haben. Die Analyse mit Otto Gross zeigt Wirkung, da sich Sofie am 15. April 1907 von der Feilitzschstraße bei Frank abmeldet und in die Kaiserstraße 63 zieht. Noch sind sie ein Paar und werden im Mai einen gemeinsamen Urlaub am bayerischen Wörthsee verleben.

„Die Weite zwischen sich lieben"

Die Schriftstellerin und Kunstkritikerin Lu Märten fasst in ihrem Buch *Die Künstlerin* zusammen, was Otto Gross mit ähnlicher Intention an Emilie schreibt. Lu Märtens Meinung ist klar: Zwei arme Künstler können kaum eine gelingende Beziehung eingehen:

> Künstlerehen aber, die sich ohne materielle Mittel, einfach auf dem Fundament ihrer persönlichen Beziehung, in einem Dachatelier, oder engen Behausung etablieren, werden aus naheliegenden Gründen die typisch unglückseligsten meist sein. Dann mühen sich zwei Wesen um und miteinander um die Bedürfnisse ihres Hauswesens, oder die Künstlerin hängt ihre Arbeit zugunsten der kleinen Funktionen und Störungen an den Nagel. Im engen Raum stoßen sich Interessen und entladen sich die Spannungen zu menschlichen Manifestationen. Freilich auch unter solchen Beschränkungen haben sich einige tiefere Ehen erhalten; aber nur unter der Voraussetzung wirklicher Freiheit gegeneinander und der geistigen Wertung vor allem, des einen für den andern. Wer aber nicht Geist = Humor hat für die etwaige Misere einer Künstlerwirtschaft, ihrer notwendigen gegenseitigen […] Arbeitsteilung, […] dem ist diese Möglichkeit verloren und die Künstlerin soll sie nicht eingehen, wenn es auf Kosten ihrer Arbeit und Persönlichkeit nur geschehen kann. Dem Stillebedarf und der inneren Expansivität der Künstler muß eine räumliche entsprechen, die zwar jeder Ehe, aber besonders der Künstlerehe dienlich ist.[273]

---

272 Brief SB an EB, o.D. [Frühjahr 1904]. Privatarchiv P.B.
273 Lu Märten: Die Künstlerin. München 1913, S. 98f.

1901 hatte sich der Dichter Rainer Maria Rilke, verheiratet mit der Bildhauerin Clara Westhoff, zu der Gemeinsamkeit in einer Beziehung geäußert: „Ein *Miteinander* zweier Menschen ist eine Unmöglichkeit und, wo es doch vorhanden scheint, eine Beschränkung, eine gegenseitige Übereinkunft, welche einen Teil oder beide Teile ihrer vollsten Freiheit und Entwicklung beraubt. Aber [...] kann ihnen ein wundervolles Nebeneinanderwohnen erwachsen, wenn es ihnen gelingt, die Weite zwischen sich zu lieben [...]."[274]

Otto Gross geht es um den Freiheitserfolg in der Entwicklung von Sofie und Leonhard. Die Unterstreichung von „Freiheit" und „keinerlei" im Text zeigt die Radikalität, mit der er seine Mission angeht – er, der als sanftmütiger, liebenswürdiger, lächelnder und zuvorkommender Mann beschrieben wird. Freiheit ist seine Philosophie, die er als Lebensprinzip proklamiert.

Mit der räumlichen Trennung ist die Analyse nicht beendet. Auch wenn „kleinliche Schwierigkeiten und Reibereien" nun vermieden werden, so sind weitere in Gross` Brief formulierte Ziele nur in einem längeren Prozess zu erreichen. Otto Gross hat das Verhältnis der beiden analysiert, Denk- und Verhaltensmuster infrage gestellt, doch dass er Sofie befähigt, ihre Zukunft selbstbestimmt in die Hand zu nehmen, ist nicht zu erkennen.

Im Frühjahr 1907 sind Otto Gross, Leonhard Frank, Sofie Benz und auch Erich Mühsam nächtelang zusammen. Das ist durch Frieda Gross überliefert, die am 23. März in einem Brief an Else Jaffé ihre Sicht auf das eheliche Zusammenleben – nicht ohne Bitterkeit – zum Ausdruck bringt: „Nachts geht er [Gross] Dschiu-Dschitsu und dann teil ich ihn meist mit Mühsam, Frank oder Benz. [...] es regt sich auch wirklich eine gewaltige psychologische Neugier in mir, diesen Freiheitserfolg in seiner Entwicklung mit anzusehen. [...] Ich habe mich seit einiger Zeit schon in einen Engel verwandelt, der immer lieb ist, sich über nichts ärgert u.s.w."[275]

Frieda Gross hat beschlossen, Otto Freiheit zu lassen und seine Entwicklung mit Interesse zu verfolgen. Eines Tages wird es ihr egal sein, wo und wie ihr Ehemann lebt, wen er liebt bzw. mit wem er verkehrt. Noch betrachtet sie diese Freiheit als Experiment. „Freiheit" ist Schwabings Fetisch.

Das Liebesleben im Hause Gross – Else Jaffé

1907 wird Otto Gross` Wirkung auf Frauen deutlich, als er seine Theorien von Erotik und Sexualität in die Praxis umsetzt. Else Jaffé, Frieda Weekley

---

[274] Rainer Maria Rilke in: Thorsten Carstensen, Marcel Schmid (Hg.): Die Literatur der Lebensreform. Bielefeld 2016, S. 256f.
[275] Esther Bertschinger-Joos: S. 73f.

und Regina Ullmann gehen 1907 Liebesbeziehungen mit ihm ein, Sofie Benz gehört noch nicht dazu.

Im Dezember 1906 erwähnt Sofie einen Besuch Else Jaffés bei Frieda Gross in München. Else lernt den Mann ihrer besten Freundin kennen und ist fasziniert. Ihre Ehe mit Edgar Jaffé ist unglücklich; sie beginnt noch vor der Geburt von Ottos und Friedas Sohn eine Beziehung mit Otto Gross. Aus dem Briefwechsel mit Else, der bis Ende 1907 geführt wird,[276] spricht Ottos emotionaler Rausch. „Meine Else, […] Du, ich kann dir da von Liebe reden und Dich mit meiner Liebe grüssen wie sonst – oh Else, ich habe ja niemals sonst begriffen, was diese Liebe, was dieses Glück gewesen ist – […]. Du namenlos Geliebte, es war so wunderbar schön! […] Dich, Else, krieg ich nimmer los!"[277]

Else Jaffé, geb. Freiin von Richthofen, und Frieda Schloffer hatten sich in einem Mädchenpensionat kennen gelernt. Else ist hochintelligent, wird Lehrerin und besucht als Gasthörerin der Universität Freiburg Vorlesungen des Soziologen Max Weber, der 1897 an die Universität Heidelberg wechselt. 1900 promoviert Else bei Weber in Wirtschaftswissenschaften und erhält in Karlsruhe eine Anstellung als badische Fabrikinspektorin. 1902 heiratet sie den Nationalökonom Edgar Jaffé.

Otto Gross nimmt Edgar nicht ernst. Für Gross gibt es nur eine richtige Liebe, und das ist die von ihm definierte. Er möchte Jaffé beiseiteschieben: „Du, Else, wenn Edgar am Ende noch einmal frei würde von dieser unseligen Liebe zu Dir – Else verstehst du die Perspective, die hinter dieser Möglichkeit sich auftut? […] – es ist für Edgar doch nur ein Unglück, neben Dir zu sein – […]."[278] Jaffé stört Otto Gross dabei, mit Else und Frieda und den Kindern zusammenzuleben, in einer ‚ménage à trois'. Als Sofie die zehn Jahre ältere Else kennen lernt, hat diese zwei Kinder: Friedrich (geb. 1903) und Marianne (geb. 1905).

Die Beziehung zu Else ist für Otto Gross intellektuell inspirierend; er kündigt an, Else den ersten Teil einer Arbeit zuzuschicken: „[…] in dieser Arbeit habe ich das begonnen, mich über die grossen Schatten auf meinem Weg, über Nietzsche und Freud hinüberzuarbeiten – Und dass ich fähig war zu dieser Zuversicht – fähig geworden nach langer, langer Resignation! – Das was [sic] doch diese neue Lebensenergie, die ich von Dir bekam."[279]

Zur gleichen Zeit zieht Otto Gross Lebensenergie aus einem Liebesverhältnis mit Frieda Weekley, Elses Schwester, der er sich im Mai 1907 zuwendet.

---

276 Im Folgenden geht es um neun Briefe von Otto Gross an Else Jaffé. In: Sam Whimster, Gottfried Heuer (Hg.): Otto Gross and Else Jaffé and Max Weber. In: Theory, Culture & Society. Vol. 15 (3–4). London/Thousand Oaks 1998, S. 129–160.
277 Brief „Letter 1" in Theory, Culture & Society 1998, S. 149.
278 Brief „Letter 2" in Theory, Culture & Society 1998, S. 149.
279 Brief „Letter 4" in Theory, Culture & Society 1998, S. 150.

Auch sie lernt Otto in München kennen. Frieda Weekley – mit dem englischen Philologen Ernest Weekley verheiratet und Mutter von drei Kindern – betont in ihren Lebenserinnerungen die befreiende Wirkung von Otto Gross auf ihr Leben. In einem ähnlich wie an Else verfassten Brief schreibt Gross an Frieda: „– und wer jetzt Augen hat, der sieht in dieser aufgethanen Perspective die Zukunft am Werk – In *dieser* Richtung hab` ich freie Bahn, da liegt der riesige Schatten Freud`s jetzt *nicht mehr* auf meinem Weg."[280] Diese „Schatten" Friedrich Nietzsches und Sigmund Freuds belasten Gross. Beide Wissenschaftler sind Anfang des 20. Jahrhunderts „en vogue", und jetzt beansprucht Otto Gross seinen Platz in der Wissenschaft und erwartet Anerkennung. Wie sehr er sich danach sehnt, wird aus seiner Else gegenüber beklagten „langen Resignation" deutlich.

Bereits Ende 1907 wird Else sagen, dass sie für diese Art von Beziehung – in einem durch Frieda Weekley und dann Regina Ullmann erweiterten Liebesreigen – nicht gemacht ist und sich vor der Geburt des gemeinsamen Sohnes von Gross lösen. Am 24. Dezember 1907 bringt sie Edgar Peter zur Welt, ihr drittes Kind. 1909 wird sie noch den Sohn Hans bekommen, ein Kind mit Edgar Jaffé. Der kleine Edgar Peter stirbt 1915 mit acht Jahren an Diphterie.

In ihrem „Abschiedsbrief" an Otto Gross am 15. Dezember 1907 hält Else ihm Raubbau an seiner Gesundheit und einen gewissenlosen Umgang mit Menschen vor. Sie spricht in ihrem Brief die Beziehung von Otto Gross zu seiner Patientin Regina Ullmann an, die zu der Zeit ebenfalls ein Kind von ihm erwartet.

Eine besondere Form von Klassenbewusstsein

Else, die sich innerlich von Otto Gross gelöst hat, unterhält zu dieser Zeit ein Verhältnis mit dem Arzt Friedrich Voelcker. Otto Gross ist entsetzt, denn er legt strenge Maßstäbe an das Liebesleben seiner Partnerinnen. Dass Else sich einem anderen Liebhaber zuwendet, gehört zur gelebten Theorie, doch kann er nicht akzeptieren, einen Konkurrenten zu haben, den er menschlich ablehnt. Otto Gross will moralische Schranken niederreißen und eine neue Gesellschaft schaffen, zeigt jedoch Standesdünkel. Er schreibt: „Die Kluft der Kaste zu überspringen – das war in jeder noch wirklich natürlichen Societät das sexuelle Verbrechen – ich sage statt ‚Verbrechen': ‚Perversität.'"[281] Er ist in

---

[280] John Turner (Hg.): The Otto Gross Frieda Weekley Correspondence. Newark, University of Delaware, 1990. S.137–241, Letter N. Und: www.dehmlow.de.
[281] Brief „Letter 5" in: Theory, Culture & Society 1998, S. 152.

Aufruhr. „Else, ich habe eine grosse Bitte an Dich. Else – das Eine thu´ nicht mehr, dass Du mich damit überwinden willst, dass Du mich klein machst."²⁸²

Bereits 1902 hatte Frieda an Else geschrieben: „[…] es ist da mit einem Manne zu rechnen, dem es unüberwindlich vor allen niederstehenden Weibern graust."²⁸³

In einem Brief an Frieda Weekley spricht Otto Gross sein Entsetzen über die Verbindung von Else und Friedrich Voelcker aus: „– ich hatte mich natürlich ganz riesig gefreut darüber, dass sie einen Freund hat – und wie ich höre, wer es ist --- ich kann natürlich nicht mit ihr zusammenbleiben, solange der ihr irgendwie nahe steht – ich muss ihr sagen, dass man nicht Herrn und Knecht auf eine Linie stellen kann. […] dass ich das ewigste aller Gesetze, das Vorrecht und die Distanzpflicht des Adels nicht aufgeben kann."²⁸⁴ Else, die zum „Adel" gehört, darf sich nicht mit einem Mann des „Volkes" zusammentun, selbst wenn der Professor ist. Er entstammt nicht der gleichen Schicht wie die Webers, die Jaffés und derer von Richthofen.

Nicht nur die Trennung von Adel und Volk treibt ihn um, auch die politische Richtung, die Demokratie, verabscheut er: „Ein alter Freund taucht wieder auf, der das verkörperte democratische Prinzip und mir von jeher unendlich widerwärtig ist."²⁸⁵

Gross` Vorstellungen von einer menschlichen Elite, die sich in Klassen ausdrückt, werden auch in seinen Schriften verbalisiert, zum Beispiel in *Über psychopathische Minderwertigkeiten* (1909), wo er zum Degenerationsproblem räsonniert. „Also die Schonung und Erhaltung von missratenen Exemplaren jeglicher Qualität durch die Kultur und ihre Einbeziehung in die Fortpflanzung der Gattung umgeht die sanierende natürliche Auslese und schafft dadurch die Grundbedingungen für jegliche Art von Degeneration."²⁸⁶

Oder spielt auch Eifersucht mit, wenn ein Mann – ebenfalls Arzt – mit Else ein Verhältnis hat? Frieda Gross` Biografin Bertschinger-Joos erkennt: „Die freie, eifersuchtslose Liebe, für die er so vehement einsteht, findet ihre Grenzen dort, wo sie nicht in sein eigenes, abgestecktes System passt. Über die Männer, die er seinen geliebten Frauen gönnt, will er selbst entscheiden […]. Das Ideal, das Otto verwirklicht sehen möchte, scheitert an seinem eigenen Unvermögen, wirklich frei und selbstlos zu lieben."²⁸⁷

---

282 Brief „Letter 5" in: Theory, Culture & Society 1998, S. 151.
283 Brief FG an EJ, 16.05.1902, Tufts #24.
284 Brief 12 auf www.dehmlow.de. Abgerufen am 24.10.2020.
285 Brief 12 auf www.dehmlow.de. Abgerufen am 24.10.2020.
286 Otto Gross: Über psychopathische Minderwertigkeiten, S. 239.
287 Bertschinger-Joos, S. 94.

Bohemehafter Aristokratismus

Wie vermag Otto Gross unter diesen Voraussetzungen eine gerechte Muttergesellschaft zu schaffen? Er lehnt das „democratische Prinzip" ab und vertritt ein ausgeprägtes Kastenbewusstsein. Für sich nimmt Gross ebenfalls den „Adel" in Anspruch; seine Titel „Doktor" und „Privatdozent" sind ihm wichtig. Franz Jung stellt fest, dass „im Sprachgebrauch von Gross Nahestehenden ihm wie etwas Zugehöriges jener mittelalterlich wirkende Titel Doktor nie vergessen wurde beizufügen."[288] Auch Sofie schreibt stets von „Doktor Gross".

Mit seiner förmlichen, etwas steifen Art – „verehrend küsst Ihre Hand" – ist er österreichischer Gentleman guter Erziehung, was angesichts seiner äußerlich vernachlässigten Erscheinung irritiert. „Med. Dr. Otto Gross" und „Dr. Otto Gross Dozent in Graz" sind Türöffner im Kollegenkreis; auch nach Beendigung seiner Tätigkeit bei Kraepelin fühlt er sich dem akademischen Zirkel zugehörig.

Ist Gross' neues Gesellschaftsmodell ein Theoriegebäude ohne Bezug zur gesellschaftlichen Realität? Ein Jahr zuvor hatte Sigmund Freud eine ähnliche Distanz zum „gemeinen Volk" ausgedrückt, als er in einem Brief an C.G. Jung schrieb: „An Ihrer Russin [289] ist erfreulich, daß es eine Studentin ist; ungebildete Personen sind für uns derzeit allzu undurchsichtig."[290]

„Indem Gross sein ganzes Leben hindurch Größenphantasien, ärztlichen Standesdünkel und einen – wenn auch bohemehaften – Aristokratismus pflegte, überkompensierte er nicht nur seine Schwächegefühle, sondern zeigte auch, daß er sich die Normen seines Vaters zu eigen gemacht hatte,"[291] schreibt Michael Raub. Die Unterscheidung von Menschen in zwei Kategorien durchzieht Otto Gross' gesamtes Werk; in vielen Schriften betont er die Distanz zur „Masse Mensch". So spricht er von den „Allermeisten", den „Allzuvielen", den „Vielzuvielen", den „Elementen zweiten Ranges", den „bürgerlich Minderwertigen" und den „letzten Menschen". Mit diesen fühlt er sich nicht verbunden, an sie sind seine Gedanken nicht gerichtet. Auch die Revolution mit dem Ziel der Mutterrechtsgesellschaft soll nur von „Menschen ersten Ranges" ausgehen. Was mit den „Allzuvielen" geschehen wird, ob sie im Rausch der Revolution mitgerissen werden oder sich später dem Mutterrecht unterwerfen und fügen müssen, bleibt unbeantwortet. Frei von Herrschaft wäre die neue Gesellschaft nicht.

---

288 Michael Raub, 1994, S. 85.
289 Gemeint ist Sabina Spielrein, die russische Medizinstudentin und Patientin von C.G. Jung in Zürich.
290 Brief Freud an Jung, 27.10.1906. In: Aldo Carotenuto (Hg.), S. 230.
291 Michael Raub, 1994, S. 174.

Gross ist die Politik der Kompromisse verhasst, und die Massen des Proletariats sind ihm fremd; dennoch strebt er als Endziel den Kommunismus an, als Zustand, „in welchem niemand irgendeine Vormacht politischer, sozialer, ökonomischer, autoritativer Natur über irgendeinen erhalten kann."[292] Es zeigt sein ambivalentes Verhältnis zur gesellschaftlichen Realität.

Diese – der Zeitgeist – ruft nach gleichen Rechten, und da sind die Forderungen der Frauenrechtlerinnen besonders laut. Erich Mühsam hört sie und reagiert auf seine Weise. Zwar gesteht er den Frauen „freie Liebe" als Frauenrecht zu, doch nicht „jene kümmerlichen politischen Rechte, von deren Nichtigkeit man sich doch wohl bei ihrer Ausübung durch die Männer hätte überzeugen können."[293] Voraussetzung für einen Erwerb politischer Rechte sei zunächst der Kampf der Frauen um sexuelle Befreiung. „Eine Frau, die sich schämt, Mutter illegitimer Kinder zu werden, hat keinen Anspruch auf Ämter, für die Energie, Selbständigkeit und eigene Verantwortung gefordert werden. Mögen sich die Frauen zunächst einmal von den Vorurteilen einer prüden Moral befreien, […] dann werden sie sich bei den Männern schnell genug die Achtung verschafft haben, die auch ihren politischen Wünschen den erforderlichen Nachdruck geben will."[294] Das Patriarchat ist es, was den Frauen Rechte gewährt oder vorenthält, und die Frauen müssen sich den Respekt durch ihren – erfolgreichen – Kampf erst erwerben.

Exkurs: Vaterrecht und Mutterrecht

Während für Sofie und andere Patienten in Gross' Analysen die seelische Gesundung im Vordergrund steht, ist für Otto Gross die Analyse des Einzelnen nur die „Vorarbeit" auf dem Weg zur Revolution, d.h. die Umwandlung der Vaterrechts- in eine Mutterrechtsgesellschaft. Der Psychoanalytiker Wilhelm Stekel schreibt: „Dieser Grundgedanke beherrscht sein [Gross'] ganzes Denken. Er ist ein Vorkämpfer des Mutterrechtes, glaubt, daß sich alle sozialen Fragen mühelos durch Einführung des Mutterrechtes lösen lassen würden. Seine Bücher, meistens gigantische, in der Theorie steckengebliebene Entwürfe, behandeln oft den Triumph und die endgültige Befreiung der Frau. […] Er verlangt Freiheit in jeder Form. Aber nicht für alle Menschen und nur eine individuelle Freiheit."[295]

---

292 Otto Gross: Orientierung der Geistigen. In: Kurt Kreiler (Hg.), S. 34.
293 Erich Mühsam: Frauenrecht. In: Kurt Kreiler (Hg.): Fanal. Berlin 1977, S. 71.
294 Henryk Skrzypczak (Hg.): IWK (Intern. Wiss. Korrespondenz zur Geschichte der deutschen Arbeiterbewegung. Hg. am Otto-Suhr-Institut der Freien Universität Berlin). Berlin 1992, S. 504.
295 Wilhelm Stekel, 1925, S. 487.

Gross sieht in einer kommenden Revolution „die Revolution fürs Mutterrecht."[296] Seine Theorie: In der Ur-Gesellschaft vor dem Sündenfall hat eine matriarchalische Gesellschaftsform bestanden, gekennzeichnet durch Freiheit, Harmonie und Solidarität. Mit dem Verlassen des Paradieses hat sich die Abhängigkeit der Frau vom Mann bis hin zur patriarchalen Vaterrechtsehe entwickelt. Die Frauen lassen sich nun aufgrund ihrer Sexualität und der Gebärfunktion vergewaltigen und geben ihre Individualität auf, um vom Mann versorgt zu werden. Auch die Männer werden in eine unerwünschte Position gedrängt. Durch von Normen bestimmte Rollen werden Männer sadistisch, Frauen masochistisch. Um die Menschen von diesen Rollen zu befreien, entwirft Gross die neue Gesellschaft des Mutterrechts.

Die Idee des Mutterrechts gewinnt Ende des 19. Jahrhunderts an Einfluss. Gross ist Teil einer Modeströmung, denn intellektuelle Kreise und Religionshistoriker begeben sich zwischen 1900 und 1920 „auf die Suche nach Muttergottheiten, Kornmüttern und Fruchtbarkeitsdämonen [...]. Natürlich fanden sie solche überall, in allen Religionen und Volksbräuchen und auf der ganzen Welt."[297] Das Mutterrecht geht auf den Schweizer Rechtshistoriker und Anthropologen Johann Jakob Bachofen zurück, der 1861 sein Buch *Das Mutterrecht – Eine Untersuchung über die Gynaikokratie* vorgelegt hatte. Anhänger ziehen aus Bachofens Werk, was sie für ihre Theorien benötigen. Aus Bachofens romantischer Deutung des Altertums wird ein Muttermythos.

1869 formulierte der Philosoph John Stuart Mill: „Es [das Gesellschaftssystem] verdankt seine Entstehung einfach dem Umstande, daß vom frühesten Kindesalter der Menschheit an jede Frau sich in einem Zustande der Knechtschaft bei irgendeinem Manne befunden hat. [...] Die Familie ist eine Schule des Despotismus, in welcher alle Tugenden, aber auch alle Laster desselben reichlichste Nahrung finden."[298]

Otto Gross geht es um die „wirtschaftliche Instandsetzung der Frau zur Übernahme der Mutterschaftsleistung."[299] Demnach gebiert die Frau die in freier Sexualität empfangenen Kinder für die Gesellschaft, und diese ist für das Wohlergehen der Mütter und Kinder verantwortlich. Gross:

> Das Mutterrecht hat für sexuelles Geschehen keine Schranken und Normen, keine Moral und keine Kontrolle. Es kennt nicht den Begriff der Vaterschaft [...]. Das Mutterrecht hält die Beziehung

---

296 Otto Gross: Zur Überwindung der kulturellen Krise. In: Die Aktion, Jg. 3, 1913 und in: Kurt Kreiler (Hg.), S. 13 und 16.
297 Barone, Riedl, Tischel (Hg.): Pioniere, Poeten, Professoren. Würzburg 2004, S. 158.
298 John Stuart Mill u.a.: Die Hörigkeit der Frau. Hg. von Ulrike Helmer. Frankfurt/M. 1991, S. 11 und 74f. (Erstdruck 1869: The Subjunction of Women)
299 Otto Gross: Protest und Moral im Unbewußten. In: Kurt Kreiler (Hg.), S. 59.

zwischen den Geschlechtern rein von Pflicht und Moral und Verantwortlichkeit, von wirtschaftlichen, rechtlichen, moralischen Verbindlichkeiten, von Macht und Unterwerfung; rein von Vertrag und Autorität, rein von Ehe und Prostitution.[300]
Die Kollektivierung der Mutterschaftsfürsorge bedeutet die Befreiung des Vaters von seinen individuellen Pflichten; die Kinder werden von Mutter und Gesellschaft gemeinsam aufgezogen. „Erziehung" im Sinne der Vermittlung von Werten und Sozialisierung wird von Gross abgelehnt, da Erziehung das angeborene Wesen des Kindes verderbe. Zu seinen Söhnen Hanspeter (von Frieda) und Edgar Peter (von Else) sowie der Tochter Camilla (von Regina Ullmann) baut Gross entsprechend seiner Theorie keine Beziehung auf. In einem Brief Else Jaffés 1907 lautet ihr Vorwurf: „An Dein Peterle denkst du schon gar nicht mehr!"[301]

Umgesetzt hat die Theorie vom vaterlosen Kind Franziska zu Reventlow 1897, dennoch ist sie von den Visionen Otto Gross' weit entfernt. Während Gross die gesamte Gesellschaft ändern will, führt Reventlow ihr individuelles Leben, ohne Anspruch auf Nachahmung.

Hat das Kind ein „Recht auf Vater"? Ein Kind verändert das Beziehungsgeflecht der Personen seiner Umgebung – traditionell als Familie definiert. „Wir haben also das Aufwachsen eines Kindes nicht nur als dessen Aufgabe, sondern als die Reifungsaufgabe einer primären Gruppe, der Familie, zu betrachten,"[302] schreibt der Psychoanalytiker Alexander Mitscherlich.

Exkurs: Das Grundprinzip Mutterinstinkt

Otto Gross definiert die Frau über ihre Funktion als Gebärerin und Mutter. „Der Trieb zum Muttersein in der Frau ist zweifelloser als irgend ein anderer ein angeborener und unveräusserlicher Grundinstinkt."[303] Ähnlich sieht es Erich Mühsam 1910 in seinem Essay *Frauenrecht*: „Somit ist ‚freie Liebe' recht wohl ein Frauenrecht [...]. Kinder gebären ist der heilige und natürliche Beruf der Frau. [...] und mögen sie ihre Kinder haben, von welchem Vater, von welchen Vätern sie selber wollen! ... Dann werden wir von Frauenfreiheit und von Frauenrecht reden dürfen!"[304]

---

300 Otto Gross: Die kommunistische Grundidee in der Paradiessymbolik. In: Kurt Kreiler (Hg.), S. 41–54.
301 One Letter: Else Jaffé to Otto Gross. In: Theory, Culture & Society 1998, S. 157.
302 Vgl. Alexander Mitscherlich: Anstiftung zum Unfrieden. Frankfurt/M. 1972, S. 87.
303 Otto Gross: Über Destruktionssymbolik. Wien 1914, S. 533.
304 Erich Mühsam, 1977, S. 71f.

Eine Frau ohne „Mutterinstinkt" ist für Gross undenkbar. „Der Mutterinstinkt gehört so sehr zum Wesen der Weiblichkeit, dass sich die innere Gegensatzstellung zu diesem Instinkt nur als Verneinung der eigenen Weiblichkeit selbst, als Wunsch nach Männlichkeit psychologisch manifestieren kann."[305]

Damit entspricht Otto Gross seinem Vater, der 1905 in *Kriminal-Psychologie* schreibt, dass die Sucht nach Bequemlichkeit die Frauen dazu gebracht habe, ihren Mutterinstinkt zu unterdrücken und sich keine Kinder zu wünschen. „Man kann dies auch Degeneration nennen,"[306] ist sein Urteil. Vater und Sohn sind sich einig: „Wunsch nach Männlichkeit" (Otto Gtross) und „Degeneration" (Hans Gross). Otto Gross verbindet eine Frau, die sich gegen den Mutterinstinkt entscheidet, mit einer „homosexuellen Endeinstellung."[307] Er beschreibt den Mutterstinkt als Merkmal von Weiblichkeit und erkennt in Frauen einen „Trieb zum Verbotenen": „Dem Arzt nur selten merkbar [...] ist eine für ungeahnt viele Frauen typische ideogene Tendenz, sich häßlich zu machen. Dahinter wirkt ein pathologischer Hang zum Verbotenen von Kindheit bei, der sich als Teil des Triebes zum Verbotenen überhaupt im Unbewußtsein verankert und unverändert erhalten hat."[308] In *Die Einwirkung der Allgemeinheit auf das Individuum* beschreibt er den „zwangsmäßigen Hang zum Verbotenen": „Wir finden ihn als Grausamkeit oder als Hang zur Selbstquälerei, als bohrenden Trieb zum immer Neuen, zum steten Wechsel, als kritiklosen Hang zum Bizarren und wieder als unerklärliche und unüberwindliche Sperrung natürlicher Gefühle."[309]

Exkurs: Die Erotik als Elementarkraft

Otto Gross pflegt 1907 Beziehungen zu drei Frauen außerhalb seiner Ehe, und Emanuel Hurwitz betont: „Doch da die Erotik für Otto Gross eine moralische Doktrin, ja eigentlich eine Religion war, sollten wir diese Beziehung nicht als ‚Affäre' bezeichnen, insoweit mit diesem Wort ein heimliches, hemmungsloses und unmoralisches Verhältnis gemeint ist. Die erotische Emanzipation war das Gegenteil all dessen, für Otto Gross eine echte Kampfsache."[310]

Jede Frau gibt Otto Gross den Teil einer Gefühlswelt, der ihm fehlt. Er versucht, durch Liebesbeziehungen seine Seele zu heilen. Von der Beziehung

---

305 Otto Gross: Über Destruktionssymbolik. Wien 1914, S. 533.
306 Hans Gross: Kriminal-Psychologie, Graz 1905, S. 413.
307 Otto Gross: Über Destruktionssymbolik. Wien 1914, S. 533.
308 Otto Gross: Die Einwirkung der Allgemeinheit auf das Individuum. In: Kurt Kreiler (Hg.), S. 19. (Erstdruck 1913).
309 Otto Gross: Die Einwirkung der Allgemeinheit auf das Individuum. In: Kurt Kreiler (Hg.), S. 18f.
310 Emanuel Hurwitz, S. 117.

mit Frieda Weekley gibt es in der Literatur mehrere Versionen. Eine findet sich in dem autobiografischen Roman *Mr. Noon* des Schriftstellers und späteren Ehemannes von Frieda, David Herbert Lawrence[311]. Frieda selber veröffentlicht 1936 ihre Lebenserinnerungen.[312] Sie beschreibt den Einfluss von Otto Gross auf ihr Leben. „Diesem Freund verdanke ich viel. Bis dahin hatte ich wie eine Nachtwandlerin in einem konventionellen Leben gelebt, er erweckte mich zum Bewußtsein meines wirklichen Ich. […] Fanatisch glaube ich, daß wenn nur für Sexualität Freiheit herrsche, die Welt sich umgehend in ein Paradies wandeln würde."[313] Frieda Weekley wird von D. H. Lawrence als Lady Chatterley in literarischen Marmor gemeißelt.

Die Liebesbeziehung mit Otto Gross wird von romantischen Briefen begleitet und reicht bis in das Jahr 1908. Die Liebe zu Frieda löst in Gross ein weiteres Lebensthema aus: die Erotik. Diese wird sein Ideal in der friedlichen Beziehung der Geschlechter. „Siehst Du: das ist leitendes Ideal: die grosse seelische Elementarkraft, die Erotik muss wie das Wasser sein – segnend, befruchtend, geliebt, beherrscht – und das ist mein leitendes Wissen: wer die Erotik vergewaltigen will, den vergewaltigt die Erotik."[314] In seinen Briefen an Frieda Weekley[315] spricht Gross von ihr als „das vorausgeträumte Weib der Zukunft".[316]

In diesem Konvolut an Briefen werden Strukturen des Gefühlslebens Otto Gross` deutlich. „[…] ich weiss es durch Dich, den einzigen Menschen, der heute schon frei geblieben ist von Keuschheitsmoral und Christenthum und Democratie und alledem gehäuften Unrat – freigeblieben durch seine eigene Kraft."[317]

„Keuschheitsmoral", „Christenthum" und „Democratie" – diese drei gesellschaftlichen Übel werden auch in der zukünftigen Gemeinschaft nicht mehr benötigt. Doch Otto Gross überfordert die geliebten Frauen mit seinem emotionalen Anspruch. Frieda Weekley erkennt das. Sie fühlt sich als Objekt im Gedankenspiel der neuen Muttergesellschaft und schreibt:

Du überschätzt mich so, Du sehr Geliebter […]; aber warum muss ich denn, ich Unglückswurm ein ‚*Typus*' sein, lass mich doch ein le-

---

311 D. H. Lawrence: Mr. Noon. Zürich 1993, S. 185f.
312 Frieda Lawrence, geb. Freiin von Richthofen: Nur der Wind … Mit neunzig Briefen und fünf Gedichten von D. H. Lawrence. Berlin 1936.
313 Frieda Lawrence, geb. Freiin von Richthofen. S. 23f.
314 Brief „Letter 7" in: Theory, Culture & Society 1998, S. 155.
315 The D.H. Lawrence Review, Vol. 22, No.2, summer 1990, S. 137–227. Transkribiert, übersetzt und kommentiert von John Turner, Cornelia Rumpf-Worthen, Ruth Jenkins: The Otto Gross Frieda Weekley Correspondence.
316 Brief 1 auf: www.dehmlow.de. Abgerufen am 15.08.2022.
317 Brief 1 auf: www.dehmlow.de. Abgerufen am 15.08.2022.

bendiges Individuum sein und kein toter Typus, *Du* bist *selbst* noch nicht lebendig genug. [...] die *harmlose spontane* Freude, die kennst Du noch wenig, die wie ein Brunnen quillt. Du hast doch all Deine Kräfte noch nicht entdeckt. [...] Was du mit der ganzen Macht Deiner Persönlichkeit liebst, das ist ‚*die Liebe*' in ihrer Vollkommenheit, wer Dir *weiterhilft* auf der Jagd nach ihrer Vollkommenheit, den liebst Du [...].[318]

Frieda Gross und Erich Mühsam

Als Otto und Frieda Gross im Herbst 1906 nach München gekommen waren, trafen sie auf Erich Mühsam. Dieser hatte Otto Gross 1905 in Ascona kennen gelernt, war mit ihm 1906 in der „Tafelrunde" in Ascona gesessen und gehört nun zum Otto-Gross-Kreis, was eine gemeinsame Postkarte an Else Jaffé aus dem Café Stefanie bestätigt. „Diese Postkarte ziert auf der einen Seite ein Bild des Marienplatzes, auf der anderen Seite steht Else Jaffes Heidelberger Adresse, stehen Grüße und Nachrichten im Telegrammstil von Edgar Jaffe, Otto Groß, Frieda Groß, Erich Mühsam, Regina Ullmann und Frieda Weekley, die alle zusammen an einem der Tische im ‚Stephanie' diese Karte schrieben."[319]

Erich Mühsam ist auf der Suche nach der großen Liebe. Der kleine Wolfgang Peter (Wolfpeter) Gross ist im März 1907 knapp zwei Monate alt, als Frieda Gross dem Werben Erich Mühsams nachgibt und für kurze Zeit seine Geliebte wird. Mühsams Biograf schreibt: „Zwischen Frieda Gross und Erich Mühsam entspinnt sich eine Liebesaffäre, die von Gross geduldet oder sogar gefördert wird und die Mühsam zu einem anderen Menschen macht. Verliebt war er schon oft, in Männer wie Frauen, [...] doch jetzt packt ihn die wahre Liebe. Es folgt eine intensive, aber, wie im Umkreis von Otto Gross gar nicht anders möglich, kurze und chaotisch endende Glücksepisode."[320]

Otto Gross kommentiert in einem Brief an Else: „Sie hat den M. [Mühsam] viel ernster lieb als ich erwartet hätte, und M. ist rührend glücklich, dabei in jeder Richtung einwandfrei nobel."[321]

Erich Mühsam ist von Frieda Gross' menschlicher Wärme mit erotisch-sexueller Ausstrahlung angezogen. Frieda bewegt sich selbstbewusst zwischen „Revolutionären", ohne selbst Revolutionärin zu sein. Für dieses Sowohl-

---

[318] John Turner u.a. (Hg.): The Otto Gross Frieda Weekley Correspondence. Letter S. Und: www.dehmlow.de.
[319] Martin Green, 1976, S. 109. Die Karte ist in keinem Archiv verzeichnet.
[320] Chris Hirte: Erich Mühsam und Otto Gross: Rekonstruktion einer Begegnung. In: Raimund Dehmlow, Gottfried Heuer (Hg.): 1. Internationaler Otto Gross Kongress. Bauhaus Archiv, Berlin. Marburg/Hannover 2000, S. 23.
[321] Esther Bertschinger-Joos, S. 83.

als-auch ist Erich Mühsam empfänglich. Die Beziehung mit Frieda wird zu einem lebenslang nachwirkenden Erlebnis, von dem er in seinem Tagebuch voll Ehrfurcht und Wehmut spricht.[322] Nun „streifte er die pubertäre Rolle des Bürgerschrecks, des Frauenfeinds, des Kritikasters, des Querulanten ab und bereicherte die anarchistische Trotzattitüde durch visionäres Denken."[323]

Friedas Liebe beeinflusst Mühsams literarische Kreativität: „In seiner Lyrik zeigen sich neben Weltschmerz und Spott plötzlich zärtliche Töne, noch ein paar Jahre, und er wird zum Minnedichter der Schwabinger Bohème."[324] 1909 verfasst Mühsam das Theaterstück *Die Freivermählten,* in dem es um Liebe und Ehe, um Theorie und Praxis von Otto Gross` Lehre geht. Dieses *Polemische Schauspiel in drei Aufzügen* beschäftigt sich mit der Frage, ob Emotionen in freier Liebe oder in der Ehe ausgeschaltet werden können und wie mit Eifersucht und Treue umzugehen ist.

Exkurs: Kritische Beobachter im Hause Weber

Der Nationalökonom Edgar Jaffé, Elses Ehemann, bezeichnet 1907 als das „tolle Jahr". In Anbetracht der Liebesbande, die in diesem Jahr geknüpft und wieder zerrissen werden, ist das eine zutreffende Beschreibung. In Heidelberg gehören die Jaffés sowie die Webers zur geistigen Elite. Otto Gross reist im April 1907 mit seiner Frau in die Neckarstadt. Er tritt dort zwar als „bunter Vogel" auf, doch kennt er sich als Privatdozent im wissenschaftlichen Diskurs aus. Durch Gross kommt frischer Wind in das Professorenhaus. Marianne Weber, Rechtshistorikerin und Frauenrechtlerin, erinnert sich: „Gesellschaftliche Freiheit beginnt sich zu entwickeln, wie sie bisher nur in Münchner Künstlerkreisen zuhause war. [...] Die Geltung allgemeinverbindlicher Normen des Handelns wird bezweifelt, man sucht entweder ein ‚individuelles Gesetz' oder verneint jedes ‚Gesetz', [...] – die Kasuistik konkreter Schicksale greift ans Herz."[325] Die konkreten Schicksale sind die von Else Jaffé, Frieda Gross und Frieda Weekley.

Im Hause des Professors herrscht Entsetzen, als die Webers durch Else von der neuen Beziehung zwischen Otto Gross und Frieda Weekley erfahren. Weber schreibt: „[...] ich finde die Sache höchst ekelhaft. Bei der Schwester [Frieda Weekley] handelt es sich um nackten Ehebruch sans phrase, *hinter dem Rücken* des Mannes. [...] Wie tief unsittlich ist auch *dies* Verhältnis. [...] Und

---
322 Was die Trennung von Frieda Gross und Erich Mühsam im Sommer 1907 verursacht, ist ungeklärt; vermutet wird eine Intrige seines Freundes Johannes Nohl, der sich um Mühsams Zuneigung betrogen fühlt.
323 Chris Hirte, 2000, S. 24.
324 Chris Hirte, 2000, S. 24.
325 Marianne Weber: Max Weber. Ein Lebensbild. Tübingen 1984, S. 373 und 376.

diese Leute, die ihre Beziehungen auf Lüge bauen, wollen gegen die ‚Heuchelei' der Konvention zu Felde ziehen!"[326]

Pfingsten 1907 hält Marianne Weber einen Vortrag über *Sexualethische Prinzipienfragen*, in dem sie für junge Mädchen ein hohes Maß an Bildung fordert, um den Ehemännern eine geistig adäquate Partnerin zu sein. Es geht ihr um die Steigerung der „sittlichen Kultur des Mannes", nicht um Bildung der Frau um ihrer selbst willen.

> Deutsche Mütter sollen ihre Töchter zu geistiger und wirtschaftlicher Selbständigkeit erziehen, aber auch zu hohen Ansprüchen an das ethische Niveau der Männer, die ihrer begehren. […] Wir wollen unsere Töchter nicht, wie es noch immer geschieht, ahnungslos in die Arme des Mannes werfen. Wir wollen ihnen endlich die Bildung und geistige Selbständigkeit mitgeben, […] daß jede Steigerung der Achtung vor der Frau, nicht als Geschlechtswesen, sondern als Mensch auch die sittliche Kultur des Mannes steigert.[327]

In ihrem Werk *Max Weber. Ein Lebensbild* setzt sich Marianne Weber mit Otto Gross und dessen Philosophie der Liebe auseinander:

> Der Lehre Sinn war etwa folgender: Der lebenssteigernde Wert der Erotik ist so groß, daß sie frei bleiben muß von jeder fremden Rücksicht und Gesetzlichkeit, und vor allem von der Verflechtung in den Alltag. […] Eheleute sollen einander neidlos gönnen, was sich jedem an erotischem Aufschwung bietet. Eifersucht ist gemein. So gut man mit mehreren Menschen befreundet ist, kann man auch mit mehreren gleichzeitig geschlechtlich verbunden und jedem ‚treu' sein. […] Deshalb fort mit den Fesseln, […] freie Liebesbünde werden die Welt erlösen. Der Freudschüler hatte Erfolg und seine Botschaft fand Gläubige.[328]

Für Max und Marianne Weber geht es um das Bild von Ehe und Monogamie, das in seinen Grundstrukturen zu festigen ist. Das steht im Gegensatz zu den Theorien von Otto Gross, der aus seiner Lebensform ein Gesellschaftsmodell machen will. Seine Anwesenheit verursacht in Max Weber größte Irritation. Zwar werden Themen wie ethische Normen und sexuelle Beziehungen auch in Heidelberger Kreisen diskutiert, aber Gross wird nicht eingeladen. Max Weber hält Gross' Theorien für methodologisch wenig abgesichert.

Dennoch wendet sich Otto Gross bei der Suche nach Möglichkeiten, seine Arbeiten zu publizieren, auch an Max Weber. Gross übermittelt ihm durch

---

326 M. Rainer Lepsius, Wolfgang J. Mommsen (Hg.): Max Weber Briefe 1906–1908. Tübingen 1990, S. 444f. Brief Max Weber an Marianne Weber, 08.03.1908.
327 Marianne Weber: Die Verhandlungen des 18. Evangelisch-Sozialen Kongresses. Göttingen 1907, S. 124.
328 Marianne Weber, 1984, S. 376ff.

Else Jaffé eine auf Freud'sche Theorien gestützte Abhandlung mit der Bitte um Veröffentlichung in der Zeitschrift *Archiv für Sozialwissenschaft und Sozialpolitik*. Weber lehnt ab:
> Aber daß diese anscheinend unumgänglichen Kinderwindeln in unserm ‚Archiv' gewaschen werden müßten, dafür besteht m. E. kein Bedürfnis. ‚Kinderwindeln' aber sind es. […] Nun bezweifle ich auf das Bestimmteste, daß Dr. X eine Vorstellung davon hat, was es denn eigentlich heißt: ‚an absolute Werte glauben'. […] denn das ist die Folge der Verquickung seiner medizinischen Forschungsarbeit mit ganz konfusem Reform-Eifer. Der ganze Aufsatz platzt förmlich von lauter Werturteilen. […] in eine fachwissenschaftliche Zeitschrift gehört kein Aufsatz, der eine Predigt sein will – und eine schlechte Predigt ist. (13.9.07).[329]

Nun wäre es von Otto Gross vermessen gewesen, ausgerechnet in Max Weber – eine der führenden Autoritäten der Universität – einen Unterstützer seiner Theorien zu finden. Gross wird von den Webers als eine Gefahr für die öffentliche Moral angesehen. Es ist die Angst der Gesellschaft vor einem radikalen Umbau ihres Wertesystems mit unübersehbaren Folgen für jeden Einzelnen und den Zusammenhalt als Ganzes.

Doch noch fühlt sich Gross im Aufwind, und es ist bewundernswert, wie er die Bälle, mit denen er jongliert, in der Luft hält, ohne „nervös" zu werden. Hilft ihm dabei die Rückkehr zur Droge? Im Jahr 1908 wird Sofie sagen: „Alle hassen ihn."[330]

Das „tolle" Jahr 1907 und die Komplexbeziehung

Es ist eine turbulente Zeit, in der Sofie Benz und Leonhard Frank leben. Da sie mit „den Großens" befreundet sind, werden die Ereignisse in Heidelberg und im Hause Gross nicht unbemerkt an ihnen vorbeigehen. Die „neue Ethik" rüttelt auf, das Postulat der „freien Liebe" entfaltet eine besondere Strahlkraft.

„Komplexbeziehung" ist ein Begriff, mit dem Gross das gestörte Verhältnis von Mann und Frau beschreibt und das er bei Sofie und Leonhard durch Trennung des Paares therapieren möchte. Drei Jahre später schreibt Gross in einem Brief an Sofie: „Durch diese Art der absolut gesicherten Verdrängung gelingt es dem Mann allein, die schwersten quälenden Complexe auszuschalten und sich

---
329 Marianne Weber, 1984, S. 378–384. Statt Sperrdruck im Original wurde unterstrichen.
330 Siehe Theaterstück „Martha Luz – Szenen aus ihren letzten Tagen" von Emilie Benz. Unveröffentlichtes Manuskript. Privatarchiv P.B.

erlöst zu fühlen. Die Constellation aber wirkt unterdessen im Unbewussten constellierend und im Verborgenen zerstörend und vergiftend auf die Frau."[331]

Schon 1906 hatte Otto Gross den schweren Komplex von Lotte Hattemer „erkannt" und sie von ihrem Leiden durch assistierten Suizid erlöst. Emil Szittya beschreibt Otto Gross' Umgang mit Komplexen auf dem Monte Verità in *Die Internationale der Entgleisten*: „Es kamen aus allen Ländern Sonderlinge an. Dr. Mager [Gross] untersuchte jeden Neuankommenden nach seinen Komplexen. Komplexlose wurden abgewiesen oder man suggerierte ihnen welche."[332]

Für Sigmund Freud ist der affektbetonte Komplex ein durch ein Trauma hervorgerufener unbearbeiteter Konflikt. Als Urheber des Begriffes „Komplex" gilt der Psychoanalytiker Carl Gustav Jung, der einen Komplex mit emotional aufgeladenen Bildern oder Konzepten und verdrängten Erlebnissen verbindet. Durch die Analyse lernt der Betroffene seinen Komplex zu begreifen und in der Therapie aufzulösen. Der Begriff „Konstellation, von C.G. Jung in die Analytische Psychologie aufgenommen, bezeichnet den Einfluss des Komplexes auf das Denken und Handeln mit der Folge eines gestörten Bewusstseinszustandes.

Leonhard Frank schildert Otto Gross' Analysen in *Links wo das Herz ist* und dass Doktor Kreuz (alias Gross) an Franks Trennung von Sofie massiv gearbeitet hat (was durch Gross' Brief an Emilie belegt ist): „Aber der Doktor [...] hatte durch die Analyse schon ermittelt, daß die Beziehung zwischen Michael und Sophie eine Komplexbeziehung sei, die zu Sophies Seelenheil radikal abgebrochen werden müsse."[333]

Frank spricht von Sofies Seelenheil und lässt seine eigene Person außen vor. Er erweckt den Eindruck, er habe mit der Analyse nichts zu tun, obwohl er ebenso stark involviert ist und es auch um seine Seele und sein Verhältnis zur Sexualität geht. Wenn Frank zum Pazifisten wird, wenn er im Ersten und Zweiten Weltkrieg ins Exil geht, wenn er Widerstand gegen Autoritäten leistet und in seinen Büchern Normen und Werte in Frage stellt und an das Gute – das „Eigene" – im Menschen glaubt, so ist Otto Gross daran maßgeblich beteiligt. Leonhard Frank ist in diesem Jahr ein Anhänger von Otto Gross und folgt ihm willig, bis er merkt, dass „das Spiel" zu seinen Ungunsten läuft. Aber noch ist es nicht soweit.

---

331 Brief Otto Gross an SB o.D. [Anfang 1910]. Privatarchiv P.B.
332 Aus Emil Szittya: Die Internationale der Entgleisten. Roman um Otto Gross und Ascona. Hg. von Deutsches Monte Verita Archiv Freudenstein, 1998. Manuskript im DLA Marbach, Nachlass Emil Szittya.
333 Leonhard Frank, 1976, S. 37.

Vorbereitung für die Ferien

Im Mai 1907 machen Sofie und Leonhard Ferien am Wörthsee. Frank schildert den Beginn der Reise: „Im Frühling fuhren Michael [Leonhard] und Sophie aufs Land, in die Nähe von München. Doktor Kreuz [Gross] gab Michael ein Dutzend ausgewählter Bücher mit, darunter zwei Romane, die er in seinem späteren Leben neben ‚Krieg und Frieden' für die größten der Weltliteratur hielt: ‚Madame Bovary' und ‚Rouge et Noir'."[334]

Finanzielle Unterstützung kommt von Frieda Gross bzw. Else Jaffé. Am 17. April 1907 schreibt Frieda ihrer Freundin: „Ferner: Franks Adresse: bei Landwirt Grätz, am Wörthsee, Post Inning. Die 20 Mark für April hat er von mir erhalten."[335] Das Reiseziel ist der Wörthsee beim Kloster Andechs in Oberbayern, 25 km südwestlich von München.[336] In einem Brief wenige Wochen zuvor hatte Frieda berichtet: „Frank pumpt mich täglich an – nein, manchmal ist ein freier Tag dazwischen."[337] Dass Sofie mit „den Großens" verbunden ist, hat sie in ihren Briefen geschildert; mit dieser Aussage von Frieda wird deutlich, dass auch Leonhard Frank im Hause Gross ein- und ausgeht. Würde Else ihn sonst finanziell – mit 20 Mark im Monat – unterstützen? Else, die in Heidelberg wohnt, lässt Frieda das Geld zukommen, die es weitergibt. Dass Leonhard Frank aus dem Hause Jaffé Geld bekommt, wird auch mit einem Brief von Otto Gross an Else im Frühjahr 1907 belegt. Da geht es um einen „Pumpbrief" von Eduard Schiemann an Else, und Frank wird in diesem Zusammenhang erwähnt.[338]

Ohne die Unterstützung von Ottos Vater Hans Gross wäre die Familie mit dem kleinen Peter ständig in finanzieller Not, da Otto Gross nach dem Verlassen der Klinik Kraepelin keine Einkünfte mehr hat. Auch Friedas Vater Alois Schloffer, Rechtsanwalt und liberaler Abgeordneter im Steiermärkischen Landtag, greift seiner Tochter mit Zuwendungen unter die Arme. Sofie Benz und Leonhard Frank, die sich der Familie Gross angeschlossen haben, profitieren somit von dem gelegentlichen „Geldsegen".

---

334 Leonhard Frank, 1976, S. 35.
335 Brief FG an EJ, 17.04.(1907), Tufts #36.
336 Bei einem Besuch im Jahr 2021 wurden alle von Frank im Buch geschilderten Örtlichkeiten, incl. dem Bauernhof Grätz gefunden. Für die Hilfe bei der Suche bedanke ich mich ausdrücklich bei Herrn Josef Doisl aus Bachern.
337 Brief FG an EJ, 23.03.(1907), Tufts #37.
338 Brief „Letter 3" in: Theory, Culture & Society 1998, S. 150.

Ein Paradies am Wörthsee

Am 15. April 1907 meldet sich Sofie offiziell aus München ab; auf dem Meldebogen steht „bay. Wald". Für einen Urlaub wäre das nicht nötig. Ist eine längere Abwesenheit von München geplant? Auch der Eintrag „bay. Wald" gibt Rätsel auf. Im Juli meldet sie sich – in der Kaiserstraße – wieder an.

Der Bauernhof Grätz.

Das „Forstgehilfen-Anwesen" Grätz. (Fotos Gemeindearchiv Inning)

Sofie berichtet im Mai 1907 in einem vierseitigen Brief ihrer Schwester vom Wörthsee. Auch Leonhard Frank schreibt in seinem Roman von einem glücklichen Urlaub auf einem Bauernhof am See, dessen genaue Adresse durch Friedas Brief bekannt ist.

Der Bauernhof Grätz[339] liegt oberhalb des Wörthsees am Rande des Örtchens Bachern. Es ist ein idyllisches Fleckchen. „Ferien auf dem Bauernhof" ist hier Anfang des 20. Jahrhunderts nicht ungewöhnlich. Nach Inbetriebnahme der Bahnlinie München–Herrsching 1903 strömen Sonntagsausflügler, Sommerfrischler und Studenten an den See.

Die männlichen Mitglieder der Familie Grätz stehen als Forstgehilfen im Dienst der Seefelder Grafen. Der Waldaufseher Josef Grätz hatte das Anwesen, zu dem ein Hausgarten und ein kleiner Acker gehören, 1864 erworben. Es reicht aber nicht zum Leben, so dass die Arbeit im Forstamt nötig ist. Bauer Grätz arbeitet tagsüber im Wald, seine Frau kümmert sich um Hof und Gäste. Leonhard Frank schildert die Idylle:

> Der Stall, mit zwei Kühen und zwei Dutzend Hühnern, und der Gemüsegarten waren hinter dem neuerbauten unverputzten Backsteinhäuschen, das auf einem Grashügel stand, nur hundert Schritt von dem mächtigen Kiefernwald entfernt und drei Minuten vom See im Tal. Sie hatten ein Zimmer mit zwei schmalen Tannenholzbetten, nur gefirnißt. [...] Sie waren so gut wie allein, inmitten der Natur, kein Haus weit und breit, und hörten nur die Stimmen der Natur.

---

339 Nach dem Ableben des letzten Bewohners Grätz wurde der Hof verkauft und wird nach Renovierung bewohnt.

[...] Für die zwei Verliebten im Badeanzug und manchmal ohne, die nichts wollten als einander, war dieses kleine Tal das Paradies, mit einer Insel als heimlichem Extra-Liebesnest [...].³⁴⁰

Der Wörthsee mit seiner Insel und umgeben von großen Waldflächen, ist Eigentum der Seefelder Grafen. Bereits 1446 wurde auf der Insel ein kleines Schloss mit Kapelle errichtet. Bis Mitte des 19. Jahrhunderts lebten die Pächter der Wörthseefischerei auf der Insel. Doch im Mai 1907, als Sofie und Leonhard mit einem selbstgebauten Floß hinüberrudern, ist die Insel bis auf einen gelegentlich anwesenden Vogelwächter unbewohnt.

Wörthsee mit Mausinsel. (Foto privat)

Sofie nutzt die Zeit für einen inhaltsreichen Brief an ihre Schwester, in dem sie über ihr Leben nachdenkt. Sie erwähnt Frank nicht namentlich, da sie weiß, dass Emilie dem Freund reserviert gegenübersteht. Sofies Ringen um Klarheit wird deutlich; der Brief ist Zeugnis ihres Selbstbewusstseins mit der Bitte, ihre Lebensweise zu respektieren.

> Liebe Emy!
> Eben komme ich heim und finde dein Paketchen vor. Hab herzlichen Dank. [...] Und daß du schreibst, was ich wissen wolle, außer von zu Hause, macht mich sehr traurig. Wir wissen doch beide, daß jeder lebt und erlebt und mit sich ins Klare kommen muß und es wohl thut von einander zu hören. – Warum ich nicht schrieb – ja, warum soll ich dir Sorge machen, vielleicht in einer Sache, die ich für meine Person verantworten kann, du aber darin anders denken würdest. Um das möchte ich bitten, daß man von mir nicht glaubt, ich wäre leicht zu beeinflussen. – Das war [ich] nie in meinem Leben und ich bin hart und thu, was ich muß.
> Es ist wohl ein elendes Leben – weißt, ich denke oft, man sollte die Kinder ganz anders erziehen, daß sie schön und groß werden könnten und sich nicht um all den Kleinkram kümmern müßten [...].
> Ich habe ein schönes Leben hier und bin hier, weil ich da soviel thun kann wie in München und es nicht gerade nötig ist, daß ich in München sitze. – Es ist jetzt wohl prächtig draußen, nur ist mir

---
340 Leonhard Frank, 1976, S. 35f.

alles ziemlich gleichgültig, und ich bin nicht fähig, mich gerade zu freuen. Gestern hab ich den ganzen Sonntag in der Sonne gelegen und hab mich ausgezogen, das ist wohl herrlich. – Heut bin ich aber auch ganz verbrannt und mein Rücken und Achseln thun elend weh. –
Heut ist ein großer Zug Wallfahrer, 1400 Personen von Augsburg und der Gegend zu Fuß auf Kloster Andechs gepilgert durch unseren Ort. Ich hab sie im Rückweg gesehen, es war fein, kolossal feine Bauern warn drunter. Bis Donnerstag pilgern sie von überall her dorthin. – Ich leb von Milch und Eiern und danke dir, mal abwechseln zu können. – Du fährst Pfingsten heim, und ich sehne mich auch schon lange. [...] Ich bin ja nicht an Feiertage gebunden, aber vielleicht hast du mehr, wenn ich nicht zu Hause bin. – Heil, daß du den Entschluß gefaßt, in Mainz abzubrechen – ich weiß, daß es nicht leicht war. – Inzwischen ist es Samstag geworden. Ich werde doch nicht Pfingsten heimfahren, erst nachher. Es ist ein herrliches Wetter draußen. Die Maiblumen werden in der allernächsten Zeit anfangen zu blühen. Ich muß dieses heut nach Breitbrunn bringen, da es sonst heute wieder nicht fortkommt. Das liegt am Ammersee, aber der Wörthsee ist viel schöner, abgesehen davon, daß da auch keine Fremden sind. – 4 Stunden von hier liegt Landsberg, da werd ich auch mal hingehen. –
Ich habe in der letzten Zeit manch Feines gelesen von Heinrich Mann, den ich sogar kenne. – Den Winter will ich sicher nach Berlin oder Paris, hast Du keine Lust für einen Winter Dein Zelt so wo aufzuschlagen? Überleg Dir`s! Jetzt aber leb wohl.
Sei herzlich gegrüßt und geküßt von Deiner Sofie.[341]

Dieser Brief birgt viel Aufschlussreiches und weckt doch Fragen. Trotz der Meinungsverschiedenheiten wegen Sofies Lebenswandel – und dem vermuteten Einfluss von Leonhard Frank und Otto Gross –, ist Emilie um Sofies Wohlergehen bemüht. Sie schickt ihr ein Päckchen mit Lebensmitteln an den Wörthsee. Dass Emilie betrübt ist, weil Sofie nichts von zu Hause wissen will, ist verständlich, denn es muss dem Vater August Benz zu dieser Zeit nach einem Schlaganfall schlecht gehen.
　Warum fährt Sofie nicht nach Ellwangen, obwohl sie sich danach sehnt? Vielleicht ist die Familie über Pfingsten so zahlreich, weil sie mit dem Vater zusammen sein möchte. Befürchtet Sofie unangenehme Fragen und Vorwürfe? Dass Emilie Mainz verlassen will, könnte mit der Krankheit des Vaters zusammenhängen; vielleicht will sie in Ellwangen der Mutter zur Seite zu stehen.

---

341 Brief SB an EB, Montag [vor Pfingsten 1907, 19./20. Mai]. Privatarchiv P.B.

Offensichtlich hat Emilie ihr in einem Brief vorgeworfen, sie sei „leicht zu beeinflussen", was Sofie scharf zurückweist. „Das war [ich] nie in meinem Leben und ich bin hart und thu, was ich muß". Es lässt sich ahnen, wie viel Kraft sie die Selbstbehauptung kostet und wie oft sie für ihren Weg kämpfen muss.

Im Hinblick auf den Winter schwankt sie zwischen einem Aufenthalt in Berlin – wo ihre Schwester Mathilde mit den 1905 und 1906 geborenen Kindern lebt und im Sommer das dritte Kind erwartet – und der Künstlerhochburg Paris. Dass sie zusammen mit Leonhard Frank reisen würde, kann zwischen den Zeilen gelesen werden, doch lässt sie seinen Namen unerwähnt.

Zwei Versionen eines Endes

In Leonhard Franks Roman *Links wo das Herz ist* endet die Beziehung von Sophie [Sofie] und Michael [Leonhard] abrupt mitten im Urlaub. Nachdem Frank die Ferien zuvor romantisch in vielen Einzelheiten geschildert hat, heißt es dann: „An einem Montagmorgen fuhr Sophie nach München, um Zeichen- und Malmaterial zu kaufen. Sie kam nicht zurück. […] Er fragte sich zum tausendsten Mal, warum sie nicht zurückgekommen war. Er fand keine Erklärung."[342] Erst Wochen später erfährt Michael, was geschehen war. Doktor Kreuz [Gross] hatte Sophie analysiert und die Trennung angeordnet. Als Michael nach München zurückkehrt, ist er für Sophie ein Fremder geworden: „Den folgenden Tag begegneten sie[343] Michael auf der Straße und gingen an ihm vorbei wie an Luft."[344] In Leonhard Franks Roman liest sich dieses Kapitel, als sei während des Urlaubs am See das Band zwischen Michael [Leonhard] und Sophie [Sofie] für alle Zeiten zerrissen.

Doch Sofies überlieferte Briefe belegen etwas anderes. Die Nachricht von einem erneuten Schlaganfall und dass ihr Vater im Sterben liegt, muss Sofie am Wörthsee erreicht haben, so dass sie nicht – wie von Frank geschildert – in die Arme von Otto Gross fällt, sondern nach Ellwangen fährt, an das Sterbebett ihres Vaters. Ob sie ihren Vater noch lebend antrifft oder ob er schon gestorben ist, ist nicht bekannt. Sie zeichnet den Vater auf dem Sterbebett. August Benz stirbt am 16. Juni 1907.

In Ellwangen, wo August Benz mehr als fünfzig Jahre gelebt, an Schulen, in Vereinen, im gesellschaftlichen und kulturellen Leben und als Künstler gewirkt und als Zeichenlehrer junge Künstler inspiriert hat, war er auch nach seiner Pensionierung 1897 eine markante Erscheinung. An der Beerdigung nimmt eine große Trauergemeinde teil. Die Jagst-Zeitung berichtet:

---

342 Leonhard Frank, 1976, S. 36f.
343 Gross und Benz.
344 Leonhard Frank, 1976, S. 37.

Professor Benz wurde heute mittag, gefolgt von einem zahlreichen Trauergeleite, an dessen Spitze die Schüler des Gymnasiums und der Realschule mit ihren Lehrern schritten, zu Grabe getragen. Am Zuge beteiligten sich noch die Stadt-Kapelle, der Turn- und Veteranenverein je mit Standarten, sowie der Sängerbund, der seinem verdienten Mitglied ein Lied in die Gruft nachsang. Kränze wurden unter ehrenden Ansprachen niedergelegt [...]. Den alten, würdigen Herrn mit seinem Künstlerkopf und -Hut wird man in der Stadt noch lange vermissen.[345]

Todes-Anzeige.

Heute abend 1/2 7 Uhr entschlief sanft mein lieber Mann, unser treuer Vater, Schwiegervater und Großvater

Professor August Benz

im 80. Lebensjahre.

Ellwangen, Stuttgart, Heidenheim, Mainz, Tempelhof-Berlin, den 16. Juni 1907.

In tiefem Schmerz:
Emilie Benz, geb. Wolff,
Anna Krauß, geb. Benz,
Hermann Krauß, Zahn-Arzt,
Karl Benz, Rechtsanwalt,
Emilie Benz, Malerin,
Mathilde Holland, geb. Benz,
Friedrich Holland, Kaufmann,
mit Kindern,
Johanna Benz,
Sofie Benz.

Die Beerdigung findet am Mittwoch nachmittag 1/2 2 Uhr statt.

In der Todesanzeige stehen neben den trauernden Familienangehörigen die Orte Ellwangen, Stuttgart, Heidenheim, Mainz und Tempelhof-Berlin; Sofies Wohnort München fehlt. Liegt es daran, dass sie sich von München abgemeldet hatte?

„Minutenlang bin ich glücklich"

Zwei Monate nach dem Tod von August Benz wird in Berlin sein drittes Enkelkind geboren, Sofie ist somit erneut Tante. Sie kehrt aus Ellwangen nach München zurück. In keinem Brief erwähnt sie den Tod des Vaters, obwohl sein Ableben eine Zäsur in ihrem Leben bedeutet. Auch wenn der Vater in den letzten Jahren durch Krankheit und Alter geschwächt war, so hatte er doch zu Sofies künstlerischer Entwicklung beigetragen und ihr intellektuelle und kulturelle Anregungen gegeben. Nun ist ein weiteres Band mit dem Elternhaus und Ellwangen gerissen.

Nach der Sorge um den kranken Ehemann gehen jetzt die Gedanken der Mutter an die jüngste Tochter in München. Noch versucht sie Sofie mit gut gemeinten Ratschlägen zu erreichen, doch die Kluft wird größer. Emilie schreibt: „Sofies Leben der letzten Jahre (nach dem Tod unseres Vaters) hat ihr viel schlaflose Nächte gemacht; sie konnte, Sofies Ideen so fernstehend, in ihren

---

345 Jagst-Zeitung 19.06.1907.

sorglichen Briefen unmöglich den Ton finden, mit dem sie Sofie hätte wohlthun können. Mit Sofies Briefen wurden dann auch die ihrigen seltener."[346]

Am 10. Juli 1907 meldet Sofie sich in der Münchner Kaiserstraße 63/II an, fünf Monate später erfolgt ein weiterer Umzug, in die Türkenstraße 11/II.[347] Die Sitzungen mit Dr. Gross werden wieder aufgenommen; an den Analysen nehmen auch Leonhard Frank und die Künstlerin Spela Albrecht teil. Der starke Einfluss des Psychiaters geht aus Sofies Brief hervor.

> Liebe gute Emy!
> Hoffentlich hat Dich mein Brief nicht beunruhigt. Es ist jetzt seit gestern so vieles in mir gelöst. Ich werde von dem bedeutendsten Menschen geliebt und hochgeschätzt, und dies Glück ist nur wenigen zuteil, aber ich vermochte es nie zu genießen, ich glaubte nicht daran. –
> Habe gestern mit Dr. Groß gesprochen – ich weiß, dass ich Künstlerin bin in der höchsten Bedeutung des Wortes, und was nachher für uns alle kam, Frank, Groß, Spela und mir, war ein schwerwiegendes Erlebnis. Ich weiß momentan nicht, ist die Liebe in mir tot, oder sammelt sie sich zu neuer Größe zu dem einen Menschen Frank. Jedenfalls bin ich ein großes Stück vorwärts und <u>freier</u>. –
> Ich wollte ja erst fort von hier, aber es wäre eine große Feigheit und ich weiß, dass ich so die Hemmung in meinem Wesen nie los würde, ich muß kämpfen und stark sein. Wir Übergangsmenschen müssen stark sein und kämpfen und wenn wir schließlich erliegen, unser Leben war nicht umsonst – Glück ist Leid. Mir geht`s gut, und minutenlang bin ich glücklich.
> Ich grüße und küsse Dich herzlich.
> Deine Sofie.[348]

Sofies Schwestern Anna und Emilie, 1907. (Foto privat)

Sofie muss einen Brief an Emilie geschrieben haben, der die Schwester „beunruhigt" hat. Sofie will sie beschwichtigen, doch Emilie hat längst erkannt, dass

---
346 Brief EB an Hans Gross, 02.05.1911. Privatarchiv P.B.
347 Angaben lt. Meldebogen der Stadt München. Stadtarchiv München.
348 Brief SB an EB, o.D. [Einordnung durch Inhalt erschlossen]. Privatarchiv P.B.

sich Sofie auf einem unheilvollen Weg befindet. Hatte Sofie in ihrem Brief vom Wörthsee noch davon gesprochen, nach Berlin oder Paris zu gehen, so schreibt sie nun, dass es „Feigheit" wäre.

Die Analysen mit Dr. Gross nehmen an Bedeutsamkeit und Wirkung zu; Sofie benötigt die Sitzungen zur Klärung ihrer seelischen Verfassung. Die Analyse rüttelt an den Grundfesten ihrer Liebe zu Leonhard Frank. „[...] ist die Liebe in mir tot, oder sammelt sie sich zu neuer Größe zu dem einen Menschen Frank." Seit einem Jahr ist sie mit Leonhard zusammen, da kommen natürlicherweise Phasen der Ernüchterung. Die „unzähligen kleinlichen Schwierigkeiten und Reibereien", von denen Otto Gross in seinem Brief an Emilie im Februar geschrieben hatte, regen Zweifel an, und Sofie beginnt, die Beziehung zu überdenken.

Genaueres zu dem „schwerwiegenden Erlebnis" berichtet sie nicht, doch ist es Otto Gross` Anliegen, Denkmuster, Werte, Gewissheiten und damit Sicherheiten zu zerstören. Was bedeutet es für Leonhard Frank, wenn durch die Analyse in Sofie Bedenken und Skepsis geweckt werden? Otto Gross fördert den Konflikt zwischen Sofie und ihrer Familie, aber auch zwischen Sofie und Leonhard. Spannungen werden verstärkt, wo sie abgebaut werden sollten. Die Liebe wird beschädigt, wo sie reifen und gefestigt werden müsste.

Über Glück und Leid

Dem Glück mit Leonhard Frank hat sich nun Leid zur Seite gestellt. Die inneren Verwerfungen berühren Leonhard Frank gleichermaßen. In diesen Jahren mit Sofie erfährt auch er Glück und Leid. Viele Jahre später ist der Gedanke in seinem Buch *Michaels Rückkehr* wiederzufinden, als er davon schreibt, „daß Glück und Leid Geschwister sind."[349]

Zur gleichen Zeit – im Sommer 1907 – bekennt Otto Gross in einem Brief an Frieda Weekley: „[...] ich bin im Glück und Unglück ein Wollender und Hoffender, – das ist das Neue in mir."[350]

Der letzte Teil von Sofies Brief schildert Aufbruchstimmung. Die Zukunft annehmen, heißt für sie: kämpfen, stark sein, mit dem Glück auch das Leid akzeptieren. Glück und Leid liegen eng beieinander, der Anspruch auf Glück schließt Leid nicht aus. Doch was geschieht, wenn – wie bei Sofie – Glück und Leid so eng beieinander liegen, dass das eine nicht mehr vom anderen zu unterscheiden ist und Sofie nur „minutenlang" glücklich ist und selbst das „Erliegen" im Lebenskampf bereitwillig annimmt?

---

349 Leonhard Frank: Erzählungen. Michaels Rückkehr. Berlin 1991, S. 655. (Erstdruck 1957)
350 Brief 2 auf: www.dehmlow.de. Abgerufen am 16.08.2020.

Der Kunstkritiker Karl Scheffler bemerkt 1908: „Glück und Leid sind enger verbunden im Wesen der Frau. Sie ist mehr als der Mann Natur und bejaht darum rückhaltloser das Leben."[351]

In seiner Schrift *Das Unbehagen in der Kultur* setzt sich Sigmund Freud mit Glück und Leid auseinander und fragt nach Zweck und Absicht des Lebens. Seine Worte klingen lapidar: „[...] sie [die Menschen] streben nach dem Glück, sie wollen glücklich werden und so bleiben. [...] man möchte sagen, die Absicht, daß der Mensch ‚glücklich' sei, ist im Plan der ‚Schöpfung' nicht enthalten."[352] Der Mensch habe zwar keinen Anspruch auf „Glück", jedoch auf das „Streben nach Glück". Tröstend erkennt Freud Kunst und Wissenschaft als Möglichkeit zur Leidabwehr: „[...] die Freude des Künstlers am Schaffen, an der Verkörperung seiner Phantasiegebilde, die des Forschers an der Lösung von Problemen und am Erkennen der Wahrheit, haben eine besondere Qualität."[353]

Freud spricht zudem von der Liebe als Möglichkeit, Glück zu gewinnen und Leiden fernzuhalten, wobei – auch hier eine Einschränkung – jedes Glück das Leid in sich berge. Sobald der Mensch sich durch Liebe in die Abhängigkeit eines anderen Menschen begebe, sei er Gefühlen ausgeliefert. „Niemals sind wir ungeschützter gegen das Leiden, als wenn wir lieben, niemals hilfloser unglücklich, als wenn wir das geliebte Objekt oder seine Liebe verloren haben."[354]

Für Menschen mit „ungünstiger Triebkonstitution" prognostiziert Freud „die Flucht in die neurotische Krankheit, die er meist schon in jungen Jahren vollzieht. Wer dann in späterer Lebenszeit seine Bemühungen um das Glück vereitelt sieht, findet noch Trost im Lustgewinn der chronischen Intoxikation, oder er unternimmt den verzweifelten Auflehnungsversuch der Psychose."[355] Neurose, Intoxination, Psychose … gesundheitliche Gefahren lauern bei der Suche nach dem Lebensglück, abhängig von der Triebkonstitution.

Leonhard Frank legt in seinem Roman *Das Ochsenfurter Männerquartett* Otto Gross (alias Doktor Huf) philosophische Worte zum fragilen Glück in den Mund: „Für mich hat jedes Glück noch seinen Abgrund. Jedes Glück!' [...] ‚Ich, oh, ich rechne erst am Ende meines Lebens ab, und siehe da – kein Gewinn. Kein Gewinn.' [...] ‚Ich habe keine Illusionen.'"[356]

---

351 Karl Scheffler: Die Frau und die Kunst. Berlin 1908, S. 25.
352 Sigmund Freud: Abriss der Psychoanalyse. Das Unbehagen in der Kultur. Frankfurt /M. 1962, S. 105.
353 Sigmund Freud, 1962, S. 110.
354 Sigmund Freud, 1962, S. 113
355 Sigmund Freud, 1962, S. 116.
356 Leonhard Frank: Das Ochsenfurter Männerquartett. Berlin 1975, S. 390.

Es lässt sich vorstellen, dass Sofie, Leonhard und Otto Gross – sei es im Café Stefanie oder bei Analysesitzungen – nach Antworten auf das dem Glück inhärenten Leid gesucht haben. Jahre später erklärt Gross in einem Artikel, dass das Leid in der Welt allumfassend ist, denn es leide die „ganze Menschheit an sich selber und alle Hoffnung, daß es anders werde: das ist unsere Klinik."[357] Er geht davon aus, dass sich jeder Mensch – die Menschheit – mit denselben Ursachen und Symptomen quält. Kein Glück – nur Leid.

„Ich weiß, dass ich Künstlerin bin"

Sofie gewinnt während der Analyse mit Otto Gross neue Erkenntnisse über sich. „[…] ich weiß, dass ich Künstlerin bin in der höchsten Bedeutung des Wortes, […]. Jedenfalls bin ich ein großes Stück vorwärts und freier." Künstlerin zu sein, ist ihr Lebensziel, und sie ist glücklich, dass Otto Gross ihr diese Bestätigung gibt. Sofie hat ihre Schwester als Kunstschaffende vor Augen. Zwar erlebt auch Emilie Zweifel, doch sie kann damit umgehen, und gelegentliche Ortswechsel zeigen, dass sie ihr Leben aktiv gestaltet.

Vielen Künstlern verhilft die Psychoanalyse zu „Ergebnissen […] für das Ethische, für das Gewissen", schreibt Hermann Hesse 1918 in seinem Essay *Künstler und Psychoanalyse*. Da ist die Psychoanalyse aus den Kinderschuhen heraus, so dass Hesse ihre Erfolge beurteilen und mit dem künstlerischen Schaffen in Beziehung bringen kann.

Die Analyse stellt, vor allem andern, eine große Grundforderung […]. Sie fordert eine Wahrhaftigkeit gegen sich selbst, an die wir nicht gewohnt sind. Sie lehrt uns, das zu sehen, das anzuerkennen, das zu untersuchen und ernst zu nehmen, was wir gerade am erfolgreichsten in uns verdrängt hatten […]. Das ist schon bei den ersten Schritten, die man in der Analyse tut, ein mächtiges, ja ungeheures Erlebnis, eine Erschütterung an den Wurzeln. […] diese erziehende, fördernde, spornende Kraft der Analyse nun mag niemand fördernder empfinden als der Künstler. Denn ihm ist es ja nicht um die möglichst bequeme Anpassung an die Welt und ihre Sitten zu tun, sondern um das Einmalige, was er selbst bedeutet. […] liebevolles Lauschen auf die verborgenen Quellen, und dann erst Kritik und Auswahl aus dem Chaos – so haben alle großen Künstler gearbeitet. Wenn irgend eine Technik diese Forderung erfüllen helfen kann, so ist es die psychoanalytische.[358]

---

357 Otto Gross: Die Psychoanalyse oder wir Kliniker. In: Die Aktion 3. Jg., Heft 26, 25.06.1913.
358 Hermann Hesse: Künstler und Psychoanalyse (Erstdruck 1918). In: Volker Mi-

Solch ein „ungeheures Erlebnis, eine Erschütterung an den Wurzeln" hat auch Sofie mitgemacht. Leider sind außer wenigen Skizzen keine Bilder von ihr erhalten, so dass nichts von ihrer künstlerischen Laufbahn bekannt ist.

1913 schreibt Otto Gross in der Zeitschrift *Die Aktion* über die Kraft der Psychologie und lobt die Kunst als Wegbereiterin der Psychologie: „Selbstverständlich war es die Kunst, welche bisher allein die Erkenntnis der unbewusst psychologischen Zusammenhänge vorangeleuchtet hat, und es wird auf die Kraft des Künstlers ankommen, wieder auf neuen Erkenntniswegen voranzugehen. Eine Kunst, die sich nicht traut, durch die letztmöglichen Fragen der Unbewusstseinspsychologie hindurchzugehen, ist nicht mehr Kunst."[359]

Otto Gross fragt, welche Schlüsse der Psychologe daraus zu ziehen habe und zitiert seine Theorie vom einfachen und vertieften Bewusstsein des Menschen.

> Die ‚Einfachheit und Vertiefung' ist das Typische für das Empfindungsleben des Individuums mit vertieftem Bewusstsein. [...] Wir verlangen vom Kunstwerk, dass es eine Vorstellung in uns wachruft, die es wert ist, jene Kontraktivkraft[[360]] zu erlangen, deren wir fähig sind. Und im Bann dieser Kontraktivkraft muss die gesamte ästhetische Wirkung stehen, um Lustgefühle in uns zu erzeugen, um harmonisch zu wirken.[361]

Menschen, die nach Heilung ihres Leidens suchen, benötigen Kunst in harmonisierender Form. Nicht Aufregung und Zerteilen der Seele diene der Heilung, sondern das sich Wiederholende, das – durch die Ästhetik – beruhigend auf Auge und Seele wirken soll. Dazu zählt Gross auch die Abstraktion. Nicht das Widersprüchliche, nicht die Polarität sei das Maßgebliche im Kunstwerk, sondern das Ausgewogene. „Ja, wir sehen einen neuen Schönheitswert in der Wiederholung des Gleichen. [...] Wir freuen uns am Ideellen, am Tiefen, am Symbolischen. Durch Einfachheit zur Harmonie – das ist die Kunst der Hochkultur."[362]

Meint Gross die Symbolisten? Ab Mitte des 19. Jahrhunderts war der Symbolismus in die Kunst getreten. Die Hochzeit zwischen 1880 und 1910 fällt mit der beginnenden Psychoanalyse zusammen, und so wird auch im Symbo-

---

chels (Hg.): Hermann Hesse Lesebuch. Frankfurt/M. 1992, S. 238f. Hermann Hesse hat sich der Laienanalyse von Johannes Nohl unterzogen und eine erste Analyse 1916/17 im Sanatorium Sodenmatt bei Luzern bei Josef Bernhard Lang gemacht.
359 Otto Gross: Ludwig Rubiner´s ‚Psychoanalyse'. In: Die Aktion 3. Jg., Heft 20, 14.05.1913, Spalte 506f.
360 Kontraktion: das Sichzusammenziehen (v.a. in der Medizin, z.B. Muskeln). Im Sinne Gross` die Konzentration aller Sinne auf die schöpferische Leistung.
361 Otto Gross 1902, S. 47.
362 Otto Gross 1902, S. 47.

lismus die menschliche Seele mit ihrer Vielschichtigkeit dargestellt. Die Künstler suchen Ausdrucksmöglichkeiten für ihre als morbide empfundene Welt. Gegensatzpaare wie „Traum und Realität" oder „Unbewusstes und Bewusstes" werden in einem Bild miteinander verwoben. Realismus, Impressionismus, Historismus und die naturalistische Maltradition der Akademien bieten keine Möglichkeit, das Mystische der menschlichen Seele einzufangen. Das Irrationale des industriellen Zeitalters mit seinen als dekadent erlebten Ausformungen wird auf die Leinwand gebannt. Sigmund Freuds Traumdeutungen hinterlassen Spuren. Mystik, Erotik und Tod sind Themen, die miteinander verbunden werden, wobei die Bilder zum Deuten der Symbole herausfordern. Paul Rieth karikiert das ironisch in seiner Zeichnung „Vor einem Symbolisten"[363].

Das Kunstverständnis Gross' muss mit seinem Menschenbild zusammengedacht werden, das wie eine unsichtbare Folie über seinem Leben, Handeln und den Arbeiten liegt. Gross unterteilt die Menschen in zwei Erscheinungstypen, in „diejenigen mit verbreitertem, verflachtem Bewusstsein und diejenigen mit vertieftem Bewusstsein." Menschen mit verbreitertem Bewusstsein sind realistische Kampfnaturen, die sich hervortun in Situationen, wo rasche Anpassung und schnelle Reaktionen verlangt ist. Menschen mit vertieftem Bewusstsein sind kulturelle Genies, Erfinder, Vertreter der Hochkultur. Sie neigen aber auch – lt. Gross – zu einer „kritiklosen Hingabe an eine affektbetonte Idee [...], die typischen ‚Sonderlinge' [...], die Vegetarier, Impfgegner, Wasserheilmenschen, etc. Hierher gehört überhaupt die grosse Kategorie der Fanatiker."[364] Pathologische Erscheinungen sind Melancholie, Depression und Schwermut sowie ein Hang zu Schmerz- und Grübelsucht. Dennoch brächten gerade die-

Paul Rieth: Vor einem ‚Symbolisten'.
„Wenn ich es Dir sage, Asmodus, das Bild hängt n i c h t verkehrt 'rum!"
(aus einer unbek. Zeitschrift)

---

363 Paul Rieth (1871–1925). Kunstmaler, Zeichner, Studium Kunstakademie München ab 1886. Darstellungen des mondänen Gesellschaftslebens. Dieses Bild befand sich im Nachlass von Emilie Benz.
364 Otto Gross: Über psychopathische Minderwertigkeiten, S. 192.

se „Grübelmenschen" die gesellschaftliche Entwicklung voran, ihnen gehöre die Zukunft.

„Wir Übergangsmenschen"

„Wir Übergangsmenschen müssen stark sein und kämpfen und wenn wir schließlich erliegen, unser Leben war nicht umsonst," schreibt Sofie. Der Begriff „Übergangsmensch" wird erstmals 1889 von dem Schriftsteller Hermann Conradi in seinem Essay *Ein Kandidat der Zukunft – Übergangsmenschen* verwendet. Er bemerkt einen Hang zum Pessimismus in der Jugend. „Begreift man nun, warum vorwiegend die Jugend ‚pessimistisch' ist? Die Jugend mit ihrer Kraft, ihrer Gesundheit, ihrem breiten, strapazenwütigen Rücken?"[365] Trotz der Kraft der Jugend beschleiche sie der Zweifel: „Ich nenne vorderhand schlichtweg denjenigen einen ‚Uebergangsmenschen', der von dem Neuen, Kommenden so viel weiß, daß er [...] das Künftige, Zukünftige ebenso fürchtet, wie erhofft."[366]

„Übergangsmenschen" wird Stärke abverlangt, da sie nach Gross` Konzept den Weg bereiten von der einen in die andere Gesellschaft. Gross gelingt es, sie als „Vorkämpfer" zu idealisieren. Sofie ist bereit zu kämpfen und auch eine Niederlage als nicht vergebliches Opfer zu akzeptieren. Otto Gross hat sie überzeugen können, ihre Gedanken geben seine Theorie wieder.

Wie wirken Sofies Worte auf Emilie? Die Schwestern wechseln nicht nur Briefe; sie treffen sich in Ellwangen oder bei Verwandten, an Festtagen und bei Familienereignissen. Sofie wird von ihren neuen Erkenntnissen berichten, und auch wenn sie kaum offene Ohren findet, so interessiert sich doch Emilie für die Einflüsse, denen Sofie ausgesetzt ist. Dass die Schwester sich als „Übergangsmensch" begreift, muss Emilie erschrecken.

Spela Albrecht ist dabei

Auch von „Spela" hat Emilie inzwischen Kenntnis, sonst würde Sofie nicht ohne eine Erklärung den Namen erwähnen. Spela Albrecht nimmt an der Analysesitzung teil, die für alle ein „schwerwiegendes Erlebnis" bedeutet. Von Spela ist in Leonhard Franks Roman *Links wo das Herz ist* mehrmals zu lesen.

> Hugo Lück trat ein wie ein Ereignis, gefolgt von seiner Freundin Lotte und von Spela Albrecht mit ihrem neuen Mann, die diesen Morgen geheiratet und dem Standesbeamten vorher erklärt hatten,

---

[365] Gustav Werner Peters, Paul Ssymank (Hg.): Hermann Conradis gesammelte Schriften. München 1911, S. 457.
[366] Gustav Werner Peters, Paul Ssymank (Hg.), S. 471.

sie heirateten nur aus Witz. [...] Spela war dicklich und sehr klein. Die Frisur ihres rostroten Haares hatte die Form eines riesigen Turbans, zweimal so hoch und breit wie das winzige schneeweiß gepuderte Spitzmausgesichtchen, das wissend lächelte, beständig, als trüge sie eine wissend lächelnde Maske.[367]

Spela ist die Tochter eines baltischen Generals, arbeitet als Chansonette und Puppenbildnerin. 1910 heiratet sie den Dichter Paul Albrecht, der auf der Hochzeitsreise in Paris aus dem Hotelfenster stürzt. Leonhard Frank verlegt den Unfall in seinem Buch um einige Jahre vor und zudem nach München, doch muss das Ereignis so bewegend gewesen sein, dass er es erwähnt.

Leo von König: Bohème Café (1909). Spela Albrecht und John Höxter. (Aus: Jugend 17, 1912)

Sofie schreibt kein weiteres Mal von ihr, so ist unklar, ob Spela nur ein Mal an der Analyse teilnimmt oder mehrmals. Der Maler Leo von König hat ein eindrucksvolles Gemälde erstellt, das Spela zusammen mit dem Schriftsteller John Höxter zeigt. Beide haben im Café Stefanie ihren Stammplatz „auf einer langen Bank unter einem Spiegel. Leo von König [...] hat sie gemalt, den stets schwarzgekleideten morbiden Décadent mit dem blassen Pferdegesicht unter dem steifen Hut und Spela mit ihrem großen schneeweiß gepuderten Antlitz hinter den Absinthgläsern."[368]

Spela Albrecht, eine Bohemienne, lebt abwechselnd in Berlin und in München. Emil Szittya berichtet im *Kuriositäten-Kabinett*: „Spela hat bei diesen Festen ihre Tollheiten getrieben."[369] Ihr Partner im Café, John Höxter – Morphinist wie Otto Gross –, schreibt Gedichte, Essays und Glossen, zeichnet und malt und verfasst ein Büchlein über 25 Jahre Erinnerungen an die Bohème. Anton Kuh, der Bohemiens als korrekte, sogar pedantische Menschen beschreibt, nennt John Höxter als Beispiel: „Kann ein Postbeamter pünktlicher

---

367 Leonhard Frank, 1976, S. 20.
368 John Höxter: Ich bin noch ein ungeübter Selbstmörder. In: Karl Riha, Franz-Josef Weber (Hg.): Randfiguren der Moderne. Hannover 1988, Hier: Nachwort von Karl Riha, S. 103.
369 Emil Szittya, 1973, S. 60.

im Amt erscheinen als der John Höxter im Romanischen Café?"³⁷⁰ Erich Mühsam erwähnt Spela mehrmals in seinen Tagebüchern, doch ihre Biografie ist weitgehend unbekannt.

Die Tollheiten treibende Spela Albrecht nimmt an der Analysesitzung mit Sofie und Leonhard teil. Welch unterschiedliche Mentalitäten die drei haben und welch unterschiedliche Probleme! Es ist für Otto Gross als Analytiker eine Herausforderung, ihnen in Gruppensitzungen gerecht zu werden.

Leonhard Frank und die Analyse

Leonhard Frank wird sich einige Jahre später der Schriftstellerei zuwenden. Vielleicht hat er schon 1907 Zweifel an seiner Zukunft als Kunstmaler. Otto Gross übt auf den jungen Mann eine große Faszination aus. Auch Frank geht es um existenzielle Lebensfragen, bei denen gesellschaftliche und individuelle Aspekte eng miteinander verbunden sind. Seine Biografin schreibt:

Hier liegt die Ursache für die gegenseitige Anziehung zwischen Gross und Frank. […] Frank war zugleich die Verkörperung seiner Theorie, denn er [Frank] war einer der wenigen, die das ‚Wesenseigene' nie verlieren, einer, der an der Zerrissenheit zwischen aufoktroyierten Anforderungen der Gesellschaft und inneren Bedürfnissen schrecklich litt. […] Frank wiederum muss in Gross eine Art Erlöser gesehen haben, weil […] er ihm Selbstbewusstsein gab, weil er ihm bestätigte, dass der beschwerliche Weg, den er – allerdings aus eigenem Antrieb und ohne Gross überhaupt gekannt zu haben – eingeschlagen hatte, der richtige war.³⁷¹

Dass Frank ein glühender Anhänger Gross` ist, wird Emilie bei ihrem Besuch 1908 in München feststellen. Dass Gross ihn jedoch entdeckt hat, ist eine Fantasie von Gina Kaus: „Warum sollte ich nicht von Gross erzählen, […] der Leonhard Frank entdeckt hatte, als der noch ein Schlosser war, und der sich später, nach Jahren völliger Abhängigkeit, brüsk gegen ihn wandte."³⁷²

Emil Szittya übertrifft Gina Kaus sogar mit seiner Fantasie, wenn er behauptet, dass Otto Gross den Studenten Leonhard Frank in einer „Landstreicher-Penne" fand und der junge Bursche „geschmeichelt war, von ‚einem wirklichen Arzt als Objekt für Experimente benutzt zu werden.' Dr. Gross suggerierte ihm: ‚Du bist dazu geboren, ein großer Maler zu werden! – Fieber muss aus Dir hervorflackern! – Um das zu erreichen, musst Du Kokain neh-

---

370 Ulrike Lehner (Hg.): Anton Kuh. Zeitgeist im Literatur-Café. Wien 1983, S. 136.
371 Katharina Rudolph, S. 71f.
372 Gina Kaus: Von Wien nach Hollywood. Berlin 1990, S. 73.

men, weil es das Gehirn aufhellt. – Ich will mit Dir psychoanalytische Experimente machen – aber Du musst Dir vorher eine Geliebte zulegen!'"[373]

Die Ursache und *Der Bürger* – angewandte Psychoanalyse

Durch Otto Gross erhält Leonhard Frank Einblick in die Ursachen von Konflikten und lernt, sie in einem größeren gesellschaftlichen Zusammenhang zu verstehen. Als Schriftsteller wird Frank Erkenntnisse der Psychoanalyse in seinen literarischen Werken verarbeiten.

Besonders deutlich ist der Einfluss von Otto Gross in Leonhard Franks Erzählung *Die Ursache*. Der Lehrer Mager in dem Buch – „ein Repräsentant der Seelenzerstörer"[374] – war Franks eigener Lehrer in Würzburg und stellt eine ganze Generation von „Seelenzerstörern" dar. Otto Gross ist zu hören, wenn Frank schreibt, dass „neunzig Prozent aller Menschen irrsinnig sind! Und der übrige kleine Prozentsatz Menschen, von denen man im Leben sagt, sie seinen verrückt, unzurechnungsfähig, weltfremd, sich am schärfsten dem Normalzustand des Menschen genähert haben."

Weitere Thesen nach Gross finden sich in der Novelle: „Ich kenne einen Irrsinnigen, der reist seit Jahren in der ganzen Welt umher und sucht sich selbst. […] Das gilt mehr oder weniger für alle. Keiner ist, wie er ist." Sich selbst suchen, ist Otto Gross` Lebensthema.

Leonhard Frank, dessen Protagonist Seiler unter dem Fallbeil endet, lässt am Ende den Gerichtspsychologen feststellen: „‚Diese Theorie der vergessenen Kindheitserlebnisse ist eine erst vor wenigen Jahren aufgekommene neue Richtung. Modernste Seelenanalyse.'" *Die Ursache* erscheint 1915, noch hadert die „alte Schule" mit der „modernen Seelenanalyse".

In *Die Ursache* lässt ein Glas Milch den Angeklagten zum Mörder werden, ausgelöst durch Assoziationen. Johannes R. Becher erwähnt die Mord-Geschichte um ein Glas Milch in seinem Buch *Abschied*. Nach seinen Aussagen hat sich der Mord tatsächlich in München vor dem Ersten Weltkrieg ereignet. Becher schildert den Vorgang mit dem Kommentar: „Ein Mord, der sich dieser Tage ereignet hatte, wurde von Doktor Hoch [Gross] auf ein Kindheitserlebnis zurückgeführt."[375]

Auch in dem 1924 erschienenen Roman *Der Bürger* verarbeitet Frank explizit Gross` Themen. Frank beschäftigt eine Frage, die er Gross zu Lebzeiten gestellt haben könnte:

---

373 Emil Szittya in: floppy myriapoda, Heft 24/25, September 2014, S. 670.
374 Leonhard Frank: Die Ursache. Berlin 1962, S. 43. Die folgenden drei Zitate ebd. S.46, S. 85, S. 93.
375 Johannes R. Becher, S. 311.

> Wenn es auch eine Tatsache ist, daß jeder Mensch als ‚reines Ich' geboren wird, ist es eine ebenso unumstößliche Tatsache, daß das reine Ich ganz und gar unentwickelt […] und ertötet ist im Bürger des zwanzigsten Jahrhunderts … Aber wie steht es mit der Entwicklungsmöglichkeit des Ich im Proletarierkinde? Wie verhalten sich Umwelt und proletarische Eltern zu dem Ich im proletarischen Kinde und umgekehrt?[376]

Diese Frage ist für Frank dringend, da seine Eltern nach Gross` Theorie nicht zu den „Charakteren ersten Ranges" gehören. In Franks Roman erlebt Jürgen, der sich aus dem Bürgertum gelöst hat, eine seelische Befreiung.

> Noch nach Jahren erinnerte Jürgen sich jenes Morgens, da er zum ersten Male die ruhige Sicherheit empfunden hatte, durch nichts Fremdes mehr vergewaltigt, sondern ganz und gar Selbstherrscher seines Gefühlslebens zu sein. […] ‚Von nun an gibt es für mich keine Abwälzung der Verantwortung mehr durch den Hinweis auf die in Kindheit und Jugend empfangenen Wunden.'

Es ist, als habe Gross Leonhard Frank bei diesem Buch die Hand geführt. „Durch nichts Fremdes vergewaltigt" sind Gross` Worte. Der „Vollbürger", so führt Frank aus, habe nur ein Ziel: „Haben, haben, haben und immer noch mehr haben." Dann folgt, wie von Otto Gross diktiert, „Und er [der Bürger] bleibt in der Regel gesund dabei. Fragt sich nur, ob diese seine Gesundheit nicht die Krankheit ist, an der die Menschheit zugrund geht.'" Der vermeintlich Gesunde ist der Kranke. Genau so schreibt Otto Gross 1914 in einem offenen Brief in der Zeitschrift *Zukunft*:

> Und eins noch liegt gegen mich vor: daß ich mit der bestehenden Gesellschaftsordnung unzufrieden bin. Ob man dies als Beweis einer geistigen Störung betrachten kann, richtet sich danach, wie man die Norm der geistigen Gesundheit aufstellt. Nimmt man die Anpassung an das Bestehende als das Normale an, dann wird man die Unzufriedenheit mit dem Bestehenden als Zeichen geistiger Gestörtheit auffassen können.[377]

Der Kongress in Amsterdam

Während Otto Gross die Analysen mit Sofie und Leonhard fortsetzt, dreht sich das Liebeskarussell mit Else Jaffé, Frieda Weekley und seiner Frau in München und Heidelberg. Bertschinger-Joos schreibt: „Was für ein Verwirrspiel

---
376 Leonhard Frank: Der Bürger. In: Gesammelte Werke, 3. Bd., Berlin 1962, S. 254. Die folgenden drei Zitate ebd. S. 273f, S. 390 und S.390.
377 Otto Gross: Offener Brief an Maximilian Harden. In: Kurt Kreiler (Hg.), S. 26.

von Gefühlen und Gedanken! Otto scheint in seiner Liebe zu den drei Frauen förmlich zu taumeln. Alle möchte er um sich haben, keine verlieren."[378] Frieda Weekley drückt es ähnlich in einem Brief an Otto aus: „[...] und so 3 wie uns 3 findst Du nicht an jeder Strassenecke, Friedel ist ungeheuer reizvoll, als Kind empfand ich ihren Zauber, [...] Else liebt Dich – das ist sicher –."[379] Otto schlägt ihr vor, sich von ihrem Mann zu trennen. Zur gleichen Zeit schreibt er auch Else Jaffé Liebesbriefe und träumt von einer gemeinsamen Zukunft mit ihr.[380]

Vom 2. bis 7. September 1907 findet in Amsterdam der *1. Internationale Kongress für Psychiatrie, Neurologie, Psychologie und Krankslinnigen-Verpflegung* statt. In der *Monatsschrift für Psychiatrie und Neurologie* heißt es im Rückblick, dass der Kongress „Psychiater, Neurologen und Psychologen, gefeierte Forscher und Akademiker wie weltbekannte Männer der Praxis aus allen Kulturstaaten angezogen hatte."[381] Fast eintausend Teilnehmer reisen an, darunter Otto und Frieda Gross aus München sowie Frieda Weekley aus Nottingham.

Zwar gilt Sigmund Freud als Begründer der Psychoanalyse, doch es war ab Ende des 19. Jahrhundert eine Entwicklung, die sich mit zahlreichen Protagonisten anbahnte. Erkenntnisse von Trieblehre, Hypnose, Traumdeutung und Einbeziehung von Aspekten der frühen Kindheit erhielten durch Freud einen wissenschaftlichen Rahmen.

Für Otto Gross wird der Kongress in Amsterdam ein persönlicher Erfolg. Er kann sich als Schüler Sigmund Freuds präsentieren, auch wenn er Freud bis dahin noch nicht getroffen hat und der Psychiater nicht am Kongress teilnimmt. Sigmund Freud war eingeladen worden, hatte jedoch abgelehnt, da er die Auseinandersetzung mit Kritikern seiner nicht etablierten Lehre scheute. Noch wird die Psychoanalyse diffamiert: „Von der akademischen und insbesondere der Anstalts-Psychiatrie tönte es auf Kongressen unisono: Die Psychoanalyse sei ‚Altweiber-Psychiatrie', eine ‚Angelegenheit der Polizei', eine ‚absolute Schweinerei', eine ‚psychische Epidemie unter Ärzten, die reif für die Aufnahme ins Irrenhaus seien.'"[382]

Otto Gross hält ein Referat über *Die cerebrale Sekundärfunktion*, worüber er bereits 1902 ein Buch veröffentlicht hatte.[383] Der Züricher Psychiater Carl

---

378 Esther Bertschinger-Joos, S. 85f.
379 John Turner u.a.: The Otto Gross Frieda Weekley Correspondence. Letter S. Und: www.dehmlow.de.
380 Siehe dazu: Brief „Letter 2" in Theory, Culture & Society 1998, S. 149.
381 Theodor Ziehen (Hg.): Monatsschrift für Psychiatrie und Neurologie. Bd. XXII, Berlin 1907, S. 562.
382 Karen Brecht, Volker Friedrich u.a. (Hg.): Hier geht das Leben auf eine sehr merkwürdige Weise weiter... . Hamburg 1985, S. 22.
383 Otto Gross: Die cerebrale Sekundärfunktion. Leipzig 1902. (69 Seiten) und in:

Gustav Jung berichtet noch während des Kongresses an Freud: „Hier ist eine schlimme Mördergrube. [...] Es ist eine entsetzliche Bande, stinkend vor Eitelkeit. [...] Welche Masse von Unsinn und Dummheit! [...] Was die Leute alles *nicht* wissen, übersteigt jedoch den Begriff, und was sie alles nicht wissen *wollen*, ist einfach unglaublich. [...] Was soll man da mit den Leuten diskutieren?"[384]

Nach seiner Rückkehr schildert Jung, wie sehr Freuds Lehre auf Widerspruch gestoßen ist: „[...] daß man aber eine wahre Jauche über alles ausgießt, was einem nicht paßt, das ist empörend. [...] Janet konnte nicht umhin anzudeuten, daß er Ihren Namen auch schon gehört hat. Er weiß allerdings gar nichts von Ihrer Lehre, ist aber überzeugt, daß alles Unsinn ist."[385]

C.G. Jung empfiehlt sich auf dem Kongress mit einem Vortrag zur Analyse psychotischer Hysterie, die er mit der russischen Medizinstudentin Sabina Spielrein zwischen 1905 und 1907 vorgenommen hatte.

Der Kongress in Amsterdam, auf dem Sigmund Freud unsichtbar präsent ist, wird kein Siegeszug für die Wissenschaft der Psychologie, doch Jung erwähnt Gross, der zugunsten von Freud gesprochen habe: „Vorher sprach noch Frank aus Zürich energisch für Sie, ebenso Groß aus Graz, der übrigens auch in der psychologischen Sektion eingehend die Bedeutung Ihrer Lehre, soweit sie sich mit der Sekundärfunktion berührt, erörtert hat. Schade, daß Groß so psychopathisch ist; er ist ein gescheiter Kopf [...]."[386]

Otto Gross tritt in Amsterdam mit großer Leidenschaft für sein Fach auf und spürt schmerzlich, wie fremd er in dieser Gesellschaft ist und wie irritierend seine Ideen. Er schreibt an Else Jaffé: „[...] ich habe dort mit dem fatalen Fanatismus, mit der fatalen Geste des ‚Propheten' gewirkt – mein einziger suggestiver Erfolg – und das war möglich, weil ich dort so unbeschreiblich einsam, so unverstanden, so übervoll von Ekel und Verachtung war."[387]

Sigmund Freud stellt den Kongress in Amsterdam als Beginn der psychoanalytischen Bewegung dar: „Von 1907 an änderte sich die Situation gegen alle Erwartungen und wie mit einem Schlage. Man erfuhr, daß die Psychoanalyse in aller Stille Interesse erweckt und Freunde gefunden habe, ja, daß es wissenschaftliche Arbeiter gebe, welche bereit seien, sich zu ihr zu bekennen."[388]

Lois Madison (Hg.): Otto Gross: Werke. Hamilton/USA 2000, S. 19–48.
384 William McGuire (Hg.), S. 92f.
385 William McGuire (Hg.), S. 93f.
386 William McGuire (Hg.), S. 94.
387 Martin Green, 1976, S. 77.
388 Sigmund Freud: Zur Geschichte der psychoanalytischen Bewegung. München 1966, S. 24f. (Erstdruck 1914)

„Frank geht's sehr gut" – und Sofie auch

Während Otto Gross mit drei Frauen, dem Kongress in Amsterdam, Liebeskorrespondenzen und einer Analyse der Schriftstellerin Regina Ullmann beschäftigt ist, erlebt Sofie eine aufregende Zeit, in der Otto Gross in den Hintergrund tritt, da er selten in München weilt.

Wie aus einem Brief Sofies im Oktober 1907 zu erfahren ist, ist Emilie inzwischen in München gewesen und hat den Kreis um ihre Schwester kennen gelernt. Sofie erwähnt mit großer Selbstverständlichkeit Frieda und Otto Gross sowie Edgar Jaffé. Sie erzählt ausführlich von Leonhard Frank, von Elvira Nori und von ihrem Cousin Albert. Der Brief zeigt weder eine verunsicherte Sofie, noch dass sie sich von Leonhard Frank gelöst hat. Sie wohnen zwar nicht mehr zusammen, aber Sofie schreibt von ihm mit großer Anteilnahme. In ihrem Freundeskreis verbringt sie fröhliche, anregende Tage. Der Brief ist von Lebensfreude und Mitteilungsbedürfnis geprägt.

> Liebe Emy!
> Herzlichen Dank für Deinen Brief. – Zu schade, daß Du nicht die letzten 8 Tage miterleben konntest. Die waren nämlich so reich und schön und haben jetzt einen ebenso schönen Abschluß gefunden. – Es waren Tage in der Gesellschaft von Edith v. Sverßorawsky[389], der kleinen Polin, die Du auch noch kennen gelernt. Man hat sich damals nicht träumen lassen, was das für ein wundervoller Mensch ist. Die ganzen 8 Tage war sie nur in unserer Gesellschaft, war ganz gesund, ganz anders als damals, wo Du dabei warst – und geistreich und schön alles, was sie gethan und gesprochen.
> Rega Ullmann und ich waren ihre Freundinnen, und den ganzen Kreis hat sie beglückt und in die Höhe gehoben. Und vorgestern Abend ging sie aus, Commissionen[390] zu machen, und nachts kam ein Telegramm von Rosenheim, daß sie abgereist. Ganz so einfach war's zwar nicht, aber das läßt sich nicht gut schreiben, wodurch sie uns noch so beglückt hat. Will sehen, ob sie noch mal was von sich hören läßt. –
> Frida [sic!] Groß ist noch nicht hier – aber Dr. Jaffé aus Heidelberg ist da und bleibt den Winter über hier. – Dr. Groß wird jetzt, wo wieder Ruhe ist, öfters mich besuchen kommen.
> Frank geht's sehr gut, das Stipendium hat er zwar noch nicht, aber er wird's bekommen. Wenn er nur Geld hätte, um leben zu können,

---

389 Recherchen zu dem Namen waren erfolglos.
390 Commissionen machen: Aufträge erledigen.

aber so ist es oft schrecklich, er hätte jetzt wieder so viel und so schöne Sachen zu arbeiten und kann es aus diesem verfluchten Grunde nicht. Wenn wenigstens irgend jemand es in die Hand nehmen wollte, seine Sachen auszustellen, ich glaube, dadurch wäre schon viel gewonnen. –
Elvira Nori war neulich bei mir – sie ist so gedrückt und arm und hat keinen Menschen, der sie liebt. Debschitz hat sich sehr häßlich zu ihr benommen. Sie war von Januar bis Juni in der Schule angestellt und sollte dann unterschreiben, daß sie sich 6 Jahre verpflichtet dabei zu bleiben. Privat nicht zu arbeiten oder eben, daß alles, was sie nebenbei arbeitet, durch die Schule geht, damit die Schule ihre Prozente von den Arbeiten bekommt. – Daraufhin ging sie natürlich weg und macht jetzt Probearbeiten, um an die vereinigten Werkstätten zu kommen.
Um die Jugendschriften Adressen bin ich sehr froh, hab Dank. – Ich hoffe, daß Albert Sonntag kommt. – Diesen Herbst denk ich doch noch 8 Tage heim zu kommen. [Im] Oktober reicht`s wahrscheinlich nicht mehr.
Grüße bitte Mama – ich will in den nächsten Tagen schreiben. Wenn Mama das Wäschepaket schickt, möchte sie doch Thee und Cakao beilegen. – Ich schreib Dir nach Mainz bald mehr. (Wie ist die Mainzer Adresse?)
    Sei indessen herzlich gegrüßt und geküßt von Deiner Sofie. Johanna herzliche Grüße. Liebe Emy, könntest Du in Ellwangen oder Mainz Dich nach Kreuzgangphotographien umsehen und wenn Du schöne findest, sie senden – alte, gothische sollen es sein![391]

Welch ein zufriedener Brief! Sofie erwähnt nur am Rande, dass Otto Gross sie nun öfters besuchen wird. Das ist ein Hinweis darauf, dass Gross nach seiner Rückkehr von Amsterdam die Sitzungen im Herbst 1907 fortsetzt. Es ist also nicht – wie Leonhard Frank in seinem Buch schildert – ein abruptes Ende ihrer Beziehung nach den Ferien am Wörthsee.
    Sofie schreibt mit warmen Worten von Leonhard Frank, bedauert seine finanziellen Sorgen und hofft mit ihm auf das Stipendium.[392] Das zeugt vom Fortbestand ihrer Verbindung. Frank hat so viele Bilder angefertigt, dass er damit eine Ausstellung machen könnte, wenn eine Galerie ihm dazu die Mög-

---

[391] Brief SB an EB o.D. [Oktober 1907]. Privatarchiv P.B.
[392] Lt. Hans Steidle, der den Personenstandsbogen von Leonhard Franks Vater Johann zitiert, hat Leonhard im Jahr 1905 von der Richter´schen Stiftung 175 Mark und in den Jahren 1906 und 1907 von der Siligmüller´schen Stiftung je 200 Mark bekommen. Steidle, 2007, S. 78-80.

lichkeit böte. Auch Sofie ist in diesen Wochen künstlerisch tätig und bittet ihre Schwester um Fotographien als Anregung und Vorlage.

Neuigkeiten aus der Debschitz-Schule

Sofie ist nicht mehr Studentin bei Debschitz, doch erfährt sie durch Freundinnen, was sich dort ereignet. Die Debschitz-Schule nimmt seit 1906 regelmäßig an Ausstellungen teil, zu denen sie aufgrund des hervorragenden Rufes eingeladen wird. Nach der *Bayerischen Jubiläums-Landes-Industrie-Gewerbe- und Kunstausstellung* in Nürnberg 1906 ist es die Ausstellung *München 1908*, auf der sich die Debschitz-Schule mit kunstgewerblichen Arbeiten aus den Bereichen Textil, Metall, Glas, Keramik und Holz präsentiert. „Mit der […] Ausstellung ‚München 1908', ist aber auch allgemein das Ende des Münchner Jugendstils anzusetzen. Sie kann als das Fazit dieser Bewegung gelesen werden. Der Weg zur reinen Sachlichkeit sowie der Durchbruch zur Abstraktion prägen die nun folgenden Jahre."[393]

Sofie nimmt Anteil an den Sorgen der Freundin Elvira Nori, die das Kunsthandwerk zum Beruf gewählt hat. In Konflikt gerät Elvira mit dem von Debschitz eingeführten System, das auch Hermann Obrist zum Problem wird: die Kommerzialisierung. Das bedeutet die Errichtung eines Verkaufsbüros für Schülerarbeiten und die Beauftragung von Werkstätten, nach schulischen Entwürfen Werkstücke seriell anzufertigen. Die Schulwerkstätten wirtschaften gewinnorientiert, zudem werden ab 1905 die freien Kurse wie Malerei, Zeichnen und Aktstudien zugunsten der Angebote für angewandte Kunst reduziert.

Als Schulleiter ist Debschitz mit einer Provision an jedem verkauften Werkstück seiner Schüler beteiligt, der Restbetrag wird ausgezahlt. Doch die Verträge, die er mit seinen Schülern abschließt, sind ungünstig. So soll Elvira Nori sich verpflichten, sechs Jahre in der Schule zu arbeiten und auch von privaten Arbeiten Provision abzugeben. Trotz staatlicher Unterstützung hat die renommierte Schule finanzielle Schwierigkeiten. Ab 1909 wird das Lehrpersonal reduziert, Lehrwerkstätten gibt es nur noch für Keramik, Metall und Handtextiltechnik.

Im Sommer 1914 verlässt Wilhelm von Debschitz München und übernimmt in Hannover die Leitung der Handwerker- und Kunstgewerbeschule. Die Debschitz-Schule wird Fritz Schmoll von Eisenwerth kommissarisch übergeben. 1914 fusioniert die Anstalt mit der Münchner Schule für Illustration und Buchgewerbe, gelangt jedoch nicht zur alten Blüte. Nach einem weiteren Verkauf 1920 und drohender Insolvenz wird sie 1929 geschlossen.

---

[393] Dagmar Rinker: Die Lehr- und Versuch-Ateliers für angewandte und freie Kunst (Debschitz-Schule). München 1993, S. 54.

Sofies Freundin Anna Haag

Nur noch wenige Male berichtet Sofie von der Freundin Anna Haag. Das überrascht, denn Haag war in Sofies Elternhaus im Sommer 1905 einige Wochen zu Besuch gewesen, und Sofie hatte sich während Haags Klinikaufenthalt intensiv um die Freundin gekümmert. In Ascona waren sie zusammen mit Leonhard Frank nahezu unzertrennlich gewesen. Doch durch die Hinwendung Sofies zu dem jungen Mann wird sich das Verhältnis abgekühlt haben.

Dass Anna Haag noch weitere Jahre in München verbringt, zeigen Eintragungen in den Matrikelbüchern des Künstlerinnen-Vereins München, wo sie bis zum Studienjahr 1913/14 als ordentliches Mitglied der Damen-Akademie geführt wird[394]. Ihr Name taucht erst nach Sofies Tod wieder auf, als Emilie Benz von einer Korrespondenz mit Anna Haag berichtet und erwähnt, dass Haag mit dem „Freud'schen Verfahren" bekannt sei[395]. Haag soll Emilie dann über die Person Ernst Frick aufklären. Emilie erwähnt von Haag geschickte Unterlagen, die aber nicht im Nachlass enthalten sind. Dies zeigt, wie eng Haag in der „Szene" verankert war, ohne jemals namentlich genannt zu werden. Emilie schreibt in einer Gedächtnisnotiz:

> Haags Gesellschaft, die einen Druck ausübte mit ihrer überragenden, bestimmten, schroffen Persönlichkeit. Von Groß wurde sie angestaunt – bei ihm konnte sie sich gehen lassen in jeder Weise. – Aus einem andern Kreis als Haag-Frank Groß entgegentretend, hätte unmöglich dieselbe Wirkung gehabt. – [...] Ich glaube, Haag war die Brücke, – ohne Haag hätte Sofie niemals Groß näher treten können.[396]

Emilie betrachtet Anna Haag mit zwiespältigen Gefühlen. Was die Person Haag angeht, müssen Fragen offenbleiben. Festzustellen ist, dass Anna Haag Beobachterin – eventuell auch Teilnehmerin am Rande – des Kreises um Otto Gross war, selbst aber keine Rolle in der Künstler- oder Anarchistenszene spielte. Recherchen konnten kein Licht in die Vita von Anna Haag bringen; sie gehörte zu den Personen, die überall dabei waren, aber keine literarischen Spuren hinterließen.

„Rega Ullmann und ich waren ihre Freundinnen"

Die – wie Sofie – 1884 geborene Regina Ullmann gehört in München zu Sofies Freundeskreis. Die junge Schriftstellerin, deren Vater verstorben war,

---
394 Yvette Deseyve: Der Künstlerinnen-Verein München e.V. und seine Damen-Akademie. S. 119 und 157.
395 Schriftstück von Emilie Benz, [März/April 1911]. Privatarchiv P.B.
396 Notiz von EB, o.D. [nach 1911]. Privatarchiv P.B.

stammt aus St. Gallen in der Schweiz und lebt seit 1902 mit ihrer Mutter in München. 1906 ziehen Mutter und Tochter nach Schwabing in die Fendstraße 6, eine Querstraße zur Leopoldstraße, wo Sofie zu der Zeit wohnt.

Regina Ullmann bringt im Januar 1906 in Wien eine uneheliche Tochter zur Welt, die bei Pflegeeltern in der Steiermark aufwächst. Ullmann wird als eine besondere Persönlichkeit geschildert.

[…] man konnte sich kaum etwas Seltsameres denken, als dieses grosse, eckige Mädchen. Ihre Kleidung war von ländlichem Schnitt und gleichsam zeitlos wie sie selbst. Grosse Augen belebten das hagere, fast bäuerische Gesicht, das in einer tiefen Trauer oft wie erstarrt erschien. Wenn ihr strenger, grosser Mund lächelte, was sehr selten geschah, erschütterte es einen mehr, als wenn sie ernst und schweigsam vor sich hinsann. […] Zuweilen las uns die Dichterin mit ihrer schweren, etwas psalmodierenden Stimme vor, ihre Verse schienen mir oft, wie wenn jemand im Schlaf spräche, manchmal scheinbar ohne Zusammenhang – und dennoch voll tiefer Weisheit.[397]

Reginas schriftstellerisches Talent wird von ihrer Mutter Hedwig gefördert. Erste Veröffentlichungen im St. Galler Tagblatt erscheinen 1907. Im Rückblick auf die Zeit vor dem Ersten Weltkrieg schreibt sie in einer Erzählung mit dem Titel *Münchner Jahre*: „München? – Es war verschwenderisch auch im geistigen Sinne! […] Natürlich gab es auch, wie überall in der Welt, Intrigen und bedenkenlose Klatschereien, doch blieben sie, ob auch begierig gehört, wenig wirksam. Zu ernst nahmen sich die Menschen nämlich nicht, darin lag vielleicht auch ihre Gefahr."[398] Ihren Rückblick beendet sie mit dem Satz „Was ist's doch für ein schönes Ding um die Erinnerung!"

Für Regina Ullmann ist es als Literatin selbstverständlich, die anregenden Zirkel im Café Stefanie und im Lokal Simplicissimus aufzusuchen. Ende 1907 erscheint ihr Erstlingswerk *Feldpredigt. Dramatische Dichtung in einem Akt*, das auf Rainer Maria Rilke Eindruck macht.

Im Café Stefanie entstehen Freundschaften; Regina Ullmann kommt hier mit dem Kreis der „Großens" zusammen. So wird 1907 von einer gemeinsamen Postkarte berichtet, auf der auch Reginas Name steht. Dass Regina Ullmann mit der Gruppe Gross–Jaffé verbunden ist, erstaunt, denn sie scheint so gar nicht in das Muster der extrovertierten Umgebung von Otto Gross zu passen. Doch Regina macht eine Analyse bei Otto Gross, und zudem zeigen sich zwei Seiten der jungen Frau, über die ihre Biografin schreibt:

Man lädt sie ein, und es mag freilich nur zu oft passieren, daß sie

---

[397] Charles Linsmayer (Hg.): Regina Ullmann. ‚Ich bin den Umweg statt den Weg gegangen'. Frauenfeld 2000, S. 307.
[398] Regina Ullmann: Gesammelte Werke. 1. Band. Einsiedeln 1960, S. 425f.

wie ein Holzklotz in einer Ecke hockt, mehr wie unscheinbar, kein Wort spricht oder mit Mühe ein Ja, ein Nein herausstottert. Man ist aber dahinter gekommen: es kann ebenso geschehen, daß sie [...] plötzlich nicht nur ohne Stottern, sondern mit der überlegensten Diktion und einer darstellerischen Nuancierung ohnegleichen zu erzählen anfängt. [...] So ist es nur verständlich, daß es geradezu Einladungen regnet und der Verkehr sich mehr und mehr erweitert."[399]

Regina Ullmann und die ebenfalls in München lebende Schriftstellerin Franziska zu Reventlow – kann es größere Gegensätze geben? Regina, die ihr Kind in Österreich auf einem Bauernhof unterbringt, und Franziska, die ihren 1897 geborenen Sohn Rolf wie eine Trophäe mit sich führt. Während Franziska zu Reventlow die Geburt ihres Kindes als größtes persönliches Glück beschreibt, empfindet Regina Ullmann die Geburt ihrer Tochter Gerda als Unglück.

Freundschaft
Wie Fässer, die im Keller stehn,
und deren Holz beginnt zu glühn,
so ist die Freundschaft im Entstehn.
Um die wir uns noch nicht bemühn.
Entquillt wie Blut dem Erdenschoß,
wir müssen selbst ihr Wunder sein,
und wachsen uns als Weinstock groß
und bieten selber süßen Wein!
Regina Ullmann, Gesammelte Werke, 1. Bd. Zürich 1960, S. 75.

Der Vater der zweiten Tochter wird Otto Gross, in dessen Analyse sich Regina Ullmann im Sommer 1907 begibt. Die Psychoanalyse soll ihr Ängste und Hemmungen nehmen. Sie „dürfte nach ihren schweren, sicher noch kaum bewältigten Erlebnissen mit der Geburt ihres ersten Kindes ein ganz besonders dankbares, interessantes Objekt für die Liebes- und Analysetherapie des exzentrischen Psychologen gewesen sein."[400]

Exkurs: Eine Übertragungsliebe – Sabina Spielrein

Otto Gross ist Arzt und Analytiker mit dem Anspruch, die künstlerische Begabung Regina Ullmanns freilegen – wie bei Sofie. Die sexuelle Entfaltung ist Teil seiner Analyse. In der von C.G. Jung 1908 erstellten Krankenakte von Otto Gross ist zu lesen: „Er [...] überschätzte trotz des größten Widerstands seiner Frau u. seiner Freunde diese Person [Ullmann] in unglaublicher Weise. Er war aber von der Genialität der U. überzeugt, und wollte ihr den Genius durch Analyse freimachen. [...] Schließlich ließ er sich dazu hinreißen, ihr ein Kind zu zeugen."[401]

Viele Jahre später, 1936, als C.G. Jung nach seinem Eindruck von Otto Gross gefragt wird, erinnert er sich: „Gewöhnlich endeten die Übertragungs-

---
399 Ellen Delp: Regina Ullmann. Eine Biographie der Dichterin. Einsiedeln 1960, S. 38f.
400 Charles Linsmayer (Hg.), S. 327.
401 Emanuel Hurwitz, S. 140.

geschichten mit einem unehelichen Kinde."⁴⁰² Hier spricht C.G. Jung den Vorgang der „Übertragung und Gegenübertragung" an, in der Psychoanalyse nicht ungewöhnlich und mit Jungs eigenen Erfahrungen verbunden. Von 1905 bis 1907 behandelt der Psychiater die russische Studentin Sabina Spielrein, Anfang 1908 lässt auch er sich „hinreißen", eine Beziehung mit seiner Patientin einzugehen.⁴⁰³ In einem Brief stellt sich Jung als Opfer dar: Die Patientin verführt den Therapeuten. Jung stigmatisiert das Wesen der Frau als Verführerin.⁴⁰⁴

In der Psychoanalyse werden von Seiten des Patienten Assoziationen mit bisher Erlebtem hergestellt und mit dem Therapeuten in Verbindung gebracht, d.h. auf ihn übertragen. Führen diese zu einem sexuellen Begehren, so können die Gefühle erwidert oder abgewehrt werden. Da emotionale Distanz Voraussetzung für eine erfolgreiche Therapie ist, kann die „Übertragungsliebe" in der Psychoanalyse zu einem Störfaktor werden.

Wenn C.G. Jung Otto Gross unterstellt, dass er sich „hinreißen" ließ, Regina ein Kind zu zeugen, so kritisiert Jung eine Schwäche, der auch er unterlag. „Ein Teil von Jungs Geheimnis bestand in seinem starken Einfühlungsvermögen in Frauen, die unverstanden waren oder sich unverstanden fühlten; zweifellos trug seine außergewöhnlich fast ‚weibliche' Sensibilität auch zu seinem besonderen Sex-Appeal bei."⁴⁰⁵

In einem Brief an Sabina Spielreins Mutter erklärt er: „[…] ich wollte Ihrer Tochter einen starken Beweis meines Vertrauens, meiner Freundschaft geben, um sie dadurch innerlich zu befreien."⁴⁰⁶ Das erinnert an Otto Gross und Lotte Hattemer im Zusammenhang mit ihrem Suizid, denn Otto Gross berichtet später: „Ich erklärte ihr – um ihr Vertrauen zu gewinnen – meine Liebe […]."⁴⁰⁷

Auch Sigmund Freud erkennt Herausforderungen, die sich aus Analysen mit Frauen ergeben, doch umgeht er das Problem, indem er den Frauen die Schuld an der „Gegenübertragung" zuschreibt: „Das ‚großartigste' Naturschauspiel bietet die Fähigkeit dieser Frauen, alle erdenklichen psychischen

---

402 Brief C.G. Jung an Fritz Wittels am 04.01.1935 (oder 1936). Auf: www.dehmlow.de. Otto Gross: Reichlich Diagnosen. Abgerufen am 22.10.2020. Englische Fassung: Gottfried M. Heuer: Freud's ‚Outstanding' Colleague/Jung's ‚Twin Brother'. New York 2017, S. 84f.
403 Siehe Aldo Carotenuto (Hg.): Tagebuch einer heimlichen Symmetrie. Freiburg 1986.
404 A. Carotenuto (Hg.), S. 236.
405 A. Carotenuto (Hg.), S. 280.
406 A. Carotenuto (Hg.), S. 13.
407 Josef Berze, Dominik Stelzer: Befund und Gutachten. In: Gegner. Monatsschrift Heft 3, Febr. 2000, S. 30.

Vollkommenheiten als Reize aufzubringen, bis sie ihren Zweck erreicht haben."⁴⁰⁸

Sobald der Therapeut im Rahmen der Analyse seine neutrale Rolle verlässt, ist er nicht mehr „Arzt und Therapeut", sondern „Arzt und Freund" – wie Sofie in ihrem Brief im Winter 1907 schildert. Entscheidet sich der Therapeut, ein psychisches Problem mit Sexualität – in der er Partner ist – zu „heilen", so wird dies zu einer Krise führen, besonders, wenn die Beziehung abgebrochen und der Patient sich selbst überlassen bleibt. Eine sexuelle Beziehung zwischen Analytiker und Patient macht daher therapeutisches Arbeiten unmöglich. 1915 widmet sich Sigmund Freud dem Thema unter dem Titel *Weitere Ratschläge zur Technik der Psychoanalyse (III): Bemerkungen über die Übertragungsliebe*.⁴⁰⁹ Er bezeichnet die Übertragung als größte Herausforderung für einen Therapeuten.

Regina Ullmann und die Übertragungsliebe

Hat Sigmund Freud den Analytiker Gross im Blick, wenn er schreibt: „Es ist mir bekanntgeworden, daß einzelne Ärzte, welche die Analyse ausüben, die Patienten häufig auf das Erscheinen der Liebesübertragung vorbereiten oder sie sogar auffordern, sich ‚nur in den Arzt zu verlieben, damit die Analyse vorwärtsgeht'."⁴¹⁰

Regina Ullmann verliebt sich in Otto Gross, und dieser benutzt ihre Gefühle, um Hemmungen der jungen Frau zu lösen, künstlerische Begabung zu fördern und der Patientin den Weg zu einer erfüllten Sexualität zu zeigen. Regina liebt Gross auch noch, als sie schwanger ist und Gross sich von ihr abwendet.

Reginas Mutter macht sich und ihrer Tochter Vorwürfe angesichts der Schwangerschaft. „Ich trage viel Schuld an dem grossen Unglück. Schon im Winter hätte ich selbst zu Frau Gross gehen sollen ihr Dein Verhältnis mitteilen sollen, dann hätte sie mir reinen Wein eingeschenkt und vor vielem uns bewahrt […]. Du hast viel Unheil in Deinem Übermut angestellt."⁴¹¹

Frau Ullmann setzt im April und Mai 1908 alle Hebel in Bewegung, Otto Gross für das erwartete Kind finanziell in Verantwortung zu ziehen. „G. muss

---

408 Brief Freud an Jung, 07.06.1909 in: A. Carotenuto (Hg.), S. 238.
409 Sigmund Freud: Weitere Ratschläge zur Technik der Psychoanalyse (III): Bemerkungen über die Übertragungsliebe. In: Intern. Zentralblatt ärztlicher Psychoanalyse. Bd.3, (1), S. 1–11.
410 Sigmund Freud in: Ethel Spector Person u.a. (Hg.): Bemerkungen über die Übertragungsliebe. Stuttgart-Bad Cannstatt 2001, S. 31.
411 Briefe 08.04.1908 und 09.04.1908 in: Christine Kanz (Hg.): Psychoanalyse in der literarischen Moderne. Eine Dokumentation. Bd. III, Marburg 2011, S. 102 und 103.

zahlen, dass wir ihn schonen, davon ist keine Rede." – „Diesmal schone ich Otto Gross nicht […]. Jede Dienstmagd wird in solchem Fall ausgezahlt." – „Gross ist ein Schuft. Er kannte doch unsere finanzielle, schlechte Lage." – „Auf alle Fälle muss Gross zahlen, das wäre noch schöner die Sache so ungestraft hingehen zu lassen", schreibt sie in mehreren Briefen.[412] Doch Gross zahlt trotz eines Gerichtsentscheids keine Alimente. Der Schriftsteller Martin Green deutet an, dass Otto Gross „Gift" in Reginas Nähe zurückgelassen haben könnte.[413]

Else Jaffé hält Kontakt zu Regina und bemüht sich um das Wohlergehen der Tochter Camilla, die am 18. Juli 1908 geboren wird. Als Else 1915 bei einem Besuch von Camillas Pflegefamilie den Eindruck hat, das Kind werde nicht gefördert, nimmt sie das Mädchen zu sich, bis es in ein Nonnenkloster in Pension gegeben wird.

Otto Gross bricht die Beziehung zu Regina ab und kümmert sich nicht um seine Tochter. Wähnt er sich bereits in seinem Gesellschaftsmodell der Zukunft, wo die Gemeinschaft für die Kinder der Frauen aufkommt? Er schreibt: „Das Mutterrecht gewährt der Frau die wirtschaftliche und damit die sexuelle und menschliche Unabhängigkeit vom einzelnen Mann und stellt die Frau als Mutter in ein Verhältnis der direkten Verantwortlichkeit der Gesellschaft gegenüber […]."[414]

Otto Gross` Verhalten war keine Ausnahme. Unter den damaligen Therapeuten war es nicht ungewöhnlich, ein sexuelles Verhältnis mit einer Patientin einzugehen. „Groß` einschlägige Eroberungen waren legendär, Stekel stand lange im Ruf, ein ‚Verführer' zu sein, Jones bezahlte Geld an eine frühere Patientin, die ihn erpreßte […]. In die ungewöhnlichste Verstrickung war Ferenczi geraten: Der liebenswürdige Ungar hatte die Tochter einer Frau in Analyse genommen, mit der er eine Affäre hatte, und sich in das Mädchen verliebt."[415]

Ein Geburtstagsbrief an Emilie

In Sofies Briefen ist ab Oktober 1907 nicht mehr von Regina Ullmann zu lesen. Emilie Benz hat am 11. Dezember ihren 34. Geburtstag, und Sofie gratuliert.

---

412 Briefe 09.04.1908, April 1908, 12.04.1908, 15.04.1908 in: Christine Kanz (Hg.), S. 103–106.
413 Martin Green: Otto Gross. Lewiston, NY 1999, S. 168. Green soll die Information von Else Jaffé bekommen haben.
414 Otto Gross: Vom Konflikt des Eigenen und Fremden. In: Kurt Kreiler (Hg.), S. 30 und: Otto Gross: Über Destruktionssymbolik. Wien 1914, S. 532f.
415 John Kerr: Eine höchst gefährliche Methode. München 1994, S. 447.

Liebe Emy,
Nun soll es noch ein Geburtstagsbrief werden. Ich wünsche dir Glück und gebe Dir einen herzlichen Geburtstagskuß. – Mache Dir die freudige Mitteilung, daß vor 2 Stund der Postbote da war und mir die Quittung über 60 Mark Ankaufspreis für eine der 3 eingesandten Postkarten überbrachte. Also kein Preis, aber immerhin ist es ein Erfolg bei der kolossalen Beteiligung. – Du hast mich mal gebeten, als ich Papa zeichnete, Dir [die Skizzen] zu geben, nun schicke ich Dir einige, wenn Du magst, ich weiß nicht, ob sie ähnlich sind für Dich. Leb wohl, Gruß und Kuß. […]
Nach Weihnachten will ich mich hinter unser Märchenbuch machen und es, wenn wir auch noch keinen Verleger haben, einmal ganz fertig machen.
Franks Schwester, die er sehr liebt und die Weihnachten ein Kind erwartet, wurde krank, und es ist möglich, daß, wenn es ihr sehr lieb ist, ich nach Cassel fahre – doch sage niemand was davon.
Jetzt leb wohl, morgen abend fahr ich zu Laura. Gute Nacht, Liebe,
Deine Sofie.
Abs. Türkenstr. 11 Mttb./II.[416]

Dieser Brief zeigt ein weiteres Mal, dass Sofie Benz und Leonhard Frank nicht plötzlich Schluss gemacht haben, dass Otto Gross nicht – wie in Franks Roman und daraufhin in der Sekundärliteratur zu lesen ist – die Trennung von Sofie und Leonhard schlagartig bewirkt hat. Es ist ein längerer Trennungsprozess, der von Otto Gross in Gang gesetzt wird und den Leonhard Frank diesem – als Schuldigem – nicht verzeiht. Bis weit in das Jahr 1908 hinein sind Sofie und Leonhard zusammen, und das im Verbund mit Otto Gross. Doch eines Tages kippt die Beziehung – in Richtung Otto Gross. Das ist der Moment, wo Leonhard Frank erkennt, dass er Sofie verloren hat. Diesen Punkt setzt Leonhard Frank in seinem Roman an das Ende des Wörthsee-Aufenthalts, aber tatsächlich geschieht es viel später.

Der Brief von Anfang Dezember 1907 hört sich zuversichtlich an. Keine Niedergeschlagenheit, wie in den Briefen zuvor. Sofie hat Kontakt zur angeheirateten Cousine Laura und berichtet von Leonhard Franks Schwester Elise, die sie vor eineinhalb Jahren in Würzburg kennen gelernt hatte. Zwar ist in keinem Brief von weiteren Besuchen in Würzburg zu lesen, doch wahrscheinlich waren Sofie und Leonhard – kurz vor ihrem Urlaub am Wörthsee – bei der Hochzeit von Elise Frank und Karl Ellersiek am 18. März 1907. Der Sohn Karl wird am 7. Dezember desselben Jahres geboren. Ob Sofie tatsächlich zur

---
416 Brief SB an EB o.D. [Anfang Dez. 1907]. Privatarchiv P.B.

Unterstützung der Schwangeren fährt, ist nicht bekannt, doch zeigt ihr Ansinnen die Verbundenheit mit der Familie Frank. Dass sie ohne das Wissen ihrer Ellwanger Familie reisen möchte, beweist die weiterhin bestehenden Spannungen mit dem Elternhaus. Nur die Schwester Emilie ist über Sofies Beziehung zu Frank im Bilde.

Emil Lask und Frieda Gross

Sofie ist eine diskrete Korrespondentin. Obwohl sie mit dem Hause Gross vertraut ist, schreibt sie nie über die Vorgänge bei „Großens". Doch muss sie bemerkt haben, wer mit wem ein Verhältnis eingeht, dass Frieda Gross' Beziehung mit Erich Mühsam endet und Frieda sich ab August 1907 dem in Heidelberg lehrenden Philosophieprofessor Emil Lask zuwendet. Frieda lernt Lask im Hause von Max Weber kennen, der in einem Brief im Februar 1908 berichtet:

> Wiederholt war auch Frau Dr. Frieda Groß hier, an deren Schicksal Lask lebhaften Anteil nimmt, wie Sie wissen werden. Mit der Ehe (dies ganz *vertraulich!*) mit dem Sonderling wird es *auf die Dauer* kaum gehen, da er immer abnormer wird, die Frau macht sehr Schweres durch offenbar und ohne viel Hoffnung, daß der Mann sich wieder in normales Leben und Gesundheit zurückfinden werde.[417]

Im Herbst und Winter 1907/1908 weilt Frieda oft in Heidelberg. Emil Lasks Schwester Berta schildert in ihrem autobiografischen Roman *Stille und Sturm* die Beziehung von Frieda zu Lask.

> Eine schöne blonde Frau lief zu ihm und küßte ihn. [...] ‚Mein Mann [Otto Gross] ist halb verrückt und hat doch etwas Geniales'. [...] sie erzählte, daß die zunehmende psychische Zerrüttung ihres Mannes sie aufreibe [...]. ‚Übrigens, vor einiger Zeit bin ich einem russischen Anarchisten begegnet. Er lebt in der Schweiz. [...] Wenn dieser Mann mich herausreißt aus meinem jetzigen Leben, dann würde ich vielleicht mit ihm gehen.'[418]

Die Briefe zwischen Dezember 1907 und Mai 1908 von Egon Lask an Frieda Gross bestätigen Berta Lasks Roman. Es sind Schriftstücke, in denen die Unterschiede beider Lebenswelten deutlich werden.[419] Emil Lask stirbt im Mai 1915 als Soldat in Galizien; in seinem Testament vermacht er Frieda Gross ei-

---
417 Max Weber: Briefe 1906–1908. Abt. 2. Bd. 5. Hg. von Rainer M. Lepsius, Wolfgang J. Mommsen u.a. Tübingen 1990, S. 431.
418 Berta Lask: Stille und Sturm. Hg. von Mira Lask. Halle 1974, S. 153ff.
419 Die Briefe sind in der Handschriftenabteilung der Universitätsbibliothek Heidelberg aufbewahrt. Universitätsbibliothek Heidelberg, Heid. Hs.3820: Nachlass Emil Lask.

nen Teil seines Geldes. Der „russische Anarchist" ist der Schweizer Ernst Frick. Er wird Frieda aus ihrem Leben herausreißen, sie wird ihn in die Schweiz begleiten, aber nicht glücklich werden.

„Den bunten Stoff mag ich nimmer"

Die Jahre vor dem Ersten Weltkrieg sind aufregend. Erich Mühsam erinnert sich:

> Der ‚Simplicissimus' war die Stätte, wo zwischen Wedekind und Halbe mehrmals der Krieg ausbrach, mehrmals der Friede geschlossen wurde. Dort saß ich oft mit der Gräfin Reventlow und mit dem späteren Finanzminister der Eisner-Regierung, Professor Jaffé, mit Dr. Otto Groß, dem Psychoanalytiker und seinem Anhang, zu dem auch der Maler Leonhard Frank gehörte, der plötzlich zur Literatur übersprang und dort mit Werken wie die ‚Räuberbande' und ‚Die Ursache' überraschte, die ihm keiner von uns entfernt zugetraut hätte.[420]

Erich Mühsam kennt Sofie von der „Tafelrunde" in Ascona, seitdem gehört sie – so wie Leonhard Frank – zum „Anhang" von Otto Gross. Doch nur einmal erwähnt Mühsam Sofie namentlich; das ist nach ihrem Tod im Zusammenhang mit dem trauernden Otto Gross.

Das Jahr 1908 ist entscheidend für die Beziehung von Sofie Benz und Leonhard Frank. Manches lässt sich rekonstruieren und chronologisch nachvollziehen, anderes bleibt ungeklärt. Zwischen dem Brief von Anfang Dezember 1907 und einem Brief im April 1908 gibt es von Sofie keine überlieferten Nachrichten. Es ist davon auszugehen, dass sie und Leonhard weiterhin ein enges Verhältnis haben. Frank widmet sich der Malerei, so dass Sofie im April berichtet, dass Frank zu einer Ausstellung seiner Gemälde nach Berlin eingeladen wurde und sie dabei sein möchte. Noch ist Leonhard Frank nicht in die Riege der Schriftsteller übergewechselt.

Im April 1908 schreibt Sofie an ihre Schwester. Es ist der einzige Brief in diesem Jahr, was dem Umstand geschuldet sein mag, dass Emilie sich einige Monate in München aufhält und die Schwestern dadurch persönlichen Kontakt haben.

> Liebe Emy,
> einen Tag um den andern schob ich hinaus, weil hier so Wichtiges vorlag, und nun werdet ihr selbst nicht mehr auf die Arbeit rechnen. Kommen ist mir unangenehm ohne solchen Zweck, da ich mir die

---
[420] Erich Mühsam, 1977, S. 143.

Haare abgesengt habe und so halb geschoren bin und zu wenig Freude habe, mich zu zeigen, um darüber belächelt zu werden. Grüße bitte alle Lieben herzlich von mir. – Frank kann im ersten Salon von Berlin ausstellen, und da möchte ich wohl auch dort sein. Ich fahr vielleicht Montag dorthin. – Den bunten Stoff mag ich nimmer, er ist mir zu wenig elegant, und ich kann jetzt keine solche Sachen mehr tragen. Thut mit ihm, was Ihr wollt. – Und jetzt die Bitte, den Rucksack hierher zu senden. Bitte als Passagiergut und den Zettel mir im Couvert senden. Darf ich Dich bitten, das zu besorgen. Leb wohl.

Herzliche Grüße an alle, besonders dir, Deine Sofie.[421]

Was hat es mit dem „ersten Salon" auf sich? Es könnte eine Ausstellung im Salon des Kunsthändlers und Verlegers Paul Cassirer gewesen sein[422] oder die 15. Ausstellung der Berliner Secession, einer Künstlergruppe, die 1898 gegründet wurde und deren Sekretär Cassirer ist. Liebermann, Corinth, Slevogt, Kandinsky, Kruse, Manet, Renoir, Monet, Munch und Beckmann stellen 1908 aus, doch den Namen Leonhard Frank führt der Katalog nicht auf.[423]

Dieser Brief enthält noch eine andere Botschaft an die Schwester und damit an ihr Elternhaus: „Ich kann jetzt keine solche Sachen mehr tragen". Ist es das Bekenntnis zur Bohème? „Zu wenig elegant!" Wenn Emilie Sofies Aussage in ihrer ganzen Ernsthaftigkeit erkennt – wovon auszugehen ist –, dann wird sie die Worte mit Erschrecken und Trauer lesen. Sofie bewegt sich nun in einer Gesellschaft, wo „solche Sachen" – wie in Ellwangen – nicht getragen werden. Es ist nicht nur der Unterschied zwischen Land und Stadt, zwischen Kleinstadt und Metropole, es ist der Unterschied zwischen dem Alten und der Moderne, der sich an einem Stück Stoff manifestiert. Es ist Sofies Absage an das Bürgertum.

Emilie hat nach ihrem Münchner Aufenthalt im Jahr 1908 Sofies Erscheinung beschrieben. Ist es das Bild einer Bohemienne?

[…] mittelgroß, aber sehr mager, trägt eng anschließendes Kleid, von oben bis unten in einem Stück, Hals frei, um die Schulter ein schmales, schönes Tuch, um den weichen Männerhut einen schwarzen Schleier, der – von hinter vom Hut fallend – vorn gebunden ist u. fast die Länge des Kleides hat; die Haare sind gescheitelt, an den Ohren die dunkelblonden Zöpfe zu Schnecken aufgesteckt. Das

---

421 Brief SB an EB o.D. [April 1908]. Privatarchiv P.B.
422 Cassirer hatte in München Kunstgeschichte studiert, war Mitarbeiter des Simplicissimus, bevor er nach Berlin ging.
423 Paul Cassirer: Katalog der 15. Ausstellung der Berliner Secession. Berlin 1908.

blasse Gesicht mit den braunen Augen ist klug, liebenswürdig u. ernst.[424]

Vorbereitung auf den Kongress in Salzburg

Otto Gross realisiert Anfang 1908, dass sich nicht nur Else Jaffé – kurz vor der Geburt des gemeinsamen Sohnes am 24. Dezember 1907 – von ihm abgewendet hat, sondern auch seine Frau Frieda – mit Emil Lask – eigene Wege geht. Frieda widerstrebt sich zudem den Bemühungen ihres Mannes, sich analysieren zu lassen.

Gross korrespondiert weiterhin mit Frieda Weekley. In langen Passagen und mit blumigen Worten hämmert er ihr seine Liebesschwüre ein. Sie ist sein seelischer Rettungsanker. Noch sieht er sich im Aufwind. „Du weisst, Du bist mir die Bestätigung in meinem Leben, das blühende und fruchtbare Ja – die Zukunft, die zu mir gekommen ist – Ich sehne mich nach Dir, Geliebte, […]."[425]

In der euphorischen Liebe zu Frieda Weekley werden seine Planungen konkreter. Zu einem Kongress in Salzburg im April 1908 soll ihn Frieda begleiten und dann für immer bei ihm bleiben. Er schlägt vor – und das wird Frieda erschüttern –, dass sie die drei Kinder mitbringt und bei ihrer Mutter im Elsass abgibt, damit sie keinen Grund hat, der Kinder wegen nach England zurückzukehren.

Dem Brief beigelegt ist eine Arbeit, „ein Kind des letzten Jahres."[426] Er ist voller Tatendrang und begeistert in der Aussicht auf Erfolg, Anerkennung und Durchbruch als Wissenschafter.

In nächster Zeit, da ist in Salzburg der erste Congress *der Freud'schen Schule*, da will ich einen Vortrag anmelden ‚culturelle Perspectiven' – da will ich mein Programm für mein Leben bringen. – […] und wer jetzt Augen hat, der sieht in dieser aufgethanen Perspective die Zukunft am Werk – In *dieser* Richtung hab` ich freie Bahn, da liegt der riesige Schatten Freud`s jetzt *nicht mehr* auf meinem Weg.[427]

Otto Gross befürchtet – und ahnt gleichzeitig –, von Wissenschaftlern wie Freud nicht anerkannt zu werden. Schon früher hatte er von diesem „Schatten" gesprochen, den er übersteigen müsse.

---

424 Emilie Benz: „Martha Luz – Szenen aus ihren letzten Tagen". Unveröffentl. Theaterstück. Privatarchiv P.B.
425 John Turner u.a.: The Otto Gross Frieda Weekley Correspondence, Letter N.
426 Wahrscheinlich „Das Freud'sche Ideogenitätsmoment und seine Bedeutung im manisch-depressivem Irresein Kraepelins".
427 John Turner u.a.: The Otto Gross Frieda Weekley Correspondence, Letter N.

Der *1. Psychoanalytische Kongress* findet am 27. April 1908 in Salzburg statt. Otto Gross ist voller Optimismus, die gesellschaftspolitische Bedeutung der Psychoanalyse, seine Visionen eines neuen Gesellschaftsmodells und all das, was ihm als Wissenschaftler am Herzen liegt, zusammenführen und vortragen zu können.

Anfang des 20. Jahrhunderts sind Sigmund Freuds Erkenntnisse und Methoden revolutionär, nun wird die Wissenschaft durch Otto Gross` weitaus radikalere Aussagen herausgefordert. C.G. Jung hatte bereits im Anschluss an den Kongress in Amsterdam im September 1907 die Spur zur Kritik an Gross gelegt: „Schade, daß Groß so psychopathisch ist; er ist ein gescheiter Kopf und hat durch seine ‚Sekundärfunktion' Einfluß auf die Psychologen gewonnen."[428] Freud teilt Jung seine Meinung zu Gross mit: „Sie sind doch der einzige, der auch etwas vom Seinen geben kann; vielleicht noch Otto Groß, der leider nicht gesund genug ist."[429]

Otto Gross bereitet den beiden Männern Kopfzerbrechen. Freud schreibt: „Otto Gross wird uns allerdings auch beschäftigen, er bedarf jetzt dringend Ihrer ärztlichen Hilfe; es ist schade um den hochbegabten und überzeugten Mann. Er steckt im Kokain und dürfte zu Beginn der toxischen Kokainparanoia stehen."[430] Sigmund Freud möchte Otto Gross, den er als interessanten Problemfall sieht, analysieren. Jung soll ihn dabei unterstützen. Der ahnt, dass Gross kein einfacher „Fall" sein wird. Drei Tage vor Kongressbeginn spricht er deshalb von einem „schmerzlichen Intermezzo", das ihn erwarte. „Eines bloß beeinträchtigt mich sehr, und das ist die Affaire mit Groß. […] Groß nimmt nicht nur Kokain, sondern auch Opium in bedeutenden Mengen."[431]

„Wir sind Ärzte …"

Otto und Frieda Gross kommen nach Salzburg. Bei diesem Kongress werden neun Vorträge gehalten, darunter ein Referat von Freud über die Krankengeschichte des „Rattenmannes" und ein Referat von Jung über „Dementia praecox". Otto Gross` offizieller Vortrag fehlt, obwohl er diesen mit Vorfreude angekündigt hatte, um über den „riesigen Schatten Freuds" zu springen. Welch eine Erwartung, endlich respektiert zu werden! Hat er es wegen Depressionen oder seiner unsteten Lebensführung nicht geschafft, das Referat fertigzustellen? Dennoch meldet er sich während des Kongresses zu Wort und legt seine

---

428 William McGuire (Hg.), S. 94. Brief vom 11.09.1907.
429 William McGuire (Hg.), S. 140. Brief vom 25.02.1908.
430 William McGuire (Hg.), S. 156. Brief vom 19.04.1908.
431 William McGuire (Hg.), S. 157. Brief vom 24.04.1908.

Gedanken dar. Erst 1913 äußert er sich in der Zeitschrift *Die Aktion* zu dem Vorgang:

> Ich habe vor vielen Jahren auf dem Salzburger Psychoanalytikerkongress von der Perspektive gesprochen, die sich mit der Entdeckung des ‚psychoanalytischen Prinzips' d.h. der Erschliessung des Unbewussten auf die Gesamtprobleme der Kultur und den Imperativ der Zukunft richtet. Es ist mir damals von S. Freud erwidert worden: Wir sind Aerzte und wollen Aerzte bleiben.[432]

Gross hätte die Zurückweisung voraussehen können. Zwar unterstützt Freud in seinem Aufsatz *Die ‚kulturelle' Sexualmoral und die moderne Nervosität* Otto Gross' Erkenntnisse, dass die sittlichen Grundprinzipien einer Kultur das Individuum so einschränken können, dass sich Neurosen entwickeln, doch stellt er fest: „Es ist gewiß nicht Sache des Arztes, selbst mit Reformvorschlägen hervorzutreten [...]."[433] Entgegen Gross' Forderung, dass sich die Gesellschaft ändere und nicht das Individuum, will Freud keine gesellschaftspolitische Revolution. Ehe, Familienkonstellation und Rollenzuweisung werden von ihm zwar analysiert, doch rüttelt er nicht an kulturellen Normen.

Auch der Psychologe Wilhelm Stekel erkennt das Problem, ohne allerdings einen Umbau der Gesellschaft zu fordern. Für ihn ist „Menschenliebe" der Weg zum „Menschen der Zukunft": „Wir benötigen eine Erziehung zur Liebe. Wer es lernt, den Haß zu überwinden und seine Liebe den anderen zuzuwenden, der ist geeignet, auch in seinem Sexualleben seine Infantilismen zu überwinden und sich fortzuentwickeln zum Edel-Menschen, zum Höhen-Menschen, zum Menschen der Zukunft."[434]

Sigmund Freud und C.G. Jung sind zufrieden mit dem Ablauf des Kongresses, obgleich Jung meint, dass ihm nur Freuds Vortrag „schlechthin vollendet schien", und „Das andere war nur Zeitfüllsel, das im Dunkel des Unbedeutenden ein steriles Dasein fristete."[435]

Für Otto Gross ist dieser Kongress ein Wendepunkt in seiner Karriere. Hatte er noch ein Jahr zuvor in Amsterdam inmitten skeptischer und ablehnender Wissenschaftler die Thesen Freuds unterstützt, so muss er in Salzburg erkennen, dass Freud ihm Grenzen setzt und ihn als Wissenschaftler ablehnt. Während Gross' Artikel bislang in der *Monatsschrift für Psychiatrie und Neurologie,* der *Psychiatrisch-neurologischen Wochenschrift* oder im *Neurologischen*

---

432 https//ottogross.org/deutsch/Gesamtwerk/Gesamtwerk.html. Darin 22. Ludwig Rubiners ‚Psychoanalyse', erschienen in Die Aktion, III. Jg., Nr. 20, Berlin 14. 05.1913, Spalte 506–507. Zuletzt abgerufen 25.06.2023.
433 Sigmund Freud, 1970, S. 139.
434 Wilhelm Stekel: Die seelischen Kinderkrankheiten der Erwachsenen. Berlin 1922, S. 598.
435 Beide Zitate am 30.04.1908, siehe McGuire (Hg.), S. 159.

Zentralblatt erschienen, sich somit an ein Fachpublikum richteten, publiziert er nun in Zeitschriften wie *Die Aktion, Die Erde, Die freie Strasse, Die Zukunft, Sowjet* und *Räte-Zeitung,* deren Leser geringere wissenschaftliche Ambitionen haben.

„Viele interessante Probleme"

Im Anschluss an den Kongress in Salzburg fahren Otto und Frieda Gross nach Zürich zur Klinik Burghölzli, wo Otto einen Drogenentzug machen soll. Im Oktober ist dann bei Freud in Wien eine Analyse geplant. Es ist nach 1902 Gross` zweiter Drogenentzug an der Klinik Burghölzli. Vom 11. Mai bis 17. Juni 1908 – einen Monat vor der Geburt seiner Tochter Camilla Ullmann – ist Otto Gross im Burghölzli Patient bei Oberarzt C.G. Jung. Entgegen der Absprache mit Freud analysiert Jung Otto Gross parallel zum Entzug. Die Analyse wird für Jung eine Herausforderung, doch erkennt er den Wert für seine eigene Profession. So sei es ein Austausch auf Augenhöhe, wie der Psychiater an Freud berichtet. „Es ist eine typische Zwangsneurose mit vielen interessanten Problemen. Wo ich nicht mehr weiterkam, hat er mich analysiert. Auf diese Weise habe ich auch an meiner eigenen Gesundheit profitiert. […] Er ist ein Mensch von seltener Anständigkeit, mit dem man sofort ausgezeichnet leben kann, sobald man die eigenen Komplexe fahren läßt."[436]

Am 17. Juni entflieht Otto Gross, der bis zum Herbst im Burghölzli bleiben sollte, über eine Mauer. Therapeut Jung ist enttäuscht. „Es gibt keine Entwicklung, kein psychologisches Gestern für ihn, sondern die Ereignisse der frühen Kindheit bleiben ewig neu und wirksam. […] Er ist ein Mensch, den das Leben ausstoßen *muß*. Denn nie wird er mit Menschen auf die Dauer leben können,"[437] schreibt Jung an Freud.

Die Zukunftsdiagnose der Klinik Burghölzli an Vater Hans Gross heißt: „[…] dass es sich um eine eigentliche Geistesstörung handelt, und zwar um eine im Prinzip unheilbare, nämlich Dementia praecox."[438] Als Symptome werden Verfolgungs- und Größenideen, Illusionen und Halluzinationen genannt. Dem Vater wird geraten, seinen Sohn „so lange wie möglich in Freiheit zu lassen, bis das Schicksal von selbst die Situation so gestaltet, dass die Anstaltsversorgung unvermeidlich wird."[439]

Es ist ein vernichtendes Urteil über den Menschen Gross. Jung hatte in Otto Gross sein Alter Ego erkannt. „[…] in Groß erlebte ich nur allzuviele

---

436 McGuire (Hg.), S. 169f. Brief 25.05.1908.
437 McGuire (Hg.), S. 173. Brief 19.06.1908.
438 Bertschinger-Joos, S. 115.
439 Bertschinger-Joos, S. 116.

Seiten meines eigenen Wesens, so daß er mir oft vorkam wie mein Zwillingsbruder minus Dementia praecox. Das ist tragisch."⁴⁴⁰ Eine Studie zur durchgeführten Therapie legt Jung nicht vor, denn „Wegen Mangels an Material habe ich nie über Associationen von Morphinisten gearbeitet."⁴⁴¹ Das „Material" wären Morphinisten vom Schlage Otto Gross'.

Jung hat jedoch anderes „Material" während der Analysen mit Gross gesammelt, als sie über die sexuelle Befreiung des Individuums als Voraussetzung für den Umbau der Gesellschaft diskutieren. In einem Brief an den Psychologen Ernest Jones schreibt Jung:

> Wir täten gut, nicht gleich mit der Sexualtheorie herauszuplatzen. [...] Eine extreme Haltung, wie sie Groß vertritt, ist entschieden falsch und für die ganze Bewegung gefährlich ... Ich komme mit den Studenten ebenso wie mit den Patienten weiter, wenn ich das Thema der Sexualität nicht in den Vordergrund stelle.⁴⁴²

Gross' Sexualtheorie ist zu gefährlich für die Bewegung! Der Psychoanalytiker Johannes Cremerius bemerkt: „Noch ist er [Jung] so voll und ganz der Schüler von Otto Groß [...]. Er ist es, aber im verborgenen. Er betrügt seine Frau und Freud, weil er im Grunde seinem Ideal, Otto Groß, nicht gewachsen war. Er war der heimliche Libertin mit Schuldgefühlen, die ihn zur Doppelexistenz zwangen."⁴⁴³

Fünf Wochen nachdem Otto Gross aus der Klinik Burghölzli entwichen war, geht Jung eine Beziehung zu seiner Patientin Sabina Spielrein ein. Im Dezember 1908 zeigen sich seine Ängste angesichts der Grenzüberschreitung in einem Brief an Spielrein: „Ich bereue Vieles und bereue meine Schwäche [...]. Mein Unglück ist, dass ich des Glückes der Liebe, der stürmischen, ewig wechselnden Liebe, für mein Leben nicht entraten kann. Dieser Daemon steht in einem unheilvollen Widerspruch zu meinem Mitleid und meiner Empfindsamkeit."⁴⁴⁴

Während Jung voller Selbstmitleid seinen „Dämon" beschuldigt, ist für Gross die „freie Liebe" eine Selbstverständlichkeit. Für Jung ist Promiskuität ein individuelles Problem, während Otto Gross das gleiche Verhalten als erstrebenswert und die Persönlichkeit bereichernd erlebt und propagiert – auch für Frauen und als Gesellschaftsmodell.

---

440 McGuire (Hg.), S. 173. Brief 19.06.1908.
441 A. Carotenuto (Hg.), S. 208.
442 A. Carotenuto (Hg.), S. 20.
443 A. Carotenuto (Hg.), S. 20.
444 Brief Jung an Spielrein, 04.12.1908. In: A. Carotenuto (Hg.), S. 195f.

Berlin oder Italien?

Das Jahr 1908 gibt in Sofies Biografie manche Rätsel auf. Es beginnt schon damit, dass die Schwester Emilie – die bislang in Mainz gelebt hat – sich offiziell für ein halbes Jahr in München anmeldet. Emilie hatte von 1892 bis 1895 in München Kunst studiert. Ihr Name ist im *„Verzeichnis für weibliche Studierende des Zeichenlehrfachs an der Kgl. Kunstgewerbeschule"* aufgeführt.[445] Aus dieser Zeit ist ihr die Stadt vertraut, und sie hat noch „alte Bekannte". Jetzt ist dem polizeilichen Meldebogen zu entnehmen: „29.02. bis 29.09.1908, Heßstr. 25/o".[446]

Warum kommt Emilie nach München? Will sie Sofie näher sein, um die undurchsichtige Situation beurteilen zu können? Eine Beeinflussung Sofies wäre allerdings zu diesem Zeitpunkt zu spät, da Sofies Briefe von dem starken Willen zeugen, ihren selbst gewählten Weg gehen zu wollen und sich nicht reinreden zu lassen.

Vor mehr als drei Jahren – im Dezember 1904 – hatte Sofie vorgeschlagen, Emilie solle nach München kommen, wo man „ewig jung" bleibe. Damals hatte Emilie gemeint, sich nicht mehr in die jungen Leute einfühlen zu können. Was bedeutet nun der Sinneswandel? Hat sie sich einen Ruck gegeben und belegt Kurse an einer Kunstschule, wie ihr Sofie damals vorgeschlagen hatte? Es wäre Sofies Herzenswunsch gewesen, sich direkt mit Emilie austauschen zu können; doch jetzt kommt es ganz anders.

Während Sofies Lebensspuren bislang gut nachvollziehbar waren, beginnt ab April 1908 eine unruhige Zeit. Anfang April schreibt sie den Brief, in dem sie ihre Fahrt mit Leonhard Frank nach Berlin ankündigt, wenig später meldet sie sich aus München ab, und das, obwohl Emilie in dieser Zeit angemeldet ist. Als Ziel ist in Sofies Abmeldung „Italien" zu lesen: „11.IV.08 n. Italien".

Es könnte sich Folgendes zugetragen haben: Otto Gross ist Ende April beim Kongress in Salzburg und ab dem 11. Mai in der Klinik Burghölzli in Zürich. Er entweicht am 17. Juni aus der Klinik und sagt später: „Ich wusste, dass Freunde (Anarchisten) in Zürich auf mich warten und mir Geld geben werden."[447] Wer sind die Freunde? Ernst Frick wird dabei sein und auch Sofie? Diese These vertritt der Literaturprofessor Martin Green, indem er schreibt: „Er [Gross] schrieb an Jung und bat ihn um Geld für sein Hotelzimmer in

---

445 Siehe Claudia Schmalhofer: Die Kgl. Kunstgewerbeschule München (1868-1918). München 2005, S. 343. Hier mit den Angaben: Berufsziel: Unbekannt, Zeichenlehrerin. WS 1892/93 – SS 1893, WS 1893/94 – SS 1895. Ein Prüfungsjahr wird nicht angegeben.
446 Polizeilicher Meldebogen von Emilie Benz, Stadt München.
447 Josef Berze, Dominik Stelzer, S. 32.

Zürich, aber er bekam das Geld stattdessen von einer Freundin – vielleicht war das Sophie Benz."[448] Wie kommt Martin Green darauf?

Dieser Spur folgend, könnte sich die Situation folgendermaßen dargestellt haben: Sofie fährt zunächst mit Leonhard Frank nach Berlin und dann nach Zürich in die Schweiz. Dort hat sie Kontakt zu Otto Gross' Freunden. So abwegig das auf den ersten Blick erscheint, möglich ist es dennoch und nachzulesen in der Burghölzli-Krankenakte von Otto Gross, wo C.G. Jung den täglichen Behandlungsverlauf notiert. Für den 17. Juni ist zu lesen: „[Gross] Äußert heute den Wunsch, er möchte nach seiner Entlassung mit einer gewissen Freundin eine Zeitlang auf Reisen gehen."[449]

Am 18. Juni, nachdem er über die Mauer der Anstalt entkommen ist und sich in Zürich aufhält, wird notiert: „Schreibt heute aus der Stadt, Ref. möge ihm Geld schicken zur Heimreise. Auf telegraphisches Ansuchen der Frau werden keine weitern Schritte getan. Laut Bericht der Frau hat sich Pat. an seine Freundin gewendet und Geld von dieser erhalten, womit er vermutlich nach München oder Heidelberg gegangen ist."[450]

Sollte Sofie so viel Geld haben, um Otto Gross nicht nur das Hotel, sondern auch die Heimreise zu zahlen, um dann ihre Fahrt nach Florenz fortzusetzen? So unwahrscheinlich das erscheint, so macht doch der Eintrag auf dem Meldebogen mit der Abmeldung nach „Italien" stutzig. Florenz war schon immer Sofies Traum gewesen. Zwei Jahre zuvor hatte sie im Zusammensein mit Anna Haag und Leonhard Frank für eine Reise nach Florenz plädiert, war aber überstimmt worden. In *Sophie. Der Kreuzweg der Demut* wird ihr Aufenthalt in Florenz erwähnt. War sie zusammen mit Gross dort? Später erinnert sich Otto Gross, dass „du in Florenz auf einer Brücke gestanden bist, unten fahren die Eisenbahnen."[451] Es sind hier Indizien, Schnipsel, zu einer logisch erscheinenden Kette zusammengetragen, mehr nicht.

Frank, Benz, Gross, der Milchladen und die Metzgerei

Auch Leonhard Franks Situation kann im Jahr 1908 nur unzureichend rekonstruiert werden. In seiner späteren Krankenakte notiert der Arzt Ludwig Binswanger ohne genauere Angaben: „Stark erotisch gelebt."[452] Ob Frank unter dem Einfluss von Otto Gross wechselnde Partnerinnen hat oder die Beziehung zu Sofie als „stark erotisch" bezeichnet oder aber sich die Aussage auf

---
448 Martin Green, 1999, S. 149. Aus dem Englischen übersetzt. Green spricht von „girlfriend".
449 Emanuel Hurwitz, S. 147.
450 Emanuel Hurwitz, S. 147.
451 Franz Jung, 1915, S. 27.
452 Katharina Rudolph, S. 78.

die Zeit nach der Trennung von Sofie bezieht, muss offen bleiben. Tatsächlich beobachtet Emilie Benz in diesem Jahr, dass sich nicht nur Sofie, sondern auch Frank stark an Gross orientiert und die beiden Männer „Tag und Nacht" zusammen sind.

Als kurz nach Sofies Tod 1911 die Tessiner Polizei auf Otto Gross aufmerksam wird und eine Anfrage an die Polizeidirektion in München stellt, heißt es in deren Schreiben, dass „Gross in anarchistischen Kreisen mit einem russischen Studenten ‚und einem angeblichen Kunstmaler Leonhard Frank' verkehrt habe, die beide als ‚keine einwandfreien Persönlichkeiten eingestuft wurden'."[453]

Diese Eintragung könnte sich auf einen Vorfall im Jahr 1908 beziehen, ohne dass ein Datum bekannt ist. Es ist die von Franz Jung verfasste „Milchladen-Anekdote". Sie hat jedoch weit mehr als nur humoristische Relevanz. Otto Gross ist einer der Protagonisten. In der Anekdote passieren drei Freunde beim Spazierengehen einen Milchladen, und während Gross – namentlich genannt – ängstlich draußen stehen bleibt, überfallen die beiden anderen die Inhaberin. Doch bald sind sie von Menschen umringt. Als beide festgenommen werden, schaltet sich Otto Gross ein und stellt die Aktion als das misslungene Experiment eines Psychiatrieprofessors dar. „Gross, der übrigens keine genügenden Ausweispapiere bei sich hatte, versprach ein Gutachten seitens der Klinik im Laufe des Tages noch zu dem Protokoll einzureichen."[454]

In der „Anekdote" nimmt das Geschehen verworrene Pfade an. Im Weiteren geht es um den Psychiater Otto Gross, den Maler (Leonhard Frank), den Techniker (Ernst Frick) und … Sofie Benz (auch sie ohne Namen, doch als Sofie erkennbar). „Dabei fällt ihm [Gross] ein, daß seine Freundin [Sofie] ihn erwartet. Er hatte fest verabredet, an diesem Tage mit ihr nach Italien abzureisen. Sie wird jetzt auf ihn warten und furchtbar bös sein. Er fühlt dabei, wie eng ihre Beziehung zueinander ist, wie noch zu keiner Frau, denkt er –[…]."

Während Gross – in der Geschichte – eine kurze Liebesnacht mit der Frau des Technikers verbringt, verreist der Maler mit Gross' Freundin (Sofie) nach Italien. „Inzwischen ist die Freundin mit dem andern, dem Maler, nach Italien schon unterwegs. Sie haben Zettel zurückgelassen, wohin ihnen Gross Geld nachschicken soll."

„Ich habe von dem allen nichts verstanden, pflegte Gross zu sagen, wenn er später darauf zu sprechen kam," ist der Schlusssatz der „Anekdote", und Gleiches kann ein nicht eingeweihter Leser denken.

---

453 Katharina Rudolph, S. 78 und S. 436.
454 Franz Jung: Eine Anekdote. In: Kurt Kreiler (Hg.), S. 139. Die folgenden drei Zitate ebd. S.139 und 140.

Ein Jahr mit Fragezeichen und Lücken

Es gibt eine zweite Version dieser Geschichte, mit anderen Protagonisten und aus der Feder von Leonhard Frank in *Links wo das Herz ist*. Da geht es um den Überfall auf eine Großmetzgerei, an dem der Anarchist Ernst Frick, ein Russe und Fritz beteiligt sind. Die drei Freunde erwarten bei dem Einbruch achthundert Mark in der Schublade des Metzgers, finden aber nur sieben Mark. „Durch den Raub von sieben Mark könne diese Stütze des Staates nicht untergraben werden, hatte der Anarchist gesagt und Fritz das Geld mit Gewalt aus der Faust gerungen und es wieder in die Schublade gelegt,"[455] endet die Geschichte.

Beide Erzählungen – die von Jung und von Frank – sind reich an Absurditäten und passen – wahr oder nicht – wunderbar nach Schwabing. Abgesehen davon könnten sie Hinweise auf Sofie im Jahr 1908 geben. Werden die verschiedenen Informationen zusammengefasst, so lässt sich ein – wenn auch lückenhaftes – Bild zusammensetzen. Da meldet sich Sofie im April nach Italien ab (siehe Meldebogen), sie will im April mit Leonhard Frank zur Ausstellung nach Berlin fahren (siehe Brief), Gross und „Freunde" begehen einen missglückten Überfall, so dass die Polizei Franks Personalien aufnimmt (siehe Anekdote), Frank reist mit Gross' Freundin (Sofie) nach Italien (könnte lt. Meldebogen stimmen), die Polizeidirektion München schreibt Jahre später von einem nicht einwandfreien Kunstmaler Frank (siehe Dokument).

Außerdem wird Frank im April 1908 von der Polizei als „psychisch krank" gelistet (Aussage von Gross, Experiment von psychisch Kranken). Dieser Vorgang in der „Anekdote" ließe sich mit einem Dossier des FBI über Frank verbinden, in dem es heißt: „9. April 1908: ,Under observation because of mental illness.'"[456] Hat hier ein Informant etwas aus den Analysesitzungen von Leonhard Frank und Sofie Benz bei Otto Gross abgeleitet, oder wurde aus den Unterlagen zum Milchladen-Überfall, in dem Gross den beiden Übeltätern psychische Probleme bescheinigt, ein Beleg für eine psychische Krankheit erkannt?

Dass Sofie und Leonhard im April 1908 miteinander verbunden sind, und zwar im Umkreis von Otto Gross, wird aus einem Brief von Regina Ullmanns Mutter ersichtlich. Frau Ullmann versucht, mit Gross wegen der Alimente für Reginas Kind Kontakt aufzunehmen. Sie trifft Gross jedoch nicht in seiner Wohnung an, dafür Sofie und Leonhard, die auf die Klagen der Mutter nicht

---

455 Leonhard Frank, 1976, S. 25ff.
456 Alexander Stephan: Im Visier des FBI. Stuttgart 1995, S. 269. „Unter Beobachtung wegen psychischer Erkrankung". Dossier des FBI über Leonhard Frank, das am 12. März 1962 erstellt wurde. Die nächste Eintragung des FBI bezieht sich auf den August 1915, sieben Jahre später.

so reagieren, wie sie es sich gewünscht hätte. „[…] ‚das Nest war ausgeflogen'. Frank und Sophie waren so gefühllos, habe so was noch nicht gesehen. Stumm hören sie mir zu, ohne ein Wort des Trostes zu geben. Denn ich muß Dinge über Dich, mein liebes Kind hören, die gerade nicht angenehm waren."[457]

Ein Brief an Hans Gross

Emilie Benz ist ab Februar 1908 in München. Die Schwestern wohnen nicht zusammen, aber Emilie besucht Sofie regelmäßig. Emilie, die seit Jahren den Lebensgang ihrer Schwester begleitet und für Sofie eine bedeutende Rolle als Ratgeberin und Vertraute spielt, fühlt sich durch ihre Beobachtungen bestätigt, was sie seit einiger Zeit geahnt und befürchtet hat: Sofie bewegt sich in einem Kreis von Menschen, die ihr gesundheitlich und nervlich schaden. Noch ist Leonhard Frank mit von der Partie.

Lange beschäftigen sie die Beobachtungen, und nach Sofies Tod beschreibt sie die Situation in einem Brief an Otto Gross` Vater, Professor Hans Gross. Besonders wichtig ist ihr die Darstellung von Otto Gross` Einfluss. Sie schildert einen Abend in Sofies Zimmer:

> Hochgeehrter Herr!
> […] Schon als ich Februar–März 1908 zum letzten Mal länger mit Sofie in München zusammen war, stand sie Dr. Gross sehr nahe, und ich fühlte, daß ihr Leben eine außergewöhnliche Bahn und wohl ein tragisches Ende nehmen müßte. Damals hörte ich in München von einem gefährlichen Wirken Dr. Groß`s reden und hörte einige Fälle erwähnen. Ich glaubte ihn als Mann von außergewöhnlichen Fähigkeiten und ernstem großem Wollen zu erkennen, konnte mir aber das Entstandensein der erwähnten Auffassungen erklären, und will versuchen, diese Erklärung mit der Schilderung eines Abends und die Tage aus meinem damaligen Münchner Aufenthalt, der sich mir eingeprägt hat, wiederzugeben.
> Sofie und ich sind in Sofies Zimmer allein, Sofie fühlt sich nicht wohl, hat Halsschmerzen und wohl etwas Fieber und ist zu Bett gegangen. Dr. Groß und Frank kommen. Ersterer erzählt, sich zu Sofie aufs Bett setzend, vom Arbeiten ‚mit einer jungen Dame': ‚es ist mir gelungen, sie von ihrer falschen Stellung in der Erotik abzubringen; nur müßte ich noch einige Sitzungen haben: sie gibt sich jetzt je-

---
[457] Kristina Kargl: Und nach und nach versiegte die Mondnacht in mir. In: Literatur in Bayern. Hg. von Dietz-Rüdiger Moser u.a., München, 22. Jahrg., Ausgabe 87, März 2007, S. 5. Brief 08.04.1908. Nachlass Ullmann im Münchner Stadtarchiv Monacensia.

dem hin, sie müßte unterscheiden lernen; und es würde mir gewiß gelingen, wenn ich noch weiter mit ihr arbeiten könnte, doch will sie nicht, sie hat auf einmal Angst vor mir.' Frank: ‚Sie ist einfach Kitsch, ich habe das immer gedacht.' Dr. Groß frägt, ob er rauchen dürfe, ob Sofie nicht auch wolle? Er spricht dann mit ihr lange von seinen Gedanken, die Worte: Complex – Constellation --- dringen mir daraus hervor, ich verstehe nichts Zusammenhängendes. Stunden vergehen. Es ist längst Nacht. Die Luft ist mit Zigarettenqualm erfüllt. Zum Schluß frägt Dr. Groß, ob sie wohl schlafen könne? Er wolle ihr für alle Fälle etwas da lassen. Er hinterläßt ein Pulver. (Die Ärzte wissen, wie gefährlich jedes künstliche Schlafmittel wirkt! – Herr Frick sagte mir neulich, der Doktor habe solche nie als Schlafmittel gebraucht, sondern stets fürs Gegenteil.) […]
Solche Untersuchungen waren furchtbar aufreibend (ich weiß von einer Bekannten, die solche von einem Freudanhänger – auf Freuds grobsinnlichem Standpunkt stehend – über sich ergehn lassen mußte und die zu Grunde gegangen wäre, wenn sie sich nicht mit Energie losgerissen hätte). Der Zwiespalt, den Sofie empfand zwischen sich und ihren Angehörigen wurde erweitert; die Suggestion, sie habe eine freudlose, unglückliche Jugend gehabt, war erfolgreich. – […] So stand es schon 1908, als ich den vorhin geschilderten Abend mit Sofie verbrachte. Und seit diesem Frühjahr 08, als Sofie schon lange nicht mehr der kräftige Mensch war, wuchsen die Aufregungen in ihrem Leben. Sie hat fast nur mit Dr. Groß und durch ihn mit kranken Menschen verkehrt. Dr. Groß`s einziges Thema mit Sofie beruhte auf dem Nachspüren innerster Vorgänge, dabei fortwährendes Rauchen […].
Ihre und Ihrer Frau Gemahlin ganz ergebenste E. B.[458]

Emilies Theaterstück

Ein Antwortbrief von Professor Gross ist nicht überliefert. Dass Emilie versucht, mit der Schwester ins Gespräch zu kommen und sich mit Sofies Lebensanschauungen auseinanderzusetzen, zeigt ein weiteres Dokument. Emilie will verstehen und auch respektieren. Sie kämpft mit ihren bürgerlichen Vorstellungen, die so sehr von Sofies Lebensweise abweichen. Was Emilie besonders beschäftigt, ist das übermäßige Rauchen und die Einnahme eines „Pulvers" als „Schlafmittel".

---

458 Brief (Konzept) Emilie Benz an Prof. Hans Gross, 02.05.1911. Privatarchiv P.B.

Nicht erst in dem Brief 1911 an Professor Hans Gross schreibt Emilie von ihren Eindrücken, sondern schon bald nach ihrem Aufenthalt in München, denn sie nennt ihre Aufzeichnungen „Schwabing 1909". Diese formuliert sie in einem Theaterstück mit dem Untertitel „Martha Luz – Szenen aus ihren letzten Tagen". Es ist ein 27-seitiges, informatives wie auch berührendes Zeugnis, in dem die Namen der Charaktere verfremdet sind, doch ohne Mühe zugeordnet werden können. Emilie erlebt Sofie, Otto Gross, Leonhard Frank und weitere Personen im Alltag und belegt damit, dass Gross, Frank und Sofie ein „Dreiergestirn" sind, das nachts gemeinsam unterwegs ist. Noch ist Sofie nicht Otto Gross' Geliebte – wenn sie auch unter seinem mentalen Einfluss steht –, noch ist Frank ein folgsamer Anhänger von Gross. Emilie erkennt in der Diskussion mit Sofie, dass sie ihren Einfluss verloren hat und Sofie sich ihren Ermahnungen und Warnungen verschließt.

Emilies Not ist groß. In Ellwangen kann sie sich nicht aussprechen, weder in der Familie noch bei Verwandten. Wer würde ihr zuhören, ohne Sofie zu verdammen? Eine Hilfe ist ihr das literarische Schreiben, womit sie ihre Eindrücke verarbeitet. Das Theaterstück – es gleicht einem Kammerspiel – wird nicht das Ergebnis eines einzigen Besuches bei Sofie gewesen sein, sondern eine Zusammenfassung von Beobachtungen und Gesprächen während eines halben Jahres Aufenthalt in München. Anschaulich arbeitet sie die Charaktere heraus. Da sie in dem Brief an Professor Hans Gross identische Eindrücke schildert, ist der Grad an Authentizität hoch.

In dem in vier Akte gegliederten Theaterstück *Martha Luz – Szenen aus ihren letzten Tagen* werden die Situation Sofies in München im Frühjahr 1908 und Emilies Bemühungen um Klärung geschildert, wobei sie gleichzeitig als schwesterliche Mahnerin auftritt. Der Maler Schütz (Leonhard Frank) und Doktor (Otto Gross) werden lebhaft porträtiert, auch Frieda Gross erhält eine Rolle. Weitere im Stück auftretende Personen konnten nicht eindeutig mit ihren Klarnamen rekonstruiert werden.

Schwabing 1909. Martha Luz – Szenen aus ihren letzten Tagen[459]

Personen:
Martha = Sofie Benz.
Natalie = Emilie Benz.
Emma = Frieda Gross.
Schütz = Leonhard Frank.
Doktor = Otto Gross.

---

459 Emilie Benz: Schwabing 1909. Martha Luz – Szenen aus ihren letzten Tagen. o.D. [vermutlich 1909]. Privatarchiv P.B.

Hela = Spela (?)
Lula = Regina Ullmann (?)

(Einfacher Raum mit schrägen, grau gestrichenen Wänden. An denselben nur wenige Bilder, Zeichnungen in schwarzen Rahmen. Linkerhand Chaiselongue, davor ein Tisch, einfach gedeckt, ein schlankes Glas mit Blumen darauf, 2 Stühle vor dem Tisch, neben der Chaiselongue an der Wand lehnend Rahmen, Pappdeckel, ein paar Bilder. An der Wand rechts am Fenster ein Arbeitstisch mit Stuhl, daneben aus einer Kiste hergestellt ein Regal für Bücher, Theegeräte etc. An der dritten Wand Türe nach dem Korridor; an der Türe Kleiderhaken; links davon etwas kleinere Türe nach der Schlafkammer. Zwischen beiden Türen an derselben Wand der Ofen. Auf dem Boden am Ofen steht ein Spirituskocher, 2 Flaschen, ein Wasserkrug u. eine Lampe.)

I.

Es ist im Februar, 5 Uhr nachmittags.
Natalie u. ihre Schwester Martha treten von außen ein. Martha ist Malerin, Besitzerin dieses Ateliers. Natalie ist Lehrerin, die in ihren Ferien, nachdem sie einige Tage daheim bei Mutter *war, Martha besuchen will. – Martha ist mittelgroß, aber sehr mager, trägt eng anschließendes Kleid, von oben bis unten in einem Stück, Hals frei, um die Schulter ein schmales, schönes Tuch, um den weichen Männerhut einen schwarzen Schleier, der – von hinter vom Hut fallend – vorn gebunden ist u. fast die Länge des Kleides hat; die Haare sind gescheitelt, an den Ohren die dunkelblonden Zöpfe zu Schnecken aufgesteckt. Das blasse Gesicht mit den braunen Augen ist klug, liebenswürdig u. ernst. Sie spricht langsam, gütig, u. etwas feierlich. Sie ist ungefähr 22 Jahre alt. Natalie ist etwas kleiner, lebhafter, in schwarzem Reformkleid, mehr der Mode entsprechend, doch einfach, rundes, rotbackiges Gesicht, braune Augen. Sie ist zehn Jahre älter als Martha. Beide tragen Trauer um ihren Vater. Sie treten hintereinander ein u. Martha bringt den Koffer Natalies in die Schlafkammer.*

Natalie (*sieht sich im Raume um*): Nett ist es bei Dir (*und lachend den Teetisch musternd*). Und der freundliche Tisch für hungrige Leute – ah!

Martha (*die aus der Kammer getreten, hängt Hut und Tuch an den Kleiderhaken der Tür u. hilft Natalie, ihre Jacke abzulegen. Liebenswürdig und heiter*): Gefällt es Dir bei mir? Nun laß dir´s recht behaglich sein. (*Sie küssen sich.*)

Natalie: Ich hab mich gefreut auf Dich, Martha!
Martha lächelt. Sie bückt sich, den Spirituskocher anzuzünden, u. zeigt schöne, liebenswürdige Bewegungen.
Natalie: Es war diesmal wirklich ganz nett daheim.
Martha betrachtet sie lächelnd.
Natalie: Wirklich, es war behaglich. --- Du siehst blaß aus, Liebe. *(Sie nimmt Marthas Kopf zwischen beide Hände u. sieht sie liebevoll an.)* Geht Dir´s auch gewiß gut, Martha, fühlst Du Dich wohl? Schläfst Du gut?
Martha (*heiter*): Alles dies! – Und ich bin auch froh u. kann schaffen!
Natalie tritt an den Arbeitstisch, Martha folgt ihr, nimmt einige Zeichnungen vom Tisch u. zeigt sie Natalie.
Natalie: Das hast Du in letzter Zeit gemacht? -- O Du – fein! *(Sie betrachtet die einzelnen Blätter lange.)* Das sind merkwürdige feine Sachen.
Martha lächelt, reicht ein weiteres Blatt, u. sieht Natalie fragend an. Natalie betrachtet auch dieses, nimmt dann eines der Ersten vor.
Natalie: Das gefällt mir am besten, es ist mir das Verständlichste. Ist es nicht auch das Feinste? – In den ‚Rubin' willst Du sie bringen? Schätzest Du diese Zeitschrift am meisten? –
Martha: O, die <u>müssen</u> das nehmen! – Ich freu mich, daß ich schaffen kann; ich habe noch nie so eine Zeit gehabt. *(Sie zündet sich eine Zigarette an, gießt dann den Tee auf u. ladet Natalie auf die Chaiselongue ein.)* Komm, bitte!
Natalie (*sich setzend*): Hast Du die geliehen? – Ist es teuer, eine Chaiselongue zu leihen?
Martha *(Thee in die Tassen gießend, lächelnd)*: Das ist nicht teuer, ich weiß nicht mehr, wie viel im Monat. *(Sie essen beide.)*
Natalie: Also Grüße von daheim hab ich Dir gesagt? Und Mama – weißt, manchmal ist schon recht kleinliches Genörgel --- alle Gedanken nur auf die kleinliche Hausarbeit richtend --- und ich glaube, wenn man diese kleinliche Arbeit nicht für jemand tut, den man sehr lieb hat, dann macht sie kleinlich. –
Martha nickt und betrachtet Natalie lächelnd.
Natalie: Aber herrliches Wetter war diese letzten Tage, und wir haben schöne Touren gemacht.
Martha: Und die Schulzeit? Machen Dir Deine Kinder Freude?
Natalie: O, ich bin glücklich, diesen Beruf zu haben.
Martha lächelt, u. bietet an; sie fahren fort zu essen. Inzwischen steht

Natalie auf u. guckt in die Schlafkammer.
Natalie: Die hab ich noch nicht gesehen. – Vaters Bild hat einen schönen Platz! *(Sie setzt sich wieder u. fährt fort.)* Das ist doch eine viel nettere Behausung als Deine letzte. Aber wird Dir's auch nicht zu eng, wenn Du mich ein paar Wochen behalten willst?
Martha: Nein, ich denke, es wird uns nicht zu eng werden. – Ich bin gern da – möchte am liebsten dieses Atelier immer behalten.
Natalie: Ja? Sag, wie geht's Deinen Freunden, Doktor? –
Martha: Emma ist eben auf einige Wochen in ihrer Heimat. Doktor ist oft bei mir. Er ist riesig fein. Und als Psychiater der tüchtigste. Aber die andern Ärzte verstehen ihn nicht und hassen ihn. Er ist klüger als sie alle. Er wird wohl nicht mehr lange hier bleiben.
Nach minutenlangem Schweigen.
Natalie: Und Schütz – wie geht's Schütz?
Martha: Ich glaube, Du wirst ihn viel besser aussehend finden als das letzte Mal.
Natalie: Arbeitet er?
Martha: Er arbeitet an etwas Großem eben!
Es klingelt zweimal. Martha öffnet die Vorplatztür u. tritt mit Schütz ein. Dieser ist klein, mager, gut gekleidet, hält sich aber nachlässig, hat ein schmerzlich gefurchtes, mageres, bartloses Gesicht, dessen Ausdruck rasch wechselnd, von Treuherzigkeit in Wildheit umschlagen kann. Er ist ungefähr 25 Jahre alt. Fast immer spricht er sehr langsam, in gedämpftem Ton. Er reicht Natalie die Hand.
Schütz: Guten Abend, wie geht es Ihnen?
Natalie: Danke, es geht mir gut. – Und Sie sehen viel wohler aus als im Herbst.
Schütz: *(lächelt, tritt an den Arbeitstisch)* Haben Sie Marthas Sachen gesehen? – Nun? –
Natalie: Fein sind sie!
Schütz: Freilich fein!
Er zündet sich eine Zigarette an, Martha sich ihre zweite.
Schütz: So arbeiten konnte Martha noch nie.
Er nimmt eine Zeichnung vom Arbeitstisch, weit von sich haltend sie betrachtend, dann fährt er mit dem Finger auf dem Blatt entlang, und zu Martha, die neben ihn getreten ist:
Schütz: Das mach ein anderer! -- Diese Körperlinie, – diese wundervolle Linie! – Herrgott!
Natalie: Ja, interessant sind die Sachen! *(Sie setzt sich wieder an den Teetisch.)*

Martha (*die ihm Tee eingegossen in die schon bereitstehende Tasse*): Komm, Schütz.
Schütz betrachtet die Blumen auf dem Teetisch, riecht daran, wendet das Glas so, dass er die Blumen besser vor sich hat und setzt sich.
Martha (*geht mit dem Wasserkrug hinaus zur Leitung bei der Treppe, kommt gleich wieder zurück*): Etwas im Briefkasten. *(Nimmt das Schlüsselchen vom Arbeitstisch und kommt nach einer Minute mit Krug u. Brief; liest.)*
Martha: Durch die Klagen von den andern Fräulein, daß Sie Tag und Nacht Besuch von Herren haben, bin ich leider gezwungen, Ihnen bis zum Ersten des nächsten Monats zu kündigen. Hochachtungsvoll, Josef Bielmaier.
Martha lächelt.
Schütz: Ein Kameel! (*Er ißt und trinkt rasch.*)
Natalie: So was Dummes --- so dumm – .
Martha: *(ruhig)*: Diese Weiber schäkern stundenlang mit dem Maler unten auf der Treppe.
Schütz: Und solches Gesindel soll man nicht verachten!
Er betrachtet Natalie, die nachdenklich dasitzt.
Schütz: Nun, Fräulein Natalie, haben Sie seit Herbst darüber nachgedacht, ob Sie auf den Knopf drücken würden?
Natalie (*aus ihren Gedanken erwachend, u. Schütz anblickend*): Ach, wovon wir damals gesprochen haben? – Das ist eine komische Frage. – Aber drücken würde ich doch wohl nicht.
Schütz: Damals waren Sie ehrlicher. – Es ist nur Feigheit von Ihnen! -- Wenn ich auf den Knopf drückte, wodurch irgendwo einer stürbe, den ich nicht kenne und um dessentwillen mich niemand belangen würde, – ich hätte aber dadurch alles, was ich wünsche, was mir erstrebenswert scheint! ... Sie wären also zu feig zu diesem Mord? Überlegen Sie wohl, – Sie würden es nicht tun? O diese Feigheit, diese erbärmliche Feigheit! (*lachend*). Ich aber, ich würde drücken, drücken, drücken mit Wonne – (*aufspringend*) und ich wäre König! – . Ja, wär das eine Lust, König zu sein!
Martha betrachtet ihn lächelnd.
Natalie (*stützt nachdenklich den Kopf in die Hände*): Ja, alles dann zu haben, was man sich wünscht, was man für gut u. schön hält, das müßte wohl fein sein --- aber solche Frage ist ja Unsinn.
Schütz (*spöttisch lächelnd*): Was Sie für gut u. schön halten! -- (*zu Martha*): Doktor wartet im Café Ulrich auf mich, kommst Du mit?
Martha: Nein, heute nicht. Einen Gruß dem Doktor.

Schütz (*küßt Martha auf die Stirn und reicht ihr die Hand*): Lebe wohl. (*Reicht sie auch Natalie*) Guten Abend.
Er geht. Natalie sitzt nachdenklich da, während Martha den Teetisch abräumt, u. dann an den Arbeitstisch tritt, eine dritte Zigarette anzündend.
Natalie (*halb für sich, langsam*): Das ist Unsinn! – wie wär´s denn, wenn <u>er</u> König wäre! – Er müßte beim Drücken sich auch gewünscht haben, daß er zum Universalgenie würde, und daß die Menschheit eine andre würde als sie ist. Die Frage ist unnütze Spielerei. Nicht viel anders als: wenn ich ein Adler wäre – u. ein Nest mit drei Jungen hätte, hoch oben auf schroffen Felsen, was würde ich dann tun? --- Zuerst hat diese Frage: Würden Sie einen Mord begehen um des höchsten Glückes willen – etwas Prickelndes, wenn der Mord so umkleidet wird. – Unnütz – Man kann zwar aus der Antwort des Menschen Schlüsse ziehen auf sein Wesen --- doch – nicht was er <u>tun würde</u>, sondern was er wirklich <u>tut</u>, macht den Wert des Menschen. (*lebhafter*) Ich glaube, ich mag Schütz nimmer … Und er ist auch schuld, daß Du aus der Wohnung sollst.
Martha: Das ist doch nicht schlimm. Es gibt andre.
Natalie: Aber unangenehm ist es, u. ihr könntet Euch das ersparen.
Martha: Nein, Natalie, wir können uns nicht danach richten, welche Zeit den Damen und dem Hausbesitzer angenehm wäre für <u>unser</u> Zusammensein.
Es ist indessen dunkel im Zimmer geworden.

II.

Am andern Tag. 5 Uhr nachmittags.
Natalie sitzt auf der Chaiselongue über einem Buch. Martha am Arbeitstisch, zeichnend, u. dabei rauchend.
Natalie: Schütz gehört das Buch? – Es interessiert mich wohl (*nach einer Pause das Buch zuschlagend und rasch sich erhebend*) Soll ich Tee machen?
Martha: Wenn Du magst, bitte.
Natalie tut es. Bald darauf klingelt es zweimal. Martha öffnet u. tritt hinter Schütz ein.
Schütz: Grüß Gott, Martha. (*Er reicht ihr die Hand.*) Hast Du gearbeitet? – Laß sehen! (*Martha reicht ihm ein Blatt.*) Das hast Du heute gemacht? (*Martha nickt, er betrachtet es lange.*) Dieser Ausdruck! – fabelhaft! – aber diese Linie da – die muß reiner werden – hier – Morgen trägst Du die Sachen in den ‚Rubin'?

Martha: Ja.
Schütz: (*zündet sich eine Zigarette an u. sieht auf seine Uhr*) Bald 6 Uhr. – Ich hab bis eben gearbeitet - seit heute früh nichts gegessen. – Habt ihr etwas?
Martha nickt, holt einiges aus der Schublade des Teetisches, dem Martha weiße Decke aufgelegt, und macht sich mit dem Spirituskocher am Boden und am Tisch zu schaffen, mit ruhigen, schönen Bewegungen.
Schütz (*auf den Boden stierend*): Aber gut wird es, Martha. Ich will sehen, was Du dazu sagst – wunderbar wird es. – Die Figur im Vordergrund ist mir besonders gelungen. (*Er geht zum Teetisch, nimmt die Blumen, die darauf stehen,* (*andre als gestern*), *riecht daran, zeigt dann auf das daliegende Buch, zu Natalie*): Haben Sie darin gelesen? – Und wie gefällt es Ihnen?
Sie setzen sich an den Tisch. Schütz zuerst, auf die Chaiselongue, Natalie und Martha auf Stühle. Sie essen.
Natalie: Es ist mir momentan interessant – aber – wertvoll ist es nicht.
Schütz: Bedeutend ist es! – Er ist einfach ein Mensch wie wir, dieser Keith, fabelhaft kräftig ist er. Ein Mensch, der sich einfach nicht in die bestehende Ordnung schicken kann!
Natalie: Ja, macht denn das den Wert des Menschen, anders tun als die Masse? Ich denke doch: Wertvolleres tun als die Masse!
Martha (*mehr zu Schütz als Natalie gewendet*): Daß er den Mut hat, so zu handeln, das macht seine Größe.
Schütz (*nickt, und zu Natalie, die erstaunt ihre Schwester betrachtet*): Er liebt die Menschen!
Natalie (*immer erstaunter*): Er liebt die Menschen?! Ich bin nicht imstande, das zu erkennen.
Schütz: Weil Sie nicht wissen, was Menschen lieben heißt, weil Sie die Menschen nicht lieben. Sie sind zu kleinlich dazu.
Natalie sieht betrübt und nachdenklich aus. Schütz ißt eifrig; Natalie schüttelt lächelnd den Kopf. Einige Minuten herrscht Schweigen.
Natalie: Und was meinen Sie von seiner Geliebten, der Gräfin?
Schütz: Das ist auch ein Übergangsmensch. Nicht von der Kraft, nicht von dem Wert wie Keith.
Natalie: Doch Keith liebt sie. Solche Personen hat´s aber wohl immer gegeben. --- Kraft heiße ich nicht immer Wert.
Schütz: Aber das ist es!
Langes Schweigen, während sie essen. Dann nimmt Schütz eines der Bilder, die neben der Chaiselongue an der Wand lehnen, betrachtet es

nachdenklich, und zu Natalie:
Schütz: Wissen Sie, wem wir diese Bilder verkaufen könnten? Wir brauchen Geld!
Natalie: Nein, das weiß ich nicht. Vielleicht finden Sie einen Fingerzeig im Marquis von Keith.
Schütz (*erhebt sich*): Geschmacklos! -- (*zu Martha gewendet*): Komm mit, Martha, Doktor wartet.
Martha: Ja.
Sie steht auf, schiebt Tassen und Teller auf dem Tisch zusammen, nimmt Tuch und Hut von der Türe, grüßt Natalie herzlich und reicht ihr die Hand.
Martha: Addio Carissima.
Natalie: Leb wohl, Martha. Du bleibst nicht lange? – Ich lese. – Leb wohl.
Es ist indessen dunkel geworden.

III.

Am vierten Tag nach Natalies Ankunft. Martha liegt angekleidet auf der Chaiselongue. Sie hustet. Es ist 12 Uhr mittags. Das Frühstück steht auf dem Tisch.
Natalie (*beugt sich zärtlich über Martha*): Du magst nichts essen, Liebe? -- Du bist wieder erst um 3 Uhr heimgekommen. – Das ist doch nichts! – Der Körper muß gesund sein, das ist die Hauptsache.
Martha (*lächelnd*): Nein, das ist nicht die Hauptsache! Daß man arbeiten kann, das ist eine Hauptsache, -- und ich hab es in der letzten Zeit so herrlich gekonnt.
Natalie: Martha, zwanzig Zigaretten täglich rauchen, wie ihr tut, in schlechter Luft bis tief in die Nacht beisammen sitzen …
Martha: Es ist mir förderlich, notwendig zur Zeit!
Natalie: Das muß den Körper ruinieren, und ein kraftloser Körper schwächt auch die Seele.
Martha: Ich habe arbeiten können, und war glücklich, eh Du kamst.
Natalie (*bitter*) Eh du kamst! – Nein! – Einmal muß die Reaktion kommen, u. nun schreibst Du deren Erscheinungen mir zu. --
Martha (*richtet sich müde auf*): Auch heute kann ich nicht, morgen will ich in den ‚Rubin' gehen.
Natalie nimmt ein Buch, was auf dem Tisch liegt, u. liest still für sich, während Martha müde frühstückt. Dann liest Natalie laut, langsam.
Natalie: Das ist die Gefahr des Hochstehenden, daß er ein Freiherr werde, ein höhnender, ein Vernichter – Ach, ich kannte Edle, die

verloren ihre letzte Hoffnung. Und nun verleumdeten sie alle hohen Hoffnungen. – Nun leben sie frech in kurzen Lüsten und über den Tag hin werfen sie kaum noch Ziele. – ‚Geist ist auch Wollust', so sagten sie. Da zerbrachen ihrem Geiste die Flügel; nun kriecht er herum und beschmutzt im Magen. Einst dachten sie Helden zu werden. Lüstlinge sind es jetzt. Ein Gram und ein Grausen ist ihnen der Held ... *(Natalie sieht auf, und sieht Martha an, nach einer Pause)*: Ich möchte wissen, <u>was</u> ist Keiths hohes Ziel, <u>was</u> ist seine höchste Hoffnung? -- *(erregt)* Ich begreife Dich nicht, Martha ...

Martha *(ruhig)*: O, wir wollen das lassen.

Natalie *(nach einer Pause)*: Nein, sieh, Martha – ich meine, Du müßtest Dich doch in der Sphäre dieser Menschen nie <u>ganz</u> wohl fühlen können, immer müßte doch ein Rest von <u>unserem</u> Teil, Erbe und Erziehung, zurückbleiben, und müßte Dich nicht froh werden lassen.

Martha *(langsam, zögernd)*: O, es wäre traurig, wenn man sich nicht <u>empor</u>entwickeln könnte!

*Lange Pause. Dann klingelt es zweimal. Martha erhebt sich und öffnet. Natalie legt ein Zeichen in das Buch und schließt es. Martha tritt ein mit Schütz und dem **Doktor**, der Martha die Hand küßt. Er hat rötlichen Spitzbart, graue aufgeregte Augen, weiche sympathische Stimme, ist im Ganzen eine auffallende, doch nicht unangenehme Erscheinung und mag ungefähr 30 Jahre alt sein. Er geht auf Natalie zu, und küßt auch ihr die Hand.*

Doktor: Guten Tag! Ihre Ferien bekommen Ihnen gut, Sie sehen wohl aus. – *(dann herzlich zu Martha)* Du bist nicht ganz wohl? Bist erkältet? – Darf ich die Sachen sehn? *(er geht an den Arbeitstisch)* und mir eine Zigarette anzünden? Macht es Dir wirklich nichts? Du selbst magst keine? *(Er bietet sein Etui an, Martha dankt)* Wirklich nicht?

Schütz reicht dem Doktor die Zeichnungen vom Arbeitstisch, dieser betrachtet sie lange, dann der

Doktor: Wunderbar, wahnsinnig fein! – Dieses Lächeln – dieses abwehrende Lächeln – *(zu Schütz, der die Blätter mit ihm betrachtet)* Du, das ist ein Überallemstehn! Halb Überallemstehn, halb Ängstlichkeit – findest du nicht? Wahnsinnig fein! – <u>So</u> hat niemals ein Mensch gezeichnet! *(zu Martha)* Morgen bringst Du aber die Sachen hin, gelt? *(zu Natalie)* Ist es nicht eine Freude, wie sie aufwacht, wie sie produzieren kann!

Natalie nickt.

Martha (*zum Doktor*): Ihr wolltet früher kommen!
Doktor: Ich hatte mit Lula eine Sitzung bis 9 Uhr heute morgen – wie neulich, weißt du, da ich mit Hela die ganze Nacht gearbeitet habe?
Natalie sitzt mit einem Buch am Arbeitstisch, doch nicht lesend, sondern zuhörend u. beobachtend. Doktor sitzt auf der Chaiselongue neben Martha, die sich wieder zurückgelegt hat, den Arm aufgestützt. Schütz geht auf und ab.
Doktor: Bis zum Morgen hab ich auch neulich gearbeitet mit Hela. Ich mußte sie von ihrer falschen Stellung zur Erotik abbringen, weißt du – sie mußte erleben ... – (*mit Martha halblaut weiterredend, woraus man einzelne Worte wie ‚Komplex' u. ‚Konstellation' hört, dann lauter, gegen Schütz gewendet*): Und es ist mit gelungen. Nur würd ich zur Vollendung noch einer Sitzung bedürfen, damit sie <u>unterscheiden lernte</u>. Sie gibt sich jetzt an Minderwertige, an jeden weg. – Ich glaube, daß es mir durch eine weitere Sitzung gelingen könnte – aber sie hat Furcht vor mir –. Sie sagte zu Udo: Lassen Sie mich bitte mit diesem Doktor nicht mehr allein. Ist das nicht merkwürdig? Ganz merkwürdig? – Was meinst Du? Meinst du nicht, daß es mir noch gelingen könnte?
Er steht auf u. geht auf und ab. Schütz setzt sich an seine Stelle.
Schütz: Nein, das glaub ich nicht. Ich glaube, daß sie nicht fähig ist, weiter zu kommen. Sie lebt nun doch schon lange unter uns, aber sie kann nicht durchdringen zu uns. Sie kommt mir immer vor wie Kitsch, weißt Du.
Doktor (*zu Martha im Auf- u. Abgehen stehn bleibend*): Kannst Du Dir denken, daß Hela etwas Kindliches habe? Ja? Siehst Du, dann ist sie auch zu allem Natürlichen fähig, und darum glaube ich auch, daß ich recht habe, daß sie noch weiter kommen kann. Meinst Du nicht, Martha?
Martha (*müde lächelnd*): Ich weiß es nicht.
Schütz: Lula ist anders, sie gehörte von Anfang an zu uns. Sie ist einfach ein künstlerischer Mensch. (*Zum Doktor gewendet, der zu seinem Hut greift*) Wohin gehst Du? Zu ihr?
Doktor: Nein, ich muss zu Udo jetzt. Guten Abend, Martha! (*Er küßt ihr die Hand.*) Übrigens soll ich Dich grüßen von Emma, übermorgen kommt sie.
Martha: Danke!
Doktor (*zu Natalie, ihr die Hand küssend*): Guten Tag. (*zu Schütz, der sich erhebt*) Kommst Du mit? (*Mit Verbeugung nach den beiden*

Schwestern) Küß die Hand.
Auch Schütz nimmt den Hut, grüßt und geht mit dem Doktor ab. Es ist dichter Tabakqualm im Zimmer, und Martha hüstelt mehr und legt sich auf die Chaiselongue zurück. Langes Schweigen.
Dann Natalie, über ihr Buch hinweg zu Martha blickend, erregt mit Tränen in den Augen.
Natalie: Daß Dir die Menschen anregend und interessant sind, das kann ich ja wohl begreifen. Aber --- vielleicht ist ein Wahnsinniger der künstlerischste Mensch?! -- (*Sie schweigen lange. Natalie weiter*): Es sei alles, wie es wolle – das aber <u>kann</u> nicht wahr sein, daß körperliche Gesundheit dem geistigen Schaffen hemmend sei. – (*Sehr erregt*) und das glaubt <u>Ihr</u>! – Ja!
Sie trocknet Tränen und sieht erregt zum Fenster.
Martha (*müde, mit geschlossenen Augen*): Du weißt, daß ich glücklich war, eh Du kamst!
Natalie (*bitter*): Eh Du kamst!

IV.

Acht Tage später. Es ist 5 Uhr abends. **Natalie** *sitzt am Arbeitstisch mit einem Buch, über das sie hinweg nach der Straße blickt. Dann öffnet sie das Fenster – und schließt es wieder, sinnt, u. spricht vor sich hin*: Das arme, arme Kind! (*versucht umsonst zu lesen und dann leise*): Martha – Martha!
Es klingelt zweimal, Natalie öffnet und tritt mit Schütz ein.
Schütz (*ziemlich schroff*): Wo ist Martha?
Natalie: Vor einer Stunde nach dem ‚Rubin'.
Schütz: Ach ja, endlich!
Nach einer Pause.
Natalie (*erregt*): Schütz, warum verführen Sie Martha zu so unvernünftiger Lebensweise. Um 3 Uhr in der Nacht heim! – so … und so …
Schütz: So ungesund, nicht wahr? Wir haben gearbeitet, jawohl! (*spöttisch lachend*). Es gibt Leute, die aus lauter Sorge, ihre roten Backen zu verlieren, sich nicht zu leben getrauen – schlafen ist gesünder – ha ha!
Er malt mit leichten Strichen einer Kohle, die er vom Arbeitstische genommen, Figuren an die Wand, stiert darauf, und nimmt dann plötzlich seinen Hut.
Schütz: Sie wird vielleicht ins Café Ulrich kommen.
Da klingelt es. Natalie öffnet u. tritt mit ihrer **Freundin** *ein, einer jun-*

gen, behäbigen, liebenswürdigen Frau in geschmackvollem Reformkleid. Natalie will vorstellen: Herr Schütz, meine Freundin Frau Professor…, *aber Schütz entfernt sich mit einem raschen* Guten Abend!
Natalie (*mit Tränen in den Augen, sehr erregt, führt die Freundin zur Chaiselongue, und auf deren fragenden Blick*): Ja, das war Schütz – Ich beurteile ihn ganz anders als Martha ihn beurteilt u. doch hat sie wohl eben so recht wie ich. Es ist gut, dass Du kommst! Hilf mir, hilf mir doch! ---- Ich begreife, wie Martha sich von diesen Menschen fesseln lassen konnte, begreife, dass es ihr schmeichelt, von ihnen hochgeschätzt zu sein. Ich verstehe auch, dass dieses Bohème-Leben, besonders im Hinblick auf unser konventionelles Daheim, Reiz für sie hat --- aber sind es nicht <u>kranke</u> Menschen?! Ich glaube, auch Marthas Arbeiten, die sie so sehr bewundern, haben etwas Krankes. --- Martha ist mit diesen Arbeiten nach dem ‚Rubin' gegangen. – Sie könnte längst zurück sein. – Hättest Du neulich den Doktor gehört! Ich hab Dir erzählt, daß er Psychiater ist? Er kann die Menschen, für die er Interesse hat, ruinieren. Er ruiniert sie, ja! Ich habe Dir von Hela Karsten erzählt, die ich bei meinem letzten Hiersein, mit andern im Café Ulrich getroffen habe. – Sie geht jetzt mit wertlosen, dummen Männern, und gibt sich ihnen ganz, und der Doktor hat das gemacht. – Ich kann Dir´s jetzt nicht erklären.
Die Freundin (*verwundert*): Aber du sagtest mir doch, daß der Doktor ein kluger, ernster Mensch sei!
Natalie: Aber er geht in der Behandlung der Menschen, die er sich zu Patienten <u>macht</u>, von falschen Voraussetzungen aus, gewiß! – Und darum muss man vor ihm warnen! Liebe, <u>wir müssen</u> vor ihm warnen, – er kann viel Unheil stiften.
Freundin: Gott --- und Martha, die Jugendliche, Strebende --- aus euren schlichten, biedern Verhältnissen.
Natalie: Ja! --- Und Hela Karsten! Ein guter, tüchtiger Mensch kann so leicht nicht ihnen gefügig sein. Er [der Mensch] muß erst schwach und krank, erst sehr suggestibel gemacht werden --- so ist es! Ja, so kann man wohl sagen: er hat es verstanden, Hela Karsten derart aufzuregen, dass bei einer starken Anlage die Krankheit nun vollends bei ihr ausgebrochen ist. Ja, so mag es sein. Und in dieser Krankheit gibt sie sich nun willenlos jedem. – Und so haben sie auch Martha durch Schlafentziehung und Nikotinvergiftung schwach und ihren Suggestionen zugänglich gemacht!
Freundin (*lächelnd*): Schulmeisterin! – (*ernst*) Aber es ist schrecklich!
Natalie: Ja! --- Martha könnte längst da sein! Wenn doch der ‚Ru-

bin' [*Das ist eine Zeitschrift, mit der dieser Kreis in Verbindung steht.*] alles nähme. Es sind feine Sachen, Sachen, weißt Du, von denen man kaum glauben kann, daß sie ein 22-jähriges Mädchen gemacht hat! (*erregter*) Ich schulmeistre Martha seit 14 Tagen fortgesetzt – und weil sie sich selbst nicht äußert, red ich immer weiter, – und sie ist doch ein so lieber, feiner Mensch. – Ich rede von Familienpflichten, und glaube doch nicht daran. Ich spreche immer von Gesundheit, und man darf doch wohl nicht in erster Linie an diese denken, wenn man Großes erreichen will! (*immer erregter*) Ich weiß nicht, was recht ist! – Ich selber bin schlecht – schwach, schlecht!

Die Freundin (*zieht zärtlich Natalie zu sich*): Komm, Nattchen, setz Dich hierher, Du Gute! (*Sie küßt sie und streichelt ihr die Wangen.*) Nein, Du hast gewiß recht, wenn Du Martha ein wenig ins Gewissen redest! – Ach, sie ist noch viel zu jung für solche Konflikte. – Du hast Erfahrung, und meinst es gut mit ihr! – Du …

Natalie: Nein, nein, das hat alles keinen Sinn! Das wird nun so seinen Lauf haben müssen. Ich habe es in den letzten zwei Jahren, da ich sorgend und liebend an Martha dachte, mir immer gesagt, daß <u>ich</u> nichts tun kann, dass es seinen Lauf nehmen muss. <u>Ich</u> kann am Wenigsten nützen. Ich bin etwas Halbes! --- Manchmal möcht ich aufschreien: Martha, das ist ja verrückt! Aber es ist doch so viel Gutes an ihrem Leben und Denken, das nimmt mich gefangen, läßt mich gemäßigt, schulmeisterlich, reden. – Daß ich <u>nichts</u> tun kann, das hab ich in diesen letzten Tagen so ganz vergessen, und hab sie erregt mit meinem Schwätzen. --- Sie war diese Tage so niedergedrückt und sprach noch weniger als sonst, --- so blaß und müde.

Freundin: Kind, komm heute abend zu mir, wir wollen mit Albert darüber reden. – Um Dich darum zu bitten, bin ich hergekommen. Oh – Du solltest vergnügt Deinen Urlaub genießen! Und nun!

Natalie: Ich kann nicht kommen, ich muß auf Martha warten.

Freundin (*sich erhebend*): Aber dann, wenn sie da ist, kommst Du? Bitte! Mach Dir doch keine Sorgen jetzt, Liebste! – Auf Wiedersehen!

Natalie (*müde*): Auf Wiedersehen.

Sie begleitet die Freundin hinaus. Dann sieht sie die Bücher durch auf dem Regal, dann zündet sie die Lampe an, da es indessen dunkel geworden ist, betrachtet umherliegende Zeichnungen, versucht zu lesen. Endlich erhebt sie sich, geht, immer erregter, auf und ab u. murmelt:

Natalie: Wenn <u>ich</u> anders wäre! – Ein starker, glücklicher, guter Mensch könnte ihr etwas sein – . <u>Ein sehr guter</u> --- <u>starker</u>! ---

Es klingelt, und ehe Natalie zur Tür gegangen, tritt ein **Schutzmann** *mit einer Karte in der Hand ein.*
Schutzmann: Ein Fräulein ist soeben ins Rochus-Spital geführt worden. Wohl Ihre Schwester. In den Fluß gesprungen. Sie ist noch nicht zum Leben gebracht. Wahrscheinlich tot. Die Karte war in ihrer Tasche. Sie möchten kommen.
Natalie (*reißt ihm entsetzt die Karte aus der Hand*): Nein, das ist nicht meine Schwester! (*Sie stiert auf die Karte und erblaßt.*) Ja – ja – das – hat – sie geschrieben!
(*Langsam, leise lesend*): Luz, Ludwigstraße 17, Gartengebäude. (*Sie reißt zitternd ihren Hut vom Nagel und will ihn aufsetzen.*)
Natalie: Wo? – Wo, sagten Sie? --- Kommen Sie mit! – bitte, bitte kommen Sie mit! – Tot? Sagen Sie, tot? Nein – nein!
Der Hausmeister*, ein alter freundlicher Mann und* ***seine Tochter*** *erscheinen unter der offenen Türe, dazu kommt* **Schütz***, der aufgeregt mit dem Hausmeister spricht, welcher schon unten vom Schutzmann unterrichtet wurde.*
Des **Hausmeisters Tochter** *tritt zu Natalie, rückt ihr den Hut gerade, den diese sich zitternd aufgesetzt und hilft ihr in die Jacke:* Fräulein, ich geh mit, wenn´s Ihnen recht ist. **Schütz** (*tritt ein, verstört.*)
Natalie (*fast schreiend*): Fort, – fort – Sie dürfen nicht mit!
Schütz (*stiert*): Also tot! Das Beste, Feinste, Edelste tot! Die Karte? – (*plötzlich wild zu Natalie*): Wenn den ‚Rubin' nicht die Schuld trifft, dann sind Sie schuld! – Ja – Sie! – (*Nach einer Pause langsam, düster*): Vielleicht hat sie ihr Höchstes geleistet und (*langsam jedes Wort betonend*) – es war Zeit!
Er geht, mit langem, verstörtem Blick über das Zimmer, hinaus, während **Natalie** *bei seinen Worten „Sie" in die Knie gesunken ist, das Gesicht mit den Händen bedeckt und stöhnt:* Oh – das ist ja Wahnsinn, Wahnsinn!
Die **Hausmeisterstochter** (*nimmt sie an die Hand*): Kommen Sie, liebes Fräulein.

(Handschriftlicher Zusatz auf der Transkription durch Margarete Holland, nicht im Original: „**Martha war nicht tot.**"

Anmerkungen zu inhaltlichen Begriffen:

<u>Chaiselongue</u>: (Franz. „langer Stuhl"), langes Liegemöbel, gepolstert, erhöhtes Kopfteil.

Haarschnecken: Geflochtene Zöpfe, die zusammengerollt über den Ohren liegen.
Die Trauer um den Vater: August Benz war im Juni 1907 gestorben.
‚Rubin': eine fiktive Zeitschrift.
Mit ‚Kinder' sind Natalies (Emilies) Schulkinder gemeint.
„Der Marquis von Keith": Schauspiel von Frank Wedekind am 11.10.1901 im Residenztheater in Berlin uraufgeführt. Thema ist die Doppelmoral in der bürgerlichen Gesellschaft, der Widerspruch zwischen Moral und Genuss.
Übergangsmensch: Menschen, die vor dem 1. Weltkrieg in der Zeit des Übergangs von der wilhelminischen Zeit zur Moderne leben. Dieser Begriff könnte jedoch auch Otto Gross zugeordnet werden, der in seinen Schriften die Menschen mit dem vertieften Bewusstsein, die durch seine „Vorarbeit" auf die Muttergesellschaft vorbereitet werden, als Übergangsmenschen bezeichnet.

Indem Emilie Personen und Bühne – Sofies Atelier – beschreibt, Gespräche wiederholt und Sofies Ende vorausnimmt, kann sie nicht nur Sofie und den Freunden einen Spiegel vorhalten, sondern sich selbst distanzieren. Sie nimmt den schlimmsten Schlusspunkt an: Sofies Tod durch Suizid. Wie sehr muss sie Sofies unstetes Leben erschüttert haben, wenn sie einen Selbstmord für möglich hält! Der letzte Satz im *Marquis von Keith* lautet: „Das Leben ist eine Rutschbahn," verbunden mit der Regieanweisung „Darauf betrachtet er unschlüssig abwechselnd den Revolver und das Geld. – Indem er den Revolver grinsend hinter sich auf den Mitteltisch legt."[460] Der Marquis wählt das Leben. Während Schütz (Leonhard Frank) den Marquis als „einer von uns" bewundert, und Martha (Sofie) seinen Mut hervorhebt, stehen für Natalie (Emilie) die ethischen Werte an oberster Stelle. Emilie fühlt sich in Sofies Welt fremd. Dennoch zweifelt sie an ihrer eigenen „schulmeisterlichen" Einstellung und merkt, wie ambivalent sie sich verhält: „Ich rede von Familienpflichten, und glaube doch nicht daran. Ich spreche immer von Gesundheit, und man darf doch wohl nicht in erster Linie an diese denken, wenn man Großes erreichen will! – Ich weiß nicht, was recht ist! – Ich selber bin schlecht – schwach, schlecht! Ich bin etwas Halbes!" Wie soll sie der Schwester den Spiegel vorhalten, wenn sie gestehen muss: „Aber es ist doch so viel Gutes an ihrem Leben und Denken, das nimmt mich gefangen […]."

Emilie lernt Leonhard Frank bei ihren Besuchen in München näher kennen und erlebt, wie sehr er mit Otto Gross „verbandelt" ist. Seine Rolle in der Person Schütz zeichnet sie kritisch. Er tut sich hervor mit forschen Reden und abfälligen Bemerkungen, bewundert den „Lebenskünstler" Keith und verkauft

---

460 Frank Wedekind: Der Marquis von Keith. Stuttgart-Ditzingen 2006, S. 98.

Bilder von Sofie. Dies entspricht dem, wie Frank auch anderswo beschrieben wird: Er ist stets auf der Suche nach Geldquellen.

„Kitsch" urteilt Schütz (Leonhard Frank) über Hela (Spela), die nach Gross' Ansicht noch nicht die richtige Einstellung zur Sexualität hat. Der abwertende Begriff „Kitsch" für Menschen ist der Umgangssprache von Künstlern um 1900 geschuldet. „Kitsch" ist das oberflächlich Ornamentale, im Gegensatz zur „richtigen" Kunst.

„Gut gekannt, wenig geschätzt,"[461] sagt Emilie später über Frank. Sie heftet die 27 handgeschriebenen, mit einem Bändchen zusammengehaltenen Seiten ab.

„Sie hassen ihn"

Emilie gibt in ihrem Kammerspiel wieder, was sie von Sofie hört: „Sie hassen ihn." In Fachkreisen ist Otto Gross Außenseiter. „Es gehörte Phantasie dazu, zu Groß zu stehen,"[462] schreibt Franz Jung. Ein Beispiel ist der Psychiater Carl Gustav Jung. Er profitiert 1908 von der Analyse mit Otto Gross, doch bald ist keine Rede mehr von einem geschätzten Kollegen. Es gelingt ihm nicht, seinen Frieden mit Gross zu machen. Wie stark C.G. Jung das Erlebnis mit Otto Gross belastet hat, zeigt sich 1935, als der Psychoanalytiker Fritz Wittels Jung nach der Genialität Otto Gross' fragt.

> […] Von eigentlicher Genialität kann man nicht reden, sondern eher von einer genialischen Instabilität, welche viele Menschen blendete. Er hat Psychoanalyse getrieben in den verruchtesten Kneipen. Gewöhnlich endeten die Übertragungsgeschichten mit einem unehelichen Kinde. […] Er war schon damals sozial vollkommen verlottert. Er hat überhaupt nie irgendwelche systematische Arbeit geleistet, mit Ausnahme seiner Schrift über die Sekundärfunktionen […]. Sonstige Zeichen von Genialität habe ich keine beobachtet, wenn man nicht Gescheitschwätzerei und die Problemwälzerei als schöpferische Symptome ansieht. Er war sittlich und sozial völlig verlumpt […]. Er hat sich hauptsächlich mit Künstlern, Litteraten [sic], politischen Schwärmgeistern und Degeneraten jeglicher Beschreibung herumgetrieben und im Sumpfe von Ascona ärmlich-grausame Orgien gefeiert. […]
>
> Mit vorzüglicher Hochachtung, Ihr ergebener C.G. Jung.[463]

---
461 Interview und Besuch Rudolf Stöckle bei Emilie Benz 1965.
462 Franz Jung, 2000, S. 85.
463 Brief C.G. Jung an Fritz Wittels am 04.01.1935 (oder 1936). Auf: www.dehmlow.de. Otto Gross: Reichlich Diagnosen. Abgerufen am 22.10.2020. Englische Fassung: Gottfried M. Heuer: Freud´s ‚Outstanding' Colleague/Jung´s ‚Twin Brother'. New

Aus dem „Mensch von seltener Anständigkeit,"⁴⁶⁴ von dem er im Juni 1908 berichtet, wird eine „sittlich und sozial völlig verlumpte" Person. „Sie hassen ihn" – wie wahr. Auch Franz Jung, der Gross erst 1913 kennen lernt, spricht von diesem Hass: „Er nahm diesen Haß auf, der sehr bösartige Formen anzunehmen pflegte und geradewegs oft darauf aus war, Gross direkt zu vernichten, zum mindesten ihn aber in ihrem Kreis unmöglich zu machen […]."⁴⁶⁵

Der Schriftsteller und Anarchist Gustav Landauer erinnert sich mit Groll an Otto Gross. „Psycho-Analyse! […] Gegen Groß war ich so hart, wie man nur sein kann, […] weil mir Groß als Typus der Welt gilt, die ich auf Tod und Leben befehde,"⁴⁶⁶ schreibt er an Erich Mühsam.

Otto Gross und die Orgien

Dass Otto Gross Orgien gefeiert haben soll, zieht sich durch viele Publikationen. Orgien gehören zu seinem Merkmal. Wie viel davon wahr ist, könnten die beurteilen, die sie mitgemacht haben. Bekannt sind nur Berichte von Außenstehenden, wie in einem Buch 1964, wo es heißt: „Innerhalb weniger Jahre gab es eine große Anzahl von Morphinisten und Kokainisten in Ascona […]. Dabei blieben die Anhänger von Groß nicht stehen. Sie mieteten einen leerstehenden Stall und feierten dort Orgien. Exzesse jeder nur denkbaren Art wurden getrieben."⁴⁶⁷

„Exzesse jeder erdenklichen Art" befeuern philiströse Fantasien. Da Otto Gross Orgien zugetraut werden, wird sich das Narrativ nie aus der Welt – bzw. der Literatur – schaffen lassen. Emanuel Hurwitz bemerkt:

> Es war schließlich die Orgie, in der Otto Gross eine weitere Möglichkeit sah, aus der konflikthaften Enge und Einsamkeit auszubrechen […]. Die Orgie bekam eine zweifache Funktion: sie ermöglichte die Stillung des ‚ungeheuren Kontaktbedürfnisses' […] und trug außerdem zu einer Steigerung des Bewußtseins bei […]. In der Orgie sah Gross ein Mittel, das Paradies der mutterrechtlichen Gesellschaft wenigstens vorübergehend herbeizuzwingen.⁴⁶⁸

Wilhelm Stekel widmet der Orgie, die er auch „Pluralismus" nennt, ein Kapitel in seinem Buch *Die seelischen Kinderkrankheiten der Erwachsenen*. Er analysiert die gesellschaftliche Moral, die den Menschen zu Hemmungen zwingt:

York 2017, S. 84f.
464 McGuire (Hg.), S. 169f. Brief 25.05.1908.
465 Franz Jung: Einiges über meine Stellung zu Gross. In Kurt Kreiler (Hg.), S. 129f.
466 Christoph Knüppel (Hg.), S. 152f. Brief Gustav Landauer an Erich Mühsam, 10.07.[19]11.
467 Curt Riess: Ascona. Zürich 1964, S. 51f.
468 Emanuel Hurwitz, S. 294.

„Würden sich die Menschen gehen lassen und würden sie nicht das Urteil der Teilnehmer fürchten, manche wohlgesittete Abendgesellschaft würde sich in eine Orgie verwandeln – auch ohne Hilfe des Alkohols. Kultur ist ja gut funktionierende Hemmung […]. Das Eigene lebt sich nur im Phantasie- und im Traumleben aus."[469] „Das Eigene" im Menschen – Otto Gross´ bevorzugtes Thema – hat auch Stekel als Individualität erkannt. Er schreibt: „Nur widerwillig fügt sich der Triebmensch den Forderungen der Moral. In seinem Innern protestiert er gegen die Vergewaltigung seiner Triebe. Er wertet jede Autorität als feindlich. Der grimmigste Feind der Sexualität ist neben der Gesellschaft […] die Religion. Bei Orgien kommt es […] zur Verhöhnung der Religion."[470]

Exkurs: Frieda Gross und die Analyse

Es ist Otto Gross` Wunsch seit Jahren, dass sich seine Frau analysieren lässt. Er glaubt, dass Frieda kein Interesse für seine Berufung hat. Endlich willigt sie in eine Analyse ein, und nach dem Psychoanalytischen Kongress in Salzburg, während Otto Gross im Burghölzli ist, soll der britische Psychoanalytiker Ernest Jones leisten, was Otto Gross bei seiner Ehefrau nicht gelungen war: Er wird Frieda analysieren. Jones hatte die deutsche Sprache erlernt, um bei Kraepelin in München Psychiatrie zu studieren. Er erinnert sich: „Otto Groß aus Graz, war ein genialer Kopf, wurde aber später leider schizophren. […] Durch ihn wurde ich zuerst in die psychoanalytische Praxis eingeführt und durfte der Behandlung seiner Fälle beiwohnen."[471]

Otto Gross wird von Frieda am 11. Mai 1908 zur Klinik Burghölzli begleitet. Sie beteiligt sich an der Anamnese, fährt aber bald zurück nach München, wo sie Ernest Jones trifft. Der schreibt an Freud:

> Meine Beziehung zu seiner Frau ist natürlich schwierig. […] Die letzten Monate war sie – und bis zu einem gewissen Grad ist sie es immer noch – sehr verliebt in einen anderen Mann [Emil Lask], was sie vor Gross verheimlichen musste, weil sich die beiden Männer nicht leiden können. Gross genießt es sehr, andere Männer dazu zu bringen, sie zu lieben, zweifelsohne eine perverse paranoide Entwicklung seiner Ideen der freien Liebe. Sie findet das nicht gut, weil sie meint, das sei ihre eigene Entscheidung; außerdem war sie sehr eifersüchtig auf seine Beziehungen zu anderen Frauen.[472]

Hier wirft Jones ein Licht auf Otto Gross` „Theorie und Praxis". Mit wenigen Worten markiert Jones Gross' Abneigung gegen Konkurrenten, die Neben-

469 Wilhelm Stekel, 1922, S. 457.
470 Wilhelm Stekel, 1922, S. 457.
471 Ernest Jones: Das Leben und Werk von Sigmund Freud, Bd. II, Bern 1982, S. 46. Jones wurde Freuds Biograf.
472 Ernest Jones in: Bertschinger-Joos, S. 108.

zimmererotik und Friedas Eifersucht. Das Dokument zeigt die emotionalen Auswirkungen von Gross' gelebter Theorie. Auch Else Jaffé, Sofie und Leonhard Frank werden von Gross brüskiert.

Jones ist mehrere Wochen in München, macht mit Frieda aber keine Analyse nach Otto Gross' Vorstellung. Else Jaffé deutet in einem Brief an, dass sie von einer Beziehung Frieda–Jones wisse.[473] Otto Gross scheint dennoch mit dem Ergebnis der Analyse zufrieden zu sein, da er Frieda Weekley schreibt: „[…] denk dir, es ist jetzt zwischen ihr und mir so gut wie noch nie. Sie ist jetzt in Graz und schreibt mir, dass sie hier in München und in der Freiheit den Weg zu sich selber gefunden hat und damit den Weg zu mir."[474]

Else Jaffé erkundigt sich inzwischen bei einem Anwalt nach den Modalitäten einer Scheidung von Frieda und Otto Gross. Zwar wird die Ehe bis zu Ottos Tod nicht geschieden[475], doch ist davon schon 1908, fünf Jahre nach der Hochzeit die Rede.

Zurück aus Italien und im Hause Gross

Wie sich für Sofie Benz, Leonhard Frank, Otto und Frieda Gross das Leben im Herbst 1908 entwickelt, ist nicht bekannt. Der Münchner Meldebogen von Otto Gross bezeugt ein unruhiges Jahr. Am 17. Juni 1908 verlässt er die Klinik Burghölzli, ist am 22. Juni in München und meldet sich am 1. Juli nach Graz ab, jedoch bereits am 5. Juli in der Münchner Türkenstraße 81 wieder an. Reist er anschließend mit Sofie nach Italien? Am 5. November zieht Otto Gross in die Adalbertstraße 45 um. Briefe von Frieda Gross an Else Jaffé sind zwischen August 1907 und August 1909 keine erhalten; zwei Jahre ohne überlieferte Informationen.

Nach ihrer Rückkehr – eventuell aus Italien – meldet sich Sofie in der Münchner Schellingstraße 70 an, verzieht aber am 10. Oktober 1908 nach „unbekannt". Die nächsten Eintragungen auf ihrem Meldebogen folgen im September 1909, also fast ein Jahr später.

Sofie wird Friedas Gross' Freundin und immer stärker in die Familie Gross eingebunden, wie einem späteren Brief zu entnehmen ist. Sie fühlt sich bei den Großens wohl und bemerkt nicht, dass sie damit in Abhängigkeit gerät. „Ich habe nie daran gedacht, daß man mich verwöhnt oder gar einschläfern

---
473 Guenther Roth: Edgar Jaffé, Else von Richthofen and Their Children. Online-Archiv Leo Baeck Institute: http//www.lbi.orgf/digibaeck/results. S. 64f, abgerufen 25.10.2020.
474 Brief 14 auf: www.dehmlow.de. Abgerufen am 31.07.2022.
475 Frieda und Otto Gross sind in Österreich katholisch getraut, eine Scheidung wäre mit Schwierigkeiten verbunden.

will [...], ich war wie ein gefangener Vogel. So eingeengt, daß ich gar nichts gemerkt habe,"[476] lässt Franz Jung sie in seinem Roman sagen.

Sofie möchte Frieda und Otto wieder vereinen und bedauert, dass es ihr nicht gelingt. „Ich muß immer daran denken, daß es zwischen dir [Otto] und Frieda nicht mehr gut geworden ist. [...] Als ich aus Florenz kam, wollte ich alles in die Hand nehmen. Wär ich doch nicht fortgefahren.'" – „'Daran ist dieser Mensch schuld – '," entgegnet Gross, womit er Ernst Frick meint, der inzwischen in München lebt und mit dem Otto-Gross-Kreis Kontakt hat. Das Gespräch in Jungs Roman verläuft unbefriedigend. Als Gross sagt „Auch in vielen anderen Dingen ist es doch nicht mehr mit Frieda gegangen'", entgegnet Sofie: „Ja, ich weiß schon, ich stand im Wege."

Die Situation im Hause Gross ist verworren. „Wie wär`s, wenn man da ein Sanatorium einrichtete für alle sich unglücklich Fühlenden [...],"[477] schrieb Sofie im Frühjahr 1904. Das hatte sie auf „normale Bürger" bezogen. Doch auch im freien Schwabing trifft sie auf sorgenschwere Menschen.

Therapie durch Umgruppierungen

Für Otto Gross gehört die innere Befreiung des Menschen durch das Ausleben von Sexualität zur Therapie. „Die Sexualität spielt in der anarchistischen Bewegung eine große Rolle. Das kommt daher, daß die Grundbasis des Anarchismus die freie Liebe ist. [...] Es gab Anarchisten wie Dr. Otto Groß und Franz Jung, die so weit in der sexuellen Freiheit gehen, daß sie behaupteten, Sexualität könne nur dann anarchistisch sein, wenn mehrere Frauen und Männer in gemeinschaftlicher Sexualität lebten,"[478] schreibt Emil Szittya.

Otto Gross propagiert die „freie Liebe" mit wechselnden Partnern und reduziert dabei den Menschen auf die Energie der „freien Sexualität". Für Sigmund Freud sind in dem „Es" die angeborenen Triebe gesammelt, Otto Gross bezeichnet das „Eigene" als Hort der individuellen Triebe. Dem Menschen müsse die Möglichkeit gegeben werden, die Beschränkungen durch Normen zu überwinden.

Eine Möglichkeit, die freie Liebe auszuleben, ist nach Otto Gross die Umgruppierung, d.h. die Zuweisung von Partnern. Bei der Zusammenstellung geeigneter Paare macht sich Gross Gedanken, wer zu wem passt. Eine beständige Liebesbeziehung ist nicht das Ziel. Franz Werfel beschreibt diese Form der sexuellen Befreiung: „,Beziehungen' wurden untersucht, verfolgt, ergründet,

---
476 Franz Jung, 1915, S. 48. Die Zitate im folgenden Absatz sind ebd. entnommen.
477 Brief SB an EB, o.D. [Frühjahr 1904]. Privatarchiv P.B.
478 Emil Szittya, 1973, S. 149f.

anerkannt und verworfen. [...] Er [Gross] regelte den Ablauf der Liebe, damit sich in keine Beziehung Lüge und Gewalt einschleiche."[479]

Was hat Menschen bewegt, sich Gross' Diktat zu unterwerfen? War es Überzeugung oder weil sie nicht als prüde gelten wollten oder aber Spaß an der modernen Praxis des sexuellen Verkehrs hatten? Karl Otten stellt Gross' „Therapie" so dar, dass es als ein Gesetz schien, dem man sich „beugen müsse, da es integraler Bestandteil von Othmars [Gross'] Theorie der Zertrümmerung der Ehe war."[480] Der Psychoanalytiker Sándor Ferenczi schildert 1918 die Methode in einem Brief an Sigmund Freud:

> Ein junger Kollege [...] kam durch Dr. Otto Gross in Beziehung zu der Psychoanalyse. Dr. Gross soll in Ungvár als Ldtsrm. Reg. Arzt im Infektionsspital gearbeitet haben. Natürlich machte er auch dort seinen Kreis von Jüngern, die u.a. die Pflicht hatten, mit der ‚Mieze' genannten Geliebten des Dr. Gross ausnahmslos in sexuelle Beziehung zu treten. Den jungen Kollegen, dem das widerstrebte, soll man darum als ‚moralisch unverläßlich' klassifiziert haben.[481]

So propagiert Otto Gross sein Prinzip der freien Liebe bzw. der freien Sexualität in Verbindung mit Partnerwechsel. Die „Kur" ist radikal, sie beinhaltet Macht und psychische Gewalt und hinterlässt Leid.

Das „wilde Genie" Fritz Klein

Emil Szittya, Zeitzeuge und Schriftsteller, kommentiert in seinem Bericht *Der Optimist Leonhard Frank*: „Gross war sehr unzufrieden, als die Liebe zwischen ihr [Sophie] und Leonhard Frank ernst zu werden schien. [...] und er nahm Sophie aus dem Bett von Frank und legte sie zu dem scheußlichsten Typ vom Café Stephanie, nur um Franks Reaktion zu analysieren."[482]

Szittya drückt aus: Otto Gross zerstört die Beziehung von Sofie und Leonhard. Entsprechendes ist auch Leonhard Franks Buch *Links wo das Herz ist* zu entnehmen. Frank gibt keine genauen Daten an, es könnte Ende 1908 gewesen sein, dass sich Sofie unter dem Einfluss Gross' einem anderen Mann zuwendet und dass auch Frieda durch eine „Umgruppierung" einen neuen Partner bekommt. Frank schreibt:

> Gegen elf Uhr abends kam sie [Sophie] aufs Haus zu, Arm in Arm

---

479 Franz Werfel, 1929, S. 465.
480 Karl Otten, o.J., S. 47.
481 Ernst Falzeder, Eva Brabant (Hg.): Sigmund Freud, Sándor Ferenczi: Briefwechsel, Band II/2 1917-1919. Wien 1996, S. 129. Brief Nr. 726, zwischen 5. und 9. Februar 1918.
482 Emil Szittya: Der Optimist Leonhard Frank. In: floppy myriapoda. Heft 24/25, Berlin 2014, S. 670.

mit Fritz. Doktor Kreuz [Gross], für den Eifersucht ein Komplex war, hatte eine radikale Umgruppierung vorgenommen. Er hatte seiner Frau, die er liebte und verehrte, dem Schweizer Anarchisten zugeteilt, der jungen Witwe Spela den Russen, dadurch war Fritz frei geworden, der ihm auf Grund der Ergebnisse der Analyse als der brauchbarste Partner für Sophie erschien.[483]

Sofie kennt den zwei Jahre älteren Friedrich Wilhelm Robert Klein – Fritz genannt – bereits aus Ascona, wo sie im Mai 1906 als Teilnehmer der „Tafelrunde" von Regierungskommissar Rusca beobachtet und namentlich festgestellt worden waren. Emil Szittya schreibt zu Fritz Klein:

> Man sagte, er sei ein wildes Genie, aber das war nicht bestimmt, weil kein Mensch etwas über ihn wußte. Man erzählt sich, er schreibe im Geheimen sehr schöne Gedichte. [...] Merkwürdig, ich sah ihn niemals mit Geld, sondern immer nur mit Pfandscheinen bezahlen. Er besaß Hunderte von Pfandscheinen, als ob er eine Fälscherfabrik hätte. [...] Er soll am Anfang des Krieges als Freiwilliger gefallen sein.[484]

Leonhard Franks Beschreibung von Fritz Klein trifft sich mit der von Szittya: „Fritz war geldhungrig und freigiebig. [...] Fritz hatte dünne Beine und schon einen kleinen Bierbauch. [...] Fritz sah aus wie ein entlaufener Dorfschullehrer."[485] Der Schriftsteller René Prévot widmet Fritz Klein das Kapitel *Ein Schwabinger auf Montmartre*:

> Fritz Klein war sein bürgerlicher Name, der schlecht zu seiner Hünenstatur paßte. [...] Er stopfte seine Pfeife, hängte Rucksack und Klampfen um und wanderte südwärts, einmal nach Konstantinopel, ein andermal nach Barcelona. [...] Niemals hörte ich einen mit der imaginären Summe von ‚hundert Mark' so phantastische Luftschlösser bauen.[486]

Franz Jung erwähnt Klein in seinen Briefen nur ein einziges Mal: „[...] dann Fritz Klein, der niemals was getan hat und der zeitweilig ganz Schwabing beherrscht hat."[487]

Wie genau die Trennung von Frank und die Hinwendung zu Klein ablief, muss sich der Spekulation entziehen. In Franks Buch geschieht der Bruch nach dem Urlaub am Wörthsee – was sich als falsch erwiesen hat. Eine andere Versi-

---
483 Leonhard Frank, 1976, S. 38.
484 Emil Szittya, 1973, S. 260.
485 Leonhard Frank, 1976, S. 32f.
486 René Prévot: Seliger Zweiklang. Schwabing und Montmartre. München 1946, S. 83.
487 Franz Jung: Briefe 1913–1963. Hg. von Sieglinde und Fritz Mierau. Werke 9/1. Hamburg 1996, S. 601.

on – ohne eine zeitliche Einordnung – stellt Franz Jung in seinem Roman *Sophie. Der Kreuzweg der Demut* zur Disposition. Jung schildert den Einfluss von Otto Gross auf Sofie und Leonhard. Bekannt ist, dass Gross oft mit Patienten Reisen unternimmt, bei denen er sie im Sinne seiner Psychoanalyse „herrichtet". Auch Frank soll – lt. Jung – dieser „Therapie" unterworfen worden sein, mit dem Ergebnis, dass die Beziehung zu Sofie zerbricht. Ein Dialog in Jungs Buch verdeutlicht, dass Sofie sich gegen diese Praxis wehrt.

> Sofie: ‚Was hat denn er getan? Ich hab mir ihn doch ausgesucht. Er hatte einen so starken Willen. Ich wollte mit ihm die Welt erobern. Was hätte denn auch dazu gefehlt! Schließlich war und ist es doch auch meine Sache, mit ihm aufzuhören.'[488]

Sofie hatte sich in Freiheit mit Frank verbunden, und es wäre auch „ihre Sache" gewesen, die Beziehung zu beenden. Das erinnert an Frieda Gross, die sich beklagt hatte, dass Otto über ihre Partner bestimmt: „Sie [Frieda] findet das nicht gut, weil sie meint, das sei ihre eigene Entscheidung,"[489] schreibt Jones an Freud. Aber eine freie Entscheidung lässt Otto Gross, der immer nur „das Beste" für die Menschen will, nicht gelten.

„Wen liebte sie?"

Seine Beziehung zu Sofie Benz und Otto Gross verarbeitet Leonhard Frank 1952 in *Links wo das Herz ist*. Schon in dem 1927 erschienenen Roman *Das Ochsenfurter Männerquartett* finden sich Spuren von Sofie (Hanna), Otto Gross (Doktor Huf), Leonhard Frank (Thomas) und Ernst Frick (Schweizer Büchsenmacher). In Dialogen und einzelnen Szenen zeigen sich Parallelen zum real Erlebten. Franks Kommentar zu Doktor Huf: „Auch erfahrene Frauen waren ihm wehrlos zugefallen, weil er mit unfehlbar sicherem Instinkt den Nerv ihres Frauentums getroffen hatte."[490]

Weiter schildert Frank, wie sich Hanna nicht zwischen Doktor Huf und dem Freund Thomas entscheiden kann: „Sie lag verweint, verkrümmt und glühend im heißen Bett, hin und her gerissen zwischen Thomas und Doktor Huf […]." – „Seit der Stunde in Doktor Hufs Wohnung befand sie sich in dem Zustande verwirrenden Traumdurcheinanders. Sie schwebte. Ihr Wille war fortgezogen. Sie konnte nicht mehr wählen. Wen liebte sie?" Am Ende des Buches gibt Doktor Huf seinen Beruf auf, wie Otto Gross im realen Leben. Statt des drogenabhängigen Gross ist Huf im Roman Alkoholiker. „Er dachte nicht mit dem Kopf. Sein Gefühl allein dachte und bestimmte sein Tun."

---

488 Franz Jung, 1915, S. 59f.
489 Ernest Jones in: Bertschinger-Joos, S. 108.
490 Leonhard Frank: Das Ochsenfurter Männerquartett, Berlin 1975, S. 356. Die folgenden drei Zitate S.363, 386, 409.

Das Ende der Beziehung in *Links wo das Herz ist*

Otto Gross bringt sich Ende 1908 als Partner für Sofie ein, was unsäglichen Schmerz für Leonhard Frank bedeutet. Er schildert seinem Arzt Binswanger, dass Gross auf seine Freundin als „psychoanalytisches Medium" den größten Einfluss hatte und sie ihm weggenommen habe. Er bezeichnet Sofie als „gerades, starkes Mädchen". Nachdem er „das Mädchen an Gross abgegeben" habe, sei es zu seinem „grössten Niederbruch" gekommen und er sei die „längste Zeit nahe an Mord und Selbstmord' gewesen."[491]

In *Links wo das Herz ist* beschreibt Frank, wie Machtlosigkeit und Wut den Protagonisten Michael (Leonhard) beherrschen und er mit einem Revolver an Dr. Kreuz' (Gross') Tür klingelt. „Sein Haß richtete sich gegen den Doktor, der trennend in sein und Sophies Leben eingegriffen hatte. […] Auf dem Heimweg war Michael nur noch das Werkzeug, den Doktor zu töten."[492] Doch Dr. Kreuz ist nicht zu Hause, so dass Michael der Mord erspart bleibt. Er fragt sich, „wie sein Leben sich gestaltet haben würde, wenn der Doktor an jenem Mittag in der Wohnung gewesen wäre."

Leonhard Frank verbindet dieses in der Literatur oft zitierte Narrativ mit einer Reise Sofies nach Helgoland. „Der Doktor war mit Sophie und Fritz auf die Insel Helgoland gefahren." Für die Reise gibt es keine Belege.

In *Links wo das Herz ist* beschreibt Frank die Trennung von Sofie als einen zusammenhängenden Vorgang im Anschluss an die Ferien am Wörthsee im Mai 1907: die abrupte Abwendung Sophies (Sofies) von ihm, die suggestive Dämonie des Dr. Kreuz (Gross), die Verkuppelung Sophies mit Fritz und die Kokainabhängigkeit von Dr. Kreuz. All diese Ereignisse verlaufen jedoch in der Realität in einem wesentlich größeren Zeitraum und mit vielen Zwischenschritten. „Frank benutzt das Schicksal der Malerin Sophie Benz, um ein Bild von Gross' Unverantwortlichkeit zu geben und zu zeigen, wie seiner Ansicht nach Gross seine Macht über die Menschen mißbrauchte."[493]

Frank und Gross – zerstörte Gefolgschaft

Nach der Veröffentlichung von Franks autobiografischem Roman schreibt Karl Otten an Franz Jung: „Kennen Sie das Buch von Frank ‚Links wo das Herz ist'? Ein großes Durcheinander, aber es enthält ein paar Sachen über Otto G., deretwegen dieses Ding beachtenswert ist […]. Frank war Patient von Otto,

---
491 Universitätsarchiv Tübingen: Zitate aus Anamneseakte Leonhard Frank.
492 Dieses und die folgenden zwei Zitate: Leonhard Frank, 1976, S. 39.
493 Jennifer E. Michaels: Otto Groß' Einfluß auf die frühen Werke von Leonhard Frank. In Raimund Dehmlow, Gottfried Heuer (Hg.): 1. Internationaler Otto Gross Kongress, Marburg 2000, S. 113.

und spricht haßerfüllt über ihn, aber zugleich mit geradezu erschütternder Bewunderung [...]."[494]

Leonhard Frank war in ein Abhängigkeitsverhältnis zu Otto Gross geraten, Ernüchterung bringt ihm der Schock durch den Verlust Sofies. Franks Biografin kommentiert: „So widersetzte er [Frank] sich nicht nur der Idee von der alleinigen Triebsteuerung des Menschen, sondern er hielt auch an seinem Ideal der großen Liebe fest. Als Gross die Beziehung zerstörte, die für Frank die Verwirklichung dieses Ideals war, war es aus mit der Gefolgschaft."[495]

Frank schreibt dem Psychiater die alleinige Schuld zu und wendet sich im Zorn von ihm ab. Sofie gegenüber empfindet er tiefe Trauer. Jahre später erklärt er in einem Brief „den Dritten" für den Schuldigen, ohne den sie ein Paar geblieben wären.

Warum lässt sich Leonhard Frank sein Liebes-Ideal zerstören? Hätte er die Herausforderung annehmen und um Sofie kämpfen sollen? Im Bannkreis von Gross wäre das undenkbar gewesen. Nur in Berlin, Paris oder Florenz – was im Gespräch war –, hätte die Beziehung eine Chance gehabt, weit weg von Gross, um sich der Suggestion zu entziehen. Ein Jahr zuvor hatte Sofie an einen Ortswechsel gedacht und Emilie geschrieben: „Ich wollte ja erst fort von hier, aber es wäre eine große Feigheit [...]."[496] Vor den Problemen weglaufen? Nein, Sofie fühlt sich stark. Dass innere Kämpfe der Trennung vorangegangen sind, lässt sich vermuten. Erst im Dezember 1910 kommt es zu einer Aussprache, wie Frank in einem Brief schreibt: „Noch im Dezember vergangenen Jahres [1910] haben Sofie und ich, nach 2jähriger Trennung uns darüber ausgesprochen."[497]

Den Schmerz in Bildern verarbeiten

Nach der Trennung beschreiten Sofie und Leonhard Frank unterschiedliche Lebenswege. Frank bleibt noch ein halbes Jahr in München, siedelt dann nach Berlin über. Ob er bereits in München oder erst in Berlin sein Mappenwerk *Fremde Mädchen am Meer und eine Kreuzigung* beginnt, ist nicht bekannt. Er verarbeitet das Ende der Beziehung in einem Werk mit figürlichen Kompositionen, was sich bis 1912 hinzieht. Es ist eine Serie von sechs farbigen Lithografien. Um seinen Schmerz zu bewältigen, arbeitet er bis zur Erschöpfung.

Er mußte sich seinen Wert beweisen, Sophies wegen. [...] Er ver-

---
494 Fritz und Sieglinde Mierau (Hg.): Almanach für Einzelgänger. Hamburg 2001, S. 21f.
495 Katharina Rudolph, S. 80.
496 Brief von SB an EB, o.D. [Einordnung durch Inhalt erschlossen]. Privatarchiv P.B.
497 Brief Leonhard Frank an Sofies Mutter Emilie Benz (sen.), 04.10.1911. Privatarchiv P.B.

suchte Tag für Tag, die qualvollen Vorstellungen, die in die Arbeit eingriffen, mit Arbeit zu ersticken, bis er abends vor Übermüdung den Zeichenstift nicht mehr führen konnte. […] In einem seiner Träume modellierte er Sophies Kopf und Körper und nahm die lebensgroße künstlich erwärmte Figur zu sich ins Bett. […] Seine Mädchen am Meeresstrand, in Haltung und Ausdruck inspiriert durch Beethovensche Musik, waren Sophie, sein Leid und seine Trauer durch Sophie. […] Sein Leid durch Sophie war in den Blättern des Mappenwerks.[498]

Dieses Mappenwerk, das sich heute im Besitz der Städtischen Bibliothek Würzburg befindet, zeigt fünf kolorierte Zeichnungen, auf denen unbekleidete junge Frauen dargestellt sind. Sie sind schlank, gleich groß, mit übereinstimmenden Körperproportionen und identischem Gesichtsausdruck und unterscheiden sich nur durch die Länge der Haarfrisur. Die Figuren erscheinen idealisiert, wie Übungsblätter bzw. Darstellungen eines einheitlichen Jungmädchentypus' in Variationen. Es entspricht dem, was Otto Gross von der Kunst erwartet: „Die Einfachheit und Vertiefung ist das Typische für das Empfindungsleben des Individuums mit vertieftem Bewusstsein. […] – Ja, wir sehen einen neuen Schönheitswert in der Wiederholung des Gleichen." [499]

Leonhard Frank erinnert sich: „Er [Frank] hatte versucht, mit sparsamen Mitteln und unter Weglassung jeder nicht unbedingt nötigen Einzelheit, Visionen zu gestalten, die ohne sein Zutun während der Beethoven-Konzerte in ihm entstanden waren. Es waren fremdartige Mädchen, von innen her beschattet und verloren."[500]

Frank erreicht eine Abstraktion, bei der nur noch der idealisierte weibliche Körper zum Ausdruck kommt. So kann er mit der Entwicklung seiner Kompositionen nach und nach Abstand gewinnen. Indem er Sofies Individualität langsam verschwinden lässt, wird er bereit für die Zukunft und kann sich anderen Frauen zuwenden. „Sein Leid durch Sophie war in dem Mappenwerk,"[501] schreibt er, was angesichts der zu puppenhaften Wesen stilisierten Mädchen schwer erkennbar ist; doch ermöglicht ihm gerade diese Form der Abstraktion die Verarbeitung des Leids.

Dass Leonhard Frank sich dennoch mit der Familie Benz verbunden fühlt, zeigen sein Kondolenzbrief nach Sofies Tod und ein Brief an Emilie im Jahr 1912, in dem er das Mappenwerk und einen Besuch ankündigt.

---

498 Leonhard Frank, 1976, S. 39f.
499 Otto Gross, 1902, S. 47.
500 Leonhard Frank, 1976, S. 40.
501 Leonhard Frank, 1976, S. 40

Die Kreuzigung des Otto Gross

Das ausdrucksstärkste Bild des Mappenwerks ist die *Kreuzigung*. Ein an das Kreuz gefesselter Mann schaut auf ein sich am Boden windendes Mädchen hinab. Zwei Frauen in langen, weiten Gewändern blicken rechts und links neben dem Kreuz unbeteiligt zu Boden. Hängt dort Doktor Kreuz alias Gross gebändigt? Doch selbst am Kreuz strecken sich seine krallenartigen Finger gierig aus, beugt sich sein Kopf zu dem Mädchen hinunter, mit lüsternem Blick. Das Mädchen liegt dem Mann am Kreuz zu Füßen, eine Hand in Abwehrhaltung. Anziehung und Ablehnung gleichermaßen. Eine Einheit von Gekreuzigtem und Opfer ist zu erkennen. Die beiden Frauen daneben schauen weg. Hat Leonhard Frank Sofie dargestellt?

Weitere Interpretationen ließen sich mit Schicksalsgöttinnen oder Frauen des Matronenkults der keltischen und römischen Religion verbinden.

In seinem Buch *Die Räuberbande*, das Frank drei Jahre nach Sofies Tod publiziert, erscheint ein Fremder „mit einem langen Zeigefinger", der flüstert:

> ‚Aber es gibt ein Kreuz in grauer, teuflischer Einsamkeit. An diesem furchtbaren Kreuz hängt der krummgenagelte Mensch, der nicht mehr rachsüchtig sein, sich nicht mehr wehren kann und will, weil er weiß, daß alle, die ihm Böses antun, daß auch der brutalste Mörder nur ein armer Lump und ohne Schuld ist, weil man ja auch ihn so lange gepeinigt, gedemütigt, geschlagen hat, bis er ein bösartiges, gefährliches Tier wurde'.[502]

Nach einem Zwiegespräch stellt der Fremde fest: „Immer leben Christusse. Aber man kennt sie nicht."[503] Ist Leonhard Frank zufrieden, dass er Dr. Kreuz alias Otto Gross an das Kreuz gefesselt hat? Hat er jetzt Ruhe vor ihm? Frieda Gross schreibt Else Jaffé: „Siehst Du nicht, dass Otto der Prophet ist, für den es nur heissen kann: wer nicht für mich ist, ist wider mich."[504] Hat Leonhard Frank diesen „Propheten", den Verkünder einer neuen Ideologie, den selbsternannten Heilsbringer, den Erlöser für Frauen wie Männer mit seinem Bild am Kreuz unschädlich gemacht? Sofie, die zwar „gefallen" ist, die zu dem Gekreuzigten aufschaut und gleichzeitig ihre Hände abwehrend gegen ihn erhebt, wird von den beiden Schicksalsfrauen ignoriert. Sofie ist nicht zu helfen, sie liegt mit ihrer Trauer, Sehnsucht und Schwäche am Boden. Für Leonhard Frank bedeutet dieses Bild im Zusammenhang mit fünf weiteren Bildern Trauerbewältigung und Befreiung zugleich.

---

502 Leonhard Frank, 1975, S. 181f.
503 Leonhard Frank, 1975, S. 182.
504 Theory, Culture & Society 1998, S. 156f.

Vier Jahre nach der Trennung von Sofie und ein Jahr nach ihrem Tod wird Franks Mappe veröffentlicht. Im Magazin *Die Neue Kunst* rezensiert der Maler Arno Nadel das Konvolut. Schon der erste lange Satz zeigt Nadels Freude an den Lichtdrucken:

> Nur Mädchen sind dargestellt; in sie legt der Maler seine ganze leidenschaftliche Inbrunst, seine nach restloser Auflösung drängende Sehnsucht, seine süßesten und verruchtesten Beschwörungen – in zarten, festen Linien, in durchsichtigen, flehenden Mittelfarben und in gebannten, klingenden Formen. [...] es ist so, als ob der Künstler durch unsagbare Leiden hindurch bei jedem Strich, bei jedem Abwägen eines Farbtones auf den eindeutigen visionären Moment gewartet hätte, um ihn mit vollendetem Raffinement zu verstofflichen. [...] Vor diesen seelig-unseligen Wesen, die uns durch ihre lechzende Ruhe verwirren, vergessen wir Länder und Zeiten.[505]

Leonhard Frank: Eine Kreuzigung. Blatt 6. Druckgrafik, 1912. (Foto Tom Haasner, Museum Kulturspeicher Würzburg).

Arno Nadel schreibt hellsichtig, als habe er Leonhard Franks Leidensgeschichte um Sofie gekannt. Dann geht er auf Franks zeichnerisches Können ein und wendet sich dem Mann am Kreuz zu:

> Der ‚Gekreuzigte' ist in einem besonderen Moment dargestellt: eben sinkt er unversehrten Leibes hinüber, mit einem furchtbaren Wonnelächeln; er lächelt über die Welt, über sich selbst: das also war der Spaß, und – sie werden mich verherrlichen. – [...] Was wir in den allermeisten Werken auf unseren Ausstellungen vergeblich suchen: das bedeutende, wahre Erlebnis, das auf kürzestem Wege zum Be-

---

505 Gerhard Hay (Hg.): Leonhard Frank. Selbstzeugnisse und Aussagen. Würzburg 1982. S.17.

schauer gelangt – hier ist es restlos vorhanden. [...] der Geist der Komposition und endlich das Unaufgelöste, das Poetische in der Behandlung der einzelnen Motive sind seltene Zeugnisse einer reifen, reichen Persönlichkeit.[506]

Leonhard Frank in Berlin

Durch Sofies Brief vom April 1908 ist bekannt, dass Leonhard Frank mit der Berliner Kunstszene Kontakt hat. Er wird zunächst zwischen München und Berlin gependelt sein, denn noch am 22. Januar 1909 erscheint sein Name als Gründungsmitglied des *Neuen Künstlervereins* in München. Da hat er sein Leben bereits ohne Sofie in die Hand genommen.

In Berlin findet Leonhard Frank eine neue Liebe. Er heiratet im August 1909 die Schauspielerin Louise Elisabeth Erdelyi (Künstlerinnenname Lisa Ertel), nur wenige Monate nach dem Kennenlernen. Hat er durch die Heirat den schlimmsten Trennungsschmerz überwunden? Kann er sich innerlich von Sofie befreien? Oder wirkt sich das Trauma der Trennung auf die neue Beziehung aus? Bekannt ist, dass die Ehe im Herbst 1910 wieder geschieden wird. 1915 heiratet Leonhard Frank Louise (Lisa) Erdelyi ein zweites Mal, und sie bleibt seine Gefährtin bis zu ihrem frühen Tod 1923.

Im Zusammenhang mit Lisa Ertel und ihrer Familie könnte sich Leonhard Frank an die Ablehnung im Hause Benz erinnern, denn Lisa Ertel kommt aus einem wohlhabenden Elternhaus, wo ein armer Maler unwillkommen ist. Franks Biografin schreibt: „Glücklich gewesen sein dürfte Isidor Erdelyi jedoch nicht über seinen völlig mittellosen Schwiegersohn, der für seine Tochter zu diesem Zeitpunkt eine ausgesprochen schlechte Partie war."[507] Lisa Ertel entzweit sich durch die Heirat mit ihrer Familie.

Auch als Leonhard Frank seine spätere Frau Ilona kennen lernt, taucht Sofies Bild wieder auf. „Zugleich erinnerte ihn etwas in ihrem Wesen an die noch unberührte Sophie."[508]

In Berlin vollzieht sich Franks Wandlung vom Maler zum Schriftsteller. In den Jahren 1912 und 1913 schreibt er vier Kurzgeschichten. Franks erstes Buch, 1914 mit dem Theodor-Fontane-Preis ausgezeichnet, ist *Die Räuberbande*. 1915 erscheint *Die Ursache*, Lisa Ertel gewidmet. In vielen seiner Werke verarbeitet Frank persönliche Erlebnisse. Was er bei Otto Gross über Psychologie und die Wurzeln menschlichen Leids gelernt hat, findet sich in seiner Literatur wieder.

---

506 Gerhard Hay (Hg.), S. 17ff.
507 Katharina Rudolph, S. 93.
508 Leonhard Frank, 1976, S. 105.

Otto Gross und Sofie Benz: Beginn einer Liebesbeziehung

Mit Otto Gross tritt ein Mann in Sofies Leben, der in seiner Art nicht unterschiedlicher zu Leonhard Frank sein könnte, was Elternhaus, Schulbildung und äußere Erscheinung betrifft. Während Leonhard Frank als schweigsamer Außenseiter geschildert wird[509] und in seinen Büchern einen klaren, gut verständlichen Stil pflegt, ist Otto Gross ein Mann, der „jede Kleinigkeit […] ausspintisiert und intellektualisiert"[510] und sich in Publikationen „in seiner schwerfälligen und spröden wissenschaftlichen Diktion"[511] ausdrückt. Sofie hat nun einen Partner, der in vieler Hinsicht das Gegenstück von „Hardl" ist.

Als Sofie und Otto Gross zusammentreffen, verbindet sie zunächst die Psychoanalyse. Er ist „Meister", sie die „Schülerin". Für Sofie – so nach Meinung Emilies – ist Gross der tüchtige Psychiater, dessen von der Analyse ausgehende Gefahren sie unterschätzt.

Sofie Benz und Otto Gross kommen sich in einer Zeit näher, wo sich Else Jaffé, Frieda Gross und Frieda Weekley von ihm abgewendet haben. In der Folgezeit ist es Sofie, die ihn ernst nimmt, die seinen Gedankengängen und Visionen folgt. In *Sophie. Der Kreuzweg der Demut* erinnert sich Gross:
,Doch war es so schön. Jeder Stein war sie, jeder Baum, jedes Haus, alles, alles. Das ewige Auf und Nieder. Das Zuckende, hin und her gestoßen, immer Sophie. Es hat mich gequält, mich in Winkel gepreßt, ich habe mich an die Häuser gedrückt, um nicht verschlungen zu werden, was um sie war. Sophie. Der Name erdrückt mich. Frißt mich auf. […] Wir wollen nicht mehr schlafen, sagt sie. Immer uns ansehen, immer sprechen. Der Schlaf ist ein Feind.'[512]
Otto Gross erhebt Sofie zur Königin. Zwei Liebende, nicht fest in der Gesellschaft verankert, machen sich auf den Weg. Sie sind Menschen, die „wechselseitig voneinander das Glück fordern, das sie jeweils selbst nicht geben können, solange sie an die Chimären der Kindheit gefesselt sind."[513] Können „die Chimären der Kindheit" gebändigt werden?

In einer Liebesbeziehung müßten beide Partner die Rückkehr zum „Eigenen" durchmachen. „Wollten zwei Menschen einander ‚frei' erfahren, wie es das ideologische Bild der Liebe vorgaukelt, sie müßten nicht mehr und nicht weniger vollbringen, als den Zivilisationsprozeß vorübergehend rückgängig zu

---

509 Charlott Frank, Hanns Jobst (Hg.): Leonhard Frank. München 1962, S. 11.
510 Emanuel Hurwitz, S. 140.
511 Michael Raub, 1994, S. 211.
512 Franz Jung, 1915, S. 37.
513 Bernd Nitzschke: Nähe als Gewalt. In: Ilse Dröge-Modelmog, Gottfried Mergner (Hg.): Orte der Gewalt. Opladen 1987, S. 53.

machen. Ein Glück, das, selbst wenn es einlösbar wäre, unter Voraussetzung der bestehenden Realität ins Unglück führen müßte."⁵¹⁴

Otto Gross, von Sofie Benz gezeichnet. (Privatbesitz)

In einem Brief von Otto Gross an Sofie im Jahr 1910 projiziert er alle Glückshoffnung auf sie. „Sophie, für mich drängt Alles sich in dem Eins zusammen: mit Dir zum Glück, zum neuen Glauben an sich und an das Leben durchzudringen. [...] – Wenn ich mit Dir zusammen bin, dann kann ich mit Dir zum Leben und zur Gesundheit kommen – mit Dir zusammen kann ich wieder froh werden, [...] Sophie."⁵¹⁵

Hier zeigt sich Otto Gross' Abhängigkeit von der Zuwendung durch eine Frau. Und eine weitere Sehnsucht wird deutlich: Otto Gross träumt von einer Idealbeziehung, in der sich Erotik und Liebe in einer einzigen Frau vereinen. In seinem Brief an Sofie formuliert er: „Zum Ziel des Strebens wird die Erotik nach unten mit einer Liebe nach oben mit <u>Einem Weib zusammen</u> zu leben."⁵¹⁶

Drei unterstrichene Worte machen deutlich, worum es ihm geht: zusammen mit einer einzigen Frau. Das wirkt irritierend, da Gross als Meister der „freien Liebe" gilt. Doch gerade diese Zwiespältigkeit kennzeichnet sein Leben.

> [...] nur keine Zweierbeziehung. Otto Gross' Kampf gegen die ‚Monogamie' ist ein Kampf gegen ausschließliche Bindung, die Abhängigkeit für ihn bedeuten würde. Es ist ein Kampf um Au-

---

514 Bernd Nitzschke: Nähe als Gewalt. In: Ilse Dröge-Modelmog, Gottfried Mergner (Hg.), S. 54.
515 Brief Otto Gross an SB, o.D. [Anfang 1910]. Privatarchiv P.B.
516 Brief Otto Gross an SB, o.D. [Anfang 1910]. Privatarchiv P.B.

tonomie, gegen drohende Regression, die Nähe mit sich bringen könnte; ein Kampf gegen den Verlust der Ich-Grenzen, den eine zu intensive emotionale Bindung an einen Menschen bedeuten würde. Otto Gross flieht vor dem, was er sich am meisten wünscht: vor der Beziehung zu einer Frau, die er lieben könnte.[517]

Sofie Benz – Anarchistin an Otto Gross` Seite?

„[…] Sophie Benz – Anarchistin, Malerin, Professorentochter, Patientin und dann Geliebte von Otto Gross –, die sich 1911 in Ascona umbringt."[518] So und ähnlich ist es in der Literatur zu lesen. Sofie nimmt in Ascona und München das Gedankengut des Anarchismus auf. In ihren Briefen wünscht sie sich eine menschlichere Gesellschaft. Seitdem sie sich im Kreis von Anarchisten bewegt, erkennt sie, dass eine andere Gesellschaft möglich ist. Zeugnisse für eigene theoretische Überlegungen zu einer anarchistischen Gesellschaft fehlen, doch möglich ist, dass Ernst Frick diesbezügliche Papiere nach Sofies Tod in ihrem Nachlass in Ascona gefunden hat. Er hatte Emilie gebeten, Sofies Aufzeichnungen, die Otto Gross benötigen würde, einem Koffer entnehmen zu dürfen, und schreibt anschließend:

> Was hier ist, sind ausschliesslich an Gross gerichtete Redestücke, die sie nach ihrer Gewohnheit auf irgend ein Stück Papier oder in ihr Scizzenbuch schrieb und dem Gross zu lesen gab. Sie sind nicht verstehbar, ohne Kenntnis ihrer Ideen überhaupt, nur so auch sehr schwer, weil es eben nur Gesprächsstücke sind und Antworten auf früher von Gross Gesprochenes.[519]

Ernst Frick schickt die Schriftstücke nicht an Emilie zurück, so ist unklar, was sie beinhaltet haben. Vermutlich hat Sofie in dieser Zeit zu Otto Gross` intellektueller Tätigkeit beigetragen, denn Gross erklärt später: „[…] jeden Gedanken mit ihr teilend und das Beste, was ich weiss, von ihr erfahrend."[520] In seiner Erinnerung war Sofie Gesprächspartnerin und Ideengeberin. Also auch Anarchistin? Auf jeden Fall sitzt sie bei Diskussionen neben ihm.

Ein Stück Anarchist steckt in jedem Menschen, schreibt der Züricher Arzt Fritz Brupbacher 1908 in der *Sozialpsychologischen Rundschau Polis*:

> Die neue, sogenannte Freudsche Schule, die die Hysterie erklärt als entstanden aus der Unterdrückung der Affekte, ist eigentlich eine

---

517 Bernd Nitzschke: Nähe als Gewalt. In: Ilse Dröge-Modelmog, Gottfried Mergner (Hg.), S. 61.
518 Bernd Nitzschke: Sexualität und Männlichkeit. Zwischen Symbiosewunsch und Gewalt. Reinbek bei Hamburg 1988, S. 200.
519 Aus einem Brief von Ernst Frick an Emilie Benz, 23.04.1911.
520 Josef Berze, Dominik Stelzer, S. 26.

anarchistische Schule. Sie kommt zum Schluß, daß die Freiheit, die volle Entwicklung des Individuums, die Voraussetzung ist, will man die krankhaften seelischen Erscheinungen aus der Welt schaffen. […] Anarchismus ist ein einzelner psychischer Bestandteil jedes Menschen, der Wille, nur sich als Herrn zu kennen. […] ein Stück Anarchist steckt in jedem Menschen.[521]

Dass Gross gerne anarchistisch aktiv gewesen wäre, ist seinen Erklärungen 1913 zu entnehmen: „Was gehen mich die Gesetzesbestimmungen an. Es ist mein Grundsatz, dass sie weggehören. […] dann möchte ich zugrunde gehen, u. zw. am liebsten bei einem anarchistischen Attentate […]."[522] Im Gutachten steht: „Patient entwickelt in den Unterredungen immer mehr seine eigenartigen Ansichten über sein anarchistisches System. […] Autorität erkenne er nicht an; darum sei er doch im innersten Anarchist seit seinem 6. Lebensjahre."[523]

Bedeutenden Einfluss auf die anarchistische Bewegung haben Diskussionen im Kreis um Erich Mühsam, der seine Gedanken in seinem Hauptwerk *Die Befreiung der Gesellschaft vom Staat* veröffentlicht. Mühsams Ausführungen treffen sich mit Otto Gross` Ideologie.

Wer die Freiheit der Persönlichkeit zur Forderung aller Menschengemeinschaft erhebt, und wer umgekehrt die Freiheit der Gesellschaft gleichsetzt mit der Freiheit aller in ihr zur Gemeinschaft verbundenen Menschen, hat das Recht, sich Anarchist zu nennen. […] Die Zerstörung aller Obrigkeit, aller Vorrechte, aller Eigentums- und Versklavungseinrichtungen kann nur aus freiheitlichem Gemeinschaftsgeist erfolgen.[524]

Erich Mühsam hatte im Mai 1907 in der Zeitschrift *Der freie Arbeiter* einen Beitrag zum Anarchismus verfasst, den Gustav Landauer kommentiert:

[…] es ist wirklich eine Schande, daß Du solches Zeug von Dir giebst. Nur ein Beispiel: Du schreibst z.B.: ‚Anarchismus bedeutet nichts anderes als die Ablehnung jeglicher Herrschaftsform. Positiv ausgedrückt heisst das: die schrankenlose Autonomie des Einzelnen.' […] Einzelne? Autonomie? Giebt es denn so etwas überhaupt?![525]

---

521 Polis 2. Jahrg, Nr. 2, Zürich 1908, S. 22. www.fidus-abc.ch/polis. Abgerufen 02.09.2022.
522 Josef Berze, Dominik Stelzer, S. 25 und 31.
523 Josef Berze, Dominik Stelzer, S. 30.
524 Erich Mühsam: Die Befreiung der Gesellschaft vom Staat. Berlin o.D., S. 8ff. (Erstdruck 1933)
525 Christoph Knüppel (Hg.), S. 69f. Brief Gustav Landauer an Erich Mühsam, 03.05.1907.

Elisabeth Lang, Otto Gross und die Elterngewalt

Otto Gross führt ein unstetes Leben, und Sofie schließt sich ihm an. Ihr Meldebogen zeigt häufige Wohnungswechsel. Im Jahr 1907 hat Otto Gross drei junge Frauen in Behandlung: Sofie Benz, Regina Ullmann und die Münchnerin Elisabeth Lang. In allen Fällen geht es um die „Annulierung der Erziehungsresultate zugunsten einer individuellen Selbstregulierung".[526] Auf dem Kongress in Salzburg im April 1908 hatte Otto Gross den „Fall" Elisabeth Lang vortragen wollen. Dieser berührt eines seiner Lebensmotive: die Herrschaft von Eltern über das Kind. An Frieda Weekley hatte er geschrieben:

> Ich habe in diesen Tagen eine sehr interessante Arbeit, die mir jetzt wunderbar gelegen kommt. Ich mache den Versuch, durch eine Intervention *beim Vormundschaftsgericht*, die Elisabeth Lang zu befreien, die jetzt von ihren Eltern in einer schandbaren Freiheitsberaubung zuhause gehalten wird. Die Aussichten scheinen *gute* zu sein – ich habe derzeit für den Advocaten das Gutachten herzustellen und darin nachzuweisen, dass das erzwungene Verbleiben im Elternhaus für sie *gesundheitsgefährlich* ist. – Wenn der Prozess gelingen sollte, so wäre das von einer grossen Tragweite. Es wäre die Erste gerichtliche Anerkennung eines Anspruchs *auf Schutz der Individualität* – oder wie Einer der Juristen gesagt hat: der Nachweis, dass die Philister gesundheitsschädlich sind [...].[527]

Die Familie Lang und Otto Gross wohnen als Nachbarn in der Mandlstraße in München.[528] Die Behandlung von Elisabeth Lang – geboren 1889 als Tochter eines Münchner Bildhauers und Malers –, die Otto Gross Mitte 1907 begonnen hatte, reicht bis in das Jahr 1909. Auch Sofie ist in die „Causa Lang" involviert.

In seinem Artikel *Elterngewalt* in der Wochenzeitschrift *Die Zukunft* setzt sich Otto Gross im Oktober 1908 für die Freilassung von Elisabeth Lang aus der Tübinger Psychiatrischen Klinik ein. Gross schreibt, er „kenne die Bedeutung ihrer Familie für ihren Zustand und ihr Schicksal. Sie ist absolut nicht geisteskrank und anstaltsbedürftig; jetzt besteht die Gefahr einer psychischen Alteration durch den Schock der Freiheitsberaubung."[529] Er stellt suggestive Erziehung als Ursache für eine „Verdrängungs- bzw. Konfliktneurose" fest und

---

526 Otto Gross: Elterngewalt. In: Kurt Kreiler (Hg.), S. 10.
527 John Turner u.a.: The Otto Gross Frieda Weekley Correspondence, Letter N. Und: www.dehmlow.de.
528 Familie Lang: Mandlstraße 3, Otto Gross: Mandlstraße 1.
529 Otto Gross: Elterngewalt. In: Kurt Kreiler (Hg.), S. 9.

schildert Elisabeth als „eine ungewöhnlich hochbegabte Persönlichkeit von ganz besonders stark markierter Eigenart."[530]

Im Sommer 1908 wird Elisabeth Lang in ein Schweizer Sanatorium gebracht, wohin Otto Gross reist, um die Analyse abzuschließen. „[...] ich war genötigt, ihr heimlich Hilfe zu bringen,"[531] berichtet er und schließt seinen Artikel mit den anklagenden Worten: „Die repräsentative Bedeutung des Falles [...] liegt im Beweis der unbegreiflichen Möglichkeiten, die der mißbrauchten elterlichen Gewalt dem Minderjährigen gegenüber von der Gesellschaft noch eingeräumt sind."[532]

Dass der Fall Elisabeth Lang im Oktober 1908 nicht unbemerkt bleibt, ist einem Brief Gustav Landauers an Margarethe Faas-Hardegger zu entnehmen: „[...] als ich in der *Zukunft* las, was da von dem Mädchen, das jetzt doch in der Irrenklinik ist, berichtet wird. Denn das ist doch Dein Mädchen, das Du zu Dir nehmen wolltest."[533] Gustav Landauer sieht in Otto Gross eine Gefahr für Kranke. In der Zeitschrift *Sozialist* schreibt er: „Einer der schlimmsten Freudianer, ein Nervenarzt, der es verstanden hat, sich so bekannt zu machen, daß es ihm sogar möglich war, in einer angesehenen Zeitschrift auf ein junges Mädchen Jagd zu machen [...]."[534]

Erreicht Otto Gross mit seinem Artikel die Entlassung Elisabeths aus der Klinik? So schreibt es jedenfalls Maximilian Harden sechs Jahre später in der Zeitschrift *Die Zukunft*: „Als grazer Dozent der Psychopathologie hat Dr. Otto Groß durch einen in der ‚Zukunft' veröffentlichten Aufsatz die Befreiung eines Mädchens aus einer Irrenanstalt erwirkt."[535]

Elisabeths Arbeiten bei Frl. Benz

Elisabeth Lang beginnt Ende 1908 ein Kunstgewerbestudium in Dresden. Sie leiht sich Geld, um Dr. Gross nach Dresden kommen zu lassen. Anfang 1909 nimmt sie mit anderen Patienten an einer Analysesitzung von Otto Gross in Dresden-Niederpoyritz teil. Sie berichtet, dass an der Analyse in Dresden sechs Personen teilgenommen haben, darunter auch ein Philosoph. Elisabeth erwähnt ein weiteres Mädchen, das an den Sitzungen in Niederpoyritz teilgenommen hat und nach schweren Konflikten zu inneren Befreiungen kam. Da

---

530 Otto Gross: Elterngewalt. In: Kurt Kreiler (Hg.), S. 11. Und: Elterngewalt. In: Maximilian Harden (Hg.): Die Zukunft. Jg. 17, 1908, S. 79.
531 Otto Gross: Elterngewalt. In: Kurt Kreiler (Hg.), S. 12.
532 Otto Gross: Elterngewalt. In: Kurt Kreiler (Hg.), S. 13.
533 Martin Buber (Hg.): Gustav Landauer. Sein Lebensgang in Briefen. Bd. 1. Frankfurt/M. 1929, S. 216f.
534 Emanuel Hurwitz, S. 88.
535 Maximilian Harden (Hg.): Die Zukunft. 86. Band. Berlin 1914, S. 306.

nur noch ein anderes „Mädchen" mit Otto Gross in Dresden war, wird das Sofie gewesen sein. So berichtet Elisabeth, dass ihre künstlerischen Arbeiten noch bei „Frl. Benz" sind und dass Sofie ihr die schickt, sobald sie in München ist. Sofie erzählt zwar in keinem Brief von Elisabeth Lang, doch schildert sie ihrer Schwester Emilie von den psychoanalytischen Sitzungen. Sofie Benz, Elisabeth Lang, Otto Gross und eventuell auch Else Jaffé sind demnach Anfang 1909 gemeinsam in Dresden.

Eine Analyse in Dresden-Niederpoyritz

Festzuhalten ist, dass sich Ende 1908/Anfang 1909 Otto Gross' Wirkungsbereich nach Dresden verschiebt. Elisabeth Lang hatte Gross dorthin eingeladen, um die unterbrochene Analyse fortzusetzen, und es gibt einen weiteren Grund für Gross, nach Dresden zu kommen. Eine Gruppe interessierter Menschen möchte in Niederpoyritz Analysesitzungen durchführen. Die Teilnehmer sind: Dr. Heinrich Goesch, 1880 in Rostock geboren, Jurist und Philosoph; er besaß vermutlich die Rolle des experimentierfreudigen ‚Zugpferds'. Sodann dessen Frau: Gertrud Prengel, 1883 in Königsberg geboren; sie hat Philosophie [...] in Berlin und Göttingen studiert: das Paar war verheiratet seit März 1906 und lebte vor dem Umzug nach Niederpoyritz in München. Anwesend war sicher auch das kleine Kind des Ehepaares: das Mädchen Fides, am 26.6.1907 noch in München geboren. Paul Goesch, 1885 in Schwerin geboren, Student der Architektur in München und/oder Karlsruhe, wahrscheinlich für eine Zwischenphase von etwa zwei Semestern an der Technischen Hochschule Dresden studierend.[536] Heinrich und Paul Goesch, die Gross von München kennen, organisieren die Sitzungen. Dass Sofie dabei ist, wird aus einem späteren Brief von Emilie ersichtlich, in dem sie schreibt: „Als ich im Februar 1910 – das letzte Mal – kurz in München bei ihr war, hat sie mir von diesen Dresdner Erlebnissen erzählt."[537]

Auch Else Jaffé könnte an den Sitzungen teilgenommen haben, da sie – wie Elisabeth Lang erwähnt – „gerade in Dresden weilte". In Else Jaffés Biografie ist bezüglich dieses Zeitraums zu lesen: „[...] die Eheleute verreisen wieder getrennt. Ausgerechnet das Weihnachtsfest 1908 verbringt Else an einem unbekannten Ort [...]."[538] Möglich, dass dieser „unbekannte Ort" Dresden ist.

---
536 Stefanie Poley: Paul Goesch – ‚Lebendiges ausgraben'. In: Felber, Götz von Olenhusen, Heuer u.a. (Hg.): Psychoanalyse & Expressionismus. Marburg 2010, S. 320f.
537 Brief Emilie Benz an Hans Gross, 02.05.1911. Privatarchiv P.B.
538 Eberhard Demm: Else Jaffé-von Richthofen. Düsseldorf 2014, S. 66.

Die Teilnehmer der Dresdner Analyse kennen Sofie und Otto Gross schon von München. Paul Goesch studiert – wie Sofie – 1903 und 1904 in München an der Debschitz-Schule. Interessant ist, dass Goesch – wie Sofie – mit dem Lehrangebot unzufrieden war.[539] Um sein Studium an der Technischen Hochschule in Dresden fortzusetzen, lebt Paul Goesch dort von 1907 bis 1909 bei seinem Bruder Heinrich, der an der Kunstgewerbeschule studiert, wo auch Elisabeth Lang seit Ende 1908 eingeschrieben ist. Heinrich Goesch hatte 1906 in München sein drittes Studium aufgenommen, das der Architektur. Die Brüder Goesch gehören zum Kreis Otto Gross'. Philosophie, visionäre Architektur und Psychoanalyse sind ihre Interessengebiete. Heinrich siedelt im zweiten Halbjahr 1907 nach Dresden über. Verheiratet ist er seit 1906 mit Gertrud Prengel, einer Cousine der Künstlerin Käthe Kollwitz.

Wie wird die Analyse in Niederpoyritz abgelaufen sein? Wenn schon Einzelsitzungen einen hohen Anspruch an den Therapeuten stellen, wie viel größer ist die Herausforderung in einer Gruppe, denn die Konflikte – in diesem Fall verbunden mit Sofie, Elisabeth, Paul, Heinrich und Gertrud Goesch und Else Jaffé – sind so vielschichtig wie deren Persönlichkeiten. Es geht um die Beziehung der Teilnehmer zum Therapeuten sowie um das Verhältnis der Mitglieder untereinander. Welche Dynamik die Gruppensitzungen entwickeln, deutet ein späterer Brief Emilies an: „[...] in geschwächtem Zustand hat sie [Sofie] mit Dr. Groß Tobsuchtsanfälle Schwerkranker miterlebt (als ich im Februar 1910 [...] bei ihr war, hat sie mir von diesen Dresdner Erlebnissen erzählt)."[540]

Beachtenswert ist, wie viele Bälle Otto Gross in der Luft halten muss und welch eine Gratwanderung sich für ihn als Therapeuten ergibt, um emotionalen Ereignissen zu begegnen. „Eine Psychoanalyse gleicht also weit weniger einer ärztlichen Behandlung in jedem früheren Sinne als einer mittelalterlichen Dämonenaustreibung, einer Geisterbeschwörung durch das Wort. [...] Keiner hat klarer als er [Freud] gesehen, dass die Analyse in ihrem tiefsten Sinne im Bunde steht mit dem Tod. Die Analyse ist Zerstörung, Zerstörerin aller festgewordenen, lebengründenden Zusammenhänge, aller Illusionen, des grossen Lebensschleiers [...]."[541]

Hat Otto Gross Netze gespannt, um psychisch labile Patienten emotional aufzufangen?

---

539 Siehe: Stefanie Poley, S. 299.
540 Brief Emilie Benz an Hans Gross, 02.05.1911. Privatarchiv P.B.
541 Margarete Susman: Gestalten und Kreise. Stuttgart, 1954, S. 185.

Die Folgen der Analyse

Der Schriftsteller Paul Fechter, Feuilletonredakteur bei den *Dresdner Neuesten Nachrichten*, ist nicht Teilnehmer an den Sitzungen, schreibt jedoch in seinen Erinnerungen:

> In diese Welt brach nun die Psychoanalyse ein. [...] der junge Arzt weihte in endlosen nächtlichen Sitzungen die beiden Brüder in die Geheimnisse der neuen Lehre ein – mit dem Erfolg, daß Heinrich und Paul Goesch, konsequent und folgerichtig in allem, was sie geistig aufnahmen, sich nicht mit der Theorie begnügten, sondern sich daranmachten, die Lehre in die Tat umzusetzen. [...] Sie analysierten sich und die anderen; sie inszenierten nächtliche Komplexlösungen mit einer Gründlichkeit, daß Niederpoyritz aufsässig wurde [...]. Gerede steigt auf und verebbt wieder. Verhängnisvoller war, daß Paul Goeschs dünnwandige Seele bei diesen Experimenten einen Sprung bekommen hatte. Die Analyse hatte bei ihm offenbar Hemmungen ausgeschaltet, die für den Halt seines Lebens notwendig gewesen waren.[542]

Was diese „Experimente" bedeuten, ist bekannt: Das Ausleben von Sexualität mit unterschiedlichen Partnern ist Gross` Programm. Inwieweit sich die Teilnehmer der Sitzungen diesem Programm freudig oder gezwungenermaßen unterwerfen, bleibt offen. Die Analyse wirkt sehr unterschiedlich: befreiend – wie Elisabeth Lang andeutet –, aber auch psychisch stark belastend, wie Emilie berichtet. Für Paul Goesch ist die Analyse ein Experiment, an dem er scheitert; er lebt anschließend sechs Monate in Sanatorien in Hedemünden und Tiefenbrunn. Für Heinrich Goesch und seine Frau nimmt das Leben nach der Analyse einen anderen Verlauf.

> Er machte Experimente auf allen Gebieten, auch auf dem der Ehe, alles unter dem Gesichtspunkt bestimmter Ideen. [...] Gertrud selber mußte sich als Trägerin dieser Ideen ihren Möglichkeiten unterwerfen. Doch waren ihre Nerven solchen Erschütterungen wohl schlecht gewachsen.[543]

Käthe Kollwitz, Gertrud Goeschs Cousine, verfolgt die Vorgänge im Hause Goesch skeptisch und kommentiert sie in ihren Tagebüchern. Von Heinrich Goesch, der 1917 mit seiner Familie in das Tessin nach Ronco nahe Ascona zieht, berichtet Richard Seewald in seinen Lebenserinnerungen[544]. In der

---
542 Paul Fechter: Menschen und Zeiten. Begegnungen aus fünf Jahrzehnten. Gütersloh 1948, S. 252f.
543 Beate Bonus-Jeep: Sechzig Jahre Freundschaft mit Käthe Kollwitz. Boppard 1948, S. 94f.
544 Heinrich Goesch, kommt 1909 erstmals nach Ascona, lebt zur Miete bei Henri

Mühle von Ronco kommt ein Kreis Gleichgesinnter zusammen, debattiert und philosophiert. Auch Heinrich Goesch ist dabei.

> [...] nie vergessen werde ich das fette weiße Gesicht mit den schwarzen brennenden Augen, das, mir gerade gegenüber, hinter der Kerze wie in der Luft zu hängen schien. [...] Von dem, der da redete, habe ich später einmal ein Bildnis gemalt (der Professor Edgar Jaffé kaufte es), wie er auf der oberen Mühle in der Öffnung der Falltüre saß, durch die er heraufgestiegen war gleichsam aus der Unterwelt.[545]

Auch das Leben von Gertrud Goesch ändert sich durch die Sitzungen in Dresden, wie Käthe Kollwitz schreibt:

> Sie [Gertrud] will Heinrich und die Kinder hierlassen und weggehn. [...] indem sie mit Groß ein Verhältnis hatte und seine Ideen mit leidenschaftlichem weiblichen Radikalismus durchkostete. [...] Gertrud ist zerstört. Sie *ist* zerstört. Sie ist gänzlich in ihren Nerven zerstört. Ihr Tun ist reinweg unverständlich. Die Ehe ist zerstört. Die Einwirkung auf die Kinder ist unabsehbar.[546]

Die „freie Liebe" ergreift nicht nur die Analysegruppe von Otto Gross, sondern weitere Mitglieder der Familien Goesch und Kollwitz. So findet sich in Käthe Kollwitz' Tagebuch der Eintrag: „Lise ist doch durch Goeschs beeinflußt. Durch das offene Bekenntnis zur Polygamie. Das imponiert ihr. Und scheint ihr eventuell nachahmenswert."[547] Was Käthe Kollwitz noch nicht weiß: Ihre jüngere Schwester Lise, seit zwölf Jahren mit Georg Stern verheiratet, hat da bereits ein Verhältnis mit dem zehn Jahre jüngeren Psychologen Max Wertheimer.

Paul Goesch bringt seine neuen Einsichten in einem Brief an seinen Vater zum Ausdruck. Darin beklagt er sich über die ‚Herrschsucht' des Vaters und stellt infolgedessen bei sich selbst die Gefahr der ‚Servilität' fest.[548] Die Unterwerfungstendenz im Zusammenhang mit Masochismus ist eines der von Otto Gross favorisierten Themen.

Ein Fall von Kurpfuscherei?

Die Analysesitzungen in Dresden haben 1909 ein juristisches Nachspiel, denn Max Wertheimer erstattet Anzeige gegen Otto Gross wegen einer angeblich

---

Oedenkoven auf dem Monte Verità. 1917 kauft er in Ronco ein Weinberghäuschen, Casa S. Giovanni, wo er mit Unterbrechungen mit seiner Familie lebt.
545 Richard Seewald, 1977, S. 8.
546 Jutta Bohnke-Kollwitz (Hg.): Käthe Kollwitz: Die Tagebücher. Berlin 1989, S. 583ff.
547 Jutta Bohnke-Kollwitz (Hg.), 1989, S. 47.
548 Vgl. Stefanie Poley, S. 312f.

„unsachgemäß durchgeführten Psychoanalyse von Heinrich und Gertrud Goesch, die bei beiden zu psychischer Gefährdung geführt habe."[549] Als Psychologe gehört er einer anderen Denkrichtung an als Otto Gross.

Der Stein ist ins Rollen gebracht, und am 20. Mai 1909 ergeht an die Klinik Burghölzli eine „Anfrage der Münchener Polizei durch die Regierung, was mit dem Kranken los sei, er stehe wegen Kurpfuscherei in Untersuchung."[550] Emanuel Hurwitz kommentiert:

> Die Psychoanalyse als Heilmethode auszuüben, ‚in seiner Freudschen Manier', war damals für einen Arzt nicht ohne Risiko. Es war durchaus möglich, in ein Verfahren wegen Kurpfuscherei verwickelt zu werden. Otto Gross hatte im Jahr zuvor die Schulmedizin und die klinische Psychiatrie angegriffen, als er sich für seine Patientin Elisabeth Lang einsetzte. Nun schlug die Schulmedizin zurück. […] Nun wurde ihm von der Institution Psychiatrie der Vorwurf der unseriösen Behandlungstechnik gemacht.[551]

Die Klinik Burghölzli, aus der Otto Gross vor einem Jahr geflohen war, erkundigt sich bei Otto Gross' Vater nach den Hintergründen der Ermittlungen. Am 29. Mai 1909 schreibt Hans Gross, schockiert über die wiederholte Unruhestiftung seines Sohnes, an die Klinik: „Mein Sohn hat in Dresden ein Ehepaar ... nach seiner Freudschen Manier behandelt, nach der auch in München von ihm Behandlungen vorgenommen wurden. […] Die Behandlung, welche anfangs bei dem Ehepaar große Erregungszustände hervorrief, hatte schließlich guten Erfolg, wie ich durch Hofrat Rade in Dresden und den Dr. G. [Gross] selbst erfahren habe."[552]

Hans Gross macht die Anzeige gegen Otto – obwohl er dessen Lebensweise und Tätigkeiten missbilligt – zu seiner persönlichen Verteidigungsaufgabe. Die Ermittlungen schreiten jedoch voran, auch Käthe Kollwitz' Ehemann Karl wird mit einbezogen. Käthe Kollwitz schreibt am 24. September 1909 in ihr Tagebuch: „Gestern hat Karl eine Aufforderung vom Münchener Gericht bekommen über Gross auszusagen. Er hat es ausführlich und mit Namennennung und Zeugenangabe getan, nachdem Hans Prengel da war und von jeder Schonung abriet. Er teilte mit, daß Grete von ihm fort sei und mit einem Kunstmaler hier in Berlin lebe."[553]

Dass es nicht zu der Eröffnung eines Hauptverfahrens kommt, hat Otto Gross vermutlich dem Einfluss seines Vaters zu verdanken. Die psychoanaly-

---
549 Siehe: Jutta Bohnke-Kollwitz (Hg.), 1989, S. 764.
550 Emanuel Hurwitz, S. 206.
551 Emanuel Hurwitz, S. 207.
552 Emanuel Hurwitz, S. 206. Hans Gross gibt seinen beschuldigten Sohn als Zeugen an.
553 Jutta Bohnke-Kollwitz (Hg.), 1989, S. 54.

tischen Sitzungen sorgen in Dresden und weiteren Kreisen für Gesprächsstoff, was sich Mitte Juni einem Brief von Gustav Landauer an Erich Mühsam entnehmen lässt:

> Ich habe bei allen, die sich bisher bei Gross in die Analyse begaben, die unheilvollste Wirkung gesehen, und ich fürchte, daß mancher durch seine Suggestionen zeitlebens einen Knax weg hat. Ich kann nur mit größter Erbitterung an diese Dinge denken. Ich möchte ihm nicht wünschen, daß ich je die Zeit finde, gründliche Forschungen über sein Unwesen anzustellen und mit ihm abzurechnen.[554]

Kein Wort ohne Cocain

Eines der Persönlichkeitsmerkmale Otto Gross' ist die Drogensucht. „[…] er war Kokainist und Morphinist, […] begabter und umstrittener Analytiker, der gleichzeitig anarchistische Ideen vertrat"[555] – so oder ähnlich wird er geschildert. Eine durch angegriffene Schleimhäute blutverschmierte Nase, ein weiß bestäubtes Revers … verheimlichen kann er die Sucht nicht.

Sofie Benz, ab Winter 1908/1909 Otto Gross' Geliebte, muss sich mit seinem Drogenkonsum auseinandersetzen. Sie weiß davon seit fast drei Jahren, wie Emilie in einem Brief schreibt:

> Sofie sagte mir 1906, als sie Dr. Gross erst kurz kannte und mit großer Wertschätzung von ihm sprach, daß er früher Morphinist gewesen sei, er habe es nur ihr gesagt, es sollte nicht davon gesprochen werden, weil seine Achtung als Arzt darunter leiden könnte, mit großer Willenskraft habe er sich frei gemacht. – <u>Um</u> nachher zu andern Giften zu greifen.[556]

Emilies Aussage ist bemerkenswert, wird doch in der Literatur stets von Gross' offen gelebter Drogensucht geschrieben und dass er dieses „Merkmal" nie verbirgt. In Ascona 1906 trägt er das „Gift" trotz Entzugskur mit sich, wenig später will er die Sucht verheimlichen, weil er einen Imageverlust befürchtet. Seine Selbst- und Fremdtäuschung entspricht dem Verhalten eines Abhängigen.

Dass Kokain und Morphium Suchtdrogen sind, wird erst Ende der 19. Jahrhunderts zu einer wissenschaftlich fundierten Erkenntnis. Noch Sigmund Freud experimentiert mit dem „weißen Pulver" Kokain und beschreibt die aus seiner Sicht positiven physischen und psychischen Wirkungen gegen Depression, Appetitlosigkeit und Magenbeschwerden. Ab den 1880er Jahren wird Ko-

---

554 Erich-Mühsam-Gesellschaft e.V. (Hg), 2000, S. 16f.
555 Brabant, Falzeder u.a. (Hg.): Sigmund Freud, Sándor Ferenczi. Briefwechsel, Bd. 1. Wien 1993, S. 219, Fußnote 6.
556 Brief EB an Ernst Frick, 30.04.1911.

kain als „Gift" bezeichnet und die Gefahr von Abhängigkeit und Überdosen ernst genommen. Freud distanziert sich später von seinen zwischen 1884 und 1887 veröffentlichten Schriften zum Kokain als „Jugendsünden".

Otto Gross kann den Weg in die Drogenabhängigkeit ausführlich begründen: „Und seit dem ersten Male, dass ich Cocain zu mir genommen, entdeckte ich mit grösster Ueberraschung, dass mir das Cocain die Hemmung wegnimmt. Und jedes Wort, das ich geschrieben habe, ist unter der Wirkung des Cocains geschrieben gewesen […]."[557]

Ein weiterer Grund für Gross` Drogenkonsum ist die Unterdrückung von Leid. Sigmund Freud thematisiert das in seiner Schrift *Das Unbehagen in der Kultur*: „Die interessantesten Methoden der Leidverhütung sind aber die, die den eigenen Organismus zu beeinflussen versuchen. […] Die roheste, aber auch wirksamste Methode solcher Beeinflussung ist die chemische, die Intoxination."[558]

In welchen Mengen und Zusammensetzungen Otto Gross die Drogen konsumiert, ist der Krankenakte des Burghölzli 1908 zu entnehmen: „[…] vermehrter Opiumgenuß, in letzter Zeit in 2 Tagen 15 gr. Op. pur. Daneben noch pro Tag Anaesthesin + Kokain … per nase. Im Monat für ca. 100 Mark Narkotika gebraucht."[559] Als Otto Gross 1913 in Berlin lebt, heißt es: „[…] mischte und konsumierte jetzt täglich braunes und weisses Pulver, 5 g Opium und 5 g Kokain im Wert von 80 Mark die Woche, wie sein Advokat berichtet und Akten festhalten – zusätzlich schluckte er das weisse Anästhetikum Benzocain, Handelsname Anästhesin, oder Hurricane […]."[560]

Gross` Freunde sowie Frieda Gross, Frieda Weekley und Else Jaffé flehen ihn immer wieder an, den Drogen zu entsagen. Er verspricht es, versucht es, leidet unter Entzugserscheinungen und Arbeitsunlust. Ende 1907 schreibt Else Jaffé in ihrem Abschiedsbrief an ihn, wie sehr seine Sucht das Zusammensein mit anderen Menschen belastet: „Wir wissen ja gar nicht, wie viel von dem, was uns Deine Ideen unannehmbar macht, […] die Kritiklosigkeit, der gänzliche Mangel an Nuancierung und Unterscheidungsfähigkeit den einzelnen Menschen gegenüber, am Ende vom Morphium kommt."[561]

An seinem Drogenkonsum zerbrechen Freundschaften, Beziehungen und Karriere. Die Sucht ist mitverantwortlich, dass ihm die Anerkennung als Wissenschaftler versagt wird. Er provoziert mit seinen Erkenntnissen wie auch mit

---

557 Josef Berze, Dominik Stelzer, S. 26.
558 Sigmund Freud: Das Unbehagen in der Kultur. Frankfurt/M. 1962, S. 107.
559 Emanuel Hurwitz, S. 139.
560 Werner Portmann: Vom Saccharin und anderen weißen Pulvern. In: Gottfried Heuer (Hg.): Utopie & Eros: Der Traum von der Moderne. Marburg 2006, S. 424.
561 Theory, Culture & Society 1998, S. 157.

der Lebensweise. Wenige Fachkollegen können damit umgehen, doch von Künstlern und Anarchisten wird er angenommen.

Otto Gross' Körper macht den kontinuierlichen Angriff auf seine Gesundheit durch den gleichzeitigen Konsum verschiedener psychotrop wirkender Substanzen – begleitet von unregelmäßigem Lebenswandel – mehr als zwanzig Jahre mit. Als er 1920 stirbt, schreibt Erich Mühsam mit Trauer: „Otto Groß – [...] Ein großer starker Geist, der ewig in den Fesseln willensschwacher Körperlichkeit lag. Ein Sklave von Morfium und Kokain rang er um höchste seelische und menschliche Freiheiten. Nun ist der zerstörte Körper des herrlichen Geistes Herr geworden."[562]

Noch ist es nicht soweit. Doch als Sofie die Geliebte von Otto Gross wird, ist auch sein Drogenkonsum ein ständiger Begleiter. Wie fühlt sie sich in der Öffentlichkeit mit einem Mann, dem die Drogenabhängigkeit anzusehen ist? Wenn in Publikationen Sofie als drogenabhängig bezeichnet wird, so ist dies eine Kolportage, die ihre Grundlage in dem Roman von Leonhard Frank *Links wo das Herz ist* hat. Da schildert er seine letzte Begegnung mit Sofie und Gross am Münchner Bahnhof, beide angeblich unter dem Einfluss von Drogen stehend. Diese Szene hat Sofies Bild – aufgrund einer Fiktion – in der literarischen Öffentlichkeit beeinflusst.

Exkurs: Otto Gross publiziert

Otto Gross ist auch 1909 publizistisch tätig, und obwohl er nicht mehr zu Kongressen eingeladen wird, bleibt er im Gespräch. Bei einem Vortragsabend der Wiener Psychoanalytischen Vereinigung im März 1909 heißt es im Protokoll: „Prof. Freud bemerkt dazu, daß alle Neurosen und Psychosen eine Ätiologie [Ursache] haben und sich auf analoge Störungen der gleichen Triebe zurückführen lassen werden. [...] So ist auch die Manie nichts als ein Verdrängungsmechanismus, wie schon Otto Groß darlegte."[563]

Gross' Buch – 121 Seiten – *Über psychopathische Minderwertigkeiten* erscheint im Juni 1909 und wird von Sigmund Freud mit Spannung aufgenommen. Wieder mischen sich Bewunderung mit Irritation und Abwehr. Er schreibt an C.G. Jung:

> Ereignis ist ein gestern angelangtes Buch von Otto Groß: ‚Über psychopathische Minderwertigkeiten', noch nicht studiert, aber offenbar wieder sehr wertvoll, von kühner Synthese und überreich an Ge-

---

562 Erich-Mühsam-Gesellschaft, Lübeck. Link zu Tagebüchern. Heft 25, 09.10.1920.
563 Hermann Nunberg, Ernst Federn (Hg.): Protokolle der Wiener Psychoanalytischen Vereinigung, Bd. II., Neuausgabe Gießen 2008, S. 163. Das Protokoll bezieht sich auf Otto Gross' Werk ‚Das Freudsche Ideogenitätsmoment und seine Bedeutung im manisch-depressiven Irresein Kraepelins' von 1907.

danken, wieder auch an zweierlei Hervorhebungen im Druck (fett und gesperrt), was einen exquisit paranoischen Eindruck macht. Schade um den bedeutenden Kopf! Ich weiß übrigens nicht, ob ich werde das Buch verstehen können.[564]

Sigmund Freud liest das Buch, kommentiert aber nicht inhaltlich. Im März 1910 schreibt der Psychoanalytiker Sándor Ferenczi an Freud: „Ich lese jetzt Gross' Buch über die Minderwertigkeit und bin darüber entzückt. Kein Zweifel: unter denen, die Ihnen bis jetzt folgten, ist er der bedeutendste. Schade, daß er verkommen muß."[565] Wieder ein vernichtendes Urteil.

Otto Gross` Schreibweise ist expressiv. Fettdruck und einfache bzw. doppelte Unterstreichungen kennzeichnen die Eindringlichkeit seiner Aussagen auch in Briefen. Otto Gross brennt die Botschaft hinter den Worten suggestiv ins Gehirn. Der Leser soll aufwachen, begreifen, sich packen lassen – im Positiven wie im Negativen. Respekt wird Gross gezollt, doch er ist seiner Zeit um Jahrzehnte voraus. Es ist niemand bereit, seine Gesellschafstheorie in die Praxis umzusetzen. Nur die Technik zur sexuellen Befreiung findet Anklang.

Frieda Gross und der Schweizer Anarchist

Otto Gross greift im Rahmen seiner Analysen zu „Umgruppierungen". Das betrifft auch seine Frau Frieda, die sich zu dieser Zeit innerlich von ihm gelöst hat. Im Buch von Leonhard Frank ist zu erfahren: „Er hatte seiner Frau, die er liebte und verehrte, dem Schweizer Anarchisten zugeteilt […]."[566] Lassen sich Frieda Gross und Ernst Frick instrumentalisieren? Das würde nicht zu ihren Persönlichkeiten passen. Wer ist Ernst Frick? Emil Szittya erwähnt ihn im *Kuriositäten-Kabinett*.

Sie [Frieda] verließ Groß und wurde mit seiner Erlaubnis die Geliebte eines Züricher Anarchisten Frick. Dieser Herr hatte eine Tradition im Geliebtersein. […] Zuerst war er nur der Ausgehaltene von Arbeiterinnen, die mühselig ihr Geld verdienten, aber allmählich entwickelte er sich nur zu intellektuellen Frauen; bis er dann bei Frida [sic!] Groß strandete und Karriere machte.[567]

Einen Einblick in Ernst Fricks Leben gibt die Biografie *Ernst Frick. Zürich – Ascona – Monte Verità*[568] mit den Untertitel *Anarchist, Künstler, Forscher*. Frick wird 1881 in Knonau im Kanton Zürich in der Schweiz geboren. Als

---

564 McGuire (Hg.), S. 250f. Brief 03.06.1909, auch in A. Carotenuto (Hg.), S. 235.
565 Eva Brabant (Hg.): Sigmund Freud – Sándor Ferenczi, Briefwechsel, Bd. 1, Wien 1993, Brief 22.03.1910, S. 233.
566 Leonhard Frank, 1976. S. 38.
567 Emil Szittya, 1973, S. 151f.
568 Esther Bertschinger-Joos, Richard Butz: Ernst Frick. Zürich 2014.

er vierzehn Jahre alt ist, stirbt der Vater bei einem Unfall. Obwohl Ernst eine künstlerische Begabung verspürt, muss er ein Handwerk erlernen und wird Gießer in einem Industriebetrieb. Für seine politische Entwicklung bedeutsam sind Auseinandersetzungen im Arbeitermilieu, vornehmlich in Zürich, einem Schmelztiegel revolutionären Gedankenguts. „Ernst Fricks theoretisches Wissen und seine Lust, über ‚Gott und die Welt' zu diskutieren, zu streiten, wurden zu einem prägenden und immer wieder erwähnten Merkmal seiner Persönlichkeit."[569] Ernst Frick kommt mit dem Züricher Arbeiterarzt Fritz Brupbacher, dem in Ascona lebenden Arzt und Anarchisten Raphael Friedeberg, der Frauenrechtlerin und Gewerkschafterin Margarethe Hardegger, dem Anarchisten und Pazifisten Matthias Malaschitz sowie Erich Mühsam zusammen und setzt sich mit ihren Ideen auseinander.

Brupbacher sieht – wie Otto Gross – den Anarchismus als Grundlage für die Entwicklung der Triebe und den Weg zur Freiheit. Beide sind ihrer Zeit voraus, denn erst in den 1920er Jahren wird Psychologie mit Anarchismus zusammen gedacht. Noch ist den meisten Marxisten und Anarchisten die neue Wissenschaft Freuds fremd. „Die Sozialisten betrachteten die Psychoanalyse […] als eine bürgerliche Wissenschaft, und Sigmund Freud stand dem Anarchismus verständnislos gegenüber, war er doch überzeugt von der Notwendigkeit einer hierarchisch geordneten Gesellschaft."[570]

Der Berliner Arzt und sozialdemokratische Reichstagsabgeordnete Raphael Friedeberg wurde vom französischen Syndikalismus beeinflusst und kommt 1904 erstmals nach Ascona, wo er bald als „Vater der Askoneser Anarchisten"[571] ein Anlaufpunkt ist.

Im August 1905 wird Ernst Frick wegen anarchistischer Umtriebe verhaftet. Der Züricher Polizeikommandant schreibt:

Frick ist ein bekannter Anarchist, Angehöriger der Gruppe ‚Weckruf' […]. Frick ist ein frecher, unverschämter Mensch und ist von ihm eine anständige Antwort nicht zu bekommen. […] Eine Zimmer- oder Effektendurchsuchung war nicht möglich, indem das Logis des Frick unbekannt ist und er solche zu nennen verweigert.[572]

Ernst Frick von 1906 bis 1909

Im Rahmen der polizeilichen Untersuchungen fällt auch der Name Otto Gross, der zu dieser Zeit Kontakt zu den Züricher Anarchisten hat.

---
569 Bertschinger-Joos, Richard Butz, S. 29.
570 Karl Lang: Kritiker, Kämpfer, Ketzer. Das Leben des Arbeiterarztes Fritz Brupbacher. Zürich 1983, S. 193.
571 Emil Szittya, 1973, S. 100.
572 Bertschinger-Joos, Richard Butz, S. 43.

1906 wird Ernst Frick von Brupbacher an den Kollegen Raphael Friedeberg zur Kur nach Ascona überwiesen. Ascona ist der ideale Ort für Frick und seine Leidenschaft, mit Gleichgesinnten zu diskutieren. Hier trifft er alte Bekannte aus Zürich: Erich Mühsam, Johannes Nohl, Otto Gross. Auch Sofie, Anna Haag und Leonhard Frank sind ab Anfang Mai 1906 in Ascona; es ist das erste Zusammentreffen von Frick und Sofie.

Im April 1906 begeht Lotte Hattemer Selbstmord, wobei Otto Gross in Verdacht gerät, das Gift besorgt zu haben. Dass die Asconeser Anarchisten etwas damit zu tun haben, bestätigt Gross Jahre später: „Von diesem wirklichen Vorgange, so wie er sich tatsächlich abgespielt hat, wissen nur meine Freunde, die Anarchisten, die mich nicht verraten haben und nicht verraten werden [...]."[573] Ernst Frick gehört zu ihnen. Angeblich sollte Lotte Hattemer aus dem Weg geräumt werden, da sie von anarchistischen Umtrieben gewusst habe.[574]

Auch nach seiner Rückkehr aus Ascona hält sich Frick in anarchistischen Kreisen auf und wird in Polizeiakten als „rühriger Anarchist und Antimilitarist"[575] geführt. Margarethe Hardegger ist zeitweise seine Partnerin. Anfang Juni 1907 nimmt Frick an einem Überfall auf die Kaserne der Züricher Kantonspolizei teil, wird aber wegen Margarethes günstigem Alibi für nichtschuldig befunden. (Jahre später wird der Fall neu aufgerollt und Frick zu einem Jahr Gefängnis verurteilt.)

Um dem Fokus der Polizei zu entgehen und den Freunden aus Zürich und Ascona nahe zu sein, begibt sich Ernst Frick nach München, wo er im Kreis von Otto Gross willkommen ist. Doch München wird nicht sein fester Wohnsitz; es zieht ihn zurück nach Ascona und Zürich. Als Otto Gross im Mai 1908 in der Klinik Burghölzli weilt und über die Mauer entweicht, gibt es die Vermutung, dass ihm seine anarchistischen Züricher Freunde – unter ihnen Frick – geholfen haben.

Im Oktober 1908 solidarisiert sich Ernst Frick mit Streikenden und beteiligt sich am Anschlag auf eine Züricher Straßenbahn. Kurz darauf ist er in München, wo im März 1909 durch Erich Mühsam die Gruppe *Anarchist* und im Mai 1909 die Untergruppe *Tat* des Sozialistischen Bundes aufgebaut wird. Frick verkehrt im Café Stefanie, trifft dort Freunde und auch Frieda Gross.

Frieda Gross und Ernst Frick werden Anfang 1909 ein Paar. In einem Brief an Else im August berichtet Frieda von einer Fehlgeburt und schreibt über Ernst Frick, den Vater des verlorenen Kindes: „An Ernst denke ich mit großer Zärtlichkeit. Ich möchte wieder ein Kind von ihm. Ich hab ihn ‚unselig-lieb' nenn ich es manchmal bei mir selbst. [...] Ich seh ein schönes, edles Gesicht,

---
573 Josef Berze, Dominik Stelzer, S. 31.
574 Emanuel Hurwitz, S. 200.
575 Bertschinger-Joos, Richard Butz, S. 52.

dem neben einer süssen Weichheit der höchste Stolz und eine ausserordentliche Willenskraft von Natur vermeint ist. Ich möcht mich vierteilen lassen, um ihn froh zu machen. Er kann nicht froh sein."[576]

Auch Sofie lernt durch ihre Freundschaft mit Frieda Gross Ernst Frick näher kennen, was am Ende ihres Lebens in eine kurze Beziehung mündet. Nach ihrem Tod wird der Schwester Emilie bewusst, wie eng Sofies Verhältnis zu Frick gewesen ist, und sie wird Erkundigungen über den Mann einholen, der ihr bis dahin völlig unbekannt war.

Zwei Briefe von Frieda, zwei Männer auf Rab

Sofie hat in den vergangenen Jahren die Beziehungsfreuden und -leiden von Else Jaffé, Frieda und Otto Gross miterlebt; auch die Beziehung von Frieda und Ernst bleibt ihr nicht verborgen. Frieda, Otto Gross und Ernst Frick besuchen im August 1909 in Graz Friedas Vater und Ottos Eltern, denen Frick vorgestellt wird. Emanuel Hurwitz berichtet: „Der Vater [Hans Gross] war vorerst von dem aus einfachen Verhältnissen stammenden, aber außergewöhnlich kultivierten und gebildeten jungen Mann recht angetan. […] Die Enttäuschung Hans Gross` war sicher groß, als er vernahm, auch Frick gehöre zu dem ‚anarchistischen Gelichter‘, und sei sogar schon bestraft worden."[577]

Otto und Ernst reisen anschließend weiter auf die zum Kaiserreich Österreich-Ungarn gehörende Insel Rab, während Frieda mit Peterle in Graz bei ihrem Vater bleibt. Hier erleidet sie eine Fehlgeburt und schreibt an Sofie einen Brief, aus dem deutlich wird, wie eng die Freundschaft der beiden Frauen ist.

> [ohne Anrede] 27. August. Ich kann garnicht sagen, wie mich Dein Brief gefreut hat. Es war mir wie ein Wunder dass er gekommen ist. Niemand hat gewusst wie schlecht's mir geht. Und vor ein paar Tagen als es am ärgsten war – da kommt äusserlich ganz unmotiviert, ein unbeschreiblich liebes Telegramm von Otto und hebt mich aus den finstern Gründen zu einem hoffnungsvollen Blick ins Leben – ein Brief von ihm kommt nach. – Ernst schreibt mit jedem Schiff liebe Worte.
> Und gestern kommst Du und redest so zu mir, dass Du mir ganz nah bist und ich Dich ganz mit Deiner grossen, ganz nur Dir eigenen Liebheit sehe. Da eben niemand wusste, wie schlecht es mir geht und grad ihr drei kamt mich liebzuhaben und mir zu sagen, alles werde gut werden, das hat mir eine Hoffnung gegeben, zu hoffen

---

576 Brief FG an EJ, 25.8.(1909), Tufts #42.
577 Emanuel Hurwitz, S. 233.

und ein Gefühl, dass diese Welt doch nicht heimatlos ist. Das hat so wie ein Wunder gewirkt und Töne der Freude geweckt. –
Das Böcklein ist fort. Und als es so kam, hab ich an einem Sturm von Verzweiflung gemerkt, wie gern ich es haben wollte. Seit 5 Tagen lieg ich in dieses grässliche Bett gemauert, in dem Du mich letztes Jahr getroffen hast. Und noch viele Tage länger muss ich da liegen und die alten Tapeten anschauen und einen Vorhang, auf dem seit so vielen Jahren grosse Hortensien zur Decke hinaufsteigen wollen und sie nicht erreichen können. Und mit niemand reden als mit meinem Vater und Adele. Und Adele bringt Rosen aus ihrem Garten und würde noch mehr flattern vor Freude, wenn sie wüsste, was sich begeben hat.
Der Arzt hilft mir, alle zu belügen. Ich habe nicht geahnt, dass so etwas nach so kurzer Zeit schon eine so lästige Affäre ist. Dass man liegen muss wie ein Lamm und 3 Schritte im Zimmer mit Strömen von Blut bezahlt. Nicht einmal schlafen kann man ordentlich. Die Tage sind ewig – und sogar der Kalender hat seinen Reiz.[578]

Friedas Trauer wegen des Verlusts des Kindes und ihre Einsamkeit sind groß. Auch dass Sofie Frieda ein Jahr zuvor in Graz besucht hat, ist zu erfahren. Es muss eine gute Freundschaft sein, wenn Sofie zu den wenigen Menschen gehört, denen sich Frieda öffnet.

Sofie ist in München, Frieda in Graz, und Otto verbringt mit Ernst Frick Urlaubstage auf Rab. Oder sollte der „Urlaub" andere Gründe haben? Für Ernst Frick ist die Reise eine Möglichkeit, Deutschland zu verlassen, denn zur gleichen Zeit wird Erich Mühsam wegen eines Sprengstoffanschlags auffällig, und auch Frick, der zur *Tat*-Gruppe gehört und die Schweiz im Unfrieden verlassen hat, befürchtet juristische Folgen. So ist er auf dem Balkan weit weg von München.

Frieda Gross-Schloffer. (Foto Bertschinger-Joos)

Von Graz ist dieser Teil der Österreich-Ungarischen Monarchie mit der Bahn ohne Grenzübertritt zu erreichen. 1889 war die Stadt Rab auf der gleich-

---
578 Brief Frieda Gross an SB, 27.08.[1909], Privatarchiv P.B.

namigen Insel zu einem Ferien- und Kurort erklärt worden. Hier entstand das das erste Gelände für Freikörperkultur in Europa.

Ernst Frick und Otto Gross verbringen nicht unbeschwerte Ferien, denn Frick hat einen Auftrag: Er soll den Freund mit einer privaten Entzugskur vom Drogenkonsum befreien. Frieda schreibt an Else:

> Ernst arbeitet wie ein Ross mit Otto. Seinen ganzen Idealismus, seine ganze Kraft setzt er ein. Es ist mir wie ein Märchen. Aber das Ende wird schlecht sein und in Ernst selbst lebt diese Ahnung. Diesen Einsatz von Kraft und Glauben umsonst gemacht zu haben, muss seine schon geschädigte Psyche noch mehr schädigen. Wirklich gut werden aber kann Otto nicht. Wird Otto nicht.[579]

So viele Menschen bemühen sich um Otto Gross` Wohlergehen und wenden sich resigniert ab! Frieda erkennt: „Denn Otto hat auf jedes Leiden sofort eine Lüge gesetzt – in der Form von Opium oder in schlimmerer Form. Viel über Otto, – über die Corruption seines Characters ist mir in letzter Zeit klar geworden. […] Ein seltsames Schicksal bin ich mit diesen zwei Männern. Es scheint mir, dass auch Ernst einer ist, von dem ich mich nicht lossagen kann."[580]

Ein Kind für Sofie?

Auch wenn es aus dem Jahr 1909 – abgesehen von dem Brief an Frieda – keine Informationen von Sofie gibt, so ist davon auszugehen, dass sie eine feste Liebesbeziehung mit Otto Gross hat. Der Meldebogen der Stadt München verzeichnet 1908 und 1909 mehrere Ab- und Anmeldungen. Sie wohnt vom 9. Dezember 1907 bis 1. April 1908 in der Türkenstraße 11, dann in der Schellingstraße 70, wo sie sich am 10. Oktober 1908 abmeldet. Für einen knappen Monat ist sie in der Turmstraße 35 angemeldet, dann in der Kurfürstenstraße 35 bis zum 1. Juli 1910. Allerdings sind die Eintragungen unübersichtlich und der unzulänglichen Registrierung des Amtes geschuldet. Dennoch passt der Meldebogen zu einer späteren Bemerkung von Ernst Frick an Emilie, dass Sofie 1909 und 1910 in verschiedenen Unterkünften gewohnt hat.

Von Sofie kommen zwischen September 1909 und Frühjahr 1910 keine Nachrichten, was Otto Gross beunruhigt. Frieda erwähnt in einem Nachsatz ihres Briefes am 4. Oktober: „Otto seit langem, trotz dringender Anfragen ohne Nachricht von Sofie."[581] Hängt Sofies Schweigen mit einer Schwangerschaft zusammen? Hat sie sich zurückgezogen? Will sie nichts mehr mit Otto zu tun haben? Denkt sie an eine Trennung? Oder hat sie diese vollzogen?

---

579 Brief FG an EJ, 25.08.1909, Tufts #42.
580 Brief FG an EJ, 25.08.1909, Tufts #42.
581 Brief FG an EJ, 04.10.1909, Tufts #43.

In Graz erhält Frieda Anfang Oktober eine Nachricht von Sofie, die besagt, dass sie schwanger ist. Warum erzählt Frieda das ihrer Schwiegermutter Adele? Aus dem, was Frieda am 4. Oktober an Else Jaffé schreibt, lässt sich keine eindeutige Aussage ableiten.

> […] nachdem heute bei mir Adele französisch getobt hat (auf meinen Wunsch franz. Alle Nebenhäuser wüssten es sonst). Für meine 70 Mk kriegt die Sofie ein Kind von einem fremden Mann, Otto wird es anerkennen, sie werden es bezahlen müssen. Aber man muss Otto heute noch mitteilen, dass er nicht wagen darf, so zu handeln, dass man noch je wieder für ein Kind zahlen muss. In diesem Augenblicke würde Papa sterben. Das weiss sie, *das* wäre sein Tod. Es war eine höchst abstruse Szene.
> Lisi erzählte mir nachher, nach der Geburt des Peter [582] habe Adele ihr gesagt, wenn ‚so etwas' noch *einmal* geschähe, würden sie nach Amerika auswandern, damit sie nichts ‚davon' sehen müssen.
> Dieses Entsetzensgeschrei um das Kind wird mir nachgerade unbehaglich. […] Da Adele mich für Ottos – nur gefürchtete – Kinder schon so beschimpft […]. Ein Atom von Kraft *mehr* heut' in mir und ich hätte ihr überhaupt gesagt, ich sei es durchaus müde für Ottos Leben zur Verantwortung gezogen zu werden. Ich bin es. Aber natürlich: Das ‚Schuldgefühl' für das zukünftige Kind sitzt mir im Genick.[583]

Friedas Brief fordert zu Vermutungen und Spekulationen auf wie kaum ein anderer Brief. Wofür bekommt Sofie 70 Mark? Ist es eine regelmäßige monatliche Unterstützung, oder ist es ein Schweigegeld, damit Sofie sagt, das Kind sei von einem „fremden Mann"? Regt sich Adele auf, weil sie weiß, dass das Kind von Otto ist? Ist es überhaupt von Otto? Hans Gross darf nichts wissen, deshalb die Lüge mit dem „fremden Mann"? Oder ist alles ganz anders?

Hans und Adele Gross, die 1903 so glücklich waren, dass ihr Sohn Otto in Frieda eine Frau gefunden hatte, die ihn psychisch stabilisiert, hatten große Erwartungen in sie gesetzt. Aber die erhoffte Retterin Ottos ist überfordert, wird dennoch für die Eskapaden ihres Ehemannes verantwortlich gemacht. Welches Schuldgefühl plagt Frieda? Nimmt sie die „Schuld" an und sieht sich als Mit-Verantwortliche für Sofies Schwangerschaft, da sie Mitwisserin von Otto Gross sexuellen Eskapaden ist?

---

582 Ottos Sohn mit Else: Peter Jaffé.
583 Brief FG an EJ, 04.10.1909, Tufts #43.

Sofie und Frieda sind zur gleichen Zeit schwanger. Wie ist Sofies Schwangerschaft ausgegangen? Hatte sie im Herbst 1909 eine Fehlgeburt oder eine Abtreibung? Von der Geburt eines Kindes ist nichts bekannt, so muss dieses Kapitel in Sofies Leben im Dunkeln bleiben.

Sofie, die Mutter eines Stammes?

Otto Gross' Gesellschaftsmodell ist visionär. Es gründet auf einer radikalen sozialen und politischen Gesellschaftskritik und ist geleitet von Vorstellungen einer gewaltfreien, machtfreien und vom Mutterrecht geprägten Welt. Zwei Frauen hat Otto Gross als Anführerinnen dieser neuen Gesellschaft im Auge: Frieda Weekley und Sofie Benz. In seiner Liebesbeziehung zu Frieda Weekley hatte Gross sie „als das vorausgeträumte Weib der Zukunft"[584] gewählt. Diese Illusion war mit dem Scheitern der Beziehung geplatzt.

Jetzt ist Otto Gross mit Sofie verbunden. Wird sie als „Weib der Zukunft" seine Träume erfüllen? Franz Jung schildert in *Sophie. Der Kreuzweg der Demut* das Ende auch dieser Träume. Sophie wird zunächst von Gross als Anführerin eines neuen Stammes auserkoren. „Du [Sophie] wirst über uns sein. Wir werden zu dir emporsehen. […] Du bist die Freude. Du wirst uns führen, wir glauben."[585] Otto Gross entwickelt – entgegen dem anarchistischen Ziel einer herrschaftslosen Gesellschaft – Gedanken einer hierarchischen Ordnung, allerdings innerhalb der Mutterrechtsgesellschaft. Diese soll von einer Frau geleitet werden: von Sofie. Otto Gross hat eine Vision:

> Wir müssen die Welt einteilen. […] Alle werden für uns arbeiten. Sie [Sophie] wird in einer Hütte wohnen, zu der die Menschen wallfahrten. […] Und ich bleibe immer bei ihr. Ich sitze zu Füßen. Ich habe an allem teil. Ich will immer mit ihr glücklich sein. Sie wird die Mutter eines Stammes sein. […] Sophie wird über allen sein. Sie wird immer den besten wählen. […] Sie kommt zu mir und sieht mich an, wir weinen und zittern vor Glück. Denn wir werden über diese Menschen und diese Welt hinaus uns treu sein.[586]

Gross erträumt sich ein Paradies, in dem nur die Liebe zählt. Wie er sich das Leben konkret vorstellt, ist ansatzweise in Franz Jungs Buch zu lesen. Es geht um eine Gesellschaft, die sich aus einem neuen Stamm bildet. Die Mutter dieses Stammes soll Sophie sein, die sich als Vater der Kinder immer „den besten" wählt. Dies entspricht Gross' Gedanken in seinem Werk *Über psychopathische*

---

584 John Turner u.a.: The Otto Gross Frieda Weekley Correspondence. Und Brief 1 auf: www.dehmlow.de. Abgerufen am 24.10.2020.
585 Franz Jung, 1915, S. 25.
586 Franz Jung, 1915, S. 37f.

Minderwertigkeiten, wo er in dem Kapitel „Die rassen- und gesellschaftsbiologische Stellung des Minderwertigen" seine Überlegungen zu „Prinzipien der Züchtung"[587] darlegt.

Doch Sophie kann die Bürde nicht tragen. „Du bist immer der Bonze, zu dem die Leute gelaufen kommen, und ich soll die Bonzenfrau sein. [...] Ich mag nicht die Bonzenfrau sein."[588] Sofie war Otto Gross` „Schülerin" gewesen. Sie hatte gelernt, das „Eigene" vom „Fremden" zu trennen, das „Angeborene" vom „Anerzogenen". Jetzt sagt sie klarsichtig: „So wie ich bin, darf ich das alles nicht sein."[589] Ihr „Eigenes" liegt nicht im Führen einer neuen Gesellschaft. Auch ihr wird bewusst – wie Frieda Gross, Else Jaffé und Frieda Weekley –, dass Otto Gross sie dominiert, verformt, nach seiner Vorstellung prägen will und ihr damit ihre Individualität nimmt.

Gross wollte seine Frau Frieda nie zur „Frau der Zukunft" machen, Else Jaffé hat sich als unbrauchbar für die freie Liebe erklärt. Weder Frieda Weekley noch Sofie Benz lassen sich instrumentalisieren, um nach der Theorie des Mutterrechts eine Position als Ur- bzw. Stammesmutter einzunehmen. Frieda Weekley und Sofie wehren sich gegen die Rolle, die Otto Gross ihnen oktroyieren will. Gerade er, der der Frau Freiheit und Entwicklung der eigenen Persönlichkeit durch das Mutterrecht geben will, versagt bei seinen Frauen. Nun erkennt Sophie – in Jungs Roman –, dass der Weg mit Otto Gross falsch war. „‚Es war eine dumme Täuschung. Ich habe gar nichts darin zu suchen [...]. Und wenn du wirklich in allem recht hast [...], so bleibt es für mich ein Traum, [...] ein gefährliches Experiment'."[590]

Sophies Worte sind voll bitterer Erkenntnis. Die Vision von Otto Gross ist nicht mehr ihre. Sie hat Gross unterstützt, nun bezeichnet sie seinen Weg als „gefährliches Experiment". Sie will nicht die Mutter eines Stammes, auch nicht Bonzenfrau, sondern sie selbst sein.

Wo ist Sofie? Ein langer Brief von Otto Gross

Sofie hat sich im Winter 1909/1910 von Otto Gross getrennt. In welchem Zustand und wo sie sich befindet, ist nicht bekannt. Arbeitet sie künstlerisch? Sie ist weder in München noch bei ihrer Schwester in Mainz, denn Emilie wird später sagen, dass sie zu dieser Zeit keinen Kontakt mit Sofie hatte. Möglich ist ein Aufenthalt in Berlin, wo ihre Schwester Mathilde verheiratet ist. Indiz dafür wäre der Satz in einem Brief von Gross: „Was mich in dieser ganzen verzweifelten Zeit doch immer vor dem Untergang bewahrt hat, das war, dass

---

587 Otto Gross: Über psychopathische Minderwertigkeiten, S. 239ff.
588 Franz Jung, 1915, S.48f.
589 Franz Jung, 1915, S.49.
590 Franz Jung, 1915, S. 49f.

Du mir in den Tagen des Wiedersehens in Berlin das Weib an sich gegeben hast."⁵⁹¹ Offensichtlich besucht Otto Gross Sofie in Berlin, doch nicht mit dem Ergebnis, dass sie zu ihm zurückkehrt.

Else Jaffé, von der unklar ist, wie sie zu Sofie steht – ob sie Sofie als Eindringling in die Gemeinschaft Gross–Jaffé sieht, Sofie ernst nimmt oder nur als eine von Ottos Gespielinnen –, erwähnt die Abwesenheit Sofies in einem Brief an Frieda Gross am 28. November 1909: „Wo werden Deine Männer denn sein? Und Sofie lässt Dir den Otto wieder ganz! Und wie ist er? Wohl sehr froh und dankbar um dich! Wenn ich nur mir ein rechtes Bild von dem allen machen könnte, dem Ernst vor allem!"⁵⁹²

Es sind knappe Sätze, die zu Vermutungen herausfordern. Else spricht aus, dass sich Sofie von Otto getrennt hat. War Frieda eifersüchtig gewesen und hatte das Verhältnis missbilligt? Das wäre nicht erstaunlich, da bekannt ist, dass sie unter Ottos „sexueller Revolution" leidet.

Sofie hat Otto Gross verlassen, doch wie immer in kritischen Situationen flüchtet er sich an Friedas Seite; sie wird ihn nicht verlassen. Er ist das Kind, der „Bub". Frieda hat ihren Otto „wieder ganz". Aber braucht sie Otto, wo sie doch Ernst Frick liebt?

Otto Gross kämpft um Sofie, und ganz ohne ein Lebenszeichen von ihr ist er nicht. Offensichtlich besteht eine Korrespondenz, denn er beginnt seinen im Folgenden aufgeführten 22-seitigen Brief mit den Worten „Ich habe Deinen Brief noch nicht." Gross` Brief gibt Auskunft über die Beziehung, mögliche Gründe der Spaltung und seine Bemühungen Sofie zurückzugewinnen. Zudem legt er auch hier ein Zeugnis seiner Theorien ab. Der Brief ist ohne Datum, kann jedoch in den Zeitraum Ende 1909/Anfang 1910 eingeordnet werden.

> Meine Sophie,
> Ich habe Deinen Brief noch nicht – ich schreibe jetzt, solange ich noch nicht zu sehr dem Tag und den Stunden gehöre und keinen Gedanken für Zusammenhang und Nothwendigkeit mehr noch Worte geben kann. – –
> Sophie, dann werde ich schon wissen, ob Du kommst. – Was Du für mich bedeutest, das kann ich Dir nicht sagen und du kannst es nicht wissen. – Das ist etwas Neues in mir – ich glaube, es ist endlich ein Dich verstehen und ein Beginn, mich selber zu erleben und zu begreifen, wie so masslos vieles Leid durch mich geschehen und Alles was um mich gewesen war zugrunde gerichtet worden ist. – –
> Sophie, ich habe Dir so übergrosses Leiden gebracht, wie keinem

---

591 Brief Otto Gross an SB, o.D., [Anfang 1910]. Privatarchiv P.B.
592 Guenther Roth, S. 66f.

Menschen sonst – vielleicht mir selbst – – mir selbst damit, dass ich an allem Niedergang um mich herum mich verantwortlich weiss. – – Ich hätte diese letzten Jahre nicht ertragen können, wenn ich mich selber und den Schmerz in mir <u>erleben</u> hätte müssen, wie die Wirklichkeit war. – – Die Leiden, wie sie waren, erscheinen mir erst jetzt – es war ein Dunst von Traum darüber gewesen und eine Verdunkelung durch grelles Licht und Gelärm und Gedränge um ein rasendes Streben und Wollen herum. –
Und dann war diese allerletzte Zeit, wo das Streben wie erloschen war, wo alle Kraft zu Ende ging mit dem Ende des Glaubens, der doch noch mehr, viel mehr als aller Kampf mir immer der Impuls zum Leben war: *[Blatt 2]* der Glaube, Freude machen und helfen zu können. – – –
Sophie, und dass ich <u>Dir</u> nur Leid und Zerstörung gewesen bin, das lässt mich niemals ruhig werden und niemals froh sein. – Das macht die Sehnsucht nach Dir zum ruhelosen Drang. Sophie, je tiefer ich das verborgene Schicksal in Dir und mir jetzt sehen kann – je mehr die furchtbaren Complexe und ihre furchtbaren Consequenzen erkenntlich und überwindbar werden, desto mehr und immer mehr muss ich Dich haben wollen – desto mehr hab ich Dich lieb, Sophie. Je mehr ich Dich und mich und unser Schicksal verstehe, je mehr von alledem versinkt, was krank und verfehlt und verwirrend war in dem, was bisher mein Lieben gewesen war, desto heller und heisser und reiner ist dieses Neue jetzt – ein neues Lieben und ein neues Verstehen und neues Wissen von den wirkenden Ursachen. – Das gibt mir jetzt noch einmal Kraft zu hoffen – <u>mehr</u> als hoffen! –
Sophie, für mich drängt <u>Alles</u> sich in dem Ein[en] zusammen: mit Dir zum Glück, zum *[Blatt 3]* neuen Glauben an sich und an das Leben durchzudringen. – – –
Sophie, mir ist somit Alles nur ein Warten, ein banges Warten. – Wenn ich mit Dir zusammen bin, dann kann ich <u>mit Dir</u> zum Leben und zur Gesundheit kommen – mit Dir zusammen kann ich wieder froh werden, wenn ich erst <u>Dich</u> einmal wieder froh sehen werde, Sophie - - - -
Ich weiss viel Neues jetzt, Sophie. – Wir haben ungemein Vieles gefunden in diesen letzten Wochen, so viel, dass ich jetzt glaube, dass sich der Kreis der wichtigsten Probleme jetzt bald zu einer übersichtlichen Erklärung schliessen wird – – und auch das Wichtigste in unserem Problem erscheint jetzt lösbar. – –
Man könnte eines der Grundgesetze überhaupt vielleicht so formulieren: <u>Dem revolutionären Element des Unbewussten</u> – dem revolutionären Element in seiner infantilen Form *[Seite 4]* <u>fehlt</u>, wenigstens in seinem <u>frühesten</u> Entwicklungsstadium, <u>das aristokratische Princip</u>. – – – – <u>Das erst erwachende Gefühl der Revolte gegen die</u>

Elternfamilie ist ein Gefühl des absoluten Zusammengehörens mit Allen Unterdrückten, mit allen Wesen und allen Qualitäten, die man als irgendwie zurückgesetzt, als vom Princip der Autorität in irgend einer Form bekämpft erkennt: Die Thiere, die Dienstleute, die expansiven Kräfte in sich selbst und ebenso die Hässlichkeiten und alle schlechte Disciplin in Einem und in xxxxx [*ein Wort unleserlich*]. –
Das erste revolutionäre Gefühl ist gegen Vater und Mutter gleich gerichtet, und in der Tiefe des Unbewussten sind diese beiden Motive erhalten geblieben. Die Revolution gegen die Mutter entwickelt sich besonders in den Männern zum weitaus bösesten Complexmoment – und eben diese Complexvergiftung war unser Schicksal, Sophie.
– – –

[Blatt 5] Die revolutionären Mutterkomplexe sind so verborgen, weil sie sich in einer ganz eigenartigen Form entwickeln; im Gegensatz zur Erotik mit der Mutter wird eine Erotik der „Expansivität nach unten" gebildet: eine Erotik des Contrastes, dem Alles das zum Inhalt wird, was Gegenstand der ersten infantilen Revolutionstendenzen war: die Hässlichkeiten und Disharmonien, die von der Erziehung als das Verbotene fixiert worden sind, die inferioren Menschen, die als die unterdrückte sociale Schicht vom Kind als Schicksals- und Bundesgenossen empfunden wurden – alle die negativen Gegenstände der „revolutionären Identification". - - Als Ausdruck der Contrasterotik gegen die Mutter wird darum das inferiore Weib zum Gegenstand der Erotik und wird mit – verborgener! – Feindschaft der Mutter entgegengestellt. - -
[Blatt 6] Ich habe dies erkannt, wie ich von Ernst erfahren habe, dass er die Frau, mit der er die schwere Complexbeziehung gehabt, mit seiner Mutter zusammengebracht und dass die Mutter in ganz besonderer Art daran gelitten.
Dazu kam Rega mir in den Sinn und wie ich sie mit Frieda bekannt machen wollte. – – – So ist die einfachste primäre Form des Complexes so ziemlich rein erhalten – so ist noch nicht das grösste Verderben: *[Hier fehlt Blatt 7]*
[Blatt 8] Es kommt eine neue Verdrängung zustande und ein besonders differenzierter unmöglich realisierbarer Drang. – Zum Ziel des Strebens wird die Erotik nach unten mit einer Liebe nach oben mit Einem Weib zusammen zu leben. –
Zum Ziel des höchst gesteigerten Verlangens wird eine durch den Rang der Frau, durch den Adel der psychischen Liebe nun erlaubt gewordene Erotik nach unten. - - Es ist verwirrend, diesen Widersprüchen nachzudenken. – Das Wollen des Complexes ist hier gerade ganz unmöglich ohne tiefste Risse der Psyche realisierbar und wird doch gerade hier in einem anderen Sinne so fürchterlich leicht

erfüllbar. … Und kein Verdacht, kein Ahnen, keine Erfahrung warnt – die Unvereinbarkeit der Gegenstrebungen wird im Erleben selber durch eine seltsam wunderbare Verdunkelung des Bewusstseins vor jedem Erkennen verborgen: das Erlaubtgelten solcher Erfüllung mit einer solchen Frau erfüllt mit einem Rausch, in dem die Sinne vergehen …man fällt „vor Glück".
[Blatt 9] Dass hier ein solches Glück war – das wäre die Verzweiflung. – Hier liegt der einzige Ausweg – wie fast an allen wirklich kritischen Stellen – in der Erkenntniss, die Du mir damals wie ein Andenken an jene dunkelsten und leuchtendsten Tage in unserer Zeit der höchsten Nähe und der höchsten Gefahr gegeben hast: am Grunde aller grossen Complexe und vor Allem von solchen, an denen unüberwindbar festgehalten wird – das Positive zu suchen, von dem man sich nicht trennen hatte dürfen und das aus dem Complex in`s Leben übernommen werden muss. - - - Und dass durch dieses Positive allein Complexe bis auf ihren tiefsten Grund begriffen werden können.
Das Glück, für das man so entsetzlich büssen muss – das Glück in dem Zusammenkommen der Erotik nach unten mit einer hohen Liebe zu einem hohen Menschen – dies Glück hat seinen wahren Grund im endlich möglich scheinenden Zusammenkommen von Liebe und Moral.
[Blatt 10] Denn alle Revolution ist in sich selber moralisch – Revolution als Kampf gegen jedes Autoritätsprincip und für die Erhaltung der Möglichkeit, nach seiner eigenen Individualität sich zu entwickeln. - - In dieser Perspective ist die Bekämpfung der Mutter gerade in den frühesten Lebensjahren – die Bekämpfung der Mutter in diesen Jahren, in denen sie dem Kind das wichtigste, ja beinahe Alles unfassendste Autoritätsprincip ist! – ein dominierendes Moralprincip von höchstem Werth und Rang. - - - - -
Darum ist der Complex – und dies ist das Entscheidende! – auf Frauen allerhöchsten Ranges eingestellt und haftet unbedingt an solcher Art von Liebe, in welcher das Zusammenstimmen im Streben nach den höchsten Zielen den Einklang revolutionären Wollens, das gegenseitige [?] Einheitsgefühl in einer moralischen Genialität lebendig ist. – – Das heisst zugleich: an jeder grossen Liebe, die nicht als Mutterübertragung constelliert ist. - - - -
[Blatt 11] Natürlich – die Erotik heisst nicht „nach unten", sondern „in`s Freie", „in`s Schrankenlose" – und ist vor Allem in Wirklichkeit auch keine Erotik nach unten, sondern deren Symbol. – Nicht die Erotik selber ist an sich verfehlt, sondern ihr constellierendes Nachwirken auf das Leben sonst – ein unbewusstes Nachwirken, „als ob" die Erotik auf falscher Basis gestanden wäre.
Was am erotischen Zusammensein selbst geschädigt wird, ist nicht

die Expansivität – denn alle Freiheit im Namen der Nebencompensation ist nur durch reducierte Kraft von der wirklichen Freiheit unterschieden. – Freiheit, die irgend einmal Freude war, ist nie durch Nebencompensation geschaffen, sondern durch Nebencompensation ermöglicht gewesen, was durch den Complex zu einem Umweg gezwungen wurde - - -.

[Blatt 12] Nicht durch die Expansion, sondern durch constellierte Reduction, durch unbewusst und unaufhaltsam zerstörende Heruntersetzung wird jene Erotik zersetzt. Die Constelliertheit als „Erotik nach unten" bringt ein unbewusstes böses Gewissen über die Erotik – bleibt unbewusst durch den extremen Gegensatz zum klaren grossen Empfinden des Bewusstseins, zum glücklichen Stolz in der Wirklichkeit. – – Durch diese Art der absolut gesicherten Verdrängung gelingt es dem Mann allein, die schwersten quälendsten Complexe auszuschalten und sich erlöst zu fühlen. - -
Die Constellation aber wirkt unterdessen im Unbewussten constellierend und im Verborgenen zerstörend und vergiftend auf die Frau. – –

Brief Otto Gross an Sofie Benz. Seite 13 von 22 Seiten. (Privatarchiv P.B.)

[Blatt 13] Sophie, so war unser Leben – – so fürchterlich belastet. – – Von solcher Last kann unser Leben und unsere Liebe entledigt werden. – – Wie ich jetzt Dich und meine Liebe zu Dir erlebe, en[t]steht ein so herrliches Neues – im Ahnen und Hoffen darauf und eine namenlose Angst darum – ein Wissen um das Werden dieses Neuen, wenn Du mich lieb hast und mir noch einmal vertraust und wieder mit mir sein willst – wenn Du mich nur noch lieb hast, darum weiss ich, wird Alles gut. –
Vielleicht erinnerst Du Dich etwas leichter an das, was Dich zuvor an mir zuweilen froh gemacht hat – Sophie, Du hast ein paarmal Freude an mir gehabt, Du weisst nicht, was das jetzt für mich bedeutet, an das zu denken. –

[Blatt 14] Du wirst Dich leichter Dir wieder mich und ein gutes Empfinden zu uns wieder vorstellen können, wenn Du Dir die Complexe zwischen uns vielleicht schon wegdenken kannst – –

–. Vielleicht verhilft es etwas dazu, wenn Du das Leid und meine Schuld und dieses ganze letzte Jahr nach den gefundenen Complexgesetzen überschaust. –
Ich möchte Dir dazu Einiges sagen, Sophie: mein stetiges Versinken in die mir vorbestimmten Complexconsequenzen und das Zugrundegehen von allem Glück um mich herum durch Weiterwirken auf die Andern – das Alles ist in mir auf diesem typischen Contrast basiert, der sich im Unbewussten zwischen den Complexbeziehungen zu Frieda und zu Dir gebildet hatte.
[Blatt 15] Soweit nur Etwas constelliert gewesen war in meinem Empfinden zu Dir, bezog sich der Complex auf Dich als das Symbol der Revolution gegen das mütterliche Autoritätsprincip, d.h. natürlich gegen Frieda. – – Ich weiss jetzt, was die Mutterübertragung Entsetzliches ist und was sie bedeutet. – Vor Allem: Mutterübertragung macht man einer Frau, deren Constellation in ihr die moralischen Kräfte lähmt und ihre Schönheit frei gelassen hat. Wo eine solche Einstellung sich fixiert hat, dort steht nun fortan im Unbewussten in ewiger Revolution gegen diese Frau – und gegen sie wird das Complexsymbol fixiert in einer anderen Frau, in der die moralischen Kräfte frei geblieben sind – und so wird noch ein Mensch nothwendig mit in die Complexverwicklung hineingezogen. – Nun denke noch die nächste Consequenz dazu: die Frau, die ihre moralischen Kräfte, ihr revolutionäres Moment sich frei erhalten hat, hat ihre Constellation und deren Folgen auf das Gebiet der Schönheit verlegt.
[Blatt 16] So hast Du Deine wunderbare moralische Grösse nicht anders Dir erhalten können, als um den Preis der Selbstentstellungscomplexe. – – – Nun denke, dass die Constellation in mir, die Dich zum Gegensymbol gegen Frieda hat, das ist mit allen Fehlversuchen der infantilen Revolution verbunden d.h. mit einem Trieb zur Bekämpfung von Schönheit, Harmonie. – – Sophie, denkst Du noch daran, wie Du mir in Berlin von meiner ewigen Sehnsucht nach Harmonie und meinem Zwang, sie zu zerstören, gesagt hast? Sophie – – –
Weiter. Nimm das zusammen: in mir die Tendenz der Revolution gegen die Mutter – d.h. also gegen das Weib an sich, gegen den Zwang in der Harmonie, gegen die Schönheit überhaupt und gerade an der Frau – *[Blatt 17]* in Dir der Selbstentstellungskomplex: nun denke, welche furchtbare Verstärkung dein Complex in Dir durch meinen Complex bekommen hat? Und andererseits: sobald Du dies gefühlt

und Dich der Tendenz der Entstellungscomplexe und meiner unbewussten Wirkung in diesem Sinn entgegengestellt hast, so musst Du wieder bald empfunden haben, dass Du damit dem revolutionären Element in Dir, Deiner moralischen Kraft entgegenwirkst. – –
Das war dann wohl das eigentliche Todtlaufen: das dumpfe Gefühl davon, dass Du gerade zur Vertheidigung Deiner Persönlichkeit hier die Kraft der Persönlichkeit selber bekämpfst – – – dass Du die Schönheit auch als Deiner Persönlichkeit zugehörig gegen den Druck der Complexe beschützen musst und dass Du selbst damit an anderer Stelle gerade wieder Deine Persönlichkeit entwurzelst. - - -
Das musste den moralischen Elan herunterdrücken – so hast Du wohl zuletzt die Freude an der moralischen Energie *[Blatt 18]* in Deiner intellectuellen Productivität verloren – ich meine diesen Elan des grosszügigen und „begrifflich redlichen", den nur ein durchaus guter Willen, eine schenkende Freiheit erzeugt. –
Das Ende des ganzen Niederganges ist, glaube ich, der Zweifel und das Verzweifeln an der Erotik. – – Ich habe früher gesagt: das unbewusst bleibende böse Gewissen um die Erotik – das nimmt mit dem Complex noch immer zu, und der Complex wird immer stärker, je schärfer das Contrastmoment der Mutterübertragung und der Revolutionären Identification mit Einem selbst sich heraushebt. – Und der nimmt zuletzt thatsächlich – in der Constellation des Anderen – zu und mit ihm die Nothwendigkeit intensiverer Revolution: mit der Revolution verschärft sich das Suchen müssen nach der Expansion nach unten. – Das böse Gewissen beginnt nicht ihm erkennbar zu werden, sondern der Frau.
[Blatt 19] Was sich damit ergeben muss – Sophie, es ist entsetzlich, was wir erleben haben müssen – was du durch mich gelitten hast. – Sophie, ich habe Dich so namenlos lieb. – Wenn ich bei Dir sein dürfte, dann würdest Du sehen, dass ich gelernt habe, ehrlich froh zu sein – ich weiss, ich kann es sein, wenn ich dich wieder habe.
[Blatt 20] Sophie, ich weiss jetzt, wie es war beim Heimkommen von Berlin. – Die Else Specht war doch mein ausgeprägtestes Muttersymbol und Ursache meiner intensivsten Revolution gegen die Mutter. So musste eine besonders intensive Contrasteinstellung zu ihr und zu Dir über mich kommen. - - - - Ich weiss jetzt ganz entsetzlich klar, warum Du damals Alles verloren gegeben hast. –
[Blatt 21] Und noch Eines weiss ich jetzt: was mich in dieser ganzen verzweifelten Zeit doch immer vor dem Untergang bewahrt hat, das war, dass Du mir in den Tagen des Wiedersehens in Berlin das Weib

an sich gegeben hast – und damit das unverlierbare Wissen um die Existenz der verborgenen höchsten Schönheit, das Wissen um das Ziel des Strebens *[Blatt 22]* unbewusst bis heute, aber immer wirkend, rettend. Ich weiss auch erst jetzt, dass damals in jenen Tagen mir das gegeben war, was ich erst jetzt als höchstes Gut, als Ziel begreife. *[Ende]*[593]

Was Otto Gross damit sagen will …

Es ist nicht einfach, diesen Brief ohne Empathie zu lesen. Um wie viel heftiger muss er auf Sofie gewirkt haben. Wie aus dem Brief hervorgeht, bewirkte ein schweres Zerwürfnis das abrupte Ende ihrer Beziehung. Es könnte sich um Ottos Annäherung[594] an Else Specht handeln, ein Vertrauensbruch in Sofies Empfinden. Elsa Schiemann, geborene Specht[595], stammt aus Norddeutschland, lebt in München, studiert dort Malerei und heiratet den Münchner Maler und Übersetzer Eduard Schiemann[596], mit dem sie den Sohn Heinrich[597] hat.

Ist Otto Gross durch eine Katharsis gegangen und hat sein zerstörerisches Potential für andere Menschen erkannt? Er bekennt, dass „so masslos vieles Leid durch mich geschehen und Alles was um mich gewesen war zugrunde gerichtet worden ist". Die Anerkennung seiner Schuld macht ihn zum Mit-Leidenden. Dem Schmerz, den er Sofie zugefügt hat, setzt er sein eigenes Unglück durch die Schuld der Verantwortungslosigkeit daneben. „Sophie, ich habe Dir so übergrosses Leiden gebracht, wie keinem Menschen sonst – vielleicht mir selbst – mir selbst damit, dass ich an allem Niedergang um mich herum mich verantwortlich weiss."

Otto Gross hat in dieser Trennungsphase sein hektisches Leben der letzten Jahre rekapituliert. Es war ein Tanz auf dem Vulkan der Liebe und Ero-

---

593 Brief Otto Gross an SB, o.D., [Anfang 1910]. Privatarchiv P.B.
594 Näheres ist nicht bekannt.
595 Elsa Specht (1878–1927), gest. in Mekka, Künstlerin, in erster Ehe verh. mit Eduard Schiemann, später Lebensgefährtin von Leopold Weiss, der zum Islam konvertierte (Muhammad Asad).
596 Eduard Schiemann (1885–1942). Deutsch-russ. Grafiker, Maler, Übersetzer russ. Literatur. Gehörte zum Kreis um Otto Gross und Erich Mühsam, Mitbegründer der Gruppe Tat.
597 Heinrich Schiemann (1916–2002). Ingenieur, Wissenschaftsjournalist. Wie er berichtet, „hatten sich Elsa und auch ihre Schwester Minna ‚von der bürgerlichen Welt, aus der sie hervorgegangen waren, gelöst und Wege des Denkens und des Verhaltens eingeschlagen […], die sie von der übrigen Verwandtschaft und der bürgerlichen Welt zunehmend entfernten'". Siehe Günther Windhager: Leopold Weiss alias Muhammad Asad. Wien 2002, S. 105.

tik und mit Frauen, die er letztlich unglücklich gemacht hat. Er hat Jahre in einem „Dunst von Traum" gelebt und durch „eine Verdunkelung durch grelles Licht und Gelärm und Gedränge um ein rasendes Streben und Wollen" wie im Rausch verbracht, aus dem er jetzt erwacht. Es waren Jahre der Ekstase, in denen er „Freude machen und helfen" wollte. Doch war es für alle daran beteiligten Frauen nur eine kurze Phase des Glücks.

„Nur Leid und Zerstörung" habe er über Sofie gebracht, ist seine demütige Einsicht. Sofie habe Otto Gross' „ewige Sehnsucht nach Harmonie" erkannt und seinen „Zwang, sie zu zerstören". Jahre später schreibt der Psychoanalytiker Wilhelm Stekel in einer Analyse Gross': „Gross suchte die Nähe zu seiner Frau. Wenn er sie hatte, mußte er sie wieder zerstören. ‚Streit' war das Mittel, die notwendige – Autonomie schützende – Distanz wieder herzustellen."[598] Das hatte auch Sofie erkannt.

Sofie und Otto sind zwei mit Komplexen belastete Menschen, die sich gegenseitig negativ beeinflussen: „[…] welche furchtbare Verstärkung dein Complex in Dir durch meinen Complex bekommen hat." Unklar bleibt, an welchem Complex Sofie nach Meinung von Otto Gross litt.

Nach den Worten der Selbsterkenntnis und der Beteuerung seiner Schuld beschwört Otto Gross seine Liebe zu Sofie. Wenn Sofie zu ihm zurückkehrt, ist er von seiner Schuld befreit und gerettet. Es liegt an ihr, ihn zu befreien.

Die Zeit der Trennung hat Gross zur Selbstanalyse genutzt und Hoffnung geschöpft. Er hat dabei ein „neues Lieben und ein neues Verstehen und ein neues Wissen von den wirkenden Ursachen" erkannt. Diese Hoffnung erfüllt ihn mit Euphorie. Voraussetzung für ein neues Leben ist dabei … Sofie. Er kann nur mit ihr „zum Leben und zur Gesundheit kommen". Welch ein Druck liegt damit auf Sofie, die für seine Heilung verantwortlich sein soll.

Der Brief ist ein Hilferuf von Otto Gross, bei dem es in langen Passagen um ihn selbst geht. Zwar erkennt er, dass er Sofie schweres seelisches Leid zugefügt hat, doch kann er dies mit wissenschaftlichen Erklärungen umdeuten in eine Zwangsläufigkeit, die sich aus ungünstigen Konstellationen mit seiner Mutter, mit Frieda und Else Specht ergeben hat. Sein Fehlverhalten wird somit relativiert, da Mächte von außen – Umwelt, Sozialisation und Familie – ihn nicht anders haben handeln lassen. Innere Hemmungen und äußere Abhängigkeiten haben Einfluss auf sein Leben, sein Lieben und Handeln genommen.

Nach den sehr persönlichen ersten zwei Seiten seines Briefes geht Otto Gross über ins Analysieren auf unpersönlicher Ebene. Dass er ein ausgezeichneter Theoretiker ist, hatte schon Frieda in ihrer Verlobungszeit erkannt: „Stundenlange ganz abstrakte Gedankengänge, unter denen seine geschei-

---

[598] Bernd Nitzschke: Das Ich als Experiment. Göttingen 2000, S. 123.

testen Collegen ermüden, sind ihm eine Wonne. [...] Die Liebe war und ist sein individuelles Lebensproblem."[599]

„Ich weiß viel Neues jetzt, Sophie", beginnt er, und dass sich der Kreis der Probleme „bald zu einer übersichtlichen Erklärung schliessen wird". Als Lösung kann er Complexvergiftung, Mutterkomplex, Contrasterotik, Complexbeziehung, Nebencompensation, constellierte Reduction, Complexconsequenzen, Selbstentstellungscomplex, Gegensymbol und vor allem die „Revolution gegen die Mutter" zu einer Theorie miteinander verbinden.

Otto Gross stellt fest, dass der Mensch sich in seiner Entwicklung nicht gegen einen bestimmten Elternteil auflehnt, sondern dass er sich von Vater und Mutter gleichermaßen befreien muss, um reif und erwachsen zu werden. Allerdings entwickelt sich das Loslösen von der Mutter bei Jungen heftiger und ist mit mehr Komplexen verbunden: „Das erste revolutionäre Gefühl ist gegen Vater und Mutter gleich gerichtet, und in der Tiefe des Unbewussten sind diese beiden Motive erhalten geblieben. Die Revolution gegen die Mutter entwickelt sich besonders in den Männern zum weitaus bösesten Complexmoment."

Woher kommt aber dieses heftige und mit Komplexen beladene Lösen von der Mutter? Gross schildert es als die Abwehr der Erotik, die den jungen Mann mit der Mutter – da sie nicht nur Mutter, sondern auch Frau ist – verbindet: „Als Ausdruck der Contrasterotik gegen die Mutter wird darum das inferiore Weib zum Gegenstand der Erotik und wird mit – verborgener! – Feindschaft der Mutter entgegengestellt."

Otto Gross, der so überzeugend promiskuitive Beziehungen propagiert, trauert um das Ende und kämpft um das Weiterführen einer Beziehung. Sehnsucht nach der einen und einzigen Frau beherrscht ihn. „Diese Complexvergiftung war unser Schicksal, Sophie", ist seine Ausgangsthese. Er benennt seine Sehnsucht: Es ist die Suche nach der idealen Beziehung zu einer Frau; das Paradies in einer einzigen Frau: „Zum Ziel des Strebens wird die Erotik nach unten mit einer Liebe nach oben mit Einem Weib zusammen zu leben." Ihm schwebt die Idealfrau vor. In ihr sucht er den „Rausch, in dem die Sinne vergehen ... man fällt ‚vor Glück'". Als diese Idealfrau hat er Sofie mit ihrer „wunderbaren moralischen Grösse" erkannt, mit ihrer „moralischen Kraft", ihrer „moralischen Energie", das „Gegensymbol" zu seiner Frau Frieda.

Was kann Sofie ihm geben? Es ist für ihn das „Zusammenkommen der Erotik nach unten mit einer hohen Liebe", das „Zusammenkommen von Liebe und Moral". Eine Frau mit diesen Attributen – es schwingt die Verbindung von Hure und Jungfrau mit – könnte ihn befreien von seiner Sehnsucht nach „Erlösung". Würde er diese Frau finden, könnte er die Drogen aufgeben, er

---
599 Brief FG an EJ, 05.10.1902, Tufts #29.

wäre gerettet. Doch wie ist die Befreiung zu erlangen? Zumindest beim Mann mit Unterdrückung der Komplexe. „Durch diese Art der absolut gesicherten Verdrängung gelingt es dem Mann allein, die schwersten quälendsten Complexe auszuschalten und sich erlöst zu fühlen." Allerdings geht seine Erlösung auf Kosten der Psyche der Frau, denn „die Constellation aber wirkt unterdessen im Unbewussten constellierend und im Verborgenen zerstörend und vergiftend auf die Frau."

Otto Gross sucht Klarheit durch die Analyse der Situation und kann sich damit distanzieren von den überwältigenden Emotionen und Ängsten. So blüht Hoffnung auf, dass Sofie zurückkommt und mit ihm weiterleben will. „Wie ich jetzt Dich und meine Liebe zu Dir erlebe, en[t]steht ein so herrliches Neues [...] wenn du mich lieb hast und mir noch einmal vertraust und wieder mit mir sein willst – wenn Du mich nur noch lieb hast, darum weiss ich, wird Alles gut."

Sofie hat sich von ihm getrennt, da er sie tief verletzt hat. Er will sie dennoch nicht verlieren, denn Verlassenheit bedeutet Einsamkeit. Verlassen zu werden, ist für ihn wie das Zurückstoßen in die früheste Kindheit, wo er die Ursache für seine seelischen Qualen sieht. Es ist der rote Faden, der Schriften, Diskussionen, Denken und somit sein Leben durchzieht. Seine Lebensqual ist die Verlorenheit inmitten von Menschen – bei aller Umtriebigkeit und Umschwärmtheit im Kreis von Anhängern.

„Ich habe Dich so namenlos lieb," schreibt er Sofie, genauso wie zwei Jahre vorher an Frieda: „Komm bald, ich hab' Dich namenlos lieb."[600]. Von Frieda Weekley wollte er gerettet werden: „Wenn du mich liebst, dann werd' ich Dir nicht schwer fallen, Du Geliebte! Dann ist es ja mein stärkstes und lautestes Gefühl, dass ich gerettet bin!"[601] Auch Sofies Liebe soll ihn vor der Einsamkeit retten.

Ein Vergleich mit anderen Briefen zeigt, dass sich Wortlaut und Emotionen in ähnlichen Situationen gleichen. In seiner größten – fast panischen – seelischen Not, in Momenten, wo er sich von einer Frau verlassen fühlt, greift er zu emotionalen Superlativen, die seine Einsamkeit und gefühlte Entwertung als Mann und Liebhaber ausdrücken.[602]

Otto Gross gibt Sofie einen – für einen Psychologen ungewöhnlichen — Rat. Zwar ist es die primäre Aufgabe von Analytikern, Verdrängungen aufzuspüren und zu bearbeiten, doch Gross spricht vom „Wegdenken" der Probleme: „Du wirst Dich leichter Dir wieder mich und ein gutes Empfinden

---

600 Brief 10 auf www.dehmlow.de. Abgerufen am 24.10.2020.
601 Brief 12 auf www.dehmlow.de. Abgerufen am 24.10.2020.
602 Siehe Briefe von OG an EJ 1907 in: Theory, Culture & Society 1998, S. 129–160.

zu uns wieder vorstellen können, wenn Du dir die Complexe zwischen uns vielleicht schon wegdenken kannst."[603]

Es ist die Bitte, sich das Ziel der Therapie vor Augen zu führen. Die Vision eines harmonischen Zusammenlebens ist die Voraussetzung für die Arbeit an der Beziehung, dem Aufräumen der Complexe. Das „Wegdenken" ist ein Verdrängen, damit sich die Vorstellung von einer komplexfreien Beziehung entwickeln kann. Dann wird die Bearbeitung der Probleme ermöglicht und Heilung bewirkt, die wiederum „das gute Empfinden" zulässt.

Das erinnert an die Erzählung *Konsultation* von Regina Ullmann, in der sie den Besuch bei einem Psychologen – Otto Gross – schildert, und der Arzt bietet ihr nur ein einziges Mittel an: „Lassen Sie das!"[604]

Otto Gross will an Sofie genesen, mit diesem Brief legt er sein Schicksal in ihre Hand. Sie hatte ihm vorgeworfen, dass er nicht ehrlich froh sein kann. Jetzt meint er, es gelernt zu haben, mit einer Bedingung: „ich weiss, ich kann es sein, wenn ich dich wieder habe". Sofie hat den Schlüssel zu seinem Glück – und sie kommt zurück.

Post von Sofies Freundin Hulda

1910 trifft (ohne Datum) eine an Sofie adressierte Karte in Ellwangen ein, von ihrer Freundin Hulda Voigt vom Gut Marienhoff in Schleswig-Holstein (Provinz im Freistaat Preußen). Hulda Voigt, mit der sie an der Kunstschule Debschitz studiert und Ostern 1904 eine gemeinsame Alpenwanderung unternommen hatte, ist wieder in ihrer Heimat, wie der Poststempel „Holzdorf" auf der Karte belegt. Hulda kennt Sofies aktuelle Adresse nicht, weiß aber, dass die Freundin aus Ellwangen stammt und schreibt an: „Fräulein Soffie Benz, Ellwangen a/Jaxt (?), Württemberg."

Hulda Voigt hat ihre Ausbildung zur Malerin beendet, ist in ihr Elternhaus Marienhoff zurückgekehrt und verwaltet zusammen mit ihrem Bruder das Familiengut. Auf der Vorderseite der von Hulda gezeichneten und mit HV.1910 signierten Karte sind Gutshaus und Garten Marienhoff zu sehen. Sie schreibt:

> Lieber Benzling –
> ich habe so oft gedacht, was Du wohl machst und wo Du steckst und immer gedacht, Du sagst wohl mal ein Wort – aber das ist nie gekommen. Laß mich doch mal eine Karte kriegen, wie es Dir gegangen ist, hörst Du!
> Deine Voigt.[605]

---

603 Brief Otto Gross an SB, o.D. [Anfang 1910]. Privatarchiv P.B.
604 Regina Ullmann, 1960, S. 174f.
605 Postkarte Hulda Voigt an Sofie Benz, 1910. Privatarchiv P.B.

Postkarte von Hulda Voigt gezeichnet.   *Postkarte von Hulda Voigt an Sofie Benz.*
(1910. Privatbesitz)   *(1910. Privatbesitz)*

Hulda weiß nichts von Sofie Entwicklung in den letzten Jahren. Nachdem Sofie ihre Studien bei Debschitz und Heymann beendet und sich um Anna Haag gekümmert hatte, war der Kontakt abgebrochen. Nun lebt Sofie in der Welt des Otto Gross. Was soll sie Hulda antworten?

Unterwegs auf dem Balkan mit Otto Gross

Als Frieda Gross sich gesundheitlich stabil fühlt, reist sie mit Peterle zu ihrem Mann und Ernst Frick an die Adria. Sie sind vom 10. Februar bis 20. März 1910 Gäste im Hotel Graz in Regusa. Anschließend geht es nach Brindisi.[606] Ein Dokument berichtet: „[...] war diese Dame [Frieda] in Gesellschaft eines fremden jungen Mannes [...]. Dieses Paar machte öfters längere Ausflüge während derer es das Kind im Hotel zurückliess [...]. Im selben Hotel wohnte damals auch Dr. Otto Gross, der Gatte der Dame, ging jedoch nie aus und war schon damals nicht normal."[607] Otto, Frieda – die wieder schwanger ist – und Ernst Frick kommen im Frühjahr 1910 aus dem Süden zurück.

Anfang 1910 muss auch Sofie nach München zurückgekehrt sein. Sie wohnt nun in der Kurfürstenstraße 35, wo Emilie sie besucht. Sofie sei geschwächt, eine starke Raucherin und in Kontakt mit psychisch kranken Menschen gewesen, erzählt Emilie später in einem Brief. Doch sie hat keinen Einfluss mehr auf die jüngere Schwester.

Sofie hat sich – nach dem inhaltsschweren Brief von Otto Gross – ihm wieder zugewendet. Bald nach der Rückkehr der Adria-Reisenden ziehen Frieda und Ernst zusammen, während Sofie mit Otto Gross an die Adria fährt. Am 1.

---

606 Vgl. Gerhard M. Dienes: Gefängniskunde versus Freikörperkultur. In: Gottfried Heuer (Hg.): Utopie & Eros: Der Traum von der Moderne. Marburg 2006, S. 339.
607 Gerhard M. Dienes, 2006.

Juli 1910 meldet sie sich lt. Meldebogen aus München ab. Otto Gross berichtet rückschauend davon:

> In jenen Münchener Zeiten brachte mich das Schicksal mit der Malerin S. B. zusammen. […] Sie war genial und vornehm, mehr als ich jemals sonst noch einen Menschen sah. – Ich habe länger als drei Jahre mit ihr in München zusammengelebt, jeden Gedanken mit ihr teilend und das Beste, was ich weiss, von ihr erfahrend – nie zeigte sich in dieser ganzen Zeit an ihr ein psychisch krankhaftes oder auch nur Verdacht erweckendes Moment. – Dann später gingen wir – es war im Sommer 1910 – nach Arbe in Dalmatien […].[608]

Otto Gross schildert Sofie als „genial und vornehm", so wie er einige Jahre zuvor seine Patientin Elisabeth Lang als „eine ungewöhnlich hochbegabte Persönlichkeit" beschrieben hatte. Auch über seine Frau Frieda sagte er, dass sie „eine mindestens geniale Begabung für Psychologie besitze."[609]

Wenn Otto Gross angibt, er habe „länger als drei Jahre" mit Sofie zusammengelebt, so muss das relativiert werden. Er kennt Sofie zwar seit Sommer 1906, und Sofie macht eine Analyse bei Otto Gross, doch kann von einem dreijährigen „Zusammenleben" im Sinne einer festen Beziehung und eines gemeinsamen Hausstandes nicht gesprochen werden. Es gibt keine Belege, dass sie je eine gemeinsame Wohnung hatten. Ein Zusammensein wurde stets durch längere Abwesenheiten des einen oder anderen unterbrochen. So hielt sich Otto Gross ab Sommer 1909 in Graz und danach bis zum Frühjahr 1910 vorwiegend auf dem Balkan auf. Zudem war Ende 1909 Gross' Kontakt zu Sofie abgerissen.

Im Sommer 1910 begeben sich Sofie und Otto auf den Balkan. Ob diese Reise – was Otto Gross betrifft – mit dem Geheimbundprozess am 23. Juni 1910 in München zusammenhängt? Dort kommt es zu einer Anklage gegen fünf Tatverdächtige, die an einem Sprengstoffattentat beteiligt gewesen sein sollen, darunter Erich Mühsam und Johannes Nohl. Nohl entzieht sich durch Flucht in die Schweiz. „Nicht angeklagt, aber Gegenstand der Verhandlung war Otto Gross, der sich vorsichtshalber ebenfalls ins Ausland abgesetzt hatte."[610] Wofür hätte der „Gegenstand der Verhandlung" auftreten sollen?

Der Weg in die Psychose

Mit welchem Zweck begeben sich Sofie und Otto Gross auf die Reise? Sollte sie der Versöhnung dienen? Sollte Sofie „aufgemuntert" werden nach einer

---
608 Josef Berze, Dominik Stelzer, S. 26.
609 Brief FG an EJ, 01.10.1902, Tufts # 28.
610 Peter Dudek, 2004, S. 78.

Zeit der Depression? Otto Gross kennt die Adria von vielen Reisen, so dass er seiner Freundin die südländische Natur zeigen kann. Arbe, Lussinpiccolo und Fiume sind ihre Stationen. Arbe – heute Rab in Kroatien – mit vielen kleinen Buchten, Sandstränden, kristallklarem Wasser, als waldreiche Insel und Treffpunkt für Künstler und Menschen mit alternativer Lebensweise bekannt, ist ihre erste Station.

Hatte Sofie noch im Frühjahr von Antriebslosigkeit geschrieben, so verschlechtert sich während der Reise ihr gesundheitlicher Zustand; eine Psychose bricht aus. Für Otto Gross kommt die Erkrankung aus heiterem Himmel – „nie zeigte sich in dieser ganzen Zeit an ihr ein psychisch krankhaftes oder auch nur Verdacht erweckendes Moment", wird er später sagen. Obwohl er als Psychiater Experte ist und 1909 sein viel beachtetes Buch *Über psychopathische Minderwertigkeiten* veröffentlicht hat, überrascht ihn Sofies Verhalten.

Otto Gross hat sich intensiv mit Psychosen auseinandergesetzt, bevor es ihn selbst betrifft. In seinen Werken zwischen 1902 und 1909 widmet er sich psychiatrischen Themen wie Depression und Psychose. In *Die cerebrale Sekundärfunktion* (1902), *Über Bewusstseinszerfall* (1904), *Zur Differential-Diagnostik negativistischer Phänomene* (1904), *Das Freudsche Ideogenitätsmoment und seine Bedeutung im Manisch-Depressiven Irresein Kraepelins* (1907) und *Über psychopathische Minderwertigkeiten* (1909) geht es um die Symptome, mit denen er auf Arbe durch Sofies Verhalten konfrontiert wird. Doch Otto Gross ist Theoretiker, die Praxis überfordert ihn. Für die Verifizierung seiner theoretischen Ausführungen und zudem die Durchführung einer Therapie fehlen ihm innere Klarheit und ein Handlungsschema.

Das ist der eigenen Betroffenheit geschuldet; Otto Gross ist Arzt, aber auch Sofies Geliebter. Nur so lässt sich erklären, dass er nicht in der Lage ist, die Realität anzuerkennen. In seinem eigenen Buch hätte er über Entwicklung und Begleiterscheinungen einer Psychose lesen können. Er stellt die Reihenfolge des „Idealtypus für den Verlauf einer Psychose" dar [611]:

> Man bemerkt dann zunächst ein vages ‚Anderssein' des ganzen Menschen in allen Gebieten seines Wesens, eine Reihe von Auffälligkeiten der verschiedensten, widersprechendsten Art, weiterhin ein buntes Gemenge aller erdenklichen psychotischen Einzelsymptome in jeder nur möglichen Kombination, zum Teil von so geringer Intensität, dass sie nur für den erkennbar sind, dem das normale Verhalten des betreffenden Individuums bekannt ist. [...] Dann kann man verfolgen, wie ein bestimmter Symptomenkomplex sich herauszuheben beginnt und an Intensität zunimmt, während andere sich zurück-

---

611 Otto Gross: Über psychopathische Minderwertigkeiten. Wien 1909. In: Lois Madison (Hg.): Otto Gross: Werke. Die Grazer Jahre. Hamilton 2000, S. 167f.

bilden. Allmählich differenziert sich dann eine mehr minder reine typische Psychose aus jenem Symptomenchaos heraus.[612]
Was Gross konkret in Sofies Situation unternimmt außer „monatelanger Pflege", wie er später erklärt, ist nicht bekannt. Die eigene Hinfälligkeit kaschiert er mit Drogen. „Allein: ich war nicht nur ihr Psychiater ...',"[613] entschuldigt er seine unterlassene Hilfeleistung.

Flucht mit der Krankheit

Otto Gross beschreibt den Beginn der Psychose auf Arbe:
> [...] und dort begann sie Eigentümlichkeiten zu begehen, die zu verstehen ich nicht den Muth besass. Das Unglück traf mich völlig überraschend = ganz plötzlich fing sie an, verwirrt zu sprechen. Und ein paar Stunden später wusste ich: Dementia präcox. Die erste Phase dauerte durch Monate – ich bin die ganze Zeit hindurch bei ihr geblieben – es ist für mich das einzig Tröstliche in der Erinnerung an jene Zeit, dass es mir wenigstens gelungen zu erreichen, dass sie in jenem Zustand nie in fremde Hand gekommen ist, in kein Milieu, in dem sie sich allein gelassen hätte fühlen müssen. Dass ich allein ihr Arzt und Pfleger war. Sie hat mich in der ganzen Zeit fast stets erkannt und war gerade gegen mich verhältnismässig selten negativistisch.[614]

Sofies Angstzustände äußern sich in lautstarken Szenen, so dass sich andere Hotelgäste beschweren. Otto und Sofie begeben sich von Arbe fluchtartig auf die Nachbarinsel Lussin. Auch dort kann sich Sofie nicht an der prachtvollen Natur, am Meer, am Schwimmen und an der Sonne erfreuen, auch hier kommt es zu Wahnvorstellungen und Halluzinationen.

Gross sagt dazu: „Wir lebten erst in Arbe, dann in Lussinpiccolo und dann in Fiume – immer solange bis die Psychose offenkundig wurde und man uns nicht mehr in der Wohnung duldete."[615] Die psychotischen Anfälle können mit ihren Auswirkungen nicht immer unterdrückt werden. Laute Geräusche stören in den Hotels; Sofie und Otto Gross werden ausgewiesen. Weiterhin sieht sich Otto Gross als Beschützer, nicht als Arzt.

Die letzte Station der Reise ist Fiume[616], seit 1779 der Habsburger Krone unterstellt, mit einem Hafen, Werften und günstiger Anbindung an das österreichische Eisenbahnnetz. Um 1910 leben hier 50 000 Einwohner, davon knapp die Hälfte Italiener. Für Sofie und Otto Gross ist auf Fiume kein

---
612 Otto Gross, 1909, S. 168.
613 Josef Berze, Dominik Stelzer, S. 27.
614 Josef Berze, Dominik Stelzer, S. 26f.
615 Josef Berze, Dominik Stelzer, S. 27.
616 Heute Rijeka in Kroatien.

entspannter Urlaub möglich; immer wieder erleidet Sofie Anfälle. Otto Gross berichtet später:

> In Fiume hatten wir zwei Zimmer in dem 4. Stock eines Hotels, welche durch den Balcon verbunden waren; von da aus war der Ausblick auf das Meer. Die Türen auf dem Corridor hielt sie versperrt, sie hatte Grauen vor den Menschen, vor dem Ausblick auf die Landschaft aus dem Corridor – allein sie hatte Freude am Ausblick auf das Meer. Sie, die in der Gesundheit sich die volle Kenntnis der analytischen Psychologie erworben gehabt – sie, welche immer frei von Religion gewesen – sie glaubte sich in jenem Zustand damals mit mir in einer anderen Welt, in einem Jenseits. – Sie war zu mir allein in jener Zeit ganz frei von allem Negativismus, und es war gut für sie, dass ich mit ihr zusammen war. – Dann wurde sie verdüstert und negativistisch, auch gegen mich; dann kam die Remission.[617]

Aufgrund der Schilderung der Örtlichkeit wird vermutet, dass es sich um das Hotel Europa[618] in Fiume handelt. In Franz Jungs Roman schildert Otto Gross in einem Selbstgespräch, wie sich Sofies Wahnvorstellungen äußern:

> In Fiume ziehen die Störche als ein silberner Strom in die dunkelnden Klüfte des grauen Abends. Nein, du weinst nicht. Du bist stark. Ich darf dich in meine Arme nehmen. Du sprichst nichts den ganzen Tag. Dieses stille Hotel. Dieser Balkon und dann die Schiffe, es waren soviel Tage. […] Ich verstand nichts mehr. Du sprachst ja auch nicht mit mir. Das heißt, der Wirt warf uns hinaus. Ich störte in der Nacht. Ich lief die Treppen auf und ab. Mich rief jemand, das heißt, er beschimpfte mich, und so –. Allerdings hat sie geweint. Sie hat sich ans Gitter geklammert. Mit den Füßen nach mir getreten. Sie hat auf der Straße geschrieen. Wir wurden eingesperrt. Wir mußten die ganze Nacht laufen. Es war ein furchtbarer Sturm. Sie hat immer gewimmert.[619]

Fiume 1903. (Postkarte Privatbesitz)

Das Drama zieht sich über Monate hin. Franz Jung schreibt von einer weiteren Insel, von Brioni.

---

617 Josef Berze, Dominik Stelzer, S. 27.
618 Hotel Europa, erbaut 1874, heute Verwaltungsgebäude der Stadt.
619 Franz Jung, 1973, S. 20.

Er sah, wie Sophie in dem Hotel in Brioni unbekleidet am Fenster stand und den Schiffern winkte und Kußhände zuwarf. Leute hatten sich angesammelt. Aber alle schwiegen. Sie machten ernste Gesichter. Sie verzogen keine Miene. Sie gingen weiter. [...] Nur er war irgendwo in einer Ecke gestanden. [...] Auch hatte er sie damals mit Gewalt vom Fenster weggezogen. Sie gingen durch Pinienwälder. Sophie mochte die Eichen nicht. Sie lachten über die Einsiedlerkrebse. [...] Sophie sprang vom Kahn ins Meer, die Schiffer fluchten, sie hätten viel Arbeit, sie sollte sich eine andere Zeit aussuchen –.[620]

Eine Aussage in Vinkovci

Otto Gross' Aussagen zu seiner Rolle während Sofies Krankheit sind irritierend und widersprüchlich. 1913, als er sich in der psychiatrischen Klinik in Tulln befindet, steht im Protokoll: „Sofie Benz, die angeblich an Dementia praecox erkrankt war, nach seiner Ansicht nur an einem schweren Komplex litt, den er nicht verstanden habe; ‚hätte ich die durchanalysiert, so wäre sie zu retten gewesen'."[621] Auch 1915 macht Gross Anmerkungen zu seinem Verhältnis zu Sofie, ihrer plötzlichen Erkrankung und seiner hilflosen Rolle.

Die Malerin Sophie Benz, mit welcher ich durch jahrelange Freundschaft verbunden gewesen war, erkrankte plötzlich im Sommer 1910 an einer schweren Psychose. Die folgenden Monate hatte ich gänzlich der Pflege der Schwererkrankten gewidmet und konnte Anfang 1911 eine weitgehende Remission konstatieren – ich gebe zu, allem Fachwissen entgegen damals auf Heilung gehofft zu haben. [...] Im Gegensatz zu den Angaben des Gutachtens ist richtig, daß S.B. erst im 4. Jahr unseres Zusammenlebens plötzlich und nahezu ohne Initialsymptome geistig erkrankt ist. Das Gutachten legt mir zur Last, daß ich ‚mit einer gewissen S.B., deren Geisteskrankheit so offenkundig war, daß sie jeder Anfänger in der Psychiatrie sofort erkennen müßte, durch viele Monate im intimsten Verhältnisse gelebt' hätte. Davon ist richtig, daß ich allerdings die Frau, welche durch lange Jahre Gefährtin meines Lebens und aller geistigen Interessen gewesen war, nach ihrem Zusammenbruch in ihrem trostlos hilfsbedürftigen Zustand nicht verlassen habe. – [...] Ganz unentbehrlich aber wurden mir betäubende Medikamente in der Zeit nach der geistigen Erkrankung meiner Freundin S.B., in Monaten, welche

---
620 Franz Jung, 1973, S. 33f.
621 Josef Berze, Dominik Stelzer, S. 31.

ausgefüllt waren mit der ununterbrochenen Pflege der schwerkranken Frau und mit dem ständigen Anblick des Zugrundegehens ihrer ehedem prachtvollen Geistigkeit.[622]

Der Psychiater Otto Gross kann sich Sofies Erkrankung nicht erklären, doch stellt er schon nach wenigen Stunden die Diagnose *Dementia praecox*. Er ist nicht bemüht, Sofies Probleme zu bearbeiten, sondern „hofft" auf Heilung. Sofie – so seine Aussage – könnte noch leben, hätte er sie analysiert, wobei er Analyse und Heilung bzw. „Rettung" gleichsetzt.

Otto Gross ist mit der Situation überfordert. Die große Nähe zu Sofie macht ihm eine distanzierte Betrachtung der Krankheit unmöglich. Er weiß, dass mit einer Analyse Sofies sein Anteil an ihrer Erkrankung zutage treten würde. In diesen Spiegel kann er nicht schauen. Er will kein Feigling sein und ist an Sofies Seite, auch wenn er die Fürsorge nur mit Hilfe von Suchtmitteln erträgt.. „Wie die Benz die (Dement) praecox gehabt hat, glaubte sie, im Jenseits zu sein, nahm Fiume als Symbol für das Jenseits. Damals war sie nicht negativistisch; ich verdanke ihr die besten Gedanken, sie war das genialste Weib. Wenn ich mich damals zurückgezogen hätte, wäre es die größte Schufterei gewesen."[623]

„So kam die schwärzeste Zeit"

Ein halbes Jahr nach Ausbruch ihrer Krankheit blickt Sofie Anfang Januar 1911 auf die „schwärzeste Zeit" an der Adria zurück. Sie schildert ihr Leiden in einem Brief an Emilie:

> Liebe Emy!
> […] So kam damals die schwärzeste Zeit. Ich war lange krank, schon ungefähr 14 Tage vor Mamas Geburtstag [15.8.] fing es an. Ich glaubte mich in einem Übergangsstadium voll von Leid und Entsetzen, bis die Überwindung aller Materie sich vollzogen hatte. Die ganze Welt um mich herum war verwandelt voll Gestank und Verwesung und Menschen und Tiere nur noch Erscheinungen aus dem frühern Sein.
> Ein paarmal ging`s schon etwas besser und war ich etwas klarer, aber immer mit einem umso schwereren Rückschlag. Dr. Groß hat in rührender Liebe bei mir ausgehalten, um zu verhindern die Notwendigkeit einer Anstalt. –

---

622 Emanuel Hurwitz, S. 240f. Erklärung 22.11.1915, in der psychiatrischen Klinik in Vinkovci verfasst.
623 Josef Berze, Dominik Stelzer, S. 25.

In Fiume ging es mir dann schon ganz gut, und ich war in einem noch aufgeheizten Zustand, als ich die Briefe an Mama und Karl schrieb, und Dr. Groß und ich hofften damals die Krankheit für überwunden. Die Antwort von Karl, die <u>Inferiorität</u> und Frechheit in seinem Schreiben war unerwartet und zu viel.
Die Zeit, die jetzt kam, war wohl die dunkelste, Groß hatte damit mein Vertrauen, das er in der ganzen Krankheit vorher vollkommen hatte, verloren. Als es jetzt wieder besser ging, brach Groß von der übergroßen Anstrengung zusammen [...].
Herzlich. Sofie[624]

Obwohl Sofie kaum noch Kontakt zur Familie hat, schreibt sie von Arbe ihrer Mutter und dem Bruder Karl. Der Inhalt ihrer Briefe ist nicht bekannt. Hat sie den Angehörigen im „aufgeheizten Zustand" Vorwürfe gemacht und versucht, Erkenntnisse aus Gesprächen mit Otto Gross mitzuteilen, die ihre Mutter und der Bruder als Beleidigungen empfunden haben? Sofie weiß, dass beide ihren Lebenswandel ablehnen. Glaubte sie, die Angehörigen würden sie verstehen und ihre ausgestreckte Hand annehmen? Nein, sie verstehen Sofie nicht, Karl antwortet mit aller Schärfe, die Sofie als „Inferiorität und Frechheit" empfinden muss. Wobei sie das Wort „Inferiorität" zweimal dick unterstreicht. Sofie verkennt ihre Lage, und in diesem Zustand einen Brief zu verfassen, ist leichtsinnig. Sie hätte die Folgen für die Empfänger einschätzen und eine heftige Antwort voraussehen müssen. Weder die Mutter noch Karl können den tiefen Graben überwinden; Sofie ist ihnen eine Fremde geworden.

Sofie hatte Hoffnung geschöpft, von weiteren Anfällen verschont zu bleiben, doch die Wirkung von Karls Antwortbrief ist schockierend und löst einen noch schlimmeren Rückfall in die Psychose aus. Damit verbunden sind Zweifel an der Wirksamkeit von Gross` „Therapie"; das Vertrauen in ihn ist beschädigt.

Aufsatz über die Psychose

Es kann eine weitere Beschreibung von Sofies Zustand herangezogen werden: Otto Gross` Studie *Drei Aufsätze über den inneren Konflikt*, die 1920, kurz nach seinem Tod, veröffentlicht wird. Im dritten Aufsatz geht es um den „heterosexuellen Masochismus der Frau", worin die Entwicklung von Sofies Psychose geschildert wird. Obwohl Gross die Studie anonymisiert, ist Sofie erkennbar und zudem Gross` Rolle als „ihr Mann".

---

624 Brief SB an EB, 01.01.1911. Privatarchiv P.B.

In den letzten Wochen vor dem Ausbruch der Psychose Stimmungsschwankungen, welche damals noch als innerhalb der physiologischen Breite liegend betrachtet wurden, retrospektiv aber als prodromal [ankündigend]. [...] Nachdem sie durch einige Tage auffallend heiter und etwas ekstatisch gewesen war, folgte des Nachts ein Anfall von Verzweiflung, indem sie ihren Mann beschwor, mit ihr zusammen zu sterben. Gegen Morgen Beruhigung. [...] Ausbruch der manifesten Psychose, welcher am anderen Tag erfolgte [...]. Sie ist scheinbar ruhig, freundlich und heiter, läßt sich vom Mann aus einer Zeitschrift vorlesen. [...] Er sieht, daß ihr Gesicht einen gänzlich fremden Ausdruck angenommen hat, sie spricht verwirrt, inhaltlich unverständlich, wird ängstlich, läuft plötzlich davon. Er findet sie erst nach Stunden wieder, wie sie im Selbstgespräch auf der Straße sitzt. Er erfährt später, daß sie in einer Weinwirtschaft Briefe geschrieben hat und dabei so auffällig geworden sei, daß man sie aus Besorgnis, sie könne sich verletzten, die Feder weggenommen habe. Das Geschriebene findet sich noch bei ihr, es ist vollkommen unverständliches Gekritzel. In der nächsten Zeit traumhaft abwesend, spricht mehr oder weniger verwirrt, meist still, lenkbar, anscheinend schlecht orientiert und traumhaft halluzinant [...] daß sie die Insel, auf der sie wohnten, für eine ‚Toteninsel‘, das Schiff [...] für die Hölle gehalten hat. Oft deprimiert und geängstigt, einmal Versuch, sich zu ertränken. Fürchtet sich vor den Eindrücken der Natur, vor der Vegetation, [...] alles in der Natur sei mit Eiter bedeckt, so wie sie selbst. [...] Manchmal bizarre Handlungen. [...] Einmal, in einem unbewachten Augenblick, setzt sie sich nackt auf das Fenstersims und grüßt mit traumhaftem Lächeln auf die Straße hinunter, dabei still und wie abwesend. [...] Sie glaubt, daß sie bereits gestorben sei und sich mit ihrem Mann zusammen im Jenseits befinde. Hier sei ‚alles gut geworden‘. [...] Sie verläßt ihre Zimmer nie, vermeidet den Blick aus den Fenstern, [...] sitzt aber stundenlang mit dem Blick auf das Meer. [...] So blieb der Zustand durch Monate ohne Veränderung. Dann plötzlich ablehnend, in der Mimik und Bewegungen, wie erstarrt. Macht den Eindruck einer katatonStuporösen. Der Gesichtsausdruck ist meist hart, manchmal etwas leer. Depressive Ausbrüche fehlen.[625]

---

625 Otto Gross: Drei Aufsätze über den inneren Konflikt. In: Abhandlungen aus dem Gebiete der Sexualforschung. In: Intern. Gesellschaft für Sexualforschung (Hg.), Bd. II, Jahrg. 1919/20, Heft 3, Bonn 1920.

Otto Gross' Studie bestätigt, was Sofie in ihrem Brief schreibt: Sie spricht von der „schwärzesten Zeit", von einem „Übergangsstadium voll von Leid und Entsetzen", von der „Überwindung aller Materie", von „Gestank und Verwesung". Sie erwähnt Besserung und Rückschläge.

„Sie litt für mich"

Es ist unverständlich – wenn auch aus seiner Sicht erklärbar –, dass Otto Gross nicht fremde Hilfe holt, dass er mit Sofie nicht sofort nach Österreich zurückfährt und sie in ein Sanatorium bringt. Er ist Arzt, doch angesichts seiner eigenen Ratlosigkeit – „Ich verstand nichts mehr" – hätte er einen Kollegen hinzuziehen müssen. Sofies Psychose ist nicht mit einer Analyse wie im Café Stefanie zu heilen, nicht mit Assoziationen und Komplexerörterung. Nicht der Psychoanalytiker ist gefragt, sondern der Neurologe, der Gross auch ist. Allerdings ist Otto Gross – seiner Meinung nach – der beste Helfer bei Sofies Zustand: „Es ist für mich das Einzig-Tröstliche […], dass sie in jenem Zustand nie in fremde Hand gekommen ist, in kein Milieu, in dem sie sich allein gelassen hätte fühlen müssen. Dass ich allein ihr Arzt und Pfleger war."[626]

Wie schon bei Elisabeth Lang, misstraut er seinen psychiatrischen Berufskollegen. Stattdessen greift er zur Betäubung seiner eigenen Psyche. Er pflegt Sofie in berauschtem Zustand; Medikamente tragen zu seinem Realitätsverlust bei. Er klammert sich an sie, auch wenn sie die Hilflose ist.

Damit entflieh er in ein Reich der Illusionen. „Sie litt für mich," ist in Franz Jungs Roman zu lesen. „Sie erfüllte das Gemach. Sie wölbte sich zu einem Gebet."[627] Hier paart sich die Droge mit religiöser Mystik und Romantisierung von Leid. „,Verzeih mir, kannst du mir verzeihen?' […] und [er] sah sie strahlend an." – „Ich bin schuld. […] Für mich hast du es gelitten," und „ich bleibe immer bei ihr. Ich sitze zu Füßen." Sophie erträgt die Leiden auf dem „Kreuzweg der Demut". Sie nimmt Otto Gross' Schmerz auf sich, vielleicht auch „das ganze Leiden dieser ganzen Menschheit an sich selbst."[628] Er ist befreit, sie hat ihn erlöst, er darf zu ihr beten. Ihr Leiden hat einen Sinn. Gross betont, Sofie sei „frei von Religion"[629] gewesen, doch benutzt er die Religion für ihre Anbetung. Er mystifiziert Sofies Krankheit zum Beweis ihrer Liebe. Es geht um Obrigkeit und Unterwerfung. Otto Gross fühlt beides in sich: Unterwerfung durch Anbetung.

---

626 Josef Berze, Dominik Stelzer, S. 26f.
627 Franz Jung, 1915, S. 13. Die folgenden drei Zitate ebd. S. 24, 23 und 37.
628 Otto Gross: Die Psychoanalyse oder wir Kliniker. In: Die Aktion 3. Jg., Heft 26, 25.06.1913, Spalte 631.
629 Josef Berze, Dominik Stelzer, S. 27.

Wie viele Krankheiten?

Weder aus damaliger noch aus heutiger Sicht kann eine genaue Diagnose von Sofies Krankheit gestellt werden. Aufgrund ihrer Schilderung und der Beschreibung von Symptomen durch Otto Gross könnte von einer Schizophrenie/Dementia praecox, einer schizophrenen Psychose, einer Psychose, einer Manie oder einer Neurose gesprochen werden. Allen Formen ist gemein, dass der Patient einen realistischen Bezug zu sich selbst und zur Umwelt verliert und sich nicht mehr angemessen den Mitmenschen gegenüber verhält.

Anfang des 20. Jahrhunderts stecken Analysen und Therapien von psychischen Erkrankungen noch in der Erforschung. Manie, Psychose, Depression, Dementia praecox und Schizophrenie sind Diagnosebegriffe, deren Abgrenzung unklar ist. Emil Kraepelin, in dessen Klinik Otto Gross gearbeitet hatte, definierte Dementia praecox 1893 als „eine eigenartige Zerstörung des inneren Zusammenhangs der psychischen Persönlichkeit mit vorwiegender Schädigung des Gemütslebens und des Willens".[630]

Otto Gross beschreibt 1907 das „manisch depressive Irresein". Dieser Form der Manie verspricht er einen günstigeren Verlauf als Dementia praecox. Der Schweizer Psychiater, Schizophrenieforscher und Direktor der Klinik Burghölzli, Eugen Bleuler, ersetzt auf der Jahresversammlung des *Deutschen Vereins für Psychiatrie* in Berlin 1908 den Begriff „Dementia praecox" durch die Bezeichnung „Schizophrenie". In seinem 1911 publizierten Buch *Dementia praecox oder Gruppe der Schizophrenien* beschreibt er ausführlich Symptomatik und Verläufe der Schizophrenien. Er kennzeichnet Gruppen, die sich durch unterschiedliche Symptome auszeichnen: formale und inhaltliche Denkstörungen, akustische Halluzinationen. Wahnideen, Negativismus, Depression, Verlust der Beziehung zur Realität, Ängste, Misstrauen, Ambivalenz der Gefühle, Benommenheitszustände, Störungen des Willens und Handelns, Zerfahrenheit, Erschöpfungszustände, Apathie, wirres Denken und Sprechen, unangemessenes Verhalten und Realitätsverlust.

In vielen Fällen bahnt sich die Krankheit schleichend an, was von der Umwelt zunächst nicht als behandlungsbedürftig erkannt wird. Selbst der Erkrankte – obwohl schon leidend – erlebt sich mit Symptomen, die er auch bei anderen Menschen sieht, so dass er sich für relativ gesund hält. Stimmungsschwankungen, Antriebslosigkeit, Reizbarkeit, Schlaflosigkeit, aber auch ein erhöhtes Schlafbedürfnis und depressive Gefühle sind verbreitet, werden der Nervosität und Hysterie zugeordnet und auf äußere Vorkommnisse zurückgeführt.

---

630 Emil Kraepelin: Psychiatrie. Ein Lehrbuch für Studirende und Aerzte. 8. Auflage. Leipzig 1913, Band 3, Klinische Psychiatrie, S. 668.

Angesichts Sofies Zustand auf dem Balkan lässt sich nach Anzeichen in den Jahren zuvor fragen. Sie klagte über Antriebslosigkeit, wollte schlafen und hoffte, die Nacht würde kein Ende nehmen. Sie war oft mutlos und ohne erkennbaren Grund traurig. Sie litt unter einem schwachen Selbstwertgefühl, unter Einsamkeit in der Großstadt und dem Verstummen in Gesellschaften. All das ließe sich auf eine Depression zurückführen; es hätten auch Vorboten einer Psychose sein können.

Gab es eventuell eine genetische Disposition für eine psychische Instabilität? Sofies Schwester Johanna war wegen einer Manie behandelt worden. Eugen Bleuler schreibt: „Noch schlimmer steht es bis jetzt mit der individuellen Vorbeugung, da wir die auslösenden Ursachen der Krankheit nicht kennen."[631]

Die Psychose-Forschung steckt noch in den Kinderschuhen. Bleuler zählt zur Therapie genügende Schlafgelegenheit und Vermeidung aller Erregungen. „Starke Affekte befördern den Ausbruch von akuten Anfällen. Viel Widerspruch verschlimmert die Krankheit; Müßiggang begünstigt die Herrschaft der Komplexe, während eine geregelte Arbeit das normale Denken in Übung erhält."[632]

Das ist der Forschungsstand, als Sofie 1910 erkrankt. Aufgrund Sofies latenter Depressionen müsste Otto Gross besondere Sorgfalt im Umgang mit ihr walten lassen. Es ist nicht davon auszugehen, dass Sofie an Gross` Drogen partizipiert hat; in keinem Gutachten bzw. Schriftstück macht Gross entsprechende Aussagen. Doch ist nicht auszuschließen, dass auch eine einmalige Einnahme auslösende Funktion haben könnte und zu einer drogeninduzierten Psychose führt. Emilie hatte von einem „weißen Pulver" gegen Schlaflosigkeit geschrieben. Doch das Hauptargument gegen eine regelmäßige Drogeneinnahme ist, dass Sofie 1908 und 1909 monatelang nicht mit Otto Gross zusammen ist, und nur durch ihn als Arzt hätte sie Zugang zu Drogen gehabt; abgesehen davon, dass ihr die Geldmittel fehlten. Weder von Frieda Gross, Else Jaffé, Frieda Weekley noch Regina Ullmann ist Drogenkonsum bekannt.

Zusammenbruch von Otto Gross und Sofie Benz

In klaren Stunden an der Adria reflektiert Sofie ihre Situation im Gespräch mit Otto Gross und hält diese in Texten fest, wie sich aus einem späteren Brief von Ernst Frick ergibt. Otto Gross plant, eine Monografie über Sofie zu schreiben, da wären diese Unterlagen für ihn sowie für das Verständnis von Sofies Erkrankung wichtig gewesen. Doch im Nachlass befinden sich keine entsprechenden Papiere.

631 Eugen Bleuler: Dementia praecox oder Gruppe der Schizophrenien. Tübingen 1988, S. 380. (Erstdruck 1911)
632 Eugen Bleuler, S. 380.

Während Sofie sich phasenweise erholt, verschlechtert sich Gross' Zustand. Im Herbst 1910 wird der Aufenthalt an der Adria immer problematischer. Otto kommt an psychische Grenzen, die sich auch nicht mehr mit Drogen überbrücken lassen. Er sieht für Sofie keine Möglichkeit der Besserung, erkennt seine eigene Hilflosigkeit. Sofie schreibt später: „Als es jetzt wieder besser ging, brach Groß von der übergroßen Anstrengung zusammen [...]."[633]

In Sofies Nachlass befindet sich ein mit Otto Gross' Schrift verfasstes Fragment, in dem deutlich wird, dass er in Halluzinationen und Verfolgungsgedanken gefangen ist. Das Schriftstück ist ein Dokument seiner inneren Verfassung:

> Schonen Sie mein Leben, sonst kann ich auch auch [sic!], für die Menschen, für Benz, für niemand etwas thun! Nie mehr! Sonst bin ich wieder für Wochen und Monate zerstört! ich hatte Sie doch gebeten! Alle Nächte schlafe ich auf Scorpionen, wegen dieser göttlichen satanischen Mörder, wissen Sie das nicht?[634]

Wen er mit „Sie" anredet, erschließt sich nicht. Doch ist klar, dass er keinen Ausweg sieht und überfordert ist. Sofies und Ottos Symptome sind so gravierend, dass sie weder ihre Reise an der Adria fortsetzen noch selbstständig nach Graz reisen können. Ein Hilferuf erreicht die Eltern in Graz. Es wird ein Wiener Psychiater geschickt, um Sofie abzuholen.[635] Dieser Vorgang ist aus einem späteren Brief Sofies belegt.

Otto Gross, Schriftstück. (Privatbesitz)

Als es jetzt wieder besser ging, brach Groß von der übergroßen Anstrengung zusammen und Universitäts-Professor Groß schickte einen Wiener Psychiater, der mich zur Erholung nach Graz brachte,

---
633 Brief von SB an EB, Poststempel 02.01.1911. Privatarchiv P.B.
634 Fragment von Otto Gross im Nachlass von SB, o.D. [Sommer 1910], Privatarchiv P.B.
635 Der Name des Wiener Psychiaters ist nicht bekannt. Zu der Zeit wirkten in Wien die Neurologen und Psychiater Otto Pötzl, Erwin Stransky und Josef Hirsch und Dr. Berze an der Klinik Steinhof.

wo ich einige Wochen bei Gaßner war. Es wurde mir angeboten, noch einige Zeit in einem Wiener Sanatorium zu verbringen. Ich wollte aber fort, fort nach München, wo ich hoffte, wieder froher werden zu können.[636]

Offensichtlich kannten die Eltern Gross Sofie bereits. Sie war mehrmals in Graz gewesen, auch zu einem Besuch bei Frieda im Jahr 1909. Zudem werden Sofie und Otto auf dem Weg in den Süden in Graz Station gemacht haben. Dass auch Otto nach Graz zurückgeholt wird, ist einem Schreiben seiner Mutter vom März 1911 zu entnehmen. Adele berichtet, dass ihr Sohn „im vergangenen Herbst eine Woche bei ihnen war und dass sie und ihr Mann einen guten Eindruck von Ottos Befindlichkeit hatten."[637] Einen Kollaps Ottos erwähnt sie nicht. In einem anderen Brief schreibt Hans Gross, dass Dr. Berze, Primarius der Klinik Steinhof in Wien, die Gelegenheit hatte, seinen Sohn im Herbst 1910 zu begutachten. Er habe eine Hebephrenie festgestellt.[638] Möglich ist, dass Sofie zur Behandlung nach Graz kam, während sich Dr. Berze des Patienten Gross in Wien angenommen hat.

Otto Gross erwähnt den Umstand, dass sie nach Graz zurückkehren, in einem späteren Bericht mit einem kurzen Satz: „Wir gingen nach Graz zu meinen Eltern, dann nach München, dann nach Ascona im Canton Ticino."[639] Mit einem anderen Schwerpunkt schildert Bertschinger-Joos den Aufenthalt von Sofie und Otto in Graz: „Zwar hatte sich Otto Gross den Sommer über erneut an der Adria aufgehalten, diesmal mit Sophie Benz, und besuchte auf der Rückreise mit ihr seine Eltern. Damit musste auch Hans und Adele Gross endgültig klar sein, dass die Ehe ihres Sohnes gescheitert war."[640]

Dass es ein aus schwerwiegenden gesundheitlichen Gründen abgebrochener Urlaub an der Adria war und kein unbeschwerter Besuch bei den Eltern in Graz, wird nur aus Sofies Brief ersichtlich. Otto und Sofie – beide psychisch gebrochen – kommen zu ihnen ins Haus, und Hans Gross sorgt für den Klinikaufenthalt.

Erholung in Graz

Sofie kann ihre Krankheit in einem Sanatorium in Graz auszukurieren. Sie ist einige Wochen bei „Gaßner". Der Name „Gaßner" lässt sich in Graz nicht ermitteln. Er erscheint nicht auf der Liste der Professoren und Dozenten der

---

636 Brief von SB an EB, Poststempel 02.01.1911. Privatarchiv P.B.
637 Siehe Martin Green, 1999, S. 175. Von Green paraphrasierte Übersetzung.
638 Vgl. Gottfried M. Heuer: Freud´s ‚Outstanding' Colleague/Jung´s ‚Twin Brother'. New York 2017, S. 214.
639 Josef Berze, Dominik Stelzer, S. 27.
640 Bertschinger-Joos, Richard Butz, S. 71.

Klinik für Neurologie und Psychiatrie der Universität Graz, wo Otto Gross von 1906 bis 1908 als Privatdozent gewirkt hatte. Es gibt zur fraglichen Zeit zwei weitere Kliniken in Graz: die 1873 errichtete steiermärkische Landesirrenanstalt Feldhof bei Graz und das 1885 von Krafft-Ebing gegründete private Sanatorium, die Klinik in Maria Grün bei Graz. Dies ist eine Anstalt für Patienten wohlhabender Schichten, in der lt. Prospekt Nerven- und Suchtkranke behandelt werden.

Prinzipiell ist Otto Gross gegen klinische Therapien, wie er bei Lotte Hattemer und Elisabeth Lang gezeigt hat. Er selbst nutzt Psychiatrien als Fluchtorte oder für Entzugskuren. Alle anderen Menschen sollen nach seiner Methode in „Freiheit" behandelt werden. Doch dort gibt es Grenzen; Wilhelm Stekel beschreibt das Zu-Spät-Handeln:

> Denn die meisten Paralogien [641] werden dem Nervenarzte erst vorgeführt, wenn die Symptome die Kranken der Umgebung zur Last machen, wenn die Verdrängung bereits so weit vorgeschritten ist, die Paralogie das klare Bewußtsein so weit verdunkelt hat, daß von einer genauen Analyse des Falles gar keine Rede sein kann. In die Kliniken oder Heilanstalten kommen solche Fälle gewöhnlich auf der Höhe der Erkrankung und man beschränkt sich darauf, durch beruhigende Prozeduren und Überwachung dem Kranken über diese schweren Zeiten hinwegzuhelfen.[642]

„Beruhigende Prozeduren" beschreibt auch Johannes R. Becher, als seine Familie den „verrückten" Onkel in der Klinik Eglfing-Haar bei München besucht. Der Arzt erklärt, „Onkel Karl habe diese Nacht im Dauerbad verbracht, außerdem eine Spritze bekommen. Es sei im Augenblick nichts zu befürchten."[643] Sofie im Dauerbad und mit Spritzen ruhiggestellt, ist eine abschreckende Vorstellung, doch damals eine verbreitete Therapie.

Eugen Bleuler beschäftigt sich in seinem knapp 400 Seiten starken Standardwerk zur Schizophrenie nur auf den letzten 15 Seiten mit der Therapie. Die Mehrzahl der Angebote – sagt er freimütig – sei noch wenig erprobt und eventuell nicht hilfreich.

> Sagen wir es uns und den anderen ganz offen, wir kennen bis jetzt keinen Eingriff, der die Krankheit als solche zur Heilung oder nur zum Stillstand bringen könnte. [...] Die Anstalt als solche heilt die Krankheit nicht. [...] Auf der Höhe der eigentlichen Krankheitsschübe ist bis jetzt nichts zu machen. [...] Daß ein akuter Anfall

---

641 Paralogie: Formale Denkstörung.
642 Wilhelm Stekel: Nervöse Angstzustände und ihre Behandlung. Berlin 1923, S. 563.
643 Johannes R. Becher, S. 72.

von Schizophrenie ausgebrochen ist und dauert, daß der eigentliche Krankheitsprozeß weiter geht oder stille steht, ist von unserm Handeln meist unabhängig. [...] Eine medikamentöse Behandlung der Schizophrenie gibt es nicht."[644]

Das klingt entmutigend. Bleuler schreibt weiter, dass der Kranke nur bei bestimmten Indikationen wie Gefahr für sich und die Umwelt, Resistenz gegen Beeinflussung und übergroßer Belastung für die Angehörigen in die Anstalt kommen solle. Als einzige ernst zu nehmende Therapie bei Schizophrenie sei die psychische anzusehen, doch sei die Wissenschaft noch im Stadium der Erkenntnisgewinnung. „Da die Symptomatologie der Krankheit von den Komplexen beherrscht wird, und da man von diesen aus oft in die Psyche des Kranken eindringen kann, sollte man erwarten, daß man sie von da aus auch beeinflussen könnte."[645] So verbindet Bleuler die klinische Psychiatrie mit der Psychoanalyse.

Bleuler führt Mittel auf, die „bessern sollten": Sport, künstlerische Betätigung, Unterhaltungen inklusive Tanz, Spaziergänge, Erziehung zur Selbstbeherrschung, Hypnose, Bettbehandlung, Liegen in Licht und Luft, Dauerbad, nasse Wickel, Schlafmittel, auch Narkotika zur Ruhigstellung. Die Therapieangebote müssten auf jeden Patienten abgestimmt werden. „Nicht nur die Individualität des Patienten ist zu berücksichtigen, sondern auch die des Arztes [...]. Die Hauptsache ist, daß man keinen Kranken ganz aufgibt, sondern immer wieder bereit ist, einzugreifen, Gelegenheit zu bieten, aus seinem krankhaften Gedankengang herauszukommen."[646]

Nachdem Sofie sich bei „Gaßner" offenbar erholt hat, wird ihr ein mehrwöchiger Kuraufenthalt in einem Wiener Sanatorium angeboten. Welch ein Luxus auf Kosten von Hans Gross! Doch Sofie lehnt ab. „Ich wollte aber fort, fort nach München, wo ich hoffte, wieder froher werden zu können."

Abschied von Leonhard Frank

Sofie hat eine kleine Wohnung in der Kurfürstenstraße, von der sie sich Anfang September 1909 abgemeldet hatte und in die sie nun zurückkehrt. Eine erneute Anmeldung 1910 ist auf dem polizeilichen Meldebogen nicht vermerkt[647]. In München befinden sich ihre persönlichen Dinge, u.a. Zeichnungen und Skizzen. Es ist zu vermuten, dass sie die Wohnung in ihrer Abwesenheit untervermietet hat und dies weiter so handhabt.

---

644 Eugen Bleuler, S. 384.
645 Eugen Bleuler, S. 384.
646 Eugen Bleuler, S. 388f.
647 Ernst Frick nennt die Adresse in einem späteren Brief.

Auch Frieda Gross und Ernst Frick sind in München. Am 9. September 1910 wurde die gemeinsame Tochter Eva Verena geboren, von Otto Gross anerkannt. Vier Jahre später wird Dr. Hans Gross in einem Prozess die Legitimität von Eva Verena[648] anfechten, dann wissend, dass es nicht das Kind seines Sohnes ist.

Sofie befindet sich in München nur auf der Durchreise, denn sie folgt Otto Gross nach Ascona. „Ich wollte Dr. Groß wiedersehen als einzige Hoffnung einer Linderung [...]."[649] Ernst Frick schreibt zu Sofies Aufenthalt in München: „Was in ihrer Wohnung wirklich gewesen ist, weiss ich nicht. Ich war nie drin und ich bin 14 Tage vor ihr aus München abgereist, während sie ihre Wohnung in Ordnung bringen wollte. Ob sie etwas weggetragen hat, weiss ich nicht."[650]

In den Münchner Wochen korrespondiert Sofie mit ihrer Schwester, und es gibt ein Treffen mit Leonhard Frank. Dieser stellt – literarisch wirkungsvoll – in seinem Roman *Links wo das Herz ist* die zufällige Begegnung mit seiner einstigen Freundin Sofie so dar, als hätte sie ihn nicht erkannt:

> Das letzte Mal, zwei Jahre nach der Trennung von Sophie, sah er [Michael alias L.F.] die beiden [Sophie und Gross] in der Halle des Münchener Hauptbahnhofs. [...] Sophies Anblick entsetzte ihn, er glaubte nicht, was seine Augen sahen. [...] Der Doktor schnupfte Kokain [...]. Beide sahen Michael und sahen ihn nicht, die Umwelt existierte nicht mehr. [...] Die Reise nach Ascona war nicht einmal mehr ein letzter Rettungsversuch.[651]

Diese Version ist der Dramatik seines Romans geschuldet, doch in seinem späteren Kondolenzbrief an Sofies Mutter klingt das anders: „Noch im Dezember vergangenen Jahres haben Sofie und ich, nach 2jähriger Trennung uns darüber ausgesprochen."[652]

Sofie und Leonhard Frank hatten sich im Herbst 1908 getrennt, und Anfang Dezember 1910 kommt es zu einer Aussprache. Das klingt sachlich und nicht hasserfüllt. Leonhard Frank hegt keinen Groll gegen Sofie, nur gegen den „Dritten", wie er ein Jahr später in einem Brief an Sofies Mutter schreibt. „[...] für mich ist noch kein Tag vergangen, an dem ich nicht mit Verehrung und Liebe an Sofie gedacht habe. Und bis zum letzten Tag meines Lebens

---

648 Eva Verena Gross (1910–2005) trägt nach der Aberkennung des Namens Gross den Geburtsnamen ihrer Mutter: Schloffer.
649 Brief SB an EB, Poststempel 02.01.1911. Privatarchiv P.B.
650 Brief Ernst Frick an Emilie Benz, 23.04.1911.
651 Leonhard Frank, 1976, S. 41f.
652 Brief Leonhard Frank an Sofies Mutter Emilie Benz (sen.), 04.10.1911. Privatarchiv P.B.

werde ich das tun."⁶⁵³ Er hat in einem Gespräch mit ihr abgeschlossen, doch nicht im Zorn.

Bei ihrem Aufenthalt in München hätte Sofie Autonomie über ihr Leben erlangen können, indem sie die Stadt in eine andere Richtung als Ascona verlassen hätte; um den Preis, sich aus dem Kreis um Otto Gross zu lösen. Dass sie klare Entscheidungen trifft, zeigt das Gespräch mit Leonhard Frank, zeigt ihr Brief an Emilie, zeigt ein Blumengruß an die Mutter und damit das Bedürfnis, den Kontakt zu Ellwangen nicht abreißen zu lassen.

„Du entfliehst dem Winter"

Am 14. Dezember 1910 geht ein Brief von Emilie Benz an *Fräulein Sofie Benz, Ascona, lago maggiore*. Es ist einer der wenigen überlieferten Briefe Emilies an Sofie. Aus dem Inhalt wird ersichtlich, dass sich Sofie auf dem Weg zum Lago Maggiore befindet, so dass Emilie den Brief nach Ascona sendet. Dem Umschlag legt sie einen weiteren, bislang nicht abgeschickten Brief bei. Emilie bezieht sich auf Blumen und Grüße, die Sofie ihrer Mutter sowie der Schwester – vielleicht als vorgezogenes Weihnachtsgeschenk – geschickt hatte.

> Liebe Sofie,
> Die schönen Blumen und Deine Grüße machen uns viel Freude. Auch Mama wird sehr erfreut sein (ich bekam die liebe Sendung in meine kleine Behausung und komm erst heut abend heim). Wenn Du beim Absenden nicht schon reisefertig warst, kommt mein Brief vor Dir nach Askona.
> Den beiliegenden Brief habe ich schon vor Monaten geschrieben, aber nicht abgesandt. Es drängt mich aber heute, Dir meine damaligen Gedanken mitzuteilen, darum sende ich ihn noch. –
> Ich glaube annehmen zu dürfen, daß es Dir wieder gut geht. Du entfliehst dem Winter (in Ellwangen will er wohl erst nach Weihnachten anfangen) und Mamas Wunsch, Dich über das Fest hier zu haben, wird wohl ein vergeblicher sein, wenn Du so weit entfernt bist.
> Bei uns ist alles wohl. Johanna noch in ihrer Stellung. Albert Ludwig hat sich im November verheiratet. Er ist nicht mehr ganz der freie, ernste Mann, der es uns angetan, als er von Mexiko zurückkehrte, sondern er ist Prokurist der Firma Gebrüder Bayer, Augsburg, und bester Freund Eugen Gehrs, dessen Schwägerin er zur Frau hat, eine liebe, einfache, sehr fleißige und sehr häusliche Frau, glaube ich. Er

---

653 Brief Leonhard Frank, 04.10.1911. Privatarchiv P.B.

hat uns mit ihr seinen baldigen Besuch zugesagt.
Wenn eine genauere Adresse für Dich wünschenswert sein sollte, so möchte ich Dich bitten, sie sofort nach Erhalt dieser Zeilen uns mitzuteilen. Ich denke sehr, sehr viel an Dich und grüße dich tausendmal!

Deine alte Emilie.[654]

Was Emilie in dem „beiliegenden Brief" schreibt, ist nicht bekannt, da der Brief nicht erhalten ist. Sofies Mutter – nun 64 Jahre alt – wünscht sich den Besuch ihrer Tochter zu Weihnachten, doch dafür fühlt sich Sofie zu schwach. Nur ein Blumengruß verbindet sie mit Ellwangen. Zu Hause müsste sie vielen Fragen ausweichen, würde auf gut gemeinte, aber ihrer Lebenssituation nicht angemessene Ratschläge stoßen. Auch ist ihr weiterhin nicht klar, was ihre psychotischen Anfälle bedeuten; wie könnte sie ihren Zustand erklären?

Emilies Schreiben ähnelt einem sachlichen Geschäftsbrief. Wendungen wie „Ich glaube annehmen zu dürfen, daß es Dir wieder gut geht" und „Wenn eine genauere Adresse für dich wünschenswert sein sollte" klingen distanziert. Statt dass sie ausführlicher von der Familie erzählt, gelten ihre Worte dem Cousin Albert. Der junge Mann war inzwischen in Mexiko, ist als Prokurist in guter Anstellung und gesicherten Verhältnissen. Er hat eine „liebe, einfache, sehr fleißige und sehr häusliche Frau geheiratet."

Emilie berichtet ohne jegliche Wertung, doch stellt sie gerade mit diesen knappen Worten die gegensätzlichen Welten dar. Ihre Beschreibung von Alberts Frau könnte einem Buch des 19. Jahrhunderts entnommen sein, das weibliche Idealbild preisend. Lieb, einfach, fleißig und häuslich ... von all dem ist Sofie – sowie die Gesellschaft, in der sie sich bewegt – das Gegenteil. Albert Ludwig und Otto Gross kennzeichnen zwei konträre Welten, Albert und Sofie sind Repräsentanten zweier antagonistischer Systeme.

Und doch kann und will sich Sofie, die Bürgerstochter, nicht vollständig von der Familie lösen. Otto Gross, der das System Familie zerschlagen möchte, müsste es als Affront ansehen, wenn Sofie mit einem Blumengeschenk die Hand nach der bürgerlichen Seite ausstreckt.

Glaubt Emilie ernsthaft, dass Sofie wieder gesund ist? Weder Emilie noch die Mutter sind im Bilde über die Leiden und Todesängste, die Sofie in den letzten Monaten ausgestanden hat. Erst am 1. Januar 1911 wird Sofie in einem langen Brief ihren Zustand schildern.

---

654 Brief EB an SB, 14.12.1910. Privatarchiv P.B.

Wieder in Ascona

Sofies Leben richtet sich nach Otto Gross. Er ist nach Ascona gereist. Wie konnte er Sofie überzeugen, ihm zu folgen? Hat sich Sofie – wieder einmal – einem fremden Willen gebeugt? In München fühlt sie sich verloren. Frieda Gross ist mit ihrem Baby beschäftigt, und über einen nennenswerten Bekannten- und Freundeskreis verfügt Sofie nicht mehr. Zu sehr hatte sie sich von Freundinnen und Verwandten abgewandt, zu eng mit dem Kreis um Otto Gross verbunden. Durch ihr ruheloses Leben und die Abwesenheit im Sommer ist sie München entfremdet und hat auch den Anschluss an die Kunstszene verloren. „Sie hatte zu dieser Zeit, meines Wissens, gar keine näher [sic!] Bekannte in München,"[655] schreibt Ernst Frick später.

Als Sofie 1906 nach Ascona gereist war, wusste sie, dass ihr das Zusammensein mit Anna Haag nicht guttat, dass sie „gesunde Menschen" um sich herum brauchte. Mit Otto Gross ist die Situation nun ähnlich.

Am 7. Januar meldet sich Sofie – als *Sofia Benz* – offiziell bei der Zentraldirektion der Polizei in Bellinzona an[656]. Sie erhält eine Aufenthaltsgenehmigung für ein halbes Jahr.

Doch in Ascona erlebt sie, dass sich Otto Gross trotz aller Beteuerungen in seinem langen Brief vor einem Jahr nicht geändert hat. Hatte sie sich Illusionen gemacht? Im Grunde weiß sie doch, dass Otto Gross der bleibt, wie ihn Franz Jung später charakterisiert:

> Er [Gross] war weder ein Phantast, noch ein Dämon, weder vergewaltigend noch infantil, weder masochistisch-sadistisch, weder gut noch schlecht, er war ein leidzerquälter, einsamer, nach Liebe schreiender Mensch, der über alles und sich selbst die Wahrheit suchte. Und vor allem ein Mensch, der in der gleichen Atmosphäre unserer Bedingungen lebte und sie genau wie wir selbst, nur gehemmter, unglücklicher, verschmähter und konventionsfremder widerspiegelte. Der ebenso log und sich rächte und haßte und schwach war wie wir selbst, nur wahrheitsgemäßer.[657]

Hat Sofie in Ascona einen Lebensplan, zumal es ihr gesundheitlich nicht gut geht? Es ist Otto Gross, dem sie ihr Leben anvertraut. Von welchen finanziellen Mitteln sie Fahrtkosten und ihren Lebensunterhalt in Ascona bestreitet, ist unbekannt. Aus Ellwangen wird sie nicht regelmäßig Geld bekommen, doch bittet sie von Ascona aus um Geld. Das erstaunt, da sie Otto Gross nach-

---
655 Brief Ernst Frick an EB, 23.04.1911. Privatarchiv P.B.
656 Meldebogen „La Direzione Centrale di Polizia del Cantone Ticino". Original im Privatarchiv P.B.
657 Franz Jung: Das Ende des Doktor Gross. In: Kurt Kreiler (Hg.), S. 147.

gereist ist und er von zu Hause ausreichend finanzielle Mittel haben sollte. Möchte Sofie mit eigenem Geld unabhängiger sein?

Sofie war im Juni 1906 in Ascona gewesen, von weiteren Aufenthalten ist nichts bekannt. Viel ist seitdem geschehen. Damals hatte sie mit Anna Haag und Leonhard Frank unbeschwerte Wochen verbracht. Sie hatten am See gelegen, gemalt und Bootstouren gemacht. Sofie und Leonhard hatten sich ineinander verliebt und mit Erich Mühsam, Johannes Nohl und Ernst Frick in der „Tafelrunde" diskutiert. Alle „Typen" waren ihr „ekelhaft" vorgekommen.

Ascona: Trattoria delle Isole, heute Hotel Tamaro. (2019, Foto privat)

Jetzt liegt das weit zurück. Das *Winterthurer Tagblatt* hatte im Februar 1910 festgestellt: „All diese Leute zeichnen sich durch ein freches und herausforderndes Benehmen aus. [...] Sie scheinen Ascona als eine Art Eldorado der Freiheit, als Anarchisten-Sommerfrische okkupieren zu wollen."[658]

Otto Gross wohnt in der Trattoria delle Isole bei Leopoldina Poncini, der Mutter des Rechtsanwalts Enrico Poncini. Sehr wahrscheinlich hat auch Sofie dort ein Zimmer. Ernst Frick logiert im Haus Bacchi, wenige Schritte von der Trattoria entfernt.

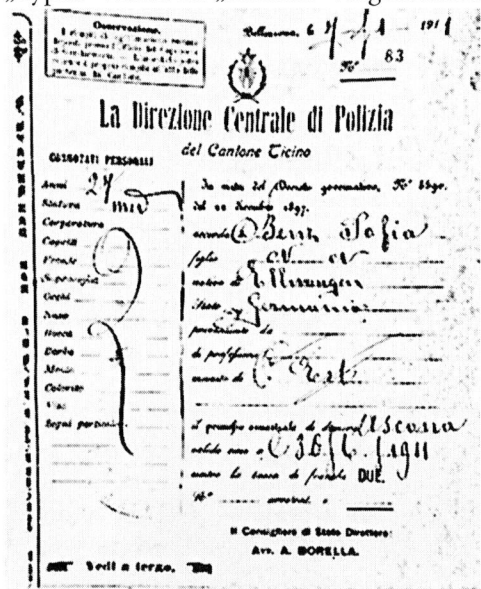

Aufenthaltsgenehmigung Sofie Benz in Ascona. (Original Privatarchiv P.B.)

Es sind für Sofie keine glücklichen Tage am Lago Maggiore. Sie und Otto Gross streiten sich

---
658 Emanuel Hurwitz, S. 203.

und fallen in Locarno auf. Sie droht, ihn zu verlassen, nun endgültig. Die *Tessiner Zeitung* schreibt:

> Gross lebte mit seiner Begleiterin nicht durchwegs in bestem Einvernehmen. Die beiden wurden sogar in öffentlichen Restaurationslokalen bei heftigem Wortwechsel getroffen. Ein Zeuge deponiert bei uns, die Dame hätte Gross einmal unter erregten Worten gedroht ihn nunmehr definitiv zu verlassen. – [...] Das Paar wurde aus verschiedenen Restaurants in Locarno verwiesen.[659]

Otto Gross schnupft nach wie vor Kokain, über ein Röhrchen in die Nase eingeführt, was die Schleimhäute verätzt. In einem Brief berichtet Hans Gross, dass sein Sohn eine tägliche Dosis von 5 gr. Kokain, 5 gr. Anästhetikum und 5 gr. Opium benötige[660]. In welchen Mengen er zuweilen Drogen bei sich hat, wird einige Jahre später geschildert: „Bei der Durchsuchung der Effekten [...] wurden 8 Schachteln, jede 5 bis 10 Gramm enthaltend, konfisziert. Inhalt: Opium in Pulverform, reines krystallines Kokain und Anästhesin, sowie Kokain und Anästhesin gemischt. Die Schachteln sind teils sehr dürftig, teils falsch signiert – keine einzige trägt die Bezeichnung ‚Gift'."[661]

An der Piazza von Ascona, links Haus Bacchi, in dem Ernst Frick logierte. (Alte Postkarte o.D., Privatbesitz)

Unterwerfung und Masochismus

Otto Gross ist Therapeut, der die verdrängte Sexualität als Ursache für das Leid der Menschheit erklärt, und so liegt es – aus seiner Sicht – nahe, dass er einen Sexualpartner für Sofie sucht, der seiner Meinung nach zu ihrer Heilung beitragen kann. Wie so oft steht Ernst Frick zur Verfügung. Vor einem Jahr war er mit Otto Gross zu dessen Entzugskur auf den Balkan gereist, nun wird

---

659 Tessiner Zeitung 04.03.1911.
660 Vgl. Gottfried M. Heuer: Freud's ‚Outstanding' Colleague/Jung's ‚Twin Brother'. New York 2027, S. 213.
661 Josef Berze, Dominik Stelzer, S. 30.

er nach Ascona gerufen. „Und alles hat er für den Otto und statt dem Otto gethan – ein beispielloser Freund,"[662] wird Frieda kommentieren.

Ernst Frick sollte eigentlich bei ihr und der kleinen Tochter Eva Verena in München sein, doch Otto Gross hat ihn als „Medium" für Sofies Therapie nach Ascona gebeten. Warum macht Frick bereitwillig mit, ist es ein Freundschaftsdienst? Warum macht Frieda mit? Bertschinger-Joss schreibt: „Auch Ernst Frick ist in diese Affäre verwickelt, hatte er sich doch, aus welchen Gründen auch immer, mit oder ohne Friedas Einverständnis, mit Sofie kurz vor ihrem Tod in ein Verhältnis eingelassen. […] War Ernst von Otto zu Hilfe gerufen worden? Sollte Ernsts Verhältnis mit Sofie vielleicht sogar ein Rettungsversuch sein? Fragen über Fragen."[663] Frieda Gross hat in dieser Zeit eigene Sorgen. Zwar bleibt sie mit den Kindern Peter und Eva Verena in München, doch besucht sie zwischendurch ihren Vater, der am 16. Februar 1911 in Graz stirbt.

Sofie hatte ein Zusammenleben mit Otto Gross in Ascona erwartet, nun kommt Ernst Frick ins Spiel. Sie müsste ahnen, dass sie unter der Regie der beiden Männer nur verlieren kann. Dass Gross nicht wahrnimmt, wie sehr Sofie leidet, ist dem Eifer geschuldet, mit dem er seine Lehre bestätigt sehen will. Er will Sofies Depression mit Sexualität heilen. Warum unterwirft sich Sofie der „Therapie"? Wird sie gefragt? Kann ihr Selbstwertgefühl noch Widerstand leisten? In Ascona wiederholt sich, was ihr Erwachsenenleben wie ein Schatten begleitet und zu einem Problem ihres Wesens geworden war: die Unterwerfungstendenz. Otto Gross hat in seinen Schriften immer wieder die Bereitschaft zur Unterwerfung – besonders von Frauen – thematisiert. Er sieht den Willen zur Macht in Familien- und Staatsautorität, in Erziehung, Gesetzen, Vorgesetzten, Strukturen und Normen und geißelt den Willen zur Unterwerfung unter diese Autoritäten. Auch in der männlichen und weiblichen Liebe erkennt er unterschiedliche Formen der Autorität: die (männliche) Machtausübung und die (weibliche) Unterwerfung. Mit dem *masochistisch-sadistischen Antagonistenkomplex* verbindet er, „daß die Typen Mann und Weib im Unbewußten als Symbolik eines Herrschafts- bzw. Unterwerfungsverhältnisses fungieren."[664]

Leonhard Franks *Deutsche Novelle*

Leonhard Frank widmet sich der Unterwerfungsthematik in seinem Werk *Deutsche Novelle*, das psychoanalytische Denkstrukturen Otto Gross' aufweist. In dem Buch lebt die vereinsamte Adelige Josepha in einem Palast und gibt sich ihrem sadistischen Diener hin. Die Adelige kann sich der Gier des Dieners

---

662 Brief FG an EJ, 12.03.1911, Tufts # 47.
663 Bertschinger-Joos, S. 138f.
664 Vgl. Otto Gross: Drei Aufsätze über den inneren Konflikt. Teil III. 1920.

nicht entziehen, strebt nach masochistischer Unterwerfung und sucht nach der Entehrung in ihrem Selbsthass den Tod; zuvor erschießt sie den Diener. Der in die Adelige verliebte Handwerker Michael (Leonhard Frank) beobachtet die Situation, verlässt den Ort des Grauens und wird Kunstmaler.

Michael Grobmann schreibt in seiner Biografie über Leonhard Frank:
> Am Schicksal seiner Novellenfigur Josepha verarbeitet Frank auch seine Liebesbeziehung zu Sophie Benz. Deren masochistische Triebe sowie ihren Destruktionstrieb – der schließlich im Selbstmord mündet – will Frank aber nicht als schicksalsbedingt akzeptieren. So spiegelt sich in Josephas pathologischen Neigungen, in ihrer Abhängigkeit dem dämonischen Diener gegenüber, vor allem auch die unheilvolle Beziehung der Sophie Benz zu Otto Gross wider.[665]

Wie Josepha daran denkt, den Diener zu entlassen und es doch nicht macht, so wehrt sich auch Sofie vergeblich gegen Otto Gross. Der Handwerker Michael im Buch – ebenso wie Leonhard Frank – hat keine Chance gegen den Antagonisten von Unterwerfung: die Macht. Michael ist verliebt in Josepha, aber viel zu schüchtern, sich ihr zu nähern. Auch Leonhard Frank muss schließlich gegen Otto Gross verlieren. Weder Michael in der Geschichte noch Frank kämpfen um die Frau, die sie lieben. „Ich hätte sie geliebt", sagt Michael am Ende, so wie Frank in seinem Kondolenzbrief an Sofies Mutter schreibt: „Wir hätten uns durchgerungen und wären glücklich." Die Parallelen sind bemerkenswert.

Vorbeugende Maßnahmen aus Graz

Im österreichischen Graz befürchtet Hans Gross Schlimmes für seinen Sohn, denn in einem Brief Ende Dezember 1910 schreibt er an die Heilanstalt Mendrisio, 60 km südlich von Ascona: „[…] wenn, was nicht ausgeschlossen ist, eine Katastrophe eintreten sollte […]."[666] Angesichts der Katastrophe, die sich dann tatsächlich ereignet, zeigt sich, wie sehr Hans Gross seinem Sohn misstraut und wie weitsichtig er Otto einen Ausweg vorbereitet. Hans Gross schreibt:
> Derzeit ist er wieder in Ascona bei Locarno, angeblich um wieder eine Abstinenz durchzumachen, die aber zweifellos ohne Erfolg sein wird. Er ist in Begleitung eines Freundes, aber dieser ist ebenfalls nicht normal und wir können auch aus besonderen Gründen mit diesem nicht in Verbindung treten. Unser armer Sohn ist also eigentlich ohne Aufsicht: er duldet keine solche, schreibt uns aber

---

665 Ralph Grobmann: Gefühlssozialist im 20. Jahrhundert. Leonhard Frank 1882–1961. Frankfurt/M. 2004, S. 44.
666 Emanuel Hurwitz, S. 219. Korrespondenz Krankengeschichte Mendrisio.

> auch nicht, da er eine Art von Graphophobie hat. – Meine Bitte ginge nun dahin, daß Sie, geehrter Herr Doktor, mir gütigst mitteilen wollten, ob es in Ascona oder wenigstens in Locarno einen vollkommen vertrauenswürdigen Arzt gibt (auch als Mensch vertrauenswürdig); bejahenden Falles würde ich diesen Arzt bitten, daß er unauffällig dann und wann meinen Sohn beobachtet oder passende Erkundigungen über ihn einzieht und uns das Erfahrene mitteilt. Ebenso würde ich diesen Arzt – und das ist wohl das Wichtigste – um seine Intervention bitten, wenn, was nicht ausgeschlossen ist, eine Katastrophe eintreten sollte.[667]

Die „Art von Graphophobie", eine krankhaft gesteigerte Angst vor dem Schreiben, scheint Otto Gross nur im Kontakt mit seinen Eltern zu haben, denn eine solche Schwäche lässt sich weder in seinen Briefen noch in Publikationen erkennen. Indem die Eltern die Schreibfaulheit bzw. -verweigerung mit einem wissenschaftlichen Namen neutralisieren, lenken sie von dem Problem der gestörten Kommunikation ab.

Eine Intervention bei einer Katastrophe! Als es soweit ist, ist zwar kein Arzt zur Stelle, jedoch Anwalt Enrico Poncini. All die vorausschauenden Maßnahmen spielen sich im Hintergrund ab. Von Ernst Frick hält Hans Gross nichts, der sei „ebenfalls nicht normal". Hans und Adele hatten Ernst Frick noch im Herbst 1909 über alle Maßen gelobt und ihm die Reisekasse für die Adriareise anvertraut. Das gilt nicht mehr, inzwischen wissen die Eltern, dass im Umkreis ihres Sohnes nicht alles gutbürgerlich zugeht.

Ein Neujahrsbrief an die Schwester

Otto Gross wird später sagen, dass er nur die Mahlzeiten mit Sofie in der Trattoria delle Isole eingenommen hat. Gelegentlich halten sie sich in Locarno auf. Am 1. Januar 1911 schreibt Sofie einen Brief an Emilie nach Ellwangen. Der Umschlag mit dem Stempel „Locarno, 2.1.11., Ambulant"[668] ist erhalten. Da Sofie um ein Weihnachtsgeschenk von ihrer Mutter bittet, ist anzunehmen, dass sie den Brief noch vor Weihnachten beginnt, aber erst am 2. Januar abschickt. Sofie berichtet in dem siebenseitigen Brief von den Ereignissen der vergangenen Monate. Sie beginnt mit „Liebe Emy, Vielen Dank für Deine lieben Briefe, die mir so ungeheuer wohl gethan. Hätte ich Deinen ersten Brief schon damals bekommen, wäre es vielleicht besser gegangen. So kam da-

---

667 Emanuel Hurwitz, S. 219.
668 „Ambulant" besagt, dass der Brief mit der Bahnpost abgegangen ist.

mals die schwärzeste Zeit."⁶⁶⁹ Sie bezieht sich auf den von Emilie „beigelegten Brief", dessen Inhalt nicht bekannt ist.

Im Folgenden schildert Sofie in aller Klarheit ihre Krankheit mit Höhen und Tiefen, wie es in den Kapiteln „Die schwärzeste Zeit" und „Zusammenbruch von Otto Gross" bereits wiedergegeben wurde. Sie endet den Brief mit einer Schilderung der letzten Wochen.

> So kam ich nach München, aber es ging mir sehr schlecht. Nach Hause zu gehen war mir eine absolute Unmöglichkeit, ebenso zu schreiben, denn die Einstellung war mir noch von der Krankheit her völlig unklar. Ich wollte Dr. Groß wiedersehen als einzige Hoffnung einer Linderung und reiste also hierher. Es geht mir jetzt schon viel besser, obwohl ich mich noch sehr reduziert fühle und meist sehr traurig bin.
> Dich möchte ich sehr gerne einmal wiedersehen.
> Ich wünsche Dir viel Gutes zum Neuen Jahr und grüße und küsse Dich herzlich.
>   Sofie.
> Grüße Mama herzlich von mir. Wenn sie mir etwas Geld senden kann zu Weihnachten, wäre ich sehr froh. Für Backwerk u. Karte herzlichen [Dank] u. Allen herzliche Grüße u. alles Gute. ⁶⁷⁰

Ein Wiedersehen mit Emilie ist Sofies sehnlichster Wunsch! Macht sich Emilie später Vorwürfe, dass sie nicht umgehend nach Ascona gefahren ist, um sich über Sofies Situation zu informieren? Doch Emilie weiß auch, dass sie dann mit Otto Gross konfrontiert wäre, den sie zwar kennt, aber ablehnt.

Eine fragwürdige Therapie

Sofie war mit dem Wunsch nach Ascona gefahren, Otto Gross nahe zu sein und von ihm Linderung ihrer seelischen Probleme zu erfahren, aber die Ereignisse entwickeln sich in den kommenden Monaten in eine andere Richtung.

Ernst Frick soll nun Rettung bringen. Soll er die Beziehung zwischen Sofie und Otto Gross retten? Oder einen Weg aus der Depression ermöglichen? 1909 hatte Gross Sofie geschrieben, dass er ohne sie nicht leben kann, jetzt verkuppelt er sie mit Ernst Frick. Das bleibt nicht unbemerkt; so erwähnt der 13-jährige Sohn von Franziska zu Reventlow, der seit einem Jahr mit seiner Mutter in Ascona lebt, auch Sofie in seinen Lebenserinnerungen: „Erstes prak-

---
669 Brief SB an EB, Poststempel 02.01.1911. Privatarchiv P.B.
670 Brief SB an EB, Poststempel 02.01.1911. Privatarchiv P.B.

tisches Gebot des Lebens hieß da, daß man Erotik nicht verdrängen dürfe, und das tat Frick wahrlich nicht. Erst spannte er Groß seine Freundin Sophie aus, dann, als diese Selbstmord beging, dessen Frau, die sich wohl schon früher von ihrem Mann getrennt hatte."[671] Zwar waren die Geschehnisse anders, doch dass Sofie und Frick ein Paar werden, zeigen Rolfs Erinnerungen. Erich Mühsam schreibt in seinem Tagebuch: „Der [Frick] hat zuletzt noch mit Sofie Verhältnis gehabt."[672]

1914 wird Otto Gross dem Psychoanalytiker Wilhelm Stekel berichten, worum es sich bei „Sofie und Frick" handelte. Stekel hält seine Eindrücke fest:
> Er [Gross] hatte eine andere Frau gefunden, in der er ganz aufgehen konnte. Sie verstanden einander restlos und er verdankte ihr seine schönsten Stunden und Tage. Bald aber wurde sie schwer melancholisch. Er hatte auch bei dieser Frau das Bedürfnis, sie mit dem Anarchisten ... mit Arthur [Frick], der inzwischen der unlegitime Mann seiner Frau geworden, zusammenzubringen. Er ruhte nicht, bis seine schöne Freundin auch die Geliebte von Arthur wurde. Davon versprach er sich eine enorme Besserung ihres Zustandes.[673]

Die Schilderung Stekels entspricht den Vorgängen. Otto Gross entwickelt ein Beziehungskonstrukt, das jeder Heilmethode widerspricht. Sofie liebt Gross, und – wie später seinen vielen Äußerungen zu entnehmen ist – er sie auch. Aus dem Verantwortungsbewusstsein einer verehrten Person gegenüber und mit der Expertise eines Psychiaters müsste er wissen, dass seine Therapie – die Zusammenführung mit einem anderen Mann, der zudem sein Freund ist – Sofies Psyche zerrütten muss.

Rettungsversuch in der Mühle

Ein beliebtes Ausflugsziel von Sofie und Otto ist eine alte Mühle im Wald nahe des Städtchens Ronco, von Ascona – über den Monte Verità hinweg – in einer Stunde zu Fuß zu erreichen. Das Häuschen, an einem rauschenden Wildbach am Rande eines Hochmoors gelegen, diente immer wieder Schmugglern als Zwischenstation auf dem Weg nach Italien.

---

671 Rolf Reventlow: ‚Warte Schwabing, Schwabing warte. Dich holt Jesus Bonaparte ...'. In: Literatur in Bayern. Hg. von D.-R. Moser, W. Fromm, C. Raffelsbauer. München Dez. 2006, S. 27.
672 Erich Mühsam: Tagebücher. 04.07.1911. http://www.erich-muehsam.de. Abgerufen zuletzt 29.01.2023.
673 Wilhelm Stekel: Störungen des Trieb- und Affektlebens. Teil VIII Sadismus und Masochismus. Berlin/Wien 1925, S. 491.

Zu der Anlage gehören zwei Gebäude: die „untere Mühle" mit dem Mühlrad an einem Wasserfall[674] und die „obere Mühle" mit Mühlrad und der ehemaligen Wohnung des Müllers. Seit über hundert Jahren ranken

Die obere Mühle bei Ronco mit Zulaufkanal. (Foto 2020, privat)

sich Sagen und wundersame Geschichten um die obere Mühle. Der 1906 erstmals nach Ascona gekommene Kunstmaler Alexander Wilhelm de Beauclair – kurzzeitig Sekretär von Henri Oedenkoven im Sanatorium auf dem Monte Verità und 1908 Gründer der ersten deutschsprachigen *Tessiner Zeitung* – schreibt 1926 die Fortsetzungsgeschichte „Das Geheimnis der alten Mühle"[675].

In dieser alten Mühle im Wald von Ronco versucht Otto Gross seine Theorie der freien Sexualität zu verwirklichen. Er ist besessen von der Idee der zusammengestellten Paarungen. An zwei Verkuppelungen in der Mühle ist Ernst Frick beteiligt. Im ersten Fall soll er sich mit Frieda Gross vergnügen, damit sie ihre Komplexe überwindet, während Otto Gross als Lauscher an der Wand an ihrem Zusammensein Anteil nimmt. Doch die Situation verläuft nicht nach Gross' Vorstellungen. 1913 schildert er das in einem Gutachten:

> Ich hasse ihn [Frick], weil er einmal meiner Frau nicht geholfen hat, sich aus ihrem Komplexe zu befreien. Er ist eine Vergewaltigernatur, er versteht die freie Sexualität nicht. […] Wir waren unser drei in einer Mühle, wo wie übernachteten, ich wartete darauf, dass er trotz meiner Anwesenheit meine Frau liebe, da wäre sie aus ihrem lesbisch-masochistischen Komplex befreit worden. Er hat sich um sie nicht gekümmert, weil er ein Vergewaltiger ist. Jetzt, wo ich nicht um meine Frau bin, ist er bei ihr. Das entspricht seinem Komplex. Aber dafür werde ich ihn in den Tod treiben, er muss Selbstmord

---

674 Es gibt ein Foto von 1905 mit Erich Mühsam, Johannes Nohl u.a. am Wasserfall.
675 Befreundet ist Beauclair mit Karl Vester, Besitzer der Mühle und letzter Hüttenbewohner auf dem Monte Verità.

begehen oder ich werde ihn zum Kampfe zwingen, vielleicht stranguliere ich ihn mit einem Tuche.'[676]

Auch im zweiten Fall – diesmal mit Sofie – ist Ernst Frick das Medium. Otto Gross berichtet Franz Jung später davon, der die Situation in *Sophie. Der Kreuzweg der Demut* verarbeitet:

,Weißt du nicht mehr, in der Mühle. […] Dort hätte er uns alle retten können. Dieser Hund! Wie du glücklich warst, als das Licht ausgelöscht wurde – so kann ich frei sein – aber dieser Kerl saß wie ein Stock. Diese Bedientenseele! Er hätte sich ja vor mir zeigen müssen.'[677]

Dass es bei dem „Rettungsversuch" nicht nur um Sofies Heilung geht, sondern auch um Otto Gross` Befindlichkeit, erkennt Wilhelm Stekel:

Er [Otto Gross] zitterte immer um seine Selbständigkeit. Und es gab ein Mittel, das ihn wehrlos machte und das war … die Liebe. […] Er hatte jene Angst vor der Liebe, welche jede intimere Annäherung unmöglich macht. Auch der Umstand, daß er seinen geliebten Frauen andere Männer zuführte, ging neben der homosexuellen Triebkraft auf das Unvermögen zurück, einen Menschen ganz allein an sich zu binden und auf die Angst, der Liebe dieses Menschen ganz ausgeliefert zu sein.[678]

Stekels Meinung nach verhält sich Frick skrupellos: „[Frick] war ein Parasit des M. K. [Gross]. Er lebte von den Ideen und vom Gelde unseres Kranken, er lebte mit seiner Frau, er versuchte sogar seiner Geliebten nahe zu treten, und zwar über den Wunsch des Kranken, der sich von dieser Vereinigung eine besondere Anregung seiner Geliebten erwartete."[679]

Für Otto Gross ist die Verbindung von Sofie und Frick ein Teil der „Nebenzimmererotik". Als kindlicher Zuhörer, wenn Vater und Mutter sich im Schlafzimmer nebenan lieben, gehen seine Phantasien weite Wege. „Die Nebenzimmererotik des Otto Gross: Auf phantastischem Weg stellt er ,Dreieinigkeit' her. Wenn der fremde Mann mit seiner Frau schläft, kann sich Gross abwechselnd mit dem Vater/Mann und der Mutter/Frau identifizieren, um am Ende doch als einsam onanierendes Kind zurückzubleiben."[680] Was Gross als Kleinkind im Nebenzimmer seiner Eltern erlebt hat, wird später Teil seines Therapiemodells. Er formuliert die Zusammenhänge in einem Artikel: „Vergewaltigung durch einen der Ehepartner, absolute Abhängigkeit der Frau vom

---

676 Josef Berze, Dominik Stelzer, S. 32.
677 Franz Jung, 1915, S16.
678 Wilhelm Stekel, 1925, S. 503f.
679 Wilhelm Stekel, 1925, S. 490.
680 Bernd Nitzschke: Der Einzige und sein Eigentum. Kap.8. In: www.werkblatt.at/nitzschke/text/stirner.htm. Abgerufen am 02.09.2022.

Mann, Beziehungslosigkeit zum Kind, insofern das Kind am Erleben nicht teilnehmen darf (Nebenzimmererotik) [...]."[681]

Leben in Ascona: Ernst Frick und Einsamkeit

Wie erlebt sich Sofie zwischen den zwei Männern? Bald nach ihrer Ankunft in Ascona ist sie antriebslos und depressiv. Fühlt sie sich in der Beziehung mit Ernst Frick als Objekt und missbraucht? In Franz Jungs Buch scheint sie mit dem Arrangement einverstanden zu sein und bekennt sich zu Frick. „[...] ich weiß nicht, wie das kam, ich wollte und wollte auch nicht, auch jetzt denke ich an ihn."[682] Gemäß Jungs Narrativ findet sie Gefallen an Georg (Ernst Frick) und durchkreuzt Otto Gross' Ansinnen einer unpersönlichen sexuellen Begegnung. Sie gibt zu: „Ja, [...] ich habe ihn sehr geliebt. In jener Mühle habe ich ihn geliebt –."[683] Otto Gross ist schockiert; so hatte er sich das nicht gedacht. Sophie (Sofie) bestätigt – in Franz Jungs Roman –, dass

Ernst Frick.
(Foto DLA Marbach)

sie und Georg (Ernst Frick) ein Paar sind. „,Du – ich war doch die letzten Tage mit Georg zusammen. [...] Ich hab es dir nicht gesagt [...]. Ich war, wie soll ich es dir sagen, so sehr allein.'"[684]

Es kommt zu einer dramatischen Szene, als Otto Gross von Sophies (Sofies) und Georgs (Fricks) Verhältnis erfährt. „Und während ein Schmerz sich breitete und dahinfloß [...], fühlte er, wie etwas Fremdes in ihm emporstach, jammerte, würgte, preßte: alles ist aus. Höhnte: verraten. Auch er. Wimmerte: Georg. [...] Dieser Hund! Der einzige, an den ich noch geglaubt habe. Warum hat er mich verraten – das durfte er nicht. Mit welchem Recht –."[685] Sofie und Frick sollten nach Gross' Wunsch sexuell zusammenkommen, aber ohne Liebe.

Im Rückblick gibt sich Otto Gross ratlos angesichts der psychischen Entwicklung Sofies. Er schildert, wie sich Sofie in Ascona veränderte: „Ich musste jetzt erkennen, dass sie nicht war, die sie gewesen, die Psychose sie gebrochen hatte. – Dann kam ein ganz lucides Intervall – drei Tage war sie so, wie sie in

---
681 Otto Gross: Anmerkungen zu einer neuen Ethik. In: Kurt Kreiler (Hg.), S. 22.
682 Franz Jung, 1915, S. 17.
683 Franz Jung, 1915, S. 17.
684 Franz Jung, 1915, S. 14f.
685 Franz Jung, 1915, S. 15f.

ihrer besten Zeit gewesen war. Ich hatte wieder nicht den Mut zu verstehen, was wirklich in ihr vorging [...]."⁶⁸⁶

Dass ein Psychiater „Mut" haben muss, um den Zustand einer Patientin zu verstehen, gehört zu Otto Gross` Interpretation von Beziehung und ärztlicher Pflicht. Otto Gross sollte wissen, dass er Sofie – die bei ihm in Ascona wieder froh werden möchte – keine starke Schulter sein kann. Er ist zu schwach und selbstbezogen. Mit seiner Drogenabhängigkeit geht Realitätsverlust einher. Er ist nicht in der Lage, Sofie, der er Besserung in der Beziehung geschworen hatte, Sicherheit und Wärme zu geben. Eine ungewisse Zukunft lastet auf beiden. Sofie will Ruhe finden. „„Siehst du"", sagt sie in Franz Jungs Roman, „„[du] willst immer weiter, immer weiter. Ich aber will bleiben. Ich will ein Nest, ein Nest.""⁶⁸⁷ Sophie (Sofie) erlebt die Kälte in der brüchigen Beziehung. „Sie schüttelte sich. Sie fror. [...] Und wieder fraß die schleichende Einsamkeit sie auf. Steuerlos trieb sie umher, das schrille Zerbrechen ihrer Gemeinsamkeit in den Ohren."⁶⁸⁸

Franz Jung sagt in seinem Buch *Technik des Glücks*: „Der Mensch schreit, weil er einzeln ist und weil er als Einzelner friert."⁶⁸⁹ Es sind zwei seelisch beschädigte Menschen, die sich in Ascona – noch einmal – auf ein gemeinsames Leben einlassen, doch es gelingt nicht. „So klammert sich der Schiffer endlich noch am Felsen fest, an dem er scheitern sollte."⁶⁹⁰

Die Einsamkeit lässt Sophie (Sofie) verzweifeln. Sie wirft Gross vor, dass er sie so oft allein lässt, um andere Menschen zu therapieren. Wenn er bei ihr ist, interessiere er sich nicht wirklich für sie. In Franz Jungs Roman erinnert sich Gross einer Situation, bei der er Sophies (Sofies) Kunst als Ausdruck ihrer Zerrissenheit hätte deuten müssen. Doch statt die Botschaft ihrer psychischen Verfassung anzunehmen, lehnt er ihr Kunstwerk ab und sagt:

‚[...] und dann hast du dich zu Haus hingesetzt und eine Plastik gemacht, eine schreckliche Frau, die sah so gequält aus, daß ich sie hab nicht sehen wollen, und ‚Um Gotteswillen' und ‚Pfui Teufel' geschrien, und du warst sehr böse, hast sie in die Ecke gestellt, es wäre dein Bestes und deine Kunst, gelt?'⁶⁹¹

Die Erfahrungen in Ascona sind für Sofie demoralisierend. Sie ist enttäuscht von Otto Gross, der sie mit Ernst Frick heilen will. Wilhelm Stekel spricht von einer Kränkung mit schwerwiegenden Folgen:

Es liegt im Wesen des Weibes, die einen Mann betrügen kann, wenn

---
686 Josef Berze, Dominik Stelzer, S. 27.
687 Franz Jung, 1915, S. 29.
688 Franz Jung, 1915, S. 62.
689 Franz Jung, 2021, S. 9.
690 Johann Wolfgang von Goethe: Torquato Tasso.
691 Franz Jung, 1915, S. 28.

es ihre Sinne fordern, daß sie aber nie und nimmer verzeihen kann, wenn er sie einem anderen freiwillig abtritt. Es ist dies die schwerste Kränkung, die man ihrem Selbstgefühl antun kann. Der parapathische [692] Zustand der Freundin besserte sich auch nach dem Verkehr mit Arthur [Frick] nicht. Im Gegenteil. Ihre Depression nahm immer schwerere Formen an. Ihr Bemühen, sich in das Geistesleben von M.K. [Gross] einzufühlen, war vergeblich. Wie hätte sie sich auch in diesen Widersprüchen zurechtfinden können?[693]

Sofies letzter Brief

Drei Wochen vor ihrem Tod schreibt Sofie wieder an Emilie. Sie antwortet damit auf einen Brief Emilies und freut sich über den Kontakt.

Liebe Emy,
Dank für Deine Briefe und daß Du Contakt mit mir nehmen willst, was so wohl thut. Es ist so eine schauderhafte Passivität in mir allen Aufforderungen, die gestellt werden gegenüber und ein kindlicher Trotz und ein ganz verzweifelt sein an mir.
Weißt Du, warum die Meisten von so einer Krankheit gebrochen werden – weil die Conflikte mit der Krankheit in die Kindheit zurückführen und von da keine Lösbarkeit ist. Unsre Kindheit so elend ist, ohne selbstständige Entwicklung, ohne Möglichkeit, Schönheit und Stolz zu bewahren –. Und die Überkompensationen, die man sich erworben hat im Laufe der Zeit, gehen wieder kaputt an der Häßlichkeit der Kindheit. – Schreibe mir, was Du arbeitest und denkst.
Ich möchte Dich gerne mal sehen und mit Dir sein, kann aber noch nicht sagen, wann. Ich grüße Dich herzlich
　　　　　　　　　　　　　　Deine Sofie.
Grüße an Mama und Johanna bitte. Was macht Tante Ottilie?
Schreibe mir, wie ich war als Kind, was ihr da wißt von mir. Leb wohl.[694]

Dieser Brief trägt den Zusatz von Emilies Hand: „3 Wochen vor Sofies Tod". Trotz der Versuche von Gross und Frick, Sofies Melancholie, Antriebslosigkeit, Passivität und Verzweiflung zu mildern, stellt sich kein Erfolg ein. Sofie meint,

---

692 Störungen des Trieb- und Affektlebens.
693 Wilhelm Stekel, 1925, S. 491.
694 Brief SB an EB, o.D. [ca. 12.02.1911]. Privatarchiv P.B.

die Ursachen ihrer Krankheit in einer „häßlichen" Kindheit zu finden. Sie ist nicht mehr das Zärtlichkeit suchende Mädchen, das sich als Heranwachsende der Mutter auf den Schoß setzt und die Schwester mit Küssen überschüttet. Es geht nicht um ihre eigenen Erinnerungen, sondern wie andere sie erlebt haben. Sofie benutzt den Begriff der Überkompensation und setzt voraus, dass ihre Schwester damit vertraut ist.

Welche Überkompensation Sofie sich erworben hat, schreibt sie nicht, doch sieht sie die Ursache in der Kindheit. Sofie beschäftigt sich in Ascona mit Problemen, von denen sie bereits in den ersten Briefen 1902 berichtet hatte. Schon damals wusste sie: Die Wurzeln ihrer Antriebslosigkeit und Melancholie – als „Kater" bezeichnet – liegen in ihrer Kindheit. Jetzt, 1911, benennt sie die Ursachen: keine selbstständige Entwicklung, kein Bewahren der eigenen Individualität (die angeborene Schönheit) und des Stolzes (des Selbstbewusstseins). „Es ist wohl ein elendes Leben – weißt, ich denke oft, man sollte die Kinder ganz anders erziehen […]," hatte sie im Mai 1907 geschrieben.

„Was ich von Dir als Kind wüßte?"

Wie wirkt es auf Emilie, wenn sie von „schauderhafter Passivität", „kindlichem Trotz" und der Verzweiflung Sofies liest? Schon der Brief vom 1. Januar hatte ihr Sofies Zustand vor Augen geführt. Warum fährt sie – spätestens nach diesem Brief – nicht nach Ascona, um sich persönlich ein Bild zu machen? Schließlich hatte sich Sofie bereits in ihrem letzten Brief ein Treffen gewünscht. Tatsächlich ist Emilie gerade mit ihrer eigenen Lebensplanung beschäftigt, während Sofie in Ascona mit ihrem „kindlichen Trotz" beweist, dass sie kämpfen will. „Und wenn wir schließlich erliegen, unser Leben war nicht umsonst," hatte sie einst geschrieben.

Nur wenige Tage nach Sofies „Brieflein" kommt Emilies Antwort. Der Poststempel ist vom 17. Februar. Emilie ist fast elf Jahre älter und hat Sofies Aufwachsen bewusst miterlebt. Ihr Brief enthält Informationen über Sofie als Kind und eigene lebensphilosophische Gedanken.

> Liebe Sofie,
> Dank für dein Brieflein. Ich fahre heute für einige Tage nach Stuttgart, wo ich mit jemand sprechen muss, einer Tätigkeit wegen, die ich vielleicht für das Sommerhalbjahr oder länger ergreifen werde, nicht in Stuttgart, weiter fort. Da die Möglichkeit näher tritt, war mir der Gedanke schmerzlich, mein beschauliches Leben hier aufzugeben. – Doch andrerseits wird das lebhafte Regen und Anstrengen aller Kräfte mir gut tun. Ich erzähl dir`s später, ob was draus wird;

heut möchte ich Dir nur herzliche Grüße senden. –
Was ich von Dir als Kind wüßte? Wenn ich meinen Erinnerungen nachgehe, mein ich, du müßtest ein heitres Kind gewesen sein mit lebhaftem Empfinden; zum Unterschied von uns älteren warst Du lang gerne zärtlich auf Mamas Schoß, und in besonders lebhafter Erinnerung ist mir Dein Hersagen von all den Verschen aus dem Flinzerschen Bilderbuch, wie Du kaum älter als 3 Jahre alt warst, mit Lust und reizendem Eifer – ich erinnere mich noch genau der Betonung.
Von später, als ich in Ferien war, Du vielleicht schon 12 – 14 Jahre, ist mir in lieber warmer Erinnerung ein Augenblick: wir saßen um den Tisch am Abend, Du – mich kußabgeneigt wissend – überfielst mich von hinten mit ein paar kräftigen gesunden Küssen, wie ich sie gar nie geben konnte, und mußtest über meinen Schrecken und Michschütteln so herzlich, tüchtig lachen.
Das ist nur, was mir eben durch den Kopf geht, aber nicht, was dir interessant sein wird. Der Conflikte wurden wir uns vielleicht am meisten von 14 – 18 Jahren bewußt, mir ging es so. Und gewiss ist´s freilich, daß unser ganzes Leben lang diese Conflikte weiter leben, daß sie sich nie aus unserem Leben schaffen lassen. <u>Alles</u> hat seinen Ursprung in der Kindheit und <u>früher</u>, auch die nach einer Krankheit wiedererlangte Gesundheit und Kraft. Und weil – mein ich – nicht nur in der Kindheit, <u>noch weiter zurück</u> die menschlichen Conflikte liegen, und weil nach der glücklichsten Kindheit in der Berührung mit den übrigen Haufen neue erwachsen, drum denk ich, ist <u>kein</u> Mensch ohne Conflikte, auch wer die glücklichste Jugend hatte bei Eltern, die sich liebten und verstanden.
Sieh unsre schönen großen Stuben und das Bild unsres Vaters an, und sag, ob wir´s denn gar so häßlich hatten?! Leb wohl, Liebe.
Ich grüße Dich tausendmal. Mama und Johanna lassen Dich auch herzlich grüßen.
      Deine alte Emilie
Sei mir nicht böse, u. glaube nicht ich wolle etwas Schulmeisterliches sagen. Auch mein ich nicht etwas Tröstliches zu sagen. Es ist nur das, was sich mir eben aufdrängt.[695]

Emilie ist Lehrerin, doch will sie nicht schulmeisterlich sein. Sie schreibt, was Sofie für ihre Analyse wichtig sein könnte, spricht auch von Konflikten, ohne diese konkret zu benennen. „Das Leben ist immer ein Kampf", soll Sofie ihren

---
695 Brief EB an SB, 17.02.1911. Privatarchiv P.B.

Worten entnehmen. Sie lenkt den Blick auf das Positive, die „schönen großen Stuben" und „das Bild unseres Vaters"[696]. Es ist der Vater, an dessen Güte sich Sofie erinnern soll.

Emilie ist die psychisch Stärkere, sie kann Konflikte mit ihrer Lebensphilosophie erklären. Dennoch ahnt sie, dass Sofie ihren Gedanken nicht mehr zugänglich ist. Sofies seelische Schmerzen sind mit munteren Geschichten nicht zu lindern. Emilies Worte betreffen im Wesentlichen nur Äußerlichkeiten.

Franz Jung erwähnt in seinem Roman Emilie mit einem kurzen Narrativ. Er lässt Sophie (Sofie) erzählen: „Von ihrer Schwester, die so fromm und bürgerlich geworden ist. Sie weiß gar nicht mehr, ob die Schwester noch an sie denkt, sie hatten sich so sehr geliebt. Gewiß nicht. Er [Otto] soll sie schützen, daß sie nicht so wird wie die Schwester."[697]

Aufsatz über den inneren Konflikt

1920 legt Gross eine Analyse von Sofies Krankheit und ihrem Tod vor, wobei er seine eigene Verstrickung als Geliebter, Psychiater und Verantwortlicher verschweigt. Die Studie wird unter dem Titel *Abhandlungen aus dem Gebiete der Sexualforschung – Drei Aufsätze über den inneren Konflikt* veröffentlicht[698]. Das Wissen um Details verrät ihn als Betroffenen, was die objektive Sichtweise als Wissenschaftler verhindert; zu erkennen an der idealisierten Rolle, die er sich in der Studie zuschreibt. Kurt Kreiler kommentiert: „Als Otto Gross sich Jahre später selbst zum Fall ‚Sophie Benz' äußert, geschieht dies in Form einer gänzlich ‚unbeteiligt' scheinenden Analyse, in deren Rahmen er sein persönliches Erleben nirgends erwähnt. Die Tatsache seiner eigenen emotionalen Betroffenheit steht da nicht zur Debatte."[699]

Kreiler ist erstaunt über die „kühle materialverwendende Objektivität dieser Studie,"[700] doch Otto Gross hat ein Ziel: Er ist Wissenschaftler und will eine These beweisen. Er will nicht Sofies Mutterkonflikt, ihre Erziehung, Umwelt, Kindheit und Geschwisterkonstellation verarbeiten, sondern ist auf den Masochismus fixiert, der – so seine Behauptung – zu ihrem Tod hinleitet. Wie er das macht, ist konsequent, doch einseitig unter Negierung jeglicher anderer

---

696 Selbstbildnis von August Benz, heute im Archiv der Stadt Ellwangen.
697 Frank Jung, 1915, S. 38.
698 Im Folgenden geht es um den 3. Aufsatz aus: Abhandlungen aus dem Gebiete der Sexualforschung. Band II, Jahrgang 1919/20, Heft 3. Bonn 1920. Hg. von Intern Ges. für Sexualforschung. Darin: Dr. Otto Groß: Drei Aufsätze über den inneren Konflikt. Alle Zitate in meinem Kapitel sind dem o.g. Aufsatz entnommen.
699 Kurt Kreiler: Zum Fall Otto Gross. In: Kurt Kreiler (Hg.), S. 162.
700 Kurt Kreiler: Biographisches und Bibliographisches. In: Kurt Kreiler (Hg.), S. 134.

Gründe. Aus einem geschwisterlichen Spiel heraus entwickelt Otto Gross die Theorie zu Sofies masochistischem Verhalten.

Gross nimmt bestimmte Eckdaten zur Erklärung von Sofies Verhaltensweisen. Um dem Verdacht entgegenzutreten, er persönlich habe etwas mit Sofies Erkrankung zu tun, fügt Gross den Satz ein: „Über den Ausbruch der manifesten Psychose […] habe ich das Folgende erfahren." Befürchtet er Vorwürfe wie Kurpfuscherei oder unterlassene Hilfeleistung, wenn er sich als Beteiligter zu erkennen gibt?

Eine Psychose, die Masochismus und Unterwerfungstendenz entspringt, ist nach Gross ein „der Schizophrenie verwandter Krankheitstypus." In seiner Analyse überlegt er, ob es sich bei Sofie um „manisch-depressives Irresein" handelt, um „hysterische Psychose" oder um „Schizophrenie".

Gross, dem noch Jahre zuvor Sofies Krankheit unerklärlich war, stellt 1920 fest: „Wir sehen also in diesem Falle mit voller Klarheit, daß der Ausbruch der Psychose und eine Ausbildung des Wahnes ohne Mitbeteiligung eines homosexuellen Motivs auf das Übermächtigwerden einer anderen Perversion, des Masochismus als solchen, zurückzuführen sind." Otto Gross legt eine Spur vom Masochismus zur Psychose und zur Schizophrenie. Im letzten Satz seiner Studie fasst er das zusammen: „Ist Masochismus das gestaltende Prinzip der Psychosenbildung, so kommt es zur Schizophrenie mit Selbstüberlassung an das, was aus dem Unbewußten überwältigend aufsteigt und andere Gesetze hat als die des Verstandes und des Geschehens in der äußeren Welt."

Mit dieser Studie erklärt Otto Gross Sofies auf Arbe ausgebrochene Psychose als Folge von Masochismus. Seine in zwei Jahrzehnten erworbenen Erkenntnisse über gesellschaftliche Einflüsse, oktroyierte Erziehung und den Kampf des Eigenen (Angeborenen) mit dem Fremden (Äußeren) finden keine Anwendung. Gedanken an Erbanlagen oder Intoxination lässt er beiseite. Auch mögliche andere Gründe für den Ausbruch von Sofies Psychose blendet er aus und verschweigt Indizien, die seine Kette der Kausalität sprengen würden.

Ein Roman als Psychogramm

Den Roman *Sophie. Der Kreuzweg der Demut* – erschienen 1915 – hat Franz Jung in der Festung Spandau, wo er als Deserteur einsaß, geschrieben, und zwar nach dem, was ihm Otto Gross zuvor berichtet hatte. Jung erinnert sich später: „Ich vermute heute, daß Franz Pfemfert[701] diese meine Arbeiten, […] wie die Romane ‚Sophie', ‚Opferung' und ‚Sprung aus der Welt', geeignet

---

701 Franz Pfemfert (1879–1954). Publizist, Herausgeber der Zeitschrift „Die Aktion", Literaturkritiker, Politiker.

gefunden haben muß, der Verflachung der Literatur im Kriege entgegenzuwirken [...]."[702]

Jung benutzt die Schilderung wie eine Regieanweisung: hingeworfene, gelegentlich zusammenhanglose Dialoge. Ein „Psychogramm" nennt es Kurt Kreiler und schreibt:

> In dieser Prosa dürfte kaum etwas absichtlich erfunden oder konstruiert sein – der Text ist ein Gedächtnisprotokoll dessen, was Otto Gross selbst ein Jahr zuvor erzählt hatte [...]. ‚Sophie. Der Kreuzweg der Demut' ist eine Erzählung, die nur zum Schein erzählt. Ihr Stoff ist nicht die reale Geschichte einer Beziehung, obwohl diese Geschichte anklingt, sondern das Glück des In-Beziehung-Tretens und die Ohnmacht der Beziehungslosigkeit, also immer das Erleben selbst. Franz Jung schildert darin Otto Gross als den erlösungsbedürftigen, leidenden Menschen, der um das Leben seiner Freundin Sophie kämpft, und auch um sein eigenes.[703]

Es erstaunt, wie nah das Geschehen an der Wirklichkeit ist. Sogar Details wie die Beschreibung der Schwester Emilie, die Vorgänge in der Mühle, der Weg entlang des Maggiaflusses ... alles ist authentisch. Spannung wird nicht erzeugt, der Leser ahnt kaum, worauf das gegenseitige Quälen mit Vorwürfen und schmerzhaften Rückblicken hinausläuft. Doch der Titel *Kreuzweg* legt eine Spur. So wie Jesus über zwölf Stationen das Kreuz trägt, so ergeht es Sophie – vierzehn Stationen bzw. Kapitel sind es hier.

Jungs expressionistischer Stil bestimmt die Dramatik: die Einsamkeit der Protagonisten, die Darstellung von Geräuschen und Gerüchen, die Einsamkeit des Individuums, die Angst vor Identitätsverlust, der Bruch von Regeln, Entwertung von bürgerlichen Normen, Herabsetzung der Religion, Revolte gegen die Gesellschaft, emotionale psychische Vorgänge ... Bei dem gehetzten Stil – oftmals ist unklar, wer was sagt – und wegen nur angedeuteter Informationen ist es mühsam, den Geschehnissen in ihrer tiefen Bedeutung zu folgen. Der Schriftsteller Walter Serner rezensiert Jungs Buch und stellt fest, dass die Dialoge in dem Roman für Leser, die sich nicht in den Verstrickungen der beiden Protagonisten auskennen, „unentwirrbar" sind und „orphisch-lückenhaft"[704].

In Serners Rezension im *Berliner Tageblatt* geht er auf den psychologischen Aspekt des Buches ein, mehr noch auf die präzise Sprache: „Jungs Sprache ist schwer. Man merkt, daß hier ein Mensch den Worten nicht leichtfertig gegenübersteht. Die Sätze sind knapp und mathematisch aneinandergebaut. Diese

---

702 Franz Jung: Der Weg nach unten. Hamburg 2000, S. 85.
703 Kurt Kreiler: Zum Fall Otto Gross. In: Kurt Kreiler (Hg.), S. 161f.
704 Berliner Tageblatt 03.01.1916.

disziplinierte Ehrlichkeit im Ausdruck kann nur der haben, der der Sprache mit Ehrfurcht gegenübersteht: der Dichter."[705]

Der Schriftsteller Kurt Pinthus hebt in seiner Rezension in der *Zeitschrift für Bücherfreunde* den ausdrucksstarken Stil des Buches hervor: „So schwinden die Dimensionen, so schwindet die Wirklichkeit – und es ragen einsam im Dämmer zwei Seelen, die sich durch Gebärden und abgehackte Sätze manifestieren ...".[706]

Sofies Tod in Jungs Roman und in Gross` Studie

Franz Jung leitet die letzten Stunden vor Sophies Suizid mit einer Frage ein: „Willst du mit mir sterben?',"[707] fragt sie Otto Gross. – „Etwas wuchs in ihr und flüsterte mit befriedigender Eindringlichkeit: Es ist genug. [...] Das Leid dieser Welt ist hohl. Wozu sich opfern [...]. Nur Otto – aber ich darf ihn nicht länger halten [...]. Er muß frei werden für seine Mission. Niemand darf sich an ihn hängen. [...] Ich muß nachhelfen." Sophies Gedanken an einen Suizid werden manifest. Sie will der Sehnsucht nach ewigem Schlaf folgen, obwohl das Gesetz des Lebens noch stärker ist.

Bevor der Suizidgedanke weitergesponnen wird, kommt das Gespräch von Gross und Sophie auf Drogen. Gross: „Du wirst sehen, ich bin fest entschlossen, mir meine Narkotika abzuschaffen, es hat uns doch manchmal gehemmt.'" Sophies Antwort überrascht. Statt sich zu freuen, bestätigt sie ihn in der Sucht: „Warum denn? Ich hab` sie doch gern gehabt. Gerade so hab` ich dich lieb. [...] Du hast auch schon lange keine so schönen Schachteln mehr mitgebracht wie früher. Mit Bildern obendrauf. Ich hab` sie doch immer sammeln können."

Sophie ist an Otto Gross`Drogenkonsum gewöhnt. Ob sie das Argument der bunten Schachteln mit Bedacht wählt? Der Todestrieb jagt sie weiter. Alles scheint auf sie einzudringen, sich dem Tod zu ergeben. „Die Decke verbeugte sich: es ist Zeit. Die Ecken wisperten: hee, wirst du – hee, wirst du –." Sophie muss Otto Gross davon überzeugen, ihr das Kokain zu überlassen; sie täuscht Schmerzen vor. „Als ob sie angestoßen wurde, preßte sie heraus: ‚Du -, [...] ich hab Zahnweh.'" Otto Gross reagiert als Arzt: „Ja? Soll ich dir Kokain geben? Eine Messerspitze -.'" Sophie hat ihr Ziel erreicht. „Gib her. Ich mach`s mir selbst -' [...] Sie schluckte noch. Sie sah ihn neugierig an. ‚Jetzt habe ich deine ganzen Schachteln ausgefressen.'"

---

705 Berliner Tageblatt 03.01.1916.
706 Rezension in: Franz Pfemfert (Hg.): Aktionsbücher der Aeternisten. Neudruck Nendeln 1973, S. 107.
707 Franz Jung, 1973, S. 12. Die Zitate bis Ende des Kapitels sind ebd. entnommen.

Franz Jung schreibt, Sophie habe eine „klare, wunderbar befreite Stimme" gehabt, die eine „unheimliche Stille" heraufbeschwor. Gross bricht zusammen, aber sie dreht sich weg. „„Du kannst mich - -'", sind ihre letzten Worte im Buch. Sie ist Herrin ihrer letzten Minuten. „Komm her. So gibt es keine Vergewaltigung mehr.' Sie nahm seine Hand und küßte sie. ‚Ich danke dir'. Sie stand auf. ‚Führ` mich' – sie nahm seinen Arm. Er geleitete sie zur Chaiselongue. Er war Feldherr und Gott, der nach unten weist."

Feldherr und Gott – so sieht sich Otto Gross. Für Sofie ist das Sterben der Weg in die Befreiung. Die Freiheit liegt im Tod. Soweit der Roman.

Fünf Jahre nach Jungs Roman stellt Otto Gross seine Version von Sofies Tod in dem o.g. Werk *Drei Aufsätze über den inneren Konflikt* dar. Sofie (anonymisiert) ist mit einem Mann zusammen (Ernst Frick, anonymisiert), bei dem sie sich erholt, ihn dennoch verlässt. „Nach einigen Wochen bricht sie mit ihm und kommt wieder zu ihrem Mann [Gross] zurück. [...] In großer Erregung behauptet sie plötzlich, ihr Mann habe ihr vergiftete Zigaretten gegeben. [...] äußert plötzlich, sie sei schuld an der Erbsünde der Welt. Wenige Minuten später benutzt sie einen Moment, als der Mann sich umgewendet hat, und vergiftet sich."[708]

1920 verarbeitet Gross, was er neun Jahre zuvor schon Emilie erzählt hatte. In einer Gedächtnisnotiz hatte Emilie 1911 aufgeschrieben, Otto Gross habe ihr erzählt, dass Sofie zwei Wochen vor dem Tod in einem Anfall behauptete, er wolle sie vergiften[709].

1913 stellt er die Situation so dar, dass er selbst – aus Gründen der Verantwortung? – Sofie hätte vergiften sollen: „Nach meiner Ueberzeugung ist es möglich, dass es meine Pflicht gewesen wäre, ihr den Entschluss zum Selbstmord zu ersparen – sie zu vergiften, ohne dass sie es gewusst und früher als sie Klarheit über ihren Zustand finden hätte können."[710]

Das Gift wirkt

Es gibt nur den einen Zeugen Otto Gross, der anwesend ist, als Sofie am 1. März 1911 um 23:30 in einem Zimmer der Trattoria delle Isole einen Becher Asti mit einer Überdosis Drogen zu sich nimmt, um ihrem Leben ein Ende zu setzen. „Nun ist es wie bei Lotte," soll sie laut Gross gesagt haben. Und auch „Da! Ich habe alles getrunken."

Ernst Frick erinnert sich an die Situation einige Wochen später in einem Brief an Emilie, wobei er eigene Beobachtungen und die von Otto Gross ver-

---
708 Otto Gross: Drei Aufsätze über den inneren Konflikt, S. 34.
709 Vgl. Notiz EB, [März oder April 1911]. Privatarchiv P.B.
710 Josef Berze, Dominik Stelzer, S. 27.

mischt. „Ich sah Sophie in der letzten Stunde ihres Bewusstseins wieder, nach ein paar Tagen Abwesenheit. Und da hatte ich zuerst Mühe an den Ernst von etwas Absolutem zu glauben. Es war, wie wenn der Tod für sie keine Realität gewesen wäre,"[711] schreibt Frick.

Ernst Frick, der nicht bei der Vergiftung anwesend ist, berichtet, was Gross ihm erzählt hat: „Wie sie mit einer ihr gewohnten Geste ruhig das Gift nahm, so sagte sie gleich nachher zu Gross, dass, wenn es wieder gut werde, man zu einem endgültigen Verstehen der Kindheit vordringen müsse." Danach schildert Frick eigene Eindrücke: „Dann kam sie in absoluter Ruhe in mein Haus und grüsste mich ruhig."

Otto Gross, der die Dramatik der Situation erkennt, ruft sofort die Vermieterin Frau Poncini zu Hilfe. Ernst Frick berichtet Emilie:

Etwa drei viertel Stunden, nachdem sie das Gift genommen, verlor sie jedes Bewusstsein und nach den ersten ärztlichen Bemühungen, nach etwa zwei Stunden, war sie in einem Zustand völliger Leblosigkeit, bis zu ihrem Tode nach 28 Stunden.

Sofie trinkt eine Mischung aus Kokain und Morphium, aufgelöst in Asti, in der Trattoria, wo sie mit Anna Haag und Leonhard Frank im Mai 1906 gewohnt hatte und – wie später Gross sagt – im selben Zimmer, wo auch Lotte Hattemer sich vergiftet hatte.

Welche Wirkung hat die Drogenmischung auf ihren Körper? Die Stoffe werden vom Magen absorbiert und breiten sich im Blut aus. Je nach Wirkstoffgruppe und Konstitution der betroffenen Person treten bei einer Überdosis von Drogen unterschiedliche Vergiftungserscheinungen auf. Mengen, die bei regelmäßigem Gebrauch vertragen werden, können für Personen, die z.B. nie Heroin oder Kokain konsumiert haben, tödlich sein. Auch spielen Körpergewicht und Geschlecht für Dosierung und Verträglichkeit eine Rolle.

Bei einer Überdosis an Kokain kann die Psyche mit Bewusstseinstrübung Verwirrtheit, paranoiden Wahnvorstellungen, Halluzinationen und dem Ausbruch einer Psychose reagieren. Todesursachen sind Herzrasen, Kammerflimmern, Durchblutungsstörung der Herzkranzgefäße, Herzinfarkt, Gehirnblutung, Krampfanfälle, Schlaganfall, Kreislaufkollaps sowie Atem- und Herzstillstand.

Morphin und Heroin, die in der Praxis bei Anästhesie und als starke Schmerzmedikamente eingesetzt werden, haben euphorisierende Wirkung. Als Überdosis genommen, stellen sich Erbrechen, Blutdruckabfall, Herzrhythmusstörung, Kreislaufversagen, Atemstillstand und zuletzt Koma ein. Der

---

711 Brief Ernst Frick an EB, o.D. [März oder April 1911]. Privatarchiv P.B. Die folgenden drei Zitate sind ebd. Brief entnommen.

gleichzeitige Konsum einer Drogenmischung und Alkohol steigert die toxische Wirkung.

Nach Ernst Fricks Aussage reagiert Sofie zunächst mit Euphorie, es entsteht eine freudige, gleichzeitig gelassene Stimmung. Ruhig verlässt sie die Trattoria, geht hinüber zu Ernst Fricks Haus und begrüßt ihn mit innerer Freude. Da ist weder Angst noch Hektik, ihre Sinne werden sensibler. Gleichzeitig erkennen die Menschen um sie herum, in welcher Lebensgefahr sie schwebt, und ein Krankentransport wird gerufen.

Ernst Frick berichtet von Sofies Ausgeglichenheit, während sie spricht, um dann in verwirrte Rede zu verfallen. Jetzt möchte sie nur noch Ruhe haben. Der Blutdruck fällt rapide, Herzfrequenz und Blutkreislauf verlangsamen sich. 45 Minuten nach Einnahme des Gifts wird sie bewusstlos, vermutlich noch vor dem Eintreffen eines Wagens, der sie in das 15 km entfernte Locarno bringt.

Was ist unter „ärztlichen Bemühungen" zu verstehen? Dass ihr Magen entleert wird (gastrische Waschung), erscheint unwahrscheinlich. Gab es Kreislauf stabilisierende Mittel? War zu erwarten, dass ihr Körper mit den Giften fertig wird? Otto Gross will bei Sofies Einlieferung ins Krankenhaus eine Transfusion des eigenen Blutes geben. Sein mit Kokain gesättigtes Blut sollte mit Sofies Blut gemischt werden, um das vergiftete Blut Sofies zu immunisieren.[712] Als erfahrener Arzt müsste er wissen, dass das eine Wunschvorstellung ist, doch zeigt es seine Panik.

Unter dem Einfluss des Morphiums vermindert sich ihre Atemaktivität, Sauerstoffmangel führt ins Koma, es kommt zum Herz-Kreislauf-Stillstand. Sofie stirbt am Morgen des 3. März 1911 um 4:30 im Krankenhaus in Locarno.

Die Freiheit liegt im Tod

Es ist nicht möglich, Sofies letzte Stunden im Detail zu rekonstruieren, doch sollen Dokumente bzw. Berichte helfen, mehr Klarheit zu schaffen. Sechs Darstellungen werden zu dem Geschehen herangezogen:
1. Ermittlungsbericht der Staatsanwaltschaft Locarno, am 2. März verfasst, noch vor Sofies Tod im Krankenhaus. Der Bericht dokumentiert die Vernehmung von Otto Gross am Ort des Geschehens, parallel zu Sofies Krankenhaus-Einlieferung. Gross allein hat die Deutungshoheit, nur er hat die Vorgänge vor und während Sofies Suizid erlebt. Er ist der einzige Zeuge.
2. Bericht des Regierungskommissars.
3. Bericht der *Tessiner Zeitung* am 4. März 1911.
4. Gedächtnisnotiz von Emilie. Emilie trifft einen Tag nach Sofies Tod in Ascona ein und spricht mit Otto Gross in der Trattoria.

---
712 Vgl. Gottfried Heuer, 2017, S. 214. Anhang Mendrisio.

5. Ernst Frick schildert seine Version der Ereignisse in einem Brief an Emilie.
6. Einnerungen von Otto Gross zweieinhalb Jahre nach dem Geschehen.

Ermittlungsbericht der Staatsanwaltschaft Locarno

Noch während sich die Ärzte im Krankenhaus Locarno um Sofies Leben bemühen, nimmt das „Friedensrichteramt"[713] Ascona die Ermittlungen im Auftrag der Staatsanwaltschaft Locarno auf. Am Ort des Geschehens wird das Zimmer, in dem Sofie Benz das Gift genommen hat, begutachtet; Otto Gross und die Vermieterin Frau Poncini werden befragt. Die Untersuchung der Ermittlungsbehörde[714] ergibt Folgendes:

> Friedensrichteramt (= Vermittleramt der Schlichtungsbehörde) des Bezirks Isole, Ascona. Ascona, den 2. März 1911. An Staatsanwaltschaft Locarno.
> Frau Poncini Leopoldina aus Ascona hat dem Vermittleramt der Schlichtungsbehörde des Bezirks Isole angezeigt, dass sie heute Nacht gegen 11:30 Uhr von einem ihrer Mieter (einem gewissen Dr. Otto Gros [[715]] aus Graz) (Österreich) dringend gerufen wurde, welcher sie bat, zum Arzt zu eilen, weil Fräulein Sofia Benz, die sich zu jenem Zeitpunkt mit ihm in seinem Zimmer befand, vergiftet hatte.
> Das obige Vermittleramt der Schlichtungsbehörde hat heute eine Ortsbesichtigung vorgenommen und eine Voruntersuchung durchgeführt: es hat Herrn Otto Gros verhört, welcher ausgesagt hat, dass das Fräulein sich vergiftet hatte, indem es eine Mischung aus Kokain und Opium eingenommen hatte. Die Schachteln, die diese zwei Giftstoffe enthielten, waren in Reichweite von jedermann, das heißt, sie waren auf dem Nachttisch neben dem Bett.
> Das Fräulein Benz wohnte nicht bei ihm, aber sie besuchte ihn jedoch jeden Tag und sie aßen zusammen zu Mittag. Sie waren durch eine infantile und aufrichtige Freundschaft verbunden. Er antwortete, dass er während der letzten zwei Monate, die er in Gesellschaft des Fräuleins verbracht hatte, nie bemerkt hatte, dass sie Selbstmordabsichten hegte.
> Gleich nachdem er bemerkt hatte, dass die Benz diese Mischung getrunken hatte, war er sehr erschrocken und alarmierte die Haus-

---
713 Friedensrichteramt: Ermittlungsbehörde vor Ort.
714 Der auf Italienisch verfasste Bericht wurde von einem Übersetzungsbüro ins Deutsche übertragen.
715 Gross wird in dem Bericht des Friedensamtes mit einem s geschrieben.

besitzer, Frau und Herrn Poncini, damit sie gleich zum Arzt eilen würden. Da er [der Arzt] sich in Locarno befand, wurde sofort ein PKW für den Transport der Unglücklichen zu dem Krankenhaus von Locarno bestellt. Er wurde gefragt, warum er als Arzt nicht seine Fähigkeiten benutzte, um ihr Erbrechen herbeizuführen, und daraufhin antwortete er:
„Das war nicht machbar, weil das Kokain eine Verengung und eine Verhärtung verursacht, so dass die Luftröhre und die Speiseröhre verstopft waren. Es war notwendig, sofort eine Magenspülung durchzuführen, aber da ich den dazu notwendigen Schlauch nicht zur Verfügung hatte, brauchte man einen anderen Arzt."
Auf die Frage, wie es möglich sein konnte, dass sie sich allein in einem kleinen Zimmer befanden und er dennoch nicht gesehen hatte, dass die Benz die Schachteln mit Kokain und Opium nahm, die Mischung in dem Glas herstellte, den Sekt dazu eingoss, usw., antwortete er:
„Ich befand mich mit dem Gesicht dem brennenden Feuer zugewandt und Fräulein Benz saß auf der Bettkante. Gebieterisch befahl sie mir, dass ich mich ohne eine Aufforderung von ihr nicht umdrehen dürfte, um zu sehen, was sie machte. (Darauf habe ich nicht geachtet, denn fast jeden Tag unterwarf sie mich extravaganten und launischen Befehlen, die ich befolgte.)
Nachdem sie die Tat vollendet hatte, schrie sie: „Da! Ich habe alles getrunken!!" und zeigte die leere Schachtel von Kokain, die sie sodann ins Feuer warf.
Herr Gros wurde an das Ende von Frau Lot [716] erinnert und daraufhin erklärte er, dass er in dem Moment, in dem sie sich vergiftet hatte, von Ascona bereits abgereist war. Aus den damaligen Prozessakten scheint jedoch hervorzugehen, dass dieser Gros genau an dem Tag des Todes von Frau Lot von Ascona abgereist war.
Am Kamin von Herrn Gros wurde das Glas sichergestellt, in dem sich noch die Reste von Kokain und Opium befanden.
Der Gesundheitszustand der Kranken ist ernst, und deswegen konnte man sie bis jetzt nicht verhören.
Für das Vermittleramt der Schlichtungsbehörde des Bezirks „Isole"
<<gez. Unterschrift>>   Sekretärin
[…] Stempel: „Staatsanwaltschaft", 2. März 1911
<u>Anzeigeerstatter</u>: Vermittleramt der Schlichtungsbehörde – Ascona
<u>Angezeigte</u>: Benz Sofia, Ascona. Versuchter Suizid. [717]

---

716 Lotte Hattemer.
717 Bericht des Friedensrichteramts (Erstermittlungsbehörde) Ascona an Staatsanwaltschaft Locarno, 02.03.1911. Landesarchiv Bellinzona. Kopie Privatarchiv P.B.

Demnach hat sich Sofie während eines Unterwerfungsspiels vergiftet. Der Ermittlungsbeamte schreibt es auf; er hat nicht zu werten. Sollte Otto Gross in dieser dramatischen Situation eine Geschichte erfunden haben?

Bericht des Regierungskommissars

Dieser Erstbericht geht an die Staatsanwaltschaft Locarno, die ihn an die oberste polizeiliche Ermittlungsbehörde in Bellinzona weiterleitet. Daraufhin stellt der Regierungskommissar Nachfragen und unternimmt eigene Recherchen. Am 12. März wird ein ausführlicher Bericht – auch mit der Klärung von Zusammenhängen mit Lotte Hattemers Selbstmord – abgeliefert. Eine Woche nach Sofies Tod antwortet der Kommissar ausführlich:

> Von: Schweizerische Eidgenossenschaft Kanton Tessin, Regierungskommissar im Bezirk Locarno, Locarno, 12. März 1911
> An: Bezirksdirektion der Polizei Bellinzona
>
> Nr. 691. In Beantwortung Ihrer geschätzten Anfrage haben wir die Ehre, Ihnen Folgendes mitzuteilen: In den letzten Tagen des Monats Dezember des Jahres 1909 wurden wir von der Polizei in Zürich darüber informiert, dass einige in Bayern festgenommene Personen schwerwiegende Enthüllungen über einen gewissen Österreicher, Dr. Otto Gross, und einen gewissen Deutschen, Giovanni Nohl, welche im Jahr 1906 einige Zeiten in Ascona sich aufgehalten hatten, gemacht hatten. Sie wurden dabei beschuldigt, dort eine gewisse Frau Hattemer, Carlotta (Loti) aus Stettin vergiftet zu haben. Damals wohnte sie ebenfalls in Ascona; sie lebte zusammen mit Nohl und war aufgrund einer Vergiftung im Monat April des gleichen Jahres verstorben. Sie war als eine geistig ziemlich gestörte Person angesehen, und alle waren überzeugt, dass sie Selbstmord begangen hatte, weil sie schon einmal versucht hatte, sich umzubringen. Dieser Meinung war auch Dr. Tognola, praktischer Arzt in Ascona, welcher sie während der letzten Augenblicke ihres Lebens betreut hatte. Diese Informationen wurden von uns per Kurier an die Polizei in Zürich gesandt. Danach bekamen wir keine Informationen mehr über die nachfolgende Vorgehensweise für die Fahndung nach den beiden verdächtigten Personen, die seit mehr als zwei Jahren Ascona verlassen hatten. Dr. Gross erschien wieder in Locarno im Monat Dezember des vergangenen Jahres, als es dort unser Büro nicht mehr gab, und niemand machte sich die Mühe über eine Tat zu ermitteln,

die vor fünf Jahren geschehen war, und über die es lediglich Vermutungen, jedoch keine seriösen Indizien gab, die als Anhaltspunkt für neue Ermittlungen hätten dienen können.

Dr. Gross blieb einige Zeit in Locarno und danach zog er nach Ascona, wo er sich in der „Trattoria delle Isole" in Gesellschaft einer Frau namens Sophia Benz einquartierte, welche nach einigen Tagen ihrem Leben ein Ende setzte, indem sie eine Lösung aus Kokain trank, die Herr Gross in seiner Eigenschaft als Arzt/Chirurg, der an der Universität Graz studiert hatte, bei einem Apotheker hatte erhalten können.

Der neue Selbstmord, der in Zusammenhang mit den Geschehnissen des Jahres 1906 gebracht wurde, könnte Anlass für viele Vermutungen geben, und davon war die Möglichkeit eines Falles von Suggestion nicht ausgeschlossen. Die Staatsanwaltschaft wurde demzufolge über das Geschehen und über all das informiert, das man über den Gross wusste; wir vermuten, dass der Staatsanwalt bereits überzeugt ist, dass es sich tatsächlich um einen Selbstmord handelt, der ohne jegliche Mittäterschaft oder Beeinflussung von Gross stattgefunden hat, welcher verrückt geworden ist und sich gegenwärtig in Casvegno [718] befindet.

Um die möglichst umfassendste Information zu liefern, fügen wir hinzu, dass die Polizei in München einen Bericht über die Vergangenheit von Gross zugesandt hat, welcher einer vornehmen Familie angehört und Sohn eines Professors der Universität Graz ist. Was seine Partnerin anbelangt, sie war die Tochter eines Professors aus München. Jene Polizeidirektion hat uns darüber hinaus die Kopien der Briefe geschickt, die zwischen uns und der Polizei in Zürich im Jahr 1909 gewechselt wurden und die andererseits den bayrischen Behörden weitergeleitet worden waren.

Hochachtungsvoll. Der Kommissar[719]

Kein Fall von Suggestion, Mittäterschaft oder Beeinflussung – alles strafrechtlich relevante Vorgänge –, doch ist das letzte Wort nicht gesprochen.

---

718 Der offizielle Name der Klinik ist „Clinica psichiatrica cantonale (CPC) Casvegno". Sie befindet sich im Ort Mendrisio. In der Literatur wird von „Klinik Mendrisio" gesprochen.
719 Bericht des Regierungskommissars des Bezirks Locarno an die Bezirksdirektion der Polizei Bellinzona, 12.03.1911. Landesarchiv Bellinzona. Kopie Privatarchiv P.B.

Die *Tessiner Zeitung* berichtet

Am 4. März erscheint in der *Tessiner Zeitung* ein Bericht mit der Überschrift „Mysteriöser Selbstmord" unter der Rubrik „Aus dem Kanton Tessin. Locarno und Umgebung":

> In Ascona erkrankte vor zwei Tagen eine deutsche Dame unter den Anzeichen schwerer Coceinvergiftung. In hoffnungslosem Zustande wurde sie ins Spital von Locarno überführt und starb gestern Freitag. Die Beerdigung fand heute vormittag 10 Uhr auf dem Friedhof in Locarno statt. Herr Pfarrer Zittel aus Locarno hielt die Trauerrede.
> Der Fall selbst ist sensationell und höchst interessant. Die Verstorbene, Tochter eines angesehenen Professors aus München lebte hier in Begleitung eines mysteriösen Dr. Gross, von dem man nur so viel weiss, dass er bereits in Deutschland verheiratet ist, und schon einigemale in Ascona wohnte.
> Auch damals, als sich Lotte Hattemer vergiftete, wohnte er hier. Seines Berufes Mediziner, steht ihm natürlich das Recht zu, Rezepte zu verschreiben, und in diesem Fall rezeptierte er einige Gramm des besagten Giftes, das in der Apotheke Maggiorini behoben wurde. Nach Aussage des Gross sollte das Medikament dazu dienen, um die Zahnschmerzen seiner Begleiterin zu lindern. Statt aber das Gift in den Zahn zu träufeln setzte die Unglückselige das Glas an die Lippen und trank es aus.
> So lautet die Darstellung dieses Dr. Gross der übrigens bereits Locarno verlassen hat und der heute an der Beerdigung fehlte.
> Gross lebte mit seiner Begleiterin nicht durchwegs in bestem Einvernehmen. Die beiden wurden sogar in öffentlichen Restaurationslokalen bei heftigem Wortwechsel getroffen. Ein Zeuge deponiert bei uns, die Dame hätte Gross einmal unter erregten Worten gedroht ihn nunmehr definitiv zu verlassen.
> Dr. Gross machte infolge seines eigentümlichen Auftretens und seiner noch sonderbareren Gepflogenheiten allgemeines Aufsehen. Das Paar wurde aus verschiedenen Restaurants in Locarno verwiesen. Gross trug in der Regel ein grosses Heftpflaster auf der Nase, und seine Züge bleiben auch dem vergesslichsten Beobachter unverwischlich im Gedächtnis haften.
> Wir sind keine Juristen, aber für uns liegt es sonnenklar, dass dieser Dr. Gross in der Affäre eine wichtige Rolle spielte.
> Er hatte das Rezept ausgefertigt, er war dabei, als die Verstorbene das Gift nahm, – er schließlich konnte doch Aufschluß geben über

> die vermutlichen Motive der Tat, und wenn man in die Möglichkeit eines Selbstmordes Zweifel setzen will, dann ist er der erste, der den Verdacht auf sich gelenkt hat und der sich verantworten muss.
> Die Polizei hat von dem allem gewusst, auch der Staatsanwalt hat davon gewusst, – und das Resultat?
> Wie schon bemerkt, war der Liebhaber heute nicht am Grabe seiner Geliebten. Im Untersuchungsgefängnis ist er auch nicht. Wo wird er sich also befinden, wenn nicht irgendwo in einem Winkel, wo ihn die Polizei nicht finden wird, auch wenn es ihr einfiele ihn zu suchen nachdem sie ihn ohne weiteres hat laufen lassen.
> Der Leser wird sich das seinige selbst dazu denken, denn gewisse Erfahrung halten uns davon ab, mehr zu sagen.[720]

Dieser der Sensationspresse zuzuordnende Zeitungsartikel zeigt, wie zügig der Journalist recherchiert hat, denn bereits einen Tag nach Sofies Tod, am Tag der Beerdigung, erscheint der Bericht. Otto Gross und Lotte Hattemer werden namentlich erwähnt, Sofie aber nicht. Sie ist „eine deutsche Dame". Was der Journalist in dieser kurzen Zeit zusammenträgt, ist bemerkenswert: Der Bericht ist eine Mischung aus Rechercheergebnissen und redaktioneller Meinung. Ernst Frick, der über die Informationen und Unterstellungen verärgert ist, vermutet in Pfarrer Zittel den Informanten, der „geplaudert" hat. Pfarrer Zittel versieht die Pfarrstelle in Locarno von Bellinzona aus. Auch für die kleinen evangelischen Gemeinden in Muralto, Ascona, Ronco, Moscia, Minusio, und Orselina ist er zuständig.

Kritisiert wird die Polizei, deren Aufgabe es gewesen wäre, Otto Gross am Verlassen von Ascona zu hindern. Tatsächlich stellt die Zeitung eine richtige Frage, denn wo sich Otto Gross aufhält, ist unklar. Wahrscheinlich ist er weiterhin in der Trattoria, denn dort trifft ihn Emilie. Erst drei Tage später begibt er sich in die Klinik Mendrisio. Doch die Polizei hatte ihre Aufgabe bereits erledigt. Emilie spricht mit Otto Gross; vielleicht bringt ihn Anwalt Poncini anschließend bis zur Abreise nach Mendrisio in seiner Privatwohnung unter.

Der Zeitungsleser soll sich vom Tathergang sowie von Otto Gross ein Bild machen, nachdem der Reporter mit seinen Andeutungen die Spur gelegt hat. Welche Erfahrungen halten die Zeitung davon ab, mehr zu sagen? Werden Probleme wegen falscher Anschuldigung befürchtet oder dass die Polizei einer unterlassenen Strafverfolgung verdächtigt wird? Indirekt wird ein Versagen von Polizei und Justiz unterstellt. Der *Tessiner Zeitung* ist allerdings nicht bekannt, wie stark die Verflechtungen von Polizei, Staatsanwaltschaft, Anwalt Poncini und Professor Hans Gross sind.

---

[720] Tessiner Zeitung, 04.03.1911, S. 2. Original im Privatarchiv P.B.

Abgesehen vom Tathergang wird in dem Artikel Sofies Tragik geschildert. Sie lebte an der Seite eines Mannes, der durch „eigentümliches Auftreten" und „sonderbare Gepflogenheiten" auffiel. Als seine Partnerin stand sie ebenfalls in der Öffentlichkeit.

Sofies Beerdigung

Viele Jahre später interessiert sich der Ellwanger Oberstudienrat und Heimatforscher Rudolf Stöckle für Sofies Schicksal. 1966 sucht er vergeblich nach Sofies Grab in Locarno. Er interviewt Emilie Benz im Altersheim in Ellwangen und schreibt im *Ellwanger Jahrbuch 1973/1974* unter der Überschrift *Benzenruhe in Ellwangen und in – Locarno* einen Artikel, in dem er Sofies Weg von Ellwangen bis Ascona nachzeichnet und über ihr Ende schreibt:

Sofie Benz wurde in Locarno beerdigt, im Tode völlig vereinsamt. […] Die Mutter Benz hatte aus Ascona ein Telegramm erhalten: ‚Sofie schwer erkrankt', worauf die Schwester Emilie, die gleichfalls Malschülerin in München gewesen war, hinreiste, aber nur noch die Tote sah. Ihr Gesicht war von der Krankheit gezeichnet, schmerzverzerrt. Ein deutscher Pfarrer übernahm die Beerdigung. Von ihren Freunden war keiner dabei. Vor der Mutter wurde der wahre Hergang ihres Endes verschleiert.

Wenn man heute den Friedhof von Santa Maria bei Locarno betritt, der von einem Kirchlein behütet am Fuß eines Berges liegt, so sucht man vergeblich nach dem Grab der unglücklichen Malerin. Es ist ein echt italienischer Friedhof, Nietzsche würde sagen: mit viel ‚Marmorlügen'. […] Aber auch abseits von den in der Sonne gleißenden Prunkgräbern ist nichts zu finden. Die Zeit […] ist darüber hingegangen. Nur das alte Kirchlein wüßte noch die Stätte […]. In seinem Schweigen denkt man darüber nach, wie dieses schlichte junge Mädchen einst so hoffnungsfreudig aus seiner engen Heimat heraus den Flug in die Welt angetreten und wie es endete. […] Sie versank mit ihrem Schicksal in die Vergessenheit. Möge sie in den Gedanken Weniger noch weiterleben![721]

Als das Telegramm mit der Nachricht „Sofie schwer erkrankt" am 2. März 1911 in Ellwangen eintrifft, macht sich Emilie am 3. März auf den Weg. Vielleicht ahnt sie schon Schlimmes. Bei ihrer Ankunft am gleichen Tag in Ascona (oder Locarno) ist Sofie bereits tot, in der Nacht um 4:30 gestorben. Es ist davon auszugehen, dass mit der Beerdigung gewartet wurde, bis ein Famili-

---

[721] Rudolf Stöckle: Benzenruhe in Ellwangen und in – Locarno. In: Ellwanger Jahrbuch Bd. 25, 1973/1974, S. 400f.

enmitglied eintrifft, denn Sofies Leichnam wird nach Ascona zurückgebracht und in ihrem Zimmer aufgebahrt. Dort findet Emilie sie vor. Später berichtet sie: „Sofie lag in einem Privatzimmer, in dem sie einige Zeit gewohnt hatte. Ihr Gesicht von der Krankheit gezeichnet, schmerzverzerrt".⁷²²

Wenn Sofie tatsächlich nach Ascona zurückgebracht wurde, warum wird sie nicht dort auf dem Friedhof beerdigt und stattdessen wieder nach Locarno überführt? Ist Emilie am 4. März um 10 Uhr auf dem Friedhof in Locarno allein, ohne Sofies Freunde, wie die Zeitung vermerkt? Steht sie nur mit der Vermieterin Leopoldina Poncini und Pfarrer Zittel am Grab? Schaut der Reporter der *Tessiner Zeitung* von Ferne, ob Otto Gross erscheint? Dass auch Ernst Frick Sofie das letzte Geleit gibt, ist zu vermuten.

Cimitero di Locarno mit der Kirche S. Maria in Selva.
(Foto 2019, privat)

Sofie wird auf dem Friedhof in Locarno in dem Grab Nummer 177 beerdigt.⁷²³ War der durch Suizid erfolgte Tod oder der Verwaltungsaufwand für eine in der Schweiz gestorbene Deutsche ein Hinderungsgrund, oder waren die Überführungskosten zu hoch für eine Beerdigung in Ellwangen? Suizid als Sünde zu verdammen, hatte sich bereits im 19. Jahrhunderts gewandelt. Die Aufklärung im 18. Jahrhunderts führte dazu, auch die Frage nach dem Ende des Lebens zu stellen. So wurde im Allgemeinen Preußischen Landrecht 1794 die Diskriminierung von Selbstmördern untersagt und ihnen ein „ehrliches", d.h. ehrenvolles Begräbnis auf dem Friedhof zugestanden.

Die Philosophen des 19. Jahrhunderts, Schopenhauer und Nietzsche, hatten sich für die freie Entscheidung über Leben und Tod ausgesprochen. Zur gleichen Zeit wurde in der Medizin im Verbund mit der Psychiatrie der Suizid als Ausdruck einer Krankheit erkannt. Dennoch führen Erlasse und neue Erkenntnisse nicht zwangsläufig zum Umdenken in der Gesellschaft.

---

722 Notiz Rudolf Stöckle, Heimatforscher, nach Gesprächen mit Emilie Benz, 10.11.1965. Privatarchiv P.B.
723 Bei einem Besuch des Friedhofs 2019 und trotz Nachforschungen in den Akten des Friedhofsamtes konnte die Grabstelle Nr. 177 nicht gefunden werden.

Emilies Gespräch mit Otto Gross am Kamin

Emilie trifft nach der Beerdigung Otto Gross zu einem Gespräch am Kamin in der Trattoria. Nach dem Schock durch Sofies Freitod und der Trauer um die Schwester, ist sie nun mit Otto Gross konfrontiert, den sie von ihrem Aufenthalt in München 1908 kennt. Zwar ist er ihr mit Verhalten und Ansichten fremd, doch scheint sie ihn als Sofies Liebhaber akzeptiert zu haben. Ob sie ihn zu diesem Zeitpunkt für den Schuldigen an Sofies Tod hält, ist ungewiss. Sie spricht mit ihm, um mehr zu erfahren und zu begreifen, was geschehen ist. Nur so kann sie das Leid ertragen.

Otto Gross ist gesprächig wie immer, er weint und redet, und selbst in der großen Trauer um seine Freundin vergisst er die Analyse nicht. Zurück in Ellwangen, macht Emilie Gedächtnisnotizen:

> Das noch hätte ich erwähnen sollen – in einem Anfall 14 Tage vor dem Tod habe Sofie gemeint, Groß wolle sie vergiften. Dr. Groß sagte (als er nach meiner Ankunft in Askona sehr erregt mit mir am Kamin saß – wohl eine Stunde redend – von Weinen unterbrochen) daran knüpfend zu mir, wie sich die Verfolgungsidee, die sich immer ursprünglich gegen die Eltern richte, nun verschoben habe, diese Verschiebung sei merkwürdig und interessant.
>
> Die Bekannte Anna Haag, welche ich als mit dem Freud'schen Verfahren bekannt erwähnte, sandte mir, als ich nach Erhalt eines Briefes von Frick mir über dessen Persönlichkeit zu wenig klar war, und ich sie bat, mir einiges über diese Menschen zu sagen – beilg. [beiliegende] Blätter im Umschlag.[724]

Leider sind die erwähnten Blätter von Anna Haag nicht erhalten, doch zeigt Emilies Notiz, dass Anna Haag über die Vorgänge im Hause Gross Kenntnis hat. Es ist erstaunlich, dass Emilie mit der Person Ernst Frick nicht vertraut ist. Wahrscheinlich ist Frick in Sofies Leben getreten, als der Kontakt zu Emilie unterbrochen war.

Nach dem erst wenige Stunden zurückliegenden Tod Sofies macht sich Otto Gross Gedanken über die gegen die Eltern gerichtete „Verfolgungsidee". Will er damit Emilie – und sich selbst – eine rationale Erklärung für Sofies Handlung geben? Geht er davon aus, dass Emilie seinen Gedanken folgen kann? Wenn Gross diesen Vorgang „merkwürdig und interessant" findet, so spricht daraus der leidenschaftliche Psychoanalytiker, der selbst im Tod des geliebten Menschen die Ebene der Wissenschaft nicht verlassen kann. „Die Verfolgungsidee, die sich gegen die Eltern richtet", habe sich bei Sofie gegen ihn, Gross, „verschoben". Wie wird Emilie diese Aussage interpretieren? Nach

---
724 Notiz EB, [März oder April 1911]. Privatarchiv P.B.

Gross' These vergiften die Eltern das Kind mit ihrer Erziehung. Gross meint nun, dieser paranoide Wahn habe sich in Sofie auf ihn verschoben, da sie glaubte, *er* wolle sie vergiften. Emilie erinnert sich an einen weiteren Teil ihres Gesprächs mit Otto Gross:

> Herr Dr. Groß sagte mir in Ascona, daß er Sofie von der Lotte erzählt habe (ihren Fall ihr analysiert habe), deren Vergiftung er hätte verhindern können, wenn er nicht überzeugt gewesen wäre, daß es für sie keine Lebensmöglichkeit mehr gäbe! – Und als Sofie das Glas getrunken hatte, habe sie gesagt: ‚nun ist es wie bei Lotte'.[725]

Warum berichtet er das Emilie so freimütig? Ist es Gedankenlosigkeit oder die Haltung eines Menschen, der weiß, dass ihm nichts geschehen kann? Könnte die Polizei nicht auch den Verdacht hegen, dass „es wie bei Lotte" war? Er ist mutig, so sorglos über seinen Anteil an Lottes Tod zu plaudern.

Sofies Bemerkung über Lotte bewegt Otto Gross. Zwei Jahre später, bei der Untersuchung zu einem Gutachten, ist für ihn die Vergiftung von zwei Frauen in demselben Zimmer kein Zufall mehr, sondern geheimnisvoll-magisch. Er äußert sich zu Lotte in Verbindung mit Sofies Tod: „[…] so hätte sie sich nicht in demselben Zimmer wie die Lotte vergiftet, während ich mit dem Rücken gegen sie sass und in das Feuer des Kamins sah. Darin sehe ich etwas Mystisches."[726]

„Verzeih mir, dass ich das getan habe"

Emilie Benz erhält in der Folgezeit zwei Briefe von Ernst Frick, doch sie ist sich über seine Person nicht im Klaren. Sie hat ihn nach Sofies Tod in Ascona kennengelernt und erlebt, dass er sehr an Sofies schriftlichem Nachlass interessiert ist. Doch menschlich ist er ihr fremd.

In wohl gesetzten Worten berichtet Frick von Sofies Sterben. Er schildert ihre letzten Worte und die Gelassenheit, mit der sie ihr Schicksal ertragen hat. Seinen Worten könnte entnommen werden, dass Sofie souverän und wissend in den Tod ging. Kein Bedauern ihrerseits, dass ihr Leben zu Ende geht, keine Begründung, sondern eine Bitte an Gross um Verzeihung. Im März oder April 1911 berichtet Ernst Frick Emilie über die Umstände von Sofies Tod:

> Verehrtes Fräulein!
> […] Ich sah Sophie in der letzten Stunde ihres Bewusstseins wieder, nach ein paar Tagen Abwesenheit. Und da hatte ich zuerst Mühe an den Ernst von etwas Absolutem zu glauben. Es war, wie wenn

---

725 Notiz Emilie Benz. Privatarchiv P.B.
726 Josef Berze, Dominik Stelzer, S. 31.

der Tod für sie keine Realität gewesen wäre. Wie sie mit einer ihr gewohnten Geste ruhig das Gift nahm, so sagte sie gleich nachher zu Gross, dass, wenn es wieder gut werde, man zu einem endgültigen Verstehen der Kindheit vordringen müsse. Dann kam sie in absoluter Ruhe in mein Haus und grüsste mich ruhig.
Sie war mit allem einverstanden, was man zu ihrer Rettung tat, aber von sich aus tat sie nichts dazu. Für mich war nicht die Zeit mit ihr zu reden. Der Grossteil verging mit den Anordnungen zur Ueberführung in's Hospital.
Die letzten herausfallenden Worte waren „Verzeih` mir, dass ich das getan habe". – Das sagte sie zu Gross. Dann in ein paar Minuten des Irreseins redete sie hochdeutsch, wesentlich nur die Bitte, keine so lauten Geräusche zu machen.
Etwa drei viertel Stunden, nachdem sie das Gift genommen, verlor sie jedes Bewusstsein und nach den ersten ärztlichen Bemühungen, nach etwa zwei Stunden, war sie in einem Zustand völliger Leblosigkeit, bis zu ihrem Tode nach 28 Stunden. Das ist fast alles, was zu sagen ist.[727]

Laut Fricks Aussagen war er auf Reisen und kam in dem Moment zurück, als Sofie das Gift genommen hatte. Von Gross erfährt er offensichtlich hinterher konkreter von Sofies Handlung. Demnach trinkt Sofie das Gift, geht auf die Straße und die wenigen Meter zu Fricks Haus und grüßt ihn. Frick, Gross und Frau Poncini besorgen einen Wagen. Sofie hat noch Zeit, Otto Gross um eine Absolution zu bitten: „Verzeih, dass ich das getan habe." Es sind Sofies letzte, für Emilie bedeutsamen Worte. Hat Frick diese Worte persönlich gehört, oder hat Otto Gross sie ihm berichtet? Wurden sie wirklich so gesagt, oder will Frick Emilie damit beruhigen? Somit wäre Sofie mit Gross versöhnt. Es klingt schön.

In Fricks Bericht vermischen sich eigene Beobachtungen und die Erzählung von Otto Gross. Unklar ist, ob Ernst Frick den Krankentransport zum Hospital nach Locarno begleitet hat. Eigene Emotionen gibt der Brief nicht wieder; wie ein Liebhaber, der seine Freundin verloren hat, schreibt er nicht.

„Er hat alles verloren mit ihr"

Ein Freund, der zu Otto Gross hält, ist Erich Mühsam. Im Juli 1911 erlebt Mühsam in Zürich einen traumatisierten Otto Gross. Mühsam fasst die Eindrücke in seinem Tagebuch zusammen.

---
727 Brief Ernst Frick an Emilie Benz, o.D. [März oder April 1911]. Privatarchiv P.B.

> Sofie Benz' Tod frißt furchtbar an dem armen Menschen. Er hat alles verloren mit ihr, was ein Mensch überhaupt verlieren kann und oft sah ich ihn in diesen Tagen um die Geliebte weinen. [...] Es gelang mir auch allmählich die Selbstvorwürfe, die er sich wegen Sofie macht, zu entkräften. Jedenfalls bin ich jetzt darüber sicher orientiert, daß er nicht blos nicht die Anregung zu dem Selbstmord gegeben hat, sondern seit langer Zeit bei Sofie gegen die Tendenz gearbeitet hat, ihn zu begehn.728

Die Aussage, Gross habe gegen eine Tendenz zum Suizid gearbeitet, gehört zu den vielen Widersprüchen im Zusammenhang mit Sofies Tod, denn in dem Bericht der Untersuchungskommission heißt es: „Er antwortete, dass er während der letzten zwei Monate, die er in Gesellschaft des Fräuleins verbracht hatte, nie bemerkt hatte, dass sie Selbstmordabsichten hegte."729 Gross' Aussage in Tulln, es sei seine Pflicht gewesen, Sofie eigenhändig zu vergiften, relativiert er sogleich: „[...] ich habe immer den Gedanken festgehalten, es sei unmöglich, dass sie meinen [sic!] Lebenshoffnung in Trümmer schlagen würde."730

Hätte Otto Gross Sofies Suizid verhindern können? Oder hätte er ihre Absicht – falls sie ihm bekannt war – respektieren müssen, wie bei Lotte Hattemer? Nach Mühsams Aussage hat Otto Gross von Sofies Tendenz zum Suizid gewusst. Somit wäre es sträflich gewesen, hätte er nicht interveniert. Schon gar nicht hätte er Drogen auf dem Nachttisch neben dem Bett offen herumliegenlassen dürfen.

Auch in Franz Jungs Buch weiß Gross von Sofies Todeswunsch. In welcher Form Gross „gegen die Tendenz gearbeitet hat", ist nicht überliefert. Dass dies zum „Rettungsversuch" durch Ernst Frick gehörte, wäre möglich.

Sofies Tod findet in der Literatur Niederschlag. Nicht ihr Leben, sondern ihr Tod beschäftigt in unterschiedlichen Variationen die Literaten. Wie bei Erich Mühsam verbindet auch Cläre Jung in ihrem Buch *Paradiesvögel* Sofies mit Gross' Leiden:

> Sein Standpunkt war: der Arzt muß mit dem Kranken leben, er muß sich ihm opfern. [...] Er wollte am eigenen Leibe, im Selbstexperiment das Serum gegen die Krankheit finden. So hatte er sich einer Frau verbunden, die jeden Glauben an die Welt, an die Menschen verloren hatte. Er glaubte, sie mit seiner Liebe, mit seiner Hingabe und Aufopferung dem Leben zurückgewinnen zu können. Es gelang

---
728 Erich Mühsam: Tagebücher, 04.07.1911. http://www.erich-muehsam.de. Abgerufen zuletzt am 19.05.2022.
729 Bericht der Untersuchungskommission, Landesarchiv Bellinzona. Kopie Privatarchiv P.B.
730 Josef Berze, Dominik Stelzer, S. 27.

ihm nicht. Die Frau beging Selbstmord. Für Groß war dieser Tod die schwerste Krise seines Lebens.[731]
Die Aussagen von Erich Mühsam und Cläre Jung haben Sofies Psychose im Auge, beide betonen, wie sehr Otto Gross unter ihrem Tod leidet.

Der Suizid hinterlässt viele Opfer

Emil Szittya schreibt in seinem 1925 erschienenen Buch *Selbstmörder* im Vorwort: „Der Mensch ist von Geheimnissen umgeben und sich selbst ein vielleicht niemals enträtseltes Mysterium. Es ist daher anmaßend, über den Selbstmord ein objektives Urteil zu fällen. Seine Ursachen sind immer nur scheinbar festzustellen. Die banalste Ausdrucksform des Freitods bleib trotz aller Meinungen ein tiefes Mysterium."[732]

Szittya hat Hunderte von Selbstmordfällen gesammelt, um die Plausibilität des Suizids zu erklären. „Nicht nur im Altertum, sondern auch in der Neuzeit ist der Selbstmord wegen Krankheit und unerträglichen körperlichen Leiden wohl der am meisten verstandene,"[733] resümiert er.

Die Frage nach der Verantwortung des Suizidwilligen seiner Familie und Freunden gegenüber tritt zurück angesichts der inneren Not des Suizidanten. Das Opfer des Suizids zahlt mit dem Leben, um dem Leid zu entkommen. Indem Sofie sich umbringt, erlöst sie sich von ihrer psychischen Not. Der Tod ist das Mittel der Heilung, er verspricht Freiheit im metaphysischen Sinne. Aus der Perspektive des Individuums ist der Suizid keine Tragödie.

Otto Gross sieht seine „Lebenshoffnungen in Trümmer geschlagen"[734]. Konkreter wird er nicht. Für Sofies Angehörige ist der Selbstmord ein schwerer Schock, der die Familie noch Jahrzehnte belastet und bis in die nächsten Generationen beschäftigt. Der Suizid eines Familienmitglieds bedeutet immer „eine Verletzung der intimen Verwandtschafts- und Freundschaftsbande,"[735] ein unausgesprochenes Versagen der Familie, verbunden mit Schuldgefühlen.

Sofies Mutter in Ellwangen hat das jüngste Kind verloren und wird die wahre Todesursache bald erfahren haben. Auch wenn Sofie in den zwei Jahren vor ihrem Tod kaum Kontakt zur Familie hatte, so zeigen doch ihre letzten Briefe, dass sie die Verbindung wieder suchte. Blumen, Backwerk und Briefe waren unterwegs.

---

731 Cläre Jung: Paradiesvögel. Hamburg, o.D., S. 28.
732 Emil Szittya: Selbstmörder. Leipzig 1925, Vorwort.
733 Emil Szittya, 1925, S. 326.
734 Josef Berze, Dominik Stelzer, S. 27.
735 Jean-Pierre Wils: Sich den Tod geben. Stuttgart 2021, S. 51.

In Ellwangen ist die Familie Benz gesellschaftlich gut eingebunden. Die Mitbürger werden respektvoll reagiert haben, auch mit Sprachlosigkeit angesichts der Tragödie.

Trotz des Schmerzes um den Tod der geliebten Schwester zeigt sich Emilie als emotional starke Frau. Sie fährt nach Ascona, trifft wichtige Personen, organisiert die Grabpflege und die Auflösung von Sofies Unterkünften in München und Ascona sowie den Rücktransport des Nachlasses. Um sich Klarheit über Sofies Tod zu verschaffen, korrespondiert sie in den nächsten Monaten mit Personen in Ascona, Zürich und Graz. Sie bemüht sich, Licht in die Umstände von Sofies Tod zu bringen und Sofies Andenken wach zu halten.

„Einige sterben zu früh"

Der Philosoph Arthur Schopenhauer, 1788 geboren, setzt sich in seinem 1851 erschienenen Werk *Parerga und Paralipomea* mit dem Selbstmord auseinander. Er wehrt sich gegen „die ganz sinnlose Phrase, der Selbstmord sei unrecht; während doch offenbar Jeder auf Nichts in der Welt ein so unbestreitbares Recht hat, wie auf seine eigene Person und Leben."[736] Auf Sofies Tod bezogen: „Im Ganzen wird man finden, daß, sobald es dahin gekommen ist, daß die Schrecknisse des Lebens die Schrecknisse des Todes überwiegen, der Mensch seinem Leben ein Ende macht. [...] Besonders sichtbar wird Dies an Denen, welche durch rein krankhafte, tiefe Mißstimmung zum Selbstmord getrieben werden. Diesen kostet er gar keine Selbstüberwindung: sie brauchen gar keinen Anlauf dazu zu nehmen [...]."[737]

Der Kulturkritiker Friedrich Nietzsche, 1844 geboren, hat mit dem Text *Vom freien Tode* den Begriff „Freitod" geprägt. Der Entschluss zum selbstbestimmten Suizid, so Nietzsche, soll nach reiflicher Überlegung und aus innerer Ruhe und Freiheit geschehen, als Lebensbilanz. „Viele sterben zu spät, und einige sterben zu früh. [...] Stirb zur rechten Zeit; also lehrt es Zarathustra. [...] Meinen Tod lobe ich euch, den freien Tod, der mir kommt, wie *ich* es will. Und wann werde ich wollen? – Wer ein Ziel hat und einen Erben, der will den Tod zur rechten Zeit für Ziel und Erben."[738] Nietzsche hat die Vorstellung von einem Menschen, der sein Lebensziel vollenden muss. Sei das geschehen, so ist er berechtigt, aus dem Leben zu scheiden.

Eine Passage des Buches *Tino Moralt – Kampf und Ende eines Künstlers* aus dem Jahr 1896 scheint wie von Sofie geschrieben:

,Wehe! Wenn dieser Schläge zu viel würden für meine Kraft! Schon

---
736 Arthur Schopenhauer: Parerga und Paralipomea. Bd. II, Kap. XIII „Über den Selbstmord" § 158.
737 Arthur Schopenhauer: Parerga und Paralipomea. § 159.
738 Friedrich Nietzsche: Also sprach Zarathustra. Köln 2005, S. 54

ist mir, ich könne es nimmer ertragen! Abschütteln möchte ich Leben und Qual! Alle menschliche Natur hat ihre Grenzen; es geht so lange mit Freud und Leid, bis es zu viel wird […]'. In fliegenden Bildern zog sein Leben an ihm vorbei […]. Der lange, rasende, verzweifelte Kampf als Maler um das hohe Ziel – und der völlige Schiffbruch! Dann auf einmal das lockende Leben, das mit Liebe zu heilen versprach, was wund und elend war, und drum noch einmal sein Glauben an Glück und Kraft – und darauf der neue Schlag, der tiefste, letzte, bitterste mitten ins Herz.[739]

„Es war ihr Wille so"

Der Begriff Selbstmord impliziert durch die Verbindung mit Mord, dass es sich um ein Verbrechen an der eigenen Person handelt; der Begriff Freitod hingegen, dass der Tod selbstbestimmt geschieht, als Ergebnis einer unbeeinflussten Wahl zwischen Leben und Tod. Autonomie über das Leben zu haben, hieße auch, Herr über das eigene Sterben zu sein.

Sofies Suizid entbehrt nicht einer Faszination vom Tod; das ließe sich aus den Anmerkungen von Ernst Frick in einem Brief an Emilie ableiten:

Unbeirrbar hat sie das Leben auf die Probe gestellt. Hier muss man sie sehen, um zu erkennen, wie sie eigentlich nicht starb, sondern in letzter Consequenz den Tod versuchte. […] Sophie verhielt sich so wie ein Mensch, der etwas tat, was er weder für gut noch böse hält; für notwendig, aber auch für abänderlich. […] Es war, wie wenn der Tod für sie keine Realität gewesen wäre.[740]

„Den Tod versuchen", nicht: den Tod suchen. Das Leben auf die Probe stellen und fragen: „Will mich das Leben? Ich gehe an die Grenze, und wenn mich das Leben liebt, dann überlebe ich." Sofie hat keine Angst vor dem Tod, sie macht sich keine Vorstellung von dem Endgültigen. „Keine Realität", nennt es Frick. Das Leben, wie Sofie es seit der Reise auf dem Balkan erlebt, ist schwierig und eine immer wiederkehrende Schleife aus Traurigkeit, Depression, schwarzen Gedanken, Müdigkeit und Schlafbedürfnis. So erwacht der Wunsch zum Sterben: der Tod als Freund. Die Berührung mit dem Finger des Todes geschieht furchtlos. Der Tod ist kein Feind.

„Sofie starb wohl, weil sie viel mehr Ehrlichkeit und Mut hatte als Otto und wusste, sie könne aus der unsäglichen Zerrissenheit ihrer Psyche nicht mehr herausfinden an ein klares Licht,"[741] schreibt Frieda Gross an Else Jaffé. Ehrlichkeit und Mut. Auch Otto Gross kommt dem Tod durch seine Lebens-

---

739 Walther Siegfried: Tino Moralt. München 1896, S. 383ff.
740 Brief Ernst Frick an EB, o.D. [Mai 1911]. Privatarchiv P.B.
741 Brief FG an EJ, 12.03.1911, Tufts #47.

weise täglich näher, doch naht sein Ende langsam und unvorhersehbar. Sofie entscheidet selbstbestimmt.

Frieda Gross schreibt wenige Tage nach Sofies Tod an Else: „Wenn wir sagen wollen, Sofie sei an Otto zu Grunde gegangen, so war es immerhin ihr Wille so."⁷⁴² Frieda unterstellt Sofie eine bewusste Entscheidung. Sofie habe gewusst, wie schädlich Gross für ihre Psyche ist und sich bewusst dieser Gefahr ausgesetzt.

Die Theorie eines freien Willens verwirft jedoch der Schweizer Philosoph Peter Bieri:

> Nehmen wir an, Sie hätten einen unbedingt freien Willen. Es wäre ein Wille, der von nichts abhinge: ein vollständig losgelöster, von allen ursächlichen Zusammenhängen freier Wille. […] Seine Losgelöstheit nämlich würde bedeuten, dass er unabhängig wäre von Ihrem Körper, Ihrem Charakter, Ihren Gedanken und Empfindungen, Ihren Phantasien und Erinnerungen. Es wäre, mit anderen Worten, ein Wille ohne Zusammenhang mit all dem, was Sie zu einer bestimmten Person macht.⁷⁴³

Arthur Schopenhauer schreibt: „Daß Alles, ohne Ausnahme, was geschieht, mit strenger Notwendigkeit eintritt, ist eine unumstößliche Wahrheit." ⁷⁴⁴ Er hält den angeborenen Charakter des Menschen für unveränderbar, genetische Anlagen und weltliche Erfahrungen bestimmen die Funktion des Gehirns. Friedrich Nietzsche nimmt die Vorstellung, der Mensch könne einen freien Willen haben, von der humorvollen Seite: „Ich lache eures freien Willens und auch eures unfreien: Wahn ist mir das, was ihr Willen heißt, es gibt keinen Willen."⁷⁴⁵

Auch Sigmund Freud verneint den freien Willen, denn das meiste, was Menschen tun, sei vom Unterbewusstsein gesteuert: „Das Ich ist nicht der unumschränkte Herrscher in seinem eigenen Heim."⁷⁴⁶

---

742 Brief FG an EJ, 12.03.1911, Tufts #47.
743 Peter Bieri: Unbedingte Freiheit: eine Fata Morgana. In: Das Handwerk der Freiheit. München 2001, S. 230.
744 Arthur Schopenhauer: Werke in 10 Bänden, Zürich 1977 (Zürcher Ausgabe), Bd. VII: Parerga und Paralipomena I, Über die anscheinende Absichtlichkeit im Schicksale des Einzelnen, S. 222 f.
745 Friedrich Nietzsche: Nachlass, Sommer 1883, 13 [1-36], Zarathustras heilige Gelächter.
746 Sigmund Freud: Eine Schwierigkeit der Psychoanalyse. Erstveröffentlichung in der Zeitschrift „Imago", V, 1917. S.1-7, Kap. c. Projekt Gutenberg. Abgerufen 20.12.2022.

Nicht unter diesen Umständen leben

Der Schweizer Psychiater Bernhard Küchenhoff sieht den Arzt verpflichtet, „den psychisch Kranken oder Menschen in einer Krisensituation zu helfen, d.h. nach der Diagnosestellung die Krankheit, Störung oder Krisensituation zu behandeln und Leiden zu lindern. [...] Hier ist zu bedenken, dass Suizidalität als Symptom die freie Willensentscheidung beeinträchtigt, insofern kein autonomer Akt ist, sondern der Behandlung bedarf."[747]

Die Autonomie bei einer Suizidentscheidung gelte nur, wenn keine Anzeichen psychischer Störungen oder Zwangsvorstellungen erkennbar sind. Das sei im Zusammenhang mit Depression oder Psychose unrealistisch. „So ist für den Psychiater Suizidalität in aller Regel ein pathologischer Zustand, ein Suizidaler mithin eine therapeutische und fürsorgliche Herausforderung."[748]

Laut Frick sagt Sofie nach der Einnahme des Gifts zu Otto Gross, „dass, wenn es wieder gut werde, man zu einem endgültigen Verstehen der Kindheit vordringen müsse." Denkt sie, das Gift lasse sie nur schlafen und töte sie nicht; glaubt sie, wieder aufzuwachen und dann Antworten auf ihre Fragen zu finden? Doch die triumphierenden Worte „Da! Ich habe alles getrunken" vermitteln, dass sie bewusst die große Drogenmenge genommen hat. So begeht sie Suizid als überlegte Handlung, nach Abwägung ihrer Lebenssituation, die ihr unwürdig erscheint. Hoffnungslosigkeit und Depression hatten sie zermürbt. Sie will nicht unter der psychischen Belastung leben, nicht unter *diesen* Umständen. Die Kraft, ihre Lebenssituation zu ändern, fehlt ihr. Die Entscheidungsfreiheit über ihr Handeln ist durch Krankheit und Krisen so stark eingeschränkt, dass ihr die Zukunft aussichtslos erscheint und der Tod als Erlösung.

In einem Vortrag des Psychoanalytikers Eduard Mitschmann in der Wiener Mittwoch-Gesellschaft im April 1910 zum Thema Suizid werden vier Punkte der Beurteilung eines Selbstmords hervorgehoben: Es sei über Disposition, Psychologie und Motive des Suizidenten zu sprechen und den Einfluss von Suggestion. Der Psychoanalytiker Isidor Sadger betont, dass die wichtigste Ursache [des Suizids] bei Kindern wie Erwachsenen die Sexualität sei und keiner das Leben aufgebe, der nicht die Hoffnung auf Liebe aufgegeben hat. Das Moment der Belastung sei gewiß nicht in Abrede zu stellen, aber das auslösende Moment sei Mangel an Liebe in jedem Falle.[749]

---

747 Bernhard Küchenhoff: Suizidbeihilfe für Menschen mit psychischen Krankheiten? In: Rehmann-Sutter, Bondolfi, Fischer, Leuthold (Hg.): Beihilfe zum Suizid in der Schweiz. Bern 2006, S. 258f.
748 Thomas Reuster: Otto Gross` Suizidassistenz in medizinethischer Perspektive. In: Felber, Heuer, Nitzschke (Hg.): Psychoanalyse & Expressionismus, Marburg 2010, S. 206–222. Hier: S.213.
749 Vgl. Hermann Nunberg, Ernst Federn (Hg.): Protokolle der Wiener Psychoana-

Der einzige Zeuge

Werden Otto Gross' Einlassungen zum Suizid Sofies zusammengefasst, so kann festgestellt werden, dass sie „zur Erhellung seiner Rolle bei den in Rede stehenden Selbsttötungen wenig hilfreich, sondern eher irreführend"[750] sind. Sechs Versionen des Vorgangs stehen für die Aufklärung und Beurteilung zur Verfügung, dazu das Buch von Franz Jung und Gross' Studie über Sofie. Welches Narrativ entspricht der Wahrheit? Der Psychiater Thomas Reuster, der sich mit dem Tod von Lotte Hattemer und Sofie Benz aus medizin-ethischer Sicht beschäftigt hat, warnt davor, schnelle Schlüsse zu ziehen und rät, Detailaspekte zu beachten. Wie komplex das Geschehen war, deutet Reuster mit vielen Fragezeichen an:

> Die genaue Beschreibung: was genau wurde von wem getan, wie funktionierte die Interaktion, wie waren die Machtverhältnisse zwischen den Beteiligten? Wer hat was gesagt, gefordert, gewünscht, kritisiert? Wer hat auf wen Druck ausgeübt? Wie? Wie war die Stimmung zwischen den beiden Beteiligten? Welcher Handlung folgte welche Handlung? Welchem Wort folgte welches Wort? Psychisches (die fatale Handlungsintention) geht aus Psychischem hervor […]. Eine Handlung, ein Akt, hat eine Geschichte. […] Welchen Einfluss übte die Gesellschaft aus? […] Also: Wie ist Gross' Handlung zu verstehen im Kontext zeitgenössischer Bewusstseinsströme, d.h. Oberflächen- sowie Tiefenströme?[751]

Aus den vielen und unterschiedlichen Aussagen Otto Gross' zu Sofies Suizid kann kein einheitliches Bild gewonnen werden. Widersprüchliche Äußerungen, teilweise unter Drogenentzug – wie in der Klinik Tulln – können als wahr angenommen oder als unzurechnungsfähig in der Beurteilung abgelehnt werden.

Es geht um die Frage, welchen Anteil Gross an Sofies Suizid hatte, ob und wie viel Schuld ihn trifft. In vielen Publikationen wird davon gesprochen, Gross habe Sofie das Gift hingestellt (Mord) oder sie ermuntert bzw. gedrängt (Anstiftung) oder ihrem Willen entsprochen (Beihilfe). Doch das Geschehen ist viel zu komplex für eine eindeutige Bewertung. Wie es wirklich war, weiß nur er, der zu unterschiedlichen Zeiten abweichende Aussagen macht. So ist Gross noch jahrelang am Boden zerstört, weil er Sofie verloren hat, doch der Euthanasie nicht abgeneigt („Ich bekenne mich zur Euthanasie, ein schöner Tod ist besser als ein geringer Wahrscheinlichkeitsgrad der Heilung."[752]) und

---

lytischen Vereinigung, S. 454.
750 Thomas Reuster, S. 209.
751 Thomas Reuster, S. 206–222.
752 Josef Berze, Dominik Stelzer, S. 25.

behauptet zwei Jahre nach Sofies Tod: „Bei der Benz hätte ich, wenn ich nicht mehr analytisch eingreifen konnte, die Pflicht gehabt, sie zu vergiften.[753] – Ich wiederhole, dass ich meiner Ueberzeugung nach vielleicht die Pflicht dazu gehabt, sie selber zu vergiften – […]."[754]

Otto Gross hat die Deutungshoheit. Er kann verschweigen, wo es zur Erhellung der Wahrheit nötig wäre. Er kann schildern, was nicht gewesen ist. Nur er weiß, wie es wirklich war, auch wenn er – angeblich – weggeschaut hat. Dass er die Situation als „Spiel" interpretiert, ist seine Wahrheit, wie sie in der Polizeiakte steht. Im Gutachten von Tulln und in *Sophie. Der Kreuzweg der Demut* sind ähnliche Aussagen zu finden. (Das ist verständlich, da Gross in Tulln für seine Gutachter sowie bei Franz Jung derselbe Berichterstatter ist.) Sofie nimmt in dem Moment das Gift, wo sich Gross abwendet. Dieses Detail ist ihm wichtig. Bis an sein Lebensende betont er, weggeschaut zu haben („benutzt sie einen Moment, als der Mann sich umgewandt hat, und vergiftet sich,"[755] schreibt er 1920). Sie hat es heimlich gemacht, hat ihn überrumpelt. Wirft er sich vor, dass er in diesem Augenblick, wo es um Leben und Tod ging, nicht aufgepasst hat? Wegschauen – und das zudem nach Sofies Aufforderung – ist eine entlastende Entschuldigung. Somit wäre Sofies Handlung selbstbestimmt und geplant und würde ihr Autonomie zugestehen – und gleichzeitig Gross entlasten. Otto Gross ist der einzige Zeuge; er hat die Wahrheit mit ins Grab genommen.

Mord statt Trennungsschmerz?

Assistierter Selbstmord, Beihilfe, Anstiftung oder … Mord? Der Begriff Mord würde jedoch bedeuten, dass Sofie das Gift unwissentlich getrunken hat. Es gibt Stimmen, die Gross das zutrauen. Eine drückt sich so aus: „Trennt er sich auf brachiale Art und Weise von den Frauen, um dem Trennungsschmerz zuvorzukommen, der entstehen könnte, wenn die Frauen sich von ihm (anders als durch Tod) trennen könnten?"[756]

Hier wird das Geschehen mit Mord verbunden, wenn auch mit Fragezeichen. Eine bejahende Antwort würde zu der Beobachtung passen, dass Sofie Otto Gross das Verlassen angedroht hat, und zu Emilies Aussage: „Das noch hätte ich erwähnen sollen – in einem Anfall 14 Tage vor dem Tod habe Sofie gemeint, Groß wolle sie vergiften."[757] Abwegig scheint Sofies „Wahn" nicht

---

[753] Josef Berze, Dominik Stelzer, S. 25.
[754] Josef Berze, Dominik Stelzer, S. 27.
[755] Otto Gross: Drei Aufsätze über den inneren Konflikt. 1920, S. 34.
[756] Bernd Nitzschke: Nähe als Gewalt. In: ders.: Sexualität und Männlichkeit. Reinbek bei Hamburg 1988, S. 200.
[757] Notiz EB, [März oder April 1911]. Privatarchiv P.B.

gewesen zu sein, denn sie kennt die Gerüchte um Lottes Tod und könnte sich in ähnlicher Gefahr sehen. Zu Sofies Tod kommentiert selbst Otto Gross später, dass es seine „Pflicht gewesen wäre, ihr den Entschluss zum Selbstmord zu ersparen – sie zu vergiften, ohne dass sie es gewusst […]."[758] Trotz aller – oftmals widersprüchlicher – Aussagen Gross` hat er sich nie konkret zu einer tatsächlichen Tötung Sofies geäußert.

Assistierter Suizid oder Anstiftung?

Beim assistierten Suizid nimmt der Sterbewillige selbstständig eine tödliche Substanz ein, doch hat eine andere Person einen Beitrag (Beihilfe) geleistet, indem sie Hilfsmittel – z.B. die tödliche Substanz – zur Verfügung gestellt hat. Im Falle einer Suizid-Absicht geht es darum, die passenden Mittel zur Verfügung zu haben. Bei Sofie sind es die infolge von Gross` Sucht reichlich vorhandenen Drogen. In welcher Verfassung Sofie sich zur Tatzeit befindet, ist nicht bekannt. Otto Gross erzählt den polizeilichen Ermittlern von einem „Spiel", in dessen Verlauf Sofie die Überdosierung des Gifts einnimmt.

Laut des Artikels in der *Tessiner Zeitung* jedoch geht Otto Gross in die Apotheke, um Mittel „gegen Sofies Zahnschmerzen" zu holen. Auch in Franz Jungs Buch klagt Sophie über Zahnschmerzen, wobei Jung das nach Gross` Erzählung schreibt. Emilie berichtet später – nach dem Gespräch mit Gross am Kamin – in einem Brief eine weitere Version der „Zahnschmerzen": „Und nach ernsten Tagen, die mit solchen Untersuchungen [Analysen] ausgefüllt waren, hat Sofie ihren Begleiter gebeten: Gib mir Cokain für den Zahn (sie habe Zahnschmerzen), und er reichte ihr eine ganze Schachtel."[759]

Es kann angenommen werden, dass Gross die Begründung mit Sofies Zahnschmerzen vorgebracht hat, um für seinen eigenen Nachschub zu sorgen. Zur Linderung von Zahnschmerzen hätte eine geringe, zudem vorhandene Menge an Morphium genügt. Wenn Martin Green schreibt: „Groß kam in schwere Bedrängnis, als seine Geliebte, Sophie Benz, mit Hilfe von Gift, das er ihr verschafft hatte, Selbstmord beging,"[760] so impliziert diese Aussage, dass Gross das Morphium für Sofie erst besorgen musste. Nein, die Drogen sind immer da, er hat einen Vorrat, in ausreichender Menge und in Reichweite, frei zugänglich.

Die Frage, ob Gross schuldhaft Beihilfe zum Suizid geleistet hat, wird am Rande eines Prozesses im Jahr 1914 gestreift, in dem es um seine Entmündigung geht. Hierbei wird auch die Frage nach seiner Verantwortlichkeit beim

---

758 Josef Berze, Dominik Stelzer, S. 27.
759 Brief EB an Prof. Hans Gross, o.D. [02.05.1911] Privatarchiv P.B.
760 Martin Green, 1976, S. 83.

Tod von Lotte Hattemer und Sofie Benz erörtert. In einem Schreiben merkt Anwalt Fischl an, dass der Sachverhalt ganz irrelevant sei, weil es sich höchstens um Beihilfe zum Selbstmord handle und dies verjährt sei.

Während beim assistierten Suizid der Entschluss im Kranken bereits gefallen ist, wird bei der Anstiftung die Entscheidung erst hervorgerufen. Jede Form der Beeinflussung kann eine Anstiftung – Willensbildung – bedeuten. Besonders verwerflich ist das, wenn der Mensch durch psychische Einschränkungen in der Widerstandskraft gemindert ist. Sofie hatte eine labile Seele, und die in Mengen frei herumliegenden Medikamente könnten als geistige Anstiftung bzw. als Aufforderung bewertet werden. Eine direkte, verbale Anregung war nicht nötig, allein das Präsentieren der Drogen reichte für eine Mitschuld.

Fahrlässigkeit oder Unterlassene Hilfeleistung?

Nach Gross' wiederholten Aussagen war ein Suizid Lotte Hattemers unausweichlich gewesen, und er stellte ihr die Hilfsmittel dazu bereit. So hätte er der aktiven Sterbehilfe – wenn nicht sogar der Anstiftung – bezichtigt werden können. Sofie aber hatte ein solches Begehren nicht an Otto Gross gerichtet. Er selbst sagt, er habe zwar gegen eine Selbstmord-Tendenz gearbeitet, gleichzeitig nie an Suizidgefahr gedacht, denn „Ich habe sie im Zimmer in der Wohnung im IV. Stock gedankenlos allein gelassen, wenn ich einen Weg zu machen hatte. Dass sie sich vom Balkon herunterstürzen könnte, kam mir nie zu Sinn."[761]

Gross weiß, dass zum Krankheitsbild einer Depression bzw. Psychose die Tendenz zum Suizid gehört, dennoch lässt er große Mengen an Medikamenten in Sofies Nähe liegen. Seine Einstellung zu Drogen ist subjektiv geprägt. Er konsumiert Rauschmittel wie „Lebensmittel", doch er handelt unverantwortlich, was den Umgang mit Drogen in Bezug auf andere Menschen angeht. Den Gutachtern in Tulln berichtet er, nach Sofies Ausbruch der Psychose auf Arbe hohe Dosen an Rauschmitteln eingenommen zu haben. „Ich habe nie die Gifte, die ich nehme und seit dem Ausbruch ihrer Geisteskrankheit in hohen Dosen einzunehmen anfieng [sic!], irgendwie vor ihr verwahrt."[762] So begünstigt er Sofies Suizid in der Annahme, sie sei nicht selbstmordgefährdet.

Dieser ärztliche Kunstfehler – die Fehldiagnose – lässt sich verbinden mit dem Vorwurf der unterlassenen Hilfeleistung. Als langjähriger Arzt und Psychiater muss Gross Sofies Hilfsbedürftigkeit aufgefallen sein. Gerade er, der sich in seinen Schriften als Experte psychischer Erkrankungen erweist und

---
761 Josef Berze, Dominik Stelzer, S. 27.
762 Josef Berze, Dominik Stelzer, S. 27.

von Fachkollegen viel Lob – zumindest für seine theoretischen Abhandlungen – erworben hat, sollte Sofies Not nicht erkannt haben? Sofie war auf Arbe so schwer erkrankt, dass Gross seinen Vater zu Hilfe gerufen hat. Er muss damit gerechnet haben, dass sie rückfällig wird. Wenn er behauptet, von ihrem Suizid völlig überrascht worden zu sein – was ihm später unverständlich ist, denn „es hätte mir als Psychiater nicht geschehen sollen, dass ich die Suicidgefahr bei ihr für ausgeschlossen hielt und überhaupt aus meinem Denken ausgeschlossen habe" –, dann ist es das Eingeständnis eines ärztlichen Fehlers. Seine einzige Erklärung: „„Allein: ich war nicht nur ihr Psychiater …'."[763]

Ein offener Brief soll erklären

Im Februar 1914 publiziert Otto Gross einen offenen Brief in der Zeitschrift *Die Zukunft*, in dem er auch zu Sofies Tod Stellung nimmt:
> Das andere Argument, das gegen mich verwendet wird, ist: daß ich den Tod von Sophie Benz verschuldet haben soll. Daß da nicht Absicht und Fahrlässigkeit in mir bestanden hat, davon sind Alle überzeugt, die wissen, daß es damals um mein eigenes Schicksal gegangen ist. […] man wird mir zum Vorwurf machen, daß ich sie nicht in eine Psychiatrische Anstalt gebracht habe. Daß ich es nicht getan habe, ist mir das einzige Bewußtsein, welches tröstet.[764]

Zu dieser Aussage stellt der Psychiater Thomas Reuster in einem Artikel fest: „Gross hat also nicht im Sinne seiner Zeugenrolle als wichtigster Zeuge […] berichtet, sondern er verfolgte mit seinem Brief konsequent die Absicht, in der intellektuellen Öffentlichkeit Unterstützung für seine Befreiung aus Kuratel und Klinik […] zu mobilisieren. Es wäre aus seiner Perspektive schlicht irrsinnig, in Verfolgung dieses Zweckes sich zu dem über ihm schwebenden Verdacht einer Tötung anders einzulassen."[765]

Verrückt geworden

Der Regierungskommissar des Bezirks Locarno kommt zu dem Schluss:
> Der neue Selbstmord […] könnte Anlass für viele Vermutungen geben, und davon war die Möglichkeit eines Falles von Suggestion nicht ausgeschlossen. […] wir vermuten, dass der Staatsanwalt bereits überzeugt ist, dass es sich tatsächlich um einen Selbstmord handelt, der ohne jegliche Mittäterschaft oder Beeinflussung von

---
763 Josef Berze, Dominik Stelzer, S. 27.
764 Christina Jung, Thomas Anz (Hg.): Der Fall Otto Gross. Marburg 2002, S. 73.
765 Thomas Reuster, S. 208.

Gross stattgefunden hat, welcher verrückt geworden ist und sich gegenwärtig in Casvegno befindet.⁷⁶⁶
Diese „Vermutung" kommt ohne eine Vernehmung Gross` zustande, da er „verrückt" geworden sei. Otto Gross hat – wieder einmal – das Glück eines fürsorglichen Vaters und dass mit Anwalt Poncini ein hilfreicher Vollstrecker vor Ort ist. So scheidet Gross als „verrückter" Verdächtiger aus. Die juristische Schuldfrage ließe sich nur mit einer offiziellen Aufarbeitung klären, die nie stattfindet. Im Falle eines Prozesses wäre allerdings – mit Hilfe des Kriminologen Hans Gross – eine Strafunmündigkeit festgestellt worden, die eine Verurteilung aufgrund von „fati infelicitas" unmöglich gemacht hätte. Dieser in der forensischen Psychiatrie angesiedelte Begriff „furiosum fati infelicitas excusat, satis furore ipso punitur" bedeutete im Römischen Recht, dass die „furiosi` [die Rasenden], ‚mente capti` [die Verblödeten] und ‚dementes` [die Toren] straffrei ausgingen. Bei ihnen war man der Meinung, dass sie durch ihr Schicksal bzw. durch die Götter genug gestraft seien."⁷⁶⁷ Otto Gross wird durch Sofies Tod gestraft. Er hat Sofie verloren. Als er im Gutachten von Tulln Negatives über Sofie liest, ist er entsetzt und schreibt: „Wenn einer wie der Bezirksarzt sich ähnlich über Sofie Benz auslassen sollte, die mir so nahe gestanden ist, bei Gott, ich schlage ihn nieder."⁷⁶⁸

Emilie trägt die Last

Emilie Benz redet trotz ihres Schmerzes mit Otto Gross, organisiert die Grabpflege und nimmt Kontakt zum Anwalt Enrico Poncini auf. In der Besitzerin der Trattoria delle Isole, Leopoldina Poncini, findet sie eine liebenswürdige und tatkräftige Frau, mit der sie in den nächsten Monaten mehrmals Kontakt hat. Anwalt Poncinis Rolle ist undurchsichtig, denn er ist für beide Seiten tätig: für Otto und Hans Gross sowie für Emilie Benz.

Emilie packt Sofies Sachen zusammen. Was sie tragen kann, nimmt sie mit, anderes verbleibt in einem Koffer, den Frau Poncini später mit der Bahnpost nachschickt. Emilie kehrt nach Ellwangen zurück. Die Mutter braucht Trost. Viele Fragen müssen der Familie und den zahlreichen Verwandten beantwortet werden. Die Familie Benz ist in Ellwangen bekannt und geachtet. Informationen heizen Spekulationen an, doch bald verstummt das Gerede pietätvoll. Verdrängen und Vergessen geben sich die Hand.

---

766 Brief „Schweizerische Eidgenossenschaft Kanton Tessin, Regierungskommissar im Bezirk Locarno" an „Bezirksdirektion der Polizei Bellinzona", Locarno, 12.03.1911. Landesarchiv Bellinzona, Kopie Privatarchiv P.B.
767 Vgl. Thomas Stompe, Hans Schanda (Hg): Der freie Wille und die Schuldfähigkeit. Berlin 2010, S. 212.
768 Josef Berze, Dominik Stelzer, S. 32.

Erinnerungen in der Familie bleiben; Gefühle von Trauer, Ratlosigkeit, Schuld und auch Zorn werden kaum aufgearbeitet. Die Suche nach der „Wahrheit" verfolgt Emilie – die 1969 mit 96 Jahren stirbt – ihr Leben lang. Gedächtnisnotizen und zu Papier gebrachte Überlegungen sind überliefert. Noch Anfang der 1950er Jahre beschäftigt sie eine Korrespondenz mit dem Maler Kropp. Leonhard Franks Buch *Links wo das Herz ist*, das 1952 erscheint, ist für Emilie eine „Auferstehung" Sofies. Sie liest von der ersten großen Liebe ihrer Schwester aus der Feder des Mannes, den Emilie „wenig geschätzt" hat. Jetzt ist Sofie eine literarische Figur.

Assistierte Flucht nach Mendrisio

An Sofies Beerdigung nimmt Otto Gross nicht teil, doch versteckt er sich nicht „irgendwo in einem Winkel, wo ihn die Polizei nicht finden wird", wie die Zeitung vermutet. Dem Buch von Emanuel Hurwitz ist zu entnehmen, was die *Tessiner Zeitung* nicht weiß:

Der Winkel, in dem sich Otto Gross damals befand, war die Wohnung eines befreundeten Anwalts, Enrico Poncini. Dieser fragte den ärztlichen Direktor der Heilanstalt Mendrisio in einem Brief an, ob Gross in der Anstalt Aufnahme finden könne, er befinde sich in einem schwer depressiven und schockartigen Zustand. Am 6. März [1911] traf Otto Gross zur Behandlung seiner Depression und seines Drogenmißbrauchs freiwillig dort ein. [...] fühlte sich der Patient nach drei Wochen so weit gebessert, daß er hinausdrängte, und die Eltern dazu bringen konnte, die Überführung in die Anstalt ‚Steinhof' zu organisieren. Der Vater, der sich wieder um das Finanzielle kümmerte, [...] bat auch den Wiener Primarius Dr. Berze, [...] der Klinikleitung zusätzliche Informationen zu schicken. [...] Trotz der Diagnose des Burghölzli und trotz der Ansicht von Primarius Berze, Otto leide an einer Hebephrenie, schloß sich Mendrisio dieser Diagnose nicht an, sondern entließ Otto Gross mit der Schlußdiagnose ‚opiophagia e cocainismo in psicopatia'[769], nach Auffassung der Eltern in außerordentlich gebessertem Zustand. Bis zum 21. Juni blieb er darauf in der Wiener Anstalt Steinhof.[770]

Es gibt nun zu Otto Gross` Krankheit drei Diagnosen: „Dementia praecox" (Burghölzli), „Psychopathie mit Kokainsucht" (Mendrisio) und „Hebephrenie" (Dr. Berze). Bei der Hebephrenie verhält sich der Patient unorganisiert, wirr und ziellos, zudem emotionslos oder mit Gefühlsregungen, die der Situ-

---

769 Opiumsucht und Kokainabhängigkeit in Psychopathie.
770 Emanuel Hurwitz, S. 215.

ation nicht angemessen sind. Das belegt Friedas Beobachtung, die Ende März ihren Mann sieht und schreibt: „Sein Schmerz um Sofie ist so gut wie nicht vorhanden. Das war mir grauenhaft."[771] Es wird sich aber wieder ändern.

Leopoldina Poncini ist Ansprechpartnerin für Emilie, während ihr Bruder, Anwalt Enrico Poncini, sich um Otto Gross kümmert. Poncini scheint geahnt zu haben, dass auf Otto Gross schwierige Zeiten zukommen und dass dieser in den Verdacht geraten könnte, Sofie Benz zum Suizid verholfen oder diesen zumindest nicht verhindert zu haben. Eine weitere polizeiliche Befragung wäre unangenehm. So ist der Anwalt behilflich, Otto Gross aus dem Blickfeld der Polizei zu räumen. Er kennt die Anliegen von Hans und Adele Gross, er wird von Hans Gross bezahlt. Da ist eine Heilanstalt der geeignete Schutzraum; zumal Drogensucht, Depression und Schock durch Sofies Tod genug Gründe sind. Auch die Möglichkeit eines Suizids von Otto hält Poncini für möglich und führt dieses Argument in einem Brief an.

Während der so gewonnenen Zeit legt sich die erste Aufregung. Hans Gross in Graz wird verständigt. Als Kriminalprofessor hat er Einfluss. Er schreibt an die Klinikleitung, dass sein Sohn Otto ihn informiert habe, dass seine langjährige Freundin gestorben sei und dass er sich nach Mendrisio begebe. Hans Gross bittet die Klinik, Otto bis zur Genesung dort zu belassen – wenn nötig, auch gegen dessen Willen. Hans Gross kennt das Freiheitsbedürfnis seines Sohnes und erinnert sich an die Flucht aus der Klink Burghölzli.

Die Klinik Mendrisio lässt sich die Akten aus dem Burghölzli kommen; der Diagnose Dementia praecox schließen sich die Ärzte allerdings nicht an. Am Tag der Einlieferung halten sie fest, dass Otto Gross sehr aufgebracht reagiert, als es im Eingangsgespräch um den „Unfall" seiner Freundin geht. Er habe seinen besten Freund verloren, für den er alles getan hätte und dass er sogar eine Bluttransfusion hatte geben wollen[772].

Vom 6. bis 27. März ist Otto Gross in Mendrisio, dann wird er nach Wien in die Klinik Steinhof überstellt. Frieda kommt von Ascona und begleitet ihn eine Strecke.

„Das mit Sofie geht mir nahe"

Nach Sofies Beerdigung schickt Ernst Frick den Artikel der *Tessiner Zeitung* an Edgar Jaffé, der ihn an Otto Gross` Vater weiterleitet. Frieda ist erzürnt, befürchtet sie doch, wegen Ottos Verhalten Nachteile durch den Schwiegervater zu bekommen. Sie schreibt an Else:

Das mit Sofie geht mir in sehr vielen Beziehungen sehr nahe. Otto

---
771 Brief FG an EJ, 10.04.(1911), Tufts #48.
772 Vgl. Gottfried M. Heuer, 2017, S. 214. Anhang Mendrisio.

ist jetzt in Mendrisio im Canton Tessin – Anstaltsabstinenz. Man fand ein Glas aus dem man sah, Sofie habe das Gift in Asti getrunken. Otto, als man noch ihre Wiederbelebung für möglich hielt sagte: Wenn Sofie sterbe, werde er nie mehr – Asti trinken! Zu dieser Zeit schrieb Ernst, er habe ein schlechtes Gewissen, dass er Otto nicht totschlage.[773]

Im selben Brief urteilt Frieda: „Ich hielt sie schon lang für eine Dementia praecox,"[774] womit sie Sofies Tod als unausweichliches Symptom einer Krankheit beschreibt. Dennoch fühlt sie eine gewisse Scham Sofie gegenüber.

> Ich habe jetzt natürlich so stark das Gefühl, nie gut genug gewesen zu sein gegen Sofie. Es wird einem vielleicht nie ein Mensch sterben, ohne dass es einen auch von dieser Seite packt. Aber in diesem Fall ist es noch besonders so. Überhaupt ist der Tod eines Jungen, mit dem man so verknüpft war, sehr angreifend. Auch so was Vorbildliches hat es. [...] Ich war aber auch eine von denen, diesen ganz wenigen, die Sofie wirklich kannten und verstehen. [...] Ernst meint, ehe es geschah: es sei die Möglichkeit zu einer Tragödie da, Sofie oder Otto, so wäre es wohl umgekehrt besser gewesen.[775]

„Vorbildlich" sei Sofies Handlung gewesen, und sie hätte Otto lieber an Sofies Stelle sterben gesehen. Dass Frieda sich als „Freundin" bezeichnet, beweist auf der einen Seite, wie eng Sofie mit dem Hause Gross verflochten war, andererseits irritiert es aber auch, wie wenig achtsam sich Frieda der „Freundin" gegenüber verhielt, zumal sie angeblich von Sofies Krankheit wusste.

Frieda Gross in Ascona

Frieda plant, mit den Kindern sofort nach Ascona zu fahren. „Mir ist recht schlecht zu der ganzen Sache. Wenn Ernst nicht noch Gegenteiliges schreibt, so fahre ich doch Anfang nächster Woche hinunter mit den Kindern und Uli. Geschwätz über die Geschichte ist hier auch genug. In Neu-Lustheim hatte sich gestern das Gerücht verbreitet, ich habe mich vergiftet."[776] Friedas Vater, an dem sie sehr hing, der wohl nie die wahren Umstände des Lebens seiner Tochter erfahren hat, war einen Monat zuvor gestorben. Frieda flüchtet vor dem Gerede der Leute aus München, und zwei Wochen nach Sofies Tod ist sie am Lago Maggiore bei Ernst Frick. „Ich bin seit fast 3 Wochen in Ascona. [...] Der arme Ernst, den hat es furchtbar mitgenommen. [...] Und alles hat

---

773 Brief FG an EJ, 12.03.1911, Tufts #47.
774 Brief FG an EJ, 12.03.1911, Tufts #47.
775 Brief FG an EJ, 12.03.1911, Tufts #47.
776 Brief FG an EJ, 12.03.1911, Tufts #47.

er für den Otto und statt dem Otto gethan – ein beispielloser Freund. [...] Ich muss den Ernst wieder unendlich liebhaben und das bedeutet Unglück von Tag zu Tag."[777]

Frieda findet in Ascona einen Kreis, den sie von München kennt. Franziska zu Reventlow gehört dazu, die 1910 mit ihrem Sohn Rolf nach Ascona übergesiedelt war und im Roccolo wohnt, dem Türmchen, wo schon Käthe Kruse mit ihren Kindern gelebt hatte. Am 1. April schreibt Franziska an ihren Freund Franz Hessel in München: „Hier vergiftete sich inzwischen ein Mädchen, das mit Dr. Groß hier war, und das war große Panik, Prozesse etc. Auch Bubi fängt schon an, von Unterbewußtsein zu reden."[778] Dass Franziska und Sofie Kontakt hatten, lässt sich daraus nicht schließen. Die Mitteilung klingt sachlich, zeigt aber die Wirkung im Ort.

Ernst Frick bittet um Sofies Papiere

Gut zwei Wochen nach Sofies Tod wendet sich Ernst Frick in einem Brief an Emilie mit der Bitte um Schriftstücke von Sofie. Er stellt das als Freundschaftsdienst für Otto Gross dar, der beabsichtige, eine Monografie über Sofie zu schreiben.

> Sehr verehrtes Fräulein!
> Ich habe an Sie eine Bitte zu richten, die mir in der Unmittelbarkeit der Ereignisse während Ihres Aufenthaltes in Ascona entging.
> Unter den Sachen Sofies, die Sie in ihrem Zimmer fanden, müssen manche ihrer Aufzeichnungen aus der Zeit vor und während ihrer Krankheit in Dalmatien sein.
> Sie hatte mich nach ihrer Rückkehr nach München gebeten, mit ihr diese Papiere zu lesen im Zusammenhange einer Besprechung ihrer vergangenen Psychose. Leider fanden wir dazu nicht die Möglichkeit.
> Ich möchte nun heute, aus der mir noch gebliebenen Beziehung zu Sofie heraus, wie aus einem weiterwirkenden Interesse das tun, was zu tun mir noch bleibt, diese nachgelassenen Papiere lesen. Um Sophies Leben und Ausgang für mich persönlich verstehen zu können, und es aus dem engen Zusammenhange der letzten Zeit und Umgebung herauszuheben in das grosse Geschehen. Dass das Leiden und Wollen einer grossen Zeit, das in Sophie ihren Ausdruck gefunden, die ihr würdige Bedeutung und Wirksamkeit für diese Zeit erhalte.

---
777 Brief FG an EJ, 10.04.(1911), Tufts #48.
778 Michael Schardt (Hg.): Franziska zu Reventlow. Sämtliche Werke in fünf Bänden. Band 4, Briefe. Oldenburg 2004, Brief 01.04.1911.

Das [sic!] Sophie ungewöhnlich Grosses lebte und wirkte, und das auch in ihrer Krankheit und ihrem Sterben, können Sie vielleicht allen andern voran verstehen.
Erlauben Sie mir, dass ich nachträglich die betreffenden Papiere aus dem Koffer bei Poncini herausnehme und schreiben Sie, bitte, an Herrn Poncini eine bezügliche Anweisung. Sollte der Koffer schon fort sein, dann bitte ich Sie sehr, die Papiere mir zuzusenden. Ich werde sie Ihnen alle nach Ihrem Wunsche wieder zustellen. Meine Adresse ist vorläufig immer Ascona. Ich bin nur für einige Tage hier. Ich hoffe sehr, verehrtes Fräulein, dass Sie meine Bitte erfüllen.
Ihr ergebener Ernst Frick.[779]

Ernst Frick will Sofie verstehen, und zwar aus der „noch gebliebenen Beziehung" und „aus einem weiterwirkenden Interesse". Die Begründungen für sein Interesse an Sofie müssen Emilie rätselhaft erscheinen, und dass sie sich tiefere Gedanken macht, wird später deutlich. Mit den Worten „Das [sic!] Sophie ungewöhnlich Grosses lebte und wirkte, und das auch in ihrer Krankheit und ihrem Sterben, können Sie vielleicht allen andern voran verstehen," versucht Frick eine emotionale Brücke zu Emilie zu schlagen. Da Emilie in den letzten zwei Jahren wenig Kontakt zu Sofie hatte, wird sie kaum wissen, was Sofie „Grosses lebte und wirkte".

Könnten in den Papieren für Otto Gross nachteilige Texte enthalten sein? Offensichtlich erteilt Emilie Rechtsanwalt Poncini die Zustimmung, und Ernst Frick entnimmt dem Koffer die gewünschten Papiere. Er bezeichnet sie aber später als enttäuschend, da er sich Aufschriebe von Sofies Gedanken erhofft hatte. Trotz Nachfragen Emilies schickt er die Schriftstücke nicht zurück.

Es müsste Emilie bald klar werden, dass die Papiere zu Sofies Nachlass und zum Erbe der Familie gehören. Warum schaltet sie nicht Rechtsanwalt Poncini ein, um Frick zur Herausgabe zu veranlassen? Wahrscheinlich strömt in diesen Wochen zu viel auf sie ein, um auf diesem juristischen Sachverhalt zu bestehen.

„Wir aber kennen Sophie so gut"

Fünf Wochen später, am 23. April 1911, versucht Ernst Frick in einem langen Brief, Emilie einen Einblick in Sofies Psyche zu geben, und bedeutet ihr dabei, dass sie Sofie und deren Entwicklung unter Otto Gross nicht kenne. Das klingt nun anders als in seinem Schreiben im März. Fricks Brief spart nicht an Worten, die Emilie schockieren müssen.

---
779 Brief Ernst Frick an EB, 18.03.1911. Privatarchiv P.B.

Verehrtes Fräulein!
Verzeihen Sie mir, dass ich Ihnen so lange nicht schrieb. Ich war längere Zeit von Ascona fort. [...] In seinem letzten Briefe schrieb Gross (er ist gegenwärtig in der Landesanstalt Steinhof in Wien), dass er an einer Monographie über Sophie arbeite. Sie soll bald fertig sein. Das wird dann das beste Mittel für Sie sein, Sophie in ihrer gemachten Entwicklung kennen zu lernen und in ihrer eigentlichen Bedeutung ausser den engen Familienbeziehungen.
Sie werden dann sicher mit uns etwas den Tod Sophies weniger als ein Familienunglück verstehen, und mehr als die noch normale Tragik eines starken ungewöhnlich wollenden Menschen. Ein Schicksal, in das ihre Gesundheit und Kraft im Verhältnis einer kleinlichen kranken Welt sie gedrängt hat. Dem sie nicht unbewusst und passiv gegenüber stand, sondern erkennend und gestaltend.
Wie an ihrem Ausgange die Beschränktheit und Verständnislosigkeit der Umgebung ihres Lebens und der Unterschied von der Kraft zu ihrem Wollen zusammenwirkten, wird für immer schwer zu sagen sein. Ich halte dafür, dass es ein immer wieder kehrender Irrtum Sophies war: die Überschätzung der Lebenskraft der Mittelmäßigkeit und ihrer Beziehungen zu dieser.
Ich möchte aus praktischen Gründen Ihnen hier noch sagen, dass Sie den Standpunkt aufgeben sollen, Sophie wäre durch Dr. Gross auf eine unglückliche Bahn gedrängt worden. Ihr Schicksal war von <u>früher</u> her bestimmt. Sie wissen, dass Sophie lebendig und stark war. Sie war es immer. Aber in ihrer Liebe und ihrem nicht klar erkannten Wollen konnte ihre Kraft und ihr Leben dämonisch wirken. Davon wissen Sie nichts, weil Sie sie weder in der Liebe noch ihrer volleren Entwicklung gekannt und verstanden haben. Wenn Sie nicht ihr Leben und ihren Tod vom Gesichtspunkt menschlichen Geschehens aus betrachten wollen, dann stellen Sie sich doch einmal auf den engern Standpunkt der Angehörigen von Dr. Gross.
Er war einmal das, was man für gewöhnlich gesund nennt; ein Mensch von glänzenden Qualitäten. Als Sophie ihn kennen lernte, war er geliebt und man erwartete von seinem Leben noch das Ausserordentlichste. Und damals fing das Leben einer intensiven innern Arbeit, bei einer immer weiter gehenden Isolation nach aussen an.
Die Versuche, diesen gefährlichen Verhältnissen entgegen zu wirken, um Gross für sich und ein Leben zu retten, unterblieben nicht. Aber man befand sich hier fast immer der Passivität von Gross und ne-

gativen Aktivität Sophies gegenüber. Sie hat für ihre Liebe und ihr Wollen die Gefahren nicht geachtet und Dr. Gross mitbestimmt. Und gerade ihres Wollens und ihrer Kraft willen hat man mit ihr über die gewöhnliche Ordnung hinweg sich mit zu verstehen versucht und war ihr befreundet in dem Glauben, dass ein ungewöhnliches Wollen eine ungewöhnliche Lösung finden könne. Heute, mit dem Tode Sophies, ist auch Dr. Gross so dem Untergange nahe, dass niemand auf ihn hofft, ohne an ein Wunder zu glauben.

Man könnte von hier aus die letzten Jahre und Menschen in diesem Leben verantwortlich machen. Wir aber kennen Sophie so gut und haben sie für ihre Aussergewöhnlichkeit so lieben gelernt, dass jede kleinliche Fehlerbetrachtung ihr gegenüber wegfiel. [...]
Ihr Ernst Frick.[780]

Ernst Fricks Brief an Emilie zeigt unmissverständlich, dass er, Frick, sich in einer anderen Welt befindet als die in seinen Augen biedere, bürgerliche Emilie. Schuld an Sofies Niedergang sei die „kleinliche kranke Welt" gewesen. Da spricht Frick mit Otto Gross` Worten, denn ebendas ist Gross Anliegen seit Jahren: die kranke Welt macht den Menschen krank. Sofie habe dies klar erkannt, sei nicht passiv gewesen, sondern „gestaltend" habe sie sich an Gegenentwürfen beteiligt.

Ernst Frick verwahrt sich gegen den Vorwurf, „Sophie wäre durch Dr. Gross auf eine unglückliche Bahn gedrängt worden," denn „ihr Schicksal war von früher her bestimmt." Auch hier spricht Frick im Sinne von Otto Gross, der jede Fehlentwicklung im Leben als eine Konsequenz der misslungenen Kindheit sieht. Emilie bekommt den Spiegel von Sofies Kindheit vorgehalten.

Frick unterstellt, dass nicht Otto Gross Sofie, sondern Sofie Otto Gross heruntergezogen hat. Dass Sofie in ihrer Liebe und ihrem Leben dämonisch wirken konnte, muss Emilie lesen. Dämonisch?! Und nicht nur das. Emilie erfährt, dass Otto Gross` Niedergang begann, als er Sofie kennen lernte, dass Freunde ihm helfen wollten, dass aber „Passivität von Gross und negative Aktivität Sophies" stärker waren, dass sie „die Gefahren nicht geachtet und Dr. Gross mitbestimmt habe".

Schon im Polizeibericht kurz nach der Gifteinnahme Sofies war von der „Bestimmung" über Otto Gross zu lesen. In einem Spiel soll Sofie ihm befohlen haben, sich umzudrehen und erst nach Aufforderung wieder hinzuschauen. Laut Gross` Aussage war das ein wiederholtes Spiel, in dem sie das „Kommando" hatte.

---
[780] Brief Ernst Frick an EB, 23.04.1911. Privatarchiv P.B.

Gedanken zu Ernst Fricks Brief

In seinem Brief präsentiert Ernst Frick, der Sofie erst wenige Jahre kennt, Emilie die Deutungshoheit über Sofies Leben. Für Emilie sind das harte Vorwürfe. „Als Sophie ihn kennen lernte" war das Jahr 1906. Dann dauerte es noch zwei Jahre, bis sie und Gross sich näherkamen. Dazwischen lagen für Gross romantische, gleichzeitig dramatische Beziehungen zu Else Jaffé, Frieda Weekley und Regina Ullmann. Ernst Frick beschuldigt Sofie durch ihre „Liebe und Wollen" einer Mitschuld an der Zerstörung Gross`. Kann Emilie erfassen, dass Sofie über dieses hoch gelobte Genie, den Wissenschafter, der allen die Stirn geboten hat, um den sich in angesagten Kreisen alles drehte, dass Sofie über diesen Mann eine fast dämonische Macht gehabt haben soll?

Nach Fricks Urteil ließ Gross die „negativen Aktivitäten" Sofies über sich ergehen, Freunde konnten keinen Einfluss nehmen. Doch Sofie, die wie Gross gegen die „Allzuvielen", gegen die „Mittelmäßigkeit" ankämpfen wollte, habe die Widerstandskraft eben dieser großen Masse der „verflachten Gesellschaft" unterschätzt und sei gescheitert.

Frick macht Sofie für das Schicksal Otto Gross` verantwortlich. Auch wenn er für Emilie phasenweise in Rätseln spricht, so kommt doch die Botschaft bei ihr an. Vielleicht beabsichtigt Frick, Emilie zu zeigen, wie weit sich Sofie von zu Hause entfernt hatte. „Wir aber kennen Sophie so gut und haben sie für ihre Aussergewöhnlichkeit so lieben gelernt," schreibt er tröstlich. „Wir" – das sind er, Otto Gross, Frieda und der Kreis, in dem sich Sofie bewegt hat. Sofie hat für ihr „Wollen" mit dem Leben bezahlt. Ein Bedauern ist Fricks Brief nicht zu entnehmen. Dafür erkennt Emilie eine andere Botschaft: Ernst Frick gibt ihr zu verstehen, dass sie nicht versuchen solle, Otto Gross die Schuld an Sofies Tod zu geben.

Frick verweist auf eine Monografie, die Otto Gross über Sofie verfassen möchte, dann werde Emilie die „eigentliche Bedeutung" Sofies begreifen. Erst 1920, neun Jahre nach Sofies Tod und kurz nach seinem eigenen Tod, erscheint eine Schrift, in der Gross sich mit Sofies Weg in den Suizid befasst. Emilie wird von dieser Studie keine Kenntnis erhalten haben.

Emilie, eine kluge und auch schlagfertige Frau, lässt sich von Ernst Frick nicht einschüchtern. Das Original von Fricks Brief enthält Randnotizen sowie auch zwei kleine eingeklebte Zettelchen, auf denen ihre Bemerkungen stehen. Wenn Frick schreibt „Als Sophie ihn kennen lernte," notiert sie am Rande: „war er durchaus kein gesunder Mensch!" Und als Frick von der „Passivität von Gross und negativen Aktivität Sophies" berichtet, schreibt Emilie an den Rand: „umgekehrt!"

Die beiden Zettelchen enthalten folgende Notizen: „Mündlich hatte mir Frick in Askona von Groß gesagt: Die Macht seiner Suggestion war fabelhaft! Ich habe mir das daheim notiert. Dabei gesagt: ‚Als ich im Feb. – März 1908 das letzte Mal länger mit Sofie zusammen war, hörte ich in München von einem gefährlichen Wirken des Dr. Groß reden.'"

Ernst Frick auf Freiersfüßen

Mitte März kommt Frieda Gross nach Ascona und findet Frick desolat vor. „Er ist seit Sofies Tod kränker als er war, härter und liebloser."[781] Doch Ernst Fricks Leben und Lieben geht weiter. Er wendet sich einer neuen Beziehung zu: Frieda Weekley, die im April nach München reist, wo Frick sie trifft. Er will mit ihr Ascona besuchen, doch Frieda Gross wehrt ab.

Im August fährt Ernst Frick zu Frieda Weekley nach England. Da ist Frieda Gross wieder schwanger von ihm. Doch „Ernst ist an Frieda trotz des Kindes, das sie von ihm erwartet, nicht sehr interessiert. Seine momentane Liebe weilt in England. Will er mit ihr die Tragödie um Sofie Benz vergessen?"[782] So überlegt Friedas Biografin.

Emilie Benz weiß von all dem nichts, und das ist gut, denn die Beziehungswechsel in Ascona und München würden sie schockieren. Die Protagonisten sind eng miteinander verflochten, das Netz von Interaktionen und Abhängigkeiten ist fein verwoben. Für die Reise nach England fehlt Ernst Frick das Geld. Frieda Gross setzt sich für ihn ein und schreibt an Else Jaffé: „Ernst geht bald nach England zur See. Da er viel mehr Geld braucht zu dieser Reise als Friedele ihm schickte, so muss ich Dich wirklich leider gleich um die 100 Mark bitten."[783]

Frieda Gross erleidet Ende August eine Fehlgeburt, während Frick auf dem Weg nach England ist.[784] Eifersucht gibt es nicht, das hat Otto Gross verordnet.

Zwei Briefe von Advocat Poncini

Emilie kümmert sich nach ihrer Heimkehr im März 1911 in Ellwangen intensiv um Aufgaben, die sich durch den Tod von Sofie ergeben. Sie muss Rechnungen begleichen, Entscheidungen treffen, Briefe beantworten. Sie korrespondiert mit Ernst Frick, Anwalt Enrico Poncini und Leopoldina Poncini.

781 Brief FG an EJ, 10.04.(1911), Tufts #48.
782 Esther Bertschinger-Joos, S. 148.
783 Brief FG an EJ, 06.08.(1911), Tufts #49.
784 Friedas Mann Ernest Weekley erfährt von diesem Ehebruch erst, als seine Frau mit D.H. Lawrence eine Beziehung eingeht und ihre Familie verlässt.

Dabei geht es auch um den Koffer in Ascona, der Sofies Nachlass enthält – darunter die Papiere, die Frick so sehnlichst wünscht. Am 10. März schreibt sie an Rechtsanwalt und Notar Poncini, der am 15. März auf Französisch antwortet:

> Fräulein Emilie Benz, Ellwangen.
> Ich habe Ihr geschätztes Schreiben vom 10. d. M. dankend erhalten und teile Ihnen mit, dass ich am Montag, 6. März, Herrn Otto Gross in eine Einrichtung gebracht habe, wo er sich sehr gut und ruhig fühlt. Von den Verwandten ist niemand gekommen, denn ihre Anwesenheit wäre unnötig gewesen.
> Gemäß Ihrer Anweisung habe ich alle Rechnungen zusammengestellt, es ist jedoch schwierig, eine ganz genaue Berechnung zu erstellen, da einige Rechnungen von Herrn Frick bezahlt wurden mit dem Geld von Herrn Gross.
> Folgende Rechnungen sind noch zu begleichen: Rechnung Krankenhaus Fr. 50 plus Fr. 40, die vorab von Herrn Frick bezahlt wurden. Rechnung für den Sarg Fr. 30. Rechnung für die Begräbnisdienstleistung seitens der Stadt Fr. 35. Rechnung für Unterkunft (Pension) und Geld, das von meinen Eltern geliehen wurde während des Aufenthalts von Herrn Gross in Locarno und von Sophie in Ascona Fr. 54.
> Rechnung des Pfarrers, in der lediglich die Kosten für Reise und Abendessen aufgeführt sind; man sollte ihm noch einen zusätzlichen Betrag zukommen lassen.
> Rechnung für Telegramme, PKW und Reisen nach Locarno Fr. 45. Gesamtbetrag: Fr. 259,45. Von dieser Summe ist die Vorauszahlung von Fr. 100 abzuziehen; damit verbleibt ein Restbetrag von Fr. 159,45.
> Alle diese Rechnungen werde ich Ihnen etwas später zusenden, da ich sie noch nicht alle zusammenstellen konnte. Die Blumen wurden von Herrn Frick auf seinen Wunsch hin bezahlt. Herr Frick ist derzeit für einige Tage verreist und ich werde ihm Ihren Brief zeigen. Den Koffer werde ich Ihnen bald schicken, um den ich mich sofort nach Ihrem Schreiben gekümmert habe.
> Wir denken immer mit viel Freude an Sie und besonders an Sophie. Ich denke immer an sie, wenn ich am Friedhof vorbeigehe und es scheint mir, als ob dort eine nahe Verwandte läge.
> Ich muss Ihnen auch noch sagen, dass eine deutschsprachige hiesige Zeitung die unglückliche Idee hatte, über das Verhalten von Dr.

Gross zu schreiben. – Sie werden es selbst lesen – und ihn beinahe anklagen, Sophie schlecht behandelt zu haben, was absolut nicht stimmt. Aus diesem Grund und auf Anweisung von Prof. Hans Gross habe ich Strafanzeige gegen die Zeitung erstattet; es wird wahrscheinlich zum Prozess kommen und ich werde Sie über diese Angelegenheiten auf dem Laufenden halten.
Ich freue mich, wieder von Ihnen zu hören; Sie können immer auf mich zählen, wo immer ich Sie unterstützen kann.
                Mit herzlichen Grüßen. Enrico Poncini.[785]

Zu diesem Zeitpunkt hat Emilie den Artikel in der *Tessiner Zeitung* noch nicht gelesen, erst einen Monat später erhält sie ihn. Professor Hans Gross beauftragt Anwalt Poncini, gegen die Verleumdungen in dem Artikel juristisch vorzugehen. Otto Gross ist von der Situation überfordert. Er sagt später: „Ich bin in der ‚Tessiner Zeitung' in Locarno des Mordes an S.B. beschuldigt worden. Ich habe dagegen nicht reagiert – ob Andere für mich gehandelt haben und mit welchen Folgen, weiss ich nicht – ich habe nicht die Kraft gehabt, mich noch um irgend etwas selbst zu kümmern."[786] Mit dieser Anzeige enstehen für Emilie zusätzliche Sorgen, da sie eventuell als Angehörige zu der Verhandlung erscheinen müsste. Poncini schreibt zwei Wochen nach Sofies Tod:

Fräulein Emilie Benz, Ellwangen.
Ich habe Ihr Einschreiben erhalten, und ich kann Ihnen auch den Erhalt Ihres letzten Briefes bestätigen. Bisher konnte ich Ihnen nicht antworten, da ich nicht daheim war.
Gestern bin ich aus Wien zurückgekommen, wo ich mich für einige Tage wegen Herrn Otto Gross aufgehalten hatte, der gegenwärtig in dieser Stadt weilt.
Der Koffer ist noch bei mir, und ich werde ihn Ihnen in den nächsten Tagen senden.
Die Briefe habe ich abgeholt und ich werde sie Ihnen zusenden, sobald ich sie gelesen habe, denn sie müssten für den Prozess von Otto interessant sein. Bitte seien Sie unbesorgt, ich werde Ihnen alles in guter Ordnung in den nächsten Tagen schicken. Derzeit habe ich viel Arbeit, die sich während meiner Abwesenheit angesammelt hat. Das Geld habe ich ebenfalls erhalten, wofür ich

---

785 Brief RA Enrico Poncini an EB, 15.03.1911. Französischer Brief, übersetzt. Privatarchiv P.B.
786 Josef Berze, Dominik Stelzer, S. 27.

Ihnen vielmals danke.
Mit freundschaftlichen Grüßen,
                                              Enrico Poncini, Rechtsanwalt[787]

Welche „interessanten" Briefe er Emilie zusenden will, ist nicht klar.

Kondolenz von Hulda Voigt

Emilie Benz informiert Verwandte und Freunde, mit denen Sofie verbunden war, vom Tod der Schwester, wobei – das geht aus dem folgenden Brief hervor – sie die Todesursache Suizid nicht offen anspricht. Hulda Voigt gehört zu denjenigen, die benachrichtigt werden. Hulda ist längst wieder in ihrer alten Heimat in Schleswig-Holstein und kondoliert:

Liebes Fräulein Benz.
Ich kann nicht sagen, wie sehr mich Ihr Brief erschüttert hat – voll warmer Teilnahme sind meine Gedanken bei Ihnen. Daß mein kleiner munterer Benzling so enden mußte, das ist mir furchtbar traurig. Ich habe in letzter Zeit grad so oft an sie gedacht, und trotzdem ich nicht im Briefwechsel mit ihr stand, wollte ich mir vor Kurzem mal ein Lebenszeichen von ihr erbitten --- und nun solche Antwort. Es geht schon ins 4te Jahr, daß ich wieder hier oben bin; 2 x habe ich Ihrer Schwester geschrieben, aber keine Antwort erhalten. – na, und dann läßt man`s bleiben. Mein armer kleiner Kamerad, der doch eigentlich ein Opfer seiner Münchner Jahre geworden ist. Ich mache mir eigentlich Vorwürfe, daß ich nicht alles dran setzte, um sie aus dieser Umgebung fortzubringen, denn ich sah schon damals, wie schlecht oder vielmehr ungesund der [sic!] Narkose für Sophi war.
Es fing damit an, daß sie die Debschitz-Schule verließ, und dann verlor ich sie auch. Wohl sah ich Ihre Schwester gelegentlich, suchte sie auch mal auf, aber ich konnte sie nicht halten. Ihr Umgang mit diesem – zum Teil wirklich verrückten Kreis, in den sie hineingeraten war, hat Ihre Schwester körperlich und selisch [sic!] schon damals so schnell zu einem andern Menschen gemacht.
Es ist wohl 1906 gewesen, da habe ich alles versucht, sie zu bewegen München zu verlassen, hätte sie so gerne hier hinauf auf unser Gut gebracht, aber sie wollte nicht.
Liebes Frl. Benz, und ich habe oft überlegt, ob ich Ihnen nicht schrei-

---
787 Brief RA Enrico Poncini an EB, 02.04.1911. Französischer Brief, übersetzt. Privatarchiv P.B.

ben sollte, ließ es aber schließlich bleiben, denn es ist ein undankbares Geschäft, sich ernstlich in fremde Angelegenheiten zu mischen, und ich fürchtete, Sophi könnte sich mit ihrer Familie entzweien. – Die kleine, liebe Benz, die so gesund und urfrisch und stark war, als ich sie [19]04 kennen lernte – es war der erste Mensch, an den ich mich in München anschloß, und ich habe viel harmlose Freude damals mit ihr erlebt. Ja, unsere Alpentour war unvergleichlich froh und schön * [Einschub]: grad heute vor 7 Jahren wanderten wir so selig in die Alpen hinein – ich kann es garnicht glauben.
Ich danke Ihnen sehr für Ihre lieben Zeilen heute – liebes Frl. Benz. Daraus geht nie hervor, dass das arme Mädchen freiwillig in den Tod gegangen? Was mag das kleine Herze bedrückt haben in all der letzten Zeit.
Darf ich Sie, auch im Namen meiner Mutter bitten, falls Sie hier hinauf kommen, uns aufzusuchen – Sie müssen es bitte tun, Marienhoff liegt so gut am Wege. Holzdorf ist nun Briefstation. Bahnstation Lindauis an der Kiel–Flensburger Bahn und dann 10 Minuten zu Schiff die Schlei herauf bis Sieseby – dann sind Sie auch bei uns. Kommen Sie, wenn es irgend geht!
Seien Sie versichert, daß ich der armen Toten immer in Treuem gedenken werde.
Mit warmem Händedruck verbleibe ich, Ihre Hulda Voigt[788]

Noch einmal schildert Hulda eindrucksvoll, wie der „verrückte Kreis" auf Sofie eingewirkt hat und sie „ein Opfer der Münchner Jahre" geworden ist. Huldas Brief zeigt den Blick von außen.

Sofie wird immer in Erinnerung bleiben

Anwalt Enrico Poncini hatte geschrieben, dass er den Koffer in den nächsten Tagen schickt. Vier Tage später schreibt seine Mutter Leopoldina Poncini:

> Sehr geehrtes Fräulein,
> ich schicke den gewünschten Koffer per Post; das Gewicht beträgt 15 kg. Ich weise Sie jedoch darauf hin, dass wir den Schlüssel nicht gefunden haben. Ich hoffe aber, dass der Koffer so intakt ankommen wird, wie ich ihn geschickt habe und wie ich ihn von Fräulein Sofia Poncini bekommen habe. Ich bitte Sie, die Verspätung der Sendung zu verzeihen; mein Sohn, der Rechtsanwalt, war seit vielen Tagen nicht zu Hause, und ich habe auf seine Rückkehr warten müssen,

---

788 Brief Hulda Voigt an EB, 04.04.1911, von Gut Marienhoff bei Sieseby. Privatarchiv P.B.

um die richtige Adresse zu erhalten.
Ich nehme die Gelegenheit wahr, um Sie ganz herzlich zu grüßen. Ich versichere Ihnen, dass Ihre liebe Schwester, die in unserem gesegneten Land beigesetzt ist, immer in meinen Gedanken bleiben wird. Ich habe immer die Hoffnung, dass ich Sie einmal wiedersehen darf, liebes Fräulein Emilia, und in der Zwischenzeit drücke ich liebevoll Ihre Hand.
Leopoldina Poncini, Ascona[789]

Wer ist Fräulein Sofia Poncini? Da der Koffer entweder bei Leopoldina oder Enrico Poncini war, könnte es Leopoldinas Tochter (Enricos Schwester) Sofia sein, die den Koffer verwahrt. Auch dieser Karte ist zu entnehmen, wie sehr Emilie den Poncinis ans Herz gewachsen ist und wie nahe ihnen Sofies Schicksal geht.

Einen Hinweis auf Sofia Poncini gibt es in Richard Seewalds Buch *Der Mann von gegenüber*. Seewald kommt 1910 erstmals nach Ascona und wohnt bei „Mamma Poncini". In seinen Erinnerungen schreibt er:

> 1910 wohnte ich zum erstenmal an der Piazza von Ascona in dem Hause, das als einziges in der langen Häuserzeile unverändert geblieben ist. Noch öffnen sich auf dem schmalen Balkon die gleichen Türen der zwei kleinen Zimmer, die wir damals bewohnten, noch wölbt der gleiche Weinstock sein Dach darüber, noch ist es dieselbe blaßrosa Farbe, die von der Fassade abblättert; nur die Mamma Poncini ist inzwischen gestorben, die einst ihre schwarzen Töpfe über dem immer brennenden Kaminfeuer regierte, doch lebt noch Sophia.[790]

Ein Brief aus Zürich

Am 14. April erhält Emilie einen Brief von dem Züricher Anwalt Ernst Utzinger. In welcher Beziehung er zur Familie Benz steht, ist nicht bekannt, doch da Utzinger am Schluss Grüße an die „Frau Mutter" schreibt, ist eine Verbindung nach Ellwangen zu vermuten. Ist er ein Freund der Familie oder ein Studienkamerad von Rechtsanwalt Karl Benz?

Utzingers Schwerpunkte sind Wirtschafts- und Verwaltungsrecht. Er deutet in seinem Brief auf juristische Aspekte zum „Fall Gross" hin, so dass Emilie ihn wegen Sofies Tod und der Verantwortung von Otto Gross konsultiert haben könnte.

Sehr geehrtes Fräulein!
Im Voraus verbindlichen Dank für Ihre geschätzten Zeilen vom 27. v. M. […]
Sie verstanden es vorzüglich, mir in Ihrem Briefe ein Bild aus dem

---
789 Brief Leopoldina Poncini an EB, aus Muralto, 06.04.1911. Privatarchiv P.B.
790 Richard Seewald, 1963, S. 120f.

Leben Ihrer lieben Schwester wiederzugeben und bin ich Ihnen dafür verbunden. Ab und zu machte ich mir Gedanken über dieses oder jenes – doch getraute ich mir nicht irgend Schlüsse zu ziehen – ja, solche zu einem geschlossenen Ganzen zu kombinieren – nunmehr ist mir alles klar.

Auch ich habe in hiesigen mehr oder weniger nicht seriösen Tagesblättern von dem z. Theil ganz entstellten oder arg aufgebauschten Vorfall gelesen. Den ersten Anstoss zu den Pressmeldungen [sic!] dürfte aller Wahrscheinlichkeit nach der Artikel in der Tessinerzeitung, die in Locarno erscheint, gegeben haben. Durch einen blossen Zufall las ich Sonntags, den 10. März, diesen Artikel. Zu Ihrer Orientierung liess ich mir dieser Tage die betreffende Nummer kommen und lasse ich sie Ihnen mit Separatpost zugehen [791]. Darin sind allerdings harte Anschuldigungen gegen Hr. Dr. G. – und die öffentliche Meinung, als die ich doch auch diese Zeitung betrachte – musste doch den Untersuchungsbehörden Anlass und Direktive genug geben, die Hände nicht in den Schoos [sic!] zu legen. Ja, eine andere Zeitung, ich weiss nicht mehr, welche, aber ich glaube im Zürcher Sensationsblatt, beschuldigte Gr. direkt der vorsätzlichen Vergiftung ---

Wie der Tatbestand auch gewesen ist, ob er auf Fahrlässigkeit oder gar auf intellektuelle Anstiftung beruht, darüber können und wollen wir nicht urteilen und wenn es auch so oder anderst gewesen ist, müsste doch noch dargetan werden und das ist ja der bekannte psychiatrische Standpunkt, ob die Verantwortlichkeit für eine solche Handlung Gr. nicht abgesprochen werden muss – ob nicht in der Tat eine fati infelicitas [792] vorliegt – ob sich der Unglückliche nicht in einem Zustand krankhafter Störung der Geistestätigkeit, durch welche die freie Willensbestimmung ausgeschlossen ist, befand.

Darüber können uns wiederum nur psychologische und psychiatrische Gutachten Rat erteilen. Welchen Wert und welche Tragweite diesem Zweig wissenschaftlicher Forschung beizumessen ist – wissen Sie am besten aus Ihrer eigenen Anschauung.

Von unserem Standpunkt aus – können wir heute nur der bestimmten Hoffnung Raum geben – die Zukunft möge hier, wie in hundert und hundert andern Dingen, wo wir uns in einem fatalen Beweisnotstand befinden, ihre lichten und aufklärenden Momente bringen.

---
791 Jetzt Privatarchiv P.B.
792 fati infelicitas: Strafunmündigkeit wegen Unzurechnungsfähigkeit.

Mit dieser angenehmen Hoffnung schliesse ich und empfehle ich mich Ihnen angelegentlich mit den besten Ostergrüssen,
Ihr sehr ergebener Ernst Utzinger.
P.S. Gestatten Sie mir, auch die besten Grüsse an Ihre liebe Frau Mutter beizufügen.[793]

Nun bekommt Emilie den Artikel der *Tessiner Zeitung* mit den von Hans Gross und Anwalt Poncini beklagten Verleumdungen zu lesen und kann sich ein Bild von dem Vorgang machen, auf den sich Poncini bei der Strafanzeige bezieht.

„Alle Zweideutigkeiten ausschalten"

Ende April, nachdem Ernst Frick aus England nach Ascona zurückgekehrt ist, schreibt er an Emilie. Die erkennt, dass Frick den Brief mit einer gewissen Absicht formuliert, denn er bezieht sich auf den Beleidigungsprozess gegen die *Tessiner Zeitung*. Frick gibt Emilie genaue Instruktionen, wie sie sich in einem eventuellen Verfahren zu verhalten habe.

Es ist ein besonders langer Brief, der aus drei thematischen Teilen besteht. Im ersten Teil geht es um Sofies Wohnung in München und ob sich nicht doch einige ihrer Schriften darin finden lassen. Im zweiten Teil – der in das Kapitel „Wir aber kennen Sophie so gut" vorgezogen wurde – erklärt Frick die schicksalhafte Verstrickung Sofies mit Otto Gross. Die unterschwelligen Beleidigungen muss Emilie ertragen; das sei Fricks Charakter geschuldet, wird sie später anmerken.

Frick versucht den Niedergang Otto Gross` und dessen Schuldlosigkeit im Zusammenhang mit Sofies Tod zu erklären. Dies ist im Hinblick auf den dritten Teil zu interpretieren, wo es Frick wichtig ist, „alle Zweideutigkeiten zu Ungunsten Dr. Gross auszuschalten". Frick, der lt. Frieda wegen Sofies Tod eine so große Wut auf Otto Gross hat, dass er ihn am liebsten umbringen würde, setzt sich vehement für ihn ein, indem er Emilie zu beeinflussen versucht.

Verehrtes Fräulein!
Verzeihen Sie mir, dass ich Ihnen so lange nicht schrieb. Ich war längere Zeit von Ascona fort. Ich werde auch jetzt nur kurz das notwendigste schreiben, und in einem Briefe mit mehr Zeit alles von Ihnen Gewünschte mitteilen.
Die erbetenen Papiere habe ich hier noch erhalten. Aber es war enttäuschend wenig, was ich vorfand, und gerade die Aufzeichnungen, die ich vor allen andern wünschte, (die aus Arbe) waren nicht dabei.

---
793 Brief Ernst Utzinger an EB. Zürich, 14.04.1911. Privatarchiv P.B.

Ich habe diese mit ihr noch flüchtig im Dec. in München gesehen. Es ist also fast unmöglich, dass wenigstens diese nicht in ihrer (Sophies) Wohnung an der Churfürstenstr. liegen.
Was die Zeichnungen anbelangt, so muss man fürchten, dass der grössere Teil ganz verloren ist. Sie war darin ganz nachlässig, hat zwei Jahre lang fast nur noch in Hotels gelebt und hier fast immer alle ihre Sachen einfach liegen gelassen. Was in ihrer Wohnung wirklich gewesen ist, weiss ich nicht. Ich war nie drin und ich bin 14 Tage vor ihr aus München abgereist, währendem sie ihre Wohnung in Ordnung bringen wollte. Ob sie etwas weggetragen hat, weiss ich nicht. Sie hatte zu dieser Zeit, meines Wissens, gar keine näher Bekannte in München.
Sie werden unterdessen die Wohnung gesehen haben. Ich möchte gerne wissen, ob wirklich nichts mehr da ist.
Was hier ist, sind ausschliesslich an Gross gerichtete Redestücke, die sie nach ihrer Gewohnheit auf irgend ein Stück Papier oder in ihr Scizzenbuch schrieb und dem Gross zu lesen gab. Sie sind nicht verstehbar, ohne Kenntnis ihrer Ideen überhaupt, nur so auch sehr schwer, weil es eben nur Gesprächsstücke sind und Antworten auf früher von Gross Gesprochenes. Es wird wenig sein, aber einiges doch genug, um ein scharfes Charakterbild von Sophie zu geben. Ich will das Wenige in einer verstehbaren Ordnung Ihnen zusenden. [...]
Ich schrieb dies Ihnen zum Teile rein Ihretwegen und Sophies willen. Nur denn aus einem eingangs erwähnten praktischen Grunde. Dr. Gross hat gegen ein Blatt (den Redakteur), das einen verleumderischen Artikel über ihn im Zusammenhange mit Sophies Tod veröffentlichte, Strafklage gestellt. Der Redakteur ist ein unverantwortlicher Sensationsmacher und er hat in seinem Artikel hauptsächlich auf ein sexuelles Verhältnis zwischen Sophie und Gross hingewiesen. Bei der Grobheit der Verleumdungen ist die Verurteilung des Beklagten sicher. Aber Sie werden ganz verstehen, dass wir jedem Sensationsprozess ausweichen wollen, wie denn auch die Klage nur in der äussersten Notwehr gestellt wurde. Aber unter keinen Umständen kann auf eine Genugtuung verzichtet werden. Um die Art des Prozesses bestimmen zu können, möchte ich gerne wissen, ob Sie eine rein passive Stellung einnehmen wollen, oder eventuell solche Erklärungen abgeben wollen, die alle Zweideutigkeiten zu Ungunsten Dr. Gross ausschalten.
Es ist Dr. Gross intensivster Wunsch, dass eine Hineinbeziehung

Sophies in das Beweisverfahren vermieden werde, da es gar nicht zu verhindern wäre, dass sie in wüste, widerwärtige Besprechung durch die Zeitungen käme, und sensationell behandelt würde.
Bitte teilen Sie uns sehr bald Ihren präzisen Standpunkt mit. Dazu würde gehören, dass Sie keine Fragen, die eventuell von dem Prozessgegner insgeheim versucht werden könnten, beantworten, und dies auf die Fragen der Staatsanwaltschaft nur Enrico Poncini, des Advokaten von Gross, einschränken. Ich vermute so, dass viele Verleumdungen nur durch die Ausbeutung der Indiskretion des am Grabe sprechenden Pfarrers möglich waren.
Die Beantwortung der andern Fragen [*] in ihrem letzten Briefe verschiebe ich auf einen zweiten Brief. In der Hoffnung auf Ihre baldige Antwort grüsse ich Sie bestens.
Ihr Ernst Frick.[794]

Emilie notiert nach Erhalt des Briefes ihre Anmerkungen am Rand: „[*] Die letzten Reden Sofies? Die Beantwortung dieser Frage wird ein ungünstiges Licht auf Groß und Frick werfen können, deshalb soll ich zuerst meine Erklärung abgeben. Ich würde gar nicht antworten, wenn mir nicht eins daran läge, die letzten Worte Sofies, die ich in Ascona nicht erfahren konnte, zu hören."[795]

„Die Künstlerin hätte es verdient"

Schon bald nach Sofies Tod ist Emilie bemüht, sie nicht vergessen zu lassen. Sie besitzt Zeichnungen ihrer Schwester, die sie veröffentlichen möchte. Sie wendet sich an die illustrierte Zeitschrift *Licht und Schatten*. Der Untertitel *Monatsschrift für Schwarz-Weiß-Kunst und Dichtung* ist Programm. Thomas und Heinrich Mann, Hermann Hesse, Stefan Zweig und Christian Morgenstein publizieren hier. Alfred Kubin, Käthe Kollwitz, Carl Spitzweg, Max Liebermann und Lyonel Feininger tragen Illustrationen bei.

Doch in einem persönlich gehaltenen Schreiben bedauert die Redaktion, dass sie Sofies Zeichnungen nicht verwenden kann.

> Sehr geehrtes Fräulein!
> Es tut uns sehr leid, dass Sie sich mit der Einsendung von Arbeiten Ihrer verstorbenen Schwester vergebliche Mühe gemacht haben, allein, wie Sie selber vermuten, würde in der Reproduktion das Beste

---
794 Brief Ernst Frick an EB, 23.04.1911. Privatarchiv P.B.
795 Auf der Rückseite steht: „am 3. Mai geantwortet". (Anm. P.B.: Emilie schreibt am 30.04.1911 eine Antwort im Konzept – siehe unten – und schickt diese am 3. Mai ab.)

an den teilweise doch sehr zart gehaltenen Zeichnungen verloren gehen, was weder in Ihrem noch in unserem Interesse liegt. Auch von dem Guitarrenspieler, welcher noch am ehesten geeignet wäre, trotz des etwas derangierten Zustandes, müssen wir absehen, da wir schon zu viel Derartiges in dem bereits vorhandenen Material besitzen. Es ist sehr schade, dass die Auswahl so sehr klein ist und wir momentan allzusehr gebunden sind; die ausserordentlich talentvolle, sehr energische Art der Künstlerin hätte es verdient, in weiteren Kreisen bekannt zu werden.
In vorzüglicher Hochachtung, Redaktion von „Licht und Schatten", Dr. Eggert.[796]

Diese Absage ist bedauerlich, denn wären die Zeichnungen publiziert worden, gäbe es heute noch Beispiele von Sofies Kunst.

„Vielleicht war es ein Irrtum von Ihnen"

Am 30. April schreibt Emilie Benz eine Antwort auf Ernst Fricks Brief vom 23. April. Am Herzen liegen ihr die Persönlichkeit Sofies, die schädlichen Einwirkungen von Otto Gross und mögliche Aussagen in einem Prozess. Allerdings ist in den Folgejahren nichts von einem Prozess bekannt, so dass dieser offensichtlich nie stattfindet. Rechtsanwalt Enrico Poncini ist als Anwalt von Otto Gross damit befasst. Emilie Benz schreibt ihren Brief an Frick zunächst als Konzept, so dass der Inhalt überliefert ist.

> Sehr geehrter Herr,
> ich danke Ihnen bestens für Ihre Zeilen. Mit ganz besonderem Interesse las ich von der Arbeit von Dr. Groß, „Monographie Sophies", – und es ist so, daß solche mir ganz besonders wertvoll sein wird, weil ich wenig von Sofies Leben und Denken der letzten Jahre und von Dr. Gross` Anschauungen weiß. Wohl habe ich das Gefühl, daß hohe Worte in Ihren gemeinsamen Bestrebungen enthalten seien. Wenn aber Fragen, die den Prozeß beträfen, an mich gerichtet würden, so wäre das von einem engern Standpunkt aus, und bei der Beantwortung wäre möglicherweise Bedingung, sich erst diesen engeren zu stellen. Und diesen kennen Sie.
> Sie schrieben: „Ich halte dafür, daß es ein immerwiederkehrender

---
796 Redaktion „Licht und Schatten", München, 26.04.1911. Privatarchiv P.B.

Irrtum Sofies war: die Überschätzung der Lebenskraft der Mittelmäßigkeit und ihren Beziehungen zu dieser."
Ich möchte, wenn ich den Satz recht verstehe, erwidern: vielleicht war es ein Irrtum von <u>Ihnen</u>, diese Schätzung bei Sofie total ändern zu wollen, und Ihre Bemühungen haben Sofie einen Teil ihrer Nervenkraft gekostet. * [Einschub]: ob Ihre Wertung, Ihre Scheidung von mittelmäßig – höherem so wichtig ist?
Es ist wahr, daß ich Sofie in den letzten Jahren sehr wenig gekannt habe, aber ich bin ihr nahe gestanden bis zu der Zeit, als sie Dr. Gross näher trat; ich bin von der großen Macht seiner Suggestion überzeugt (die sich bei Sofie sogar in einem Ähnlichwerden von Handschrift und Stil aussprach) und ich weiß, daß ihre Lebensweise von da ab, als sie Dr. Gross näher getreten, eine absolut die körperliche Gesundheit ruinierende war. – Ein Psychiater weiß, daß einem Menschen, dessen Nerven so zerrüttet sind wie die Sofies in den letzten Jahren, ganz besonders nach ihr[er] Krankheit, die <u>ausschließliche</u>, intensive Beschäftigung mit den innern Vorgängen, diese aufreibenden Untersuchungen <u>Gift</u> sind. –
Ich fühle nun zwar, daß Sie mir antworten wollen (mit Gross), daß Ihre Bestrebungen zu ernst und groß waren, um an solche Diät zu denken, und ich könnte das einigermaßen verstehen, wie ich mich überhaupt bemühe, den größern Standpunkt zu finden, <u>von welchem aus es ganz besonders bedauerlich ist</u>, daß in einem Prozeß die Namen derer mißbraucht werden, deren Bestrebungen unmöglich von dem Durchschnitt verstanden werden können.
Ich sollte mich nun, schreiben Sie, „auf den engern Standpunkt stellen der Angehörigen von Dr. Groß, der einmal das war, was man für gewöhnlich gesund nennt, ein Mensch von glänzenden Qualitäten, als Sofie ihn kennen lernte …" – Wohl drängte sich mir zuweilen das Bild auf, wie die Lebensströme zweier außergewöhnlicher Menschen sich vereinigen, durch welche Vereinigung eine lebenruinierende Kraft erzeugt wird, wie also die <u>beiderseitigen</u> Einflüsse die Catastrophe heraufbeschwören. – Wenn ich aber an die Lebensweise von Dr. Groß denke, die den Geist zerrütten mußte, die er führte, schon <u>ehe</u> er Sofie kennen lernte, so meine ich, das Bild sei kein Zutreffendes. Sofie sagte mir 1906, als sie Dr. Gross erst kurz kannte und mit großer Wertschätzung von ihm sprach, daß er früher Morphinist gewesen sei, er habe es nur ihr gesagt, es sollte nicht davon gesprochen werden, weil seine Achtung als Arzt darunter leiden könnte . . . . , mit großer Willenskraft habe er sich frei gemacht. – <u>Um</u> nachher zu

andern Giften zu greifen . . . .
Aus solchen Erwägungen heraus müßte ich ehrlicherweise den Prozeß betreffende Fragen beantworten. Weil es mir aber <u>sehr schmerzlich</u> wäre, Sie und Herrn Dr. Gross, die meine Schwester sehr geliebt und verehrt haben, zu kränken, so wünschte ich <u>dringend</u>, solche Fragen an mich möchten unterbleiben, von welcher Seite es auch sei. Sollte das nicht sein, so wünschte ich, die Fragen wären so gestellt, daß mir ein Versagen der Antwort möglich wäre oder das Erteilen einer solchen, die alle Zweideutigkeiten zu Ungunsten Dr. Gross` ausschalten. Das muß genügen. Sie wünschen meine Antwort präziser, aber ich kann nicht von <u>Ihrem</u> Standpunkt aus antworten.
Indessen hoffend, daß ich überhaupt nicht weiter gefragt werde, grüße ich Sie bestens.
Ihre Emilie Benz.[797]

2. Mai: Ich sende diesen Brief <u>nicht</u> ab, und würde überhaupt nicht schreiben, wenn mir <u>nicht</u> viel daran gelegen wär, meine Frage: Sofies letzte Worte betreffend, beantwortet zu bekommen. So aber muß ich schreiben und werde es ungefähr so tun.

Emilie gibt Ernst Frick mit ihrem Brief klar zu verstehen, dass ihr seine verbalen Spitzen nicht entgangen sind und kontert mit „vielleicht war es ein Irrtum von <u>Ihnen</u>". Ihre Antwort ist eine Verteidigung Sofies; in den Mittelpunkt stellt sie das gesundheitsschädigende Zusammenleben mit Otto Gross. Sie geht auf die „Mittelmäßigkeit" der Gesellschaft ein und benutzt den gleichen Begriff, als sie zu bedenken gibt, ob in einem Prozess die Ideen der Beteiligten – Gross und Sofie – „von dem Durchschnitt verstanden werden können."

Brief von Emilie an Prof. Hans Gross

Emilie muss sich mit vielerlei Fragen befassen. Der Prozess von Professor Hans Gross gegen die Zeitung bereitet ihr große Sorgen. Am 2. Mai schreibt sie einen Brief an ihn. Einzelne Passagen des Schriftstücks wurden bereits an entsprechenden Stellen des Buches – so auch auf Seite 322 – zitiert. Hier ist der Brief als Ganzes zu lesen:

Hochgeehrter Herr,
Schon gleich nach Sofies Tod hatte ich als Schwester Sofies ein großes Verlangen, mit einigen Zeilen mich Ihnen zu nähern, wissend,

---
797 Brief (Konzept) EB an Ernst Frick, 30.04.1911. Privatarchiv P.B.

daß Sie innigen Anteil an dem Geschick Sofies nehmen würden, das so sehr verwachsen war mit dem Geschick Ihres Sohnes, den ich in Ascona in der traurigsten Verfassung gesehen und gesprochen habe. Das Schreiben ist indessen nicht zustande gekommen.
Nun erhielt ich einen Brief von Herrn Frick aus Ascona, in welchem Herr Frick wiederholt, was er schon früher ausgesprochen hat, „daß Sofies Geschick von früher her bestimmt sei" und in welchem er sagt: „Wenn Sie nicht ihr Leben und ihren Tod vom Gesichtspunkte menschlichen Geschehens aus betrachten wollen, dann stellen Sie sich doch einmal auf den engeren Standpunt der Angehörigen von Dr. Groß. Er war einmal das, was man für gewöhnlich gesund nennt, ein Mensch von glänzenden Qualitäten, als Sofie ihn kennen lernte . . . . Heute, mit dem Tode Sofies, ist auch Dr. Groß dem Untergang nahe ..." und weiter schreibt Frick: „Bitte, teilen Sie mir sehr bald Ihren präzisen Standpunkt mit. Dazu würde gehören, daß Sie keine Fragen, die eventuell von dem Prozeßgegner insgeheim versucht werden könnten, beantworten und dies auf die Fragen der Staatsanwaltschaft und Enrico Poncinis, des Advocaten von Groß einschränken."
Dieses Schreiben Herrn Fricks erweckt in mir mancherlei Widersprüche, und während ich ihm den Brief schrieb (den ich übrigens, wie ich eben überlege, vielleicht nicht abschicken werde) dessen Abschrift ich beilege, wuchs in mir der Wunsch, auch Ihnen, hochgeehrter Herr, meinen Standpunkt darzutun, wiewohl ich weiß, daß ich das nur sehr mangelhaft werde tun können, und weiß, daß es unmöglich ist, alle wunderbaren Zusammenhänge zu ergründen. Die Ideen Herrn Dr. Groß's sind mir im Wesentlichen fremd; so sehr ich von dem Ernst seiner Bestrebungen einesteils überzeugt bin, so drängen sich mir doch andrerseits alle möglichen Bedenken auf; meine Schilderungen werden etwas einseitiges bekommen, das indessen, meine ich, doch gesagt werden muß.
Herr Frick sagte mir in Ascona: „Die Macht seiner Suggestion war früher fabelhaft." Das glaube ich und habe an meiner Schwester den treffendsten Beweis.
[*Anmerkung: Hier folgt der Teil des Briefes, in dem sie einen Abend im Jahr 1908 in Sofies Zimmer schildert, siehe Kapitel „Ein Rettungsversuch und ein Theaterstück".*]
Sofie war besonders tief erschüttert durch persönliche Erlebnisse, als sie im Jahr 1906 Dr. Groß kennen lernte; sie hoffte auf Fragen, die sie zur Zeit am Allerlebhaftesten beschäftigten, von ihm Aufklärung

zu erhalten, ihn als tüchtigen Psychiater zu erkennen meinend. Das war's, was sie anfänglich so sehr anzog. Dann kam auch die Schätzung als Mensch dazu, und in ihrem jugendlichen Eifer konnte sie nicht klar unterscheiden, was gut und was schädlich war.

Was andrerseits Dr. Groß zu Sofie zog, das war ihre Reinheit und ihre Gesundheit. Wie er aber alle Menschen mehr oder weniger krank fand, so mußte er auch bald in Sofie starke Krankheitskeime entdecken. Ihre Schweigsamkeit (unser Vater war ebenfalls sehr schweigsam) war ihm Krankheits-Symptom. Ursache waren ihm Conflikte in der Jugend; durch Untersuchungen nach Freud'scher Methode (der alle Conflikte sexuell zu erklären wußte) sollten diese aufgedeckt werden.

Solche Untersuchungen waren furchtbar aufreibend (ich weiß von einer Bekannten, die solche von einem Freudanhänger – auf Freuds grobsinnlichem Standpunkt stehend – über sich ergehn lassen mußte und die zu Grunde gegangen wäre, wenn sie sich nicht mit Energie losgerissen hätte). Der Zwiespalt, den Sofie empfand zwischen sich und ihren Angehörigen wurde erweitert; die Suggestion, sie habe eine freudlose, unglückliche Jugend gehabt, war erfolgreich. – Es ist aber gewiß für alle, die Sofie in ihrer Jugend kannten, daß sie ein glückliches, heiteres, gesundes Kind war! Ihr Lachen war köstlich. Unser Vater hatte sich oft an ihrer Frische gefreut. Unser Vater war ein sehr guter Mensch, ein ernster Denker und großer Schweiger. Er ist im Jahr 1907 gestorben.

Unsere Mutter, die ihr Leben lang in kleinen Städtchen gewohnt hat, ist eine ziemlich kleinliche Frau, voll Güte und Sorglichkeit für die Kinder. Sofies Leben der letzten Jahre (nach dem Tod unseres Vaters) hat ihr viel schlaflose Nächte gemacht; sie konnte, Sofies Ideen so fernstehend, in ihren sorglichen Briefen unmöglich den Ton finden, mit dem sie Sofie hätte wohltun können. Mit Sofies Briefen wurden dann auch die ihrigen seltener.

So stand es schon 1908, als ich den vorhin geschilderten Abend mit Sofie verbrachte. Und seit diesem Frühjahr 08, als Sofie schon lange nicht mehr der kräftige Mensch war, wuchsen die Aufregungen in ihrem Leben. Sie hat fast nur mit Dr. Groß und durch ihn mit kranken Menschen verkehrt. Dr. Groß's einziges Thema mit Sofie beruhte auf dem Nachspüren innerster Vorgänge, dabei fortwährendes Rauchen; in geschwächtem Zustand hat sie mit Dr. Groß Tobsuchtsanfälle Schwerkranker miterlebt (als ich im Februar 1910 – das letzte Mal – kurz in München bei ihr war, hat sie mir von

diesen Dresdner Erlebnissen erzählt.) –
Bis die ihr suggerierte eigne Krankheit Sommer 1910 endlich zum Ausbruch kommen mußte! – Auch nach dieser Krankheit wurden diese Untersuchungen und Unterredungen fortgesetzt. Und nach ernsten Tagen, die mit solchen Untersuchungen ausgefüllt waren, hat Sofie ihren Begleiter gebeten: Gib mit Cokain für den Zahn, (sie habe Zahnschmerzen), und er reichte ihr eine ganze Schachtel. Dieser letztere Umstand ist es wohl, der ein Blatt zu häßlichen Verdächtigungen veranlaßt hat, welche die Ursache eines Prozesses geworden sind.
Herr Dr. Groß sagte mir in Ascona, daß er Sofie von der Lotte erzählt habe (ihren Fall ihr analysiert habe), deren Vergiftung er hätte verhindern können, wenn er nicht überzeugt gewesen wäre, daß es für sie keine Lebensmöglichkeit mehr gäbe! – Und als Sofie das Glas getrunken hatte, habe sie gesagt: ‚nun ist es wie bei Lotte'.
Neben Münchner Erfahrungen, bis jetzt ferner Stehendes, die zur Sprache kommen könnten, wäre es nicht sehr zu verwundern, wenn auch der letztere Umstand zu Mißverständnissen Anlaß geben würde und etwa als intellektuelle Anstiftung oder ich weiß nicht wie sonst der juristische Ausdruck lautet – gedacht werden könnte!
Aus solchen Erwägungen heraus drängt sich mir auf, womit dem Wunsch Ausdruck gegeben, der Prozeß möge rasch zu Ende geführt werden, denn es wäre mir sehr schmerzlich, wenn ein geliebter Name in den Zeitungen herumgezogen würde.
Ich war zuerst erfreut, als ich in dem Brief Herrn Fricks von der Arbeit Herrn Dr. Groß` Monographie Sophie las. Aber wenn ich darüber nachdenke, vermute ich aus dieser Feder nur einen Nachweis, daß Sofie von Haus aus krank war.
Mein Gefühl wird sich furchtbar dagegen auflehnen, auch von dem Standpunkt aus, von dem ich die Ereignisse als tragisches, großes Geschehen, nicht als jemandes Schuld erblicke und bloß ein Familienunglück.
Ich wollte mit Umstehendem nicht allein versuchen schwach anzudeuten, wie ich mir die allmähliche Entwicklung der Krankheit Sofies denke, mir wohl bewußt, daß da noch viele Einflüsse sein mögen, von denen ich keine Ahnung habe; ich wollte auch andeuten, wie gefährlich es sein könnte, einen Prozeß in die Länge zu ziehen, der diejenigen, die über Dr. Gross` Wirken ein hartes Urteil fällen, aufmerksam machen könnte. Denn ob dieses Urteil mit Recht oder Unrecht, so würde doch der Prozeß erweitert und das Gefühl der Nächststehenden vielfach schwer verletzt werden.
Sollten Sie die Güte haben, mir auf diesen Brief antworten zu wollen, so werde ich Ihnen für jedes Wort dankbar sein, das zur Klärung

meiner Ansichten beitragen könnte.
Ich bin mit dem Wunsch, die Gesundheit Ihres Herrn Sohnes möge sich zum besten wenden, mit vorzüglicher Hochachtung,
Ihre und Ihrer Frau Gemahlin ganz ergebenste[798]

Eine mögliche Antwort auf diesen Brief Emilies ist nicht im Nachlass erhalten.

Die letzten Worte

Für Angehörige sind „letzte Worte" wichtig. Mit den letzten Worten drückt der Mensch aus, was er im Angesicht seines Todes der Nachwelt hinterlässt. Vor einem natürlichen Tod, der bei Bewusstsein erlebt wird, können letzte Worte wohldurchdacht sein und eine Botschaft an Angehörige oder ein Resümee des Lebens enthalten. Auch bei einem plötzlichen Tod sind die zuvor gesprochenen Worte für die Familie bedeutsam. Beim Suizid eines Menschen haben die letzten Worte – oft in einem Abschiedsbrief formuliert – eine ganz besondere Bedeutung, hoffen doch die Angehörigen, daraus das Motiv zu erkennen.

Emilie ringt darum, die letzten Worte Sofies zu erfahren. Sie hat viele Fragen; sie zweifelt, aber sie verzweifelt nicht. Was waren die Gründe für Sofies Suizid? Sofies letzte Worte? Sie weiß: Ernst Frick ist wichtig für sie. Er gefällt ihr nicht, sie misstraut ihm, sie sieht ihn als Handlanger von Otto Gross und bittet Anna Haag um Auskunft über Ernst Frick. Zwar würde sie gern die Korrespondenz mit Frick beenden, doch ist er der Einzige, der ihr Sofies letzte Worte mitteilen kann. Sie notiert: „[...] und würde überhaupt nicht schreiben, wenn mir nicht viel daran gelegen wär, meine Frage: Sofies letzte Worte betreffend, beantwortet zu bekommen."[799]

Im Laufe der Wochen nach Sofies Tod ergibt sich ein Briefwechsel mit Ernst Frick. Es sind nicht alle Briefe erhalten, aber einer, der Emilie hilft, sich ein Bild von Sofies letzten Stunden zu machen. Ohne Ortsangabe und Datum schreibt Ernst Frick, vermutlich Anfang Mai 1911. (Ein Teil des Briefes wurde bereits zuvor zitiert.)

Verehrtes Fräulein!
Es ist für mich schwer auf die, Sie besonders interessanten Fragen Ihres vorletzten Briefes eine Antwort zu geben. Ich denke, dass Sie nach einem Verstehen für Sophie suchen. Und gerade das ist in ihren letzten Stunden nicht zu finden. Man muss sich einfach an die Tatsache ihres Todes halten.

---
798 Brief (Konzept) EB an Prof. Hans Gross, o.D. [02.05.1911]. Privatarchiv P.B..
799 Brief (Konzept) EB an Ernst Frick, 30.04.1911. Privatarchiv P.B.

Aus den Nebenumständen ihres Sterbens erfährt man nichts, was man nicht an ihr in ihrem jungen Leben gekannt hätte. Mit der ihr eigenen einfachen Grösse in der sie lebte, starb sie auch. Unbeirrbar hat sie das Leben auf die Probe gestellt. Hier muss man sie sehen, um zu erkennen, wie sie eigentlich nicht starb, sondern in letzter Consequenz den Tod versuchte.

Sie hätte wieder leben können, und es wäre für sie und uns begreiflich gewesen. So unbegreiflich es wäre, wenn sie sich in ihrer Lebenskraft und ihrem Wollen eingeschränkt hätte wegen Gefahren und unerbittlichen Consequenzen. Es wäre darum wichtiger über ihr Leben zu schreiben, als über ihren Tod. Und dafür hoffe ich, dass die Arbeit von Gross, die ich im letzten Briefe erwähnte, bald zugänglich sein werde.

Sophie verhielt sich so wie ein Mensch, der etwas tat, was er weder für gut noch böse hält; für notwendig, aber auch für abänderlich.

Ich sah Sophie in der letzten Stunde ihres Bewusstseins wieder, nach ein paar Tagen Abwesenheit. Und da hatte ich zuerst Mühe an den Ernst von etwas Absolutem zu glauben. Es war, wie wenn der Tod für sie keine Realität gewesen wäre. Wie sie mit einer ihr gewohnten Geste ruhig das Gift nahm, so sagte sie gleich nachher zu Gross, dass, wenn es wieder gut werde, man zu einem endgültigen Verstehen der Kindheit vordringen müsse. Dann kam sie in absoluter Ruhe in mein Haus und grüsste mich ruhig.

Sie war mit allem einverstanden, was man zu ihrer Rettung tat, aber von sich aus tat sie nichts dazu. Für mich war nicht die Zeit mit ihr zu reden. Der Grossteil verging mit den Anordnungen zur Ueberführung in's Hospital.

Die letzten herausfallenden Worte waren, „Verzeih mir, dass ich das getan habe" – Das sagte sie zu Gross. Dann in ein paar Minuten des Irreseins redete sie hochdeutsch, wesentlich nur die Bitte, keine so lauten Geräusche zu machen. Etwa drei viertel Stunden, nachdem sie das Gift genommen, verlor sie jedes Bewusstsein und nach den ersten ärztlichen Bemühungen, nach etwa zwei Stunden, war sie in einem Zustand völliger Leblosigkeit, bis zu ihrem Tode nach 28 Stunden. Das ist fast alles, was zu sagen ist.

Ich hätte Ihnen gerne etwas von dem Vorgefundenen von Sophies Geschriebenem mit diesem Briefe mitgesandt. Aber es hätte für Sie gar keinen Wert ohne lange Commentare, weil alles aus ihrer Krankheitszeit ist und sehr persönlich gehalten. Wenn eine umfassende Beschreibung von Sophies Ideen da ist, wird manches zu verstehen sein. Das einzig Verständliche lege ich in einer Abschrift bei.

Ich will Sie noch fragen, ob Sie Bestimmungen über das Grab von Sophie getroffen haben, oder ob Sie das ev. uns überlassen wollen.

Ich bitte Sie sehr, verehrtes Fräulein, mir ein Bild von Sophie zu senden, so bald Ihnen eines zur Verfügung steht. Und ich bin sehr froh über alles Schriftliche, das Sie mir noch senden können.
Mit den besten Grüssen, Ihr Ernst Frick.[800]

Ernst Frick teilt Emilie die letzten Worten Sofies mit. Endlich! „Verzeih mir, dass ich das getan habe." Darüber hinaus kann Frick Emilie weder Erklärungen noch Trost geben. Sich „an die Tatsache des Todes halten" wird sie nicht befriedigen. Frick hebt Sofies Suizid auf eine metaphysische Ebene und überträgt ihr zugleich die Eigenverantwortung für ihr Handeln. Nach Sätzen, die mehr verbergen als erklären, kommt er zu dem Rat, „wichtiger über ihr Leben zu schreiben, als über ihren Tod". Wiederum erwähnt Frick die Arbeit von Gross, die bald fertig sein soll. Hier fügt Emilie später einen Kommentar ein: „Diese scheint nie fertig geworden zu sein."

Otto Gross äußert sich erst 1913 in der Anstalt Tulln zu den „letzten Worten" Sofies. „Ich weiss aus ihren letzten Worten, dass sie in jenen Tagen ihren Zustand, und was die Zukunft ihr bereiten könnte, klar begriffen hat."[801] Falls die Gutachter nach diesen „letzten Worten" gefragt haben, aufgeschrieben wurden sie nicht. Und Emilie hätte dieses Gutachten auch nie zu sehen bekommen.

Sofies Texte verschwinden

Was erfährt Emilie Neues über ihre Schwester, was wird sie erstaunen? Sicher ist es die Tatsache, dass Sofie Schriftstücke mit eigenen Gedanken verfasst hat. Leider ist – bis auf das im Brief angesprochene „einzig Verständliche" – nichts überliefert. So kann nur ein einziger Text – ohne Datum und Erklärungen – von Sofies Ideen sprechen. Er trägt die Überschrift „aus einem Bruchstücke" und ist von Ernst Fricks Hand kopiert. Alles Weitere hat er an sich genommen mit der Unterstellung, Emilie würde Sofies Texte nicht verstehen. „Ich hätte Ihnen gerne etwas von dem Vorgefundenen von Sophies Geschriebenem mit diesem Briefe mitgegeben. Aber es hätte für Sie gar keinen Wert ohne lange Commentare [...]."

Emilie wird angesichts dieser eigenmächtigen Entscheidung höchst verärgert sein. Dass sie den Inhalt nicht verstehe, dass die Texte „sehr persönlich gehalten" sind, könnte ein Vorwand sein, um unliebsame Gedanken Sofies zurückzuhalten. Da Emilie in einer Gerichtsverhandlung zugunsten Otto Gross' aussagen soll, hätte sie eventuell nach Einblick in die Papiere ihre Meinung än-

---

800 Brief Ernst Frick an EB, o.D. [Mai 1911]. Privatarchiv P.B.
801 Josef Berze, Dominik Stelzer, S. 27.

dern wollen. So dienen die fehlenden Dokumente eventuell auch dem Schutz von Otto Gross.

Rechtlich gesehen gehören die Texte, die Ernst Frick Sofies Koffer in Ascona entnimmt, den Erben, unabhängig davon, ob jemand den Inhalt intellektuell verstehen kann. Persönliche Gedanken Sofies wären Emilie und der Familie wichtig gewesen.

Auch wenn die Rede davon ist, dass Ernst Frick eine unbändige Wut auf Otto Gross hat, so bemüht er sich doch vehement um Sofies Schriftstücke, die Otto Gross für die Monografie brauche. Von den Publikationen, die Gross in der Zeit nach Sofies Tod herausbringt, erscheinen sieben Aufsätze im Jahr 1913 in der Zeitschrift *Die Aktion*, doch kein Aufsatz enthält Themen, die unmittelbar mit Sofie zu tun haben, schon gar nicht mit einer Monografie. Nur Gross` letzte Arbeit ist mit Sofie verbunden, eine Studie in *Drei Aufsätze über den inneren Konflikt,* 1920 erschienen. Dass Emilie davon Kenntnis erhält, ist auszuschließen; zu diesem Teil der Wissenschaft hat sie keinen Zugang.

Bekommt Ernst Frick von Emilie das gewünschte Bild zur Erinnerung an Sofie? Vielleicht ist es Sofies Selbstbildnis, das er 1917 Leonhard Frank in Berlin übergibt. Dieser schreibt in seinem Buch *Links wo das Herz ist*:

> An einem Abend im November 1917 kamen der Schweizer Anarchist [Frick], den Michael [Frank] durch Sophie und Doktor Kreuz [Gross] im Café Stefanie kennengelernt hatte, und der deutsche Schriftsteller Ludwig Rubiner zu Lisa und Michael zum Essen. Der Anarchist gab Michael eine Bleistiftzeichnung: Sophies Selbstporträt, das kurz vor ihrem Untergang entstanden war und schon den Abschied vom Leben im Blick hatte, den Tod.[802]

Im Nachlass von Leonhard Frank befindet sich kein Selbstbildnis von Sofie, das auf Franks Beschreibung hinweist.[803]

Das Fragment über Nietzsche

„Das einzige Verständliche" hat Ernst Frick seinem Brief beigelegt. Der Text setzt sich mit Nietzsches Gedanken auseinander. Der Einfluss von Otto Gross ist unverkennbar; die Wortwahl entspricht mit den Begriffen Überkompensation und Complexbedingung seiner Diktion.

> Aus einem Bruchstücke
> Nitzsche [sic!] hat gelebt, um zu sterben; konnte den Schrei des gelähmten Wissens tun, denn zum Leben hatte er keine Möglichkeit,

---
802 Leonhard Frank, 1976, S. 71.
803 Der materielle Nachlass Leonhard Franks befindet sich im Archiv der Akademie der Künste Berlin sowie im Deutschen Literaturarchiv Marbach. Recherchen haben nichts ergeben.

da er der gelähmteste Mensch war, der Nichtgelehrte – der Mensch, der keine Möglichkeit der Ueberkompensation hatte.
Er hasste das Weib, da er die gleiche Lähmung lebte, den gleichen Krankheitsmechanismus hatte, wie das Weib, aber nicht wissen konnte als Mann den Krankheitszusammenhang, dass der Mann von der Lähmung des Wissens der Frau lebte.
Wir müssen leben, um die letzte Frage zu lösen, ob die Menschheit bestimmt ist, leben zu können, oder zu sterben bestimmt ist – welchen Sinn die Lüge hatte, um zu lösen und zu erkennen, weshalb die Lüge und die Leidensgesellschaft der Ueberkompensation notwendig war, um den Menschen durch`s Leiden und das Nicht verstehen dürfen wenigstens am Leben zu erhalten, um nicht vorher auszusterben, ehe er fähig ist, das All zu sein und das Seiende.
Es muss sich herausstellen, ob der Mensch aus Todesfurcht und Feigheit nicht verstehen durfte, oder da er nicht reif war dazu.
Jeder Mensch, ob wahr oder erlogen, funktionierte dem gleichen Zweck entgegen. Alle negativen Möglichkeiten waren notwendig, um gelebt zu werden, da über jedes schon Gelebte der nächste Wissende hier keinen Zweifel mehr hatte, hier nicht mehr im Unterbewusstsein Möglichkeiten hatte.
Das Gute und das Böse ist notwendig und bedingt und alles verdient Achtung. – Erst wo ich unbewusst und bewusst weiss, darf gewertet werden, also nicht subjektiv nach der Complexbedingung des Einzelnen."[804]

Hier wird angesprochen, was Nietzsche in seinem Kapitel *Vom freien Tode* zur Disposition stellt: „Wer ein Ziel hat und einen Erben, der will den Tod zur rechten Zeit für Ziel und Erben."[805] Oder mit den Worten des Fragments: „Wir müssen leben, um die letzte Frage zu lösen" und „nicht vorher auszusterben, ehe er fähig ist, das All zu sein und das Seiende."[806] Das Erreichen des Lebensziels ist für Nietzsche der ideale Zeitpunkt, das Leben loszulassen.

Schritt für Schritt zum idealen Menschen, so Sofies Gedanke. Auch durch negative Erfahrungen gelange der Mensch auf eine höhere Stufe – „Das Gute und das Böse ist notwendig und bedingt und alles verdient Achtung" –, und erst durch das Böse bekomme das Gute einen Sinn. Glück und Leid, Sterne und Dunkelheit – das sind für Sofie keine Widersprüche, beides verinnerlicht sie.

---

804 Text von SB, o.D. Abschrift von Ernst Frick 1911. Privatarchiv P.B.
805 Friedrich Nietzsche, 2005, S. 54.
806 Beide Zitate aus dem „Fragment".

Der dahinterstehende Grundgedanke ist, einen höher entwickelten Menschentypus zu schaffen, denn das Ziel der Menschheit liegt nicht in der Verbesserung der Qualität des derzeitigen Lebens, sondern im Streben nach einem Idealmenschen. Der „Übermensch" ist somit ein moralisch und ethisch einwandfreier Menschentypus, der ein Wesen verkörpert, das Gott ersetzt und mit einem Herrschaftsanspruch versehen ist.

Otto Gross zwischen Juni und Oktober 1911

Nachdem Otto Gross die Schweizer Anstalt Mendrisio verlassen hat, ist er vom 28. März bis 21. Juni 1911 in der Psychiatrischen Anstalt Steinhof in Wien. Dann reist er Richtung Zürich. Hans Gross ahnt, dass sein Sohn dort wieder „seine Anarchisten" aufsuchen wird, veranlasst daher das Polizeipräsidium in Wien, Otto „steckbrieflich" suchen zu lassen. Zwar interessiert sich der Polizeipräsident in einem Schreiben vom 28. Juni 1911 dafür, ob Otto Gross „tatsächlich in Zürich eingetroffen ist", aber es geht um eine sachliche Information, nicht um ein Ermittlungsverfahren in Sachen Sofie Benz. Das Wiener Polizeipräsidium schreibt an die Züricher Dienststelle:

Euer Hochwohlgeboren!
Dr. Otto Gross [...] befand sich in der Zeit vom 28. März bis zum 21. Juni 1911 zum Zwecke einer Morphiumentziehungskur freiwillig in einem hiesigen Sanatorium in Behandlung und hat sich von hier angeblich nach Zürich begeben. Während der Anstaltspflege äusserte er unter anderem die Absicht, nach seinem Austritte aus der Anstalt eine Zeitschrift für ‚Anarchismus und Psychologie' herauszugeben und in Agitatorenschulen Apostel des Anarchismus heranzubilden.
Ich beehre mich um die Mitteilung zu ersuchen, ob Dr. Gross tatsächlich in Zürich eingetroffen ist. Vor seinem Eintritte in das hiesige Sanatorium war er nach seiner Angabe in Coswegno bei Mendrisis in der Schweiz wohnhaft. Mit ausgezeichneter Hochachtung.[807]

Bei dieser Korrespondenz handelt es sich um einen behördlichen Briefwechsel zwecks Nachforschungen zwischen Ämtern dreier Länder: Österreich, Schweiz und Deutschland. Dass Otto Gross vom Sanatorium Steinhof Ende Juni nach Zürich reist, ist durch Erich Mühsam bekannt. Der hält sich vom 9. Juni bis 3. Juli in Zürich auf und berichtet in seinem Tagebuch:

München, Dienstag, d. 4. Juli 1911.
Reitze hatte mir zu meiner freudigen Überraschung gesagt, daß

---
807 Emanuel Hurwitz, S. 215f. Archivakten Schweiz. Bundesanwaltschaft.

Otto Gross in Zürich sei [...]. – Sofie Benz' Tod frißt furchtbar an dem armen Menschen. Er hat alles verloren mit ihr, was ein Mensch überhaupt verlieren kann und oft sah ich ihn in diesen Tagen um die Geliebte weinen. [...] Sehr lange Gespräche – ich antizipiere hier schon die folgenden Tage – hatte ich mit ihm über Frick. Der hat zuletzt noch mit Sofie Verhältnis gehabt. Er hat dann nach ihrem Tode Gross, der von Schmerz völlig zerrissen war, die Schuld gegeben, und Gross hat infolgedessen eine sehr abweisende Stimmung jetzt gegen Frick.[808]

Dieser Eintrag, vier Monate nach Sofies Tod, zeigt Gross' Trauer um Sofie und seine Spannung mit Frick. Drei Wochen später schreibt Mühsam, dass es schlecht um Otto Gross steht: „R. erzählte mir Trauriges von Otto Gross, der [...] in einen Zustand völligen Wahnsinns verfallen sei. [...] Wir hatten sehr viel über Frick gesprochen und waren zu einer entschiedenen Ablehnung seiner Menschlichkeit gekommen."[809]

Von Zürich reist Otto Gross nach Spiez im Kanton Bern, wo er Johannes Nohl trifft, dann weiter nach Genf und ins Hochsavoyen. Überall trifft er Freunde. Im August 1911 erscheint er „in Gesellschaft von mutmaßlichen Verbrechern, die wegen Diebstahls, Erpressung, Unterschlagung und Brandstiftung gesucht werden [...]."[810] Was vielfach als steckbriefliche Fahndung wegen des Todes von Sofie Benz interpretiert wird, ist eine Maßnahme von Hans Gross, der seinen Sohn unter Kontrolle bringen möchte, in Verbindung mit einer Fahndung nach Kleinkriminellen. Die „Fahndung" wird auf Wunsch von Hans Gross bald zurückgenommen. Im Polizei-Anzeiger heißt es: „[...] ist behufs Versorgung wegen Geisteskrankheit dem Polizeikommando des Kantons Zürich zuzuführen."[811]

Es gibt keine Polizeiakten mit einer faktischen Anklage gegen Otto Gross wegen Sofies Suizid, dennoch wird in der Literatur immer wieder von einer „Mordanklage" gesprochen, so bei Franz Werfel in seinem Roman *Barbara oder die Frömmigkeit*.

[...] erwähnte einen dunklen Punkt, einen Prozeß, der nur mit Rücksicht auf die Stellung des angesehenen Vaters einen glimpflichen Verlauf genommen habe. Es handelte sich dabei um nichts Geringeres als eine Mordanklage. Der junge Arzt, so wurde behauptet, habe einer selbstmordsüchtigen Hysterikerin zu dem gewünschten Gift verholfen.[812]

---

808 Chris Hirte (Hg.): Erich Mühsam: Tagebücher 1910–1924, München 1995, S. 41ff.
809 Erich-Mühsam-Gesellschaft Lübeck: Erich Mühsam: Tagebücher, 29.07.1911. http://www.erich-muehsam.de.
810 Emanuel Hurwitz, S. 216. Schweiz. Polizei-Anzeiger, Jg. 7, Nr. 188, 13.08.1911.
811 Emanuel Hurwitz, S. 216.
812 Franz Werfel, 1929, S. 462.

Hier hat Werfel zwei Fälle miteinander verbunden: den von Sofie und den von Lotte Hattemer, die als „selbstmordsüchtige Hysterikerin" dargestellt wird. Doch auch ihretwegen gab es keine Anklage.

Grabpflege durch Leopoldina Poncini

Wie versprochen, hält Leopoldina Poncini mit Emilie Kontakt und kümmert sich um die Grabpflege. Am 23. Juli schreibt sie Emilie einen Brief, aus dem die rührende Sorge um Sofies Grab spricht.

> Frau Emilie Benz.
> Schon vor einiger Zeit habe ich Ihren Brief gelesen und entnahm daraus Ihren Wunsch, das Grab Ihrer beweinten Schwester Sofie mit Grünem und Blumen zu schmücken. Ich bin nach Locarno gegangen und habe das Grab besucht und ersah, dass es mit der Nummer 177 bezeichnet ist; neben sie wurde ein Jüngling von Locarno gelegt, er ist Maler.
> Nur Erde bedeckt das Grab. Ich habe Wurzeln und grüne Pflanzen gekauft, welche man hier hat: Epheu, Hortensien, Rosen und Nelken; ich weiß aber nicht, ob sie bei dieser Hitze und Trockenheit in Bälde das Grab schön bedecken werden; sobald es mir möglich sein wird, werde ich es wieder besuchen.
> Und Sie, liebes Fräulein, ist es Ihnen gelungen, Ihre gute Mutter davon zu überzeugen, daß es nun Sofie besser hat als früher, es war ihr Wille zur Ruhe zu gehen. Ich hoffe, daß Sie einmal nach Ascona kommen werden, wie Sie schon versprochen haben. Ich bitte Sie die Mutter zu grüßen und empfangen Sie einen Händedruck
>   von ergebenster Leopoldina Poncini.
>   Auch von meinem Sohn Grüße.[813]

Emilie lässt sich ihren Antwortbrief ins Italienische übersetzen, das Konzept ist erhalten.

> Sehr geehrte, liebe Frau P.
> Ich danke Ihnen für Ihr Schreiben vom 23. August [[814]] und für Ihre Mühe bezüglich des Grabes von Sofie. Es ist sicher, dass alles gut

---
813 Brief Leopoldina Poncini an EB, 23.07.1911. Der Brief ist in italienischer Sprache verfasst, auf freien Seiten steht die deutsche Übersetzung. Privatarchiv P.B.
814 „August" ist im Original durchgestrichen, da bemerkt wurde, dass es sich um „Juli" handelt.

laufen wird, wie Sie es verfügen wollten. Bis jetzt hat uns der Gärtner keine Rechnung geschickt. Geben Sie ihm bitte unsere Adresse, damit er sie uns schicken kann.
Den nächsten Herbst und den Winter werde ich in Mainz verbringen, um meiner Berufung zu folgen. Ich habe vor, spätestens zum Todestag unserer geliebten Sofie nach Ascona zu kommen. Sehr herzliche Grüße auch von meiner Mutter. E.B.
Wollten Sie die Güte haben, zum Geburtstag unsrer lieben Sofie diesen beiliegenden Kranz von Wald und Heide ihrer Heimat auf ihr Grab zu legen.

Ihre sehr ergebene E. B.[815]

Mitte Oktober berichtet Leopoldina Poncini, dass sie an Sofies Geburtstag am Grab war. Emilie hat in Leopoldina eine liebenswürdige und Anteil nehmende Verbindung zur verstorbenen Sofie.

[Anrede fehlt] Benz. Ich habe die [Wort fehlt, Karte eingerissen], die den Blumenkranz enthält, erhalten, der auf das Grab der armen Sofia gelegt werden musste. In der Tat am 18. September, zum Andenken an ihren Geburtstag, habe ich mich selbst zum Friedhof begeben, um den traurigen Auftrag zu erfüllen; ich habe das Unkraut beseitigt und eine Rose umgetopft. So viel zu Ihrer Beruhigung.
Mit freundlichen Grüßen. Leopoldina Poncini[816]

Der Maler Ernst Kropp kondoliert

Emilie benachrichtigt auch den Maler Ernst Kropp von Sofies Tod. Ob sie ihm den wahren Hergang mitteilt? Doch muss sie „Ascona" erwähnt haben, denn wie bei Hulda Voigt ist Kropps erster Gedanke, dass Sofies Umgang in Schwabing den Tod mitverschuldet hat. Er kondoliert in einem Brief aus Paris.

Paris, 1. Sept. 1911, rue d`arcueil 2, Villa Carot.
Sehr geehrte Dame,
Ihre Nachricht hat mich in große Trauer und Mitleid versetzt. Es ist unfassbar, daß so ein liebes Kind wie Ihr Fräulein Schwester so jung aus dem Leben scheiden musste. O! das verfluchte Schwabing und Ascona dazu.

---

815 Brief EB an Leopoldina Poncini. o.D. [Juli/August 1911]. Privatarchiv P.B.
816 Karte Leopoldina Poncini an EB, 16.10.1911. Italienische Karte, übersetzt. Privatarchiv P.B.

Es tut mir unendlich leid Ihre Bitte nicht erfüllen zu können, da ich zur Zeit in Paris lebe und meine sämtlichen Platten auf einem Speicher in München sind. Sollte ich diese Platten noch besitzen, so soll es mich freuen, bei meiner nächsten Reise nach München, Ihnen dieselben schicken zu können.
Indem ich nochmals mein tiefes Mitleid und herzlichstes Beileid zum Ausdruck bringe, verbleibe ich mit vorzüglicher Hochachtung
Ernst Kropp[817]

„Das verfluchte Schwabing und Ascona!" Auch Emilie wird so denken, obwohl sie selbst in München studiert hatte. Am 3. September antwortet sie auf Kropps Brief; die Innenseite seines Kondolenzschreibens enthält ihre Antwort im Konzept.[818]

Seien Sie herzlich bedankt für Ihre gütigen Zeilen. Es ist mir immer wohltuend, wenn ich ein warmes Wort über meine liebe, arme Schwester höre. Wenn Sie bei Ihrer nächsten Reise nach München an die Platten denken u. mir diejenige von Sofies Bild finden wollten, so wäre ich ich [sic!] Ihnen sehr dankbar.[819]

Es handelt sich offenbar um das Bild, das Ernst Kropp Ende 1904 von Sofie gemalt bzw. lithografiert hatte und an das Emilie sich erinnert. Sie ist bemüht, die wenigen Bilder, die es von Sofie gibt, zusammenzutragen.

1952 hört Emilie ein weiteres Mal von Kropp. Welche Pläne der Maler hat, ist nicht bekannt, doch Emilie schickt ihm Schriftstücke und Briefe von Sofie und erstellt davon eine Liste.[820] Wieder gibt sie Originaldokumente aus der Hand. Ernst Frick hatte Emilie enttäuscht, von Ernst Kropp bekommt sie die Unterlagen zurück. Doch Weiteres ist zu Kropps Projekt nicht bekannt.

Kondolenz von Leonhard Frank

Sofie Benz stirbt am 3. März 1911; Leonhard Frank – der in Berlin lebt und offensichtlich keinen Kontakt zum Kreis um Otto Gross mehr hat – erfährt von ihrem Tod erst am 3. Oktober. Am nächsten Tag schreibt er einen Kondolenzbrief an Sofies Mutter, der bekundet, dass er die Trennung von Sofie nicht überwunden hat.

---

817 Brief Ernst Kropp an EB, 01.09.1911. Privatarchiv P.B.
818 Emilie hat etliche Briefe im Konzept entworfen, so dass ihre Gedanken erhalten sind. Die abgeschickten Briefe befinden sich beim Empfänger und sind i.d.R. nicht mehr vorhanden bzw. der Einsichtnahme entzogen.
819 Brief (Konzept) EB an Ernst Kropp, 03.09.1911. Privatarchiv P.B.
820 Die Liste ist erhalten. Privatarchiv P.B.

Verehrte Frau,
Gestern Abend habe ich zu meinem tiefsten Leid erfahren, daß Sofie Benz tot ist. Ich bitte Sie so sehr ich kann, mir zu verzeihen, wenn ich Ihnen durch die Erinnerung daran Schmerzen bereite. Wie sehr traurig und unglücklich ich darüber bin und tief erschrocken, vermag ich nicht zu sagen. Sie waren, ich weiß es wohl, nicht einverstanden mit den Beziehungen zwischen Sofie und mir und doch – Sofie lebte heute noch und wir hätten uns durchgerungen und wären glücklich, wären wir nicht getrennt worden durch einen Dritten. Noch im Dezember vergangenen Jahres haben Sofie und ich, nach 2jähriger Trennung uns darüber ausgesprochen. Ich bitte Sie, verehrte Frau, lassen Sie mich die Einzelheiten, die Sie über das furchtbare Unglück kennen, wissen, denn für mich ist noch kein Tag vergangen, an dem ich nicht mit Verehrung und Liebe an Sofie gedacht habe. Und bis zum letzten Tag meines Lebens werde ich das tun.
Seien Sie meines tiefsten Beileids versichert.
Leonhard Frank."[821]

Wäre Sofies Schicksal anders verlaufen, wenn die Familie Benz den jungen Mann so freudig aufgenommen hätte wie die Familie Frank Sofie in Würzburg? Wenige Jahre später schreibt Frank in seinem Roman *Die Räuberbande*: „Ich denke darüber nach, warum eine junge Blüte vom Baume fallen muß, noch bevor sie zur Frucht wird, während eine andere neben ihr zur Frucht reifen darf."[822]

1911 ist Frank in Berlin und arbeitet parallel an der Kunstmappe *Fremde Mädchen am Meer und eine Kreuzigung* (die 1912 erscheint) und an dem Roman *Die Räuberbande,* der 1914 zu einem großen Erfolg wird. Der Übergang von der Malerei zur Schriftstellerei kommt nicht so abrupt, wie er es in seinem autobiografischen Roman schildert, doch Frank verfolgt zielstrebig seine Laufbahn als Schriftsteller. Im November 1918 erhält er aus den Händen von Heinrich Mann den Kleist-Preis, mit dem aufstrebende Dichter gefördert werden. Emil Szittya kommentiert: „Frank war immer ein Sonntagskind. Es gibt wenige deutsche Schriftsteller, denen der Weg in die Literatur so leicht und schnell glückte wie ihm. (Und doch war das Leben manchmal sehr hart mit ihm.)"[823]

---

[821] Brief Leonhard Frank an Sofies Mutter, Emilie Benz (sen.), 04.10.1911. Privatarchiv P.B.
[822] Leonhard Frank, 1975, S. 179.
[823] Emil Szittya: Der Optimist Leonhard Frank. In: floppy myriapoda. Heft 24/25, 9. Jg. Berlin 2014, S. 671.

Leonhard Frank hat eine eigene Version von Sofies Weg in den Tod. Vierzig Jahre später übernimmt er diese in seinem Buch *Links wo das Herz ist*, und so wird sie seitdem in der Literatur zitiert.

> Als er [Gross] den Blick hob und ihr [Sophie] das Morphium hinhielt, entstand, während er fragend nickte, ein unsäglich grauenvolles Lächeln. Da war in ihrem wächsernen Gesicht das letzte Mal der Ausdruck mutiger Bereitschaft und diesmal zugleich grenzenloser Verachtung. Sie nahm das Morphium. Der Doktor eilte mit langen Fluchtschritten aus dem Zimmer. Sophie war eines der ersten Opfer der angewandten Erkenntnisse Sigmund Freuds, der das Gesicht der Welt verändert hat. Sie wurde in Locarno beerdigt. Niemand stand am Grabe. Der Doktor ging bald danach am Kokain zugrunde. Michael erfuhr die Nachricht einige Tage später durch Johannes Wohl im Café Stefanie. Es wurde ihm kalt.[824]

Fast nichts davon entspricht der Wirklichkeit. Weder dass Gross ihr das Morphium „hinhielt", noch dass niemand am Grab stand, noch dass Gross bald zugrunde ging, noch dass Frank die Nachricht kurz danach erhielt, und auch nicht im Café Stefanie … Franks Narrativ ist als persönliche Wahrheit anzusehen; doch beim Vergleich seiner Schilderung mit dem 1915 erschienenen Roman von Franz Jung – *Sophie. Der Kreuzweg der Demut* – fallen Parallelen auf. Frank wird den Roman sowie auch den Autor gekannt haben.

Fremde Mädchen am Meer und eine Kreuzigung

Mit einer Serie von sechs farbigen Lithografien, die in einer Kunstmappe zusammengestellt sind, verarbeitet Leonhard Frank das Ende der Beziehung zu Sofie therapeutisch. „Sein Leid durch Sophie war in den Blättern des Mappenwerks."[825] Das Kreuz ist Franks Symbol: Otto Gross ist Dr. Kreuz in seinem Buch.

Der letzte erhaltene Brief von Leonhard Frank an Emilie vom 2. Oktober 1912 zeigt nicht nur, dass die Schwester mit ihm korrespondiert, sondern auch, wie sehr er mit Sofie innerlich verbunden ist.

> Sehr geehrtes Fräulein Benz!
> Daß ich auf Ihren lieben Brief nicht geantwortet habe, lag daran, daß ich tief in der Arbeit steckte. Ich habe in diesem Jahr meinen Roman geschrieben, und die Mappe fertiggestellt, welche das beiliegende Prospekt zeigt. Bitte verzeihen Sie mein nicht schreiben.

---

824 Leonhard Frank, 1976, S. 42.
825 Leonhard Frank, 1976, S. 40.

Über das Mappenwerk bin ich froh, wenn ich an Sophie denke. Sie kehrt in jedem Bild wieder und meine Freude wäre groß, mein Werk in Ihrem Besitz zu wissen. Ich möchte Ihnen so sehr gern eine Mappe schenken, aber ich bekomme vom Verlag nur zwei, wovon ich eine meiner Mutter geben muß.
Ich sende Ihnen einige Prospekte, vielleicht können Sie mir ein paar Subskripenten werben, wofür ich Ihnen von Herzen dankbar wäre.
In diesem Winter komme ich noch nach Mainz und Köln, da will ich mir erlauben, Sie zu besuchen, auf daß wir einmal uns über alles aussprechen können. Bitte schreiben Sie mir einmal.
Ich grüße Sie herzlich und bin in Ergebenheit
    Ihr Leonhard Frank.[826]

Leonhard Frank wird Schriftsteller mit einem umfangreichen Werk. Er hat seine geistige Leidenschaft gefunden: „Schreiben ist Glück und Qual, und ohne Schreiben – ich weiß nicht, warum ein Mensch lebt, der nicht schreibt."[827]

Es ist nicht bekannt, ob Leonhard Frank Emilie Benz in Mainz trifft und sie sich „über alles" ausgesprochen haben. Der Ellwanger Heimatforschers Rudolf Stöckle besucht Emilie 1965 im Altersheim. Sein Sohn erinnert sich:

Vater hatte also, vermutlich angeregt durch eine Rezension in der Presse, ein Taschenbuch gekauft [*Links wo das Herz ist*] und bei dessen Lektüre festgestellt, dass darin auch eine Ellwanger Bürgerstochter genannt war, allerdings schon längst vergessen. […] und so dauerte es nicht lange, bis er herausfand, dass eine Schwester der sogenannten Sofie Benz noch am Leben war. Fräulein Emilie Benz war damals 92 Jahre alt, als er sie im Altersheim, der St. Anna-Pflege, im November 1965 einige Male besuchte. Sie äußerte immer wieder, wie interessant ihr Franks Buch ‚Links wo das Herz ist' gewesen sei. Aber sie vermag höchst wenig dazu zu ergänzen, bemerkt mein Vater. ‚Gut gekannt, aber nicht geschätzt', stand auf einem Zeitungsausschnitt unter Franks Fotografie. Er habe keinen guten Einfluss auf die jungen Leute ausgeübt. Er sowie Anna Haag seien enge Freunde Sofies gewesen. Sofie sei sehr beliebt gewesen in München, geriet aber in ‚böse Gesellschaft', die sie zugrunde gerichtet habe. Sie trennte sich von ihrer Familie.[828]

---
826 Brief von Leonhard Frank an EB, 02.10.1912. Privatarchiv P.B.
827 Charlotte Frank, Hanns Jobst (Hg.): Leonhard Frank 1982–1961. München 1962, S. 33.
828 Heinrich Stöckle: Sofie Benz. Anmerkungen zur Veröffentlichung meines Vaters Rudolf Stöckle ‚Benzenruhe in Ellwangen und in – Locarno'. Ellwangen, Oktober 2000. S. 2f. Privatarchiv P.B.

„Interessant" findet Emilie Leonhard Franks Buch. Sie wird daraus Informationen über Sofie entnommen haben, die ihr neu waren. Sie hätte durch Leonhard Franks Brille Sofie aus einer anderen Perspektive sehen können. Doch Emilies Bild von Frank, das sie sich mit eigenen Augen bei Aufenthalten in München gemacht hatte, wurde nach der Lektüre des Buches nicht weicher gezeichnet. Er gehörte – in der Erinnerung von 1965 – zu der „bösen Gesellschaft", in die Sofie geraten war.

Michaels Rückkehr und *Das Porträt*

In den 1920er Jahren erlebt Frank die Blüte als Schriftsteller. Es erscheinen *Der Bürger, Das Ochsenfurter Männerquartett, Bruder und Schwester, Karl und Anna,* Kurzgeschichten und Erzählbände. Der Schriftsteller Hans Sahl erinnert sich: „Er sprach langsam, sonor, beinahe etwas stockend. Er war gut gekleidet, von lässiger Eleganz, englische Stoffe, Tweedjacke, ein Herr. – Er liebte den Umgang mit schönen Frauen, er liebte Nachtlokale und saß gern mit klugen Männern bis zum Morgengrauen in einer Bar."[829]

1933 emigriert Leonhard Frank aus Deutschland; Stationen der dramatischen Flucht sind Zürich, London, Paris, Marseille, Spanien und Portugal, bis er 1940 in den USA eintrifft. Nach dem Krieg kehrt er 1950 nach Deutschland zurück, zusammen mit seiner dritten Frau, der Schauspielerin Charlott Frank. 1952 erscheint sein autobiografischer Roman *Links wo das Herz ist*, 1957 die Novelle *Michaels Rückkehr*.

In dieser Novelle tritt die Bildhauerin Sophie auf, die Selbstmord begeht. Sofie Benz lässt ihn nicht los, er ändert nicht einmal den Namen. Frank greift in den Fundus seines Lebens und schreibt von Sofie, wie er sich erinnert: „Sie war ein ernstes Mädchen. Sophie hatte ein ovales Madonnengesicht mit Stupsnase und auch die Gestalt einer primitiven Madonna, dünn und dennoch alles rundlich, dazu seidiges braunes Haar."[830] Sophie (Sofie) kommt in dem Buch eine besondere Rolle zu.

> Sophie studierte seit Jahren an der Kunstakademie und galt nicht nur dort als ungewöhnlich begabt. Außerhalb der Schule hatte sie bisher immer nur den Akt modelliert, den sie am besten kannte – ihren, auch deshalb immer wieder ihren, weil sie sich kein Modellgeld zu bezahlen brauchte, das sie sowieso nicht besaß.[831]

---

829 Ralph Grobmann: Gefühlssozialist im 20. Jahrhundert. Leonhard Frank 1882–1961. Frankfurt/M., 2004, S. 402.
830 Leonhard Frank: Michaels Rückkehr. Berlin 1991, S. 647.
831 Leonhard Frank, 1991, S. 676f.

Frank beschreibt Sophies Todessehnsucht: „Sophies Wesen war mehr dem Tode zugeneigt als dem Leben. […] Der Mann lehnte in der Ecke. […] Sein freundliches Lächeln verging nie. Sophie wußte, daß es der Tod war. […] ‚Zu den Robusten sage ich, das Leben ist nicht wert, es sich zu nehmen. Die Robusten können es tragen. Dich lade ich ein. Es ist hoffnungslos. Komm in den Frieden des Nichts.' […] Sie dachte über den Traum nach. ‚Es wäre das Beste'."[832] In einem Brief an ihre Freundin schreibt Sophie: „‚Wenn jemand mich fragen würde, warum ich mir das Leben nehmen wolle, könnte ich nur antworten – warum nicht? […] Ich war immer nur dünn mit dem Leben verbunden, es gehört nicht viel dazu, fortzugehen'."[833] Dann ging sie ins Wasser.

Der Name „Sophie" lässt Leonhard Frank nicht los. Auch in seiner Novelle *Das Porträt* geht es um eine „Sophie" und zudem um „Doktor Otto", doch diesmal karikiert, wenngleich ohne sie lächerlich zu machen. Doktor Otto ist in der Novelle ein alternder Doktor der Philosophie. „Er hatte sein Leben im Berliner Romanischen Café und in Paris im Café de Dome verbracht und mit unfehlbarer Logik die Gegner geschlagen in nachtlangen Diskussionen, deren Ergebnisse hin und wieder, manchmal erst Jahre später, in philosophischen Zeitschriften erschienen waren unter den Namen seiner Gegner."[834]

Doktor Otto Gross? Viele von Gross` Visionen, die als radikal und von Max Weber als „Kinderwindeln" abgelehnt worden waren, fanden später Eingang in Denken und Publikationen einer neuen Generation von Psychoanalytikern. Wie bei „Doktor Otto" profitierten seine Gegner.

Ein Brief von Ernst Utzinger

Im März 1912 meldet sich Ernst Utzinger aus Zürich erneut mit einem Brief. Er erinnert sich an den beabsichtigten Prozess gegen die *Tessiner Zeitung*, der Emilie so viele Gedanken und schlaflose Nächte bereitet hatte.

> Sehr geehrtes Fräulein!
> Es ist bereits 1 Jahr vergangen, seitdem wir das letzte Mal in der Angelegenheit Ihrer Fräulein Schwester korrespondiert haben. In einem Ihrer Briefe teilten Sie mir noch mit, dass Dr. Gross, Prof. in Graz, Klage gegen den Redaktor [sic!] des Ihnen eingesandten Locarneser Blattes eingeleitet hätte, und dass die Verhandlungen aller Wahrscheinlichkeit nach in den Schweizer Blättern besprochen und verbreitet würden.

---
832 Leonhard Frank, 1991, S. 715.
833 Leonhard Frank, 1991, S. 733.
834 Leonhard Frank: Das Porträt. Eine Berliner Erzählung um 1946. Berlin 1991, S. 607.

Ich habe von Ihnen seither über diese Sache nichts mehr weiter vernommen. Obwohl mich der ganze Sachverhalt interessiert. Ich habe aber auch in der gesamten Schweizerpresse, die für Ihre Sache in Betracht kommen dürfte, niemals etwas Weiteres vernommen, bis ich gestern, Sonntag, durch Zufall in der Museumsgesellschaft in Zürich in einer bekannten Zeitung einige Zeilen las, die für Sie aller Wahrscheinlichkeit nach, Interesse bieten werden. Ich führe Ihnen diese Zeilen im Wortlaut an:
„In Ascona ist der von der Zürcher Polizei gesuchte Anarchist: Ernst Frick von Knonau verhaftet worden. Er war wegen Mordversuch verfolgt."
Ich weiss nun natürlich nach so langer Zeit nicht, ob diese Verhaftung mit der Angelegenheit Ihrer Fräulein Schwester irgendwie Bewandtnis hat, oder in Zusammenhang steht, aber auf alle Fälle wird Ihnen diese Tatsache Anlass zu Bedenken geben.
Es wird mich freuen, von Ihnen gelegentlich über den Stand der Angelegenheit etwas zu vernehmen.
 Mit den besten Grüssen empfehle ich mich Ihnen
 und zeichne, Dr. Utzinger. [835]

Zwar kann Ernst Utzinger nichts zu dem Verleumdungsprozess sagen (der nie geführt wird), doch weiß er von Emilie, dass Frick beim Tod von Sofie eine Rolle spielte. Die jetzige Verhaftung Fricks bezieht sich allerdings auf Vorgänge in den Jahren 1907 und 1908, wo Frick an einem Anschlag auf die Kantonspolizei Zürich zur Befreiung eines inhaftierten russischen Anarchisten beteiligt war und die Entgleisung einer Straßenbahn vorsätzlich herbeigeführt hatte. Frick wird in Ascona festgenommen, nach Zürich überführt und am 25. November 1912 zu einer einjährigen Gefängnisstrafe verurteilt.

„In den Tod getrieben"

Der mit Schreibmaschine verfasste Brief Ernst Utzingers trägt auf der Rückseite als Konzept eine handschriftliche Antwort von Emilie, die zeigt, wie sehr sie noch mit dem Tod ihrer Schwester beschäftigt ist und dass sie sich inzwischen mehr Klarheit über die Person Frick verschafft hat.

[ohne Anrede] Ihre Mitteilung hat mich außerordentlich interessiert. Ich dachte gerade in diesen Tagen daran, Sie zu bitten – falls Sie im Laufe des Jahres von dem Prozeß etwas gehört hätten, mir Mittei-

---
835 Brief Ernst Utzinger an EB, 18.03.1912. Privatarchiv P.B.

lung zu machen, eh ich – wie ich vorhabe – Ende April nach Ascona käme. --- Ich kann mir nicht denken, daß die Verhaftung in direktem Zusammenhang mit dem Tod meiner Schwester stehen könnte. Wenn auch für mich feststeht, daß Groß und Frick mit ihren abnormen Anschauungen und mit der Kraft ihrer Suggestionen sie in den Tod getrieben, und ich bemühe mich immer und immer, über Charakter und Wesen dieser beiden klarer zu werden. Von diesem Gefühl aus, nicht um in der Sache meiner Schwester noch irgend etwas zu tun – ist mir Ihre gütige Mitteilung sehr wertvoll. Frick hat [*ein Wort unleserlich*] Aufzeichnungen meiner lieben Schwester, die ich ihm auf seine Bitte gesandt hatte und um deren Rücksendung ich gebeten hatte, nie zurückgesandt und auch in andrer Weise fühlen lassen, daß sein moralischer Standpunkt ein andrer ist als der im Allgemeinen als wertvoll gilt. Und von einer Bekannten [Haag], die früher in Ascona mit ihr zusammen war, erfuhr ich vor einem halben Jahr, daß er schon vor Jahren eines Bombenattentats wegen polizeilich verfolgt wurde. Ob Groß noch lebt, wüßte ich gern, kann es vielleicht in Ascona erfahren wie auch über den Ausgang des Prozesses etwas hören. Vielleicht darf ich – wenn es der Fall ist, auf dem Rückweg in Zürich, wenn es geht, Ihnen mündliche Mitteilung davon machen. Gern hätte ich schon am Todestag von Sofie ihr Grab gesehen, aber ich war beruflich hier festgehalten, wo ich seit Herbst mich aufhalte, von wo ich aber morgen wieder heim nach Ellwangen fahre. Mit Dank und bestem Gruß."[836]

Emilie erkennt – was sie schon geahnt hatte –, dass Sofie weder Gross noch Frick gewachsen war. Sie fällt ihr Urteil: Gross und Frick haben Sofie in den Tod getrieben. Immer noch versucht sie, sich über die beteiligten Personen ein Bild zu machen. Der lange Brief Otto Gross', den sie in Sofies Nachlass gefunden hat, wird ihr geholfen haben. Emilie ist die Einzige der Familie Benz, die Willen und Kraft hat, sich bis in die 1960er Jahre mit den Umständen von Sofies Tod zu beschäftigen. Besonders bedauert Emilie, dass ihr Frick die Schriften Sofies nicht zurückgesandt hat und fühlt bitter: Sie wurde von ihm ausgenutzt. Emilie hatte Ernst Frick nicht nur zugestanden, Schriften aus Sofies Koffer zu nehmen, sondern ihm auch Papiere aus Sofies Wohnung in München zugeschickt.

„Die Macht seiner Suggestion war früher fabelhaft", hatte Ernst Frick Emilie in einem Gespräch erzählt. Das kann Emilie nur bestätigen. Doch der „wirklich verrückte Kreis" in Schwabing und Gross' Suggestion waren nicht

---

[836] Brief (Konzept) EB an Ernst Utzinger, o.D., [März 1912]. Privatarchiv P.B.

allein verantwortlich für Sofies Schicksal, denn sie war 1907 aus eigenem Antrieb bereit, sich an Otto Gross' Seite zu begeben, in der Hoffnung auf Klärung persönlicher Fragen. Dass Emilie an den guten moralischen Standpunkten von Frick und Gross zweifelt, darin kann sie sich mit Max Weber einig sehen, der 1907 an Else Jaffé geschrieben hatte, er zweifle, dass Gross an „absolute Werte" glaubt.

Ob Otto Gross noch lebt, fragt Emilie 1912. Sie hat keinen Kontakt zu Vater Hans Gross, und aus dem Prozess gegen die *Tessiner Zeitung* ist nichts geworden. Das wird sie erleichtert haben, auch wenn sie der Zeitungsbericht sehr geschmerzt hat.

Drei Karten von Hulda Voigt

Es ist nicht bekannt, ob Emilie Benz Hulda Voigt auf dem Gut Marienhoff nahe der Ostsee besucht hat. Die beiden Frauen wären sich in der gemeinsamen Erinnerung an Sofie nahegekommen. Hulda schreibt 1912 und 1913 drei Karten an Emilie. Die Vorderseiten zeigen jeweils das Gut Marienhoff in unterschiedlichen Jahreszeiten und Perspektiven. Es sind feinste, von Hulda angefertigte Bleistiftzeichnungen.

13.3.1912 (Marienhoff vom Garten aus. H.V. 1911)
Die Hoffnung gebe ich nicht auf, daß dieser Sommer uns so oder so zusammenführt, denn ich möchte sehr gern die Schwester meines kleinen Kameraden kennen lernen. Bis dahin grüße ich Sie, liebes Frl. Benz auf's herzlichste, Ihre H. Voigt.

Emilie kommt in diesem Sommer nicht in den Norden. Die nächste Postkarte – vom „Adligen Gut Marienhoff" – ist vom 29. Dezember 1912.

Fräulein Benz, Ich gebe die Hoffnung nicht auf, daß uns das Leben noch einmal zusammenführt. Vielleicht im kommenden Jahr? Herzlich grüße ich Sie und wünsche Ihnen alles Gute,
        Ihre Hulda Voigt (genannt Voigtchen).

Auch im Dezember 1913 gibt es eine Karte an Emilie vom Gut Marienhoff, diesmal eine feine Zeichnung mit dem Titel „In der Morgensonne".

Liebes Fräulein Benz, mit dem neuen Jahr die neue Hoffnung, daß das Leben uns einmal den Weg zu einander weist.
        Herzlich grüße ich Sie. Ihre Hulda Voigt.[837]

Als eine „etwas backfischmäßig herbe junge Dame"[838] schilderte Helene Voigt-Diederichs ihre Schwester. 1907 war Hulda auf das Gut Marienhoff zu-

---

837 Drei vorstehende Karten von Hulda Voigt an EB. Privatarchiv P.B.
838 Hermann Hesse, Helene Voigt-Diederichs. Zwei Autorenporträts in Briefen. 1897 bis 1900. Hg. von Bernhard Zeller. Düsseldorf 1971, S.122.

rückkehrt und bewirtschaftete es seitdem mit ihrem Bruder. Da blieb wenig Zeit zum künstlerischen Schaffen.

Otto Gross und Franz Jung

Otto Gross befindet sich im Frühjahr 1912 in Florenz und schreibt mehrere Artikel. In einem Brief an Fritz Brupbacher beklagt er sich, dass Gustav Landauer eine Publikation von ihm abgelehnt hat, obwohl der gewußt habe, „wie mich das psychische Trauma, das mich in Ascona getroffen hat, noch viel zu sehr lähmt."[839] So sucht Gross in der Arbeit den Verlust Sofies zu bewältigen. In den vergangenen Jahren hatten ihn vornehmlich die Beziehungen von Mann und Frau, die Sexualität, die Entwicklung der Individualität und die Mutterrechtsgesellschaft beschäftigt, jetzt sieht er seine Aufgabe in der Verbreitung des Anarchismus. Immer noch drehen sich die Gedanken um Sofies und sein Schicksal. Deutlich wird das in einem Tagebucheintrag von Erich Mühsam am 13. September 1912, eineinhalb Jahre nach Sofies Tod.

> Die letzten Tage waren von Otto Gross so stark okkupiert [...]. Was mich aber in Wahrheit so anstrengt und ablenkt, ist die fortwährende Einstellung auf die ungewohnte Terminologie eines Monomanen. Ich muß mich fortwährend in Ausdrücken wie Komplex, Masochismus, Sadismus, Analyse, Verdrängung etc. zurechtfinden, und alle in neuen Bedeutungen angewandt. [...] Und ferner ist mir schrecklich der Haß, den Otto gegen einige Leute hat, und den er fortgesetzt betont und in Beziehung setzt zum Tode Sofie Benz'.[840]

Auf wen bezieht sich Otto Gross` Hass? In diesem Jahr trifft er Margot und Franz Jung. Der Schriftsteller erinnert sich: „Als ich Otto Gross in München kennengelernt habe, war er für das tragische Ende eines Einzelschicksals bereits gezeichnet."[841] Franz Jung studiert Nationalökonomie an der Universität München und schließt sich der Gruppe *Tat*, einer Ortsgruppe von Gustav Landauers *Sozialistischem Bund* mit Oskar Maria Graf, Karl Otten und Erich Mühsam an. Sein erstes literarisches Werk ist *Das Trottelbuch*; es erscheint 1912 und wird ein Erfolg. Der Einfluss von Otto Gross ist in Jungs Schriften überdeutlich. In *Kameraden* (1913) und *Sophie. Der Kreuzweg der Demut* (1915) geht es ihm um ein neues Verständnis der menschlichen Beziehungen. „Franz Jung, der Analytiker mit dem Rasiermesser, der tabula rasa macht [...],"[842] schreibt Karl Otten. Emil Szittya kommentiert im *Kuriositäten-Kabinett*:

---
839 Emanuel Hurwitz, S. 110.
840 Tagebuch Erich Mühsam 13.09.1912. Auf: www.muehsam-tagebuch.de. Abgerufen 28.10.2022.
841 Franz Jung, 2000, S. 68.
842 Bernhard Zeller, Ellen Otten (Hg.): Karl Otten: Werk und Leben. Mainz 1982, S. 175.

Alles, was man bei Leonhard Frank, Hasenclever, Franz Jung über die Psychoanalyse findet, stammt von ihm [Gross]. [...] Der bedeutendste Jünger von Dr. Otto Groß war [...] Franz Jung. [...] Jung forderte in Groß'scher Aufmachung die sexuelle Freiheit. Er behauptete, die Menschen seien nur darum unfrei, weil sie keine sexuelle Freiheit hätten. (Wir werden ja sehen.)[843]

Exkurs: Otto Gross in Tulln und Bad Ischl

Im Februar 1913 begibt sich Otto Gross nach Berlin und wohnt beim Ehepaar Jung. Am 9. November wird „Otto Gross, Anarchist" aus dem preußischen Staatsgebiet ausgewiesen. Als Begründung steht in einem Bericht der Polizeidirektion Wien: „[...] und zwar weniger seines politischen Verhaltens als wegen des Umstandes, daß er bei seiner geistigen Minderwertigkeit den seine ärztliche Hilfe suchenden Patienten leicht hätte gefährlich werden können. [...] Er stand seinerzeit in dem Verdacht, an der Ermordung der Anarchistin Charlotte Hattemer beteiligt gewesen zu sein. Der Vater des Dr. Groß wurde von der Ausweisung seines Sohnes aus Preußen verständigt."[844]

Abschiebung und Verbringung in die Anstalt von Dr. Bonvincini in Tulln bei Wien veranlassen Franz Jung, Erich Mühsam und weitere Freunde zu einer internationalen Pressekampagne mit dem Ziel, Otto Gross aus der Klinik zu befreien. Der Fall sorgt in der Bohème- und Expressionistenszene für erhebliches Aufsehen und löst vielfältige, vor allem literarische Reaktionen aus[845]. Hans Gross sieht sich gedrängt, im *Neuen Wiener Abendblatt* eine Erklärung abzugeben: „Ich als Vater kann nicht mehr schweigen! Ich weiß seit Jahren, daß mein Sohn geisteskrank ist, ich kann nicht zulassen, daß er zugrunde geht."[846]

Die Ärzte Josef Berze und Dominik Klemens Stelzer unterziehen Otto Gross einer Begutachtung. Die Überprüfung seines Geisteszustands verläuft parallel zum Drogenentzug, so dass Entgiftungssymptome seine Aussagen beeinflussen. Gross' Drogenkonsum ist bis zur Ankunft in Tulln erheblich; er be-

---

843 Emil Szittya, 1973, S. 150ff.
844 Brief Polizeidirektion Wien 06.02.1914. In: Christina Jung, Thomas Anz (Hg.): Der Fall Otto Gross. Eine Pressekampagne deutscher Intellektueller im Winter 1913/14. Marburg 2002, S. 146f.
845 Siehe: Christina Jung, Thomas Anz (Hg.), 2002. Dass Otto Gross erst Monate nach der Kampagne aus der Anstalt entlassen wird und er nicht – wie behauptet – vom „Geisteskranken" zum Anstaltsarzt aufrückt, legen Christina Jung und Thomas Anz dar.
846 Hans Gross in: Neues Wiener Abendblatt, 02.03.1914.

gründet seine Situation später mit Sofies Tod. „Das ist durch einen Schicksalsschlag gekommen, der mir den letzten Teil der Willenskraft gebrochen hat."[847]
Befund und Gutachten erstellen Berze und Stelzer am 23.12.1913. Der letzte Satz lautet: „Die Gefertigten erklären sohin, dass der Untersuchte, Herr Dr. Otto Gross, an einer Geistesstörung, welche als Wahnsinn im Sinne des Gesetzes aufzufassen ist, leidet und daher nicht im Stande ist, seine Angelegenheiten selbst zu ordnen."[848] Dem Gutachten ist anzumerken, dass Berze und Stelzer den Gedankengängen Gross` nicht folgen können; seine Visionen sind ihnen Beweise der Geisteskrankheit.

Das Gutachten hat eine Entmündigung und die Übertragung der Kuratel auf den Vater Hans Gross zur Folge. In einem offenen Brief in der Zeitschrift *Die Zukunft* nimmt Otto Gross 1914 zu dem Gutachten[849] sowie zu den Suiziden von „Lotte Chatemmer" und „Sophie Benz" Stellung.

Aufgrund des Gutachtens unternimmt Hans Groß gerichtliche Schritte, seiner Schwiegertochter Frieda – die inzwischen mit Ernst Frick in Ascona lebt –, das Sorgerecht für ihre Kinder zu entziehen, was nicht gelingt.[850]

Anfang Juli 1914 wird Otto Gross als von Drogensucht genesen aus der Anstalt in Tulln entlassen und begibt sich zur Nachbehandlung nach Bad Ischl, wo der Psychoanalytiker Wilhelm Stekel eine Analyse vornimmt. Otto Gross möchte von der Kuratel befreit werden, während er für Stekel ein interessanter Fall zum Publizieren ist. Die Themen *Sadismus und Masochismus* – Titel seines Werkes – liegen Anfang des 20. Jahrhunderts in der Luft. Wilhelm Stekel fühlt sich als Vertreter der neuen Analytiker-Generation. „Ich bin ein Feind mystischer Grübeleien und hasse Konstruktionen, die am grünen Tisch entstanden sind. Für mich sind Wissenschaft und Klarheit identische Begriffe. Wissenschaft ist nicht Phantasiearbeit, sondern Konstatierung von Tatsachen."[851] Stekel, einst glühender Anhänger Freuds, hat sich vom Übervater der Psychoanalytiker gelöst. „Erst in der Distanz von dem gewaltigen Schöpfer der Psychoanalyse konnte ich Falsches von Wahrem trennen […]. Es wurde mir bald klar, daß die Libidotheorie *Freuds* ein Mißgriff war. […] Ich

---

847 Josef Berze, Dominik Stelzer, S. 26.
848 Josef Berze, Dominik Stelzer, S. 36. Das Gutachten ist in vollständiger Länge abgedruckt in Gegner. Monatsschrift, Heft 3, Berlin Dez. 1999/Jan. 2000. Zu lesen ist zudem ein Artikel über die juristische Seite der Entmündigung.
849 Otto Gross: Offener Brief an Maximilian Harden. In: Kurt Kreiler (Hg.), S. 24–26.
850 Eine differenzierte Aufarbeitung dieser Bemühungen ist bei Albrecht Götz von Olenhusen zu lesen: Schwätzer, Maulhelden und Anarchistengesindel, in: Gegner Heft 18, Berlin August 2006, S. 35–46.
851 Wilhelm Stekel, 1925, S. V.

habe schon in einem anderen Werke betont, daß der Zwerg auf den Schultern eines Riesen weiter sieht als der Riese selbst."[852]

Für Wilhelm Stekel ist Dementia praecox (Schizophrenie) die Folge verdrängter Komplexe. Otto Gross versucht in dieser Analyse, die Deutungshoheit zu behalten und wirft Stekel Brocken seines Lebens hin, denen sich der Analytiker nur durch Wertungen entziehen kann; wie z.B. „Nicht gehorchen können ist ja auch die Krankheit unseres Patienten."[853]

Stekel müsste eigentlich mit Otto Gross angeregte Gespräche unter Kollegen führen können, denn auch er hat erkannt: „Die kulturelle Moralheuchelei führt schließlich dazu, daß die Menschen vor sich selber Theater spielen müssen und sich besser fühlen wollen, als sie sind."[854] Doch Stekel mokiert sich über Gross' Idee, die Psychoanalyse zur Staatswissenschaft zu erheben und nimmt Bezug auf den Kollegen, wenn er sagt: „Zur Lebenskunst gehört auch die Fähigkeit, die analytischen Kenntnisse auszuschalten und das Leben naiv zu nehmen. Nun gibt es Analytiker, die beständig in einer analytischen Welt leben."[855]

Dass Stekel sich mit Gross schwertut, kommt zum Ausdruck. Er meint, Gross habe eine „sonderbare antimasochistische Einstellung" und propagiere eine „sonderbare Form der Freiheit," einen „krassen Egoismus" und sein „ganzes System [sei] bestimmt, mit raffinierter Grausamkeit seine Eltern zu quälen." Durch Drogen habe der Kranke seine Kriminalität und Homosexualität verdrängen müssen. „Alle Sado-Masochisten sind elternkrank!" Beim Drogenproblem handle es sich um „seelisch abnorme Menschen, um Unglückliche." Er unterstellt Gross „einen unauslöschlichen Haß gegen alles Weibliche, eine Verachtung des Weiblichen." Für Stekel ist Gross' Form des Anarchismus eine Krankheit. „Seine Parapathie ist der nach innen gekehrte Anarchismus, ist der gegen das eigene Ich gekehrte Sadismus, der dann ein Bild von Masochismus liefert." Sein abschließendes Urteil: „Wahnsinn wäre für ihn eine Erlösung gewesen."

Auch in Stekels Essay *Der Größenwahn des Normalmenschen* sind Erkenntnisse seiner Analyse mit Otto Gross zu hören. „[…] der Wahnsinn schlummert in uns allen und lauert auf seine Beute. Der ruhige Normalmensch ist ihm ebenso untertan wie der Tobsüchtige […]. Wahn! Überall! Wahn!"[856] Stekel

---

852 Wilhelm Stekel: Nervöse Angstzustände und ihre Behandlung. Berlin 1923, S. Vf.
853 Wilhelm Stekel, 1925, S. 499.
854 Wilhelm Stekel: Die Polyphonie des Denkens. In: Sadismus und Masochismus. Berlin 1925, S. 7.
855 Wilhelm Stekel, 1925, S. 485. Auch die folgenden Zitate in diesem Absatz sind ebd. entnommen.
856 Wilhelm Stekel: Wege zum Ich. Hg. von Friedrich Scheidt. München 1972, S. 28.

schwankt Otto Gross gegenüber zwischen Abneigung, Unverständnis und Mitleid. Er hält Otto Gross nicht für irre, sondern für sado-masochistisch. Der Psychoanalytiker Josef Dvorak sieht in der veröffentlichten Analyse eine „Demontage der heroischen Persönlichkeit des Otto Groß," findet darin dennoch „ein Körnchen Wahrheit."[857]

Aufgenommen in der Familie Kuh

In Wilhelm Stekels Klinik lernt Otto Gross die Sekretärin Marianne Kuh kennen. Stekel hatte Gross das Versprechen abgenommen, während der Analyse keine neuen Beziehungen einzugehen.

> In dem Sanatorium befand sich ein einziges weibliches Wesen, das als Liebesobjekt in Frage kam. […] Schon nach 2 Wochen hatte sie ihm den ersten Kuß gegeben. Er hatte endlich sein Ideal gefunden, das ihn erlösen würde. Dieses Mädchen wäre die Lichtgestalt, die er sein Leben lang gesucht habe. Es sei nicht Verblendung, es sei nicht Flucht vor der Übertragung, es sei echte, hohe, heilige Liebe. Die Macht seines Wortes hatte das Mädchen fasziniert.[858]

Otto Gross wohnt bis November 1914 bei der Familie Kuh in Wien: bei Anton, Margarete, Marianne und Anna. Mit den drei Schwestern unterhält er Beziehungen.[859] Franz Jung kommentiert: „Gross hatte inzwischen die Wärme gefunden, die ihm in den Jahren vorher so gefehlt hatte – Frauen, die ihn verehrten, die ihn beschäftigt hielten, die ihn vergessen ließen, dass er selbst vorerst noch ein Außenseiter, ein Ausgestoßener war."[860]

Otto Gross meldet sich im Ersten Weltkrieg zum Militär. Für ihn – wie für alle, die auf die Revolution hoffen –, ist der Krieg das Äquivalent zur Revolution, mit der Hoffnung auf einen umfassenden gesellschaftlichen Umbruch. Johannes R. Becher zitiert Gross in *Abschied:* „Der Krieg als der gewaltigste psychische Befreiungsakt der Menschheit, die heilsamste Massenentfesselung aller Komplexe."[861] Gross arbeitet in Wien im Blatternspital, dann am Epidemie- und Barackenspital des Komitats Ungvar und am Epidemiespital Vinkovci in

---

857 Josef Dvorak: Opiumträume in Bad Ischl. In: Forum, 32. Jg., Nr. 379/380, 1985, S. 45.
858 Wilhelm Stekel, 1925, S. 509f.
859 Zur Familie Kuh siehe: Gottfried Heuer: ‚Die Lichtgestalt, die ich mein Leben lang gesucht habe'. In: Dehmlow, Rother, Springer (Hg.): „… und da liegt der riesige Schatten Freud's nicht mehr auf meinem Weg". Die Rebellion des Otto Gross. Marburg 2008, S. 404ff.
860 Alfred Springer: Die Strategie des Torpedokämpfers. In: Bachhiesl, Dienes, Götz v. Olenhusen u.a. (Hg.): Psychoanalyse und Kriminologie. Marburg 2015, S. 199.
861 Johannes R. Becher, S. 336.

der Provinz Slavonien im heutigen Kroatien. Im Dezember 1915 stirbt Professor Hans Gross, und Otto wird einem anderen Betreuer zugewiesen.

In einem Attest bescheinigt Otto Gross Franz Jung eine „complicierte Neurose, die sich aus psychogenen und degenerativen Elementen […] zusammensetzt", so dass er vom Kriegsdienst befreit ist. Jung zieht nach Berlin, wohin ihm Otto Gross folgt. Beide gründen die anarchistische, dadaistische Zeitschrift *Die Freie Straße*. Getragen wird das Projekt von einem Freundeskreis, dem das Ehepaar Oehring, Oskar Maria Graf, Max Herrmann-Neiße, Georg Schrimpf und Elsa Schiemann angehören. Wieder taucht der Name Elsa Schiemann auf: die Frau, deretwegen sich Sofie 1909 zurückgezogen und mit Otto Gross gebrochen hatte.

Sophie Templer-Kuh

Ab 1916 wohnt Gross zusammen mit Marianne Kuh in Wien. Er möchte sich von Frieda scheiden lassen, um Marianne zu heiraten, doch die Scheidung kommt nicht zustande.[862] Am 23. November 1916 wird ihre Tochter geboren. Das Kind bekommt den Namen „Sofie". Es ist fünf Jahre nach dem Tod von Sofie Benz. Was möchte Otto Gross damit bezwecken? Soll Sofie Benz symbolisch auferstehen, soll ihr Tod wiedergutgemacht werden?

Sophie Kuh, später Templer-Kuh, wird 104 Jahre alt. Was Sofie Benz zu wenig vom Leben hatte, bekam Sophie Kuh an Lebensfülle hinzu. Die kleine Sofie wird später bis zu ihrem Tod 2021 mit „ph" geschrieben. Erst danach sehen die Angehörigen auf der Geburtsurkunde, dass es tatsächlich Sofie mit ‚f' war. Sofie wie Sofie!

Der Schriftsteller Franz Werfel verarbeitet in seinem Buch *Barbara oder die Frömmigkeit* eine Szene mit dem kleinen Kind:

> Er [Ferdinand/Werfel] fragte die Eltern, welchen Namen sie ihrem Geschöpf gegeben hatten. […] Gebhart [Gross] und Lisa [Marianne] wurden verlegen. Vor der Niederkunft war wohl einmal die Rede davon gewesen, welch weiblichen oder männlichen Namen man wählen solle, dann aber hatten sie im Drang der Ereignisse die Wahl vergessen. Das Kind war namenlos. Nicht nur diese Tatsache, auch die Sinnbildlichkeit hinter ihr machte auf Ferdinand einen gewaltigen Eindruck.[863]

---

862 Frieda und Otto Gross sind 1903 in Österreich katholisch getraut worden.
863 Franz Werfel, 1929, S. 467.

War es nicht Sofie Benz ebenso ergangen? Nach ihrer Geburt meldete Vater August Benz sie auf dem Bürgermeisteramt an, aber ohne Namen. Erst sechs Wochen später wurde der Name „Sofie" auf der Geburtsurkunde eingetragen.

Franz Werfel setzt in seinem Buch der kleinen Sophie ein Denkmal mit der Beschreibung einer Situation, die den Schriftsteller in höchstem Maße irritiert.

> Ja, der quäkende Organismus, der unbeaufsichtigt in einem Wäschekorb auf dem Tische lag, während daneben die verschlungenen Wege des Eros erörtert wurden, war ein Kind. […] Warum liebten diejenigen ihn nicht, die sein Leben verschuldet hatten? Es war klar, daß Gebhart [Gross], der Mann der Liebeserneuerung, dieses Kind, wenn nicht haßte, so doch überhaupt nicht sah. Winselte es, dann hielt er sich die Ohren zu.[864]

Sophie Kuh beschäftigt auch den Schriftstellers Franz Kafka in einem Brief an seine Freundin Milena. Kafka erinnert sich an eine Bahnfahrt im Juli 1917 mit Otto Gross, Anton Kuh, Marianne Kuh und dem Säugling Sophie.

> Die ratlose Stimmung seiner [Gross'] Freunde und Verwandten (Frau, Schwager, selbst noch der rätselhaft schweigende Säugling zwischen den Reisetaschen – er sollte nicht aus dem Bett fallen, wenn er allein war – der schwarzen Kaffee trank, Obst aß, alles aß, was man wollte) erinnerte in etwa an die Stimmung der Anhänger Christi, als sie unter dem Angenagelten standen.[865]

Kafka beschäftigt sich mit der Psychoanalyse, kommt aber zu dem Schluss: „Es ist keine Freude, sich mit der Psychoanalyse abzugeben und ich halte mich von ihr möglichst fern […]."[866] Doch ohne Einfluss ist Otto Gross nicht auf Kafka, wenn dieser schreibt: „Groß hat vielleicht doch nicht unrecht soweit ich ihn verstehe; es spricht für ihn zumindest, daß ich noch lebe und sonst bei der Art meiner innern Kräfteverteilung eigentlich längst nicht mehr leben dürfte."[867]

Bei meinem Besuch von Sophie Templer-Kuh 2019 in Berlin[868] anwortet sie auf die Frage, wie sie sich fühle mit dem Namen Sofie: „Mein Vater muss Sofie Benz sehr geliebt haben, deshalb hat er mich nach ihr genannt." Sie freue sich, denn „Sofie muss sehr lieb gewesen sein." So lebte Sofie Templer-Kuh bis 2021 als Brücke zwischen „einst und jetzt", als Letzte aus der Ära von Otto Gross.

---

864 Franz Werfel, 1929, S. 466f.
865 Franz Kafka, 1983, S. 78f.
866 Manfred Engel, Bernd Auerochs (Hg.): Kafka-Handbuch. Stuttgart 2010, S. 69.
867 Franz Kafka, 1983, S. 133f.
868 Ich möchte Herrn Dr. Gottfried M. Heuer, London, herzlich danken, dass er den Kontakt hergestellt hat!

Otto Gross – sich und andere zerstört

Otto Gross wechselt seine Aufenthaltsorte häufig, lebt in Graz bei seiner Mutter, in Wien und München. 1918 fordert er bei einer Demonstration ein *Ministerium zur Liquidierung der bürgerlichen Familie und Sexualität*. Im Herbst 1919 zieht er nach Berlin zu Franz und Cläre Jung.[869] Er schreibt ohne Unterlass. Cläre Jung erinnert sich:
> Alle unsere Freunde, die Groß kannten, hatten mir unendlich viel von ihm erzählt und schätzten ihn sehr. Aber der Groß, den ich nun kennen lernte, war ein kranker Mann. Zerstört durch Narkotika und geschwächt durch Anstrengungen, waren seine Kräfte verbraucht, er selbst deprimiert.[870]

1919 publiziert Gross Artikel in den Zeitschriften *Sowjet, Forum, Die Erde* und in der *Räte-Zeitung*. Doch die Zeit des großen Ideengebers, der Menschen inspiriert und suggestiv beeinflusst, der mit seinem Charme fasziniert, der darüber lacht, wenn er angefeindet wird, der Außenseiter ist, doch immer Mitstreiter findet, der mit seinen poetischen Liebesbriefen angebetete Frauen beglückt, der aber auch großes Leid über Menschen gebracht hat, … ist vorbei. Cläre Jung: „Er wußte nicht mehr weiter."[871]

Otto Gross war es nicht gelungen, über sein ideologisches Anliegen hinauszudenken. Der erotisch-sexuelle Ansatz einer neuen Gesellschaft in Verbindung mit der Befreiung des Menschen von Normen und Erziehung war nicht wie eine Woge der Erkenntnis in die Gesellschaft getragen worden. Emanzipation der gesamten Gesellschaft war ihm kein Anliegen; für die Masse, die „Allermeisten", hatte er kein Gespür. Der Kampf von Frauen um das Recht auf Arbeit, auf höhere Bildung und Teilnahme an der Politik war ihm fremd. Der Fundus, aus dem er schöpfte, waren „Konflikte", die er sexuell konnotierte.

Franz Jung, der Otto Gross verehrt und sich dennoch am Schluss desillusioniert von ihm abwendet, schreibt nicht ohne Schuldgefühle: „So konnte man im Dezember auf den Straßen Berlins einen verhungerten und zerlumpten Menschen im Schneegestöber laufen sehen […]. Die Leute blieben stehen und lachten hinter ihm her. Ein Irrsinniger, dachten die meisten. Der aber stolperte weiter. Bis er soweit war."[872] – „Er hatte sich eines Nachts in einen sonst unbenutzten Durchgang zu einem Lagerhaus geschleppt und ist dort liegen-

---
869 Im Jahr 1916 hatten sich Franz und Margot Jung getrennt, und Jung lebte mit Cläre, der 1917 geschiedenen Ehefrau des Schriftstellers Richard Oehring zusammen. Sie heirateten 1924.
870 Cläre Jung: Paradiesvögel. Hamburg o.D., S. 76.
871 Cläre Jung, o.D., S. 76.
872 Franz Jung: Das Ende des Doktor Gross. In: Kurt Kreiler (Hg.), S. 148.

geblieben. Er wurde zwei Tage später aufgefunden. Eine Lungenentzündung […] konnte nicht mehr behandelt werden. Er ist den Tag darauf gestorben. Der Stern eines großen Kämpfers gegen die Gesellschaftsordnung – der Stern ist explodiert, erloschen und untergegangen; die Zeit war nicht reif, das Gesindel der Satten noch zu zahlreich."[873]

Otto Gross stirbt am 13. Februar 1920; er wird 43 Jahre alt und, obwohl Katholik, auf dem jüdischen Friedhof in Berlin beerdigt. Franz Jung resümiert in *Das Ende des Doktor Groß*:

> Wer den Mut hat, die Augen aufzumachen, der vermag in Wahrheit das Bild einer Menschlichkeit zu sehen. Gross hat, wenigstens sagen das die davon Betroffenen, viele Menschen unglücklich gemacht, hat sie gehemmt, vielleicht auch zerstört. Er hat viele Menschen glücklich gemacht, frei und steigerungsfähig. Einmal waren immer die einen auch die andern […].[874]

Sofie Benz gehörte zu „den einen und den andern".

Der Revolutionär a genere

Charakteristisch für die Ausnahmeerscheinung Otto Gross sind die unterschiedlichen Beschreibungen seiner Persönlichkeit, die bis ins Absurde reichen. So berichtet der Psychoanalytiker Sandor Ferenczi an Sigmund Freud zwei Jahre vor Gross Tod: „Der Kollege hatte übrigens vor einiger Zeit vom eingetretenen Tode des Dr. Gross Nachricht erhalten, die aber nicht verbürgt ist. Er wird noch als ‚Golem' bald da, bald dort auftauchen."[875] Ernest Jones fantasiert: „Im Ersten Weltkrieg schloß er sich einem ungarischen Regiment an; aber noch bevor der Krieg aus war, beschloß er sein Leben mit Mord und Selbstmord."[876]

Im Mai 1920 wird Otto Gross von dem österreichischen Psychologen Otto Kaus in der Zeitschrift *Sowjet* mit einem Nachruf geehrt.

> Es mag dafür der Gesellschaft, die ihn [Gross] exekutierte, […] gutgeschrieben werden, daß sie auf keinen Fall und unter keinerlei denkbaren Voraussetzungen Otto Groß vor diesem Ende hätte schützen können. Seit seiner frühesten Jugend stand er auf offenem Kriegsfuß mit ihr, und er hat keine Gelegenheit versäumt, ihr Schaden zuzu-

---

873 Franz Jung, 2000, S. 85.
874 Franz Jung: Das Ende des Doktor Gross. In: Kurt Kreiler (Hg.), S. 146f.
875 Ernst Falzeder, Eva Brabant (Hg.): Sigmund Freud, Sándor Ferenczi: Briefwechsel, Band II/2 1917–1919. Wien 1996, S. 129. Brief Nr. 726, zwischen 5. und 9. Februar 1918.
876 Ernest Jones: Das Leben und Werk von Sigmund Freud, Bd. II. Bern 1982, S. 46.

fügen und Schimpf anzutun, wo und wie er es nur tun konnte. Er hat in vollem Bewußtsein der Gefahr alle Brücken verbrannt, die ihn mit ihr verbanden, […] Otto Groß war es nicht gegeben, sich täuschen zu lassen und das geringste Kompromiß zu akzeptieren. […] Durch seine Leistung, als Persönlichkeit und als Typus, rührt er an die tiefsten Saiten unseres Wissens und Gewissens.[877]

Der Schriftsteller Anton Kuh, Bruder von Marianne Kuh, schreibt 1921 im *Neuen Wiener Journal* eine Hommage.

Ich möchte mit den Worten und Gedankenfolgen eines Mannes bekannt machen, den außer einer Handvoll Psychiatern und Geheimpolizisten die wenigsten beim Namen kennen […]. Er hieß Otto Groß, war Arzt und neben Wedekind der eigensinnigste, apodiktischste Deutsche dieser Zeit. Ein hinterlassener Klüngel Erlesener weiß von ihm zu erzählen. Mit den zarten, berührungsscheuen Armen eines Gelehrten mußte er einen Kampf auf Tod und Leben kämpfen […]. Was war denn nur seine Unheilstat? […] Otto Groß, der Einsame, sagte: ‚Liebt euch ohne Gewalt, ihr Freien – und eure Kinder werden Geschwister sein!'. Er glaubte an die Herkunft alles Uebeln auf Erde von der Geschlechtsgewalt. Und sah in der gleich bejahten, konfliktslosen Paarung den Keim, das edelste fleischliche Sinnbild aller Menschenbeziehung. Er war der Revolutionär a genere.[878]

Bis Ende der 1970er Jahre erfährt Otto Gross keine weitere Aufmerksamkeit.

Frieda Gross und Ernst Frick in Ascona

Frieda Gross, die bald nach Sofies Tod nach Ascona übergesiedelt war, lebt später in Bosco Gurin[879]. Sie wird Sofie in keinem Brief mehr erwähnen; ihre Korrespondenz mit Else Jaffé dreht sich fortan um ihr schwieriges Verhältnis mit Ernst Frick, den von Kuratel bedrohten Mann Otto, den Kampf um die Kinder und die eigene labile Gesundheit.

Frieda löst sich innerlich von Otto Gross, wird aber auch mit Ernst Frick nicht glücklich. Sie, die 1902 an Else Jaffé euphorisch geschrieben hatte: „Mir ist das ganze Leben in Gold getaucht,"[880] klagt 1917 resigniert: „Meine Kräfte

---

877 Otto Kaus: Nachruf auf Otto Gross. In: Sowjet. 1. Jg. 1919/20., 8.5.1920, S. 53–57. „Saiten" ist richtig.
878 Anton Kuh: Die Lehre des Otto Gross. In: Neues Wiener Journal. 11.01.1921, S. 5.
879 Bosco Gurin: höchstgelegenes Dorf im Kanton Tessin, 35 km nordwestlich von Locarno.
880 Brief FG an EJ, 20.06.1902, Tufts #204.

sind unter null. [...] Manchmal bin ich nichts mehr als ein Notschrei nach Ruhe."[881]

Aus dem Gefängnis entlassen, kehrt Ernst Frick 1912 zu Frieda und den Kindern zurück. Mit Otto Gross will er nichts mehr zu tun haben. „Gemäss seiner Tochter Eva Verena hielt er aber trotz aller Enttäuschung die Erinnerung an seinen ehemaligen Freund aufrecht: ‚Man durfte nie ein schlechtes Wort über Otto Gross sagen.'"[882]

Ernst Frick wird Kunstmaler und Archäologe. Oscar Niemeyer-Holstein, erinnert sich an ihn als Maler „guter Bilder" und „weil er ein kluger Mensch war. Er erklärte mir viel über Psychologie, Gesellschaftspolitik und Sozialethik. [...] Er wollte mehr Gerechtigkeit auf der Welt und war davon überzeugt, dass sie aus vielen revolutionären Einzelaktionen hervorgehen müsse. [...] Er war ein grossartiger Kerl; alles, was er tat, tat er vorbehaltlos."[883]

Richard Seewald bezeichnet Ernst Frick als Mann „mit unerschütterlicher Selbstzufriedenheit,"[884] als sanft, friedlich und „aus dem Milieu von Ascona nicht wegzudenken. [...] Was aber war er denn nun? – Es gibt darauf nur eine Antwort: ‚nichts' oder ‚eine Person'; denn, wenn er auch später sich einen Maler nannte [...], konnte man dies doch nicht eigentlich seinen Beruf nennen. Er lebte auch nicht von ihm, sondern, wie man häßlich gesagt hat, ‚von Frauen'."[885]

Auch der Schriftsteller Emil Ludwig schildert Ernst Frick mit einem Flair der Undurchsichtigkeit: „Denn eben dadurch ist dieses scheinbar so amoralische Leben merkwürdig gewesen, daß ihm jede Amoralität fehlte. [...] eine geheimnisvolle Privatethik regelte es, deren Schlüssel natürlich nur die Beteiligten haben konnten, die aber augenscheinlich in der Person ‚des Ernst' verankert war. Alle Frauen liebten ihn, den sanften, schüchternen, langen, bis ins hohe Alter hinein jünglingshaft wirkenden Mann, der nie einer geworden ist."[886]

Nach der 1910 in München geborenen gemeinsamen Tochter Eva Verena bekommen Frieda Gross und Ernst Frick in ihrer neuen Heimat im Tessin noch die Töchter Cornelia und Ruth. Frieda und Ernst durchleben tiefe Krisen, bis sich Frick einer anderen Frau zuwendet, der Fotografin und Anthropo-

---

881 Brief FG an EJ, 30.12.(1917), Tufts #73.
882 Richard Butz: Ernst Frick – ein Asconeser Gesamtkunstwerker. In: Bachhiesl, Dienes, Götz v. Olenhusen u.a. (Hg.): Psychoanalyse und Kriminologie. Marburg 2015, S. 276
883 Esther Bertschinger-Joos, Richard Butz, S. 253.
884 Esther Bertschinger-Joos, Richard Butz, S. 255.
885 Richard Seewald, 1963, S. 169f und 172.
886 Richard Seewald, 1963, S. 173.

sophin Margarete Fellerer (1885–1961)[887], die er 1941 heiratet. Frieda Gross stirbt 1950, Ernst Frick 1956.

Die Familie Benz

Sofies Mutter, Emilie Benz, stirbt im Januar 1926, als sie bei einem Spaziergang – auch die Tochter Johanna ist dabei – von einem gefällten Baum erschlagen wird. Die Zeitung schreibt:

> 6. Januar. (Schwerer Unfall). Am Dienstag Nachmittag waren Zöglinge der Ackerbauschule Schloß Ellwangen an der Allee unterhalb des Schlosses damit beschäftigt, einen alten Nußbaum zu fällen. Drei hiesige Damen hatten die Stelle bereits passiert, als sie auf ihrem kurz darauf erfolgten Rückweg ahnungslos erneut in die Gefahrzone traten, in dem Augenblick, als der Baum auf die Straße stürzte. Er traf die Passanten so unglücklich, daß Frau Professor B e n z , Witwe, außer einem Arm- und Beinbruch eine schwere Kopfverletzung davontrug, der sie noch abends, ohne das Bewußtsein wieder erlangt zu haben, erlegen ist.[888]

Sofies Mutter ist 80 Jahre alt geworden; sie wird neunzehn Jahre nach ihrem Mann im Familiengrab beerdigt.

Sofies Bruder Karl Benz, Rechtsanwalt in Heidenheim, kauft 1926 das Anwesen „Rothof" nahe Rechenberg, wo dann die Schwester Johanna als seine Haushälterin lebt. Karl stirbt 1951 auf dem Rothof, Johanna 1958.

Welchem Beruf Sofies Schwester Emilie Benz 1911, im Jahr von Sofies Tod, nachgeht, ist nicht bekannt. Ist sie Kunstlehrerin an einer Institution oder freie Künstlerin oder beides gleichzeitig? Welcher Art ist ihre Kunst? Dass sie auch als Keramikerin tätig ist, erklärt ein Brief vom Kunstgewerbehaus Johannes Rominger in Stuttgart. Dieses ist „Königl. Hoflieferant, Hoflieferant Ihrer Majestät der Königin, & K. Hoheit Frau Herzo-

Emilie Benz: Vase. (Foto privat)

---

[887] Das ehemalige Haus von Frick und Fellerer – Ca del Sass – steht auf dem Monte Verità.
[888] Ipf- und Jagst-Zeitung 07.01.1926. Bezirksnachrichten.

gin v. Albany, Hoflieferant I. K. Hoheit Frau Herzogin Wera v. Württ. U. Sr. Hoheit des Fürsten von Hohenzollern."⁸⁸⁹

Am 9. Dezember 1911 schreibt Rominger an „Fräulein Emilie Benz, Mainz": „Es wird Sie jedenfalls sehr interessieren, dass seine Majestät der König sich lebhaft für Ihre Vasen interessiert und 3 Stück davon gekauft hat. Hochachtungsvoll, Johannes Rominger."⁸⁹⁰

Emilie Benz zieht später nach Ellwangen zurück und ist viele Jahre Kunsterzieherin, wahrscheinlich in der „Kinderrettungsanstalt Marienpflege"⁸⁹¹. Sie berichtet von ihrer Freude, mit Kindern arbeiten zu können, sie pflegt intensive Kontakte mit der Verwandtschaft, ist Mitglied im Geschichts- und Altertumsverein Ellwangen und gut in die Gesellschaft eingebunden.

Emilie Benz 1963. (Foto privat)

Der Tod Sofies beschäftig sie bis ins hohe Alter. In einer langen Notiz fasst sie all das zusammen, was ihrer Meinung nach zu Sofies Schicksal beigetragen hat. Am Ende sei Sofie auf der Flucht vor der Einsamkeit in den Tod gegangen:

> [...] Haags Gesellschaft, die einen Druck ausübte mit ihrer überragenden, bestimmten, schroffen Persönlichkeit. Von Groß wurde sie angestaunt, bei ihm konnte sie sich gehen lassen in jeder Weise. – Aus einem andern Kreis als Haag–Frank Groß entgegentretend, hätte unmöglich dieselbe Wirkung gehabt. – Sie war augenblicklich innerlich zerrüttet. – Im Verkehr mit Groß fand sie etwas Befreiendes – und als sie endlich einmal fest saß, kam die gewaltige Macht seiner Suggestion immer mehr zur Geltung.
> Wär noch in den ersten Jahren irgendeine bedeutende Persönlichkeit ihr nähergetreten mit großem ideellem Wollen, – wäre Lektüre ihr in die Hände gefallen, welche Vernunft hätte, Groß ihr in anderem Lichte zu zeigen – aber sie war von 1906 an ausschließlich mit ihm und seinesgleichen zusammen, und hätte sie einsam fern von

---
889 Siehe Brief 09.12.1911. Privatarchiv P.B.
890 Brief 09.12.1911. Privatarchiv P.B. Die Vasen konnten infolge der Auflösung des Königshauses und Umstrukturierungen nicht aufgefunden werden.
891 1830 gegründete Institution, Waisenhaus. Heute Kinder- und Jugenddorf Ellwangen.

Groß aus diesem Milieu zum Überlegen kommen können? Aber das war nicht der Fall – und nachdem sie durch die Lebensweise sehr geschwächt – in jeder Beziehung! war, konnte sie das Alleinsein, das ihr auch keine Klarheit mehr bringen konnte, nicht mehr ertragen!

Ihren Lebensabend verbringt Emilie im Ellwanger Altersheim St. Anna am Schönen Graben. Sie stirbt 1969 im Alter von 96 Jahren und wird auf dem Ellwanger Friedhof im elterlichen Grab beigesetzt. Mit ihr stirbt die Letzte all derer, die ein Teil von Sofies Leben waren.

„Wir Übergangsmenschen müssen stark sein und kämpfen und wenn wir schließlich erliegen, unser Leben war nicht umsonst – Glück ist Leid. Mir geht`s gut, und minutenlang bin ich glücklich", hatte Sofie 1907 erklärt.

Glücklich war sie in Ascona gewesen, als sie Leonhard Frank kennen lernte und mit ihm vom Leben mit der Kunst träumte. Prophetisch schrieb sie schon hier:

„Obwohl Sterne am Himmel sind, ist`s eine schwarze Nacht."

In Memoriam Sofie Benz.
(Grabplatte von Emilie und Sofie Benz
auf dem Friedhof Ellwangen)

Anhang

Literaturverzeichnis

Adler, Alfred: Wozu leben wir? Frankfurt/M. 1990. (Erstdruck 1931)

Ahfus, Eva; Strobl, Andreas (Hg.): Hermann Obrist. Skulptur, Raum, Abstraktion um 1900. Eine Ausstellung und eine Publikation des Museum für Gestaltung Zürich und der Staatlichen Graphischen Sammlung München. Zürich 2009.

Anz, Thomas (Hg.): Phantasien über den Wahnsinn. Expressionistische Texte. München 1980.

Arnold, Jürg: Die Gewerbegerichte in Württemberg (1891–1927). Ostfildern 2015.

Augspurg, Anita: Die ethische Seite der Frauenfrage. Minden/Leipzig 1893.

Bab, Julius: Die Berliner Bohème. Hg. von Michael M. Schardt. Berlin 2014. (Erstdruck 1904)

Bachhiesl, Christian; Dienes, Gerhard; Götz von Olenhusen, Albrecht; Heuer, Gottfried M.; Kocher, Gernot (Hg.): Psychoanalyse & Kriminologie. Hans & Otto Gross – Libido & Macht. 8. Internationaler Otto Gross Kongress, Graz. Marburg 2015.

Bäthe, Kristian: Wer wohnte wo in Schwabing? Wegweiser für Schwabinger Spaziergänge. München 1965.

Barone, Elisabetta; Riedl, Matthias; Tischel, Alexandra (Hg.): Pioniere, Poeten, Professoren. Eranos und der Monte Verità in der Zivilisationsgeschichte des 20. Jahrhunderts. Würzburg 2004.

Bartels, Adolf; Frommel, V.H. (Hg.): Neue Christoterpe. Ein Jahrbuch. 30. Jg. Halle a.S. 1909.

Bauer, Helmut; Tworek, Elisabeth (Hg.): Schwabing. Kunst und Leben um 1900. München 1998.

Bebel, August: Die Frau und der Sozialismus. Hannover 1974. (Erstdruck 1879)

Becher, Johannes R.: Abschied. Leipzig 1979. (Erstdruck 1940)

Becker, Rudolph Zacharias: Noth- und Hülfsbüchlein für Bauersleute. Dortmund 1980. (Erstdruck 1788)

Bellinger, Gerhard J.; Regler-Bellinger, Brigitte: Schwabings Ainmillerstrasse und ihre bedeutendsten Anwohner. Ein repräsentatives Beispiel der Münchner Stadtgeschichte von 1888 bis heute. Norderstedt 2012.

Benz, August: Das gradlinige Ornament. Ellwangen 1871.

Benz, August: Jugenderinnerungen. Hg. von Fritz Nestle, Alois Fadini, Werner Jauss. Stuttgart 1976.

Benz, Emilie: August Benz. Mitteilungen über sein Leben und Wirken. In: Ellwanger Jahrbuch Bd. 5, 1915/1916, S. 84–89.

Berg, Leo: Gefesselte Kunst. Berlin 1901.

Bertschinger-Joos, Esther: Frieda Gross und ihre Briefe an Else Jaffé. Ein bewegtes Leben im Umfeld von Anarchismus, Psychoanalyse und Bohème. Marburg 2014.

Bertz, Eduard: Philosophie des Fahrrads. Dresden 1900.

Berze, Josef; Stelzer, Dominik Klemens: Befund und Gutachten. In: Gegner. Monatsschrift Heft 3. Febr. 2000, S. 24–36.

Bierbaum, Otto Julius: Eine empfindsame Reise im Automobil. Von Berlin nach Sorrent und zurück an den Rhein. In Briefen an Freunde geschildert. München 1955. (Erstdruck 1903)

Bieri, Peter: Das Handwerk der Freiheit. Über die Entdeckung des eigenen Willens. München 2001.

Bleuler, Eugen: Dementia praecox oder Gruppe der Schizophrenien. Tübingen 1988. (Erstdruck 1911)

Bonus-Jeep, Beate: Sechzig Jahre Freundschaft mit Käthe Kollwitz. Boppard 1948.

Bose, Günter; Brinkmann, Erich (Hg.): Grosz/Jung/Grosz. Berlin 1980.

Brandenburg, Hans: München leuchtete. Jugenderinnerungen. München 1953.

Braun, Lily: Die Frauenfrage. Ihre geschichtliche Entwicklung und wirtschaftliche Seite. Stuttgart 1979. (Erstdruck 1901)

Brecht, Karen; Friedrich, Volker; Hermanns, Ludger R. (Hg.): „Hier geht das Leben auf eine sehr merkwürdige Weise weiter …". Zur Geschichte der Psychoanalyse in Deutschland. Hamburg 1985.

Brosch, Anton: Die Selbstmörder. Mit besonderer Berücksichtigung der militärischen Selbstmörder und ihrer Obduktionsbefunde. Leipzig/Wien 1909.

Buber, Martin (Hg.): Gustav Landauer. Sein Lebensgang in Briefen. Bd. 1. Frankfurt/M. 1929.

Busch, Alfred; Plaut, Felix: Über die Einwirkung verlängerter warmer Bäder auf einige körperliche und geistige Funktionen. München 1910.

Butz, Richard: Ernst Frick – ein Asconeser Gesamtkunstwerker. In: Bachhiesl, Dienes, Götz v. Olenhusen u.a. (Hg.): Psychoanalyse und Kriminologie. Marburg 2015, S. 273–287.

Carotenuto, Aldo (Hg.): Sabina Spielrein. Tagebuch einer heimlichen Symmetrie. Sabina Spielrein zwischen Jung und Freud. Freiburg 1986.

Carpenter, Edward: Wenn die Menschen reif zur Liebe werden. Eine Reihe von Aufsätzen über das Verhältnis der beiden Geschlechter. Leipzig 1903.

Carstensen, Thorsten; Schmid, Marcel (Hg.): Die Literatur der Lebensreform. Kulturkritik und Aufbruchstimmung um 1900. Bielefeld 2016.

Cassirer, Paul: Katalog der 15. Ausstellung der Berliner Secession. Berlin 1908.

Cersowsky, Peter; Schwenger, Hannes; Steidle, Hans (Hg.): Neue Beiträge zu Leonhard Frank. Würzburg 2003.

Christ, Sophie: Taschenbüchlein des guten Tones. Praktische Anleitung über die Formen des Anstandes für die weibliche Jugend. Mainz 1892.

Debschitz, Wilhelm von: Eine Methode des Kunstunterrichts. In: Dekorative Kunst.

Illustrierte Zeitschrift für angewandte Kunst. Bd. 12, 1904, S. 209–226.

Dedolph, Georg Wilhelm: Ist Radfahren gesund und auch für Damen passend? Aerztl. Studie mit praktischen Ratschlägen von Dr. med. Dedolph. Aachen 1896.

Dehmlow, Raimund; Heuer, Gottfried (Hg.): 1. Internationaler Otto Gross Kongress. Bauhaus Archiv, Berlin. Marburg/Hannover 2000.

Dehmlow, Raimund; Heuer, Gottfried (Hg.): Bohème, Psychoanalyse & Revolution. 3. Internationaler Otto Gross Kongress. Marburg 2003.

Dehmlow, Raimund; Rother, Ralf; Springer, Alfred (Hg.): ... da liegt der riesige Schatten Freud`s jetzt nicht mehr auf meinem Weg. Die Rebellion des Otto Gross. 6. Internationaler Otto Gross Kongress. Wien, 8.-10. September 2006. Marburg 2006.

Delp, Ellen: Regina Ullmann. Eine Biographie der Dichterin. Mit erstmalig veröffentlichten Briefen, Bildern und Faksimiles aus dem Besitze von Regina Ullmann und Ellen Delp. Einsiedeln 1960.

Demm, Eberhard: Else Jaffé-von Richthofen. Erfülltes Leben zwischen Max und Alfred Weber. Düsseldorf 2014.

Deseyve, Yvette: Der Künstlerinnen-Verein München e.V. und seine Damen-Akademie. Eine Studie zur Ausbildungssituation von Künstlerinnen im späten 19. und frühen 20. Jahrhundert. München 2005.

Dieckmann, Letizia; Menninger, Julian; Navratil, Michael (Hg.): Gesundheit erzählen. Ästhetik – Performanz – Ideologie. Berlin/Boston 2021.

Dienes, Gerhard; Götz von Olenhusen, Albrecht; Heuer, Gottfried; Kocher, Gernot (Hg.): Gross gegen Gross. Hans & Otto Gross. Ein paradigmatischer Generationskonflikt. Marburg 2005.

Dienes, Gerhard M.: Gefängniskunde versus Freikörperlkultur. In: Gottfried Heuer (Hg.): Utopie & Eros: Der Traum von der Moderne. Marburg 2006, S. 317–345.

Dressler, Willy O. (Hg.): Dresslers Kunstjahrbuch. Ein Nachschlagebuch für deutsche bildende und angewandte Kunst. Bd. 1, 1906.

Dubrovic, Milan: Veruntreute Geschichte. Die Wiener Salons und Literaturcafés. Frankfurt/M. 1987.

Dudek, Peter: Ein Leben im Schatten. Johannes und Hermann Nohl – zwei deutsche Karrieren im Kontrast. Bad Heilbrunn 2004.

Dülberg, Franz: Die Ausstellung der Lehr- und Versuchsateliers von Hermann Obrist und Wilhelm von Debschitz. In: Kunstchronik. 15. Jg., 1903/1904, 12.02.1904, Spalte 242–247.

Dülberg, Franz: Münchener Brief. In: Kunstchronik. 16. Jg., 1904/1905, 25.11.1904, Spalte 81–87.

Dülberg, Franz: Die Münchener Ausstellung für angewandte Kunst. In: Kunstgewerbeblatt, 17. Jg., Heft I, 1906, S. 5–13.

Dvorak, Josef: Opiumträume in Bad Ischl. Wilhelm Stekel analysierte Otto Groß. In: Forum, 32. Jg., Nr. 379/380, 1985, S. 45–55.

Engel, Manfred; Auerochs, Bernd (Hg.): Kafka-Handbuch. Leben – Werk – Wirkung. Stuttgart 2010.

Evans, Richard J. (Hg.): Kneipengespräche im Kaiserreich. Die Stimmungsberichte der Hamburger Politischen Polizei 1892–1914. Reinbek bei Hamburg 1989.

Falckenberg, Otto (Hg.): Das Buch von der Lex Heinze. Ein Kulturdokument aus dem Anfang des 20. Jahrhunderts. Leipzig 1900.

Fechter, Paul: Menschen und Zeiten. Begegnungen aus 5 Jahrzehnten. Gütersloh 1948.

Felber, Werner; Götz von Olenhusen, Albrecht; Heuer, Gottfried Maria; Nitzschke, Bernd (Hg.): Psychoanalyse & Expressionismus. 7. Internationaler Otto Gross Kongress. Marburg 2010.

Ferenczi, Sandor: Schriften zur Psychoanalyse. Bd. II. Hg. von Michael Balint. Gießen 2004.

Feuerbach, Ludwig: Das Wesen des Christenthums. Leipzig 1841.

Frank, Charlott; Jobst, Hanns (Hg.): Leonhard Frank. 1982–1961. München 1962.

Frank, Leonhard: Die Jünger Jesu. Berlin 1956. (Erstdruck 1947)

Frank, Leonhard: Sieben Kurzgeschichten. Berlin 1961.

Frank, Leonhard: Der Bürger. Berlin 1962. (Erstdruck 1924)

Frank, Leonhard: Die Ursache. Berlin 1962. (Erstdruck 1915)

Frank, Leonhard: Das Ochsenfurter Männerquartett. Berlin 1975. (Erstdruck 1927)

Frank, Leonhard: Die Räuberbande. München 1975. (Erstdruck 1914)

Frank, Leonhard: Links wo das Herz ist. Frankfurt/M. 1976. (Erstdruck 1952)

Frank, Leonhard: Selbstzeugnisse und Aussagen. Hg. von Gerhard Hay. Würzburg 1982.

Frank, Leonhard: Das Porträt. Eine Berliner Erzählung um 1946. Berlin 1991. (Erstdruck 1954)

Frank, Leonhard: Erzählungen. Michaels Rückkehr. Berlin 1991. (Erstdruck 1957)

Frank, Leonhard: Fremde Mädchen. Geschichten der Leidenschaft. Hg. von Dieter Sudhoff. Berlin 2007.

Frank, Willy: Ein neues Grabmal von Hermann Obrist. In: Deutsche Kunst und Dekoration. Illustrierte Monatshefte zur Förderung Deutscher Kunst und Formensprache in neuzeitlicher Auffassung […]. Bd. 15, 1905, S. 166–168.

Freud, Anna: Schwierigkeiten der Psychoanalyse in Vergangenheit und Gegenwart. Frankfurt/M. 1972.

Freud, Sigmund; Ferenczi, Sándor: Briefwechsel. Band I/1, 1908–1911. Hg. von Eva Brabant u.a. Wien/Köln/Weimar 1993.

Freud, Sigmund: Eine Schwierigkeit der Psychoanalyse. In: Kulturtheorie. Hg. von Dorothee Kimmich u.a. Bielefeld 2010. S. 289–296. (Erstdruck in der Zeitschrift „Imago" 1917)

Freud, Sigmund: Gesammelte Werke. 7. Bd., Werke aus den Jahren 1906–1909. Nachdruck London 1955.

Freud, Sigmund: Abriss der Psychoanalyse. Das Unbehagen in der Kultur. Frankfurt/M. 1962. (Erstdrucke 1938 und 1930)

Freud, Sigmund: Zur Geschichte der psychoanalytischen Bewegung. München 1966. (Erstdruck 1914)

Freud, Sigmund: Drei Abhandlungen zur Sexualtheorie und verwandte Schriften. Auswahl und Nachwort von A. Mitscherlich. Frankfurt/M. 1970. (Erstdruck 1905)

Fromm, Waldemar (Hg.): Münchner Salons. Literarische Geselligkeit im 19. und frühen 20. Jahrhundert. Regensburg 2021.

Fuchs, Georg: Sturm und Drang in München um die Jahrhundertwende. Mit 58 zeitgenössischen Bildern und Karikaturen. München 1936.

Geerken, Hartmut; Thiel, Detlef (Hg.): Salomo Friedlaender: Briefwechsel VI. Juli 1936–November 1937. Norderstedt 2019.

Götz von Olenhusen, Albrecht; Heuer, Gottfried: Die Gesetze des Vaters. 4. Internationaler Otto Gross Kongress. Marburg 2004.

Götz von Olenhusen, Albrecht: Schwätzer, Maulhelden und Anarchistengesindel. Max Weber, Franz Jung und der juristische Beginn des Falles ‚Otto Gross vs. Hans Gross'. In: Gegner. Monatsschrift Jg. 8, Heft 18, 2006, S. 35–46.

Goetz, Bruno: Das göttliche Gesicht. Wien 1927.

Goll, Claire: Ich verzeihe keinem. Eine literarische Chronique scandaleuse unserer Zeit. München 1976.

Graf, Oskar Maria: Wir sind Gefangene. München 1994. (Erstdruck 1927)

Green, Martin: Else und Frieda die Richthofen-Schwestern. Kempten 1976.

Green, Martin: Otto Gross. Freudian Psychoanalyst 1877–1920. Literature and Ideas. Lewiston/New York 1999.

Grobmann, Ralph: Gefühlssozialist im 20. Jahrhundert. Leonhard Frank 1882–1961. Frankfurt/M. 2004.

Groller, Balduin: Vorwort. In: Vademecum für Radfahrerinnen. Ein Hilfsbuch in Fragen der Fahrtechnik, der Gesundheit, der Etiquette und der Kleidung. Hg. von der Redaktion der Wiener Mode. Wien 1897, S. 2–4.

Gross, Otto: Compendium der Pharmako-Therapie für Polikliniker und junge Ärzte. Leipzig 1901.

Gross, Otto: Die cerebrale Sekundärfunktion. Leipzig 1902.

Gross, Otto: Das Freud'sche Ideogenitätsmoment und seine Bedeutung im manisch-depressiven Irresein Kraepelins. Leipzig 1907. Und in: Lois Madison (Hg.): Otto Gross: Werke. Die Grazer Jahre. Hamilton/USA 2000, S. 125–163.

Gross, Otto: Die Psychoanalyse oder wir Kliniker. In: Die Aktion, Jg. 3, 18.06.1913, Spalte 632–634.

Gross, Otto: Über Destruktionssymbolik. In: Zentralblatt für Psychoanalyse und Psychotherapie 4, 1914, S. 525–534.

Gross, Otto: Anmerkungen zu einer neuen Ethik. In: Kurt Kreiler (Hg.), 1980, S. 22–24. (Erstdruck in: Die Aktion, Jg. 3, 06.12.1913, Spalte 1141–1143)

Gross, Otto: Die Einwirkung der Allgemeinheit auf das Individuum. In: Kurt Kreiler (Hg.), 1980, S. 16–20. (Erstdruck in: Die Aktion, Jg. 3, November 1913, Spalte 1091–1095)

Gross, Otto: Die kommunistische Grundidee in der Paradiessymbolik In: Kurt Kreiler (Hg.), 1980, S. 41–54. (Erstdruck in: Sowjet, Bd. 1, Wien 1919)

Gross, Otto: Drei Aufsätze über den inneren Konflikt. In: Abhandlungen aus dem Gebiete der Sexualforschung. Redigiert von Max Marcuse. Hg. von Intern. Gesellschaft für Sexualforschung. Bd. II, Heft 3, Jg. 1919/1920, Bonn 1920, S. 3–39.

Gross, Otto: Elterngewalt. In: Kurt Kreiler (Hg.), 1980, S. 9–13. (Erstdruck in: Die Zukunft, Bd. 65, 10.10.1908, S. 78–80)

Gross, Otto: Offener Brief an Maximilian Harden. In: Kurt Kreiler, 1980, S. 24–26. (Erstdruck in: Die Zukunft, Bd. 86, 28.02.1914, S. 304–306)

Gross, Otto: Orientierung der Geistigen. In: Kurt Kreiler (Hg.), 1980, S. 32–35. (Erstdruck in: Sowjet, Bd. 1, 1919, S. 1–5)

Gross, Otto: Protest und Moral im Unbewußten. In: Kurt Kreiler (Hg.), 1980, S. 55–60. (Erstdruck in: Die Erde, Jg. 1, Heft 24, 1919, S. 681–685)

Gross, Otto: Über Konflikt und Beziehung. In: Kurt Kreiler (Hg.), 1980, S. 71–91. (Erstdruck in: Abhandlungen aus dem Gebiete der Sexualforschung. Bd. II, 3. Darin: Otto Gross: Drei Aufsätze über den inneren Konflikt. 1920, S. 3–20)

Gross, Otto: Vom Konflikt des Eigenen und Fremden. In: Kurt Kreiler (Hg.), 1980, S. 27–31. (Erstdruck in: Die Freie Straße, Heft 4: Um Weisheit und Leben, 1916, S. 3–5)

Gross, Otto: Von geschlechtlicher Not zur sozialen Katastrophe. Mit einem Textanhang von Franz Jung. Hg. [und kommentiert] von Kurt Kreiler. Frankfurt/M. 1980.

Gross, Otto: Zur funktionalen Geistesbildung des Revolutionärs. In: Kurt Kreiler (Hg.), 1980, S. 64–70. (Erstdruck in: Neues Forum, Heft 303/304, Beilage Räte-Zeitung, Jg. 1, Nr. 52, 1919)

Gross, Otto: Zur neuerlichen Vorarbeit: vom Unterricht. In: Kurt Kreiler (Hg.), 1980, S. 35–41. (Erstdruck in: Das Forum, Bd. 4, 1920, S. 315–320)

Gross, Otto: Zum Problem: Parlamentarismus. In: Kurt Kreiler (Hg.), 1980, S. 60–63. (Erstdruck in: Die Erde, Jg. 1, Heft 22/23, 1919, S. 639–642)

Gross, Otto: Zur Überwindung der kulturellen Krise. In: Kurt Kreiler (Hg.). 1980, S. 13–16. (Erstdruck in: Die Aktion, Jg. 3, 02.04.1913, Spalte 384–387)

Gross, Otto: Über psychopathische Minderwertigkeiten. In: Lois Madison (Hg.): Otto Gross: Werke. Die Grazer Jahre. Hamilton/USA 2000, S. 164–250. (Erstdruck Wien/Leipzig 1909)

Guhl, Ernst: Die Frauen in der Kunstgeschichte. Berlin 1858.

Gunzert, Carola: Kindheit in Ellwangen. Erinnerungen. Ellwangen o.J.

Gunzert, Carola: So war`s bei uns. Erinnerungen. Ellwangen 1994.

Häntzschel, Günter (Hg.): Bildung und Kultur bürgerlicher Frauen 1850–1918. Eine Quellendokumentation aus Anstandsbüchern und Lebenshilfen für Mädchen und Frauen als Beitrag zur weiblichen literarischen Sozialisation. Tübingen 1986.

Härlin, Julius: Gottlob Friedrich Härlin. In: Ellwanger Jahrbuch Bd. 4, 1914, S. 76.

Hardekopf, Ferdinand: Wir Gespenster. Hg. von Wilfried F. Schoeller. Zürich 2004.

Hartmann, Eduard von: Phänomenologie des sittlichen Bewusstseins. Eine Entwicklung seiner mannigfaltigen Gestalten in ihrem inneren Zusammenhang. Hg. von Jean-Claude Wolf. Göttingen 2009. (Erstdruck 1878)

Hartmann, Moritz; Doré, Gustav: Märchen nach Perrault neu erzählt von Moriz Hartmann, illustrirt von Gustav Doré. Stuttgart 1867.

Hasler, Eveline: Stein bedeutet Liebe. Regina Ullmann und Otto Gross. München 2012.

Hauber, Hermann: Karl Stirner. Der schwäbische Malerpoet. Ellwangen 1982.

Heißerer, Dirk: Wo die Geister wandern. Literarische Spaziergänge durch Schwabing. München 2008.

Hepp, Corona: Avantgarde. Moderne Kunst, Kulturkritik und Reformbewegungen nach der Jahrhundertwende. München 1987.

Herber, Anne-Kathrin: Frauen an deutschen Kunstakademien im 20. Jahrhundert. Ausbildungsmöglichkeiten für Künstlerinnen ab 1919 unter besonderer Berücksichtigung der süddeutschen Kunstakademien. Heidelberg 2009.

Herrmann-Neisse, Max: Fanatismus der Güte. In: Die Erde, Jg. 1, Heft 20, 1919, S. 599/600.

Heuer, Gottfried (Hg.): 2. Internationaler Otto Gross Kongress. Burghölzli, Zürich. Marburg 2002.

Heuer, Gottfried: Der Außenseiter der Außenseiter. In: Juni. Magazin für Literatur und Politik, Bd. 35/36. Berlin 2003.

Heuer, Gottfried: Die spirituelle Revolution: Psychoanalyse und sakrale Politik – Otto Gross, Johannes Nohl und Erich Mühsam. In: Gottfried Heuer (Hg.): Utopie & Eros. Der Traum von der Moderne. Marburg 2006, S. 123–150.

Heuer, Gottfried: ‚Die Lichtgestalt, die ich mein Leben lang gesucht habe'. In: Dehmlow, Rother, Springer (Hg.): „… und da liegt der riesige Schatten Freud's nicht mehr auf meinem Weg". Die Rebellion des Otto Gross. Marburg 2008, S. 404–437.

Heuer, Gottfried M.: Freud's ‚Outstanding' Colleague/Jung's ‚Twin Brother'. New York 2017.

Hirte, Chris: Erich Mühsam und Otto Gross: Rekonstruktion einer Begegnung. In: Raimund Dehmlow, Gottfried Heuer (Hg.): 1. Internationaler Otto Gross Kongress. Marburg 2000, S. 14–38.

Hoerschelmann, Rolf von: Leben ohne Alltag. Berlin 1947.

Höxter, John: So lebten wir. 25 Jahre Berline Bohème. Berlin 1929.

Höxter, John: Ich bin noch ein ungeübter Selbstmörder. Hannover 1988.

Hofmann-Oedenkoven, Ida: Monte Verità. Wahrheit ohne Dichtung. Aus dem Leben erzählt. Lorch 1906.

Holitscher, Arthur: Lebensgeschichte eines Rebellen. Meine Erinnerungen. Berlin 1924.

Hollweck, Ludwig (Hg.): Unser München. München im 20. Jahrhundert. Erinnerungen und Berichte, Bilder und Dokumente von 1900 bis heute. München 1967.

Hurwitz, Emanuel: Otto Gross – Paradies-Sucher zwischen Jung und Freud. Leben und Werk. Zürich 1979.

Imhof, Arnold: Franz Jung. Leben, Werk, Wirkung. Bonn 1974.

Jervis, Giovanni: Kritisches Handbuch der Psychiatrie. Frankfurt/M. 1988.

Jones, Ernest: Das Leben und Werk von Sigmund Freud, Bd. II. Bern 1982.

Jung, Carl Gustav: Die Bedeutung des Vaters für das Schicksal des Einzelnen. Zürich 1949.

Jung, Christina; Anz, Thomas (Hg.): Der Fall Otto Gross. Eine Pressekampagne deutscher Intellektueller im Winter 1913/14. Marburg 2002.

Jung, Cläre: Paradiesvögel. Erinnerungen. Hamburg o.J.

Jung, Franz: Das Ende des Doktor Gross. In: Kurt Kreiler (Hg.), 1980, S. 146–148.

Jung, Franz: Der tolle Nikolaus. Prosa, Briefe. Hg. von Cläre Jung und Fritz Mierau. Leipzig 1980.

Jung, Franz: Der Weg nach unten. Aufzeichnungen aus einer großen Zeit. Hamburg 2000. (Erstdruck 1961)

Jung, Franz: Die Technik des Glücks. Psychologische Anleitungen in vier Übungsfolgen. Ditzingen 2021. (Erstdruck 1921/1923)

Jung, Franz: Sophie. Der Kreuzweg der Demut. Nendeln 1973. (Erstdruck 1915)

Kafka, Franz: Briefe an Milena. Hg. von Jürgen Born, Frankfurt/M. 1983.

Kafka, Franz: Das Werk. Frankfurt/M. 2010.

Kanz, Christine (Hg.): Psychoanalyse in der literarischen Moderne. Eine Dokumentation. Bd. III, Marburg 2011.

Kargl, Kristina: Und nach und nach versiegte die Mondnacht in mir. In: Dietz-Rüdiger Moser u.a. (Hg.): Literatur in Bayern, 22. Jg., Ausgabe 87, München März 2007.

Kaus, Gina: Und was für ein Leben. Mit Liebe und Literatur, Theater und Film. Hamburg 1979.

Kaus, Gina: Von Wien nach Hollywood. Erinnerungen. Hg. von Sibylle Mulot. Berlin 1990.

Kaus, Otto: Nachruf auf Otto Gross. In: Sowjet, 1. Jg. 1919/20. Nr. 8/9, 8.5.1920, S. 53–57.

Kerr, John: Eine höchst gefährliche Methode. Freud, Jung und Sabina Spielrein. München 1994.

Kettler, Johanna: Was wird aus unsern Töchtern? Weimar 1891.

Key, Ellen: Das Jahrhundert des Kindes. Studien. Berlin 1905.

Key, Ellen: Über Liebe und Ehe. Essays. Berlin 1921. (Erstdruck 1904).

Kleine, Gisela: Gabriele Münter und Wassily Kandinsky. Biographie eines Paares. Frankfurt/M. 1994.

Klinger, Max: Malerei und Zeichnung. Leipzig 1899.

Kloss, Moritz: Die weibliche Turnkunst. Ein Bildungsmittel zur Förderung der Gesundheit und Anmut des Frauengeschlechtes. Für Eltern, Lehrer und Erzieherinnen bearbeitet. Leipzig 1855.

Knüppel, Christoph (Hg.): ‚Sei tapfer und wachse dich aus'. Gustav Landauer im Dialog mit Erich Mühsam. Lübeck 2004.

Kollwitz, Käthe: Die Tagebücher. Hg. von Jutta Bohnke-Kollwitz. Berlin 1999.

Kraepelin, Emil: Psychiatrie. Ein Lehrbuch für Studirende und Aerzte. 8. Auflage. Bd. 3: Klinische Psychiatrie. Leipzig 1913.

Krafft-Ebing, Richard von: Melancholie. Eine klinische Studie. Erlangen 1874.

Kreuzer, Helmut: Die Boheme. Beiträge zu ihrer Beschreibung. Stuttgart 1968.

Kreiler, Kurt (Hg.): Otto Gross: Von geschlechtlicher Not zur sozialen Katastrophe. Mit einem Textanhang von Franz Jung. Frankfurt/M. 1980.

Kropp, Ernst: Wandlung der Form im XX. Jahrhundert. Mit 111 Abbildungen. Hg. von Walter Riezler. Berlin 1926.

Kruse, Käthe: Ich und meine Puppen. Freiburg 1982.

Kruse, Käthe: Das große Puppenspiel. Duisburg 1992.

Küchenhoff, Bernhard: Suizidbeihilfe für Menschen mit psychischen Krankheiten? In: Christoph Rehmann-Sutter u.a. (Hg.): Beihilfe zum Suizid in der Schweiz. Bern 2006, S. 257–262.

Küchenhoff, Joachim; Klemperer Mahrer, Regine (Hg.): Psychotherapie im psychiatrischen Alltag. Die Arbeit an der therapeutischen Beziehung. Stuttgart 2009.

Kuh, Anton: Die Lehre des Otto Gross. In: Neues Wiener Journal. 11.01.1921, S. 5.

Kuh, Anton: Der unsterbliche Österreicher. München 1931.

Landmann, Robert: Ascona – Monte Verità. Auf der Suche nach dem Paradies. Frankfurt/M. 1979.

Lang, Karl: Kritiker, Ketzer, Kämpfer. Das Leben des Arbeiterarztes Fritz Brupbacher. Zürich 1983.

Lask, Berta: Stille und Sturm. Hg. von Mira Lask. Halle 1974.

Lawrence, David Herbert (D. H.): Mr. Noon. Zürich 1993. (Erstdruck 1921)

Lawrence, Frieda, geb. Freiin von Richthofen: Nur der Wind …. Mit neunzig Briefen und fünf Gedichten von D. H. Lawrence / Frieda Lawrence. Berlin 1936.

Lehner, Ulrike (Hg.): Anton Kuh. Zeitgeist im Literatur-Café. Wien 1983.

Leman, Kevin: Geschwisterkonstellationen. Die Familie bestimmt ihr Leben. München 1994.

Lessing, Hans-Erhard (Hg.): Fahrradkultur 1. Der Höhepunkt um 1900. Reinbek bei Hamburg 1982.

Lichtblau, Klaus: Kulturkrise und Soziologie um die Jahrhundertwende. Zur Genealogie der Kultursoziologie in Deutschland. Frankfurt/M. 1996.

Lichtwark, Alfred: Wege und Ziele des Dilettantismus. Berlin 1894.

Lindeman, Marie von: Die rathende Freundin. Mitgabe für junge Mädchen beim Eintritt in's Leben. Köln 1907.

Löwenstein, Otto: Ellwanger Kindheitserinnerungen. In: Ellwanger Jahrbuch Bd. 9, 1924/1925, S. 137–140.

Loos, Adolf: Ornament und Verbrechen. In: Franz Glück (Hg.): Adolf Loos. Sämtliche Schriften in zwei Bänden. 1. Ins Leere gesprochen (1897–1900). Wien 1962, S. 276–288.

Lucas, Robert: Frieda von Richthofen. Ihr Leben mit D. H. Lawrence. München 1972.

Ludwig, Emil: Geschenke des Lebens. Ein Rückblick. Berlin 1931.

Madison, Lois (Hg.): Otto Gross: Werke. Die Grazer Jahre. Hamilton/USA 2000.

Märten, Lu: Die Künstlerin. Eine Monographie. München 1913.

Maierhof, Gudrun; Schröder, Katinka: Sie radeln wie ein Mann, Madame. Als die Frauen das Rad eroberten. Dortmund 1992.

Malkowsky, Georg: Das moderne Weib. In: Moderne Kunst. Illustrierte Zeitschrift. Bd. 9, 1859, S. 11–13.

Manitz, Bärbel (Hg.): Willi Langbein 1895–1967. Das malerische Werk. Heide 1995.

Mann, Thomas: Der Tod in Venedig und andere Erzählungen. Frankfurt/M. 1958.

Mayer, H.: Hygiene und Kräuterheilkunde. Wegweiser zur Gesundheit – zum Lebensglück. Altona 1910.

McGuire, William; Sauerländer, Wolfgang (Hg.): Sigmund Freud, C.G. Jung: Briefwechsel. Frankfurt/M. 1974.

Meidner, Ludwig: Im Nacken das Sternenmeer. Nendeln 1973. (Erstdruck 1918)

Michaels, Jennifer E.: Otto Groß` Einfluß auf die frühen Werke von Leonhard Frank. In Raimund Dehmlow, Gottfried Heuer (Hg.): 1. Internationaler Otto Gross Kongress, Marburg 2000, S. 111–131.

Michel, Wilhelm: Die Münchener Lehr- und Versuchateliers für angewandte und freie Kunst. In: Kunstgewerbeblatt. 18. Jg., Heft 6. Leipzig 1907, S. 109–124.

Mierau, Fritz: Das Verschwinden von Franz Jung. Stationen einer Biographie. Hamburg 1998.

Mierau, Fritz und Sieglinde (Hg.): Almanach für Einzelgänger. Hamburg 2001.

Mill, John Stuart; Taylor Mill, Harriet; Taylor, Helen: Die Hörigkeit der Frau. Hg. von Ulrike Helmer. Frankfurt/M. 1991. (Erstdruck 1869: The Subjunction of Women)

Mitscherlich, Alexander: Anstiftung zum Unfrieden. In: Alexander Mitscherlich: Die Unwirtlichkeit unserer Städte. Frankfurt/M. 1972, S. 28–122.

Möbius, Paul Julius: Über den physiologischen Schwachsinn des Weibes. München 1977. (Erstdruck 1900)

Morgenstern, Lina: Frauenarbeit in Deutschland. 1. Teil. Geschichte der deutschen Frauenbewegung und Statistik der Frauenarbeit. Berlin 1893.

Mühsam, Erich: Ascona. Eine Broschüre. Berlin 1982. (Erstdruck 1905)

Mühsam, Erich: Die Befreiung der Gesellschaft vom Staat. Was ist kommunistischer Anarchismus? Berlin 1933.

Mühsam, Erich: Die Freivermählten. Polemisches Schauspiel in 3 Aufzuegen. Berlin 1978. (Erstdruck 1914)

Mühsam, Erich: Die Homosexualität. Eine Streitschrift. München 1996. (Erstdruck 1903)

Mühsam, Erich: Fanal. Aufsätze und Gedichte. 1905 – 1932. Hg. von Kurt Kreiler. Berlin 1977.

Mühsam, Erich: In meiner Posaune muß ein Sandkorn sein, Briefe 1900–1934. Bd. 1 und 2. Hg. von Gerd W. Jungblut, Vaduz 1984.

Mühsam, Erich: Namen und Menschen. Unpolitische Erinnerungen. Berlin 1977.

Mühsam, Erich: Scheinwerfer oder Färbt ein weißes Blütenblatt sich schwarz. Mit Beiträgen von Jungblut, Souchy, Linse, Baron u.a. Hg. von Fidus. Berlin 1978.

Mühsam, Erich: Tagebücher 1910–1924. Hg. von Chris Hirte. München 1995.

Mühsam, Erich: Tagebücher XXIII. Webseite: www.erich-muehsam.de.

Erich-Mühsam-Gesellschaft (Hg.): Anarchismus und Psychoanalyse zu Beginn des 20. Jahrhunderts. Heft 19. Lübeck 2000.

Müller, J. H.: Praktische Ethik für Schule und Haus. Ein Handbuch für die sittliche Belehrung und Erziehung der Jugend […]. Berlin 1898.

Münchener Vereinigung für Angewandte Kunst (Hg.): Erste Ausstellung der Münchener Vereinigung für angewandte Kunst im Studiengebäude des Königlichen National-Museums. Katalog. München 1905.

Murger, Henri: Aus dem Leben der Bohème. Berlin/Leipzig 1908.

Muysers, Carola (Hg.): Die bildende Künstlerin. Wertung und Wandel in deutschen Quellentexten. Dresden 1999.

Neues Forum. Österreichische Monatsblätter für kulturelle Freiheit. Hg. von Günther Nenning. Juli/August 1978.#

Neundörfer, Gabriele: Otto Gross und die Königlich Psychiatrische Klinik in München. In: Raimund Dehmlow, Gottfried Heuer (Hg.): Bohème, Psychoanalyse & Revolution. Marburg 2003, S. 47–52.

Nietzsche, Friedrich: Also sprach Zarathustra. Ein Buch für alle und keinen. Stuttgart 1958/ Köln 2005. (4 Teile, Erstdruck 1883–1885)

Nitzschke, Bernd: Nähe als Gewalt. In: Orte der Gewalt. Herrschaft und Macht im Geschlechterverhältnis. Hg. von Ilse Dröge-Modelmog und Gottfried Mergner. Opladen 1987. S. 51–71.

Nitzschke, Bernd: Der Einzige und sein Eigentum – der Körper des Anderen. In: Bernd Nitzschke: Die Liebe als Duell ... und andere Versuche, Kopf und Herz zu riskieren. Reinbek bei Hamburg 1988. S. 13–39. Und in: www.werkblatt.at/nitzschke/text/stirner.htm

Nitzschke, Bernd: Sexualität und Männlichkeit. Zwischen Symbiosewunsch und Gewalt. Reinbek bei Hamburg 1988.

Nitzschke, Bernd: Das Ich als Experiment. Essays über Sigmund Freud und die Psychoanalyse im 20. Jahrhundert. Göttingen 2000.

Nunberg, Hermann; Federn, Ernst (Hg.): Protokolle der Wiener Psychoanalytischen Vereinigung, Bd. II 1908–1910. Gießen 2008.

Ober, Patricia: Der Frauen neue Kleider. Das Reformkleid und die Konstruktion des modernen Frauenkörpers. Berlin 2005.

Okrassa, Nina: Peter Raabe. Dirigent, Musikschriftsteller und Präsident der Reichsmusikkammer (1872–1945). Köln 2004.

Otten, Karl: Wurzeln. Berlin o.J. [1963].

Otten, Karl: Werk und Leben. Hg. von Bernhard Zeller und Ellen Otten. Mainz 1982.

Pankau, Johannes G. (Hg.): Fin de Siècle. Epoche, Autoren, Werke. Darmstadt 2013.

Pecht, Friedrich: Kunst und Kunstindustrie auf der Pariser Weltausstellung 1878. Stuttgart 1878.

Person, Ethel Spector u.a. (Hg.): Über Freuds ‚Bemerkungen über die Übertragungsliebe'. Stuttgart-Bad Cannstatt 2001.

Peters, Gustav Werner; Ssymank, Paul (Hg.): Hermann Conradis gesammelte Schriften. München 1911.

Piersig, Wolfgang: Ein Exkurs durch die bedeutendsten Weltausstellungen von 1851 bis 2005. Annaberg 2004.

Poley, Stefanie: Paul Goesch – ‚Lebendiges ausgraben'. In: Felber, Götz von Olenhusen, Heuer u.a. (Hg.): Psychoanalyse & Expressionismus. Marburg 2010, S. 297–347.

Portmann, Werner: Vom Saccharin und anderen weißen Pulvern. In: Gottfried Heuer (Hg.): Utopie & Eros: Der Traum von der Moderne. Marburg 2006, S. 405–428.

Prévot, René: Seliger Zweiklang. Schwabing, Montmartre. München 1946.

Probst, Adolf: Ellwanger Erinnerungen eines 80jährigen. In: Ellwanger Jahrbuch Bd. 14, 1947–1949, S. 141/142.

Raub, Michael: Opposition und Anpassung. Eine individualpsychologische Interpretation von Leben und Werk des frühen Psychoanalytikers Otto Gross. Frankfurt/M. 1999.

Reuster, Thomas: Otto Gross' Suizidassistenz in medizinethischer Perspektive. In: Felber, Heuer, Nitzschke (Hg.): Psychoanalyse & Expressionismus. Marburg 2010, S. 206–222.

Reuter, Gabriele: Benedikta. Wien 1922.

Reventlow, Franziska Gräfin zu: Der Geldkomplex. In: Romane. Hg. von Else Reventlow. Frankfurt/M. 1978 (Erstdruck 1916)

Reventlow, Franziska Gräfin zu: Ellen Olestjerne. Frankfurt/M. 1986. (Erstdruck 1903)

Reventlow, Franziska Gräfin zu: Herrn Dames Aufzeichnungen. München 1978. (Erstdruck 1913)

Reventlow, Franziska zu: Sämtliche Werke in fünf Bänden. Hg. von Michael Schardt. Oldenburg 2004.

Reventlow, Rolf: ‚Warte Schwabing, Schwabing warte. Dich holt Jesus Bonaparte …'. In: D.-R. Moser, W. Fromm, C. Raffelsbauer (Hg.): Literatur in Bayern. Dezember 2006, S. 22–34.

Richardsen, Ingvild: ‚Leidenschaftliche Herzen, feurige Seelen'. Wie Frauen die Welt veränderten. Frankfurt/M. 2019.

Richter, Johannes: Die Entwicklung des kunsterzieherischen Gedankens. Ein Kulturproblem der Gegenwart. Leipzig 1909.

Riedl-Valder, Christine: Caféhäuser in München. Geschichte(n) aus drei Jahrhunderten. Regensburg 2018.

Rieger, Wolfgang: Glückstechnik und Lebensnot. Leben und Werk Franz Jungs. Freiburg i. Br. 1987.

Riess, Curt: Ascona. Geschichte des seltsamsten Dorfes der Welt. Zürich 1964.

Rinker, Dagmar: Die Lehr- und Versuch-Ateliers für angewandte und freie Kunst (Debschitz-Schule). München 1993.

Rinker, Dagmar: Der Münchner Jugendstilkünstler Hermann Obrist (1862–1927). München 2001.

Romein, Jan: Die Biographie. Einführung in ihre Geschichte und ihre Problematik. Bern 1948.

Roschitz, Karlheinz: Wiener Weltausstellung 1873. Ausstellungskatalog. Wien 1989.

Ross, Werner: Bohemiens und Belle Epoque. Als München leuchtete. Berlin 1997.

Roth, Guenther: Edgar Jaffé, Else von Richthofen and Their Children. Online-Archiv Leo Baeck Institute: http//www.lbi.orgf/digibaeck/results.

Rudolph, Katharina: Rebell im Maßanzug. Leonhard Frank. Berlin 2020.

Runggaldier, Ingrid: Frauen im Aufstieg. Auf Spurensuche in der Alpingeschichte. Bozen 2011.

Rusch, Bernhard: Dada & München. Eine Art Romanze. Altrip 2022.

Scheble, Quintus B.: Ein Qualitätsbegriff für historisches Blechspielzeug: Die Ellwanger Firma Ludwig Lutz. In: Ellwanger Jahrbuch Bd. 31, 1985–1986, S. 91–104.

Scheffler, Karl: Die Frau und die Kunst. Eine Studie. Berlin 1908.

Schiefferdecker, Paul: Das Radfahren und seine Hygiene. Bonn 1900.

Schmalhofer, Claudia: Die Kgl. Kunstgewerbeschule München (1868–1918). Ihr Einfluss auf die Ausbildung der Zeichenlehrerinnen. München 2005.

Schmitz, Oscar A.: Bürgerliche Bohème. Ein deutscher Sittenroman aus der Vorkriegszeit. München 1925.

Schopenhauer, Arthur: Die Welt als Wille und Vorstellung. Bd. 2. Leipzig 1844.

Schopenhauer, Arthur: Parerga und Paralipomea: kleine philosophische Schriften. Bd. 2. Berlin 1851.

Schopenhauer, Arthur: Werke in 10 Bänden. Zürich 1977 (Zürcher Ausgabe), Bd. VII: Parerga und Paralipomena I. Über die anscheinende Absichtlichkeit im Schicksale des Einzelnen.

Schröder, Jörg (Hg.): Mammut. März – Texte 1&2, 1969–1984. Herbstein 1984.

Schützmann, Wilfried; Steffel, Michael: Heinrich Eberhard (1884–1973), ein vergessener ‚Ellwanger' Maler. In: Ellwanger Jahrbuch Bd. 41, 2006/2007, S. 571–596.

Schultze-Galléra, Siegmar von: Von der Wiedergeburt deutscher Kunst. Grundsätze und Vorschläge. Berlin 1898.

Schultze-Naumburg, Paul: Häusliche Kunstpflege. Leipzig 1900.

Schwendter, Rolf: Theorie der Subkultur. Frankfurt/M. 1981.

Seewald, Richard: Der Mann von gegenüber. Spiegelbild eines Lebens. München 1963.

Seewald, Richard: Die Zeit befiehlt`s, wir sind ihr untertan. Lebenserinnerungen. Freiburg 1977.

Siegfried, Walther: Tino Moralt. Kampf und Ende eines Künstlers. München 1896.

Spence, Donald P.: Narrative Truth and Historical Truth. Meaning and interpretation in psychoanalysis. New York 1982.

Spielrein, Sabina: Tagebuch einer heimlichen Symmetrie. Sabina Spielrein zwischen Jung und Freud. Hg. von Aldo Carotenuto. Freiburg 1986.

Steidle, Hans: Von ganzem Herzen links. Die politische Dimension im Werk Leonhard Franks. Würzburg 2005.

Steidle, Hans: Der Dichter und seine Vaterstadt. Leonhard Frank und Würzburg, 1882–1932. Würzburg 2007.

Stekel, Wilhelm: Die Ursachen der Nervosität. Neue Ansichten über deren Entstehung und Verhütung. Wien 1907.

Stekel, Wilhelm: Psychosexueller Infantilismus. (Die seelischen Kinderkrankheiten der Erwachsenen). Berlin 1922.

Stekel, Wilhelm: Nervöse Angstzustände und ihre Behandlung. Berlin 1923.

Stekel, Wilhelm: Störungen des Trieb- und Affektlebens (Die parapathischen Erkrankungen), Teil 8, Sadismus und Masochismus. Für Ärzte und Kriminalogen dargestellt. Berlin 1925.

Stekel, Wilhelm: Die Polyphonie des Denkens. In: Wilhelm Stekel: Sadismus und Masochismus. Berlin 1925, S. 1–18.

Stekel, Wilhelm: Wege zum Ich. Psychologische Orientierungshilfen im Alltag. Hg. von Friedrich Scheidt, München 1972.

Stephan, Alexander: Im Visier des FBI. Deutsche Exilschriftsteller in den Akten amerikanischer Geheimdienste. Stuttgart 1995.

Stirner, Karl: Das Karl Stirner-Buch. Hg. von Max Jungnickel. Stuttgart 1935.

Stompe, Thomas; Schanda, Hans (Hg): Der freie Wille und die Schuldfähigkeit in Recht, Psychiatrie und Neurowissenschaften. Berlin 2010.

Susman, Margarete: Gestalten und Kreise. Stuttgart 1954.

Szeemann, Harald (Hg.): Monte Verità – Berg der Wahrheit. Lokale Anthropologie als Beitrag zur Wiederentdeckung einer neuzeitlichen sakralen Topographie. Ausstellungskatalog. München 1980.

Szittya, Emil: Die Vergangenheit des Prinzenhotels Monte Verità. In: Alpenzeitung Meran, 09.01.1927. Webseite https://monteverita.net.

Szittya, Emil: Das Kuriositäten-Kabinett. Begegnungen mit seltsamen Begebenheiten, Landstreichern, Verbrechern, Artisten, religiös Wahnsinnigen, sexuellen Merkwürdigkeiten […]. Mendeln 1973. (Erstdruck 1923)

Szittya, Emil: Die Internationale der Entgleisten. Roman um Otto Gross und Ascona. Deutsches Monte Verità Archiv Freudenstein 1998. Manuskript im DLA Marbach.

Szittya, Emil: Der Optimist Leonhard Frank. In: floppy myriapoda. Heft 24/25, 9. Jg., 2014, S. 670–672.

Taeuber-Arp, Sophie: Briefe 1905-1914. Band 1. Hg. von Medea Hoch und Walburga Krupp. Wädenswil am Zürichsee 2021.

Thoma, Ludwig: Münchnerinnen. München 1984.

Titze, Michael: Lebensziel und Lebensstil. Grundzüge der Teleoanalyse nach Alfred Adler. München 1979.

Toller, Ernst: Eine Jugend in Deutschland. Reinbek bei Hamburg 1988.

Turner, John (Hg.): The Otto Gross Frieda Weekley Correspondence. Transcribed, translated and annotated. Newark, University of Delaware, 1990.

Tworek, Elisabeth: „… und dazwischen ein schöner Rausch'. Dichter und Künstler aus aller Welt in München. München 2008.

Ulke, Robert: Katechismus der Porzellan- und Glasmalerei. Leipzig 1894.

Ullmann, Regina: Feldpredigt. Dramatische Dichtung in einem Akt. Frankfurt/M. 1907.

Ullmann, Regina: ‚Ich bin den Umweg statt den Weg gegangen'. Ein Lesebuch. Hg. von Charles Linsmayer. Frauenfeld 2000.

Ullmann, Regina: Gesammelte Werke. 1. und 2. Bd. Einsiedeln 1960.

Voigt-Diederichs, Helene: Auf Marienhoff. Das Leben einer deutschen Mutter. Jena 1925.

Watt, Jeannie: Das Zukunftskleid der Frau. Zur Gesundung der Frauenmode. Praktische Ratschläge […]. Leipzig 1903.

Weber, Marianne: Die Verhandlungen des 18. Evangelisch-Sozialen Kongresses. Göttingen 1907.

Weber, Marianne: Die Frauen und die Liebe. Königstein/Taunus 1950. (Erstdruck 1935)

Weber, Marianne: Max Weber. Ein Lebensbild. Mit 13 Tafeln und 1 Faksimile. Tübingen 1984. (Erstdruck 1926)

Weber, Max: Briefe 1906–1908. Abt. 2. Bd. 5. Hg. von Rainer M. Lepsius, Wolfgang J. Mommsen u.a. Tübingen 1990

Wedekind, Frank: Der Marquis von Keith. Schauspiel in 5 Aufzügen. Stuttgart-Ditzingen 2006. (Erstdruck 1901)

Wegrainer, Marie: Der Lebensroman einer Arbeiterfrau. Von ihr selbst geschrieben. Frankfurt/M. 1979. (Erstdruck 1914)

Weininger, Otto: Geschlecht und Charakter. Eine prinzipielle Untersuchung. Wien 1947. (Erstdruck 1903)

Werfel, Franz: Barbara oder die Frömmigkeit. Berlin 1929.

Whimster, Sam; Heuer, Gottfried: Otto Gross and Else Jaffé and Max Weber. In: Theory, Culture & Society. Vol. 15 (3–4). London/Thousand Oaks 1998, S. 129–160.

Wichmann, Siegfried: Hermann Obrist. Wegbereiter der Moderne. Ausstellungskatalog. München 1968.

Wilhelm, Hermann: Die Münchner Bohème. Von der Jahrhundertwende bis zum Ersten Weltkrieg. München 1993.

Wils, Jean-Pierre: Sich den Tod geben. Suizid – eine letzte Emanzipation? Stuttgart 2021.

Winkelbauer, Thomas (Hg.): Vom Lebenslauf zur Biographie. Geschichte, Quellen und Probleme der historischen Biographik und Autobiographik. Waidhofen 2000.

Zetkin, Clara: Ausgewählte Reden und Schriften, Bd. I. Auswahl aus den Jahren 1889 bis 1917. Berlin 1957.

Ziehen, Theodor (Hg.): Monatsschrift für Psychiatrie und Neurologie. Bd. 22. Berlin 1907. Darin: Konrad Alt: Bericht über den Internationalen Kongress für Psychiatrie, Neurologie, Psychologie und Kranksinnigen-Verpflegung. S. 562–572.

Zweig, Stefan: Die Welt von gestern. Erinnerungen eines Europäers. Frankfurt/M. 1991.

Nachwort und Dank

Die Biografie von Sofie Benz ist geschrieben, wie Ernst Frick gefordert hatte und zu der Sönke Held den initialen Anstoß gab. Was sich zunächst als schreibender Spaziergang darstellte, wurde im Laufe der Zeit zu einem Marathon- und Hürdenlauf. Der Anspruch, das Persönliche mit dem Gesellschaftlichen zu verbinden, erwies sich als Motor für die Recherchen und beflügelte meine Arbeit. Die Suche nach Belegen für Sofies Platz in der Gesellschaft brachte viele aufschlussreiche Ergebnisse.

Ich wollte Sofie Benz ein „literarisches Gesicht" geben und ihr das zukommen lassen, was Hermann Hesse einmal so ausdrückte: „Jeder Mensch aber ist nicht nur er selber, er ist auch der einmalige, ganz besondere, in jedem Fall wichtige und merkwürdige Punkt, wo die Erscheinungen der Welt sich kreuzen, nur einmal und so nie wieder. Darum ist jedes Menschen Geschichte wichtig, ewig, göttlich [...]."

Als ich 2018 die Recherchen in Bibliotheken und Archiven begann, ahnte ich nicht, wo überall Spuren von Sofie Benz zu finden sein würden. Die Wege führten mich von Stuttgart nach Adolzfurt, Ellwangen, Tübingen, Kiel und München, an den Wörthsee, nach Ascona, Locarno, Bellinzona und auf den Monte Verità. Ich sah mich einer unglaublich großen Menge an Literatur und Informationen zu jedem angestoßenen Thema gegenüber. Jeder Teilaspekt aus Sofies Leben – sei es Bildung, Kunst, Reform- und Frauenbewegung, Psychiatrie und Psychoanalyse, Monte Verità, Leonhard Frank, Otto Gross, Suizid, Bohème oder Anarchismus – wurde von einer Vielzahl an Publikationen unterstützt. Biografien von Sofies Zeitgenossen, die ähnlichen Einflüssen ausgesetzt waren, gaben ein Kontrastbild.

Zu spät kam ich für die Kongresse – neun Tagungen zwischen 1999 und 2016 – der Internationalen Otto Gross Gesellschaft. Diese hatte sich kurz vor meinem Eintauchen in die Thematik aufgelöst. Doch die Kongressbände mit Hunderten von Artikeln über Otto Gross' Leben und Denken waren mir eine reichhaltige Informationsquelle.

In vielen Publikationen wird Sofie Benz erwähnt, immer im Zusammenhang mit Otto Gross und ihrem Tod. Nachforschungen zu der jungen Frau wurden nicht angestellt, der „ganze Mensch" war nicht von Interesse. Das spärliche Wissen über Sofie wurde den Büchern von Franz Jung, Leonhard Frank, Martin Green und Emanuel Hurwitz entnommen, ohne den Wahrheitsgehalt zu überprüfen. Wenn es an authentischem Material mangelt, wird Fiktion zur Wahrheit.

Diese „fiktionale Wahrheit" soll in meinem Buch durch das von Emilie Benz über Jahrzehnte gehütete Briefkonvolut geradegerückt werden. Die

Briefe stellen das Rückgrat der Biografie dar. Ohne sie und die Schriftstücke von Otto Gross, Ernst Frick und weiteren Wegbegleitern hätte das Buch nicht entstehen können, und die bisherigen Narrative hätten Sofie weiterhin in der Farblosigkeit belassen. So bin ich meiner 1969 verstorbenen Großtante Emilie Benz aufrichtig dankbar, dass sie Sofies Briefe aufbewahrt und ihre eigenen Gedanken zum Leben und Tod der Schwester schriftlich niedergelegt hat.

Dass nun die Biografie von Sofie Benz vorliegt, ist dem Engagement und der Zusammenarbeit mit Prof. Dr. Thomas Anz, dem Leiter des Verlags LiteraturWissenschaft.de (Marburg) zu verdanken. Sein Angebot, das Buch in dem Verlag zu publizieren, der sich einem „kulturwissenschaftlichen Profil" verschrieben hat, sehe ich als große Ehre an. Die vielen Gespräche in den Wochen vor der Drucklegung des Buches, die sich auf die Gesamtgestaltung bezogen, waren für mich lehrreiche Lektionen, die ich zu würdigen weiß. Prof. Dr. Thomas Anz gilt mein ausdrücklicher Dank!

Im Kontakt zu Gesprächspartnern in Form von E-Mails, Telefonaten, persönlichen Schreiben und Treffen habe ich viel Unterstützung erfahren. An erster Stelle danke ich Dr. Kristina Kargl, ebenfalls aus Ellwangen stammend, die als Literaturwissenschaftlerin über all die Jahre unermüdliches Interesse an meiner Arbeit hatte und mir für Fragen und Gespräche zur Verfügung stand und nützliche Hinweise und Anregungen gab.

Dankbar bin ich dem Ellwanger Stadtarchivar Christoph Remmele, ein Rettungsanker bei Transkriptionen, der mir „Berge" an Dokumenten und Zeitungen aus dem 19. Jahrhundert zur Verfügung stellte.

Beim Stichwort Archiv wird oftmals an Kirchenbücher gedacht, in denen Geburts- und Sterbedaten hinterlegt sind. Doch was sagen diese Jahreszahlen über den Menschen aus? Ich habe erfahren, welch Schatztruhen staatliche und regionale Archive sind. Reich belohnt wurde ich im Tessiner Staatsarchiv Bellinzona und bei der Fondazione Monte Verità, im erwähnten Stadtarchiv Ellwangen, in den Württembergischen Landesarchiven Stuttgart und Ludwigsburg, im Gemeindearchiv Bretzfeld, im Stadtarchiv München und im Literaturarchiv Monacensia, im Universitätsarchiv Tübingen, im Deutschen Literaturarchiv Marbach und in der Handschriftenabteilung der Landesbibliothek Kiel. Große Dienste leistete mir die Württembergische Landesbibliothek Stuttgart mit der Möglichkeit, jedes erdenkliche Buch – auch aus dem 19. Jahrhundert, wenn nötig, per Fernleihe – beschaffen zu können.

Aber es sind nicht nur die „Regalmeter" an Dokumenten, sondern viele Einzelpersonen, die zum Gelingen des Projekts beigetragen haben. So danke ich (alphabetisch aufgeführt):

Esther Bertschinger-Joos für ihr Buch über Frieda Gross und die Transkription der Frieda-Briefe des Tufts-Archivs,

Dr. Christof Brixel für die angeregten Diskussionen rund um unsere Großtante Sofie,

Josef Doisl für seine Hilfe bei der Suche nach dem Bauernhof Grätz am Wörthsee,

Eveline Hasler, die mir den Unterschied zwischen Roman und Wirklichkeit veranschaulichte und den Weg zur alten Mühle bei Ronco zeigte,

Sönke Held für den Anstoß zu diesem Buch,

Dr. Gottfried M. Heuer für die Zusendung von Material aus dem Otto Gross-Archiv London, für die Herstellung von Mail-Kontakten sowie die Verbindung zu Sophie Templer-Kuh,

Kurt Kreiler für sein Buch über Otto Gross mit einer wichtigen Anmerkung zu Sofie,

Serena Masotti für die Übersetzung italienischer Dokumente,

Hermann Müller für das unerschöpfliche Deutsche Monte Verità Archiv, den Hinweis auf das Gräser-Haus am Monte Verità und viele nützliche Informationen zu meinen Anliegen,

Heinz Mußbach und Dr. Ernst Seebaß, die mir weiterführende Mitteilungen zur Familiengeschichte gaben,

Ignazio Pintus, der mir im Archiv des Kantons Tessin wertvolle Dokumente heraussuchte,

Laura Porta von der Fondazione Monte Verità für das Übermitteln von Unterlagen zu Otto Gross.

Antje Roylands für die Gespräche über Sofies Freundin Hulda Voigt und deren Fotos,

Dr. Hans Steidle für die Rundfahrt durch Würzburg auf den Spuren Leonhard Franks,

Sheldon Suter, der mir die alte Mühle bei Ronco aufschloss,

Andreas Volk für die Transkriptionen der Dokumente aus dem Archiv in Bretzfeld,

Rebecca Weber-Frick für den unkomplizierten Umgang mit Ernst Fricks Briefen und Foto,

Ulrike Widenmann-Ast – mit deren Großvater Sofie spazieren ging – für Gespräche über Ellwangen und das Foto von Walter Ast,

Gerda Wolff, mit der ich auf Verwandtensuche gehen und mich über Entdeckungen freuen konnte.

Eine hervorragende Hilfe war mir der Copy Shop Hübsch in Stuttgart-Feuerbach. Mein besonderer Dank geht hier an Nicole Rimkus und Petra Scheurer für Geduld und Beratung!

Mein Dank gilt posthum drei Verstorbenen. Wie schön wäre es gewesen, könnten diese noch die Fertigstellung des Buches erleben, an dem sie Anteil hatten:

Sophie Templer-Kuh, Otto Gross` Tochter, starb 2021 im Alter von 104 Jahren. Unvergessen ist mein Besuch bei ihr, als wir über Sofie sprachen, deren Namen sie trug.

Prof. Dr. Albrecht Götz von Olenhusen konnte leider das Buch nicht mehr in den Händen halten. Er starb im Oktober 2022. Bis zuletzt hatten wir korrespondiert, und er hat mich mit wertvollen Informationen versorgt.

Auch Emanuel Hurwitz, der Wiederentdecker Otto Gross`, freute sich, dass nun ein Buch über Sofie Benz erscheint; doch ist er im Februar 2022 verstorben.

„Das Vergangene ist niemals tot, es ist nicht einmal vergangen."
(William Faulkner)

Anmerkung:

Beim Abfassen dieses Buches war ich darauf bedacht, alle rechtlichen Vorgaben einzuhalten. So erfolgt die Veröffentlichung von Briefen und Fotos mit Genehmigung der jeweiligen Rechteinhaber. Der Abdruck von Briefen und Foto von Leonhard Frank geschieht mit freundlicher Genehmigung der Akademie der Künste Berlin und des Aufbau Verlags Berlin. Sollte ich trotz besten Wissens und Gewissens Rechte übergangen haben, so bitte ich um Nachricht an mich oder den Verlag.

Stuttgart im Juli 2023   Petra Brixel